BECK'SCHE SONDERAUSGABEN

HERMANN KELLENBENZ

Deutsche Wirtschaftsgeschichte

Band I

Von den Anfängen bis zum Ende
des 18. Jahrhunderts

VERLAG C. H. BECK MÜNCHEN

Mit 3 Karten

CIP-Kurztitelaufnahme der Deutschen Bibliothek

Kellenbenz, Hermann
Deutsche Wirtschaftsgeschichte. – München: Beck.
Bd. 1. Von den Anfängen bis zum Ende des
18. Jahrhunderts. – 1. Aufl. – 1977.
(Beck'sche Sonderausgaben)
ISBN 3 406 06987 8

ISBN 3 406 06987 8

Satz und Druck: Georg Appl, Wemding
Printed in Germany

Vorwort

Die vorliegende „Deutsche Wirtschaftsgeschichte“ ist das Ergebnis einer fast 30 Jahre langen Vorlesungstätigkeit zunächst in Regensburg, dann in Würzburg, anschließend in Nürnberg und Köln und schließlich wieder in Nürnberg.

Eigene Forschungen besonders auf dem Gebiet des Gewerbes, des Handels, Verkehrs und Kreditwesens namentlich vom ausgehenden Mittelalter bis ins 18. Jahrhundert, haben immer wieder Gelegenheit gegeben, den bisherigen Kenntnisstand zu korrigieren oder zu vertiefen. Anliegen dieses Buches ist es, einem breiten Kreis von Lesern eine möglichst klare, aber nicht zu abstrakte, sondern auch detailreiche Übersicht über die Entfaltung der Wirtschaft in Deutschland von der Frühzeit ab zu geben. Im Mittelpunkt der Darstellung stehen so die Hauptsektoren der Wirtschaft nach der Aufgliederung in den primären, sekundären und tertiären Sektor; sie beginnt dementsprechend mit Abschnitten über die Land- und Forstwirtschaft, um über den Bergbau und die Weiterverarbeitung, das Verkehrs- und Nachrichtenwesen, Geld- und Kreditwesen sowie die öffentlichen Finanzen den weiteren Bereich abzuhandeln. Der Leser soll aber auch sehen, wie die wirtschaftlichen Vorgänge sich in den Rahmen des gesamten historischen Ablaufs einfügen. Deshalb sind bevölkerungsgeschichtliche Abschnitte beigegeben. Gleicherweise werden die wichtigsten gesellschaftlichen Strukturen und Veränderungen behandelt und wird berücksichtigt, welchen Einfluß die verschiedenen staatlichen und sonstigen obrigkeitlichen Institutionen auf den Gang der Wirtschaft gehabt haben. Darüberhinaus soll der Leser sehen, wie die wirtschaftlichen Vorgänge sich in den großen Rahmen der geistigreligiösen Entwicklung einfügen, wie sie von dieser mitgestaltet wurden bzw. diese wieder beeinflußten. Christentum, Feudalsystem, Renaissance und Reformation, überseeische Expansion, absoluter Fürstenstaat und Merkantilismus, Physiokratismus, aufkommender Liberalismus im Rahmen der Aufklärung und Anfänge der sozialen Frage: dies sind alles Faktoren, die für den Gang der Wirtschaftsgeschichte von Belang waren.

Um die Darstellung möglichst übersichtlich und einprägsam zu gestalten wird in den einzelnen Zeitabschnitten ein klares Schema der Gliederung eingehalten; dementsprechend werden zunächst von dem eben erwähnten allgemeinen Rahmen ausgehend die Vorgänge in den einzelnen wirtschaftlichen Sektoren abgehandelt. In einem abschließenden Abschnitt wird jeweils versucht, die gesamtwirtschaftlichen Zusammenhänge und die Trendentwicklung herauszuarbeiten.

Der Titel „Wirtschaftsgeschichte“ soll den Leser von vornherein von ideologiebelasteten Spekulationen verschonen, die die traditionelle deutsche Kombination „Sozial- und Wirtschaftsgeschichte“ nahelegt. Meinen Standpunkt dazu habe ich in einer eigenen Schrift dargelegt (Die Methoden der Wirtschaftshistoriker, Kölner Vorträge zur Sozial- und Wirtschaftsgeschichte, Heft 22, 1972).

Der vorliegende Band umfaßt den Ablauf bis zum Ende des Alten Reiches. Ein zweiter Band wird die Entwicklung im 19. und 20. Jahrhundert behandeln; er wird ein Gesamtregister für beide Bände enthalten.

Thannried, im März 1977 *H. K.*

Inhaltsverzeichnis

Einleitung

1. Die geographischen Voraussetzungen der deutschen Wirtschaftsgeschichte

Eine deutsche Wirtschaftsgeschichte von den Anfängen bis zur Gegenwart hat es, abgesehen von der Fülle des zu bewältigenden Stoffes, mit mancherlei Schwierigkeiten der Definition zu tun. Wann soll man die deutsche Geschichte und damit auch die deutsche Wirtschaftsgeschichte beginnen lassen? Wie weit soll man den Begriff „deutsch" fassen?

Allgemein läßt man die Geschichte des deutschen Staatswesens im 10. Jahrhundert beginnen, als sich die Osthälfte des Karolingerreichs absonderte. Aber das Heilige Römische Reich deutscher Nation, wie es sich im Lauf des Mittelalters herausbildete, fiel keineswegs mit den Grenzen des deutschen Volkstums zusammen. Die deutsche Ostkolonisation hat weit über die politischen Grenzen hinweg in den osteuropäischen Raum hineingegriffen, sie hat Polen und Ungarn mit Siedlern versehen, während umgekehrt fremde Völker, im Osten Wenden und Tschechen, im Süden Italiener, im Westen Wallonen und Franzosen, zum Reichsverband zählten. Die weitere Entwicklung verlief dann so, daß immer wieder Teile vom Reichsgebiet abgespalten wurden, bis schließlich das Reich zu Beginn des 19. Jahrhunderts im Sturm der napoleonischen Expansion zusammenbrach. Die Staatsbildungen, die dann auf dem deutschen Boden erfolgten, hatten nur vorübergehenden Bestand und veränderten immer wieder die Grenzen: zunächst der „Deutsche Bund", der von 1815 bis 1866 dauerte, der das Herzogtum Schleswig noch bei Dänemark beließ und West- und Ostpreußen sowie Posen nur vorübergehend einbezog, dem aber noch das Großherzogtum Luxemburg und das österreichische Gebiet bis vor die Tore von Fiume (Rijeka) angehörten, während die übrigen Teile der Habsburger Monarchie, das lombardo-venezianische Königreich, sowie die ungarische Hälfte von Kroatien bis Galizien außerhalb lagen. Nach der Zwischenlösung von 1866 brachte das Kleindeutsche Reich von 1871 den Verlust Luxemburgs und der österreichischen Gebiete, aber den Zuwachs von Schleswig und den Gewinn des Reichslandes Elsaß-Lothringen, das nach dem Ersten Weltkrieg wieder verloren ging. Schleswig wurde nach diesem Krieg verkleinert, und im Osten kamen Westpreußen mit Posen und Teile Oberschlesiens an Polen, während Danzig zu einer Freien Stadt gemacht wurde. Vorübergehend war auch das Saarland vom Gebiet der Weimarer Republik losgelöst. Unter Hitler „kehrte die Saar wieder heim", Böhmen-Mähren wurden dem Reich unterstellt, Österreich als Ostmark angeschlossen und während des Zweiten Weltkriegs Polen als Generalgouvernement und Elsaß-Lothringen einverleibt.

Mit dem Ende des Zweiten Weltkriegs gingen nicht nur alle diese Gebietsgewinne wiederum verloren, darüber hinaus teilten sich die Sowjetunion und Polen die ostpreußische Beute, und die polnische Staatsgrenze wurde als Folge der Verlegung der sowjetrussischen Grenze nach Westen bis zur Oder-Neiße-Linie vorgeschoben. Aus der amerikanischen, englischen und französischen Besatzungszone bildete sich die Bundesrepublik Deutschland, die sowjetische Besatzungszone mit einem Teil Berlins aber ging als Deutsche Demokratische Republik ihren eigenen, östlich orientierten Weg. Bei diesem immer wieder erfolgten Wandel des Staatsgebildes, das die wichtigsten Teile des deutschen Volkes umfaßte, ist es schwer, eine eindeutige Definition der Begriffe „Deutsche Geschichte", „Deutsche Wirtschafts- (und Sozial)geschichte" zu erbringen.

Für unseren besonderen Zweck kommen wir aus der Schwierigkeit heraus, wenn wir uns im wesentlichen auf das Gebiet der Weimarer Republik beschränken, im übrigen aber das ganze historisch-politische Geschehen in den größeren zentraleuropäischen Rahmen stellen. Wir werden auf diese Weise den Verbindungen und Verflechtungen mit den heutigen Nachbarstaaten und Nachbarräumen besser gerecht, ohne politisch falsch verstanden zu werden, also wenn wir Vorgänge einbeziehen, die über den Rhein hinweg, in die Alpenländer und weiter nach Osten ausgreifen.

Von diesem Rahmen ausgehend, ergeben sich für den Betrachter eine Reihe bedeutsamer geographischer Voraussetzungen. Das deutsche Gebiet ist auf die Mitte Europas konzentriert. Es greift im Süden in die Alpen hinein, im Norden wird es von den Gestaden der Nord- und der Ostsee umsäumt, nur Schleswig-Holstein bildet eine schmale Landbrücke nach Jütland. Die Verteilung des Gebietes auf Hochgebirge, Mittelgebirge und Tiefland in einer klimatisch gemässigten Zone verleiht dem deutschen Wirtschaftsraum einen großen geographischen Reichtum. Die zentrale Lage hat ihn zudem mit bedeutenden verkehrsmäßigen Vorteilen ausgestattet.

Diesen Vorteilen waren aber auch wieder deutliche Schranken gesetzt. Die Alpen riegelten nach dem Süden ab, zwangen aber die Oberdeutschen wegen der Ferne von Nord- und Ostsee, sich Zugänge zu den mediterranen Gestaden zu sichern, und so überstiegen sie immer wieder die zahlreichen Alpenpässe, und eroberten sich ihren Anteil am Mittelmeerhandel, in Venedig, Genua und Port Bouc zuerst, später in Ragusa (Dubrovnik), Livorno, Ancona, Triest und Marseille.

Deutschland fehlte es an einer Hauptlandschaft, von der aus das Ganze politisch beherrscht und gegliedert werden konnte, wie es die Isle de France um Paris und Kastilien in Spanien taten. Alle großen Ströme ziehen nach dem Norden, mit Ausnahme der Donau, die nach dem Osten fließt und ihr wirtschaftliches und politisches Schwergewicht im Raum der von Habsburg beherrschten Donaumonarchie fand.

Die historische Entwicklung, der Lauf der Ströme, die Verteilung von Mittelgebirgen und Tiefland, haben im wesentlichen vier Wirtschaftsgebiete entstehen lassen. Die politische Geschichte des Reiches und die verkehrserschließende Rolle des Rheins bewirkten es, daß zunächst den westdeutschen, um diesen Strom liegenden Landschaften eine starke Eigenständigkeit zukam, die sich auch später um so eindrucksvoller behauptete, als diese Landschaften reich an Bodenschätzen waren und so die Voraussetzungen für ein reges Gewerbeleben lieferten. Vom Hochmittelalter ab prägte sich stärker Oberdeutschland heraus, das Gebiet zwischen Main, Oberrhein und Alpen, das seine Schwerpunkte in den Städten der Leinwand- und Barchentproduktion vom Bodensee ins Schwäbische hinein und in der metallverarbeitenden Landschaft um Nürnberg fand. Vermitteln die Alpenpässe nach dem Süden, die Donau nach dem Osten, so öffnen Rhein und Main sowie verschiedene Straßen durch die Mittelgebirge Verbindungen nach dem Norden.

Die Mittelgebirgsschwelle und das nördlich daran sich bis zur Nord- und Ostsee ausbreitende Tiefland haben dem niederdeutschen Raum sein eigenes Gepräge gegeben. Hier gelang es der Städtevereinigung der Hanse eine Aktivität von erstrangiger verkehrswirtschaftlicher Bedeutung zu entfalten, deren Erbe dann später einige der Städte an Nord- und Ostsee übernahmen, während die Mündungsgebiete des Rheins schon früh ihre eigenen Wege gingen.

Die Mittelgebirgsschwelle ist zunächst durch ihren Rand- und Grenzcharakter gekennzeichnet. Sie trennte West-, Nord- und Süddeutschland voneinander und wurde erst verhältnismäßig spät durch Rodung und Siedlung erschlossen. Im Gegensatz namentlich zur norddeutschen Tiefebene, wo sich die Flächenstaaten der Hohenzollern und Welfen ausbilden konnten, blieb die Mittelgebirgsschwelle in Kleinstaaten aufgeteilt, nur im Osten gelang es den Wettinern und den Habsburgern bzw. Hohenzollern, größere Teile zusammenzufassen. Reiche Bodenschätze verhalfen diesen Mittelgebirgslanden namentlich vom ausgehenden Mittelalter ab zu einer beachtlichen wirtschaftlichen Eigenständigkeit, die noch unterstrichen wurde durch die vermittelnde Rolle namentlich der Leipziger Messe nach dem Osten.

Wie die weitere Darstellung zeigen wird, haben sich die hier angedeuteten Großlandschaften mit der Zeit in kleinere Wirtschaftsräume aufgegliedert, deren jeder mit eigenem Gepräge und eigener Leistung zur Gesamtheit der Volkswirtschaft beigetragen hat.

2. Zeitliche Gliederung

Zunächst die Frage der zeitlichen Gliederung. Jede Periodisierung des Geschichtsablaufs hat ihre Mängel, andererseits ist es der Übersichtlichkeit halber unerläßlich, gewisse Zäsuren zu machen, die über die allgemeine Einteilung in frühe, mittelalterliche, neuere und neueste Geschichte hinausweisend tiefer liegende Zusammenhänge erfassen. Es ist dabei begreiflich, daß jeder Zweig der Geschichtswissenschaft seine Unterteilung nach Kriterien vorzunehmen bemüht ist, die ihm gemäß erscheinen, die Kunst- und Literaturgeschichte anders als die politische Geschichte, und so auch die Wirtschaftsgeschichte. Dem Wirtschaftshistoriker wird es vornehmlich darum gehen, seine Einteilungskriterien den typisch wirtschaftlichen Vorgängen und Zusammenhängen zu entnehmen, er wird nicht bestrebt sein, den Übergang von der einen Periode zur anderen auf ganz bestimmte Ereignisse und Jahre festzulegen, es genügt seiner Ansicht nach nicht, wenn man lediglich die Ablösung eines bisherigen Zustandes durch einen neuen hervorhebt, vielfach hat Altes neben Neuem bestanden, war das Prinzip der Kontinuität stärker als die Stoßkraft eines plötzlichen Umbruchs. Ein wichtiges Problem hinsichtlich der Gliederung liegt deshalb in einer ausgewogenen Berücksichtigung der statischen wie der dynamischen Elemente des wirtschaftlichen Prozesses.

Bei meiner Einteilung möchte ich von folgenden Erwägungen ausgehen: Die Anfänge liegen zweifellos da, wo sich das politische Gebilde zu gestalten beginnt, das man später als Deutschland bezeichnet, d. h. im Zusammenhang mit der Auflösung des Karolingerreichs, als sich ein Königtum ostfränkischer Prägung absonderte. Aber dieser Vorgang wäre nicht zu verstehen, ohne die Kenntnis dessen, was auf diesem künftig deutschen Gebiet vorausgegangen ist, ohne die Erwähnung der wichtigsten Ereignisse und ohne die Analyse ihrer sozialen und wirtschaftlichen Bedingtheiten. Es ist also erforderlich, eine Würdigung der Völkerwanderungsbewegung und ihres Zusammenhangs mit der antiken Welt, mit dem Römischen Reich und seiner Kultur und mit dem Christentum einzubeziehen. Man könnte es im Blick zurück mit dem Einsetzen der schriftlichen Überlieferung, mit Caesar und Tacitus bewenden lassen. Manche, besonders die agrarhistorischen Gegebenheiten, verstehen sich besser, wenn man noch weiter, d. h. in die Bronze- und Steinzeit zurückgreift, und so wollen wir unsere Darstellung auch mit einem solchen Vorspann beginnen.

In der weiteren Behandlung des Stoffes wollen wir uns nicht so sehr an den epochebildenden Charakter einzelner Ereignisse klammern, als zu zeigen versuchen, wo entscheidende Umbrüche in den tiefer liegenden Schichten vorliegen, Umbrüche, die gewöhnlich durch ein Bündel solcher Ereignisse herbeigeführt wurden und gewisse Zeiträume beanspruchten. Ein solcher Umbruch dürfte zunächst am Ende der Völkerwanderungszeit liegen, als sich eine neue Agrarverfassung herausbildete und Staat und Gesellschaft aus der Durchdringung germanischer und antiker Wurzeln unter den fränkischen Königen festere Gestalt gewannen. Ein weiterer Umbruch erfolgte im Verlauf des 13. und im Übergang zum 14. Jahrhundert. Die große Phase der Kaiserzeit ist zu Ende; im Ostelbischen sind die Anfänge zur Ausbildung der künftigen Gutsherrschaft zu erkennen. Vor allem macht sich von jetzt ab in beachtlichem Maße die Stadtwirtschaft geltend, das städtische Handwerk beginnt sich in Zünften zu organisieren und politischen Einfluß zu erlangen, die Leistungsfähigkeit des deutschen Kaufmanns äußert sich in der Expansion der oberdeutschen Wirtschaft und im Zusammenschluß der norddeutschen Küstenstädte zur Hanse. Das fügt sich ein in den Rahmen des Vorgangs, den man als „Kommerzielle Revolution" bezeichnet hat, der allerdings zunächst vor allem in Italien festzustellen ist und der wiederum zu verstehen ist im Zusammenhang mit der großen geistigen Bewegung der Renaissance.

Die große Zeit der wirtschaftlichen Expansion ging mit dem 13. Jahrhundert zu Ende. Sie wurde abgelöst durch eine Krisenzeit, die, schon in der ersten Hälfte des 14. Jahrhunderts erkennbar, durch den Schwarzen Tod in der Mitte des 14. Jahrhunderts und die ihm folgende Periode der Stagnation gekennzeichnet ist. Die nächste Phase fällt ins 16. und in die erste Hälfte des 17. Jahrhunderts. Die oberdeutsche Wirtschaft übernimmt ihre frühkapitalistische Führungsposition. Jenseits der Elbe ist die Ausbildung der Gutswirtschaft in vollem Gange. Diesseits haben die Auswirkungen des Bauernkriegs tiefgreifende soziale Folgen. Reformation und Gegenreformation bekräftigen die Ausprägung der Territorialstaaten und die Ausbildung territorialstaatlicher Politik. Diese Vorgänge sind wieder eingefügt in den größeren Prozeß der Ausweitung der Welt als Folge der Entdeckungen und der entsprechenden Verlagerung der Welthandelswege.

Schließlich der Zeitraum vom Ende des 30-jährigen Krieges bis zur Wende des 18. Jahrhunderts. Die Wirtschaft wird nun geprägt durch den absoluten Fürstenstaat und seine merkantilistischen Maßnahmen. Der von England ausgehende Prozeß der Industrialisierung macht sich mit neuen Anregungen geltend. Der nächste Abschnitt wird eingeleitet durch die politischen Ereignisse der Französischen Revolution und der Napoleonischen Kriege, die tiefgreifende gesellschaftliche Veränderungen zur Folge haben. Das alte Reich bricht zusammen, die alte ständische Gesellschaft ist in Auflösung begriffen, die Reformmaßnahmen, namentlich in Preußen, sind begleitet von bedeutungsvollen Veränderungen im Bereich der Technik und des Verkehrs. Sie schaffen wichtige Voraussetzungen für den Durchbruch der Industrialisierung. Es empfiehlt sich jedoch, nicht in der Mitte des 19. Jahrhunderts eine Untergliederung zu machen, obwohl hier die

Industrialisierung verstärkt einsetzt, sondern das politische Ereignis der Einigung des Reiches und die anschließende „Depression" als Marke zu nehmen. Die weitere Entwicklung bis zum Ausbruch des Ersten Weltkriegs verläuft im Zeichen der sich ausweitenden Weltwirtschaft und dessen, was wir heute als Imperialismus bezeichnen. Mit dem Weltkrieg setzt dann wieder eine neue Phase ein, die geprägt ist durch eine Kette schwerer Krisen, zunächst durch den Krieg, dann durch die Nachwirkungen des Krieges in der Form der Rheinlandbesetzung, der Inflation und der Reparationen, durch das politische Abenteuer des nationalsozialistischen Regimes, schließlich durch den zweiten Weltkrieg und zuletzt durch dessen Auswirkungen: der deutsche Staat wird aufgeteilt, die politische, militärische und wirtschaftliche Anspannung infolge des sich verschärfenden Kalten Krieges zwischen den zwei großen Machtblöcken in West und Ost bedingen die verschiedenartige Entwicklung in der Bundesrepublik Deutschland und jenseits des Eisernen Vorhangs bzw. jenseits der verschiedenen Formen der Mauer. Gleichzeitig macht sich ein verstärktes Streben über die nationalen, staatlichen Grenzen hinweg bemerkbar, um zu größeren das europäische Gesamtschicksal berücksichtigenden Organisationen zu gelangen.

I. Die Frühzeit

Eines der Hauptsiedlungsgebiete der von der Mitte des 5. Jahrtausends ab seßhaften Menschen mit einer als bäuerlich zu bezeichnenden Kultur liegt im Bereich der Lößböden, vom Ausgang der großen Alpentäler bis zur Soester Börde und bis in die Gegend von Stendal und Graudenz. Man hat in diesen ältesten, neolithischen Siedlungsresten hauptsächlich keramische Erzeugnisse gefunden, die mit bandartigen Verzierungen versehen sind. Ein zweiter Kulturkreis hat seinen Schwerpunkt in Westeuropa, für ihn sind die große Grabkammer, als Sippengrab, und die steinerne Säule, der menhir, bezeichnend. Zwischen den beiden Kulturkreisen gab es Auseinandersetzungen; die von Westen kommenden Vorstöße müssen bis nach Hessen und bis in die Vorlande des Harzes gelangt sein. In Westfalen namentlich findet man als Zeugen in die Erde eingelassene Steinkisten, die die Reste von über 200 Menschen bergen konnten.

Eine dritte Kulturprovinz kann man im norddeutschen Tiefland bis nach Skandinavien hinein feststellen. Ihre bedeutendsten Überreste sind mächtige Steingräber, Steinhäuser, wie sie aus dem Gebiet der Lüneburger Heide bekannt sind. Auch hier gibt es Kontaktzonen mit schwächer ausgebildeten Formen, etwa im Emsland, in Hinterpommern, nach Mitteldeutschland hinein, die von Vorstößen und Wanderungen aus dem Norden zeugen.

Das Leben in dieser Zeit hat nun also schon betont bäuerliche Züge. Eines der wichtigsten Zeugnisse sind die Getreidekörner, die man geröstet in den Fundablagerungen und als Abdrücke in den Scherben der Tongefäße festgestellt hat. Das deutet auf das Vorhandensein des Getreidebaus hin. Weiter hat man in den Pfahlbauten wie auch in südschwedischen Moorfunden gedörrte und durchgeschnittene Äpfel gefunden, die darauf hindeuten, daß man den Apfel bereits kultivierte. Man siedelte in Dörfern, die zuweilen mit Palisaden umgeben waren. Aus Eichenstämmen wurden Häuser von 6 bis 7 Metern Breite und bis zu einer Länge von 30 oder 40 Metern errichtet. Zum Teil baute man auf dem Lande im Uferbereich von Seen große Pfostenhäuser mit senkrechten Wänden und Satteldach.

Das Leben dieser Menschen vollzog sich auf der Stufe der Eigenwirtschaft in einer Art Hofgemeinschaft, zu der nicht nur die Angehörigen der eigenen Familie, sondern auch Hintersassen zählten. Besondere Begabung, eigentümliche Materialvorkommen haben dazu geführt, daß sich einzelne Gewerbe spezialisierten: Es gab besonders Geschickte, die aus Feuersteinen Geräte, oder aus Ton Gefäße herzustellen verstanden; andere widmeten sich dem Tausch, denn die Rohstoffe gab es nur in bestimmten Gegenden, in denen sie gewonnen und bearbeitet bzw. verarbeitet wurden. Bergmännische Gewinnung von Feuerstein ist für verschiedene Gebiete von England bis Polen und Ungarn nachgewiesen worden. Den Flint- oder Feuerstein gab es z. B. im nördlichen Jütland und bei Pressignac in Frankreich. Der buntgebänderte Silex kam aus Ostgalizien, der Bernstein von der Ostseeküste, aber auch von Jütland. Auch Metalle wurden bereits eingeführt. Im jüngeren Neolithikum ist Kupfer und Gold bekannt. Eine wichtige Route der Fernverbindungen scheint vom Orient über das Mittelmeer nach Südfrankreich und von da das Rhônetal aufwärts in die Gegend des Oberrheins und weiter nach Norddeutschland geführt zu haben.

Man nimmt an, daß es über die Familie und Dorfsiedlung hinausgehende größere Gemeinschaften gab, die zu religiösen Veranstaltungen zusammenkamen, bei denen dann auch Märkte abgehalten wurden. Man hat diesen Schluß gewagt aus der Überlegung, daß solche Vereinigungen in späteren Kultverbänden weiterlebten und führt die Verehrung der Nerthus in diese frühe Zeit zurück. Dieser ganze Vorgang des Übergangs zur bäuerlichen Wirtschaftsweise hängt auch mit der Ausbreitung der Indogermanen zusammen, die den Ackerbau kannten und Pflug und Egge, Hacke und Sichel gebrauchten. Bezeichnend für sie war vor allem der Besitz von Vieh, das für sie einen wichtigen Wertmesser darstellte. Sie kannten das Rind und das Schaf und besaßen das gezähmte Pferd, das sie vor ein leichtes zweirädiges Gefährt spannten. Bei diesem Volk mit nomadischem Charakter gab es für Männer und Sippen mit besonders hervorragenden Eigenschaften mancherlei Gelegenheit, sich auszuzeichnen, bei der Auseinandersetzung mit Nachbarn, bei der Jagd, bei Naturkatastrophen, und man hat deshalb geschlossen, daß es eine vererbliche Häuptlingswürde und einen Kreis führender Geschlechter gab.

Eine weitere Eigentümlichkeit dieses Volkes war die Vorliebe für das Einzelgrab, wie es uns besonders auffällig in Jütland, im Bereich der Großsteingräber begegnet; die Toten sind in Hockerstellung bestattet, den Männern ist vielfach eine Streitaxt aus Stein beigegeben, weshalb man die Träger dieser Kultur auch „Streitaxtleute" genannt hat; in Mittel- und Süddeutschland, namentlich im Gebiet der Saale, entspricht ihnen ein Kulturkreis mit Schnurkeramik, während anderwärts, so in Westdeutschland, eine besondere Becherform auffällt. Man hat aus diesen landschaftlichen Verschiedenheiten, zu denen auch die Herrensitze in Tiryns und Mykenai gehören, geschlossen, daß es beim Vordringen dieser Nomaden zu mancherlei örtlichen Auseinandersetzungen kam und sie da, wo ihre Kräfte erlahmten, veranlaßt wurden, sich den Gegebenheiten einzelner Räume anzupassen.

Die Verschiedenheit der kulturellen Äußerungen brachte man in Verbindung mit dem sprachlichen Vorgang der Aufspaltung der Kentumvölker in drei Gruppen, die man später als Germanen, Kelten und Illyrer bezeichnet hat. Aus der Deutung der ältesten schriftlichen Quellen ergibt sich, daß die Kelten große Teile ihres ursprünglich mitteleuropäischen Siedlungsgebietes aufgaben und sich nach Süden und Westen verlagerten, während die Germanen sich von Norden her nach Mitteleuropa ausbreiteten und die Illyrer von Ostdeutschland, wo die Ortsnamenforschung sie nachgewiesen hat, weiter nach Süden zogen. Dieser Prozeß erstreckte sich über Jahrhunderte. Wurde in den Einzelgräbern zunächst die steinerne Axt gefunden, so treten nach verschiedenen Übergangsformen Äxte aus Kupfer in Erscheinung. Sie zeugen für die Berührung mit den fortgeschrittenen östlich-mittelmeerischen Kulturen. Diese östlichen Anregungen führten dazu, daß die Steingeräte zum Teil durch solche aus Bronze ersetzt wurden. Man setzt den zeitlichen Beginn dieser neuen Kultur um etwa 1800 v. Chr. an und läßt sie in ihren mitteleuropäischen Zentren um 800 v. Chr. zu Ende gehen, während sie in Nordeuropa und anderen europäischen Randgebieten etwas später einsetzte und auch etwas später zu Ende ging.

Hat man das Kupfer zunächst aus der Ferne bezogen, so ist man allmählich darauf gekommen, im eigenen Land nach Kupfer zu graben. Die wichtigsten Gewinnungsstätten für Mitteleuropa lagen in den östlichen Alpen, Ungarn und Siebenbürgen. Doch kam die Versorgung nicht allein von dort. Wieweit in Mitteldeutschland Kupfer gewonnen wurde, ist allerdings noch nicht geklärt. Aus der Legierung von Kupfer und Zinn wurde die Bronze gewonnen, aus der man zum Teil sehr dünnwandige Gußstücke herzustellen vermochte, ein Zeichen für den hohen Stand der Technik, den man sich am ehesten durch eine weitgehende Arbeitsteilung erklärt.

In Mitteldeutschland und Böhmen im Bereich der frühbronzezeitlichen Aunjetitzer Kultur hat man reich ausgestattete große Grabkammern gefunden, in denen man Fürstengräber vermutet. Die Steine zu diesen Kammern stammen zum Teil von Plätzen, die über 30 km entfernt lagen. Man bringt das Entstehen dieser Fürstensitze mit der Kupferverarbeitung in Verbindung. In Gräbern der späteren Bronzezeit hat man, namentlich in Norddeutschland, Gegenstände einer hochstehenden Goldschmiedetechnik gefunden, die vermutlich kultischen Zwecken dienten. Der größte dieser Funde wurde bei Eberswalde im östlichen Brandenburg gemacht.

Die keramische Technik unterscheidet sich wenig von der der jüngeren Steinzeit. Die überlieferten Formen wurden beibehalten, zum Teil sind die Erzeugnisse feiner und reicher verziert, doch hat die Keramik nicht mehr die führende Stellung wie früher. Die Metallgefäße haben ihnen den Rang abgelaufen.

Schon in der Steinzeit verstand man zu spinnen und zu weben. In der Bronzezeit zeigte sich auch auf diesem Gebiet eine gesteigerte Kunstfertigkeit. Man kannte die Köperbindungen und stellte nicht mehr nur Stoffbahnen her, die man dann zusammennähte, sondern war imstande, größere Stücke in einem zu weben. Man kleidete sich zweckmäßiger und reicher und verwendete den schönen Bronzeschmuck in Form von Nadeln, Fibeln, Gürteln und Armreifen.

Wir können des weiteren ein gewisses zimmermännisches Können feststellen, das beim Haus- und Schiffsbau Verwendung fand. Beim Hausbau zeigt es sich in der Art der Verstrebungen und Verbindungen der Fachwerkbauten. Die Schiffe der Küstenbewohner wurden zunächst aus Rinden zusammengeflickt, später aber aus Planken hergestellt und gekalfatert und wurden, wenn man nach den Felsbildern von Bohuslän gehen darf, mit Paddeln vorangetrieben.

Die eben erwähnten südschwedischen Felsbilder zeigen Szenen des bäuerlichen Fruchtbarkeitszaubers und pflügende Bauern, die wohl noch den Hakenpflug benutzten, diesen aber nun von Ochsen ziehen ließen. Es gab das Speichenrad, während man im Mittelmeergebiet noch das einfachere Scheibenrad hatte. Auch kannte man die im Zapfen drehbare Vorderachse des Wagens. Wie die Dorfsiedlungen angelegt waren, vermögen wir nicht zu sagen. In Buch bei Berlin fand man eine Dorfanlage aus der späten Bronzezeit, aber es ist nicht bekannt, wie weit sie beispielhaft ist. Seitdem der Mensch sich in stärkerem Maße von Körnern ernährte und Viehzucht trieb, gewann das Salz an Bedeutung. Man beschaffte es sich aus den Bergen, indem man das sog. Haselgestein ablaugte und die gewonnene Sole sott. Daß man sich für die Solequellen – so in Württemberg und Sachsen – interessierte, zeigt die in der Bronzezeit dichter werdende Besiedlung in ihrer Nähe.

Während die Prähistoriker schon für die jüngere Steinzeit und erst recht für die Bronzezeit die Existenz eines Güteraustausches über weitere Entfernungen annehmen, sind die Wirtschaftshistoriker, die sich mit der Frage beschäftigen, skeptischer. Die Sprachwissenschaft hat gezeigt, daß es im indogermanischen Wortschatz wohl die Bezeichnung für „Preis", „Tausch", und „Kauf" gibt, nicht dagegen für „Händler" oder „Kaufmann". Trotzdem gilt, daß Güter auf weite Entfernungen verkehrten. Anders könnte man sich die verhältnismäßig rasche Verbreitung des neuen Metalls nach dem Norden nicht vorstellen. Man hat versucht, im Bernstein, der nach dem Süden ging, eine Art Geld zu sehen. Bernstein wurde vornehmlich an der Westküste Schleswig-Holsteins bis hinauf nach Jütland gesammelt, an der samländischen Küste offenbar erst in den letzten vorchristlichen Jahrhunderten.

Will man den Tauschcharakter für das Bernsteingebiet zugeben, so erhebt sich die weitere Frage, womit man in den Gegenden, die keinen Bernstein hatten, das neue Metall bezahlte. Die Archäologen weisen da auf die Bronzehalbwaren hin, die man in Horten gefunden hat: ringförmige Barren, die man um den Hals tragen konnte, Armringe, neue und verbrauchte Beile und andere Werkzeuge aus Altmetall.

Auch hier sind einige Wirtschaftshistoriker skeptisch. Sie argumentieren, die Bronze sei schon in der Mitte der Bronzezeit so häufig verbreitet gewesen, daß sich ein Bronzestück selbst nicht mehr als Tauschvermittler eignete, höchstens zur Bildung von Vermögen, indem man damit Vorräte anlegte. Auch das Gold, das man in Gräbern von Reichen und Vornehmen fand, wird nicht als Geld gedeutet, sondern als Vermögen.

Wenn man also gegenüber der Vorstellung skeptisch sein muß, die Menschen der Bronzezeit hätten schon eine Form von Geld als Tauschmittel gehabt, so bleibt die Möglichkeit des Tausches von Gut gegen Gut. Wieweit schon richtige Märkte stattfanden, das bleibt ebenfalls eine offene Frage. Neben dem Bernstein eignete sich besonders das Salz zum Handel, das ja allenthalben begehrt und an verhältnismäßig wenigen Plätzen gewonnen wurde, die allerdings meist in der Nähe der Kupferfundorte lagen. Verschiedene Bronzegeräte, Gefäße, aber auch Helme, Schilde zeigen südliche Formen; allerdings ist ihre Zahl gering im Vergleich zu der Menge gefundener nordalpiner Eigenerzeugnisse, so daß man sich jedenfalls von einem transalpinen Warenaustausch keine übertriebenen Vorstellungen machen darf.

Die Archäologen lassen die Bronzezeit in Süddeutschland um 800 v. Chr., in Norddeutschland um 500 v. Chr., zu Ende gehen und setzen dann die Eisenzeit an, weil das vorherrschende Metall nun das Eisen wird, das allerdings auf die Gestaltung des Gewerbes keinen solchen Einfluß ausübte, wie es bei der Bronze der Fall war. Viel wichtiger ist die Tatsache, daß die Bevölkerung im mitteleuropäischen Raum sich in Bewegung befand. Schon in der mittleren Bronzezeit, zwischen 1200 und 1000, ist diese Unruhe, namentlich im Norden, festzustellen. Neue Siedlungsräume werden gewonnen, die landwirtschaftliche Betriebsweise wird dabei verbessert, neue Gemeinschaftsformen bilden sich heraus; wir können jetzt auch die erste Überlieferung antiker Schriftsteller zum Vergleich heranziehen, so daß es möglich ist, mit Hilfe dieser ersten schriftlichen Zeugnisse wesentlich deutlichere Feststellungen zu machen.

Es ist dies die Epoche, in der die Germanen bei uns mehr und mehr ins Blickfeld rücken. Das Wort „Germanen" wurde von den gallischen Nachbarn auf die späteren Tongern angewandt und von den Römern und Griechen für die Gesamtheit verschiedener Stämme übernommen, obwohl sie selbst sich nicht als Einheit, wohl aber als verwandt empfanden. Seit der jüngeren Bronzezeit sind sie schon östlich der Danziger Bucht und an den Oberlauf der Warthe, zu den Havelseen und zum Rand des Harzes, im Westen über die Ems hinausgelangt. Zwischen 650 und 500 v. Chr. rückten sie ins heutige Belgien vor, wo sie sich mit den Kelten vermischten. Um die Mitte des Jahrtausends gelang es ihnen, ins Gebiet von Sieg, Lahn und Dill vorzudringen, wo die Kelten die Eisenverarbeitung entwickelt hatten und sich mittels Burganlagen verteidigten. Nachdem die Germanen dies erreicht hatten, lag ihnen auch die Kölner Bucht offen. Im weiteren Verlauf der

Wanderungsbewegung sonderten sich diese germanischen Völkerschaften immer mehr, so daß man später neben den Nordgermanen, die Ost-, Süd- und Westgermanen unterschieden hat. Zu großen kriegerischen Auseinandersetzungen scheint es während dieser Wanderungsbewegung nicht gekommen zu sein, was offenbar mit der Tatsache zusammenhängt, daß die Bereiche, in die sie vorstießen, spärlich besiedelt bzw. siedlungsfrei waren. Die dort siedelnden Völkerschaften waren auch in Bewegung geraten. Dieser Umstand mußte sich zugunsten der Kontinuität der wirtschaftlichen Entwicklung auswirken.

Gerade in dieser Zeit weiteten die Kelten ihren Siedlungsbereich nach Osten und Südosten aus. Im Osten drangen sie nach Böhmen, in die Odersenke und zu den Karpaten vor, im Süden drängten sie die Illyrer zurück und rückten in Richtung Donau und Drau vor, im 4. Jahrhundert aber zogen sie nach Italien, berannten Rom und siedelten sich in Oberitalien an; hundert Jahre später kamen sie nach Griechenland und drangen ins pergamenische Reich vor. Hinzu kommt noch der Zug der Ostgermanen, einmal der Bastarner, die ursprünglich in Norwegen siedelten, dann der Vandalen, die aus Dänemark kamen, sowie der Burgunder und Goten, die aus Schweden stammten, während die Westgermanen nach dem 3. Jahrhundert erneut in Bewegung gerieten und nun die Mosel überschritten, dann aber vorläufig an der Donau haltmachen mußten.

Die Kimbern, die aus Jütland kamen und denen sich die Teutonen anschlossen, zogen vermutlich auf die Oder zu; dann wurden sie von den Bojern nach der Marchebene gedrängt. Sie wandten sich darauf durch Pannonien nach Oberitalien, um schließlich von den überlegeneren Römern in Südfrankreich aufgerieben zu werden. Man hat sich gefragt, was wohl die Expansion der Germanen und die Wanderung der Illyrer und Kelten veranlaßt hat. Man denkt dabei vor allem an eine Klimaverschlechterung und dadurch bedingte Übervölkerung. Vielleicht hat sich der magnetische Nordpol verlagert oder hat die Strahlungswärme der Sonne abgenommen; jedenfalls wurden die Menschen im Norden veranlaßt, südlichere Gegenden aufzusuchen.

Man stellt sich den Klimawechsel so vor, daß die Bronzezeit noch in eine auslaufende Wärmephase fällt, die die Mitte zwischen kontinentalem und feuchtem Seeklima einhielt. Dann, um die Mitte des letzten Jahrtausends v. Chr., setzte ein feuchtes, kühles Klima ein, das fast das ganze erste halbe nachchristliche Jahrtausend anhielt. Im Zusammenhang mit dieser Klimaveränderung bildeten sich große Wälder, Sümpfe und Moore. Wir kennen den düsteren Eindruck, den diese Verhältnisse erweckten, aus den Schilderungen der Römer. Was wir aus der archäologischen und schriftlichen Überlieferung und mit den Methoden der Pollenanalyse und der Bodenchemie über das wirtschaftliche Leben in dieser Zeit erschließen können, ist außerordentlich lückenhaft, und es ist vor allem auch recht ungleich hinsichtlich der germanischen, der illyrischen und der keltischen Siedlungsbereiche.

Die kulturellen Schwerpunkte lagen in dieser Zeit offensichtlich im illyrisch-keltischen Raum. Die Germanen haben offenbar ihre ganzen Kräfte zur Sicherung und Ausweitung ihres Lebensraumes gebraucht. Der kulturell interessanteste Bereich war einmal der der Hallstattkultur, die ihren Namen vom wichtigsten Fundort im Salzkammergut hat. Ihr Haupteinflußgebiet waren die Alpenländer, doch erstreckte sie sich im Westen bis über die Loire, im Norden bis Hessen, ja, mit Ausläufern bis nach den dänischen Inseln, im Osten bis Österreich, Böhmen und Mähren. Man nimmt an, daß Illyrer die Hauptträger der mit Hallstatt gekennzeichneten Kultur waren und daß im Zusammenhang damit das Keltische eine starke illyrische Komponente bekam. Von den Illyrern übernahmen die Kelten den Gebrauch des Eisens, von ihnen stammt auch die Bezeichnung. Die Nordostausläufer dieser illyrischen Welt haben die Archäologen mit dem Begriff „Lausitzer Typ" gekennzeichnet. Ihre Ausweitung nach Westen läßt sich u. a. anhand von Urnenfeldern verfolgen, die die bronzezeitlichen Hügelgräber überlagern. Brandschutt, vergrabene Metallschätze und die Lage der Siedlungen auf Höhen, die der Verteidigung dienten: all dies deutet darauf hin, daß die Zeit recht unruhig war. Die Überreste der Hallstattkultur sind zwar verhältnismäßig reich und lassen eine beachtliche schöpferische Aktivität erahnen, gleichzeitig sind aber deutlich Zeichen der Veräußerlichung erkennbar; aus verschiedenen Anzeichen schließt man auf den Zerfall der bisherigen Gemeinschaften und die Herausbildung kleinerer Verbände. Darauf weisen vor allem die Reste von Burgen und Fürstengräbern hin. Zum Teil sind diese Dinge wohl zu erklären mit der Südbewegung der Illyrer, über deren Ursache man noch nichts genaues weiß. Nur zum Teil hängt sie mit dem Einbruch der Skythen zusammen, der in der Mitte des Jahrtausends erfolgte und dessen Spuren, vor allem Pfeilspitzen, in der Odergegend und am Fuß der Ostalpen festzustellen sind.

Nach dem Ereignis dieser Südwanderung entfaltete sich in den letzten Jahrhunderten v. Chr. die keltische Latène-Kultur, die besonders deutlich in den Fürstensitzen Süddeutschlands und der Schweiz in Erscheinung tritt, mit der Heuneburg bei Saulgau als bekanntestem, aber Ausläufer bis in die Gegend der Marne, nach Schlesien und die Donau entlang hat. Der Stil ist nicht so reich und überladen wie der der Hallstattzeit; er ist strenger.

Man muß aus dem Geschilderten schließen, daß die sozialen, wie auch die wirtschaftlichen Verhältnisse in der hier behandelten Epoche keineswegs einheitlich waren. Am meisten wissen wir über die Germanen, weil uns hier die schriftliche Überlieferung entgegenkommt, und wir aus ihr wertvolle Rückschlüsse machen können. Allerdings muß beachtet werden, daß die antiken Schriftsteller nur die Grenzgebiete kennenlernten, die zudem von wiederholten Kämpfen heimgesucht wurden.

Die Landwirtschaft unterschied sich von der römischen, aber sie war keineswegs einheitlich. Es gab die Einzelhofsiedlung und die Dorfanlage, es gab das Gehöft und das Bauernhaus, das Wohnung und Stall unter einem Dach hatte. Einen gewissen Einfluß übten dabei die Gegebenheiten der Natur aus. Wo der Ackerbau vorherrschte, entstand die Dorfanlage, in Gegenden mit überwiegender Viehzucht empfahl sich der Einzelhof. Gewisse Anregungen gingen wohl auch von den Stammeseigentümlichkeiten aus, wenn z. B. in Niedersachsen und Westfalen der Einzelhof bevorzugt wurde. Man siedelte übrigens nicht nur in waldfreien oder waldarmen Gebieten, sondern auch im Wald, der ja mit den Früchten der Eiche, der Buche und des Haselnußstrauches wesentlich zur Bestreitung des Haushalts beitrug.

Die Zahl der angebauten Feldfrüchte und Gemüsepflanzen war verhältnismäßig groß. Schon lange kannte man Weizen und Spelzarten, sowie Gerste, Roggen, Hafer und Hirse, dann als Gewerbepflanzen Hanf und Flachs. Mit der Klimaveränderung ging der Weizenbau zurück, während Gerste, Roggen und Hafer sich verbreiteten. Die Berührung mit den Römern führte zur Übernahme verschiedener Küchengewächse, des Kohls, der Gurke, der Zwiebel. Der Obstbau wurde bereichert, zum Apfel kam die Birne, seit der Latènezeit gab es Pflaumen und Süßkirschen, ja auch der Weinbau wurde betrieben. Das Pferd gewann als Reittier erhöhte Bedeutung, seit der jüngeren Hallstattzeit erscheint das Haushuhn. Seit dieser Zeit wurde das Großvieh im Süden in Ställen untergebracht, was wiederum die Düngung und Futtervorratswirtschaft beeinflußte. Außerdem sah man auf eine besondere Nutzleistung der Lieferung von Milch und Wolle.

Wie sich der Wechsel zwischen Anbau und Brache entwickelt hat, weiß man nicht genau, doch nimmt man an, daß die Germanen schon ziemlich früh von einer wilden Feldgraswirtschaft zu einem geregelten Wechsel, vielleicht auch schon zu einer Zwei- und Dreifelderwirtschaft übergegangen sind, also zwischen Winterung, Sommerung und Brache wechselten. Sie kannten auch schon die Düngung mit Hilfe des Mergels; der seit der Bronzezeit bekannte hölzerne Hakenpflug wurde im keltischen Bereich gelegentlich mit einer Eisenspitze versehen. Auch kannte man die Egge. Der schollenwendende Streichbrettpflug erscheint in Norddeutschland im 1. Jahrhundert v. Chr.

Wenn man gegenüber der Bronzezeit die Eisenzeit abhebt, so darf man sich nicht vorstellen, als ob nun alle Bronzegeräte sofort durch solche aus Eisen ersetzt worden seien. Eine hervorragende Kenntnis in der Verarbeitung des Eisens gab es zunächst nur im Bereich der Hallstatt-Kultur, weiter nördlich setzte sich das Eisen gegenüber der Bronze nur verhältnismäßig langsam durch, so daß sich eine Epochenverschiebung von etwa 2 oder 3 Jahrhunderten ergibt. Die Funde sind verhältnismäßig spärlich. Eisen erhält sich im Boden schlechter als Bronze. Es wird durch Rostfraß leicht angegriffen. Auch hat man alte Gegenstände wohl meist wieder zu neuen verarbeitet.

Unter den Waffen findet man Langschwerter, Beile, Hiebmesser, Lanzen- und Pfeilspitzen. Das Eisen wurde, im Gegensatz zum Bronzeguß, mit Hammer und Zange auf dem Amboß geschmiedet. Der Formenreichtum der Bronzezeit ging dabei begreiflicherweise verloren.

Wo man Eisen gewonnen und verarbeitet hat, ist heute noch nicht genau geklärt, offenbar nicht in Hallstatt selbst. Hier wurde das vielbegehrte Salz gesotten, und das Eisen tauschte man gegen Salz ein. In der späteren Hallstattzeit sehen wir etwas deutlicher: Damals wurde Eisen schon an verschiedenen Stellen gewonnen, in der Alpenzone Noricums und auf der schwäbisch-bayerischen Hochebene verhüttete man Brauneisenstein und Bohnerze, im Siegerland verwertete man das Raseneisenerz, in Norddeutschland Sumpfeisenerze. Geschmolzen wurde das Erz in sogenannten Rennöfen unter Verwendung von Holzkohle und Kalk. Um aus dem gewonnenen Eisenklumpen, der Luppe, die Schlacken herauszubekommen, wurde er noch mehrfach erhitzt und geschmiedet. Die Technik machte allmählich Fortschritte, so daß man in der Latènezeit bereits eine Art Stahl herzustellen verstand.

Im allgemeinen sind die Beigaben in den Gräbern weniger reich als in der Bronzezeit, auch Funde gehorteter Gegenstände sind seltener, so daß man über die übrigen Gewerbe verhältnismäßig schlecht informiert ist. Im Steingewerbe war die Herstellung von Mühlsteinen wichtig. Solche von Bellerberg bei Mayen fanden jetzt schon weite Verbreitung. Die Technik der Keramik machte insofern Fortschritte, als man in Süddeutschland im 2. Jahrhundert v. Chr. die in den mittelmeerischen Ländern übliche Drehscheibe zu verwenden verstand. Die Gefäße wurden zum Teil recht prunkvoll bemalt. Im Norden dagegen stellte der Töpfer seine Erzeugnisse weiterhin mit der Hand her. Seit der Hallstattzeit wurde die Gewinnung von Grafit in der Passauer Gegend wichtig, aus dem man feuerfeste Gefäße herstellte. Über den Hausbau kann man sich mit Hilfe von aufgedeckten Grundrissen orientieren. Auch vermitteln die sogenannten Hausurnen ein interessantes Gesamtbild. Man setzte die Häuser auf Pfosten oder errichtete Block- und Fachwerkbauten. Das Dach war steil, hatte die Form des Sattels oder war abgewalmt. Wie schon angedeutet, bevorzugte man im Norden das Einhaus, während man in den übrigen Gegenden Wohnhaus, Ställe und Speicheranlagen zu einem Gehöft zusammenfaßte.

Bezieht sich das eben Gesagte vorwiegend auf die germanischen Siedlungen, so sind für den keltischen Raum zahlreiche Fürstensitze und stadtartige Niederlassungen (lateinisch oppida) bezeichnend. Heuneburg und Manching gehören zu den bekanntesten. Auch in den keltisch beeinflußten germanischen Siedlungsbereichen finden sich solche „oppida“: die Häuser dicht an einer Straße, das Ganze von einem Wall umgeben. Gerade in diesen Oppida müssen wir Plätze sehen, in denen Gewerbe, Verarbeitung von Eisen, Glasherstellung zuletzt, und Handel stärker konzentriert waren. Das beste Beispiel ist Magdalensberg in Kärnten.

Wieweit sich schon einzelne Gewerbezweige verselbständigt haben, läßt sich schwer beantworten. Ansätze in der Kupfergewinnung und Verarbeitung, in der Keramik und im Schiffsbau, wohl auch in der Drechslerei müssen dagewesen sein, ebenso muß man aus der Eisenbearbeitung mindestens der Latènezeit auf eine gewisse Arbeitsteilung schließen. Aus dem Schmiedegewerbe bildete sich bei den Kelten eine recht hohe Schmiedekunst heraus. Ebenso muß man aus der sozialen Gliederung im Bereich der Fürstensitze auf Bevölkerungsschichten schließen, deren Aufgabe es war, landwirtschaftliche Überschußproduktion zu erzielen.

Um etwas vom Gütertausch der Hallstattzeit zu erfassen, muß man vor allem an das Salz denken, das vom Salzkammergut bis in die österreichische Donaugegend, nach Südböhmen und Bayern gelangte. Man tauschte dagegen wahrscheinlich Waffen und andere Erzeugnisse wie Eisenbarren ein. An die Stelle des jütischen Bernsteins trat mehr und mehr der baltische. Als Gegenleistung kamen Kupfer, Bronze, Gold nach dem Norden. Wichtig für die Vermittlung mittelmeerischer Erzeugnisse wurden die Kontakte zu den griechischen Handelsniederlassungen, namentlich zu dem im Rhonedelta aufblühenden Massilia, das um 600 v. Chr. gegründet wurde. Dazu kam etruskischer Import. Dann gewann der Import über die nördliche Adriaküste und die Ostalpen nach Süddeutschland hinein Bedeutung. Das Oppidum Magdalensberg, wirtschaftliches Zentrum im Königreich Noricum, schloß bald nach 120 v. Chr. einen Bündnisvertrag mit Rom, wonach die Ansiedlung von römischen Kaufleuten in Noricum und von norischen Händlern in Italien, besonders in Aquileja, gestattet wurde. Nicht nur römische, sondern auch griechische und orientalische Kaufleute aus Nordafrika kamen nach Magdalensberg. Gehandelt wurden Geräte, Gefäße aus Eisen, aus Kupfer und Bronze. Die Waren wurden in ganz Noricum hergestellt und dann vom Umschlagplatz auf dem Magdalensberg weiterversandt. Zu den wichtigsten Kunden gehörten die führenden Geschlechter Roms. Die Geschäfte wurden in bar oder aber als Kreditgeschäfte mit mehreren Monaten Laufzeit getätigt.

Eine außerordentliche wichtige Neuerung war das Aufkommen des Geldes, was mit dem Einfuhrhandel aus der transalpinen Welt zusammenhängt. Güter kamen aus dem griechisch-pontischen Raum und wahrscheinlich auch aus Kleinasien und zwar vermutlich nicht nur durch mediterrane Vermittler, sondern durch ausgewanderte Kelten, die mit ihrer Heimat in Verbindung blieben. Auf den südlichen Handelswegen sind antike Münzen zu den Kelten gelangt. Die eingeführten Münzen nahmen Kelten, Bojer und Illyrer zum Vorbild, um sie nachzuprägen, so zunächst, zu Beginn des 2. Jahrhunderts vor Chr., die goldenen Philippstatere, die sich von Massilia her ausgebreitet hatten. Ihnen folgten im Laufe desselben Jahrhunderts den Römern nachgeprägte Silberdrachmen. Hinzu kamen dann noch, am Ende der Latènezeit, Bronzemünzen. Die Hauptfundorte der Goldstatere liegen in der Schweiz, doch gelangten sie nordwärts bis an die Mosel. Weiter nördlich, im Bereich der Germanen, fand man napfförmige Münzen aus Gold, die sogenannten Regenbogenschüsselchen. Zahlreicher als sie sind indessen muschelförmige Regenbogenschüsselchen vindelikischer Herkunft, die man im schwäbisch-bayerischen Gebiet südlich der Donau gefunden hat, ferner in Südwestdeutschland, vereinzelt sind sie bis nach Frankreich, Oberitalien, Mittel- und Ostdeutschland gelangt. Donauabwärts findet man sie bis in die Linzer Gegend, wo die Salzstraße vom Salzkammergut nach Böhmen führt. Dort haben wir wieder die Muschelmünzen, die von den Bojern geprägt wurden.

Das Gold zu diesen Münzen wurde im Land gewonnen. Strabo erwähnt Goldmünzen im Pongau, auch in Böhmen wurde nach Gold gegraben, desweiteren wusch man es dort wie in den Ardennen aus den Gebirgsflüssen. Später hat man auch kleinere Einheiten geprägt, sowohl in schwerem 24-karätigem Gold als auch in dem nur 16,6-karätigen silberhaltigen Elektron. Der Goldgehalt der Regenbogenschüsselchen ging allmählich immer mehr zurück, bis man schließlich bei der Bronzemünze angelangt war. Man nimmt an, daß die großen Goldmünzen im allgemeinen nicht im Handel verwendet wurden, einfach weil ihre Kaufkraft zu hoch war. Sie wurden im wesentlichen gehortet, ähnlich wie man in der Bronzezeit das ungemünzte Gold auch gehortet hatte. Allerdings sind die erhaltenen Latènemünzen recht abgeschliffen, was ja wohl auf einen Umlauf hinweist.

Man muß in diesem Zusammenhang von einem aufkommenden Handel sprechen, der von bestimmten Trägern ausgeübt wurde, den Händlern oder Kaufleuten, die dabei ein bestimmtes Gewinnstreben verfolgten. Waren die Berührungen zur griechischen Wirtschaft noch lose, so ergaben sich seit der Expansion der Römer über die Alpen doch wesentlich engere Kontakte zur mediterranen Welt.

Transportmittel für den Fernhandel waren jetzt das Pferd als Reit- und als Packtier, der Wagen und das Schiff. Die in den Gräbern der Hallstattzeit festgestellten vierrädrigen Wagen waren wohl vornehmlich für den Personentransport bestimmt. Daneben kannte man gröbere zweirädrige Scheibenwagen, die von Ochsen gezogen wurden. Mit ziemlich schmaler Lauffläche versehen, setzten sie befestigte Straßen in Form von Bohlenwegen, ja auch Pflasterbahnen voraus. Fluß- und Seeverkehr sind in ihrer Bedeutung schwer zu beurteilen. Der Seeverkehr, der im Norden in der Bronzezeit besonders hervortrat, verlor wieder mit den klimatischen Veränderungen der Eisenzeit.

II. Die römische Periode

Seit dem 2. Jahrhundert v. Chr. bauten die Römer ihren Herrschaftsbereich in die Alpen hinein und nördlich der Alpen weiter aus. Vom Handelsstützpunkt Aquileja aus sicherten sie sich die Goldvorkommen in den Tälern wie auch die Stätten der norischen Eisenbereitung. Erst 15 v. Chr. wurde das Land Noricum in eine römische Provinz umgewandelt. Inzwischen verlagerte sich das Schwergewicht des römischen Interesses in die Rheingegend. Caesar unterwarf seit 59 v. Chr. Gallien und schloss dabei auch das linke Rheinufer mit ein. Die Germanen, die sich auf das linke Rheinufer begeben hatten, wo bisher Kelten lebten, wurden z. T. vernichtet, andere durften weiter siedeln, so die Triboker um Straßburg, die Nemeter um Speyer, die Wangionen um Worms und Mainz. Unter Augustus kamen germanische Ubier in den Kölner Raum und Kugerner in die Gegend von Xanten. Von den Kelten behaupteten sich die Mediomatriker um Metz, die Treverer im Moseltal, sowie die Helvetier und Rauraker in der Schweiz. Augustus schob weiter östlich die Grenze bis zur Donau vor, d. h. er bezog die dort siedelnden Räter, Vindeliker und Noriker in das römische Herrschaftssystem mit ein. Die wachsende Bedeutung der Rheinlande in diesem ganzen Komplex wird ersichtlich aus der Tatsache, daß diese gegen Ende des 1. Jahrhunderts in zwei Provinzen (Germania Superior und Germania Inferior) gegenüber Gallien verselbständigt wurden.

Vorstöße ins rechtsrheinische Gebiet blieben ohne dauernden Erfolg. Das Brückenland zwischen Rhein und Donau, das sogen. Dekumatenland, das die Römer durch den Limes sicherten, ging in der zweiten Hälfte des 3. nachchristlichen Jahrhunderts wieder an die Germanen verloren. Länger behauptete sich die römische Herrschaft in den keltischen und illyrischen Gebieten zwischen der Donau und den Alpen, den Provinzen Rätien, Noricum und Pannonien. Hier und im linksrheinischen Gebiet kam es auch zu den bemerkenswertesten Berührungen im Wirtschaftsleben.

Die landwirtschaftliche Technik war bei den Kelten am besten entwikkelt. Sie düngten die Felder mit Kalk oder Mergel. Die Räter hatten einen fahrbaren Räderpflug mit Sech und trieben eine ergiebige Viehzucht, die es gestattete, Schweinefleisch nach Italien zu exportieren. Eine starke Adelsherrschaft ermöglichte es der höheren Schicht eine entsprechende Reiterei zu führen, während sich die Bauern z. T. im Stand der Verschuldung oder der Hörigkeit befanden. In den Oppida, zu denen Manching bei Ingolstadt gehörte, saßen Handwerker des Metall- und Textilgewerbes und Drechsler, die geschickt in der Herstellung von Fahrzeugen waren. Der Handel erstreckte sich, wie schon angedeutet, bis Massilia und England, von wo Zinn eingeführt wurde. Geldzölle, die erhoben wurden, verpachtete man an die Adligen.

Die Wirtschaftsweise der Römer im besetzten Gebiet war der der dort siedelnden Kelten und Germanen trotzdem in vielem weit überlegen. Am nachhaltigsten wirkten sich die Einflüsse der im mediterranen Bereich schon weit entwickelten Verkehrswirtschaft aus.

Die Römer unterhielten in den nördlichen Provinzen eine starke Truppenmacht, die mit Lebensmitteln und Ausrüstung versorgt sein wollte. Am Rhein entlang lagen mehr als 80000 Männer in 50 Kastellen. Die Soldaten bauten Häuser aus Stein, sie brannten die Ziegel, die sie verwendeten, selbst. Auch die Grabsteine wurden von den Soldaten in bestimmten Typen hergestellt. Neben der militärischen Eigenwirtschaft erfolgte aber ein umfangreicher Gütererwerb. In der Nähe der Lager und römischen Städte gab es Niederlassungen, canabae, die von Marketendern und Kaufleuten bewohnt waren. Waren die Einheimischen zunächst zu Abgaben verpflichtet, so wurde dies später durch den Kauf ersetzt. Das erhöhte die Kaufkraft der Bevölkerung und veranlaßte sie, sich mehr und mehr den Verhältnissen der Besatzungsmacht anzupassen.

Mit der Zeit bildete sich aus der ständigen Berührung zwischen Besatzung und Einheimischen jener Zustand heraus, den man als provinzialrömische Kultur bezeichnet hat. Erst gegen Ausgang des 1. Jahrhunderts nach Chr. waren dafür die Voraussetzungen geschaffen. Dabei wurde die Verwaltungswirtschaft des Heeres allmählich durch eine freie Privatwirtschaft ersetzt. Der Steinbau fand jetzt weitere Verbreitung, man grub Brunnenschächte, baute Straßen, Brücken und Hafenanlagen. Eine Reihe von Städten wie Mainz, Trier, Köln waren planmäßig nach einem schachbrettförmigen Grundriß angelegt und hatten in den Tempeln und dem Forum repräsentative öffentliche Bauten. Auch an Thermen, Kanalisationsanlagen, ja einem Amphitheater (so in Trier) fehlte es nicht. Im späten 3. Jahrhundert wurde Trier Residenz des Westreichs. Es entstanden Marktanlagen (etwa Cambodunum/Kempten) mit eng aneinandergereihten Häuserzeilen an den Landstraßen für das Gewerbe und den Handel. Kaiser Claudius gründete 50 n. Chr. an der Stelle einer Ubiersiedlung die Colonia Claudia Ara Agrippinensis (Köln). Auf Trajan geht die Colonia Ulpia in der Nähe eines Legionslagers beim späteren Xanten zurück. Bei den großen Garnisonen wie Bonn, Mainz, Straßburg und Carnuntum entwickelten sich die zivilen Ansiedlungen (canabae) zu Städten. Augusta Vindelicorum, zunächst Legionslager, wurde Verwaltungssitz des Gebiets der Vindeliker. An der Donau entstand während der Markomannenkriege aus dem Legionslager Castra Regina, das spätere Regensburg. Es gab eine feste Währung mit einer entsprechenden, dem Staat unterstehenden Münzprägung.

Trotz dieser Einflüsse behaupteten sich die Einheimischen in ihrer Eigenständigkeit weitgehend. Sie übernahmen von der mediterranen Kultur nur soviel, als sie brauchen konnten, um sich gegenüber den fremden Herren zu behaupten. War Latein die Sprache des Staats- und Militärapparats, so sprachen die Trierer doch eine eigene Sprache, die den hl. Hieronymus an die Galater in Kleinasien erinnerte. Im religiösen Bereich wurde z. B. die Verehrung der fremden Gottheiten mit der der einheimischen verschmolzen. Man nimmt an, daß die Produktion der römischen Provinzen groß genug war, um nicht nur deren Einwohner, sondern auch teilweise die Truppen zu versorgen. Allerdings bedurfte es namentlich in schwierigen Zeiten immer wieder der Getreidezufuhr für die Truppen, vor allem aus Britannien. Wein, Öl und Delikatessen wurden als zusätzliche Nahrungsmittel aus dem Süden bezogen.

Die Truppen hatten ihr eigenes Gebiet, das in erster Linie ihrer Versorgung diente. Zahlreiche Spuren von Villae rusticae und Höfen deuten darauf hin, daß man das Land richtig bewirtschaftete. In den fruchtbaren Lößgegenden herrschte der Ackerbau vor, am Niederrhein bevorzugte man die Viehzucht. Teilweise wurde gerodet, so in der Eifel. Hier fand man neuerdings Terrassenanlagen, wie man sie von Algerien und Syrien her kennt.

Zur Intensivierung des Ackerbaus gebrauchte man die Düngung mit Plaggen. Eine bestimmte, lang-rechteckige Felderform, wie man sie in Gelduba am Niederrhein gefunden hat, hat man mit dem schweren Pflug in Verbindung gebracht, den die Belgae gebrauchten. Er wurde lateinisch caruca genannt, während die Bezeichnung für den eigentlichen römischen Pflug aratrum war. Wie im Gewerbe, so scheint, wenigstens im Rheinland, auch in der Landwirtschaft der Kleinbetrieb vorgeherrscht zu haben, sei es als Eigenbesitz oder als Pachtbetrieb. Verwendung von Sklaven im Großen, wie es für die Landwirtschaft der mediterranen Gebiete bekannt ist, ist nicht nachzuweisen.

An verschiedenen Plätzen in der Eifel wurde Blei und Zinkerz gewonnen. In der mittleren Kaiserzeit stellte man in der Rheingegend in großem Umfange Messinggeräte her, vermutlich war es in der Gegend von Gressenich, wo seit etwa 80 n. Chr. die Galmeilager verstärkt ausgebeutet wurden. Möglicherweise kamen Stätten in der Heidelberger Gegend oder der Pfalz (Eisenberg) dazu. Des weiteren verhütteten die Römer den Brauneisenstein der Eifel, dazu wurde am Niederrhein Rasenerz gewonnen. Südlich von Nideggen hat man zahlreiche Schürfgruben festgestellt, die auf Tagebau hinweisen. Verschiedene Gutshöfe trieben neben der Landwirtschaft Bergbau und Verhüttung. Wie in Gallien und Britannien, so verwendete man auch im Rheinland die Steinkohle für den Hausbrand wie für gewerbliche Zwecke. Im Gebiet von Aachen, im Wurm- und Inderevier wurde ebenso Steinkohle abgebaut, wie dies für das Saarkohlebecken nachgewiesen worden ist.

Für die Steinbauten verwendete man die Grauwacke, den Buntsandstein der Eifel, den Tuff des Brohltals, den Trachyt des Drachenfels. Kalk, der in der Eifel gewonnen wurde, wurde bis an den Niederrhein geschafft. Für die Herstellung von Ziegeln und Bauterrakotten, abgesehen von sonstigen Tongefäßen, gab es Tone in Berggegenden wie im Flachland.

Aufgrund der reichen Vorkommen von Bodenschätzen entwickelte sich im Laufe der römischen Zeit ein recht reger Gewerbebetrieb. Handwerker gab es an den verschiedensten Orten, in den großen Städten, den kleineren Zivilsiedlungen, den Vorstädten der Legionsfestungen, den Vici bei den Auxiliarkastellen, auf den Domänen und den einzelnen Höfen. Im Laufe der Friedenszeit erlangte dieses Gewerbe einen ganz beachtlichen Stand. Bis ins 2. Jahrhundert hinein importierte das Rheinland noch Metallwaren aus dem Süden, aus Italien oder aus der Narbonnensis. Von da ab gab es im Rheinland Gold- und Silberschmiede und ebenso eine eigene Bronze- und Messingfabrikation, deren Export auch nach dem freien rechtsrheinischen Germanien ging. In Trier und Straßburg wurden Waffen hergestellt.

Bei den reichen Tonvorkommen ist es nicht verwunderlich, daß sich mit der Zeit in den städtischen und ländlichen Siedlungen das Töpfergewerbe entwickelte. Kostbare Waren wie Terra sigillata und glasierte Gefäße wurden allerdings noch im zweiten Jahrhundert aus Gallien bezogen. Im Lauf dieses Jahrhunderts entstand eine einheimische Terrasigillata-Produktion in Rheinzabern (Pfalz), die auch ins Rheinland exportierte. Um die Mitte des Jahrhunderts wurde Terra sigillata in Trier hergestellt, und einige Jahrzehnte danach entstand ein Ableger in Sinzig, also südlich der Mündung der Ahr.

Eine ähnliche Entwicklung nahm die Herstellung von glasierter Keramik. Ebenfalls seit der Mitte des zweiten Jahrhunderts etwa wurden Gefäße mit grüner Glasur in der Colonia Agrippinensis gemacht. Bald kamen auch Lampen und Kultgeräte hinzu. Allerdings brachten die Germaneneinfälle des 3. Jahrhunderts bereits eine erste schwere Krise, doch erholte sich das Wirtschaftsleben wieder, namentlich dank der organisatorischen Maßnahmen der sogenannten Tetrarchie und Konstantins I. in der ersten Hälfte des vierten Jahrhunderts. Wieder wurde Terra sigillata aus Ostgallien und dem Mittelmeergebiet importiert, während im eigenen Land dunkelbraun glasierte Keramik hergestellt wurde und die Töpfereien von Mayen grobes Geschirr anfertigten.

Die Erzeugung von Glasgefäßen scheint einer der wichtigsten Zweige des Kölner Gewerbes gewesen zu sein. Zeugnisse dafür haben wir aus dem zweiten und wiederum aus dem vierten Jahrhundert. Damals wurden u. a. geschliffene Gefäße mit heidnischen und christlichen Darstellungen produziert.

Im Treverer- und Nervierland wurde Tuch hergestellt, die Viehzucht lieferte die Schafwolle. Namentlich wurde auf der Basis des Verlags gearbeitet, wie man aus der Igler Säule erschließen kann. In Köln und im Nerviergebiet gab es Färbereiwerkstätten. Inschriften berichten von Gerbern, Schiffern und Händlern der verschiedensten Art.

Die Voraussetzungen für die Entfaltung des Handels waren namentlich im Rheintal günstig. Der Strom hatte zahlreiche gute Häfen. Eine Reihe von Niederlassungen suchte vermutlich gerade wegen dieser Möglichkeiten die Nähe des Rheins, dazu kam das gute Straßennetz, das man als eine der bedeutendsten zivilisatorischen Leistungen der Römer ansehen darf.

Zunächst, bis etwa zur Mitte des 2. Jahrhunderts n. Chr., war das Rheinland stark auf Einfuhren aus Italien und wahrscheinlich noch mehr aus Narbonnensis und den benachbarten gallischen Provinzen angewiesen. Wein, Oliven, Fischsaucen wurden herangeschafft. Auch aus Britannien und Spanien wurde importiert. Inzwischen entstand aber ein eigenes Gewerbe, so daß ab Mitte des zweiten Jahrhunderts der Import abnahm, ja es entfaltete sich sogar von Niedergermanien aus ein gewisser Export über den Rhein hinüber ins freie Germanien und nach den Donauprovinzen. Für den Warentausch zwischen der Germania Inferior und Britannien sind die Negotiatores Britanniciani belegt, eine Entsprechung zu den Negotiatores Cisalpini et Transalpini, die von Raetien über die Ostalpen hinweg bis nach Pannonien handelten. Aus einer Kölner Inschrift ist geschlossen worden, daß diese britannischen Negotiatores in Köln eine Niederlassung hatten. Unter den gehandelten Gütern dürften die Keramik und Glaswaren einen wichtigen Platz eingenommen haben. Die römischen Truppen am Rhein wurden zum Teil aus Britannien mit Getreide versorgt.

Von Kaiser Julian ist überliefert, daß er während eines einzigen Sommers 600 Schiffsladungen Getreide aus England in die durch den Krieg geschädigten Rheinstädte kommen ließ. Über die Alpen hinweg gab es Straßen nach Carnuntum und Vindobona, der wichtigste Handelsweg führte von Aquileja her nach Augsburg und an die Donau. Auf ihm zogen auch orientalische Händler, so ein negotiator artis purpureae. Auch nach Trier kamen zur Zeit der Kaiserresidenz orientalische Kaufleute. Juden sind seit 321 in Köln nachgewiesen. Daß auch über die Grenzen hinüber, zu den freien Germanen mancherlei Berührungsmöglichkeiten bestanden, erhellt aus vielen Zeugnissen. Währte es doch etwa ein halbes Jahrtausend, daß die Germanen die Römer zu Nachbarn hatten. Die Germanen haben sich sehr für das höher entwickelte Gewerbe der römischen Provinz interessiert und seine Erzeugnisse ebenso gekauft wie den Wein; zum Tausch hatte man Bernstein, Pelzwerk, Frauenhaar und Sklaven zu bieten. Der Handelsaustausch vollzog sich über die Donau, etwa von Augsburg aus, dann durchs Maintal, von der Lippe zur Weser und schließlich von der Küste her. Zum anderen war das Markomannenland Böhmen ein wichtiges Ausgangsland nach Germanien hinein. Weiter östlich führte von Carnuntum aus eine Straße ins Odergebiet und zur Ostsee, wo man sich den Bernstein beschaffte. Des weiteren muß man an das Geld denken, das an römische Söldner bezahlt wurde, um sie zu befrieden. Dieses römische Münzgeld gelangte auch in die von den Römern nicht besetzten germanischen Gebiete und trug zur Belebung des Handels bei.

Die im römischen Reichsgebiet siedelnden Germanen wurden zunächst als Hilfstruppen verwendet, aber seit Claudius und Nero auch in die Legionen eingereiht. Zunächst ließ man sie unter ihren eigenen Führern, so die Cherusker unter Armin, die Bataver unter Julius Civilis. Seit Konstantin wurden Männer aus dem früheren Germanien in wachsender Zahl ins Reichsheer aufgenommen. Ihre Führer erlangten häufig Generalsstellen. Damit war die Erteilung des römischen Bürgerrechts verbunden. Die Constitutio Antoniniana von 212 machte die Bürgerrechtserteilung allgemein. Wenn die Soldaten aus dem Dienst entlassen wurden, erhielten sie ein Grundstück zur Bewirtschaftung. Damit eröffneten sich ihnen weitere Möglichkeiten des sozialen Aufstiegs.

III. Germanien in der Zeit der endgültigen Landnahme und Stammesbildung

1. Bevölkerungsentwicklung und Siedlungsverhältnisse

Kurz nach der Mitte des 3. Jahrhunderts gerieten die Germanen erneut in Bewegung. Um 260 überschritten die Alemannen den Limes und rückten in das Dekumatenland zwischen Schwarzwald und Rhein vor. Die nun folgenden Verschiebungen schufen die Grundlage für die künftigen Stammesbildungen, die mit dem Einrücken der Bajuwaren in das Land zwischen Donau und Alpen im 6. Jahrhundert einen ersten Abschluß fanden.

Eine zweite wichtige Folge der Wanderungen war die Aufgabe germanischen Siedlungsraums. Durch den Abzug der Ostgermanen wurden Gebiete östlich der Elbe frei, in die vom 5. Jahrhundert ab Slawen einwanderten.

Es ist viel darüber diskutiert worden, aus welchen Gründen die Germanen ihre mitteleuropäischen Sitze verließen und wie sich ihre Wanderungen auf den Bestand des Römischen Reiches und der antiken Kultur auswirkten. Die ältere, seit dem Humanismus gängige Auffassung war die, daß die nach Italien einwandernden Germanen das Römische Reich zum Zusammenbruch brachten, daß sie aber, so wie sie von der Antike das Christentum übernahmen, auch im übrigen sich die antike Kultur aneigneten und für die spätere Zeit als Vermittler wirkten. Zwei Fragenkomplexe werden dabei zusammen genommen. Beim einen handelt es sich um die Katastrophentheorie, beim anderen um die Kontinuitätstheorie. Veränderung der Wirtschaftsformen, Versiegen der assimilierenden Kräfte der kultivierten Oberschicht und das Christentum gehören nach Rostovcev mit zu den wichtigsten Argumenten für den Zusammenbruch des Römischen Reiches. Freilich keine der vorgebrachten Theorien erklärt das Problem des Verfalls der antiken Kultur vollständig. Alle zusammen haben nach Rostovcevs Ansicht indessen begreifen gelehrt, „daß als das Hauptphänomen, das dem Verfallsprozeß zugrunde liegt, die allmähliche Absorbierung der gebildeten Schichten durch die Massen und die daraus folgende Vereinfachung aller Funktionen des politischen, sozialen, wirtschaftlichen und geistigen Lebens zu gelten hat, ein Vorgang, den wir als die Barbarisierung der alten Welt bezeichnen können.“ Ebenso heftig wie über die Katastrophentheorie ist über das Problem der Kontinuität diskutiert worden. Als Ergebnis dieser Diskussion kann man zusammenfassend sagen, daß die kulturelle Eigenständigkeit des germanischen Altertums unbestritten bleibt, daß es sich keinesfalls um ein reines Barbarentum handelt, wenn auch die Wanderungszeit der Verrohung immer wieder Vorschub geleistet hat.

Bezüglich der Kontinuitätsfrage muß man 3 Hauptzonen der germanischen Siedlung unterscheiden, einmal die Zone, in der die Germanen nie oder nur ganz vorübergehend der römischen Herrschaft untertan waren. Das war das Gebiet außerhalb des Limes, das erst in der Merowingerzeit unter den Einfluß des werdenden Abendlandes geriet. Niedersachsen kam erst in der Karolingerzeit hinzu. Hier konnten die Bildungselemente der antiken Kultur nur auf dem Wege der Kulturwanderung zur Geltung kommen. Davor liegt ein breiter Gürtel, der von den Britischen Inseln, den Niederlanden, Belgien, dem deutschen linken Rheinufer und dem rechten Donauufer einschließlich des Dekumatenlandes bis zu den Alpen und weiter hinein reicht. Dieses Gebiet ist für uns das interessanteste, hier stellen sich auch die meisten Probleme. Hier lebten Römer und Germanen Generationen lang zusammen, ohne daß das eine Volkstum das andere gänzlich zu absorbieren vermochte. Aber auch hier sind die Berührungen in verschiedener Weise fruchtbar geworden. Im Dekumatenland, wo die Alemannen einzogen, wurden die Spuren der vorausgehenden Besiedlung fast völlig verwischt, während von der römischen Zivilisation auf der rechten Donauseite und der linken Rheinseite beachtliche, namentlich städtische Überreste zurückblieben.

Das endgültige Ergebnis der Wanderungen und Verschiebungen waren in unserem Raum die einzelnen Stämme: die Friesen, die Sachsen, die Franken, die Thüringer, die Alemannen und die Bayern. Die Thüringer verloren ihre Selbständigkeit zur Zeit der Machtentfaltung der Franken unter den Merowingern. Trotz des niedergehenden Merowingerreiches behaupteten die Franken ihre führende Stellung, und unter den Karolingern mußten sich ihnen auch die Alemannen, die Bayern und die Sachsen beugen. Gegen Osten zu wurde das Reich durch Marken abgeschirmt. Unter Karl d. Großen entstanden so die Ostmark an der Donau, die pannonische Mark, die sorbische Mark und die Nordmark.

Man ist heute allgemein der Ansicht, daß die Völkerwanderungszeit in ihrer Hauptsache mit der bereits erwähnten Klimaverschlechterung zusammenfällt, und daß diese Umstände zu einem Bevölkerungsrückgang in ganz Europa führten, der etwa im 2. Jahrhundert n. Chr. einsetzte und um oder nach der Mitte des Jahrtausends zu Ende ging. Nach der neueren Forschung soll es in Europa im 2. Jahrhundert n. Chr. 67 Mill. Menschen gegeben haben, nach der Jahrtausendmitte nur noch 27 Mill. Diese Zahlen können natürlich nur als grobe Orientierungspunkte dienen. Siedlungsrückgang ist durch Archäologen und Botaniker für diese Zeit in Südwestdeutschland und in den Küstengebieten nachgewiesen worden.

An der Nordseeküste verschwanden die Wurtensiedlungen, im mittleren Westdeutschland hat man auf Grund der Pollenanalyse festgestellt, daß bis zur Jahrhundertmitte die Hainbuche zunahm, die Zeugnisse menschlicher Besiedlung dagegen zurückgingen oder verschwanden.

Welche Dichte die Besiedlung hatte, ist außerordentlich schwer festzustellen. Neuere Forschungen lassen auf eine Dichte von 2,2 Menschen pro qkm schließen. Die Zahl der Menschen, die überhaupt ernährt werden konnten, hat man aus dem bewirtschafteten Ackerland zu erschließen versucht. Man fand, daß nur 1,4% der ganzen Fläche der Bundesrepublik beackert wurde und daß davon etwa 530000 Menschen leben konnten. Für den Kreis Northeim, der zu den am dichtesten besiedelten gehörte, wurde eine bebaute Fläche von 3,3–4% ermittelt. Dies ergäbe einen Lebensraum von 4 Menschen auf den qkm. Abel nimmt als Obergrenze 700000 Bewohner an. Die Besiedlung war begreiflicherweise nicht gleichmäßig verteilt, am dichtesten waren offenbar die trockenen, mit Löß bedeckten Ebenen bewohnt, wie wir sie in der niederrheinischen Bucht, in den niedersächsischen Börden, dem ostfälischen Hügelland, den Börden von Obersachsen, der Tiefebene von Leipzig, dem Thüringer Becken, der unteren Maingegend und der Rheinebene, dem Gebiet nördlich des Oberrheins und dem Ries haben. Siedlungsfreundlich waren auch die Täler an Mittelrhein, Mosel und Lahn, das Hügelland des unteren Weserberglands und Obersachsens, die Schotter- und Sandebenen des Oberrheins, das Neckar- und Tauberland, Mainfranken und die Schwäbische Alb.

Dazu gibt es Stufungen mit mittlerer und geringer Besiedlung, schließlich Landschaften, die siedlungsfeindlich waren, wie die Marsch- und Moorgebiete des Tieflands, die stärker beregneten Teile der Mittelgebirge, des voralpinen Hügellandes und der Alpentäler. Überhaupt siedlungsfrei blieben die hohen Mittelgebirge bzw. Hochgebirge.

Die Besiedlung bestand vornehmlich aus Einzelhöfen oder Weilern und Dörfern. Doch müssen wir uns die Dörfer als ziemlich klein vorstellen. Mahndorf, südöstlich von Bremen, hatte um 500 etwa 15 bis 20 Bewohner, in Hailfingen bei Tübingen, das in einer verhältnismäßig fruchtbaren Landschaft lag, stellte man für den Beginn des 6. Jahrhunderts etwa dieselbe Bewohnerzahl mit 2–3 Höfen fest. Die Germanen liebten die Siedlung im engen Raum nicht, die offene Siedlung, im Dorf, im Einzelhof oder Herrensitz, wurde von ihnen bevorzugt. Bäuerliches Denken und bäuerliche Rechtsauffassung im Sinne des Genossenschaftsrechts wurden die Voraussetzungen für einen stark partikularistischen Zug im Zusammenleben der Menschen.

Wenn Caesar und Tacitus von „oppida" auch bei den Germanen sprechen, so bei den Ubiern, Batavern, den Sueben, Markomannen und Quaden, dann handelt es sich offenbar um Siedlungen, die sich unter keltischem Einfluß herausbildeten, denn sie erinnern auch in ihrer Anlage an die gallisch-römischen Straßenmärkte. Das „oppidum Batavorum" bei Nimwegen war von einer Mauer umschlossen, aber nicht der ganze ummauerte

Raum war besiedelt, sondern nur eine Straße; an ihr standen dicht gedrängt hoflose Häuser. Vermutlich hat die günstige Verkehrslage, die Möglichkeit, hier einen Markt abzuhalten, die Entstehung dieser Siedlung beeinflußt. Ähnliche Konzentrationen bildeten die Volks- und Gauburgen, die vornehmlich Verteidigungszwecken dienten, sowie Ting- und Kultstätten.

Eine andere Siedlungskonzentration war das Handelsemporium für die Fernhändler in der Küstennähe, das die Form der Einstraßenanlage und des umwallten Halbkreises haben konnte. Dorestad, der bedeutendste Handelsplatz der Friesen, wird seit 670 erwähnt und entwickelte von 750 ab etwa 1 Jahrhundert lang einen bedeutenden Warenumschlag, gleichzeitig war es Münz- und Zollstätte. Es lag an der Gabelung des Alten oder Krummen Rheins und des Lek und dehnte sich in nordsüdlicher Richtung über 1 km aus. Längs eines Wegs lagen auf der einen Seite die Häuser, während die andere Seite der 90 bis 150 m breiten Fläche für Marktzwecke verwendet wurde. Die Häuser waren aus Holz und Lehm. Das Ganze war von einer Palisadenanlage umgeben. Die Handelssiedlung Sliasvicthorp oder Hadeby-Haithabu an der Schlei war in Halbkreisform angelegt, im Grenzbereich zwischen der Wikingerwelt und dem fränkischen Herrschaftsgebiet. 808 erwähnt, erlebte es in der Folgezeit seine große Blüte.

Die Römerstädte im deutschen Bereich wurden von den Stürmen der germanischen Wanderung schwer getroffen. Eine Reihe von ihnen, die eine beträchtliche Einwohnerzahl hatten, verschwand ganz, so die Civitas Taunensium, an der Stelle des heutigen Heddernheim, die Colonia Raurica, das heutige Augst, Vindonissa (Windisch) und Carnuntum. In anderen Fällen wurden nur noch Teile der alten Römerstadt besiedelt. In Augsburg nahm so die frühmittelalterliche Bischofsstadt nur die kleinere, südliche Hälfte der Römerstadt ein. Ähnlich war es bei Trier, wo sich innerhalb der Mauern einige fränkische Dörfer ansiedelten. Beachtlich war die siedlungsgeschichtliche Kontinuität bei den rheinischen Bischofsstädten. Köln, durch seine Mauer geschützt, wurde nie zerstört und war bis 510 Sitz der ripuarischen Könige und danach des letzten Merowingerkönigs. In Mainz bestimmte die römische Mauer ebenfalls den künftigen Siedlungsraum. Auch einige rheinische Kastellstädte, wie Andernach, weisen diese Kontinuität auf.

Kurz vor der Mitte des 6. Jahrhunderts (543) muß eine schwere Seuche über Europa hingezogen sein, die von Ägypten herkam. Prokop hat ihre Auswirkungen geschildert. Es handelte sich um eine Beulenpest, die durch Ratten und Flöhe übertragen wurde und zunächst Gallien, dann aber auch die Gebiete am mittleren und oberen Rhein erfaßte. Man schätzt, daß die Seuche beim ersten Umzug 20–25% der betroffenen Bevölkerung, bei den weiteren Umzügen noch einmal 40% dahinraffte. Wahrscheinlich vom 7. Jahrhundert ab ging es dann wieder aufwärts. Die zunehmende Bevölkerung war nun gezwungen, sich durch Landesausbau, durch zusätzliche Besiedlung und Rodung neuen Nahrungs- und Lebensraum zu schaffen.

Neuere Forschungen haben das Bild wesentlich erhellt. Das erwähnte Mahndorf hatte bis 500 etwa 80 Bewohner, dann sank die Zahl bis auf 15–20, von der Mitte des 8. Jahrhunderts ab stieg sie auf etwa 75 an. Zur gleichen Zeit entstanden neue Wurten im Gebiet der Marschen, darunter auch diejenige auf der künftig sich Hamburg entwickeln sollte. Die Bewohnerzahl Hailfingens stieg von 20 auf etwa 250. Bülach, im Kanton Zürich, das in der ersten Hälfte des 6. Jahrhunderts 6–8 Familien hatte, beherbergte am Ende des 7. Jahrhunderts etwa 10mal mehr.

2. Politische und gesellschaftliche Verhältnisse

Um eine Vorstellung von den politischen Verhältnissen zu bekommen, müssen wir von den frühesten Zusammenschlüssen der Völkerschaften, den sogenannten Kultverbänden ausgehen, von denen Tacitus berichtet. Jeder dieser Verbände, die Ingväonen, Istväonen und Herminonen, hatte seine besonderen Kultstätten. Diese Kultverbände zerbrachen indessen in den Stürmen der Wanderungszeit. Während der Kultverband auf der Basis gleichberechtigter Sippengenossen beruhte, bildeten sich im Zusammenhang mit den Wanderungen Ansätze zu einer neuen gesellschaftlichen Struktur heraus. Selten wanderten ganze Stämme aus, nur Teile, die sich zuweilen mit Teilen anderer Stämme zusammenschlossen. Dabei bildeten sich bestimmte Abhängigkeitsverhältnisse; bestimmend waren die organisatorischen und militärischen Fähigkeiten dessen, der eine solche Heerschar anführte. Bei der Landnahme konnte er ein größeres Stück Boden beanspruchen.

Nach der Konsolidierung der Verhältnisse in den neuen Siedlungsräumen war der Bauer ein tragendes Element politischer Willensäußerung. Wir wissen heute mehr darüber als die Lektüre des Tacitus erschließen läßt. Die Grabungen der Archäologen, die Untersuchungen der Sprachforscher und der Volkskundler haben dem Historiker neue Erkenntnisse gebracht.

Bei Tacitus und anderen Schriftstellern wie Caesar, Dio Cassius, sind die Stellen, die sich auf die sozialen Verhältnisse beziehen, leider sehr unklar, so daß man schwer eine eindeutige Vorstellung bekommt. Nach Tacitus gab es drei Schichten: die nobiles oder principes, die ingenui und die servi. Außerdem ist noch zwischen Freigeborenen und Freigelassenen zu unterscheiden. Im Kapitel 25 der Germania heißt es: „Die Freigelassenen stehen im Rang nicht viel über den Sklaven; selten kommt ihnen im Hause, niemals im Stamme irgendeine entscheidende Bedeutung zu, mit Ausnahme lediglich der Stämme, an deren Spitze ein König steht. Dort steigen sie nämlich über Freigeborene und selbst über Adlige empor; bei den übrigen ist die untergeordnete Stellung der Freigelassenen ein Beweis dafür, daß dort wirklich Freiheit herrscht.“

Die Edelinge bildeten eine Minderheit, die Masse wurde von den Freien gestellt. Der Freie war der durch eine freie Sippe geschützte Vollberechtigte. Er war nach Heinrich Mitteis „soweit waffenfähig, Träger politischer Rechte, Teilnehmer der Landesgemeinde und Rechtsprechung, aber auch zu gegenseitiger Rechtshilfe verpflichtet." Jedenfalls war die Stellung, die den Freien im Rahmen des Gesamten zukam, bei den einzelnen Stämmen verschieden. Waren die Adligen stark vertreten, z. B. bei den Sachsen, dann hatten die Freien weniger zu sagen, umso mehr aber bei den Stämmen, in denen das aristokratische Element zurücktrat, wie bei den Alemannen oder Bajuwaren. Im Fränkischen wurde der Uradel von den Merowingern ausgerottet. Weder nach oben noch nach unten sind die Grenzen scharf betont. Aufstieg in die Schicht des Adels war möglich, ebenso konnte der Adlige zum Gemeinfreien oder gar zum Unfreien herabsinken.

Die Schicht der Unfreien (servi, mancipia) wird am besten durch ihr Verhältnis zum Adel beleuchtet. Die Unfreiheit war keine fest umrissene Eigenschaft, sondern bestand aus einer Summe bestimmter Verpflichtungen gegenüber einem Herrn. Der Unfreie war der „Munt" eines Herrn unterworfen, er konnte von diesem bestraft, ja getötet werden. Er war ohne Wergeld und durfte auch nicht auf dem Ting erscheinen. Vielfach bekam er vom Herrn eine eigene Wirtschaft übertragen.

Die Schicht der Unfreien konnte verschiedener Herkunft sein. Die einen verloren durch kriegerische Unterwerfung ihre Freiheit, andere wurden unfrei geboren, es gab auch solche, die ihre Freiheit aus eigenem Leichtsinn, etwa durch Wetten oder beim Spiel verloren. Mit der Zeit werden verschiedene Stufen der Unfreiheit unterschieden: war der servus casatus, dann hatte er sein eigenes Haus und Gut und wurde deshalb auch mansuarius genannt, und schließlich der Ministeriale, der Unfreie in gehobenem Dienst. Die Zahl der Unfreien war in den einzelnen Stämmen verschieden, es hing dies von der Stärke der adeligen Schicht ab, es gab aber auch Freie, die über Unfreie verfügten. Schließlich konnten die Unfreien, wie die römischen Sklaven, in den Stand der Freiheit aufsteigen. Nach Tacitus bedienten sich Könige gerne solcher Freigelassener als Beamte.

Die Liten oder Laten waren Halbfreie, die uns da begegnen, wo Stämme sich über andere gesetzt haben. So die Franken und Sachsen, die also nicht alle von ihnen Unterworfenen zu Unfreien machten. Die Liten genossen ein minderes Recht als die Freien.

Im Zusammenhang mit den Wanderungen setzte sich das Herzogtum bzw. das Königtum über die Freien und den Adel. Doch war das monarchische Element nicht überall verbreitet. Bei den Sachsen gab es, ähnlich wie in Island als Volksversammlung ein Ting, das einmal im Jahr zu Marklo an der Weser zusammentrat.

Das germanische Königtum bildete sich in der Wanderungszeit heraus. Der König war zunächst der Heerführer. Seine Stellung entwickelte sich aus dem Heerbann. Der erste bekannte germanische Heerkönig war Ariovist. Dann finden wir das Königtum wieder bei den Ostgoten. Mit der Festigung der politischen Ordnung in der fränkischen Zeit wuchs der Aufgabenkreis des Königs. Er war nun oberster Heerführer, erster Richter und höchster Priester. Früher getrennte Gewalten waren damit in seiner Person vereinigt.

In dieser Zeit begann sich auch der Apparat, mit dem der Herrscher regierte, zu differenzieren. Das wichtigste Amt war das des Comes oder Grafen. Diese Grafen waren vorwiegend Finanz- und Heeresverwaltungsbeamte. Anstelle eines Gehaltes bezogen sie die Sporteln, die etwa bei der Einhebung von Strafgeldern oder Bußen anfielen. Im ehemals römischen Gallien fiel ihr Bezirk mit den civitates oder pagi zusammen. Zur Vollstreckung ihres Amts standen den Grafen Unterbeamte zur Verfügung, die centenarii, die mit dem späteren scultheizzo identisch waren. Wie beim comes handelt es sich dabei um die Übernahme einer spätrömischen Institution in der Merowingerzeit. Das Wort hängt mit der „cent" (centena), der Militärkolonie, die auf Fiskalland, an wichtigen Straßen, im Grenzgebiet zur Verwaltung des Königsguts, dann auch auf Rodungsland errichtet wurde, zusammen. Sie war dem centenar unterstellt, der auch fiskalischer Beamter und Richter war. Im Westfränkischen wurde die cent dann zu einem Teilbezirk der Grafschaft, im Ostbereich aber blieb sie weiterhin Militärsiedlung.

Es lag in der Sache, daß die Grafen bestrebt waren, ihr Amt erblich zu machen. Schon unter den Merowingern sind derartige Bestrebungen festzustellen. Um einer solchen Entwicklung vorzubauen, setzten die Könige Aufsichtsbeamte ein, die missi regis, Königsboten, von denen der eine weltlichen, der andere geistlichen Standes war. Doch gelang es schon unter den späteren Karolingern, diese Zwischeninstanz wieder auszuschalten.

Schließlich gab es noch die Institution der Herzöge, über deren Stellung keine volle Klarheit herrscht. In der Stellung des Herzogs scheinen sich mehr oder weniger Stammestraditionen behauptet zu haben.

Der alte Gefolgsschaftsgedanke lebte in der Weise weiter, daß sich der König mit einer Gruppe ergebener Männer umgab. Sie erhielten als ein Beneficium zu beschränktem Besitz Lehensland aus dem Königsgut zugewiesen. Das Vasallenverhältnis war anfänglich auf Lebenszeit begrenzt, später wurde es erblich.

Bereits unter den Merowingern sind Bestrebungen zu erkennen, die Bischöfe und Äbte in die Verwaltung einzuschalten. Doch sollten diese Ansätze erst in der ottonischen Zeit entscheidend weiter ausgebaut werden.

Mit dem Begriff „Königsgut" oder „Reichsgut" ist bereits angedeutet, wo die wichtigsten Stützpunkte der Machtstellung der Monarchen lagen. Das Schwergewicht dieses Reichsguts befand sich in Gallien. Es setzte sich aus verschiedenen Bestandteilen zusammen, aus römischen Domänen, Besitzungen römischer Adliger, aus herrenlosem Land, auf das der Eroberer einen Anspruch hatte. Dazu gehörte die nähere und weitere Umgebung von Paris mit dem Schwerpunkt Compiègne und Gebiet im nördlichen Frankreich bis in den Hennegau hinein. Verbunden wurde dieses Reichsgut durch das alte römische Straßennetz. Straßenknotenpunkte waren besondere Zentren des Reichsguts.

3. Landwirtschaft

Bezüglich der landwirtschaftlichen Verhältnisse in der Wanderungszeit, aber auch noch in der Merowingerzeit, ist die Überlieferung außerordentlich lückenhaft. Gewiß, wir haben Caesar und Tacitus; der eine schrieb im Jahrhundert vor Christus, der andere im Jahrhundert nach Christus. Dann folgt eine große Lücke der schriftlichen Überlieferung. Erst im 7. und 8. Jahrhundert, mit der Einführung des Christentums und dem Ausbau des Frankenreichs, gibt es wieder schriftliche Quellen. Was geschah aber in der Zwischenzeit? Um darüber etwas zu erfahren, müssen wir mit der regressiven Methode arbeiten und uns fragen, wieweit wir die Wörter, die in den frühen Urkunden gebraucht werden, zurückverlegen können. Vor allem die Wörter marca communis, hova, mansus und villa können uns helfen. Dabei empfiehlt es sich, die Betrachtung nicht auf den deutschen Raum zu beschränken und namentlich auch die Ergebnisse der westeuropäischen Forschung heranzuziehen.

Wir haben schon angedeutet, daß es sich bei der germanischen Landnahme um Einzelsiedlungen handelte oder um eine Gruppierung, die man als Weiler, noch nicht als Dorf im späteren Sinn auffassen darf. Die Markgenossenschaft hatte hier noch keinen Platz, wohl aber die Hufe, lateinisch „hova“. Man findet das Wort allerdings erst in den Urkunden des 8. Jahrhunderts und man hat darunter ganz einfach den bäuerlichen Hof, das bäuerliche Anwesen mit dem dazugehörigen Acker- und Weideland zu verstehen.

Aus dem 7. Jahrhundert stammt das Wort mansus. Beide Wörter hova und mansus hat man in Zusammenhang gebracht, zumal nach Westen zu das Wort „Hufe“ noch im Elsaß vorkommt, in Lothringen und Burgund dagegen „mansus“ häufiger ist. Latouche, der sich auf französischer Seite damit beschäftigt hat, ist der Ansicht, daß die beiden Wörter zwar nicht austauschbar sind, aber doch etwas ähnliches besagen. Die Unklarheit, die um diese Wörter besteht, ist wohl ein Beweis dafür, wie lange der Prozeß der Landnahme und Rodung vor sich ging. Die schriftliche Überlieferung setzt mit der Christianisierung wieder ein, d. h. im 7. bzw. zu Beginn des 8. Jahrhunderts. Inzwischen war die Bildung der Grundherrschaften in vollem Gange, wodurch die Siedlungs- und Rodungstätigkeit, die vorausgegangen ist, verschleiert wird.

Eine Quelle vom Niederrhein berichtet, daß ein Mann, Liudger, ein Stück Land, das mit Wald und Weide bestanden war, gekauft, gerodet und bewirtschaftet hatte. Nun vertauschte er diese „hova“ gegen noch nicht gerodetes Land, das in der Quelle „rothum“ genannt wird, „doch behielt sich der Mann noch seine Rechte auf den Wald und eine Weide des getauschten Stückes vor.“ Wenn man sich die Siedlung als Weiler vorstellt, dann bestand dieser also aus einigen solchen Hufen mit Ackerland, die im Einzelbesitz sich befanden, während das Land darüber hinaus, Wald und Weide, als marca communis gemeinsam bewirtschaftet wurde.

Daß die Franken an ihrem eigenen, von ihnen selbst bewirtschafteten Besitz hingen, zeigen die verschiedenen Arten von Diebstahl, die der Titel 27 des salischen Gesetzes kannte. Diebstahl war es, wenn einer Vieh auf das Erntefeld eines anderen trieb, wenn er dessen Flachs nahm, auf dessen Wiese Gras mähte, in dessen Weinberg pflückte und dessen Feld bestellte.

Bezeichnend sind auch die Erbbestimmungen des Gesetzes „De alodis“. Nur Männer sollten hinsichtlich des Grundbesitzes erbberechtigt sein und zwar deswegen, weil sie nur das Land bebauen konnten – so nach der ältesten Redaktion des Gesetzes, die aus dem Ende des 5. Jahrhunderts stammt.

Aus all diesem geht hervor, daß da, wo die Franken siedelten, der kleine Grundbesitz zunächst vorherrschte, und man muß annehmen, daß es bei den anderen germanischen Stämmen ähnlich war. Der weiteren Festigung dieses Zustandes wirkte allerdings die Tendenz zur Bildung von villae entgegen. Hierzu gab es Ansätze im römischen Gallien, aber auch in der germanischen Gesellschaftsschichtung selbst und mit der Ausbildung des Feudalismus verstärkte sich dies. Damit mußten sich die kleinen Hufenbesitzer in die im Ausbau begriffenen Grundherrschaften einfügen. Dieser große Besitz, der sich in der Merowingerzeit allmählich ausbreitete, wird in den Urkunden mit dem lateinischen Wort „villa“ bezeichnet. Das Wort ist alt, die Römer bezeichneten damit ihre Landsitze. Nach dem Gebrauch der späteren Merowingerzeit ist die „villa“ ein Gebiet, das so bewirtschaftet wird, daß ein großer Teil des Bodenertrages auf direkte oder indirekte Weise einem einzigen Herrn zugute kommt. Die Mehrzahl dieser „villae“ ist in zwei Teile aufgeteilt, den einen hat sich der „dominus“ (ahd. frô) vorbehalten, deshalb hieß er „indominicatum“, Salland. Meist hatten die Großen mehrere solcher Besitzungen, die weit auseinanderliegen konnten. Deshalb leitete die Villa häufig nur ein bevollmächtigter Verwalter, „villicus“.

Zur Bewirtschaftung derart großer Komplexe brauchte man Arbeitskräfte. Bis zum Ende des 9. Jahrhunderts waren in der Villa mancipia, d. h. Unfreie, tätig. Sie bewirtschafteten die Domäne. Seit dem 7. Jahrhundert kommen aber auch noch zwei andere Begriffe vor: mansus und colonica. In der Karolingerzeit und später werden sie das Schwergewicht ausmachen. Das Wort „colonica“ weist auf das Colonat des spätrömischen Reiches oder noch frühere Verhältnisse hin. Aber nun, als die Besitzungen der Großen und der Kirche wuchsen, bekam das Wort einen neuen Sinn. Diese Besitzungen mußten bewirtschaftet werden, also siedelte man Leute an, die diese Arbeit verrichteten. Auch der Geistliche, der eine Kirche bediente, die auf dem Gebiet eines Herrn errichtet wurde, erhielt einen mansus („mansus presbyterialis"), der es ihm erlaubte, seinen Lebensunterhalt zu bestreiten. Man nannte diesen Zustand auch casatus. Bis zu Karl Martell gab es am Hof der fränkischen Könige ein umfangreiches Gefolge, das vom Hof ernährt werden mußte. Je mehr die Reiterei anstelle der bisherigen Fußtruppen sich ausbildete, desto größer wurde die Belastung, denn nun mußte man auch Pferde versorgen. Dem baute Karl Martell vor, indem er an diese Leute Ländereien der Kirche verteilte. Diese Verteilungen lassen sich besonders in der Isle de France und in Lothringen beobachten, im Raum der damaligen Hauptstädte Paris und Metz, und die neuen Besitzungen erkennt man an den Endungen ville, villers, court. Auf diese Weise bildete sich ein Neuadel, der mit dem alten gallo-römischen Senatorenadel rivalisieren konnte.

Auch die Kirche hat wesentlich zum Aufbau des Systems der villae beigetragen. Das alte Ideal der Armut war aufgegeben. Vom germanischen Geist inspiriert und durch die Naturalwirtschaft genötigt, hatten die vielen Klöster und Stifte, die entstanden, alle ihren Grundbesitz, die einen in der Nähe der Städte, andere aber in noch wenig besiedeltem Gebiet. Die Arbeit, die den Mönchen auferlegt war, sollte nach der Regel des hl. Benedikt, allerdings in erster Linie dazu dienen, die „otiositas" zu bekämpfen. Zu den frühen Klostergründungen gehörten Corbie, Stavelot oder Stablo, Murbach, Prüm, Tholey, Luxeuil, das letztere unter der strengen Regel des Iren Columban. Die Tatsache, daß hier nicht der Wille eines Menschenlebens in seiner kurzen, aktiven Phase maßgebend war, sondern Generationen im selben Sinne wirkten, hat wesentlich zur Erschließung des Landes beigetragen.

Durch die Vermittlung der Kirche kamen mancherlei technische Anregungen aus dem Süden. Schon in der Merowingerzeit fand die Wassermühle Verbreitung. Das salische Gesetz enthält einen Paragraphen über die an der Mühle begangenen Diebstähle. Die Buße fiel zur Hälfte an den Müller, dem die Mühle gehörte, zur anderen Hälfte an den Bestohlenen.

Unter den angebauten Getreidearten gab man dem Weizen vor dem Roggen und der Gerste den Vorzug. Für die Arbeit im Felde bevorzugte man den Ochsen. Prata und pascua dienten für den Unterhalt von Kühen, Schafen, Ziegen. Die Wiesen wurden gemäht und das Heu für die Fütterung in der kalten Jahreszeit verwendet. Während des Winters wurde das Vieh im Stall gehalten und der Mist als Dünger gebraucht. In gewissen Gegenden gab es auch schon eine Art Alpwirtschaft.

Das Pferd spielte in der Merowingerzeit noch keine größere Rolle. Die Germanen hatten wohl anfänglich zu Pferd gefochten, aber je mehr der Ackerbau sich auf Kosten der Viehzucht ausdehnte und die Völkerschaften zur Ruhe kamen, desto mehr verlor auch die Reiterei an Bedeutung. Die typische Waffe der Franken, „francisca“, war eine Waffe der Infantrie. Noch bis zur Schlacht von Poitiers (732) war die Infantrie vorherrschend. Die Umstellung auf die Reiterei sollte bedeutsame Folgen für den Ausbau des Feudalsystems haben.

Im Garten wurden Kohlrüben, Erbsen, Bohnen und Linsen angebaut. Flachs und Hanf lieferten die Rohstoffe für die Herstellung von Leinengeweben. Die Salier, und wie sie die anderen germanischen Stämme, mußten sich an einen ausgedehnten Obstbau erst gewöhnen. Apfel- und Birnbäume werden bezeichnenderweise erst in den „extravagantes“, d. h. den Anhängen zum Salischen Gesetz aus dem 8. Jahrhundert erwähnt. Gut entwickelt war dagegen schon die Bienenzucht. In Ermangelung des Olivenöls für Beleuchtungszwecke, das in den mediterranen Gebieten zur Verfügung stand, gebrauchte man das Bienenwachs zur Herstellung von Kerzen. Das Holz in den Waldungen der Gemeinheit stand allen zur Verfügung, aber der Einschlag war reglementiert. Auch die Schweinemast war gemeinsames Recht. Schweinefleisch gehörte zu den wichtigsten Nahrungsmitteln, nicht weniger als 16 Artikel des Salischen Gesetzes beziehen sich auf die verschiedenen Möglichkeiten von Schweinediebstahl. Schon im spätrömischen Reich wurde Wein an den Hängen der Mosel und des Rheins angebaut. Der Gebrauch des Weins im Ritus der Kirche war natürlich der Verbreitung des Anbaues sehr förderlich. Die Kirchen und Klöster brauchten täglich ihre Quantität Wein, und da das Getränk schwer zu befördern war, baute man es am besten selbst an, auch wenn das Erzeugnis sich mit den Qualitäten der Mosel- und Rheingegend nicht vergleichen ließ. Um des besseren Weines willen soll der Bischofssitz von Tongern nach Lüttich verlegt worden sein. In den Gegenden, wo der Weinbau nicht mehr möglich war, wurde um so mehr die Herstellung anderer Getränke wie Bier gepflegt.

4. Gewerbe und Handel

Bezüglich des gewerblichen Lebens der Epoche müssen wir wiederum von der Tatsache ausgehen, daß die Wirtschaft vorwiegend agrarischer Art und das städtische Leben auf wenige Punkte reduziert war. Wir wollen dabei unter „Stadt“ eine Menschenansammlung in einem Umfang und von einer Lebensweise verstehen, die sich von den ländlich-dörflichen Verhältnissen unterscheidet, und wobei also nicht die landwirtschaftlichen, sondern die gewerblich-händlerischen und sonstige verwaltungsmäßige, religiöse und geistige Betätigung vorherrscht.

Die Invasionen der Germanen brachten Zerstörung und Plünderung und lähmten das städtische Zusammenleben. Wer ein Refugium auf dem Lande hatte, suchte dieses auf. Die Merowingerkönige, ihr Gefolge, wie auch der gallo-römische Adel lebten auf den villae rusticae namentlich des Pariser Raums, sie bevorzugten ein rohes Leben der Jagd und des ländlichen Genusses. Einhard, der Biograph Karls d. Gr., erzählt vom letzten Merowingerkönig Childerich, der sich von einem Ochsenwagen habe ziehen lassen.

Zerfielen auch die alten Städte und wurden sie zumeist nicht wieder aufgebaut, so bildeten sich doch im Raum vieler solcher Siedlungen neue Zellen, die sich dank der geographischen Vorzüge des bisherigen städtischen Zentrums allmählich entfalten und Aufgaben städtischen Charakters übernehmen konnten. Das städtische Leben ging vor allem da weiter, wo es Aufgaben des Kultes, des religiösen Lebens zu erfüllen gab. Das gilt namentlich für die Bischofssitze, wo die Hauptkirche einer Diözese und das einzige Baptisterium für die Taufe sich befanden. Die seelsorgerischen Aufgaben des Bischofs beschränkten sich allerdings nicht auf die Stadt, sondern erfaßten die ganze Diözese, und an die Stelle der Verwaltungstätigkeit der römischen Magistrate trat diejenige der comites, der Grafen, die sich auf einen ganzen Bezirk, pagus, erstreckte. Eine nicht zu unterschätzende Bedeutung für neue Ansätze eines gewerblichen Lebens im städtischen Bereich waren die an der Peripherie entstehenden Klöster mit ihren Einrichtungen für eine handwerkliche Betätigung. Diese Klöster bildeten Siedlungskerne, von denen aus nicht nur das geistig-religiöse, sondern auch das materielle Leben neue Impulse erhielt.

Zu beachten sind die auf römische Tradition zurückgehenden freien Handwerker, die besonders im Kunsthandwerk, im Bau- und Textilgewerbe, in der Schneiderei oder im Münzgewerbe tätig waren. Nach der fränkischen Invasion hörte die Metallverarbeitung im Maastal und die Herstellung von Tuchen in Flandern nicht gänzlich auf, ähnliches muß man von der Keramik- und Glaserzeugung im Kölner Raum annehmen.

Mit dem Zerfall der antiken Steinbauten erfuhr das Maurerhandwerk einen Niedergang. Gemäß germanischer Tradition wurde der Holzbau bevorzugt. Ähnliche Wandlungen, Vereinfachungen muß man sich in anderen Gewerbezweigen vorstellen. Das Exportgewerbe der römischen Zeit existierte nicht mehr oder nur noch in Resten, die Haushalte waren vornehmlich auf Selbstversorgung auf der Basis der Naturalwirtschaft eingestellt. Aufgrund der eigenen Produktion an Flachs, Hanf und Wolle wurden Gewebe hergestellt, aus dem Wald, der um die Siedlungen lag, verarbeitete man das Holz.

Unter diesen Umständen konnte von einem ausgedehnten Handel keine Rede mehr sein. Soweit er noch existierte, lag er in den Händen von Fremden. Daß im Jahre 321 eine Gruppe von Juden in Köln lebte, geht aus einer Anordnung Konstantins im Theodosiuskodex hervor, und in Trier fand man Inschriften von Syriern, die aus dem 5. Jahrhundert stammen. Man ist heute der Ansicht, daß eine neue Welle der Ausbreitung orientalischer Kaufleute, von Griechen, Juden und Syriern, über Gallien hinweg und ins

Fränkische hinein im 5. Jahrhundert einsetzt, daß diese Händler zunächst Parfüms, Glaswaren, Stoffe und andere Luxusartikel des Orients verhandelten, dann aber auch in den einheimischen Handel und in die Geldleihe eindrangen, zumal hier meist niemand vorhanden war, der ihnen den Platz streitig machen konnte. Aus zahlreichen Texten muß man schließen, daß der westeuropäische Handel mit Byzanz und den anderen levantinischen Gebieten im 6. und 7. Jahrhundert vornehmlich über die Provence und ihren Haupthafen Marseille ging. Man glaubt diese Expansion der Orientalen in Verbindung bringen zu müssen mit der Reglementierung des Handels im byzantinischen Reich, wo die Gewinnchancen beschnitten wurden, während das Vacuum, das die Germaneneinfälle im Westen geschaffen hatten, gerade den Händlern mit orientalischen Luxusartikeln neue Chancen eröffnete. Man muß im Zusammenhang mit dieser Expansion der orientalischen Händler auch die Möglichkeiten ihrer Betätigung im Rheinland sehen und muß ihre Kundschaft in den vornehmen und höchsten Kreisen suchen, erzählt doch Gregor von Tours vom Juden Priscus, der der intime Freund König Chilperichs war und für den König Waren aufkaufte. Zu Beginn des 7. Jahrhunderts hatte König Dagobert einen jüdischen Negotiator namens Salomon.

Die Orientalen beherrschten den Fernhandel keineswegs ausschließlich. Wir kennen den abenteuerlichen Zeitgenossen Dagoberts Samo, der mit Sklaven handelte und von Slawen zum König erhoben wurde. Dann waren da die Friesen, die das Küstengebiet von der Schelde bis zur Eider einnahmen und aufgrund der unwirtlichen Natur ihres Landes gezwungen waren, in der Schiffahrt und dem damit verbundenen Fernhandel ihr Auskommen zu suchen. Die Gefahren, denen diese Händler ausgesetzt waren, zwangen sie, sich in Gruppen zusammenzuschließen. So bildeten die Kaufleute von Verdun schon im 6. Jahrhundert eine Genossenschaft, und Samo reiste in Gesellschaft anderer Kaufleute ins Land der Slawen.

Einer der wichtigsten Artikel des damaligen Fernhandels war offenbar der Mensch selbst, der Sklave, den man sich nicht nur aus dem Osten, den slawischen Gebieten, sondern auch jenseits des Kanals, in England beschaffte, und es ist zu vermuten, daß die Friesen nicht nur mit den pallia frisonica, sondern eben auch mit Sklaven handelten. Dieser Sklavenhandel, der u. a. zur Versorgung der großen Haushalte und Domänen diente, nahm noch zu, als sich der Warenaustausch mit dem islamischen Spanien zu entfalten begann. Man hat vermutet, daß sich die Sklavenhändler in Spanien ihre Ware mit Gold bezahlen ließen, und daß auf diese Weise die schlechten Münzverhältnisse der Merowingerzeit etwas aufgebessert wurden. Das mangelhafte Münzwesen war tatsächlich ein wichtiges Hindernis für eine stärkere Entfaltung des Handelslebens.

Seit dem Einbruch der Germanen war dieses einem heillosen Verfall preisgegeben. Die germanischen Herrscher übernahmen die kursierenden

Münzen, ohne in der Lage zu sein, durch eine eigene Münzpolitik den neuen Gegebenheiten entsprechende Reformen durchzuführen. So bediente man sich weiter des goldenen Solidus und des Silberdenars der spätrömischen Zeit. Im Grab des Childerich I., dem Vater Chlodwigs, das bei Tournai entdeckt wurde, fand man 90 solcher Solidi und 200 Denare. Diese Münzen hat man also nachgeprägt, und ein Enkel Chlodwigs, Theodebert, der kurz vor der Mitte des 6. Jahrhunderts, herrschte, kam auf die Idee, Solidi mit seinem Bild und Titel prägen zu lassen, was man ihm in Byzanz als Anmaßung übel auslegte. Einige der Nachfolger Theodeberts haben diese Neuerung übernommen, aber zu einer konsequenten und energischen Handhabung des Münzwesens von seiten der Könige kam es nicht. Das Münzrecht ging an Leute über, die über Metall verfügten. So kam es, daß an zahlreichen Plätzen geprägt wurde, und die Qualität der Münzen darunter stärkstens litt. Das hing in gewissem Maße natürlich auch mit dem Mangel an Edelmetall zusammen, der in der damaligen Zeit herrschte. Man nimmt an, daß seit dem 4. Jahrhundert das Gold im Westen rarer wurde. Bei der Anarchie, die unter den Merowingern herrschte, hortete, wer konnte, sein Gold, und so wurde die Beschaffung von Münzgold immer schwieriger. Die Münzverschlechterung bewirkte, daß man die Münzen der Merowinger außerhalb ihres Herrschaftsbereichs nicht für voll nahm. So konnte es geschehen, daß Chilperich I. Gregor von Tours voll Bewunderung goldene Solidi zeigte, die ihm der byzantinische Kaiser geschickt hatte.

Man hat früher angenommen, daß die Merowinger bis zum Einbruch des Islams am Monometallismus auf der Goldbasis festgehalten haben. Neuere Forschungen haben ergeben, daß sie schon früher zum Silbermünzguß übergegangen sind und zwar zwischen 650 und 700, und man glaubt, daß dieser Übergang nicht nur durch den Goldmangel verursacht wurde, sondern mit darin begründet liegt, daß die Völker des Nordens das Silber bevorzugten. Bezeichnenderweise fanden sich im Grab von König Childerich Silberdenare, die man mit offensichtlicher Sorgfalt neben Goldsolidi gelegt hatte.

Vielleicht ist ein starker Anstoß zum Übergang vom Goldmünzfuß zum Silbermünzfuß von den Angelsachsen ausgegangen, die Silbergruben ausbeuteten und um die Mitte des 7. Jahrhunderts statt der Goldmünzen Silbermünzen, Sceattas, zu prägen begannen, die die friesischen Kaufleute für ihre Ware einhandelten und auf das Festland brachten. Sie ahmten sie auch in Dorestad nach. Von hier angeregt, wurden dann im merowingischen Machtbereich offenbar die Goldmünzen durch einen Silberdenar ersetzt. Vermutlich auf diesen Silberdenar beziehen sich die späteren Ergänzungen der Bestimmungen des salischen Gesetzes, wo der Solidus in 40 Denare eingeteilt wurde.

Vor der These, daß der Einbruch des Islams das Mittelmeer abgeriegelt habe, übersah man, daß die Merowinger als solche zum Meer kein besonderes Verhältnis hatten, daß es ihnen vor allem darum ging, ihren Machtbereich nach Germanien hinein auszuweiten, indem sie gegen Alemannen und Thüringer zu Felde zogen. Diese Ziele wurden unter Karl dem Großen auf die Sachsen und die von den Awaren und Slawen besiedelten Gebiete ausgeweitet.

Es fehlte trotz dieses mangelnden Interesses von oben aber keinesfalls an einer Seeschiffahrt, wenn auch vorwiegend im Sinne einer Küstenfahrt, so am Mittelmeer, wo Schiffe im 6. Jahrhundert bis nach Italien fuhren, dann längs der atlantischen Küste, wo Schiffsverkehr zwischen der Gegend von Bordeaux und Rouen und nach den britischen Inseln nachgewiesen ist, während die Friesen bis nach Galicien kamen. Uns interessiert hier besonders die seefahrerische Tätigkeit der Friesen. Ihr südlichster Stützpunkt war Quentovic, das im Bereich der Franken lag. An der Mündung der Canche, südlich von Boulogne, gelegen, entfaltete es einen lebhaften Handel mit den Häfen jenseits des Ärmelkanals, besonders London. Von Quentovic führte eine wichtige Route über Reims und Verdun nach Straßburg. Quentovic war eine der 9 Münzstätten, die Karl der Kahle 864 zuließ, dann versank der Ort ins Dunkel, die Normannen zerstörten ihn. Seine Rolle übernahmen Boulogne und Calais. Weiter nördlich, am Ufer des Lek, eines Rheinarmes, lag Duurstede oder Dorestad, das ebenfalls eine Münzstätte besaß. Eine weitere Münzstätte lag in Maastricht, deren älteste Prägungen aus dem Anfang des 7. Jahrhunderts sind. In nördlicher Richtung reichte die seefahrerische und händlerische Betätigung der Friesen bis nach der Küste Jütlands. Hier setzten sie sich an der Westküste, auf den Inseln Sylt, Föhr, Pellworm und Nordstrand fest. Ihre Exportartikel waren Keramik von den Werkstätten, die man in der Nähe von Köln herstellte. Scherben solcher Gläser grub man an der Westküste Norwegens und auf der Insel Gotland aus. Becher rheinischer Herkunft fand man in Schweden. Was dagegen getauscht wurde, weiß man nicht, aber man nimmt an, daß es vornehmlich Pelze und Sklaven waren. Der Flußverkehr war schon in der Merowingerzeit verhältnismäßig lebhaft. Die Schelde, der Rhein und die Mosel wurden befahren. Gregor von Tours erzählt von einem Kaufmann aus Trier, der in Metz eine Fracht Salz kaufte und damit nach Hause fuhr. Die Flußfahrt verlief so ruhig, daß er während der ganzen Zeit schlafen konnte.

IV. Ausbau im Zeichen des Lehenswesens und der frühen Stadt

1. Allgemeine politische Verhältnisse

Henri Pirenne vertrat die Ansicht, daß trotz den Einfällen der Germanen die Einheit des Mittelmeerraums Bestand hatte und daß diese Einheit erst durch den Islam, d. h. in der Karolingerzeit zerschlagen wurde. Seitdem ist viel darüber diskutiert und gezeigt worden, daß diese Vorstellung nicht der Wirklichkeit entspricht, daß der internationale Handel tatsächlich schon im spätrömischen Reich schrumpfte und neue Ansätze bereits im 5. Jahrhundert mit dem Auftreten der Orientalen in Gallien und ihren Kontakten mit den Barbaren festzustellen sind.

Gleichwohl erfolgten in der Karolingerzeit so viele wichtige Neuerungen, daß es sich empfiehlt, hier einen Einschnitt zu machen. Nun nahm die Gesellschaft im Herrschaftsbereich der Franken eine Form an, die sie für Jahrhunderte beibehalten sollte.

Das politische und wirtschaftliche Schwergewicht verlagerte sich in entscheidender Weise nach dem Nordosten, in die Gegend von Maas und Rhein. Von den einflußreichen Familien, die es hier gab, gelang es den „Pippiniden" über das Hausmeieramt eine führende Stellung zu erlangen, um schließlich die entarteten Merowinger in der Herrschaft abzulösen und über Karl Martell und Karl den Großen als Karolinger eine neue Dynastie zu begründen. Mit der Krönung in Rom zum Kaiser 800 knüpfte Karl an die Traditionen des Römischen Imperiums an und verlieh der Einheit seines Reiches die Sanktion der Kirche. Freilich, derselbe Herrscher hat den germanischen Traditionen wieder soweit nachgegeben, daß er im Jahre 806 das Reich unter seine Söhne teilte. Seit dem Vertrag von Verdun (843) gab es ein West-, ein Mittel- und ein Ostreich.

Nach dem Tod Lothars II. kam im Meersener Vertrag (870) die Osthälfte des „lotharingischen" Mittelreichs an das Ostreich. Durch die Teilung von Ribemont (880) wurde auch die Westhälfte Lothringens hinzugeschlagen. Die im Vertrag von Verdun gezogene Westgrenze des Mittelreichs blieb nun im wesentlichen das ganze Mittelalter hindurch die Grenze zwischen Deutschland und Frankreich. Mit der Wahl König Konrads I. im Jahre 911 trennte sich der östliche, künftig als Reich der Deutschen bezeichnete Teil endgültig von Frankreich. Seit der Wahl Heinrichs I. (919) war das Herrscherhaus sächsischer Herkunft. Das Schwergewicht seiner Machtstellung lag im Raum des Harzes. Von hier aus muß seine aktive Ostpolitik gesehen werden, die nach der Abwehr der Ungarngefahr auf dem Lechfeld (955) den Einfluß der Krone bis zur Oder vorschob. Heinrichs Sohn Otto I. heiratete 952 Adelheid die Erbin Italiens und knüpfte mit dieser Südpolitik an die Tradition Karls des Großen an, und wie dieser ließ er sich in Rom zum Kaiser krönen. Die Orientierung nach dem Süden wurde unterstrichen durch die byzantinische Heirat Ottos III., des letzten Herrschers aus dem Sachsenhaus.

Mit der Italienpolitik, die die Ottonen einleiteten und dann die Salier aufgriffen, wurde eine der Voraussetzungen dafür geschaffen, daß die Auseinandersetzungen mit dem seit Gregor VII. erstarkten Reformpapstum der Investiturstreit so heftig wurde und zu schweren das Reichsgefüge erschütternden Rückschlägen unter Heinrich IV. führte.

2. Bevölkerung

Wir hörten in einem der vorausgehenden Abschnitte, daß es mit der Bevölkerung im 7. Jahrhundert wieder aufwärts zu gehen begann. Dieser Anstieg ging parallel mit der politischen Ausweitung nach Osten und dem Vordringen der christlichen Mission in derselben Richtung. Schließlich schickten auch die am Rhein aufblühenden Gegenden überschüssige Kräfte nach dem Osten.

Entlang der Ostgrenze, die von der Eider und Kieler Förde über die Saale nach Istrien verlief, erstreckte sich zunächst ein Gürtel von Marken bzw. Herrschaften mehr oder weniger abhängiger meist slawischer Fürsten.

Seit Ende des 8. Jahrhunderts erfolgte eine Bewegung nach Südosten, die von den Siedlungen der Bayern ausging. Karls Sohn Pippin trieb die Awaren in die Pannonische Ebene zurück und errichtete die Pannonische Mark (791–796). Von Bayern wurden die Awarische Mark und Kärnten kolonisiert und durch die Bistümer Passau, Regensburg, Freising unter Führung des Erzbistums Salzburg missioniert.

Das 9. und 10. Jahrhundert brachte wieder Rückschläge. So störte die Ungarngefahr die Expansion nach Osten bis zum Sieg auf dem Lechfeld (955), danach besiedelten Bayern und Franken den Raum bis March und Leitha. Die Alpentäler wurden erschlossen unter Leitung der Babenberger, die ihre Herrschaft über Österreich begründeten. Südlich der Drau entstanden verstreute Siedlungen (Pettau, Reichenfeld, Gurkfeld, Gottschee, Görz).

An der Elbe und Saale wurden die karolingischen Marken durch Heinrich I. wieder gesichert und unter Otto I. bis zur Oder ausgedehnt. Der Missionierung dienten die Bistümer Oldenburg, Havelberg, Brandenburg, Meissen, Merseburg, Naumburg-Zeitz, die mit Ausnahme von Oldenburg alle dem Erzbistum Magdeburg unterstellt (968) wurden. Nach dem großen Slawenaufstand (963) schuf Otto III. das Erzbistum Gnesen (1000).

Besonders wichtig für weitere Impulse wurde die Einbeziehung des Sachsenlandes in das Karolingerreich, zumal nach dem Niedergang der Karolinger die Träger des Königtums aus diesem Stamm hervorgingen, so daß sich das Schwergewicht in den Raum um den Harz verlagerte. Der Harz war reich an Bodenschätzen und konnte damit die Herausbildung eines politischen Schwerpunkts unterstützen. Die Grenzmarken wurden vorgeschoben und die Slawen bis auf einige Reste, so die Wenden im Spreewald, eingedeutscht. Die Kraftzellen für den weiteren Ausbau des gewonnenen Landes waren an den Hauptstraßen die Königshöfe, die Bischofssitze, die Klöster und die Niederlassungen von Fernhändlern, die sich in der Nähe der Königshöfe oder Herrensitze, der Domburgen oder der alten slawischen Fürstensitze bildeten. Das Vorrücken geschah dabei in der Weise, daß die Grenzlinien zunächst besetzt und mit Zollstätten versehen und anschließend das Zwischengebiet gewissermaßen aufgefüllt wurde; es entstanden also früher Plätze an Saale und Elbe, am sogenannten limes Sorabicus, als im Land westlich davon. Diese Siedlungen hatten meist eine bescheidene Größe. Vielfach handelte es sich nur um eine Burg in der einfachen Form eines Turmes. Die Königshöfe oder Pfalzen blieben meist im Rahmen von Gutshöfen und nahmen nur zeitweilig den Charakter von Residenzen an, wenn der Herrscher gerade hier weilte.

Vorerst war die wichtigste Siedlungsform das Dorf, das im Zusammenhang mit dem nun einsetzenden Landesausbau neue Formen gewann. Wie dieser Landesausbau im einzelnen erfolgte, weiß man nicht, eine gewisse Hilfe leistete die Ortsnamenforschung. Die Namen mit -ingen und -heim gehen wohl auf die Landnahme der Völkerwanderungszeit zurück, jedenfalls gehören sie der vorkarolingischen Siedlungsperiode an. Man nimmt ferner an, daß die Orte mit -dorf, -torf mindestens ins 7. Jahrhundert zurückgehen, daß die mit -hausen noch älter, die mit -hof, -hofen aber jünger sind, d. h. der ersten Ausbauzeit angehören. Bei Ortsnamen die auf das Gelände hinweisen (-berg, -bach, -stein, -fels, -wald, -loh, -feld) dürften diejenigen, die auf eine bergige, waldige Gegend schließen lassen, älter sein als diejenigen auf -bach und -feld. Seit der Karolingerzeit tauchen in Mitteldeutschland und dann in Süddeutschland Namen mit -rode, -rade, -rath, -rieth und -reuth auf. Im Gebiet von Mittelweser, Lippe und Leine kommen solche auf -hagen hinzu. Sie beginnen im 11. Jahrhundert oder um 1100. Man muß die Ergebnisse der Ortsnamenforschung möglichst ergänzen mit den Hinweisen, die sich aus der Flurverfassung, der Ortslage, der Kirchengründung, den Besitzverhältnissen, den Abgaben erschließen lassen. Zu beachten ist ferner, daß man, bevor man neue Siedlungen gründete, zum Innenausbau der Orte schritt. Daß dieser zeitlich voranging, läßt sich aus Gräberfunden schließen, die auf das Anwachsen der Ortschaften hinweisen. Hinzu kommt, daß man die Flurfläche vergrößerte. Die Ausweitung der Siedlungen erfolgte vielfach in der Weise, daß am Rand der Ortschaften oder weiter in der Gemarkung draußen Ausbauhöfe entstanden, die sich zu Filialdörfern erweitern konnten oder vereinzelt blieben. Nachdem die nähere Umgebung des Dorfes erschlossen war, wurde die Notwendigkeit, neuen Siedlungsraum in der Ferne zu gewinnen, immer dringender. Dies ist ein Vorgang, der mit der Hollerkolonisation an der Weser zu Beginn des 12. Jahrhunderts und dann in Ostholstein im weiteren Verlauf des Jahrhunderts einsetzt. Nachdem die Wenden endgültig Wagrien und Polabien verloren hatten, leitete der zweite Schauenburger, Graf Adolf, die Kolonisation Ostholsteins ein, die mit der Christianisierung Hand in Hand ging. Es kamen Niederländer, Friesen, Westfalen. Ein ähnlicher Vorgang vollzog sich in Mecklenburg und in den anderen Gebieten jenseits der Elbe, auf den wir später noch näher eingehen werden.

Wie unter Karl dem Großen entstanden an vielen ehemaligen Römerplätzen, von Utrecht, Nimwegen und Maastricht über Aachen, Speyer, Frankfurt bis Regensburg und Zürich Pfalzen für den König bzw. Burgen für die Grafschaftsverwaltung. Teilweise gesellten sich ihnen Bischofsburgen zu. Die Bauweise in der Form der Burg gab diesen Städten ihren künftigen deutschen Namen: 804 wird zum erstenmal das Wort Reganespurc statt des alten Castra Regina gebraucht, ebenso heißt es jetzt und künftig Straßburg, Augsburg, Salzburg.

Die Handelsemporien der Friesen, von denen wir in der späteren Merowingerzeit hörten, Quentovic, Dorestad, verschwanden mit den Wikingerinvasionen. 863/64 werden die Namen von Quentovic und Dorestad zum letztenmal erwähnt. Dafür bildeten sich friesische Kaufmannswike an verschiedenen Plätzen des Rheins, die damit ebenfalls zur künftigen Stadtkernbildung beitrugen.

Dazu kamen die Grenzburgen im Osten, an der Elbe Bardowiek, Jeetzel im Raum von Salzwedel und Magdeburg, dann Halle an der Saale, Erfurt, Forchheim an der Regnitz und Lorch an der oberen Donau. Zur Erschließung des eroberten Nordostgebietes entstanden Königshöfe, die als Militärstützpunkt dienten, gleichzeitig aber auch Funktionen als Handelszentren und Schwerpunkte der kirchlichen Verwaltung zu übernehmen hatten, so am Hellweg, der von Köln über Dortmund, Soest, Paderborn und dann zum Harz und nach Magdeburg weiterführte, während eine andere Straße von Dortmund aus über Münster und Osnabrück nach Bremen und von da über Stade und Itzehoe nach Hedeby ging, schließlich noch die Routen über Minden und Verden nach Hamburg und über Lüneburg nach Bardowiek. Überall an diesen Plätzen entstanden Königshöfe. Zu bedeutenden Bischofssitzen entwickelten sich seit Karl und Ludwig dem Frommen Bremen, Hamburg, Verden, Minden, Paderborn, Münster, Osnabrück, Hildesheim, Halberstadt und Magdeburg. An anderen Orten entstanden Klöster mit entsprechenden Burganlagen, so in Corvey, Hameln, Herford, Gandersheim und Helmstedt. Da noch weitgehend das germanische Eigenkirchenrecht galt, waren die Bischofs- wie die Klosterburgen als Königsburgen anzusehen. Hinzu kam der Siedlungszuwachs in der Form einer Kaufmannsniederlassung. Auf eine solche weist der Name Bardowiek hin. Eine besondere Bedeutung als Grenzhandelsplatz bekam der Kaufmannswik bei Magdeburg. Eine eigene Rolle spielte Hedeby – Haithabu, das in den deutschen Quellen 804 Sliasthorp und 830 Sliaswich genannt wird. Es lag im dänischen Herrschaftsbereich, hatte aber zum Teil eine friesisch-sächsische Einwohnerschaft.

Einen neuen Abschnitt in der Frühgeschichte der deutschen Stadt leitete die Herrschaft der Ottonen ein. Noch blieb die Kombination Burg-Wik bezeichnend. Die Wike wurden zahlreicher, wir finden sie jetzt auch an den kleineren Flüssen, nicht nur am Main und am Neckar, sondern auch an der Ems, der Ruhr und der Nahe, an der Iller, dem Lech, der Isar und der Salzach. Ebenso bildeten sich an den Heer- und Handelsstraßen neue Kaufmannswike. Diese Wike wurden jetzt ummauert.

Die entscheidende Zeit der Stadtgründungen setzte aber erst nach dem Tode Heinrichs III. 1056 ein, als anstelle der ottonischen Staatsidee einer autoritären Herrschaft über das Reich und die Kirche die Trennung der beiden Gewalten erfolgte und sich die Lehenshierarchie mit Bischöfen und einigen Reichsäbten sowie wenigen weltlichen Herren an der Spitze weiter befestigte. Nachdrücklich griffen jetzt diese Gewalten in den Prozeß der Stadtwerdung ein. Die Städte wurden mit besonderem Recht begabt. Am Ende des 12. Jahrhunderts hatten schon weit über 100 Siedlungen das Stadtrecht.

Landesausbau und Stadtwerdung veränderten in dieser Zeit das Siedlungsbild im mitteleuropäischen Raum beträchtlich. Wenn es im Moselland um 900 erst 250 Ortschaften gab, so stieg die Zahl bis 1050 auf 470. Trotzdem ist es auch jetzt immer noch schwer, Zahlen hinsichtlich der Gesamtbevölkerung anzugeben. Das ganze ostfränkische Reich soll nach Schätzungen im 9. Jahrhundert 2,5–3 Mill. Einwohner gehabt haben, für das 11. Jahrhundert nimmt man 3–3,5 Mill. an. Das inzwischen im Osten gewonnene Gebiet hinzugenommen, glaubt man 5–6 Millionen rechnen zu müssen, während man für das 12. Jahrhundert dann 7–8 Mill. annimmt. Es fehlte nicht an schweren Seuchen, über deren Auswirkungen man aber im einzelnen nichts Genaueres weiß. 1038 brachte das Heer Konrads II. eine Seuche aus Italien nach Bayern, 1090 wütete die Pest in Magdeburg, wo sie vermutlich von Rußland her eingeschleppt worden war. 1100 brachten Kreuzfahrer die Beulenpest nach Deutschland. Die reinen Kriegsverluste waren damals noch gering. Wenn auf den Italienzügen trotzdem viele Menschen umkamen, so waren Malaria und andere italienische Seuchen daran schuld. Zahlenmäßig sind diese Verluste noch nicht erfaßbar.

3. Staatliche Macht und wirtschaftspolitische Ansätze

Wichtige Ansätze für die Verwaltung brachte die Gesetzgebung der fränkischen Könige und namentlich diejenige Karls des Großen. Auf ihr konnte ein künftiges Reichsrecht aufbauen. Seit 779 wurden königliche Verordnungen als capitularia bezeichnet, weil sie sich aus einzelnen Kapiteln zusammensetzten. Das wichtigste war das Capitulare de Villis, das über die Verwaltung der großen Grundherrschaften Auskünfte gibt.

Die Kapitularien ergänzten die bestehenden Volksrechte, auf denen sie selbst beruhten. Bei den Merowingern war das salische, bei den Karolingern das ribuarische, beidemale das fränkische Recht die Grundlage der Verordnungen. Da die Franken die Vorherrschaft hatten, erlangte das fränkische Recht gegenüber den anderen Stammesrechten die Vorherrschaft. Das Kaisertum Karls des Großen, sanktioniert durch die Krönung in Rom im Jahre 800, hatte nur kurzen Bestand, solange eben die starke Persönlichkeit Karls am Leben war. Unter dem schwachen Ludwig dem Frommen zerbrach das Reich. Die Gründe des Zerfalls lagen aber tiefer. Der von Karl beherrschte Raum war zu groß, und die Führerschicht, die das Ganze hätte zusammenhalten können, zu schwach. Das galt vor allem für den ostfränkischen Teil, wo im Stammesadel starke Tendenzen bestanden, eigene Wege zu gehen. Die vom fränkischen Adel unterstützten Bemühungen der Karolinger, das Reich zusammenzuhalten, blieben auf die Dauer erfolglos.

Die innere Festigung des künftigen deutschen Staatswesens erfolgte unter schweren äußeren Bedrohungen durch Wikinger und Ungarn. Das Königtum war zu schwach, die daraus erwachsenden Aufgaben allein zu lösen und so fiel die Initiative den partikularen Gewalten in den Grenzgebieten zu. Sie mußten selber Truppenverbände aufstellen, Befestigungen anlegen, den Verwaltungsapparat ausbauen. Bischöfe und Äbte bedienten sich dabei der für das Waffenhandwerk spezialisierten Ritter, die sich dafür mit Lehnsbesitz entlohnen ließen. Parallel zu dieser Feudalisierung des Heerwesens ging eine solche des Gerichtswesens; mehr und mehr bekamen dies lokale Machthaber in die Hand. Mit dem Verschwinden der Königsboten war eine Lücke entstanden, die der hohe Adel benützte, um seinen Einfluß auf die geistlichen Immunitätsgebiete auszuweiten, d. h. auf die Gebiete, die von der Gerichtsbarkeit des Königs befreit waren. Dabei erhielt das Vogteiwesen seine für die künftige Entwicklung so bezeichnende Ausprägung. Da die Kirche seit einem Erlaß von 402 sich aller weltlichen Geschäfte enthalten sollte, übernahm diese ein Advocatus, Vogt. Viele Klöster sicherten sich die freie Vogtwahl und bestellten dazu einen mächtigen Adligen, der sich dabei zum Herren über das Kloster zu machen und solche Klostervogtei zusammen mit seinem adligen Bannbezirk zu einem eigenen, vom König unabhängigen Rechtsgebiet auszubauen verstand.

Daneben bildete sich eine eigene Lehensgerichtsbarkeit neben der allgemeinen heraus, die nicht nur in Lehenssachen, sondern in allen Rechtsangelegenheiten der Vasallen verhandelte. Damit war der Anfang gemacht zur Entstehung einer eigenen ständischen Gerichtsbarkeit, eine Entwicklung übrigens, die in Frankreich in noch stärkerem Maße vor sich ging als in Deutschland. Auf die Dauer waren aber die Wirkungen im Osten nachhaltiger. Hier gelang es Herzögen und Markgrafen ihre Machtbasis auf der Grundlage eines neuen Stammesherzogtums zu festigen und schließlich zum Territoritalstaat auszubauen. Das Königtum wehrte sich gegen diese Entwicklung begreiflicherweise, indem es Verwaltungsbefugnisse den Bischöfen und Äbten übertrug. Namentlich Otto der Große bediente sich dieses Mittels. Die Gefahren, die darin lagen, wurden deutlich, als die Spannung zwischen Königtum und Kirche unter den salischen Herrschern wuchs. Die Salier sahen nun den Gegenzug wieder darin, daß sie das weltliche Vasallentum stärker ausbauten. Damit wurde die Entwicklung zum Territoritalstaat erneut begünstigt, und als das Reich unter den Staufern in eine schwere Krise geriet, mußte dieses immer mehr von seinen Rechten an die territorialen Gewalten abgeben.

4. Gesellschaftliche Schichtung

Der Begriff der Freiheit erfuhr in dieser Zeit weitere Veränderungen. Der Unterschied zwischen Adel und Gemeinfreien wurde größer. Die Schicht der Freien verminderte sich, indessen kamen neue Gruppen hinzu. Auf den Königshöfen wurden Freie angesiedelt, die zum Kriegsdienst und gewissen anderen Leistungen verpflichtet waren. Über ihre Stellung wurde viel diskutiert. Diese „Königsfreie" hatten jedenfalls nicht mehr die Stellung wie die ingenui der taciteischen Zeit. Insgesamt hatte das neue Herrschaftsgefüge im Gegensatz zur modernen Zeit einen vielschichtigen pyramidenartigen Aufbau, so daß zwischen dem einfachen Mann und der oberen Staatsgewalt, dem König oder Kaiser, keinerlei direkter Bezug bestand, wobei die Rechte, die die Zwischeninstanzen ausübten, keine delegierten Befugnisse, sondern Eigenrechte waren. Man hat für diese Gefüge die Bezeichnung Personenverbandsstaat eingeführt.

Die Übertragung militärischer Aufgaben führte zu einer besonderen Stellung, die man als Königsfreiheit angesprochen hat. Sie löschte die bisherige ständische Einstufung wie auch die Verschiedenartigkeit der stammesmäßigen Herkunft aus. Die milites agrarii aus der Zeit Heinrichs I. und Ottos I. waren Gefolgsschaftsleute des Königs. Für sie bestand ein besonderes Klientel- oder Schutzherrnverhältnis, wie es auch für andere Gruppen, so für die Fernhändler, überliefert ist. Ihre Freiheit war aber nur so zu verstehen, daß sie dagegen bestimmte Leistungen erbrachten. Sie mußten den

Königszins zahlen, Wachdienste leisten, den Grenzschutz übernehmen, Pferde stellen, Brücken bauen, Übernachtungsmöglichkeiten gewähren und ähnliches. Ihr Nachteil lag darin, daß sie in einem unmittelbaren persönlichen Verhältnis zum König standen. Dieser Umstand führte dazu, daß sie verhältnismäßig bald verschwanden. Ihre Zinsleistung konnte vom König verschenkt werden. Schon zu Ausgang des 8. Jahrhunderts wurden solche Zinsen an die Kirche verschenkt. Neuerdings wurde betont, daß durch Heeres- oder Königsdienst erworbene Freiheit sich nicht nachweisen lasse.

Ähnlich umstritten ist der Begriff Rodungsfreiheit. Rodung habe nur wirtschaftliche Besserstellung gebracht. In Sachsen werden die Grafschaftsfreien, Reichsfreien, freien Häger schon in der Zeit Karls des Großen erwähnt, dazu gehörten auch die Barschalken im bayerischen Gebiet. In Südwestdeutschland lassen sich seit Einsetzen der schriftlichen Quellen freie Bauern mit eigenen Gütern nachweisen, die im Zuge des Landesausbaus seit dem 12. Jahrhundert eine besondere Rolle spielen. Auch Mitteldeutschland, namentlich Thüringen, liefert Beispiele. Inzwischen kamen die in Niederdeutschland angesiedelten Flamen und Holländer hinzu, die nach einem besonderen Recht, dem Hollerrecht oder Fläminger Recht, angesetzt wurden.

Unter den Karolingern wurden die Ansätze staatlicher Gestaltung weiter gestrafft und ausgebaut. Dabei nahm man das Lehenswesen zu Hilfe, das auf germanische, keltische und römische Ansätze zurückging.

Das römische Gallien kannte die commenda: Die Hingabe in das patrocinium eines mächtigen Herrn, um sich dadurch politischen Schutz oder wirtschaftliche Hilfe zu sichern. Der ebenfalls verwendete Begriff potestas betonte stärker die Herrengewalt als den Schutz. Ähnliche Herr-Knecht-Verhältnisse bestanden im Keltischen. Keltischen Ursprungs ist das Wort gewas – vassus – Knecht. Es gab freie und unfreie vassi. Die letzteren hatten die Möglichkeit, durch militärischen Dienst wieder den Stand der Freiheit zu erreichen. Wurde von der römisch-keltischen Seite her das Element des Gehorsams hervorgehoben, so war die typisch germanische Komponente die eidlich begründete Treueverpflichtung. Der vasallus leistete Kommendation und Treueid. Allerdings galt dies auf Gegenseitigkeit. Herr und Vasall waren gleichwertige Partner, auch der Herr war zur Treue verpflichtet. Sie äußerte sich vor allem in der Gegenleistung des Beneficiums, der Landleihe, die der alten römischen precaria entsprach.

Die zentrale Rolle, die das vasallische Beneficium im Rahmen der karolingischen Reichsverwaltung spielte, verlangte einen großen Vorrat an Königsgut, damit alle Träger staatlicher Funktionen entsprechend mit Land versehen werden konnten. Einen gewissen Ausweg sah man in der Säkularisation von Kirchengut, das durch Schenkungen gewaltig an Umfang zugenommen hatte. Als Gegenleistung für das eingezogene Kirchengut übernahm der König den Schutz der Kirche, soweit dieser nicht schon Eigenkirchenherr war.

Die Benefizialleihe wurde so wichtig, weil die Wirtschaft vornehmlich Naturalcharakter hatte und der Geldumlauf noch kaum zählte. Auf naturalwirtschaftlicher Basis erfolgte auch die Einhebung eines Zehnten, den die Kirche einführte, um ihre Landverluste wett zu machen (decima, auch nona pars). Das vasallische Lehen war das Zentrum eines ganzen Rechtskomplexes, den wir heute Lehensrecht nennen und der nach Mitteis „die große rechtsgeschichtliche Leistung des fränkischen Abendlandes" war. Das Wort „beneficium" wurde in den Quellen schließlich verdrängt durch das Wort „feudum". Zum Wesen des Feudalstaates gehörte es, daß die Ämter an Vasallen ausgegeben wurden, die dem König zur Treue verpflichtet waren. Die Folge war eine starke Dezentralisation der Verwaltung, die in Zeiten schwacher Herrscher recht negative Folgen haben konnte. Es bestand die Gefahr, daß Ämter und Lehen in den Familien erblich wurden, Vasallendienst und Vasallentreue in adliges Herrenrecht umschlug. Diesen Weg nahmen die Dinge bei uns im spätmittelalterlichen Reich. Zum Lehenswesen gehörte schließlich noch der Gedanke des feudalen Widerstandsrechts. Wenn der oberste Lehensherr vom Recht abwich und seine Herrentreue brach, dann wurde er zum Tyrannen, und die Vasallen waren nicht nur von ihrer Bindung frei, sondern sogar zum Widerstand verpflichtet.

5. Landwirtschaft

Roden hieß die Aufgabe, wenn es um den Landesausbau ging. Der zu rodende Boden war frei, nach altgermanischem Recht gab es keinen Privatbesitz hinsichtlich des Waldes, des Busch- und Sumpflandes. Man sprach vom Eremus, der Einöde, die man als Bifang mit einem Zaun einhegen und gegen das Wild schützen konnte. Erst in einer späteren Zeit wurden die gemeinsamen Rechte daran beschränkt. Mit dem Ausbau des Königtums wurde vom König das Bodenregal beansprucht, d. h. alles Land des Reichs war Obereigentum des Königs. Zunächst wurde dies hinsichtlich der Wald- und sonstigen Randzonen der Besiedlung nur soweit geltend gemacht, als die Inanspruchnahme des gerodeten Landes durch den, der es gerodet hatte, bestätigt werden mußte. Gewisse Waldgebiete wurden, zum erstenmal in der 2. Hälfte des 6. Jahrhunderts zu Bannforsten erklärt. Der Königswald wurde in den folgenden Jahrhunderten erweitert, aber dann durch Belehnungen und Verkäufe wieder verkleinert.

Als die Bevölkerung wuchs und der Boden knapper wurde, baute man das Bodenregal weiter aus, man verwandelte es in Landessperren und Abgaben, die im Zusammenhang mit dem Lehnswesen auch in die Hände anderer übergingen. Man sprach vom Landrecht als einer Abgabe, die nun mit den grundherrlichen Rechten verschmolzen war und dementsprechend verschenkt, verhandelt oder verpfändet werden konnte.

Auch die Kirche wollte ihren Anteil am Landgewinn haben und erhob seit Einführung des Zehntrechts vom Neuland ihren Zehnten. Auf diese und andere Weise wurden die Möglichkeiten des Bauern, durch Roden Neuland zu gewinnen, immer mehr eingeschränkt. Häufig wurde es so gehandhabt, daß vom gerodeten Land dem Grundherrn ein Drittel oder die Hälfte des Ertrags abgeliefert werden mußte.

Die Rodungstätigkeit war in den einzelnen Landschaften verschieden, sie hatte sich jeweils nach der Bodenbeschaffenheit zu richten. Unter den Mönchsorden zeichneten sich nach den Benediktinern besonders die Zisterzienser durch ihre Rodungstätigkeit aus. Sie rodeten den Wald in drei Gruppen: Die incisores fällten die Bäume, die exstirpatores gruben die Stumpen und Wurzeln aus, und die incensores verbrannten das nicht verwendete Ast- und Wurzelwerk. Meist wurde die Arbeit mit Äxten verrichtet, Sägen waren noch seltener. Der Spaten war aus Holz, vielfach aber schon mit einem eisernen Rand versehen. Hinzu kamen später breite Hakken. Der Wald bestand vornehmlich aus Laubbäumen. Die Fichte breitete sich erst allmählich aus. Der Wald in Deutschland bestand aus Eichen, Ahorn, Ulme, Linde und Esche. Dazu kamen ausgedehnte Auwälder in den Tälern der großen Flüsse.

Inzwischen erfuhr auch die Betriebsweise Veränderungen. Zunächst war für die germanischen Stämme die Feld-Gras-Wirtschaft das Übliche. Man nimmt an, daß man in den Jahrhunderten der Völkerwanderung, zur Ertragssteigerung gezwungen, von dieser Feld-Gras-Wirtschaft zur Dreifelderwirtschaft überging, was zweifellos erst allmählich erfolgte. Nachweisbar ist sie seit dem 8. Jahrhundert. Seit dieser Zeit faßte man die Ackerstükke in größere Flächen zusammen, die man Gewanne oder Zelgen nannte. Damals wurde auch die Unterscheidung zwischen Winter- und Sommergetreide häufiger. Die ersten Nachrichten über diesen Wechsel stammen aus der Mitte des 8. Jahrhunderts und zwar aus dem Bereich grundherrlicher Wirtschaft. Wie weit die Dreifelderwirtschaft darüber hinaus verbreitet war, wissen wir nicht. Daß sie auch in den Dörfern bekannt war, die keinen Grundherrn hatten, ist anzunehmen. Hand in Hand mit dieser Art der Bewirtschaftung ging eine schärfere Spezialisierung der Getreidearten, die sich für die jeweiligen Boden- und Klimaverhältnisse am besten eigneten. Das übliche war allerdings der Anbau von Menge- oder Mischkorn.

Eine für Süddeutschland bezeichnende Art war der Dinkel. Die Schwaben und Alemannen bevorzugten ihn. Der Dinkel war nicht so empfindlich wie der Weizen, aber anspruchsvoller als der Roggen. Dinkel wurde gewonnen als eine Kreuzung zwischen Emmer und Zwergweizen. Weizen wird selten erwähnt. Im Rheinland z. B. herrschten Gerste, Roggen und Hafer vor. Im norddeutschen Tiefland verbreitete sich seit der Mitte des

1. Jahrtausends der Roggen stark. Im späten Mittelalter war der Roggen in weiten Teilen Deutschlands das vorherrschende Brotgetreide. In den bergigen Gebieten wurde der noch anspruchslosere Hafer bevorzugt. Daneben wurden Hülsenfrüchte, Bohnen, Erbsen und Linsen, angebaut. Von ihnen ist schon in den Volksrechten die Rede. Hinzu kamen die Gewerbepflanzen Flachs, Hanf, Waid und Krapp. Fränkische Quellen erwähnen seit dem 8. Jahrhundert den Hopfen, im Rhein- und Moseltal wurde Wein angebaut, und von hier aus breitete sich der Weinbau im Lauf des hohen Mittelalters über weite Teile Deutschlands aus. Dazu kam namentlich von den Klöstern gepflegt, der Anbau von Obst und Beeren, von Küchen- und Heilpflanzen, Ziersträuchern und Blumen. Die Blumenzusammenstellung, wie wir sie noch heute in den Bauerngärten Süddeutschlands haben, geht auf die Zeit Karls des Großen zurück.

Indem der Anbau auf diese Weise ausgeweitet wurde, wurde das Weideland eingeschränkt, es wurde in die Gegenden zurückgedrängt, die mit Büschen oder Wald bewachsen waren. Aber man wußte auch schon aus den Weiden richtige Wiesen zu machen. Davon berichten z. B. die Quellen des Moselgebiets. Doch nahm das Wiesenland bis ins 18. Jahrhundert hinein, einen nur geringen Teil der Gemarkung ein. Man nimmt an, daß der große Arbeitsaufwand und der niedrige Stand der Viehzucht die Wiesenpflege vorerst an der weiteren Entfaltung hemmte. Die Rinderhaltung wurde in den Ackerbaugebieten eingeschränkt, während man sich in den Marschen darauf zu spezialisieren begann, so daß man hier Getreide von auswärts heranschaffen mußte. So führte das Emsland schon in der 2. Hälfte des 13. Jahrhunderts Getreide aus Dänemark und den Ostseeküsten ein. Ihr Vieh, ihre Käse, Butter, Häute und Wolle führten die Friesen dafür nach den Niederlanden aus.

Etwas später als in den Marschen verlegte man sich in den Bergländern und im Gebirge auf die Viehzucht. Dabei gingen die Klosterwirtschaften voran. In den Ardennen und im Moselland gab es Viehhöfe schon seit dem 7. und 8. Jahrhundert. Vom Kloster Fulda ist überliefert, daß es bereits vor der Jahrtausendwende auf der Rhön solche hielt.

In Süddeutschland entstanden Viehhöfe im Lauf des 12. und 13. Jahrhunderts. In Bayern und anderswo nannte man sie Schwaigen. Wurde in der Küstenzone und in den süddeutschen Alpenländern die Viehhaltung in einem stärkeren Maße gepflegt, so nahm sie in den übrigen Teilen Deutschlands seit dem Landesausbau ab. Die Bevölkerungszunahme verlangte eine intensivere Bewirtschaftung und diese ermöglichte der Ackerbau. Hier wurden einige wichtige Fortschritte gemacht. So kam man auf verbesserte Anspannvorrichtungen. Anstelle des noch häufigen Seils verbreitete sich allgemein das Stirn- und Nackenjoch. Beim Pferd brachten Kummet und Hufeisen den Fortschritt. Das Kummet, zunächst noch ungefüttert, wird uns zum erstenmal in der Trierer Apokalypse, d.h. aus der Zeit um 800 vorgeführt. Ebenfalls im 9. Jh. scheint sich der Brauch des Hufeisens verbreitet zu haben. Doch brauchte es sehr lange, bis das Pferd das Rind, bzw. den Ochsen als Zugtier ersetzte. Erst im Spätmittelalter scheint man das Pferd in verstärktem Maße verwendet zu haben, als die Arbeitskräfte knapper wurden und die Löhne stiegen. Zunächst spannte man es mehr vor die Egge als vor den Pflug. Das Pferd war zweifellos arbeitsproduktiver, aber teuerer im Unterhalt und anspruchsvoller als der leichter zu handhabende Ochse.

Gegenüber dem Hakenpflug bedeutete der Räderpflug mit Sech und schollenwendender Schar einen wesentlichen Fortschritt. Allerdings wurde der leichtere Hakenpflug keinesfalls ganz verdrängt. Daneben brachte die Egge gegenüber dem Rechen Arbeitsersparnis. Vor der teureren Sense behauptete sich beim Getreideernten und beim Grasschneiden lange die Sichel. Gedroschen wurde das Getreide zunächst mit dem Schlagholm, dann setzte sich der zweiteilige Flegel durch. Schließlich sei noch erwähnt, daß seit der Karolingerzeit die Wassermühle mehr und mehr sich durchsetzte, zunächst in Südwestdeutschland, dann auch im Norden.

Die bedeutende Rolle, die das Lehenswesen spielte, brachte es mit sich, daß die Agrarverfassung einen hohen politischen und sozialen Aspekt bekam, und so hat man die Agrargeschichte Deutschlands in dieser Epoche bislang vornehmlich als eine Geschichte der Agrarverfassung betrieben.

Zunächst ist zu beachten, daß der Bauer nicht allein im Dorf lebte, sondern auf die dörfliche Gemeinschaft angewiesen war. Um in der Gemarkung möglichst in Harmonie wirtschaften zu können, um die Gemeinnutzung der Wälder zu sichern, um Streitigkeiten mit der Nachbarschaft oder Reibungen mit der Herrschaft beizulegen, bedurfte es eines Zusammenschlusses in eine Genossenschaft. So entstand die Markgenossenschaft. Über die Zeit der Entstehung ist viel diskutiert worden, neuerdings hat sich die Ansicht durchgesetzt, daß der Vorgang mit der Konsolidierung der Herrenschicht in der fränkischen Zeit zusammenhängt, ja, daß die Herrschaft stark an der Bildung von Markgenossenschaften interessiert war.

Hinzu kommt nun der Komplex der *Grundherrschaft*. Soweit die Überlieferung aus der Karolingerzeit herangezogen werden kann, gab es zwei Möglichkeiten: Die eine ergab sich aus der Tatsache, daß der König, weltliche und geistliche Große beträchtlichen Besitz ansammelten, den sie nicht selbst bewirtschaften wollten oder konnten und deshalb andern zur Bewirtschaftung übergaben als Beneficium oder Feudum, ohne dabei auf das Obereigentum zu verzichten. Die andere war die, daß Bauern sich freiwillig einem Grundherrn unterstellten, durch bittenden Antrag, die Precaria. Welche der beiden Möglichkeiten, die Precaria data oder Precaria oblata, die nachhaltigere Wirkung hatte, ist schwer zu sagen.

Grundherrschaft bedeutete also Verfügung über Grund und Boden mit den darauf lebenden und wirtschaftenden Menschen. Das bedeutete auch, daß der Grundherr Richter, rechtsprechende Obrigkeit war. Wer sich einem Grundherrn unterstellte, gelobte ihm Gehorsam und Treue, und verpflichtete sich der Leistung bestimmter Dienste und Abgaben. Die Leistungen bestanden in den sogenannten Frondiensten und die Abgaben bezogen sich auf einen Teil der Ernte und des Viehbestandes. Andere Abgaben kamen hinzu, z. B. das Besthaupt bei Todesfall. Der Grundherr wiederum sicherte dem Hintersassen oder Grundholden seinen Rechtsschutz zu und enthob ihn vom Zwang, im Kriegsfalle Waffendienst zu leisten. Wie beim Lehenswesen überhaupt, gehörte also dieses Verhältnis der Gegenseitigkeit zu den wesentlichen Bestandteilen der Grundherrschaft.

Die dem Grundholden überlassene Stelle mußte natürlich einen solchen Umfang haben, daß der darauf Sitzende nicht nur seine Abgaben leisten, sondern auch selbst existieren konnte. Diese Größe wurde Hufe genannt, ein Begriff, der, wie erwähnt, in westdeutschen Quellen des 7. Jahrhunderts auftaucht. Sie stellt eine Betriebseinheit dar, man hat darunter das Anwesen, die Hofstatt, das Ackerland und den Waldanteil zu verstehen. Erst im späteren Mittelalter ist daraus der Begriff einer normalen Betriebsgröße geworden. Zunächst also schwankte die Zahl der Morgen oder Joche, Tagewerke, aus denen eine Hufe bestand. Die Entwicklung der grundherrschaftlichen Verhältnisse wurde stark bedingt durch die königlichen Belehnungen an Große und umfangreiche Schenkungen an die Kirche. Sie nahmen mit der Zeit ein solches Ausmaß an, daß der Höhepunkt der königlichen Grundherrschaft bereits im 10. Jahrhundert überschritten war. Umso mehr wuchs der Besitzstand der geistlichen Grundherrschaften, was damit zusammenhängt, daß die Bauern sich vorwiegend in den Schutz der Kirche begaben – abgesehen von den großen Schenkungen, die der Kirche gemacht wurden. Die Schenkungen ließen allerdings nach dem Jahr 1000 nach. Mit dem Beginn dieses Jahres hatte man nämlich den Anbruch des Jüngsten Tages erwartet.

Eine weitere Schicht von Grundherren bestand aus den weltlichen Großen, den Herzögen und Grafen. Die größte Gruppe bildeten die Ritter, Ministerialen und Freien, die ihren Besitz ursprünglich meist selbst zu Lehen empfangen hatten, ihn aber nun auf Grund der Gewohnheitsrechte als ihr Eigen betrachteten. Die Zahl dieser kleinen Grundherrschaften wuchs ebenfalls bis ins 10. Jahrhundert. Angesichts einer solchen Entwicklung behauptete sich das Freibauerntum namentlich an der Peripherie des Siedlungsraumes, im Marschland und im Gebirge, sowie im Rodungsgebiet. Die Organisation der Grundherrschaft konnte verschiedene Formen annehmen. Am meisten verbreitet war die „Villikation“, bei der die Bewirtschaftung in herrschaftlichen Eigenbetrieb und Bauernhufen aufgeteilt war.

Daneben entwickelten sich Formen, bei denen der herrschaftliche Eigenbetrieb mehr und mehr zurück trat und die Dienste und Abgaben der Grundholden umso größere Bedeutung erlangten.

Natürliche Mittelpunkte der Verwaltung von Grundherrschaften waren die Sitze für die Hofhaltung des Königs und der Fürsten, d. h. die Pfalzen, dann die Bischofssitze, die Klöster und geistlichen Stifte, sowie die Burgen und befestigten Höfe der kleinen ritterlichen Grundherren. Daran schlossen sich nun die Fronhöfe an, die unter einem Villicus, einem Vogt, Meier oder Amtmann standen. Die Hofgüter konnten einen beträchtlichen Umfang haben. Der der Kirche gehörende Meierhof Staffelsee in Oberbayern hatte im Jahre 813 740 Tagewerk oder 300 ha Ackerland, dazu kamen etwa 60 ha Wiesen. Im Capitulare de Villis, das Karl der Große wohl vor 800 für die Domänen seines Reiches – außer Italien – erließ, und das auch heute noch als eine der wertvollsten Quellen zur deutschen Wirtschaftsgeschichte angesehen wird, ist davon die Rede, wie ein Krongut eingerichtet sein soll. Vom Ackerbau wird darin nicht viel erwähnt, mehr dagegen von der Viehzucht; Pferde, Rinder, Schweine, Schafe, Ziegen sollen gehalten werden, ebenso Bienen und Geflügel. Hinzu kommen Fischteiche, Küchengärten, Kräutergärten und Obstanlagen. Im Wald soll gerodet, der Wald aber auch geschützt werden. Mühlen, Weinberge, der Weinbau und die Keltern werden behandelt, die nötigen Vorräte werden aufgeführt, die Häuser für die Arbeiten der Frauen, die Handwerksleute. Alles, was man in seinem Haus oder seinen Gütern haben muß, sollen die Amtleute auf den Gütern des Herrschers haben.

Man war also möglichst auf Selbstversorgung eingerichtet. Hinzu kamen nun aber bei der Grundherrschaft im Allgemeinen noch die Leistungen und Dienste der abhängigen Bauern. Die Überlieferung darüber ist spärlich. Zahlen liegen vor aus dem Jahr 893 für das Kloster Prüm in der Eifel, das damals 2000 pflichtige Hufen hatte. Die durchschnittliche Belastung einer Hufe betrug 1 dz Getreide, 1 Schwein oder Ferkel, 2 Hühner, 10 Eier, 2 Eimer Wein, 3/4 Schilling in bar, sowie 35 Frontage und 2 Fronfuhren. Da die Hufen weit verstreut waren, wurde die Verwaltung in die Oberhöfe Prüm, Münstereifel und St. Goar gegliedert. An Fronhöfen gab es wegen der Streulage des grundherrschaftlichen Besitzes oft mehrere in einem Dorf. Auf diesen Fronhöfen gab es wohl die eine und andere Werkstätte, um die Rohstoffe zu verarbeiten. Die Überschüsse an Rohstoffen wurden auf den Markt gebracht. Auf dem Fronhof wurden auch die Aufträge für die Frondienstleistung vergeben, die je nach Art des grundherrlichen Verhältnisses und nach der Besitzgröße verschieden waren. Das waren einmal die Hand- und Spanndienste für die Bestellung der Felder im Frühjahr und Herbst und für das Einbringen der Ernte. Sie stiegen gewöhnlich bis zu 3 Tagen in der Woche, so daß der Bauer für die Bestellung seines eigenen Feldes noch Zeit hatte. Dazu kamen Sonderdienste, etwa beim Wege- und Brückenbau, wenn an der Burg gearbeitet wurde, wenn Fuhrleistungen, Arbeiten im Wald oder sonstige Aufträge zu erledigen waren. Im Laufe der Zeit bildete sich ein System von gemessenen und ungemessenen Diensten und Abgaben heraus. Die Abgaben von Ernte und Viehbestand waren gemessen, ebenso wenn ein Todesfall eintrat oder die Stelle gewechselt wurde. Die ungemessenen Dienste wurden nur beansprucht, wenn man ihrer bedurfte. Im Allgemeinen waren die Grundholden auf den Hufen der Krone und Kirche besser daran als auf denen kleinerer Herrn, die vielfach im Kriegsdienst, in der Verwaltung oder im Gerichtswesen ein Nebeneinkommen suchen mußten. Ihnen lag weniger an den Dienstleistungen, als an den Abgaben, die sie gegebenenfalls zu erhöhen bestrebt waren. Allgemein bestand bei diesen Herren wenig Neigung, den eigenen Grundbesitz im Sinne einer Gutswirtschaft auszubauen, was sich allerdings wieder zum Vorteil der Bauern auswirken konnte.

Einige Besonderheiten entwickelten die Grundherrschaften der Klöster. Es lag z. T. in der Klosterregel, z. B. in der des hl. Benedikt, begründet, daß alles Erforderliche innerhalb des Klosters beschafft werden sollte. Bezeichnend ist der Klosterplan, den sich der Abt von Sankt Gallen um 820 vom Hof Ludwigs des Frommen schicken ließ. Dieser Plan zeigt eine Dreiteilung der Gesamtanlage, nach der sich die meisten Klöster richteten, der aber später namentlich von den Klöstern in den Städten aufgegeben und nur noch von den Klöstern der Hirsauer Regel und der Zisterzienser beibehalten wurde. Nach diesem Schema wurde unterschieden: 1. Die Kirche, 2. Der Bereich der Klausur mit den Räumen für Kranke und Novizen und 3. Der Gutsbesitz mit den Wirtschaftsgebäuden, der den größten Raum beanspruchte. Hier fand man Scheunen und Ställe, eine Mühle, eine Bäckerei, eine Brauerei, dazu verschiedene Werkstätten, in denen für den Bedarf des Klosters, aber auch für den Markt gearbeitet wurde.

Von den Hirsauern und Zisterziensern wurde dieser Kreis der handwerklich Tätigen erweitert, indem Laienbrüder, fratres, aufgenommen wurden, die ebenfalls die Gelübde ablegten. Zum Teil nahm diese gewerbliche Tätigkeit, die auch die Weberei, die Ziegelei und anderes einbezog, ganz beachtliche Maße an.

Im Laufe der Jahrhunderte erfuhr das wirtschaftliche Gefüge der Grundherrschaft manchen Wandel. Das Gegenseitigkeitsverhältnis ging mehr und mehr verloren. Die ursprünglich persönlichen Beziehungen wurden versachlicht und veräußerlicht. Das zunächst ungeschriebene Recht der Grundherrschaften wurde seit dem 9. Jahrhundert in Polyptichen oder Urbarien aufgezeichnet. Die adligen Grundherren widmeten sich den wirtschaftlichen Aufgaben, die die Grundherrschaften stellten, wenig, zumal sie mehr und mehr durch die Kreuzzüge, durch den Ritterdienst und andere Aufgaben ihres Standes beansprucht wurden.

Inzwischen aber nahm die Zahl der Grundherrschaften im Zusammenhang mit der wachsenden Bedeutung, die unter den Saliern und Staufern die Ministerialen gewannen, zu. Sie saßen auf den Meierhöfen größerer Grundherren und verstanden es, das ursprüngliche Verwalteramt auf dem

Wege des Erbganges in ein persönliches Eigentum umzuwandeln. Das bisherige Netz der Villikationen ging dadurch verloren, die selbständig gewordenen Maierhöfe wuchsen in andere wirtschaftliche Aufgaben hinein. Gewöhnlich verzichteten die neuen Besitzer auf die Fortführung einer eigenen Hofwirtschaft. Sie fanden es vorteilhafter, das Salland aufzuteilen und gegen entsprechende Zinsleistungen an Bauern zu verpachten. Am frühesten erfolgten solche Verpachtungen in den dichter besiedelten Gebieten, wo es offensichtlich die besten Absatzmöglichkeiten in nahe gelegenen Städten gab.

Auf die Dauer gesehen machte der Grundherr, der sein Land nicht selbst bewirtschaftete, ein schlechtes Geschäft. Mit der Bevölkerungszunahme in den Städten und auf dem Land wuchsen die Absatzmöglichkeiten für landwirtschaftliche Erzeugnisse. Die Preise stiegen, ein Vorgang, der seit dem 12. Jahrhundert festzustellen ist. Die Grundrente dagegen blieb gleich und auch der Pachtzins, solange die Pachtzeit lief. Das kam allen denjenigen zugute, die landwirtschaftlich produzierten, vornehmlich den Bauern, die bis ins 13. Jahrhundert hinein eine sehr günstige Zeit hatten.

Das führt uns auf die Frage der Ausbildung des landwirtschaftlichen Marktes, eine Frage, die auf das engste mit der Ausweitung des Städtewesens, der Zunahme der städtischen Bevölkerung und der Konzentration auf typisch städtische Beschäftigungen zusammenhängt.

Nach Abel brauchte in den Formen, in denen im Hohen Mittelalter landwirtschaftlich gearbeitet wurde, eine dörfliche Siedlung von etwa 300 Menschen eine Gemarkung von etwa 8,5 qkm. Dabei ist die Dreifelderwirtschaft mit einem Drittel Ackerland und zwei Drittel Weide und Gehölz Voraussetzung. Vom Brotgetreide ging ein Drittel als Saatgetreide und Schwund ab, es blieben also zwei Drittel für den menschlichen Verbrauch. Wenn eine städtische Siedlung 1000 Einwohner hatte, dann brauchte sie zu ihrer Ernährung die Ernte von drei mittleren Dorfgemarkungen. Gewöhnlich reichte die städtische Gemarkung aber nicht so weit, also mußten Dörfer da sein, die mit ihrer überschüssigen Ernte den städtischen Markt beliefern konnten. Eine wichtige Rolle kam hier natürlich der Produktion der Fronhöfe zu. Waren so schon die kleinen Städte auf die Versorgung durch die dörfliche und Fronhofswirtschaft angewiesen, dann galt dies noch mehr für die größeren. Das belebte natürlich die Binnenhandelsbeziehungen.

6. Gewerbliche Produktion

Die gewerbliche Produktion war über den ganzen Siedlungsraum verteilt. Die Grundform war das Hausgewerbe. Der Bauer auf seinem Anwesen hatte so viele handwerkliche Kenntnisse, daß er die an seinem landwirtschaftlichen Gerät, an seinem Haus und Hof erforderlichen Arbeiten vielfach selbst ausführen konnte, während die Frauen den Flachs und den Hanf, sowie die Wolle der Schafe zu spinnen und zu verweben verstanden.

Wieweit sich im frühen Mittelalter die Dorfhandwerke des Schmieds, des Wagners etwa oder des Zimmermanns schon spezialisierten, ist schwer auszumachen. Eisengewinnung und Verarbeitung wie auch Töpferei blieben weitgehend ländliches Nebengewerbe. In den zum Reich gelangten slawischen Gebieten waren die Verhältnisse wohl ähnlich. Dagegen erkannten die Fronhofsverwaltungen und Klosterwirtschaften die Vorteile der Arbeitsteilung. Nach der Landgüterordnung (Capitulare de villis) Karls des Großen sollten sich im Weberkeller Flachs, Wolle, Wollkämme, Kardendistel, Waid, Scharlach, Krapp, Seife und Bottiche befinden. Wir wissen, von den „wercgaden" der Fürstenhöfe und den „Gewandholdinnen" der Frauenarbeitshäuser der Grundherrschaften, und der Dichter Hartmann von Aue berichtete im Iwein (von 1201) von einem „Werkhaus, weit und groß, drin er durch ein Fenster sah weben wohl dreihundert Weiber".

Der St. Galler Klosterplan sah verschiedene Werkstätten nicht nur zur Versorgung des Klosters, sondern auch zur Belieferung des Marktes vor. Gewerbebetriebe waren die „officinae" der geistlichen Stifter und Abteien, etwa in Trier oder Regensburg. Hier in den Fronhofs- und Klosterwirtschaften waren zweifellos wichtige Ansätze zur weiteren Aufgliederung der handwerklichen Berufe gegeben. Aber noch bedeutsamer waren wohl die Anregungen, die von den Märkten ausgingen, die mit der zunehmenden Bevölkerung rasch wachsendes Gewicht erlangten und ihren bezeichnenden Ausdruck im aufstrebenden Städtewesen fanden.

Zunächst handelt es sich im allgemeinen um Handwerker der Grundherrschaften, etwa der Bischöfe, der geistlichen Stifte und Klöster. Daneben gab es schon früh in den Römerstädten am Rhein selbständige Handwerker, die sich auch als Kaufleute betätigten und als solche in die Munt des Herrschers und in die Kaufmannsgilden aufgenommen wurden. Man stößt auf sie in der Urkunde, die im Jahre 1104 den Rheinzoll von Koblenz bestätigt. Da ist von Schwertfegern, Pistores und Tintores die Rede.

Für die künftige Entwicklung wurde das Zusammenwirken von Kaufleuten und Handwerkern von großer Bedeutung. Sie bildeten eine natürliche Interessengemeinschaft. Die Kaufleute konnten die handwerklichen Erzeugnisse, soweit sie der lokale Markt nicht aufnahm, in der Ferne absetzen. Die Kaufleute waren die erfahreneren, sie hatten die größeren Mittel, sie konnten auch im Streben nach größeren politischen Rechten vorangehen. Aber dann begannen die Handwerker gleicher Gewerbezweige unter sich Vereinigungen zu bilden. Auf das Jahr 1099 geht die Zunft der Weber in Mainz zurück, das früheste Datum, das uns über das Bestehen einer Zunft überliefert ist.

Neben den Aussagen der schriftlichen Quellen gibt es Zeugnisse, die aus Grabfunden stammen oder im Zusammenhang mit Bauwerken der Zeit überliefert sind. Namentlich in der Metallverarbeitung wurde ein hohes Können erzielt. Schon in der fränkischen Zeit gab es Waffenschmiede von einer solchen Meisterschaft, daß ihre Erzeugnisse nach östlichen und südlichen Ländern exportiert werden konnten. So zeigen die Funde des Wittislinger Grabs, das aus der 2. Hälfte des 7. Jahrhunderts stammt, Filigranarbeiten in Verbindung mit Zellschmelz. In der Merowingerzeit kam die Tierornamentik in Verbindung mit Gerinnseln und Flechtwerk auf Schmuckstücken, an Geräten und Bauteilen auf. Sie kennzeichnet den Stil der Zeit bis zu den Kapitellen der romanischen Bauten. Hinsichtlich des Verhältnisses der Holz- zur Steinbauweise ist noch für die Zeit Karls des Großen bezeichnend, daß dieser Herrscher die Errichtung kirchlicher Bauten aus Stein bevorzugte, weil damit eine stärkere Wirkung erzielt wurde, die auch seinen politischen Zwecken zu dienen geeignet war. Solche Bauten wurden mit Quadern unter Verwendung von Bruchsteinen errichtet. Erst im 12. Jahrhundert kam der Backsteinbau auf.

Abgesehen von diesen Sakralbauten und der Verwendung von Stein für die Burganlagen blieb der Fachwerkbau für die Stadtbauten vorherrschend. Man empfand die römische Steinbauweise als etwas Fremdes, ebenso auch deren Formensprache. Erst unter den Ottonen setzte der eigentliche Aufschwung der Steinbauweise für Monumentalbauten ein. Vermutlich wirkte das Können eingewanderter Meister aus der Lombardei oder aus Syrien dabei mit. Im Vorderen Orient nämlich wurden wichtige Formen der damaligen kirchlichen Bauweise entwickelt. In der Kaiserzeit spielten das Baugewerbe und die damit im Zusammenhang stehenden Handwerke eine besondere Rolle. Allerdings – und das ist außerordentlich bezeichnend für den Geist und den Stil der Zeit – wissen wir von den persönlichen Verhältnissen der Steinmetze, Erzschmiede, Steinbildhauer und Schnitzer, Buchmaler sowie weiterer Künstler und Handwerker der damaligen Epoche, die die Bauwerke, die Kruzifixe, Reliquiare, Leuchter und andere Werke schufen, so gut wie nichts. Das Werk, der Beitrag des Einzelnen, hatte sich dem Ganzen einzuordnen, er blieb namenlos. Daß diese Handwerker, um solche Leistungen hervorzubringen, eine hinreichende materielle Grundlage der Existenz hatten, darf man annehmen. Diejenigen, deren Meisterschaft besonders hervorragte, fanden Förderung an den Höfen und Bischofssitzen oder in den Klöstern. Für die meisten bot sich nach der damaligen Lebensweise ein zusätzlicher Lebensunterhalt in der nebenher betriebenen Landwirtschaft. Wenn der Einzelne anonym blieb, so hat man doch Schulzusammenhänge festgestellt, so z. B. bei den Regensburger Goldschmieden um 1000. Ähnliche Schulzusammenhänge bestanden auch bei den Steinmetzen der Hirsauer Regel. Vielfach waren die kunstfertigen Handwerker Klosterangehörige oder Stiftskleriker, Rezeptbücher und andere Traktate überlieferten ihnen das technische Wissen der späten Antike, etwa über die Herstellung von Farben, das Färben von Leder, die Vergoldung von

Metallen und die Herstellung der Metallegierung Bronze für den Glokkenguß.

Einen eigenen Platz im damaligen Gewerbe nahmen Bergbau und Hüttenwesen ein. Man brauchte besonders Silber, Kupfer und Zinn, Silber als Münzmetall, seitdem die Karolingische Münzreform anstelle des Goldes den Silbermünzfuß gesetzt, Kupfer und Zinn für den Erzguß, für das Waffenhandwerk und für mancherlei Gerät im Haushalt. Gold wurde am Rhein und an der Salzach gewaschen. Kupfer und Silber wurde in der Gegend des Harzes gewonnen, das Zinn bezog man aus England. Hinzu kam die Erschließung von Salzquellen in verschiedenen Teilen des Reiches. Der Eisenbergbau war über das ganze Reichsgebiet verteilt und vornehmlich da, wo das Erz gewonnen wurde, befanden sich die Hütten und sonstige Anlagen der weiteren Verarbeitung. Die Ausbeute dieser Bodenschätze war in der Frühzeit Regal, stand dem König zu, ging aber später an die Territorialherren über. Die Betriebsweise fügte sich ganz der Grundherrschaft ein. Weit verbreitet war die Eisengewinnung und die Verarbeitung von Eisen. Neben landwirtschaftlichen Leistungen mußten Hintersassen Eisen in Klumpen oder Stangen abliefern. Das Streben der großen Grundherren ging so dahin, auch die Versorgung mit Eisen in den Bereich ihrer Einkünfte einzubeziehen.

Gegenstände eines wichtigen Exportgewerbes waren die pallia frisonica. Karl der Große schenkte einige solcher Gewebe, schöne farbige Stücke, dem Kalifen Harun-al Raschid. Dänen und Norweger luden an der friesischen Küste pallia frisoncia, während die norwegischen Krieger Schwerter trugen, die sie „flamiger" nannten und die wahrscheinlich im Maastal geschmiedet wurden.

Bemerkenswert ist ferner der Exportcharakter des Glasgewerbes. Bei Cordel im Trierischen muß zu Ende des 8. oder zu Beginn des 9. Jahrhunderts eine Glashütte in Betrieb genommen worden sein. Sie stellte vielleicht nicht nur Becher, sondern auch Flachglas für Fenster her. Wie lange sie arbeitete, weiß man nicht, vielleicht ein Jahrhundert lang. Die Existenz dieser Glashütte und ihre Hohlglasfabrikation ist ein Beweis gegen die übliche Vorstellung, daß die Hohlglaserzeugung von der Römerzeit her gesehen auf einem Tiefstand angelangt sei. Die große Zahl von Glasbechern aus der Wikingerzeit in Skandinavien zeugt dafür, daß Glasgefäße keinesfalls selten waren oder nur von den Vornehmsten gebraucht wurden und daß die Glaserzeugung während dieser Zeit auf einem hohen Niveau stand. Erstaunlich sind auch die Funde von Taschenspiegeln, wie man sie aus der spätrömischen Zeit kennt, die aber ebenfalls später in der Rheingegend hergestellt worden sein müssen. In der Kölner Gegend waren weiter mehrere keramische Öfen in Betrieb. Die Birkaer Funde entsprechen der Produktion von Badorf. Von hier wurden Gefäße (Reliefbandamphoren) exportiert, die bis zu ¾ m Höhe erreichten. Ein anderer karolingischer Ofen ist bei Wildenraht

(Kreis Hainsberg) entdeckt worden. Reiches Pingsdorfer Material fand man in Haithabu. Auch aus Friesland wurden in der karolingischen Zeit Tongefäße nach Birka und Haithabu exportiert.

7. Verkehrswesen

Auf die Verkehrsverhältnisse der Zeit lassen sich gewisse Schlüsse aus den Reisen der Missi dominici ziehen, die im Auftrag des Herrschers Verwaltungsaufgaben im Reich durchzuführen hatten, eine Einrichtung, die allerdings im Lauf des 9. Jahrhunderts wieder außer Brauch kam. Sie führten besondere Briefe, tractoria, mit sich, die bestimmte Reichsbewohner verpflichteten, die Missi zu beherbergen und zu verpflegen. Der Herrscher selbst reiste von einer königlichen Grundherrschaft zur anderen und residierte dabei in den verschiedenen Pfalzen. Ebenso waren die Äbte und andere Herren unterwegs, um ihre verschiedenen Fronhöfe zu besuchen und sich von ihnen verköstigen zu lassen.

Der Umstand, daß die Fronhöfe oft weit verstreut lagen, bedingte entsprechende Warentransporte. In den Dienstverzeichnissen der Grundherrschaften erscheinen so die „angaria", die Transportleistungen. Reisende Kaufleute jüdischer Herkunft oder Friesen, ließen sich vom Herrscher Schutzbriefe ausstellen, um unterwegs gesichert zu sein.

Einen besonderen Platz nahmen schließlich die Pilgerreisen über die Alpen ein. Für diese Reisen ließen sich die Pilger oft Schutzbriefe der Herrscher ausstellen, um sicher reisen zu können. Auch Iren und Angelsachsen, die durch das Rheinland über die Alpen reisten, besorgten sich solche Schutzbriefe. Bei Domkirchen, Klöstern und auf den Alpenübergängen wurden Hospize errichtet. Über die Straßenverhältnisse weiß man nicht viel. Man unterschied zwischen der Via publica, die man auch Hochstraße, Heer- oder Königstraße nannte, und den übrigen Straßen. Auf der Königstraße reisten der König und zog sein Heer und deshalb enthielten die Capitularien entsprechende Anweisungen über die Unterhaltung der Brücken.

Neben diesen Straßen hatten die Wasserwege erhöhte Bedeutung, auf Kanälen beförderte man Waren und unternahm man Reisen. So benützte Karl der Große 806 den Wasserweg von Thionville (Diedenhofen) mosel- und rheinabwärts bis Nimwegen. Der Plan einer Kanalverbindung zwischen dem Main und der Donau, der ebenfalls auf Karl zurückgeht, konnte allerdings erst Jahrhunderte später verwirklicht werden.

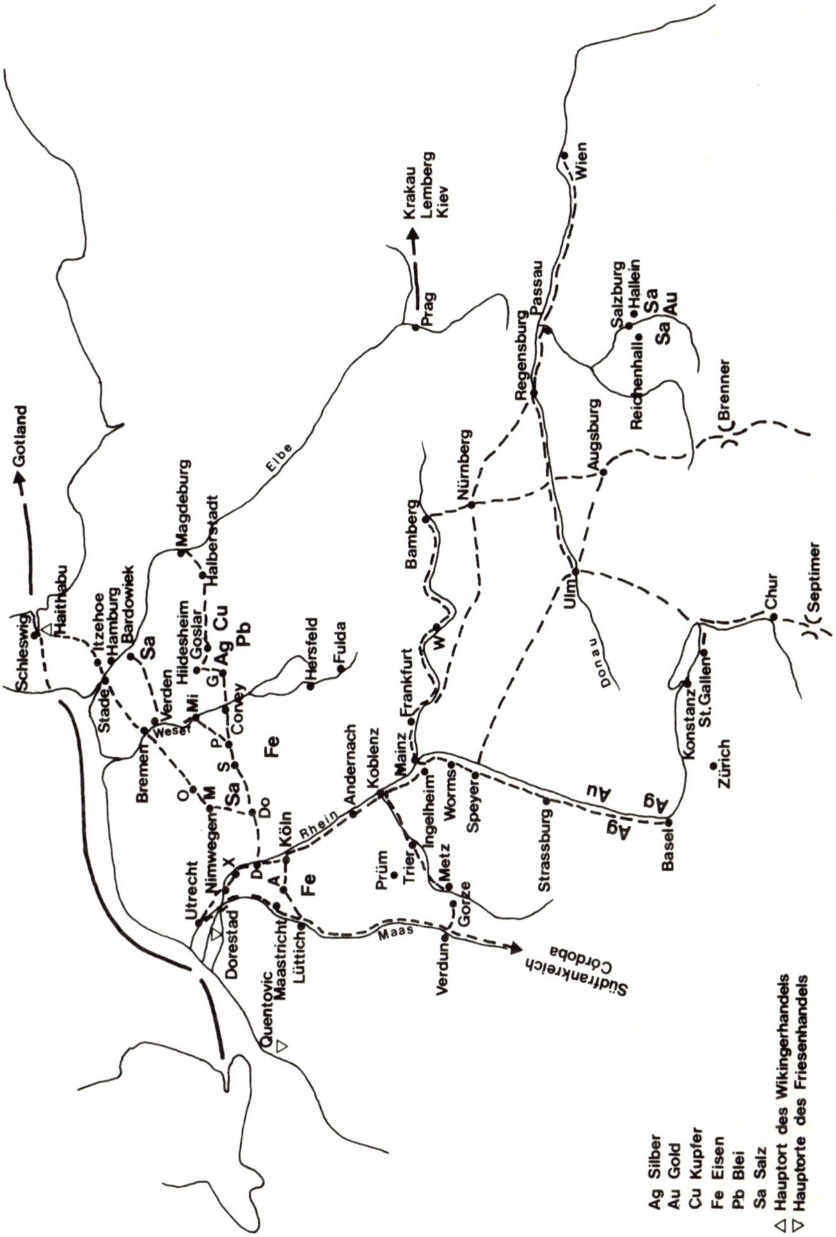

Wichtigste Handelsrouten und Schwerpunkte der Wirtschaft um 800–1000

Abgekürzte Ortsnamen: A = Aachen; D = Duisburg; Do = Dortmund; G = Gandersheim; M = Münster; Mi = Minden; O = Osnabrück; P = Paderborn; S = Soest; W = Würzburg; X = Xanten.

8. Handel

Angaben über Straßen und Wege sowie Flüsse und die darauf verkehrenden Menschen geben eine gewisse Vorstellung von den auf ihnen erfolgenden Warenbewegungen im Sinne eines Binnenhandels. Nachrichten über Zollverhältnisse, Markt- und Münzprivilegien ergänzen das Bild. Der Abt von Kempten besorgte sich ein Privileg, um das Salz, das er in Reichenhall einkaufte, zollfrei bis zu seiner Abtei zu befördern. Die Klöster Prüm und Corvey erhielten 833 und 861 besondere Privilegien mit dem Hinweis, daß es an einem Markt in der Gegend fehle bzw. daß der nächste Markt sehr weit entfernt sei. Die Marktsiedlung entfaltete sich aus einem schmalen Straßenmarkt oder dem Dreiecksansatz einer Straßengabelung. Aus den Rechtsnormen, die hier Anwendung fanden, die aber von Ort zu Ort häufig variierten, bildete sich dann mit der Ausweitung des Handels und dem Aufschwung des Städtewesens ein ius mercatorum. Neben den einheimischen Kaufleuten, von denen man nicht viel Näheres weiß, nahmen jüdische Händler einen wichtigen Platz ein, zumal ihnen das mit der Zeit verschärfte kanonische Zinsverbot und Verbote von Preiswucher bei Warengeschäften entgegen kamen. Ludwig der Fromme stellte ihnen Schutzbriefe aus. In der Zollrolle von Raffelstetten an der Donau (um das Jahr 904) werden die Juden vor den anderen Kaufleuten genannt. Als bedeutendste jüdische Niederlassungen traten im 11. Jahrh. Mainz, Köln, Speyer, Worms, Regensburg und Magdeburg hervor. Nach den Privilegien des Königs für die Juden von Speyer und Worms vom ausgehenden 11. Jahrhundert handelten diese mit Pigmenta und Antidota, d. h. mit Farbstoffen und Medikamenten. Nach einem Capitulare von 809 waren Bardowiek, „Schezla“, Magdeburg, Erfurt, weiter südlich Hallstadt bei Bamberg, Forchheim, Bromberg bei Regensburg, Regensburg und Lorch an der Ennsmündung Grenzplätze, über die sich der Handel mit dem Osten vollzog. An der Küste und verschiedene Flüsse aufwärts, so am Rhein, gab es die Handelsniederlassungen der Friesen, deren Seehandelstätigkeit im 9. Jahrhundert durch die Einfälle der Wikinger stark gestört wurde. Seit dem 10. Jahrh. gehörte Friesland fest zum Reich, so daß sich der Handel zur Nordseeküste entfalten konnte. Im Norden tritt jetzt neben Haithabu Hamburg als Handelsplatz in Erscheinung.

Der größeren Sicherheit wegen zogen die Händler in Karawanen. Die Kaufleute an der Küste waren bestrebt, sich in Gilden zusammenzuschließen, wobei heidnische Gebräuche gepflegt wurden. Bezeichnend ist, daß Karl der Große wahrscheinlich unter kirchlichem Einfluß solche Gildezusammenschlüsse verbot. Um aber für die Sicherheit etwas zu tun, wurden den Kaufleuten, besonders denjenigen, die die Pfalzen belieferten, besondere Schutzbriefe ausgestellt.

Im wesentlichen vollzog sich der Handel einmal in einer großen Nordsüdrichtung, die dem Rhein folgte. Dazu kamen zwei Westostrouten, die eine führte vom Rhein nach Magdeburg, die andere ging von Verdun nach Mainz und von hier mainaufwärts, um in Regensburg in die Donauroute einzumünden. Die wichtigsten Fernhandelsgüter von Osten her waren Sklaven und Pelze, über die Alpen und von Spanien brachte man Seide, Gewürze und sonstige Drogen. Nach Oberitalien gelangten im 10. Jahrh. Leinen und Schwerter. Über See kamen die Verbindungen zu England und Skandinavien hinzu. Von England bezog man Blei, Zinn, Tuche und Metallwaren. Metallwaren, Glaswaren und keramische Erzeugnisse gingen nach dem Norden. Wein wurde nach England exportiert, ebenso brachte man Wein wie Getreide nach dem Norden. Bayerisches Salz wurde nach dem Osten verhandelt.

9. Geld- und Kreditwesen, öffentliche Finanzen

a) Münzwesen

Die von Pippin nach der Mitte des 8. Jahrhunderts eingeleitete Münzreform wurde von Karl dem Großen energisch fortgesetzt, wobei die Denarprägung auf Silberbasis im Rahmen seines Herrschaftsbereichs vereinheitlicht wurde. Er ließ zunächst unter eigenem Namen einen leichten Denar von 1,27 g prägen, 12 Denare machten 1 Schilling und 25, später 22, gingen auf den Goldsolidus. Um 794 führte er einen gewichtigeren über 1,6 g schweren Denar ein, der sein Monogramm und Kreuz trug. Nach der Kaiserkrönung traten an dessen Stelle Kaiserbüste und Tempel als Münzbild. Das römische Pfund von 327,45 g wurde dabei auf 367,13 g erhöht. Ausgeprägt in 240 Denare oder Pfennige, die in 20 Schillinge (Solidi) zu je 12 Denaren untergeteilt wurden, wurde das Karolingische Münzsystem die Grundlage der durchs Mittelalter bestehenden Münzordnung. Die Schillinge wurden dabei nicht ausgeprägt, sie waren nur ein Zählmittel. Ludwig der Fromme ließ daneben auch Goldsolidi prägen, die am Niederrhein nachgeahmt wurden.

Unter den Münzstätten tritt zunächst das friesische Dorestad stärker hervor. Woher das Münzmetall kam, ist ungewiß. Gewiß wurde es vornehmlich auf dem Wege des Fernhandels beschafft. Möglicherweise wurde damals schon im Elsaß Silber gewonnen. Des weiteren scheint man sich Silber auf dem Tauschweg gegen Gold bei den Muselmanen beschafft zu haben. Im 10. Jahrhundert gab es zahlreiche Münzstätten namentlich links des Rheins und am Rhein bis Basel, Konstanz, Zürich und Chur.

Daneben sind noch Münzen von Würzburg und Regensburg erhalten, ein Zeichen für den geringeren Münzbedarf in der Osthälfte. Im Laufe des

10. Jahrhunderts verstärkte sich die Münztätigkeit im rechtsrheinischen Gebiet. Jetzt wirkte sich der Metallreichtum des Harzes aus. In deutlicherem Maße als Silber wurde Gold gewonnen, so als Flußgold am Rhein und an der Salzach. 795 erbeutete der fränkische König auf seinem Awarenzug mehrere hunderttausend byzantinische Goldsolidi. Da Gold auf königliche Anordnung von der Münzprägung ausgeschlossen wurde, hat man vermutet, daß es zu den Muselmanen abgeflossen ist, bei denen das Tauschverhältnis Gold-Silber günstiger war als bei den Franken. Verhältnismäßig schwach sind die Spuren karolingischer Münzen in Skandinavien, die umfangreichen Tributleistungen an die Wikinger erfolgten offenbar in ungemünzter Form. Daß Münzen aus Dorestad im Norden nachgeprägt wurden, so in Haithabu, läßt auf den dorthin gerichteten Aktivhandel schließen. Umfangreich waren die Funde karolingischer Münzen im angelsächsischen Bereich, während im Karolingischen Reich vergleichbare Funde nicht gemacht wurden. Hier war die Tendenz des Handels also umgekehrt. Im karolingischen Gebiet war der Geldumlauf noch stark begrenzt, mehrfach wurde in den Kapitularien Strafe angedroht, wenn königliches Geld zurückgewiesen wurde.

Die Vereinheitlichung, die Karl der Große hauptsächlich unter den Münzstätten der Kaiserpfalzen durchführte, wurde unter Ludwig dem Frommen wieder aufgegeben. Er verlieh das Münzrecht an geistliche Stifter; ähnlich verlieh Ludwig das Kind das Münzrecht an königliche Würdenträger, die die Krone in ihren Auseinandersetzungen mit den weltlichen Großen brauchte. So sicherten sich namentlich die Bischöfe, aber auch Reichsäbte das Münzrecht. Bis in die Zeit der Ottonen hinein erschien auf den Münzen noch das Bild des Königs. Im Jahre 975 ließ der Erzbischof von Mainz und Reichskanzler Willegis zum erstenmal sein Bild auf eine Münze schlagen. Gegen Ende des 11. Jahrhunderts war es dann üblich, daß die Münzen nicht mehr Kopf und Namen des Königs, sondern des prägenden Bischofs oder Abts trugen. Mit der Vergebung des Münzrechts war der Verschlechterung des Münzfußes die Bahn freigegeben. Seit Heinrich IV. war das Pfund zu 240 Pfennige nur mehr Rechnungseinheit, im Zahlungsverkehr mußte man mehr als 240 Pfennige auf ein Pfund geben.

Die Zunahme der Münzstätten muß im Zusammenhang mit dem inzwischen beginnenden Silberbergbau, so im Harz (Rammelsberg) und im Schwarzwald gesehen werden. Inzwischen wurden auch Naturalabgaben der Zehntpflichtigen in Geldzinse umgewandelt. Führend in der Münzprägung wurden die rheinischen Bischofsstädte.

Über den Fernhandel wanderten weiterhin Münzen nach Skandinavien und in den Osten ab. Unter ihnen nahmen die Sachsenpfennige (auch Wendenpfennige) und die Otto-Adelheidpfennige eine besondere Stellung ein. Die ersteren wurden unter Heinrich I. und Otto dem Großen vermutlich in Magdeburg, Merseburg, Halle und Naumburg geprägt und im späten

11. Jh. auch von den Wenden nachgeahmt. Die letzteren, die an die Vermählung Ottos I. mit Adelheid, der Erbin Italiens (952) erinnern, wurden zuerst in Magdeburg, Halle und anderen Plätzen und dann besonders in Goslar, wahrscheinlich bis in die Zeit Heinrichs II., geprägt.

Über die Ansätze eines Kreditwesens sind wir aus der Tätigkeit jüdischer Kaufleute unterrichtet. Sie trieben Pfandleihe und gaben Darlehen gegen Zinsen. Häufig arbeiteten sie mit Bischöfen, Grafen und anderen Grundherren zusammen, mit deren Geld sie zum Teil wirtschafteten.

b) Öffentliche Finanzen

Bezüglich ihres eigenen Verbrauchs konnten sich die Karolinger auf das umfangreiche Königsgut stützen, das den Franken bei ihrer Eroberung namentlich in Gallien zugefallen war. Dazu war inzwischen auch das Königsgut rechts des Rheins hinzugekommen, besonders am Main und um Regensburg. Von den dazu gehörenden Grundherrschaften wurden die Pfalzen beliefert, die die Herrscher nacheinander besuchten. Es war die beste Weise, bei den damaligen Verhältnissen Hofhaltsbedarf und Verwaltungsaufgaben mehr regionalen Charakters miteinander zu verbinden. Zum Servitium regis gehörten ferner die Leistungen der Reichskirche. Das Itinerar, der Reisekalender des Königs, verzeichnet seit Heinrich II. (1002–1024) in zunehmendem Maße Bischofsstädte und Reichsabteien, ein Zeichen für den Schwund an Reichsgut und Tafelgütern. Mit den sächsischen Herrschern begann sich das Hausgut vom Reichsgut zu sondern. Das Schwergewicht des sächsischen Hausguts lag um den Harz. Es wurde dann von den Saliern übernommen, allerdings ging ein Teil davon durch die eigenmächtige Politik Heinrichs IV. verloren, so daß sich jetzt das Schwergewicht umsomehr zu den salischen Besitzungen am Rhein verlagerte.

Bei dem verstreut im Reich liegenden Königsland ist es unmöglich für die frühe Zeit eine in Zahlen ausgedrückte Vorstellung von seinen Finanzen zu bekommen. Haupteinnahmen über das Königs- und Reichsgut hinaus bildeten die Gerichtsgelder, Zölle, die Münze und sonstige Regalien sowie zunächst noch das Reichskirchengut. Herrenloses Gut, Schutzgelder für Kaufleute, Konfiskationen, Tribute und Kriegsbeute kamen hinzu.

Der Begriff der Steuer ist in diesem Rahmen noch nicht klar umrissen. Sie ist zunächst noch nicht als öffentlich rechtliche Abgabe im Sinn des römischen Rechts zu verstehen. Im fränkischen Herrschaftsbereich verkümmerte das römische Steuersystem. Neue Ansätze einer zu besonderen Zwecken erhobenen Abgabe ergaben sich aus den inzwischen entstandenen lehensrechtlichen Verpflichtungen. Grund und Boden war dabei das Steuerobjekt. Das Wort, das künftig dafür gebraucht wird, ist Bede, womit schon im Wort der besondere Charakter der Abgabe gekennzeichnet ist. Die Grafen erhoben zunächst diese Abgabe von den Leuten, die auf Königsland saßen. Heinrich IV. versuchte als erster, vermutlich nach englischem Vorbild (engl. Heirat), Reichssteuern zu erheben, ohne sich durchsetzen zu können, lediglich bezüglich des Haus- und Reichsguts ließ sich das erreichen.

Unter den Regalien stehen die Zölle mit an erster Stelle. Zölle am Niederrhein werden seit dem 8. und 9. Jahrhundert erwähnt. Die älteste Zollüberlieferung an der Donau stellt das Weistum von Raffelstetten bei Passau (um 904) dar. Der Zoll wurde ursprünglich vielfach in Naturalien eingehoben, während sich beim Marktzoll stärker die Geldabgabe durchsetzte. Eine einheitliche Regelung der Zölle gab es noch nicht. Am einträglichsten waren die Flußzölle, da der Hauptverkehr sich auf ihnen abspielte. Einkünfte wurden auch aus der Vergabe des Marktrechts erzielt, auch auf den Märkten wurde Zoll erhoben. Weitere Einkünfte erbrachte das Münzregal, das ebenfalls in der Zeit der Ottonen durch Münzrechtverleihungen stärker wahrgenommen wurde. Machte Karl der Große auf seinen Kriegszügen umfangreiche Beute, u. a. an Edelmetallen, so mußten seine Nachfolger Tribute an ihre Gegner entrichten. Besonders nach 845 gingen beträchtliche Tribute, wohl vornehmlich in ungemünzter Form, an die Wikinger nach Norden.

V. Vom 12. bis zur Mitte des 14. Jahrhunderts

1. Der politische Rahmen

Die im 11. Jahrhundert beginnende Auseinandersetzung zwischen der Papstkirche und dem Kaisertum fand in den zwei folgenden Jahrhunderten ihren konsequenten Fortgang. Gegen die Laieninvestitur und das Eigenkirchentum, die aus germanischen Rechtsanschauungen erwachsen waren, setzte die auf die Grundsätze des kanonischen Rechts sich stützende Papstkirche zunächst unter dem überlegenen Gregor VII. (1073–1085) ihre Unabhängigkeit vom Königtum durch und übernahm künftig die politische Führung in Europa. Der Investiturstreit wurde unter dem letzten Salier Heinrich V. 1122 durch das Wormser Konkordat wohl als Kompromiß, aber letzten Endes auf Kosten des Kaisertums beendet. Nach Lothar von Sachsen (1125–1137), unter dem die nordostdeutsche Kolonisation verstärkt einsetzte, begann mit Konrad III. (1138–1152) die Herrscherzeit der nach ihrer in Schwaben gelegenen Stammburg benannten Staufer, die mit Friedrich I. Barbarossa (1152–1190) und seinem Sohn Heinrich VI. (1190–1197) den Höhepunkt ihrer Machtstellung erlangten. Friedrichs erfolgreiche Auseinandersetzung mit Heinrich dem Löwen stärkte wohl die Reichsgewalt, aber der Sturz Heinrichs wie das politische Zusammenspiel der Staufer mit der dänischen Krone und die Schwerpunktverlagerung nach Italien schwächten die ostkolonisatorische Bewegung. Die Vermählung Heinrichs mit Konstanze, der Erbin des letzten Normanenkönigs Wilhelm II., brachte den Staufern die Herrschaft über Sizilien und Unteritalien ein, verschärfte aber den Gegensatz zum Papsttum und führte in Deutschland namentlich unter Friedrich II. zu einer für die weitere Entwicklung entscheidenden Vernachlässigung der Machtstellung des Königstums, gegen das sich mehr und mehr das Territorialfürstentum geltend zu machen verstand. Die Auflösung der Machtstellung des Königs ging nach den Staufern weiter, als die Krone an die Vertreter verschiedener Dynastien gelangte, die nur als Besitzer einer größeren Hausmacht regierungsfähig waren, so zunächst vor allem der Habsburger Rudolf I. (1273–1291), der seine Hausmacht erfolgreich zu erweitern verstand, dann der Luxemburger Heinrich VII. (1308–1313), dessen Heiratspolitik Böhmen für seine Dynastie sicherte, und der Wittelsbacher Ludwig IV. (1314–1347) der noch einmal den weltgeschichtlichen Kampf zwischen Imperium und Sacerdotium aufnahm, sich aber damit begnügen mußte, daß 1338 der Kurverein in Rhens auf der

Grundlage des Reichsrechts verkündete, der von den Kurfürsten gewählte König brauche die päpstliche Bestätigung nicht, nur die Kaiserkrönung blieb dem Papst überlassen. Kurz danach bestimmte ein Frankfurter Reichstag, daß die Königswahl dem gewählten Herrscher auch die Rechte und Titel des Kaisers gebe.

Der Investiturstreit und die Schwergewichtsverlagerung der Kaiserpolitik in der hier behandelnden Epoche ist nicht zu verstehen ohne die in der mittelmeerischen Welt sich entfaltenden geistigen, kulturellen und wirtschaftlichen Kräfte, die ebenso zum Aufstieg der italienischen Stadtrepubliken führte, wie sie organisatorisch hinter der Kreuzzugsbewegung standen. Von den italienischen Stadtrepubliken sollten wichtige politische und wirtschaftliche Auswirkungen auch auf das deutsche Städtewesen ausgehen.

2. Bevölkerungsbewegung, Landesausbau und Ostkolonisation

a) Bevölkerung

Im Laufe des 9. und 10. Jahrhunderts gab es eine Reihe von Ereignissen, die einer Zunahme der Bevölkerung offenbar ungünstig waren. Neben den Einfällen fremder Völkerschaften, vor allem der Wikinger und der Ungarn, gab es Seuchen und Hungersnöte. Im Lauf des 11. Jh. setzte dann ein deutlicher Aufschwung ein, der sich am besten im Moselgebiet, aber auch weiter im Osten, so in Sachsen nachweisen läßt. Am deutlichsten wird die Zunahme im aufblühenden Städtewesen ersichtlich. Um die Wende vom 13. zum 14. Jh. betrug die Bevölkerung 13–15 Millionen. Insgesamt rechnet man für diesen Zeitraum mit einer jährlichen Zunahme von 0,5 v. H. Es gab aber auch jetzt Hindernisse, die die Bevölkerung nicht zu stark wachsen ließen. Kriege und Fehden hatten wohl mehr regionale Bedeutung. Schlimmer wirkten sich schlechte Ernten, harte Winter und andere jahreszeitlich bedingte Schwierigkeiten aus. Dies alles mußte bei den verhältnismäßig geringen Erträgen der Landwirtschaft umso schlimmere Folgen haben. So gab es eine Reihe schwerer Hungersnöte, die schlimmste in den Jahren 1315/17.

Die zunehmende Bevölkerung brauchte zur Ernährung zusätzliches Land, das durch Rodung gewonnen wurde. Viele zogen nach Osten, diese Abwanderung diente ebenfalls zur Erleichterung des Bevölkerungsdrucks.

b) Binnensiedlung

Der innere Landesausbau ging bis ins 14. Jahrhundert hinein weiter. Im wesentlichen erreichte die Rodungstätigkeit in der Stauferzeit ihr Ende. Die Schwerpunkte dieser Rodungstätigkeit lagen einmal im Nordwesten, wo

Moore kultiviert und von Niederländern Deiche gebaut wurden. Das Alte Land, die Vierlande entstanden auf diese Weise. An der Westküste Holsteins und Schleswigs wurden ebenfalls Deiche gebaut. Die Vogesen, der Schwarzwald wurden jetzt erschlossen, in den Unterharz und den Thüringer Wald drangen die Siedler vor. In den alten Siedlungslandschaften wurden die letzten Waldinseln beseitigt. Am Ende dieser inneren Rodungs- und Kolonisationstätigkeit besaß das kultivierte Land einen Umfang, der später nicht wieder erreicht wurde. Viele Siedlungen, die auf trockenem oder armem Boden entstanden, gingen später, als der Bevölkerungsdruck nachgelassen hatte, als Fehlsiedlungen wieder ein.

Die Ortsnamen der späten Rodungstätigkeit sind an ihren Endungen auf -hagen, -holz, -horst, -wald (walde), -rode, -reut zu erkennen. Solche Namen kehren vor allem bei den Dorfgründungen der Ostkolonisation wieder. Aus begreiflichen Gründen waren die Landesherrn an einer Kontrolle der Siedlungstätigkeit interessiert. Wie im Osten wurden am Ende der Rodungstätigkeit teilweise im alten Siedlungsgebiet „Reutmeister" eingesetzt, um Angerdörfer anzulegen, so westlich von Augsburg. Bestand die Hauptleistung der Siedler in ihrer Rodungstätigkeit, in der Abholzung des Waldes, in der Trockenlegung von Sümpfen und Mooren, sowie im Deichbau, so kamen noch zusätzliche Verpflichtungen gegenüber dem Landherrn hinzu, so eine Anerkennungsgebühr und Abgaben in der Form von Zehnt und Zins. Je weiter der Bauer im Osten siedelte, desto eher konnte er solchen Verpflichtungen entgehen. Hier war die Ausstattung mit Land am reichsten. Daß Dienste und Abgaben geringer waren als im alten Siedlungsgebiet war ein besonderes Lockmittel der Werber. Die Gegenleistungen der Herren bestanden in gewissen Freiheiten. Der Siedler erhielt das Land zu freiem Eigen, konnte aus dem Hofrecht entlassen werden und genoß den persönlichen Schutz des Herrn. Derjenige, der die Siedlungsarbeit leitete, bekam seinen Hof etwa als freies Lehen.

c) Ostsiedlung

Zur selben Zeit, als die Salier den Investiturstreit verloren und sich mehr und mehr aus Italien zurückzogen, drangen deutsche Siedler in weite Gebiete jenseits von Elbe und Saale vor. Was sich hier vollzog, zeigte sich erst aus späterer Sicht als großartiges Werk kultureller Aufbauarbeit, in den Quellen der Zeit hat der Vorgang verhältnismäßig geringen direkten Niederschlag gefunden. Es handelte sich ja auch nicht um ein geschlossenes Vorrücken in einer Front, sondern um viele Einzelunternehmen, die an verschiedenen Stellen einsetzten.

Ein neuer Abschnitt setzte unter Lothar von Supplinburg und den Staufern ein, als die Überbevölkerung in Niederfranken und Niedersachsen zur Abwanderung drängte. Aber auch Mosel-, Rhein- und Oberfranken sowie

Thüringer wanderten jetzt aus. Zuerst wird der Vorgang der Neusiedlung in Nordalbingien deutlich. Im Jahre 1111 belehnte Herzog Lothar den Grafen Adolf von Schauenburg mit Holstein und Stormarn. Dieser baute eine Landesherrschaft auf und wehrte die Dänen und Slawen ab. In Wagrien war seit dem Ansturm der Slawen 1066 das christliche Leben erloschen. Nun setzte erneut die Missionstätigkeit ein, wobei der Bremer Domherr Vicelinus voranging. Besonders erfolgreich in seiner Kolonisationstätigkeit war der zweite Schauenburger Adolf II., der im Jahre 1143 zwischen Wakenitz und Trave Burg und Siedlung Lübeck anlegte. Er rief deutsche Ritter und Siedler aus den Niederlanden, aus Friesland und Westfalen sowie aus dem Holsteinischen und Stormarnschen. Binnen weniger Jahre konnte sich der Graf mit Hilfe dieses Zustroms von Siedlern die Herrschaft in Holstein-Stormarn und Wagrien sichern. In einer Auseinandersetzung mit seinem mächtigen Landesherrn Heinrich dem Löwen wurde er allerdings gezwungen, 1158 die Lübecker Gründung abzutreten.

Energisch griff der Sachsenherzog in die kirchliche Neuordnung ein. Die drei Bistümer Oldenburg (mit Sitz in Lübeck), Ratzeburg und Mecklenburg wurden von ihm errichtet. Der Sturz Heinrichs, die Aufteilung seines Territoriums gab der ausgreifenden Großmachtpolitik des dänischen Königtums Gelegenheit, seinen Einfluß auf die südliche Ostseeküste auszudehnen. Waldemar I. dem Großen gelang es, Rügen zu unterwerfen (1168), sein Nachfolger Knud VI. (1182–1202) gewann noch Pommern und Mecklenburg hinzu, und zu Beginn des 13. Jahrhunderts stieß die dänische Herrschaft bis an die Elbe vor, während sie sich im Baltikum noch Estland sicherte. Das war zugleich ein Ergebnis des Machtkampfes zwischen Welfen und Staufern. In den deutschen Thronwirren stellte sich Waldemar der Sieger (1202–1241) auf die Seite der Staufer; dafür überließ ihm 1214 der junge Friedrich II. die Lande jenseits von Elbe und Elde sowie das in „Slawien" von den Dänen eroberte Gebiet. Doch konnte sich das dänische Ostseeimperium nicht behaupten. Seine Basis war allein machtpolitischer Art, es fehlte ihm die bevölkerungsmäßige und wirtschaftliche Durchdringung.

In dem Augenblick, wo die norddeutschen Territorialherren wieder politisch erstarkt waren, mußte die dänische Herrschaft zusammenbrechen. Das geschah endgültig in der Schlacht von Bornhöved im Jahre 1227. Nun gab Dänemark seinen gesamten eroberten Festlandbesitz preis, Holstein, Lübeck und Hamburg, Lauenburg, Mecklenburg und Pommern. Die Eider wurde wieder Grenze Dänemarks. Diese Vorgänge muß man beachten, um den Prozeß der Ostsiedlung richtig zu verstehen. Die deutsche Ostwanderung ging auch zur Zeit der dänischen Besetzung weiter. In Mecklenburg wehrte sich zwar der Obotritenfürst Pribislaw gegen die Ansiedlung Deutscher, nur die Zisterzienser ließ er zu, die 1171 das Kloster Doberan gründeten, von dem sich später die Klöster Dargun und Buckow abzweigten. Erst die Nachkommen Pribislaws gestatteten den Zisterziensern Dörfer anzulegen, sie riefen dann auch zahlreiche Ritter ins Land, die auf ihrem Lehensbesitz deutsche Bauerndörfer anlegten.

Inzwischen entstanden an der Ostseeküste die Städte Rostock und Wismar nach lübischem Recht und von Schwerin ausgehend, im Inneren des Landes, Güstrow, Parchim und andere. Bereits um die Mitte des 13. Jahrhunderts war Mecklenburg überwiegend deutsch. Von hier aus ging die Bewegung nach Pommern weiter. Schon kurz nach der Mitte des 12. Jahrhunderts kamen Benediktiner ins Land und gründeten 1153 Stolp. Prämonstratenser ließen sich in Grobe auf Usedom und in Gramzow bei Prenzlau nieder. Eine stärkere deutsche Besiedlung erfolgte aber erst im Lauf des 13. Jahrhunderts, unter Herzog Barnim und seinem Bruder Wartislaw. So erhielten die Templer das Land Pyritz zur Anlage deutscher Dörfer. Prenzlau und Stettin wurden nach Magdeburger, Greifswald und Kolberg nach lübischem Recht gegründet. Inzwischen gab Fürst Wizlaw von Rügen den deutschen Kaufleuten in Stralsund ebenfalls lübisches Recht.

Insgesamt entstanden im Lauf des 13. Jahrhunderts in Pommern links und rechts der unteren Oder 38 Städte deutschen Rechts. Dazu wurden deutsche Ritter ins Land gerufen, die ihrerseits wieder deutsche Bauerndörfer anlegten. Mittlerweile erreichte die deutsche Siedlung auch das bis zur Weichsel sich erstreckende Pommerellen. Hier erhob Herzog Swantopolk die deutsche Kaufmannssiedlung bei seiner Burg Danzig zu einer Stadt, Zisterzienser aus Doberan legten Kloster Pelplin an. Nach dem Aussterben des einheimischen Fürstenhauses gab es lange Streitigkeiten, die die Besiedlung nicht vorankommen ließen, bis das Land 1308 dem Deutschen Orden zufiel.

In der Mark Brandenburg besiedelte das Haus der Askanier seit Albrecht dem Bären planmäßig das Land. Spandau (1232) war die erste Stadt, Cölln, Berlin, Frankfurt/Oder und andere folgten. In den der Mark angeschlossenen Gebieten der Prignitz, Uckermark, Neumark und dem Land Lebus an der Oder war die deutsche Besiedlung weniger dicht. Am stärksten behauptete sich das slawische Element in der Lausitz, die oft den Herrn wechselte. Namentlich der Spreewald und die Gegend um Bautzen blieben slawische Rückzugsgebiete.

In Schlesien führten die polnischen Piastenherzöge im Laufe des 13. Jahrhunderts ein planmäßiges Siedlungswerk durch. Mehrere Fürsten hatten deutsche Frauen, die aus ihrer Heimat deutsches Gefolge und deutsche Gebräuche mitbrachten. Die kirchliche Siedlungsbewegung ging von den Zisterziensern in Pforta aus, die das von polnischen Benediktinern gegründete Leubus übernahmen und Heinrichau mit der Filiale Grüssau, sowie Camenz gründeten. Der Piastenherzog Heinrich I., Enkel und Sohn deutscher Fürstentöchter und mit einer Deutschen verheiratet, ließ zur Stärkung seiner Herzogsgewalt längs des Grenzwaldes und in der Breslauer Gegend durch eigene und grundherrliche Lokatoren Deutsche in Dörfern ansiedeln.

Gleichzeitig entstanden Städte. Dasselbe geschah im Land der Bischöfe von Breslau, wo Neiße gegründet wurde.

Der Ansturm der Mongolen richtete wohl allenthalben großen Schaden an, aber als nach der Schlacht bei Liegnitz (1241) die Gefahr vorüber war, wurde die Siedlungstätigkeit energisch wieder aufgegriffen. Die meisten Siedler kamen aus dem älteren Kolonialland zwischen Saale und Elbe und verwerteten die hier gesammelten Erfahrungen. Innerhalb von knapp anderthalb Jahrhunderten entstanden in Schlesien 120 Städte und über 1200 Dörfer, die überwiegend mit Deutschen besiedelt wurden. Breslau selbst, das 1241 von den Mongolen zerstört worden war, wurde in größerem Maßstab wiederaufgebaut und mit Magdeburger Recht begabt und entfaltete sich nun zu einem Mittelpunkt des Fernhandels von Nürnberg und Prag nach Thorn und Danzig bzw. Lemberg und Halicz.

Weniger intensiv als in Schlesien war die Kolonisationstätigkeit in Böhmen und Mähren, obwohl diese Gebiete schon seit der Ottonenzeit dem Reich eingegliedert waren und die Bistümer Prag und Olmütz zur Mainzer Kirchenprovinz gehörten. Im Jahr 1085 erhielt eine deutsche Kaufmannssiedlung bei der Prager Burg zum erstenmal ein Privileg, das später erneuert wurde. Im Jahre 1255 bekam die Prager Altstadt deutsches Recht, unter Ottokar II. kam die Kleinseite, unter Karl IV. die Neustadt hinzu. Darüber hinaus wurden vom Herrscherhaus der Przemysliden Städte nach Nürnberger, Magdeburger und Halle-Neumarkter Recht gegründet und in deren Umgebung durch bürgerliche Lokatoren Bauern angesiedelt. Im südlichen Böhmen und in Mähren setzte sich das Wiener Stadtrecht durch. Das Egerland, das nicht zu Böhmen gehörte, wurde von Franken her besiedelt. Dazu kam die Siedlungstätigkeit der Klöster, der Zisterzienser aus Waldsassen, die in Osseg und Sedlitz am Südhang des Erzgebirges bzw. des Böhmerwaldes Klöster gründeten; die Zisterzienser von Heiligenkreiz im Böhmerwald gingen nach dem südböhmischen Goldenkron, Prämonstratenser nach Strahov bei Prag, nach Tepl, Leitomischl und Seelau. Auch die Ritterorden, die in Böhmen umfangreiche Güter hatten, siedelten Deutsche an. Inzwischen kamen deutsche Bergknappen nach Iglau, Kuttenberg und Deutsch-Brod. Sie brachten das Freiberger Bergrecht mit, das sich dann von Iglau aus weiter verbreitete. Wie bei den Piasten waren auch bei den Przemysliden die Frauen meist deutsche Fürstentöchter. Nach dem Aussterben dieses Herrscherhauses ließ die Zuwanderung nach. Bis dahin waren aber nur die Randgebiete sowie die Städte des Landes und dazu einzelne Inseln deutsch besiedelt. Unter den auf die Przemysliden folgenden Luxemburgern sahen sich die Tschechen in ihrem Anspruch auf Gleichberechtigung ermutigt und begannen schon vor den Hussitenkriegen sich gegen die Überfremdung durch die Deutschen aufzulehnen.

Die Siedlungsbewegung griff noch weiter nach Osten über das eigentliche Reichsgebiet hinaus. Doch sei dieser Vorgang hier nur gestreift. In

Polen zogen Deutsche bis nach Galizien und Wolhynien hinein, das Warthe- und Weichselland wurde erfaßt, Krakau wurde von Bürgern aus Neiße und Breslau gegründet, Lemberg erhielt um 1421 Magdeburger Recht, auch in Warschau wurde das deutsche Recht eingeführt, allerdings machte sich im ganzen polnischen Gebiet sehr rasch der Widerstand des Klerus und Adels gegen den Einfluß des deutschen Bürgertums geltend.

Mit größerem Erfolg wurde die Besiedlung in Preußen und Livland durch den Deutschen und den Schwertbruderorden durchgeführt, denen es gelang, unabhängige Staatswesen zu schaffen. Allerdings mußten die Schwertbrüder ihre Herrschaft im Lande mit dem Bischof und der Stadt Riga teilen, was ihre Aktionsfähigkeit von Anfang an lähmte. Auch kam keine direkte Verbindung zwischen den beiden Ordensgebieten zustande.

Nach Ungarn stießen die deutschen Siedler schon im 12. Jahrhundert vor, in den slowakischen Bergwerksgebieten entstanden die Städte Kremnitz und Schemnitz und um sie herum eine Reihe von Bauerndörfern. In der Zips kamen Käsmark und Leutschau und im „Gründlerischen" die Bergbaustädte Göllnitz und Schmöllnitz hinzu. Bereits auch im 12. Jahrhundert riefen die ungarischen Könige deutsche Siedler in das menschenarme Grenzland Siebenbürgen, wo sie die Städte Hermannstadt, Bistritz und Klausenburg und eine Reihe Dörfer anlegten, die in der Folgezeit weitgehende Sonderrechte genossen. Von Siebenbürgen, wie von Galizien aus begaben sich deutsche Siedler, von den Fürsten der Moldau und Walachei gerufen, in die Bukowina. Weitere Siedlungslandschaften im Südosten waren das heutige Burgenland und das Gottscheer Ländchen.

Die deutsche Ostsiedlung ist ein Vorgang von einmaliger Großartigkeit, nur zu vergleichen etwa mit der Erschließung der Vereinigten Staaten von Nordamerika. Beteiligt waren alle Schichten des Volkes, Bürger und Bauern, Kaufleute und Bergknappen, Ritter und Ordensgeistliche. Militärische Aktionen, Fragen der Grenzsicherung spielten wohl anfänglich eine große Rolle, aber das Bedeutsame war, daß die Deutschen schließlich von den einheimischen, meist slawischen Fürsten gerufen wurden, um gesichert durch eine vertraglich-rechtliche Regelung an der Erschließung des Landes mitzuwirken. Begünstigt wurde der Vorgang durch die zahlreichen Heiratsverbindungen slawischer oder ungarischer Herrscher mit deutschen Fürstentöchtern, die ihrerseits wieder ein Gefolge von Deutschen mitbrachten. Diese erlangten am Hof und in der Landesverwaltung Einfluß und unterstützten den Vorgang, indem sie auf ihren Besitzungen deutsche Zinsbauern ansiedelten. Vor allem aber wurden sogenannte Lokatoren beauftragt, Siedlungsunternehmer bürgerlicher oder adeliger Herkunft, die die Bauern und Handwerker dorfweise ansetzten und als Belohnung besondere Rechte überwiesen bekamen, die mit dem sogenannten Erbschulzenamt verbunden waren. Niedere Gerichtsbarkeit, das Mühlenrecht, der Betrieb eines Kruges, die Fischerei u. a. gehörten dazu. Umstritten ist die Rolle, die

die kaufmännischen Unternehmerkonsortien bei der Gründung der Städte, vor allem der Ostseestädte spielten.

Weit über das geschlossene Siedlungsgebiet hinaus erfolgten Stadtgründungen nach deutschem Recht. Das süddeutsche Stadtrecht gelangte bis Weißenburg (Cetatea Alba), das magdeburgische bis Witebsk und Pultava, das lübische bis Novgorod und Smolensk.

d) Aufblühende Städte

Mit den Stadtgründungen wuchs der Anteil der städtischen Bevölkerung in beachtlichem Maße. Bezeichnend für die Osttendenz der Siedlungsbewegung ist es auch, daß die jenseits von Elbe und Saale gelegenen Städte mehr und mehr an Gewicht gewannen. Betrug die Zahl der Städte im 12. Jahrhundert erst 250, so stieg sie im 13. auf über 2000, im nächsten Jahrhundert noch weit darüber hinaus, um schließlich wohl an die 20% der gesamten Bevölkerung auszumachen.

Genauere Vorstellungen über die Größe der Stadtbevölkerung ermöglichen uns die Daten über den Stadtumfang. Die alten Bischofsstädte aus der Römerzeit waren im allgemeinen zu groß, um den ganzen Raum auszufüllen, der von der alten Mauer umfaßt wurde.

Die 285 ha der Römerstadt von Trier waren im ganzen Mittelalter nur zum Teil bebaut. Im allgemeinen genügten für die Burg – Vicussiedlung bis ins 10. Jahrhundert 9–15 ha. Die z. T. schon im 10. und dann im 11. Jahrhundert einsetzenden Stadterweiterungen lassen sich illustrieren mit den Beispielen Regensburg und Köln. Das Rechteck der Castra Regina hatte einen Umfang von 25 ha, wozu ein Neustadtraum von 36 ha kam. Zur Kölner Römerstadt mit 96 ha kam die Rheinvorstadt St. Martin mit 25 ha.

Die neuen Bischofsstädte hatten zwischen 12 und 20 ha. Die Neugründungen des 12. Jahrhunderts erreichten im allgemeinen einen Umfang von unter oder über 20 ha. Von der zweiten Hälfte des 11. Jahrhunderts ab nahm das Wachstum der Städte im Westen in auffallendem Maße zu. Köln füllte zu Beginn des 12. Jahrhunderts 236 ha und begann 1180 seinen großen Mauerbau, der dann 400 ha umfassen sollte. Damit hatte Köln einen Umfang, der von keiner anderen deutschen Stadt erreicht wurde. Im ganzen waren es etwa 20 Städte, die im 12. Jahrhundert bereits ihre Höchstausdehnung erreichten, unter ihnen Goslar, Dortmund, Speyer und Wiener Neustadt.

Die seit dem Ausgang des 12. Jahrhunderts einsetzenden Neugründungen lagen im allgemeinen um 20 ha. Eine große Zahl von Städten erreichte jetzt ihre Höchstausdehnung. Lübeck mit seinen 107 ha gehörte dazu, dann Braunschweig mit 115 ha, sowie Rostock, Wismar, Greifswald, Stettin und Stralsund, deren Umfang zwischen 69 und 44 ha lag. Ohne ihren Abschluß zu erreichen wuchsen Hamburg, Straßburg, Frankfurt, Nürnberg und Augsburg.

Im 14. Jahrhundert ließ die Zahl der Neugründungen wieder nach, auch handelte es sich meist um Städte kleineren Umfangs. Einige der älteren Städte haben in dieser Zeit ihren Umfang noch einmal beträchtlich erweitert. So erreichte Aachen 175 ha. Genauere Einwohnerzahlen lassen sich im allgemeinen für diese Zeit noch nicht feststellen. Weitgehend ist man auf Schätzungen angewiesen. Während Regensburg auch in seiner besten Zeit unter 10000 Einwohnern blieb, erreichte Breslau Anfang des 14. Jahrhunderts wohl 14–15000, Danzig und Lübeck an die 17000, Köln als die größte Stadt stieg bis auf über 35000.

Angesichts dieser Dynamik darf nicht übersehen werden, daß eine ganze Reihe der Neugründungen Fehlplanungen waren, die über den Stand der „Kümmerstadt“ der „Minderstadt“ nicht hinausgelangten, während andere Gründungen wieder zu Marktorten absanken und froh sein mußten, ihr Marktprivileg zu behaupten.

3. Die politischen Ordnungsmächte und die Wirtschaft

a) König und Imperium

Der durch die religiös-politischen Forderungen des Papstes Gregor VII. ausgelöste Investiturstreit zwang das Königtum, sich aus dem religiös-kirchlichen Bereich auf seine Aufgaben einer Laienherrschaft zurückzuziehen. Daraus ergaben sich bestimmte politische Folgen. Ein Mittel der Krone, ihre Machtstellung zu behaupten, bestand im Lehensrecht. Im Gegensatz zu Westeuropa gelang es dem König allerdings nicht, anstelle des alten personalen Charakters des Lehensverbandes den Heimfall von Reichslehensgut zum wesentlichen Inhalt eines künftigen Verfassungsrechts zu machen. Die Verwicklungen in den Investiturstreit und in die Italienpolitik brachten es mit sich, daß sich die Gegensätze zwischen dem deutschen Königtum und einzelnen der Großvasallen immer wieder verschärften. Am deutlichsten kam dies im Kampf zwischen Friedrich Barbarossa und Heinrich dem Löwen, dem Herzog in Sachsen und Bayern, zum Ausdruck. Die Tendenz entschied zugunsten der Kronvasallen, die in dieser Zeit im Begriff waren, sich zum Reichsfürstenstand zusammenzuschließen. Der Welfe verlor zwar durch das nach Lehensrecht ausgesprochene Urteil der Reichsfürsten seine Lehen, aber einer von ihnen, nämlich der Erzbischof von Köln, konnte sich einen Großteil von ihnen sichern.

Wurde auf diese Weise der Abbau des lehensrechtlichen Personalverbandes der Königsherrschaft verhindert, so blieb dem König noch ein anderer Weg, das Reichsland wie sein eigenes Familiengut weiter auszubauen, ähnlich wie die übrigen Fürsten, und sich hier mit Hilfe der Reichsministerialen eine tatkräftige Beamtenschaft heranzubilden. Diesen Weg beschritten erfolgreich die Staufer im Südwesten des Reichs sowie in Franken bis ins Egerland und nach Sachsen hinein.

Der Investiturstreit hatte noch eine andere Folge. Als das Königtum seine Herrschaft über die Kirche aufgeben mußte, berief es sich auf das alte römische Kaiserrecht und propagierte in direkter Ableitung von Gott ohne Umweg über die Kirche die Idee des Sacrum Imperium Romanum. Der personalrechtliche Charakter des Vasallenrechts mit der Konsolidierung der Korporation der Reichsfürsten bedingte es aber gleichzeitig, daß sich auf der Basis dieser Reichsideologie ein künftiger Dualismus zwischen dem König und dem Reich anbahnte.

Wichtige politische Fragen und damit auch solche wirtschaftlichen Charakters wurden künftig auf Reichsversammlungen erörtert. So berief Kaiser Friedrich II. 1244 alle weltlichen und geistlichen Fürsten der „Communitas imperii" zu einer „curia generalis" zusammen, um vor allem über die Wiederherstellung guter Beziehungen zur römischen Kirche zu beraten. Mit ähnlicher Berufung auf die Pflichten des Reichs berief Rudolf von Habsburg 1274 einen Reichstag nach Nürnberg ein. Partner und Gegner waren hier die Reichsstände, voran die mächtigsten Kronvasallen als Kurfürsten oder Königswähler, dann die übrigen Reichsfürsten, während die kleineren geistlichen und weltlichen Herrschaftsträger die Prälaten- und Grafenbank bildeten. Anstelle der königlichen Initiative der Sicherung von Friede, Recht und Ordnung trat hier ein beschließendes Gremium, dem es allerdings mehr ums Mitregieren als um die Übernahme besonderer Lasten wirtschaftlicher, hauptsächlich finanzieller Art ging. Nach dem Sturz der Staufer wurden auch die Reichsstädte, zunächst vereinzelt, dann in größerer Zahl, zu den Reichstagen hinzugezogen. Wurde damit der König mehr primus inter pares, so traten andererseits seit dem Interregnum immer wieder Männer hervor, denen es darum ging, die Einheit der Monarchie und ihre sittliche Aufgabe zu propagieren. Der bekannteste von ihnen ist Dante.

b) Wirtschaftspolitische Aufgaben und Regalien

Aufgaben wirtschaftlicher Art ergaben sich für den Herrscher vor allem aus der Verpflichtung, Recht und Frieden zu erhalten. Das bedeutete einerseits Beschaffung der Mittel für Kriegführung und Verteidigung, Fürsorge in Ernährungsfragen, überhaupt Fürsorge für die Armen und Unterdrückten. Seit dem 13. Jahrhundert beziehen die Bemühungen um den Landfrieden Maßnahmen zur Sicherung des Wirtschaftslebens mit ein. Fiskalistisches Verhalten ist dabei eine treibende Kraft gewesen.

Die Möglichkeiten der Könige in die Wirtschaft einzugreifen, waren vor allem durch die Regalien, die Königsrechte gegeben. Der Begriff der Regalien entstand während des Investiturstreits. In den Verhandlungen zwischen Papst Paschalis II. und König Heinrich V. wurde der Begriff Regalien erstmals im Jahre 1111 definiert. Dazu gehörten Städte, Herzogtümer, Markgrafschaften, Grafschaften, Reichsvogteien, Zehntgerichte, Heeresaufgebot und Reichsburgen, außerdem Münze, Zoll und Markt. Noch weiter griff die Liste an Regalien, die Friedrich Barbarossa 1158 auf den Ronkalischen Feldern aufstellen ließ. Hier wurden auch Straßen, schiffbare Flüsse, herrenloses Gut und Besitz von Geächteten, Leistungen für Reisen und Heerzüge des Königs, Silberbergwerke, Einkünfte aus Fischfang und Salinen sowie Schatzfunde einbezogen. In seinem Privileg für Asti von 1159 kamen noch Mühlen, Maße und Gewichte hinzu. In den Darlegungen der Juristen wurde zwischen älteren Regalien, die sich von den Institutionen des römischen Staates ableiten ließen, und jüngeren Regalien unterschieden. Zu diesen älteren Regalien gehörten vor allem Zoll und Münze. Die jüngeren Regalien treten im 12. Jahrhundert deutlicher hervor und wurden nach dem Übergang an die Landesherrn weiter ausgebildet. In diesem Zusammenhang sprach man künftig auch von höheren und niederen Regalien.

Mit der Ausbildung der Landesherrschaften ging eine ganze Reihe dieser Königsrechte an die Territorialherren über. So wandelte sich das ursprünglich königliche Recht über unbesiedeltes Land in ein Neubruchregal, das für Rodungen die Genehmigung verlangte. Dies stand jetzt dem König nur noch für sein eigenes Land zu.

Aus dem ursprünglichen Bannrecht des Königs auf Forsten, hauptsächlich für die Jagd bildete sich ein Forstregal. Königliche Forsten gingen an Kirchen und Adelige über, während andere Waldbezirke neu gebannt wurden. Aus diesem Bannrecht entwickelten dann die Landesherrn ein Forstregal, das wegen der Waldnutzung im Zusammenhang mit dem aufblühenden Gewerbeleben wachsende Bedeutung erlangte, wobei gleichzeitig die Nutzungsrechte der Markgenossen eingeschränkt wurden.

Im Lauf des 10. und 11. Jahrhunderts löste sich vom Forstbann der Wildbann, der sich ebenfalls im Rahmen der Landesherrschaft im weiteren Verlauf zu einem Jagdregal ausbildete. Desgleichen ging das Mühlenregal, das sich vom Stromregal ableiten ließ, an die Landesherrschaft über.

Das Bergregal entwickelte sich erst seit dem 11. Jahrhundert. Der König erhob den Bergzehnten und sicherte sich die Bewilligung für den Betrieb bereits bestehender Bergbaue. Seit dem späten 12. Jahrhundert ging dieses Bergregal dann an die Landesherrn über. 1189 erhielt es der Bischof von Trient für alle Metalle verliehen. Andere Fürsten eigneten es sich an. Mit der weiteren Ausbildung löste sich das Abbaurecht dann vom Grundeigentum.

Im Verkehrsbereich besaßen die Könige das Straßen- und Stromregal. Sie verfügten damit über die wichtigsten Verkehrswege zu Land und Wasser, das erlegte ihnen allerdings auch eine bestimmte Sorgepflicht auf. Die daraus abgeleiteten Abgaben waren eng mit dem Zollregal verknüpft.

Schon seit der Karolingerzeit wurden Zölle in Verbindung mit dem Markt- und Münzrecht besonders an die Kirche verschenkt; seit dem 13. Jahrhundert kamen auch Verpfändungen hinzu. Wie das Straßen- und Stromregal wurde das Zollregal dann im Rahmen der Landesherrschaft weiter ausgebaut. 1220 und 1232 verbriefte Friedrich II. den geistlichen und weltlichen Fürsten das, was sie an Regalien bereits besaßen. Ähnlich war es mit den Verordnungen Friedrichs II. auf dem Reichstag zu Mainz 1235. Da heißt es, alle seit dem Tod des Kaisers Heinrich eingerichteten Zölle sollten abgeschafft werden, es sei denn, sie bestünden zu Recht. Wer unrechten Zoll erpreßt, soll dem Straßenräuber gleich bestraft werden. Die Zollempfänger an Wegen und Brücken sollen nach alter Weise zur Besserung der Brücken und Straßen verpflichtet sein, wie auch zur Sicherung und zum Geleit für die Reisenden, von denen sie Zoll erheben. Trotz des energischen Tones dieser Verordnung bestand kein Zweifel, daß der Einfluß der Krone auch auf diesem Gebiet des Verkehrswesens im Sinken war. Nach dem Interregnum suchten die Könige ihre Rechte am Zoll wieder auszubauen, so am Rhein, indem sie neue Zölle errichteten oder bei verliehenen und verpfändeten Zöllen Zuschläge erhoben. Rudolf von Habsburg verlieh dann erneut aus finanziellen Gründen Zölle, er verpachtete oder verkaufte solche gar. Im Rahmen des Ausbaus der Landesherrschaft wurden von dieser eigene Zölle geschaffen. Ein guter Vorwand dafür waren die Kosten für die Wahrung des Landfriedens. Mit der Ausbildung der Landeshoheit sonderte sich ferner vom Zollrecht das Geleitsrecht ab, um das aber lange zwischen dem König und den Landesherren gestritten wurde.

Enger Zusammenhang von Zoll und Markt und die Schutzgewalt des Königs über die Kaufleute führten zur Ausbildung des Marktregals, das seit den Ottonen und Saliern zu zahlreichen Neugründungen von Märkten führte. Obwohl der König nie auf das Regal verzichtete, begann die Einschränkung seines Rechtes durch die Landesherren seit dem 12. Jahrhundert.

Zu den wichtigsten Königsrechten gehörte das Münzregal. Den seit den Ottonen einsetzenden Verleihungen zunächst an die Kirche folgten solche an weltliche Große. Im Rahmen der staufischen Bemühungen um einen Ausbau des Reichsguts bekam die königliche Münzpolitik noch einmal Auftrieb. Friedrich Barbarossa errichtete Münzstätten in Mittel- und Norddeutschland, die späteren Staufer in Südwestdeutschland, so in Schwäbisch Hall und Annweiler. Mit der Ausbildung der Landesherrschaft spielte wiederum das Münzrecht eine wichtige Rolle, wobei es gelegentlich einfach usurpiert wurde. Um die Mitte des 13. Jahrhunderts gab es über 500 Münzstätten, wobei sich auch die Städte beteiligten. Nach dem Ende der Staufer ging die Zahl der königlichen Münzstätten laufend zurück. Schließlich bestanden noch drei, Frankfurt/M., Nürnberg und Schwäbisch Hall, die aber meistens verpachtet waren.

Ein wirtschaftspolitisch interessantes Phänomen ist die Herausbildung der Kammerknechtschaft der Juden. Als Friedrich I. 1157 den Wormsern das Privileg Heinrichs IV. von 1090 bestätigte, betonte er, daß die Juden zur Kammer gehörten. Friedrich dehnte diese Zugehörigkeit zur Kammer dann in der rheinisch-fränkischen Landfriedenserklärung von 1179 auf alle Juden des Reichs aus. Der Begriff Kammerknechte taucht zum erstenmal 1236 unter Friedrich II. auf. Künftig wurde der Begriff Kammerknechte, servi camerae, auf die Gesamtheit der Juden und die einzelnen angewandt. Diese Tatsache änderte aber nichts an der bisherigen und künftigen Vergabe des Judenregals an weltliche und geistliche Fürsten.

c) Ausbau der Landesherrschaft

Damit sind wichtige Aspekte der Ausbildung der Landesherrschaft angedeutet. Weitere Elemente waren natürlich die Grundherrschaft der zu Landesherrn Aufsteigenden sowie die weltliche und geistliche Vogtei, alles was man unter dem Begriff der Niedergerichtsbarkeit zusammenfaßt, wozu im geistlichen Bereich die Immunität kam.

Unter Friedrich II. (1212–1250) erfolgte die große Privilegienvergabe, die die wichtigste Grundlage für die künftige Rolle der geistlichen und weltlichen Fürsten als Landesherrn, als domini terrae, darstellten. Für ihre Zustimmung zur Wahl seines Sohnes Heinrich zum König verlieh der Hohenstaufer im Jahre 1220 den geistlichen Fürsten die „Confoederatio cum principibus ecclesiasticis". Mit den darin gemachten Zugeständnissen verzichtete Friedrich praktisch auf jede Einflußnahme in den geistlichen Territorien. Im Jahr 1231 brachte das „Statutum in favorem principum" den weltlichen Fürsten dieselben Rechte. Die Fürsten trotzten es Heinrich ab, der damals seine eigenen Wege gehen wollte. Ein Jahr später, nach der Unterwerfung des Sohnes, erkannte das Statut auch der Vater an.

Die Landespolitik der Territorialherren wurde künftig natürlich von starken wirtschaftlichen, besonders fiskalischen Interessen mitbestimmt. In der Zeit des Siedlungsausbaus nützten sie ihr Recht am Neubruchland, wobei sie die Ausdehnung der Dorfflur auf Kosten der Allmende verbieten konnten. Besonders stark tritt die Tätigkeit einzelner Landesherren in der Ostsiedlung in Erscheinung, so bei Heinrich dem Löwen und Heinrich I. von Schlesien, dem bedeutendsten Repräsentanten slawischer Fürsten, die Deutsche ins Land riefen.

Wichtige Elemente der Machtpolitik wurden für die Landesherren die Gründungen von Märkten und Städten mit deren wirtschaftlichen Möglichkeiten. Gingen die Städtegründungen zunächst vom König als Inhaber des Marktregals aus, so erfolgten seit dem 13. Jahrhundert auch Gründungen durch die Landesherrn ohne königliche Zustimmung. Am aktivsten waren als Städtegründer im 12. Jahrhundert die Zähringer, Welfen und Wettiner, im nächsten Jahrhundert waren es die Staufer. Häufig verbanden sich mit den wirtschaftlich-fiskalischen Bestrebungen solche politisch-militärischer Art, weshalb es auch zahlreiche Machtkämpfe um die Neugründungen gab, dienten sie doch dem Ausbau und der inneren Festigung des Flächenstaates. Landespolitik der Fürsten das bedeutete in Zukunft besonders die Ausbeutung der verschiedenen Regalien, die ihnen mit dem Niedergang des Königtums zugefallen waren.

So wie im Zusammenwirken von König und Landesfürsten im Rahmen des Sacrum Imperium von vornherein der künftige Dualismus angelegt war, erhielten die Landesfürsten innerhalb ihres Territoriums Partner und Gegner in der Form der Landstände. Ein wichtiger Ansatz zur Herausbildung der Landstände waren die Bemühungen um den Landfrieden, auch die kostspielige Hofhaltung und zusätzlichen Ausgaben bei Landesteilungen kam den Landständen zugute. Mit dem Ausbau der landesherrlichen Regierung auf Beamtenbasis begannen sich die adeligen Landherrn als Landstand korporativ vom Hof- und Lehensverband abzusondern. Mit ihnen berieten sich die Fürsten in Fragen drückender Finanznot und ließen sie sich, zunächst jeweils als einmalige Leistung, Steuern bewilligen. Schadloserklärungen, Anerkennung des Widerstandsrechts und Bestimmungen über eine ordnungsmäßige Steuererhebung waren Zugeständnisse, die der Fürst dafür machen mußte. In Bayern wird dieser Vorgang um die Wende zum 14. Jahrhundert besonders deutlich. 1307 wurden, als es um eine neue Viehsteuer ging, nicht nur Prälaten und Landadel mit den Patriziern in den Städten, sondern auch Stadt- und Marktbürger allgemein als Landstand angesprochen. Die dem niederbayerischen Adel bewilligte Ottonische Handfeste von 1311 wurde ein gewisses Modell für diese Entwicklung.

Unter den Territorien war in wirtschaftlicher Hinsicht dasjenige des Deutschen Ordens das Interessanteste, weil es mit der Zeit einen sehr aktiven Handel entfaltete und dabei auch enge Verbindung zur Organisation der Hansestädte unterhielt. Dabei bildete sich allerdings ein verhängnisvoller Gegensatz zwischen den Ordensrittern und den Städten, wie auch dem Adel des Ordensstaats heraus. Die Ordensritter trieben Eigenhandel, der in der 2. Hälfte des 14. Jahrhunderts seine Blüte erlebte. Sie trieben diesen Handel, um sich die finanziellen Mittel zu beschaffen, die ihnen die Verteidigung gegenüber ihrer polnischen Umgebung ermöglichte. Dadurch wurden sie zu Rivalen ihrer eigenen Städte.

d) Die Städte

Hier interessiert nun ganz besonders die Wirtschaftspolitik der Städte, denn sie waren ja die eigentlichen Träger des wirtschaftlichen Lebens in der hier zu behandelnden Zeitspanne. Der Stadtwerdungsprozeß hatte mit der Herausbildung der Ratsverfassung und der Entstehung des Bürgermeisteramtes seinen ersten Höhepunkt erreicht. Nach außen sichtbar wurde dies durch die Wehranlage der Stadt, durch das Stadtrecht, das Stadtsiegel. Nicht alle Städte hatten die gleiche Bewegungsfreiheit, um ihre stadteigenen Interessen mit entsprechender Energie zu verfechten. In beträchtlichem Maße war dies den sogenannten Reichsstädten möglich, deren Sonderentwicklung sich seit dem 12. Jahrhundert abzeichnete; sie stellten ursprünglich Schwerpunkte in den verschiedenen Teilen des Reichsguts dar, die ältesten waren die Pfalzstädte. Namentlich unter den Staufern begannen sie sich von den anderen Städten abzusondern. Unter den schwachen Königen nach dem Sturz der Staufer wurden sie, zunächst vereinzelt, dann in größerer Zahl zu den Reichstagen hinzugezogen; anfänglich beriet man sich mit ihnen, wenn es um Angelegenheiten des Landfriedens oder um die Entrichtung von Steuern ging. Seit Ludwig dem Bayern waren sie dann ständig auf den Reichstagen vertreten. Die ältesten Reichsstädte waren die königlichen Pfalzstädte, voran Aachen, Nimwegen, dazu kamen seit den Staufern die königlichen Burgstädte, namentlich im Schwäbischen: so Rothenburg ob der Tauber, Donauwörth, Schwäbisch-Hall und andere. Die Reichsstadtbildung ging noch bis in den Beginn des 14. Jahrhunderts weiter, dann war der Kreis im wesentlichen geschlossen. In der Zeit Karls IV. traten noch einige hinzu, so Isny.

Von diesen Reichsstädten muß man die Freien oder Freien Reichsstädte unterscheiden. Bei ihnen handelt es sich um ehemalige Bischofsstädte, denen es im Lauf des 13. und 14. Jahrhunderts gelang, sich von der Herrschaft des Bischofs frei zu machen und sich unter den unmittelbaren Schutz des Reichs zu stellen. Solche Freien Reichsstädte waren Worms und Speyer, Regensburg und Mainz, Basel, Straßburg, Augsburg, Magdeburg und Konstanz.

Entsprechend dem Reichsgut schuldeten die Reichsstädte dem König Huldigung, Heerfahrt und Steuer, auch hatten sie ihm und dem Hof Herberge und Unterhalt zu gewähren. Dafür besaßen sie die Militärhoheit über ihre bewaffneten Mannschaften und Befestigungen, genossen sie Bündnis- und Fehderecht und zahlreiche Regalien. Demgegenüber waren die Freien Reichsstädte noch etwas besser gestellt. Sie waren weitgehend von Huldigung, Heerfahrt und Steuer befreit. Diese Reichs- und Freien Reichsstädte stellten jedoch nur eine Gruppe innerhalb des Gesamtkomplexes der deutschen Städte dar. Die meisten unterstanden einem Landesherren, sei es, daß sie von einem solchen gegründet wurden oder daß ein Landsherr sich ihrer bemächtigt hatte. Teilweise sind auch Bischofsstädte zu Landesstädten geworden, so Bamberg, Würzburg, Passau und Freising. Sie hatten wesentlich begrenztere Möglichkeiten, eine eigene Wirtschaftspolitik zu betreiben, denn die Initiative ging hier vornehmlich vom Landesherrn aus.

Städtische Wirtschaftspolitik bedeutete zunächst Vorsorge für die Ernährung und die Verteidigung der Stadt. Hier ging es um die Sicherung von Lebensmitteln, vor allem Getreide und Rohstoffen wie Bausteinen, Holz oder Flachs. Im Rahmen der Vorratswirtschaft erhielt das Vorkaufsverbot seinen wichtigen Platz.

Hinzu kam die Qualitätskontrolle. Das Augsburger Stadtrecht von 1276 enthält Bestimmungen über die Fleischbeschau. Seit dem 12. Jahrhundert wurden in den größeren Städten Maßnahmen zur Sicherung des „gerechten" d.h. angemessenen Preises der Lebensmittel ergriffen. Man begann auch Maße und Gewichte zu überwachen.

Das Verhältnis zwischen der regierenden Schicht und den gewerbetreibenden Zünften beeinflußte die Gewichtsverteilung zwischen Handel und Gewerbe. Das stark fernhändlerisch orientierte Patriziat Nürnbergs begrenzte die Interessen des Handwerks auf Kosten des Handels, während die Städte, in denen die Zünfte am Stadtregiment Anteil erlangten, ihre Sonderwünsche entsprechend stärker berücksichtigten.

Für den Ausbau des Handels wurden die Märkte wichtig. Im allgemeinen besaß jede Stadt einen oder mehrere Märkte; topographisch gehörte der Markt mit zum Wichtigsten der Stadt. Der Markt diente dem Absatz der einheimischen Produktion, aber auch der Versorgung mit lebenswichtigen Gütern aus der Umgebung der Stadt. Hinzu kam der Verkauf von Fernhandelsgütern. Das Marktwesen hat sich in zwei Hauptrichtungen weiter entwickelt. Es gab die Wochenmärkte, auf denen sich der Absatz gewerblicher Produkte des heimischen Handwerks und der landwirtschaftlichen Erzeugnisse des Hinterlandes vollzog. Dazu kamen die Jahrmärkte oder Messen. Nicht jede Stadt verfügte über sie, nur wenige der Jahrmärkte entwikkelten sich zu Messen, auf denen sich die Fernkaufleute ganzer Landschaften und verschiedener Länder trafen. Die bedeutendsten Messen fanden in Frankfurt/M. statt. Sie übernahmen ein Stück vom Erbe der Champagnermessen; zunächst gab es nur die Herbstmesse, dazu kam die Fastenmesse ab 1330. Sie bildeten mit zwei Messen der benachbarten Stadt Friedberg einen Zyklus. Die günstige Lage zum Rheinland, zu Oberdeutschland und zu Mittel- und Norddeutschland bedingte es, daß besonders die Frankfurter Messen in der Folgezeit einen großartigen Aufschwung nahmen.

In Oberdeutschland wird 1219 die Nördlinger Messe zum erstenmal erwähnt, doch setzte ihre Blütezeit wie die der Zurzacher und Linzer Messe erst später ein. Im Nordwesten konnte seit dem ausgehenden 13. Jahrhundert Deventer seine Messen ausgestalten, und für den hansischen Bereich wurden die Messen wichtig, die anläßlich des Heringsfangs in Schonen abgehalten wurden. Die Anziehungskraft der Messen beruhte einmal auf der günstigen geographischen Lage der betreffenden Städte, zum andern auf den weitgehenden Freiheiten, die die Besucher in den Meßwochen genossen.

Ein weiteres Mittel der Städte, den eigenen Handel zu fördern, war das Gästerecht, die Summe aller Vorschriften, die den Verkehr der auswärtigen Klein- und Großhändler während ihres vorübergehenden Aufenthalts in der Stadt regelten. Der heimische Händler kam vor dem fremden. Dem Gast war der Kleinhandel grundsätzlich verboten oder allenfalls an bestimmten Tagen, nämlich den Markttagen, erlaubt. Handel von Gast zu Gast war ebenfalls untersagt. Die Bestimmungen variierten in den einzelnen Städten, wo sie meist in den Krämerordnungen oder in Gästerollen festgehalten wurden.

Seit dem 12. Jahrhundert begannen die Städte im Westen sich einen Marktfriedensbezirk zu schaffen, der im Umkreis von einer Meile vor allem dem sicheren Geleit diente. Daraus konnten sich Marktbann und allgemeiner Gerichtsbezirk, ein Komplex von Ordnungen bilden, den man als Bannmeilenrecht bezeichnet. Dieses Bannmeilenrecht drang mit der Gründung von Leipzig nach Osten vor, wo es u. a. dazu diente, die Konkurrenz der slawischen Kretschams (Landgasthäuser) fernzuhalten. Die Weiterentwicklung des Gewerbebanns erstreckte sich dann auch auf andere Gewerbezweige, so auf das Braurecht als Braubann.

Ein weiteres Mittel, die merkantilen Vorteile einer Stadt auszunutzen, bestand im Niederlags- oder Stapelrecht. Es besagte, daß eine Stadt Kaufleute, die mit ihren Waren auf Straßen oder Wasserwegen innerhalb eines bestimmten Abstandes von einer Stadt vorbei oder durch die Stadt fuhren, zwingen konnte, ihre Waren umzuladen, zu lagern oder zum Verkauf anzubieten. Auf diese Weise konnte die Stadt einerseits ihre Versorgung bessern, andererseits sich einen Anteil am Zwischenhandel sichern und ihre Stellung im Transportwesen ausbauen, insbesondere ging es um die Beherrschung eines wichtigen Flußübergangs, eines Stromabschnitts oder eines Flußmündungsgebiets.

Köln übte diesen Stapelzwang schon im 12. Jahrhundert aus, indem es Kaufleute aus Flandern daran hinderte, den Rhein weiter hinauf zum Tuchverkauf und Weinverkauf zu fahren. Der Erzbischof erkannte den Niederlagszwang 1259 an und Kaiser Karl IV. bestätigte ihn eigens noch einmal 1349 und 1355. Dieser Stapelzwang war eine der Hauptstützen der mittelalterlichen und auch späteren Handelsstellung Kölns. Ähnlich war es bei Städten wie Magdeburg, Breslau und Wien. An der Küste sicherte sich Stettin am frühesten Niederlagsrechte. Am größten war die Zahl der Städte und sonstigen Orte, die Niederlagen besaßen, an den großen Flüssen und Alpenstraßen.

4. Die Kirche als Ordnungsmacht

Von der Frühphase des Eigenkirchenrechts bis zum Investiturstreit und den dahinter stehenden Reformbestrebungen bis zu den Minderbrüdern spannt sich ein weiter Bogen mit wechselnden oft einander widerstreitenden Rollen der Kirche und ihrer religiös-geistigen Bestrebungen. Die Auseinandersetzungen zwischen Gregor VII. und dem deutschen Königtum, wie die Bestrebungen eines Innozenz III. und Bonifaz VIII. zwangen, wie wir sahen, das Königtum, sich auf seine weltlichen Aufgaben zurückzuziehen bzw. im neuen Begriff des Heiligen Römischen Reichs Deutscher Nation eine neue Ideologie sich zu schaffen.

Andererseits war im Rahmen der Auflösung des lehensrechtlichen Personenverbands inzwischen schon so viel an säkularen Funktionen im Rahmen des aufsteigenden Territorialstaats an hohe Würdenträger der Kirche übergegangen, daß sich hier eine saubere Entflechtung zwischen religiös-geistlichem Bereich und weltlichen Interessen und Verwaltungsaufgaben einfach nicht mehr durchführen ließ, zumal hier allzuhäufig hausmachtpolitische Einflüsse des Adels hereinspielten. Das galt für die hohen erzbischöflichen Kronvasallen am Rhein ebenso wie für andere Kirchenfürsten im Bischofsrang bis herunter zu den großen Abteien. Sie bauten ihre weltliche Machtstellung im Rahmen eben des künftigen Territorialstaats weiter aus.

Auch in dem die ganze gesellschaftliche Hierarchie umspannenden Bereich der religiösen Orden konnte der latente Dualismus zwischen religiöser und weltlicher Sphäre nicht überwunden werden. Auf die von Cluny ausgehende Reformbewegung, die in der Hirsauer Regel ihren deutlichsten Niederschlag fand, folgte die große Siedlungstätigkeit der Zisterzienser und Prämonstratenser im Osten sowie der Kampf der deutschen Ordensritter und der Schwertbrüder, die nach dem Ende der Kreuzzugsphase im baltischen Osten ein neues Tätigkeitsfeld fanden, das sich ebenfalls mit territorialstaatlichen Bestrebungen verband. Inzwischen führte die vom Hl. Franziskus ausgehende religiöse Armutsbewegung namentlich in den Städten zu Klostergründungen eines neuen Typs, von dem aus nachhaltige religiös-sittliche Wirkungen ausgingen. Und es gab die Sektierer und Ketzer, die Waldenser und Begarden, gegen die man im härtesten Fall mit Inquisitionsprozeß und Scheiterhaufen vorging. Über all den Schwächen, die an der christlichen Kirche durch ihre Träger, die Menschen, hafteten, blieben die religiös-sittlichen Forderungen, wie sie im Neuen Testament zum Ausdruck kamen und durch die Kirchenväter betont wurden, unverrückbar bestehen.

Gegen den regulären Handel gab es in der Bibel keine Handhabe. Die Bibel war aber ganz klar gegen den Wucher, gegen das Zinsnehmen. Als Zins war dabei jede Vermehrung des dargeliehenen Kapitals zu verstehen.

So lehrten es die Kirchenväter, bei denen noch die aristotelische Anschauung hereinwirkte: pecunia pecuniam parere non potest. Die Scholastiker haben diese Anschauung noch schärfer formuliert. Albertus Magnus nennt das Zinsnehmen Raub und Diebstahl, etwas Unfreiwilliges, weil ohne den Zins kein Darlehen gegeben werde. Es möge wohl für das zeitliche Wohl eines Volkes zuträglich sein, doch sei es dem Gebot der Liebe zuwider, welche das ewige Wohl der Menschen im Auge habe. Thomas von Aquin meinte, es sei ungerecht, für Darlehen Zinsen zu fordern, weil man etwas verkaufe, was nicht existiere, und das sei gegen die Gerechtigkeit. Er ging dabei aus von der aristotelischen Auffassung, daß beim Geld Gebrauch und Verbrauch zusammenfallen, und Zinsen nehmen heiße die Sache und ihren Gebrauch verkaufen, also doppelt verkaufen.

Eine ähnliche Entwicklung erfuhr auch die Gesetzgebung der Kirche, wie sie im Corpus des kanonischen Rechts ihren Niederschlag fand. Im Spätrömischen Reich wurde noch ein fester Zinsfuß für Darlehen aufgestellt, so von Kaiser Konstantin im Jahre 325: bei Gelddarlehen 12%, bei Früchten die Hälfte. Kaiser Justinian gestattete für Adlige 4%, für Kaufleute 8%, für das übrige Volk die Hälfte, bei überseeischen und Naturaldarlehen 12%. In der betont naturalwirtschaftlichen Zeit der Merowinger und dann der Karolinger gelang es der Kirche nicht nur auf den Konzilien, sondern auch in der weltlichen Gesetzgebung mehr und mehr den Standpunkt des Zinsverbots durchzusetzen. Gegen die Kleriker, die Wucher trieben, schritt man ein, indem man ihnen mit Absetzung und Verlust des Benefiziums drohte. Die Laien rügte man zunächst und verlangte von ihnen Restitution des Zinses, aber im 11. und 12. Jahrhundert wurde man strenger, man ließ die Wucherer nur noch schwer zu den Sakramenten zu und schloß sie überhaupt vom kirchlichen Begräbnis aus. Fremde, die Wucher trieben, sollten des Landes verwiesen werden. Fürsten und Behörden, die dem Wucher Vorschub leisteten, wurden mit dem Interdikt bedroht. Das Feld wurde vor allem jüdischen Geldleihern überlassen.

Aber die praktische Erfahrung zeigte, daß man mit den Verboten nichts erreichte, ja die Kreditwirtschaft breitete sich immer weiter aus, wobei das Finanzsystem der Kurie, das sich über Europa ausdehnte, ein Wesentliches dazu beitrug.

5. Gesellschaftliche Strukturen

a) König, Hochadel und patrimoniale Familie

Mit der Festigung der nationalen Königsherrschaft der Ottonen bildeten die von ihnen begünstigten Vertreter der Reichskirche noch ein Gegengewicht gegen die Stammesherzöge. Seit dem unter den Saliern durch Papst

Gregor VII. einsetzenden Investiturstreit begannen weltliche Herrschaft und geistlich-religiöser Bereich sich zu trennen. An die Spitze der Laiengesellschaft trat jetzt das Königtum, das sich im Begriff des Sacrum Imperium Romanum seine eigene Ideologie schuf und seine Hauptrepräsentanten in den Staufern Friedrich I., Heinrich VI. und Friedrich II. fand. Dem Königtum standen die „Capita imperii" gegenüber, die dynastischen Herren, denen es gegen Ende des 12. Jahrhunderts gelang, sich im Reichsfürstenstand zusammenzuschließen und vom übrigen Adel abzusondern. Es kennzeichnet die Grenzen der von Gregor VII. propagierten Reformbestrebungen, daß dem Reichsfürstenstand außer weltlichen auch geistliche Fürsten angehörten. Als eigentliche Königswähler sollten sich daraus seit der Wende des 12. zum 13. Jahrhundert wiederum die Kurfürsten absondern. Im Lauf dieser Entwicklung hat sich die Zusammensetzung dieses Fürstenstandes stark verändert. Alte Geschlechter starben aus, so die Andechs-Meranier, die österreichischen Babenberger, die Ebersberger, die älteren Welfen, an ihre Stelle rückten die jüngeren Welfen, Habsburger, Wittelsbacher, Askanier, Wettiner, Schauenburger.

Verstärkt seit der zweiten Hälfte des 11. Jahrhunderts treten kleinere Adelsfamilien hervor, wohl Seitenzweige größerer Geschlechter, die sich nach ihren Burgen zu nennen begannen. Die Staufer selbst stiegen aus dem Ministerialstand auf. Der Aufstieg solcher Geschlechter wird als Übergang vom Sippenverband zur „familia" gedeutet. Die dem Adel und der Kirche unterstehende ländliche Schicht wurde über den Salhof und den Grundherrschaftsverband zusammengefaßt. Die Eingliederung in den durch das Lehenswesen bedingten Personalverband mit den verschiedenen Formen der Herrschaft blieben dabei richtungsweisend. Aus diesem Bereich der „familia" sollten sich nun neue Formen der Freiheit bilden, die den Übergang in den Adel oder ins Bürgertum ermöglichten und über den Rodenden oder im Osten Siedelnden verbesserte bäuerliche Rechte brachte.

Die aus den lehensrechtlichen Traditionen zu verstehende patrimoniale Form der Familie, die sich um einen bestimmten weltlichen Herrn oder einen kirchlichen Repräsentanten sammelte, nannte sich nach diesem und erhielt eine gewisse rechtliche Ordnung in den „Hofrechten". Das bekannteste ist dasjenige des Bischofs Burkhard von Worms. Es ist bezeichnend für den Prozeß der Mobilität, daß diese „familia" sich mehr und mehr in eine ministeriale Oberschicht, eine städtisch-bürgerliche Mittelschicht und eine körperlich für den Herrn tätige Unterschicht aufgliedert. Durch Befreiungsurkunde oder Landflucht konnte der Einzelne ausscheiden, ebenso gab es Kauf, Tausch und Schenkung von Leibeigenen und ihren Leihegütern, womit der Prozeß der Mobilität in vertikaler wie horizontaler Richtung gekennzeichnet ist. An der Spitze der in der familia sich abspielenden Dynamik stehen die servientes, servitores, clientes, ministri, zuoberst diejenigen des Königs, dazu diejenigen der Hochstifte und Reichsabteien und diejenigen des Adels. Verschiedene Ministerialengeschlechter des 12. Jahrhunderts lassen sich auf „servientes", Dienstmannen, der frühen salischen Kaiser zurückführen. Ihrer hohen Dienstleistung verdankten sie entsprechende Landausstattung mit Lehensfähigkeit, die seit dem 12. Jahrhundert anerkannt wurde, und Verbesserung ihres gesellschaftlichen Status. Mehr und mehr rückten sie in Positionen ein, die bislang der ursprüngliche Adel innehatte. Die im 11. Jahrhundert aufkommende Bezeichnung für sie „ministerialis" setzt sich mehr und mehr durch. Noch stärker als in der salischen Zeit wird ihre hohe Funktion im Rahmen der staufischen Hausmacht- und Reichspolitik ersichtlich, sie waren nun Inhaber von Hofämtern, Verwaltungs- und Gerichtsaufgaben.

Unter den Staufern, namentlich seit Friedrich Barbarossa, fanden die Ministerialen als mehr oder weniger Gleichberechtigte Zugang zum ursprünglichen Kreis der höfischen Gesellschaft. Die ethischen Forderungen des Ritterideals kamen ihnen dabei entgegen. Mit ihrer wachsenden Bedeutung war diese Schicht der Ministerialen bestrebt, ihre besondere Rechtsstellung im Dienstrecht kodifizieren zu lassen und damit zu sichern. Durch den Erwerb der Lehensfähigkeit wurden sie zum Geburtsstand, der sie von den übrigen Unfreien der bisherigen familia absonderte. Die weitere Entwicklung ist gekennzeichnet durch die Begriffe Ritterstand und Niederadel. Die Truchseß v. Waldburg, Rechberg, Pappenheim, Limburg, Falkensteiner, Schönburg und Reuß sollten noch höher emporsteigen. Aus der Reichsministerialenschicht kamen Persönlichkeiten wie Markward von Annweiler, Werner von Bolanden und Heinrich von Kallendin-Pappenheim, und geistige Kapazitäten wie Walther von der Vogelweide und Albertus Magnus.

b) Die Stadtbewohner

Die zweite Linie der Mobilität führte aus der hofrechtlichen Bindung in der „familia" des Stadtherrn zum städtischen Bürger (civis), mit dessen wachsenden Kräften die zunehmende Polarisierung der mittelalterlichen Gesellschaft am stärksten zum Ausdruck kommt. In den alten Städten standen Verwaltung und Wirtschaft unter dem Regiment der Beamten des Stadtherrn (des Königs oder Bischofs). Solche Beamten waren der Burggraf oder der Hansgraf. Unter ihm standen die Bewohner als Urbani. Zu ihnen gehörten mit der Ausbildung der Ministerialität Dienstleute des Stadtherrn, eines Stifts oder Klosters, ferner die Fernhändler (negotiatores, mercatores), die sich wegen ihres Wohlstands durch königliches Diplom die Freiheit sichern konnten. Die übrigen Urbani vom Ministerialen bis zum Handwerker oder sonst von körperlicher Arbeit Lebenden waren censuales ihrer Herren.

Kommt das Selbständigkeitsstreben der aus Stadtkern und Vorstädten zusammenwachsenden Bürgergemeinschaft in der Form der conjuratio durch Zusammenwirken von Kaufleuten und Handwerkern am frühesten im Westen des Reichs zum Ausdruck, so greift dieser Prozeß in der Zeit der Salier und Staufer nun immer weiter. Das Ziel war die Unabhängigkeit von den Bindungen des Stadtherrn. Für den Einzelnen bedeutete dies, daß er, soweit er nicht schon frei war, sich der familia, dem Hofrecht seines bisherigen Herrn entziehen mußte.

Diese Bewegung ging vor allem von den Vorstädten aus, die sich um Klöster, Kirchen und Märkte gebildet hatten und im Zusammenhang mit den Stadterweiterungen dann in den Mauerring einbezogen wurden. Seit dem 13. Jahrhundert setzte sich der Grundsatz durch: „Stadtluft macht frei binnen Jahr und Tag." Das galt für denjenigen, der sich in die Immunität der Stadt begab.

Mit dieser Entwicklung erfolgte eine Gliederung der städtischen Gesellschaft von oben nach unten. An der Spitze standen zunächst Ministerialen, die als Verwalter von Geldgefällen, in Form von Weg- und Brückenzöllen, Marktgebühren oder Beden, und als Hausbesitzer zu Wohlstand und Reichtum gelangten, Verteidigungsaufgaben übernahmen und sich teilweise auch am Handel beteiligten. Wie die Patrizier der italienischen Stadtgemeinden lebten sie in Wohntürmen (so in Regensburg, Köln, Mainz, Nürnberg, Magdeburg). Vielfach wurden die Ministerialen dann von den aufstrebenden Kaufleuten aus der Stadt verdrängt. Oft waren sie mit dem Landadel versippt. Auch muß man an Abstieg und Ermüdungserscheinungen denken, wie sie die Generationsabfolge mit sich brachte. Teilweise versippten und verbündeten sich Ministerialen mit den Kaufleuten (Köln, Regensburg, Augsburg).

Als zweite Schicht heben sich die Kaufleute, die Fernhändler ab, zu denen die Neureichen, meist auf dem Weg des Connubiums stoßen. Ihnen gegenüber beginnt sich dann mit wachsender Kraft die in der Zunftorganisation organisierte Handwerkerschaft geltend zu machen.

Schließlich muß man an die Angehörigen jener Gruppen denken, die man heute als Unterschicht bezeichnet. Dazu gehörten Dienstleute, Taglöhner, Verkehrs- und Transportarbeiter, von Handarbeit und Zufallsverdienst aller Art lebende Zugezogene, denen die rechtlichen und damit verbundenen materiellen Vorteile des „civis" vorerst noch vorbehalten blieben.

Es war begreiflich, daß gerade unter ihnen die sozial revolutionären Parolen der religiösen Massenbewegungen der Zeit ihre Anhänger fanden, die Worte der Katharer und Waldenser und Begarden ebenso wie die Predigten der Bettelmönche des hl. Franziskus, die ihre Klöster ja gerade in die Städte verlegten (Nürnberg um 1224). Daß dabei vielfach Reiche vorangingen, kennzeichnet die Krisenhaftigkeit der Zeit. Im übrigen war das wohlsituierte Bürgertum bestrebt, dem sich ankündigenden Pauperismus durch fromme Stiftungen abzuhelfen. Nicht übersehen seien die Fremden und Andersgläubigen. In Regensburg lebten Walen, in denen man eher Wallonen oder Franzosen als Italiener sehen muß. Im Zusammenhang mit den Champagnermessen insbesondere seit ihrem Niedergang ließen sich in verschiedenen Städten des Rheinlandes Lombarden nieder. In zahlreichen Städten gab es jüdische Niederlassungen.

c) Bauern und Arbeiter

Innerhalb der ländlichen Bevölkerung ist namentlich seit dem 13. Jahrhundert ein allgemeiner Nivellierungsprozeß kennzeichnend, wobei es mancherlei regionale und lokale Unterschiede gab. Es bildete sich das heraus, was man dann als Bauernstand bezeichnete; in der damaligen Sprache wurden die ihm Angehörenden oft „arme Leute" genannt. Sie mußten jetzt allgemein ähnliche Abgaben entrichten, so den Kopfzins (census de capite), die Todfall- und Heiratsabgabe als „Besthaupt" oder „Bestkleid". Die Tendenz, diese Lasten zu erweitern, wuchs mit der Zunahme kleinerer Grundherrschaften im Zusammenhang mit der Auflösung der alten großen, denn die kleineren Grundherrn waren eher in der Lage, die Möglichkeiten ihrer Herrschaft auszuschöpfen. Besonders nahmen die Dienste für den Haushalt des Herrn eine größere Vielfalt an. Man mußte an Bauarbeiten mithelfen, wurde in Küche und Keller, bei der Jagd beschäftigt. Hinzu kam, daß diese Rechte sich auf mehrere Herrn zu verteilen begannen. Wo Grundherrschaften ihren Eigenbetrieb aufgaben oder der Besitzer wechselte, konnten die persönlichen Dienste auf den Feldern leichter in Geldabgaben umgewandelt werden.

Dies ist nur die eine Seite des Gesamtkomplexes, der andererseits die Grundherrn veranlaßte, Märkte oder Städte zu gründen, um die mit der Zunahme der Geldwirtschaft daraus fließenden Einkünfte zu erhöhen. Andererseits ging der soziale Differenzierungsprozeß weiter. Die Formen der Leibeigenschaft im Rahmen der grundherrlichen Beziehungen wandelten sich. Besseren Status konnte der erlangen, der dem Leibherrn eine Kaufsumme erlegte und sich einem Kirchenheiligen gegenüber zu einem Jahreszins verpflichtete. Man nannte diese Leute Censuales (Zinser). Auf diese Weise lösten sich die bisherigen Bindungen für den Abzug in die Stadt oder für die Ostkolonisation, wenn der Betreffende sich nicht einfach durch die „Flucht" den Verpflichtungen entziehen wollte. Dazu gehörte auch die Möglichkeit der Rodung im alten Siedlungsbereich, die mit besserem Siedlungsrecht, mit anfänglicher Befreiung von Lasten und Abgaben verbunden war. Im Rahmen der neuen Schichtung standen der Meier (Maier) und Huber (Hüfner) an der Spitze, im Osten war es der Schulze. Das wachsende Selbstbewußtsein dieser Schicht kommt in Persönlichkeiten wie im Maier Helmbrecht und bei Neidhard von Reuental zum Ausdruck.

Der Seldner, Häusler oder Kötter, stand schon darunter. Des weiteren gab es eine wohl noch nicht deutlich profilierte Unterschicht, die den größeren Bauern oder Pächtern als Taglöhner dienten oder von sonstigen Gelegenheitsarbeiten lebten.

Eine Sonderstellung nahm in dieser ländlichen Welt der Pächter ein, der Leibeigener eines Grundherrn sein konnte, gleichzeitig aber zusätzlich sich in die spezialisierte landwirtschaftliche Produktion einschaltete, die von den wachsenden Städten angeregt wurde. Er pachtete von einem Grundherrn Land zur Bewirtschaftung gegen Entrichtung von bestimmten Gegenleistungen.

Darüber wurden schriftlich fixierte Vereinbarungen getroffen, die dazu beitrugen, die vertraglichen Regelungen über die Landübertragungen genauer zu fassen. Die Einteilung in Erb- und Zeitpacht, Teil- und Festpacht, Natural- und Geldpacht kommt hier zur Geltung.

Die Gliederung und Schichtung im ländlichen Bereich war damit noch nicht zu Ende. Viele über den eigentlich landwirtschaftlichen Bereich hinausgehende handwerkliche Arbeiten konnte der Bauer selbst verrichten. Aber darüber hinaus gab es ans Dorf oder einen sonstigen ländlichen Standort gebundene Arbeiten, die eine stärkere Spezialisierung verlangten. Dazu gehörten vor allem der Glasmacher und der Schmied. Der starke Holzverbrauch machte den Beruf des Glasmachers unstet. Die Glashütten arbeiteten verhältnismäßig kurze Zeit an einem Platz, sie verschwanden wieder und wurden in einer anderen Gegend neu errichtet. Der Waldschmied hatte bislang seinen Standort an windgünstigen Waldhängen, der Bruchschmied wo es Raseneisen gab. Mit dem Aufkommen der Blasbälge und Hämmer, die vom Wasser der Bäche über das Mühlenrad betrieben wurden, verlegte sich sein Standort ins Tal. Die Umstellung verlangte zusätzliches Kapital, eröffnete aber den Weg zu einer erweiterten unternehmerischen Betätigung. Wo der Bergbau größere Ausmaße annahm, so im Buntmetallsektor bildete sich der Beruf der Bergknappen aus. In diesem Sektor kam auch zuerst die Bezeichnung Arbeiter (operarius u. a.) auf (Anfang des 13. Jahrhunderts).

6. Landwirtschaft

Man muß sich die ländliche Siedlung abgesehen vom Einzelhof im hohen Mittelalter immer noch als kleines Dorf oder als Weiler vorstellen. Im Durchschnitt ging die Einwohnerzahl eines Dorfes über ein Dutzend Haushaltungen nicht hinaus (Abel). Den Weiler gab es in den südwestdeutschen Berglandschaften, drubbelartige Siedlungen im nordwestdeutschen Tiefland, den Rundling an Saale und mittlerer Elbe, das Straßen-, Platz- und Angerdorf in Ostdeutschland, das Wald- und Marschuferdorf in Ost-, Mittel- und Norddeutschland. Die Tendenz, daß die westdeutschen Grundherren ihre Eigenwirtschaft aufgaben, war im 12. und 13. Jahrhundert wohl schon vorhanden, allerdings noch nicht in dem Umfange wie man bisher meinte. Zum Teil versuchten kirchliche Grundherrschaften, ihren Eigenbetrieb noch auszuweiten. Im übrigen wurde das bäuerliche Anwesen zum Träger der landwirtschaftlichen Produktion. Mochte ein voller bäuerlicher Betrieb, der der Versorgung einer Familie (mit etwaigem Gesinde) diente, eine Ackerfläche von 5–20 ha bewirtschaften, so gab es, durch Bodenverhältnisse wie durch das Erbrecht bedingt, zahlreiche Unterschiede. Kleiner waren die Höfe im Südwesten und mittleren Westen, größere Betriebe fand man im norddeutschen Flachland und in Bayern. Im Osten erhielt der Siedler gewöhnlich 2 Hufen flämisch (etwa 33 ha), in den Waldhufengebieten von Schlesien und Obersachsen etwa 24 ha.

Mit der Realteilung setzte eine Zersplitterung der Flur ein, so daß schon im 13. Jahrhundert die durchschnittliche Parzellengröße unter einem Morgen lag. Bei der Deutung der Bezeichnung Morgen, Tagewerk, Joch, Jauchert, auch Scheffel, Spint, Malter als Quellen, muß man also vorsichtig sein. Über die ursprüngliche Größe der Parzelle des Einzelnen sagen sie offenbar nichts, vielmehr handelt es sich um Maße, die sich auf Teile der ganzen Flächen bezogen und die Arbeitsaufwendung bzw. Arbeitsleistung und Saatmenge im Auge hatten. Man nahm an, daß die Blockfelder mit dem Hakenpflug geackert wurden, der nicht tief griff, weshalb es notwendig war, das Feld in zwei Richtungen, senkrecht zueinander zu durchpflügen. Der schollenwendende Pflug, namentlich der mit festem Streichbrett, legte die Schollen in hohen Bändern zurecht, das Hauptgewicht fiel dabei notwendig auf die Langseite. Eine neue These bringt die Flurform mit der Art der Nutzung in Verbindung. Danach begünstigte eine ungeregelte Wechselwirtschaft verbunden mit Viehwirtschaft die Ausbildung der Blockflur, während der intensiver betriebene Ackerbau zur Ausbildung der Langstreifenflur führte. Bei der weiteren Intensivierung und Ausdehnung des Ackerbaus habe sich daraus die Gewannflur herausgebildet.

In Nordwestdeutschland hatten die Eschdörfer eine ältere Flur von Langfeldern, zu der weiter außerhalb jüngere Kämpe in Blockform kamen. Diese Kämpe wurden zunächst wechselwirtschaftlich und erst später zu regelmäßigem Getreidebau genutzt. In Süddeutschland stehen die Gewannflursiedlungen in den alten Becken-, Tal- und Gäulandschaften, während man an den Hängen und den bergigen Höfen Blockform findet, die lange feldgraswirtschaftlich genutzt wurden. Als in Ostdeutschland gesiedelt wurde, wurde der Getreidebau bereits in den entwickelten Formen der Dreifelderwirtschaft übernommen. Die Gewannflur herrschte vor mit drei Großgewannen, in denen jeder Siedler einen Streifen zur Bebauung bekam. Diese Aufgliederung und Zusammenfassung der Fluren in Gewanne und ihre Bewirtschaftung im Rahmen der Dorfgemeinschaft nennt man Gewannverfassung. Hinsichtlich ihres Alters und ihrer Entstehung gibt es voneinander abweichende ältere und jüngere Auffassungen. Franz Steinbach widerlegte die Meitzensche Theorie von der germanischen Gewannverfassung mit Beispielen aus dem Rheinland, wo zahlreiche Dörfer aus Einzelhöfen oder Weilern hervorgingen: eine Entwicklungslinie führte von der kleinen Siedlung mit verhältnismäßig geschlossenem Grundbesitz zum Dorf mit der Gewannflur.

Die Gewannbildung war zu Beginn des 14. Jahrhunderts noch keineswegs abgeschlossen, sondern erfolgte auch noch in den späteren Jahrhunderten. Sie verzögerte sich namentlich auf ungünstigen Böden und an Hängen, die zum Einbau in die Großfelderwirtschaft wenig geeignet waren. Aber auch in Gegenden guter Böden überwogen nicht immer die Gewannfluren. Block- und Streifenfluren scheinen sich namentlich da behauptet zu haben, wo besondere Besitzverhältnisse vorlagen und der Nachbar nicht störte. Die Nutzung wurde bedingt durch die Güte der Böden und die geographische Lage: in bergigen Gegenden, in Ebenen, im Hochgebirge, an der Nordseeküste, in der Nähe einer großen Stadt; all dies spielte herein. Dabei lassen sich einige typische Bewirtschaftsformen nach der Zahl der Felder unterscheiden.

Unter Einfelderwirtschaft versteht man den ständigen Anbau einer Frucht auf Eschböden. Ein Esch besteht aus einigen langstreifigen Äckern, die zum Schutz gegen Wind und Vieh von Wällen umgeben waren, auf denen Hecken oder Bäume standen. Plaggen und Stalldüngung des Bodens ließen allmählich recht hohe Aufbauschichten entstehen. Die ständige Erneuerung und Verbesserung des Bodens gestattete also den kontinuierlichen Anbau. Das Hauptverbreitungsgebiet der Eschböden war das Emsland und die benachbarten Gegenden nach Holland und Niedersachsen hinein. Von Niedersachsen wurde die Einfelderwirtschaft zum Teil auch ins Kolonialgebiet gebracht.

Vierfelderwirtschaft gab es bei den guten Böden Mecklenburgs, sie wurde als Intensivierung der ursprünglichen Einfelderwirtschaft gedeutet.

In Westdeutschland kannte man eine Zweifelderwirtschaft, also statt des Wechsels Winterung-Sömmerung-Brache den Wechsel Winterung-Brache oder Sömmerung-Brache, ein System, das extensiver war als die Dreifelderwirtschaft. Das mag u. a. damit zusammenhängen, daß Sonderkulturen wie der Weinbau zuviel Arbeitskraft und Düngemittel in Anspruch nahmen.

Die Dreifelderwirtschaft wurde jetzt die vorherrschende Form der Akkernutzung. Im genossenschaftlichen Sinn der Dorfgemeinschaft hatte sich der einzelne Bauer an die Verteilung der drei Großfelder oder Gewanne bei der Wahl des Anbaus anzupassen. Im allgemeinen wurde dreimal im Jahr gepflügt; im Frühling für die Sommersaat, im Sommer wurde die Brache umgepflügt, im Herbst wurde der Boden für die Wintersaat umgebrochen. In Südwestdeutschland wurde vornehmlich Dinkel angebaut. Der empfindlichere und anspruchsvollere Weizen drang erst allmählich vom Westen her vor. Die wichtigste Getreideart im übrigen Gebiet blieb der Roggen. Dazu kamen, besonders für rauhe Lagen verschiedene Formen von Gerste und als Sommerfrucht der Hafer, der im Bergland noch vorherrschen konnte. Es gab jetzt schon Zonen, die in der Lage waren einen Teil ihrer Produktion zu exportieren. Deutlich wird dies bei Hamburg, das sich dank der günstigen Verbindung des Elbewegs mit Getreide aus der Altmark versorgte und darüber hinaus nach Flandern exportieren konnte. In Gegenden, wo man zum gewöhnlichen Getreidebau noch Sonderkulturen anlegte, geschah dies im allgemeinen auf Kosten der Brache. Daß das Brachfeld besät wurde, ist aus einem Pachtvertrag des Kölner Stifts St. Gereon (1277) überliefert. Im allgemeinen gebrauchte man zum Anbau von Hülsenfrüchten, Gemüse, Obst und Handelspflanzen – etwa Flachs, Hanf oder den Färbereigewächsen Waid und Krapp – den Gartenbereich, der nicht der Brache unterlag. Namentlich um die großen Städte bildete sich der Gartenbau aus. In diesem Zusammenhang entstand ein eigenes Gartenrecht, das dem Einzelnen die Nutzung frei ließ. Die Bezeichnungen für dieses Gartenland waren landschaftlich-stammesmäßig verschieden, im schwäbisch-fränkischen Süden sprach man von Land, in anderen Gegenden von Beunden, Bündten, in Niedersachsen von Wurt (Worth).

Aus der Felderordnung wurde der Weinbau herausgenommen, dafür gab es ein eigenes Reben- oder Weingartenrecht, das die Ummauerung der Weinberge und die Nebennutzung des Geländes durch Gras, Obst und Gemüse ermöglichte. Stark breitete sich der Weinbau an Rhein und Mosel aus, hinzu kamen die Täler des Mains und der Donau. Bis nach Pommern, West- und Ostpreußen bildeten sich Inseln der Weinbauzone.

Die Rinder, die man hielt, waren im allgemeinen klein und schwächlich. Wiesenland gab es noch wenig, da es viele Arbeitskräfte verlangte. Zur Weide dienten nicht nur das Grasland, sondern auch lichte Gehölze und das Stoppelfeld. Die gemeinschaftlich genutzte Weide war bereits eingeschränkt. Herrschaftliche und bäuerliche Ordnungen wiesen dem Einzelnen zu, wie weit er die Gemeindeweide benutzen durfte, wobei der rechtlich-soziale Status des einzelnen Bauern berücksichtigt wurde, ob er Vollbauer (Vollmeier) oder nur Häusler (Kötter) war, ob er zur Dorfgemeinschaft gehörte oder als Ausmärker galt.

In der Marschzone, von Friesland bis nach Dithmarschen und Eiderstedt wurde entsprechend dem günstigen Graswuchs die Viehhaltung bevorzugt. Schon früh setzte hier die Käse- und Butterbereitung zum Export ein, auch Schlachtvieh, Häute und Wolle wurden exportiert, während man andererseits auf den Import von Getreide angewiesen war. Ebenso konzentrierte man sich auf den Viehhöfen der Alpenländer auf die Herstellung von Butter und Käse, die in Oberdeutschland und Italien ihren Absatz fanden. Der Schlachtviehexport wurde demgegenüber zurückgestellt. Die Bedeutung, die man dem Schwein gegenüber dem Rindvieh zumaß, wird ersichtlich aus den Bussen, die der Sachsenspiegel festsetzte, der um 1230 entstanden ist. Für ein Rind wurden 4 Schillinge Wehrgeld gefordert, für eine Sau oder einen Eber aber 5 Schillinge. Daneben war die Ziegen- und Schafhaltung wichtig. In den Städten, in denen sich das Tuchgewerbe entfaltete, brauchte man Schafwolle als Rohstoff. Pferde aus dem Orient und der mit dem Ritterideal bemerkbar werdende Luxus regten wohl die Pferdezucht an. Neben dem temperamentvollen leichteren Reittier, das auch Damen dienen konnte, gab es einen mittelschweren bis schweren Schlag, der einen Reiter mit seiner Rüstung tragen, aber auch die Wendungen ausführen konnte, die im Kampf und beim Turnier erforderlich waren. Davon unterschied man das gewöhnliche Ackerpferd, für das im Sachsenspiegel eine Buße von 8–12 Schilling festgesetzt wurde, d. h. etwas mehr als für den Zugochsen, der 8 Schilling galt. Auf die Tierzucht legte man keinen besonderen Wert, vielleicht geringeren als in der Zeit der Volksrechte, die entsprechende Anordnungen kennen. Allmählich scheint es üblich geworden zu sein, daß der Grundherr und der Nutznießer des Zehnten, nämlich der Pfarrer, sich der Zuchttierhaltung annahmen.

Landwirtschaftlicher Betrieb unter dem Einfluß der veränderten Agrarverfassung, Aufblühen des Städtewesens, Ausweitung der Geld- neben der Naturalwirtschaft, Ablösung und Aushöhlung der personalrechtlichen Lehensbeziehungen auf Kosten des aufsteigenden Territorialstaats beeinflußten in vielfacher Weise die Beziehungen zwischen dem Grundherrn und seinen Grundholden und ließen neue Formen der Leistung und Abgaben entstehen. Ländereien wurden verkauft, insbesondere bildete sich die Form der Verpachtung heraus.

Im allgemeinen scheiterte eine klare Formulierung der Bedingungen an der Unbestimmtheit des Begriffes Bodeneigentum. Bei den Postglossatoren findet man zwar die Unterscheidung zwischen einem Ober- und Untereigentum, wobei das erstere dem Grundherrn, das letztere dem Bauern zugewiesen wurde. Der Grundherr erhielt die Grundzinsen vom Boden, den er überließ. Die Zehntabgaben wurden der Kirche entrichtet. Hinzu kamen die Vogteilasten, die der Träger der Gerichtsgewalt erhielt, und zuletzt die landesherrlichen Steuern. Das waren nur die Hauptleistungen. Da gab es ferner Bannrechte auf Wald und Weide, Mühle und Backhaus, Vorkaufsrechte des Grundherrn für bäuerliche Erzeugnisse, Straf- und Bußgelder und anderes. Insgesamt war es ein Geflecht von Rechten und Leistungen, das je nach den lokalen Verhältnissen verschieden und als Ganzes schwer überschaubar war.

Weil die Rechtsverhältnisse nicht eindeutig festlagen, bestand auch immer wieder die Möglichkeit zu Verschiebungen, bröckelte mit der Zeit das eine und andere vom „alten Recht“ der Bauern ab. Das war namentlich da der Fall, wo das Obereigentum von einem großen Grundherrn an einen kleinen überging. Zu den Quellen, die über die Rechtsverhältnisse berichten, gehören die Urbarien und Weistümer. Feldgemeinschaft mit der Gewannverfassung der Dorfgemarkung gehörten ebenso wie gemeinsame Nutzung von Wild- und Waldland und den nachbarschaftlichen Beziehungen zu den genossenschaftlichen Elementen der sich ausbildenden Dorfgemeinschaft.

Der Pachtbetrieb bildete sich namentlich in der Nähe der aufblühenden Städte aus, deren Märkte gute Absatzmöglichkeiten boten. Man verpachtete auf Zeit oder vergab in Erbpacht. Dabei unterschied man wieder zwischen der Teilpacht, wobei man etwa die dritte, seltener die zweite Garbe abzuliefern hatte. Dazu kamen Naturalabgaben von Erzeugnissen der Vieh- und Geflügelzucht, von Wein, Transportleistungen, schließlich die feste Geldabgabe. Die verschiedensten Möglichkeiten wurden dabei kombiniert.

Löste sich auf diese Weise die Grundherrschaft in ihrer bisherigen Form auf, so darf nicht übersehen werden, daß daneben von andern Grundherrn ausgesprochene Großwirtschaft betrieben wurde. Das taten insbesondere die Zisterzienser sowohl im alten Deutschland wie auch im östlichen Kolonisationsbereich, wobei es zu Ackerlandkomplexen von über 1000 Morgen und entsprechend großen Vorrats- und Wirtschaftsgebäuden kam. Für die Versorgung der Städte war diese Tatsache ebenfalls wichtig.

Was ein Bauer von seinem Anwesen herauswirtschaften konnte, lassen die „Teilbauverträge" erkennen. Im Jahre 1277 z. B. pachtete ein Bauer vom St. Gereons-Stift in Köln einen Hof zum Halbbau auf 6 Jahre. Für das Schneiden des Getreides bekam er jährlich 15 Malter Roggen, 18 Malter Hafer und 11 Schilling, ferner erhielt er 4 Mark, um in den ersten 3 Jahren das Ackerland zu mergeln. Das Stift und der Bauer sollten die gleiche Zahl an Rindern, Schweinen, Schafen und anderem Vieh auf dem Hof halten. Nur Hühner und Gänse durfte der Bauer für sich beanspruchen. Auch die Nüsse und andere Früchte des Hofes teilten Stift und Pächter zu gleichen Teilen. Dann konnte der Bauer jedes Jahr für sich 2 Tagewerke der Brachfelder besäen. Was er darüber hinaus säte, mußte er wiederum mit dem Stift teilen.

Das Kloster Escherte bei Hildesheim besaß um 1300 den Hof Eddinghausen, der bislang „mit nicht geringem Schaden" durch Laienbrüder des Klosters bewirtschaftet worden war. Um den Betrieb rentabler zu machen, beschloß der Propst, den Hof auf 3 Jahre an zwei Meier zu verpachten. Das Kloster bekam als Pachtabgabe jährlich den Zehnten von den Früchten und vom Vieh, außerdem den dritten Teil von allen Früchten, dazu 12 Schweine, 1 Mark reines Silber, 62 Hühner, 12 Gänse und 20 Schock Eier am Michaelistag. Diese und andere Beispiele zeigen, daß die Pachtbedingungen recht verschieden waren, daß aber der Anteil am Rohertrag dabei eine wichtige Rolle spielte.

Neben solchen Teilbauverträgen gab es Pachtverhältnisse, bei denen die Leistung des Pächters noch genauer festgesetzt war. Eine einheitliche Regel hinsichtlich der Bevorzugung der einen oder andern Vertragsmöglichkeit gab es nicht. Offenbar wurde das meist durch die jeweiligen lokalen Verhältnisse bestimmt. Wo der Bauer zu Abgaben und Diensten verpflichtet war, belastete diese den Gesamtbetrag in verschiedenster Weise. Im Moselgebiet und Rheinland mußte von einer Hufe im Durchschnitt ein Geld- und Naturalzins von 6–8 Dz Roggen entrichtet werden. Das war etwa $^1/_7$ des Getreideertrags einer Hufe. Hinzu kamen noch Zehnt und Bede. Insgesamt forderten die Abgaben ein Drittel des Getreiderohertrags eines Hofes, sofern Dreifelderwirtschaft betrieben wurde (Abel). Bei einer Hufe der Insel Poel in der Wismarer Bucht bestand die Belastung aus dem Kornzins (Pacht), dem Schweinezins (entrichtet in Getreide), dem Rauchhuhn, dem Getreidezehnt der Kirche, dem kleinen oder Viehzehnt. Dazu wurde an den Landesherrn die Bede entrichtet. Die Belastung war hier ziemlich hoch. Aussaat und Futter abgezogen, mußte die Hälfte des Getreideertrages an Abgaben entrichtet werden. Für die Familie des Bauern blieben noch knapp 11 Dz. Wenn sie aus 6 Köpfen bestand, so entfielen auf den Einzelnen etwa 180 kg.

Ähnlich scheint auch die Belastung bei den Viehhöfen der Alpenländer, den Schwaigen, gewesen zu sein, die zuweilen ein Stück Feld hatten, um den eigenen Brotbedarf zu decken, aber meist auf die Versorgung mit Getreide aus dem Tal angewiesen waren. Man rechnet (nach Stolz) den Viehbestand einer solchen Schwaige auf 6 Kühe, 20 Milchschafe und 20 Ziegen, die in den Sommermonaten auf der Alm gefüttert wurden. Um die Schwaige lag ebenfalls Wiesenland, dessen Graswuchs im Sommer geheut wurde, während im Frühjahr und Herbst die Tiere darauf weideten. Auf der Sennhütte wurde Käse hergestellt, der vornehmlich als Grundzins abgeliefert wurde. Im Durchschnitt wurden jährlich 300 Käse zu 1 kg und 15 kg Butter an den Grundherrn entrichtet. Der Familie selbst blieben 5000 l Milch und rund 85 kg Butter. Zählte die Familie 6 Personen, dann ergab es pro Kopf 800 l Milch und 14 kg Butter. In Kalorien umgerechnet erbrachte der Viehbestand der Schwaige ebensoviel wie das Getreide des mecklenburgischen Hofes. Aber es gab ja auch Ergänzungen: bei der Schwaige das Fleisch des Viehs und das Getreide des Ackerlandes, beim mecklenburgischen Hof die Früchte des Gartenlandes und wiederum den Ertrag des Viehbestandes, nicht zu vergessen das Geflügel oder auch die Bienenzucht und die Fische in Bächen und Teichen. Die mecklenburgische Bauernfamilie kam bei günstigen Verhältnissen auf 3000 Kalorien täglich pro Kopf. Kamen Mißernte, Viehsterben, Krieg und Plünderung, dann kehrte rasch die Not ein, viel mehr war der Bauer solchen Gefahren ausgesetzt, als der städtische Bewohner.

7. Bergbau und gewerbliche Produktion

a) Technische Neuerungen

Im Rahmen der Ausbeutung der Naturkräfte stellt das Hohe Mittelalter eine wichtige Stufe dar. Die Wasserkraft verwendete man nicht mehr nur, um Getreide zu mahlen. Schon zu Ausgang des 10. Jahrhunderts (983) arbeitete in Italien eine Walkmühle. Wichtige Elemente der künftigen technischen Welt kamen bald hinzu, im 11. Jahrhundert der Nocken, im 13. Jahrhundert Feder und Pedal und im nächsten Jahrhundert die Ausgestaltung des Getriebes. Die bedeutendste Neuerung aber erfolgte im Bereich der Erzgewinnung. Man verwendete jetzt die Wasserkraft, um Blasebälge und Schmiedehämmer zu betreiben. Die Schmiede zogen von den Höhen, wo sie die Rennfeuer unterhalten hatten, an die Bäche. Hütten- und Hammerwerke entstanden, offenbar zuerst in Westdeutschland. Eine Sägemühle wird in Augsburg im Jahre 1337 erwähnt.

Auch im Textilbereich wurden wesentliche Fortschritte erzielt. Schon das 12. Jahrhundert kennt den Trittwebstuhl, im 13. kommt das Handspinnrad auf. Die Möglichkeiten weiterer Entwicklung in dieser Richtung illustrieren die Großwerkstätten im florentinischen Wollgewerbe, eine Organisationsform, die man in Deutschland wohl noch nirgends findet, die aber in den Niederlanden in wichtigen Ansätzen vorhanden ist. Wo die Wasserkraft fehlte, half z. T. die Windmühle, die sich seit dem 12. Jahrhundert verbreitete. Dazu kommen die technischen Fortschritte im Baugewerbe. Der romanische Stil, der bis ins 12. Jahrhundert hinein herrschte, zeichnete sich dadurch aus, daß er die antike Wölbetechnik pflegte. Die Gotik, die wohl in der Isle de France ihren Ausgang nahm, hatte neue Stilelemente, so den Spitzbogen und den Strebepfeiler. Das erforderte auch neue technische Fertigkeiten, die in der Gemeinschaft der Bauhütte gepflegt und entwickelt wurden. Des weiteren kannte die Gotik hohe Fenster, die verglast wurden und vielfach mit Malereien geschückt werden mußten. Das stellte an das Glasgewerbe erhöhte Anforderungen. Wo Haustein zur Verfügung stand, wurden die Kirchen aus diesem Material gebaut, in den steinarmen norddeutschen Gebieten entwickelte sich dafür die Backsteinherstellung, die ihren Niederschlag in den stattlichen Domen des hansischen Bereiches fand.

b) Bergbau

Das Verfügungsrecht über die Ausbeutung der Bodenschätze gehörte in den Bereich des Boden- bzw. Bergregals. Das Recht lag also beim König. Die Ausübung des Bergregals richtete sich zunächst außer auf Salz auf die Edel- und Buntmetalle. Bei den Edelmetallen lag die Verbindung mit dem

Münzregal besonders nahe. Die Silberausbeute war knapp und wichtig für die Versorgung der Münzstätten. Bei den unscheinbareren, auch schwerer zugänglichen Metallen, sowie bei den Kohlen, Steinen und Erden war man großzügiger und überließ die Verfügungsgewalt den örtlichen Gewalten oder dem privaten Besitzer. Im Zusammenhang mit der Ausbildung der Landeshoheit ging das Bergregal mehr und mehr an diese über, eine Entwicklung, die seit dem 12. und 13. Jahrhundert festzustellen ist. Der inzwischen geschaffene Tatbestand fand dann auch in der Goldenen Bulle von 1356 seinen Niederschlag.

Im Metallsektor nahm die Eisengewinnung und -verarbeitung den ersten Platz ein. Schon im 12. und 13. Jahrhundert war Westfalen mit den angrenzenden Gebieten im Bergischen und Nassauischen eines der Hauptproduktionsgebiete für Eisen im nördlichen Europa. Tiefbau betrieb man noch nicht, man begnügte sich mit dem, was an der Oberfläche abgegraben werden konnte und schmolz es in einem verhältnismäßig einfachen Verfahren unter Verwendung von Holzkohle und gleich an Ort und Stelle in Lehmöfen, wobei Erz und Holz in verschiedenen Lagen übereinandergeschichtet wurden, dann bedeckte man alles mit Grasstücken und zündete den „Stuck-" oder „Wolfsofen" an. Der auf diese Weise gewonnene Schlackenklumpen enthielt im Innern schmiedebares Eisen, das man verarbeiten konnte. Erst später schmolz man Eisen in gemauerten Öfen. Verarbeitet wurden vor allem die sogenannten Brauneisenerze.

In sumpfigen Gegenden gewann man den Raseneisenstein, und die Leute, die ihn verarbeiteten, nannte man im Gegensatz zu den Waldschmieden Bruchschmiede. Mit einer Spezialisierung des Schmiedegewerbes auf dem platten Lande müssen wir schon früh rechnen. Auch die Verarbeitung von Stahl müssen wir früh ansetzen. Schon im 12. Jahrhundert gibt es in Werden einen „stalman". Das Eisengewerbe beginnt sich dann in den Städten zu konzentrieren. Um die Wende des 13. Jahrhunderts wanderten zahlreiche Schmiede nach Dortmund ein. Im südlichen Westfalen häufen sich nun die Plätze, wo das Schmiedegewerbe stark vertreten war, so im Raum von Werden, Dortmund, Lennep, Wipperfürth, Ratingen, Solingen, Iserlohn und Breckerfeld bis Hameln, Herford und Höxter. Man hört von Sporenmachern, Panzermachern, Nagelschmieden, Messerschmieden, Schwertschmieden. Die frühesten Zusammenschlüsse des Eisengewerbes zu Gilden oder Zünften scheinen für Dortmund und Höxter vorzuliegen, aber ebenso früh belegt ist die Schmiedezunft von Frankfurt/M. (1248).

Entwickelte sich das südliche Westfalen schon früh zu einer Gewerbelandschaft des Eisens, so gab es daneben noch verschiedene andere Gebiete, in denen Eisen gewonnen und verarbeitet wurde. Im Jahre 1298 wird in Siegen ein Stahlschmied genannt, 1313 wird der „Stalberg" zu Müsen erwähnt. Technische Neuerungen, die bereits jetzt einsetzten, kamen den manganhaltigen Siegerländer Eisenerzen zugute: es bildeten sich Hütten und Hammerwerke, die von den zahlreichen Wasserläufen der Täler betrieben wurden, und zum Schmelzprozeß verwendete man die Holzkohle, die von den nun aufkommenden Hauberggenossenschaften gewonnen wurde. Auf der linken Rheinseite wird vom Eisenbergbau in der Stolberger und der Manderscheider Gegend berichtet. Schon 1250 sollen bei Manderscheid Hütten errichtet worden sein. Im Raume des Harzes wurden zunächst die unteren Teile des Gebirges erschlossen, so bei Bodfeld, im Oberharz wurde der Eresberg im 12. Jahrhundert betrieben. In Thüringen liegen die Anfänge beim Stahlberg von Schmalkalden.

In Süddeutschland konzentrierte sich die Eisengewinnung in der Oberpfalz im Raum von Amberg und Sulzbach, sowie im Fichtelgebirge, des weiteren wurde Eisen in der Steiermark und Tirol gewonnen. In Schlesien deutet der Ort Schmiedeberg auf frühe Spezialisierung hin. Hier soll schon in der Mitte des 12. Jahrhundert Bergbau betrieben worden sein. Der mit Wasserkraft betriebene Hochofen und das Hammerwerk sind am frühesten im Siegerland wie auch in Franken festzustellen, wobei die Anregungen vom Lütticher Land her beachtet werden müssen, bezeichnenderweise tritt eine bessere Form des Hochofens dann bald im Elsaß auf.

Auf Otto I. geht der Kupferbergbau am Rammelsberg im Harz zurück. Zur selben Zeit haben wir bereits Kupferbergbau in Sachsen bei Mittweida und Frankenberg, dazu kamen die Vorkommen von Biensdorf. Die Erschließung der Lager bei Kupferberg in Schlesien geht ins 12. Jahrhundert zurück. Die bedeutendsten Funde machte man im Mansfelder Gebiet. Auch hier sind die Anfänge bis ins Ende des 12. Jahrhunderts zurückzuverfolgen, 1215 ließen sich die Grafen von Mansfeld von Friedrich II. mit dem Bergbau belehnen. Auch in Thüringen lagen Kupfervorkommen, so bei Ilmenau, bei Saalfeld, wo der Betrieb am Roten Berg 1295 erwähnt wird, und im Könitzer Revier (1305). In Westfalen konnte sich die Kupfergewinnung mit der Eisenverarbeitung wohl nicht vergleichen lassen, beachtlich müssen aber doch die Vorkommen bei Stadtberge gewesen sein, die Konrad III. 1150 dem Kloster Corvey vergab. Auch bei Marburg wurde ständig Kupfer abgebaut.

Bergleute aus Flandern und Sachsen erschlossen die Kupfervorkommen der Slowakei schon 1142, doch wurde die weitere Ausbeutung durch die Tatareneinfälle unterbrochen. Erst nach der Niederlage bei Liegnitz wurden erneut sächsische Bergleute herbeigerufen, die nicht weniger als 16 Städte mit Bergbau gründeten. Schemnitz, Kremnitz, Altsohl gehörten hier zu den wichtigsten Plätzen. In Böhmen begann der Kupferbergbau in der 2. Hälfte des 13. Jahrhunderts bei Graslitz und bei Kuttenberg.

Wo es Kupfer gab, wurde auch Silber gewonnen, so im Rammelsberg bei Goslar am Harz. Die Silberausbeute muß hier so groß gewesen sein, daß ein großer Teil des Silbers, das vom Ende des 10. bis ins 12. Jahrhundert im Umlauf war, von hier stammte. In der Mitte des 14. Jahrhunderts setzt eine

Verfallsperiode ein. Ein anderes bedeutendes Silberbergwerk lag im Lebertal bei Markirch im Elsaß.

In Sachsen wurde Silber ebenfalls in Verbindung mit Kupfer gewonnen, so bei Mittweida, Frankenburg und Frankenberg. Die wichtigsten Fundstellen lagen schließlich bei Freiberg. Auch in der Gegend von Meißen und Frauenstein gab es Silbervorkommen. Freiberg bekam eine Münzstätte. Der Reichtum Freibergs fand seinen Niederschlag in der bildenden Kunst. Die rundbogige Goldene Pforte des Freiberger Doms gehört mit zu den schönsten Denkmälern spätromanischer Kunst in Deutschland. Weitere Silbervorkommen gab es im Breisgau und in Schlesien.

Nach Blei wurde an verschiedenen Stellen gegraben. Zum Teil handelte es sich um Vorkommen, die schon den Römern bekannt waren, so bei Markirch im Elsaß, die im 7. Jahrhundert abgebaut wurden. Im 11. Jahrhundert wird die Bleiausbeute an verschiedenen Stellen des Schwarzwaldes erwähnt, im nächsten Jahrhundert treten Vorkommen an der Lahn in Erscheinung. Auch in der Eifel wurde Blei an mehreren Stellen abgebaut, so im 11. Jahrhundert bei Bleialf, im 13. Jahrhundert zu Mechernich, Stolberg und bei Bensberg im Bergischen Land. 1301 wurde im Bergischen bei Wülfrat eine Blei- und Silbergrube entdeckt. 1167 werden die Bleisilberbergwerke von Wildberg und Heidberg bei Eckenhagen urkundlich erwähnt. Nicht lange danach werden Vorkommen im Stift Münster festgestellt. Hinzu kommt der Abbau von Brilon und anderen Plätzen im Paderbornischen. Im Harz geht die Bleigewinnung wie der Abbau von Silber und Kupfer in die Zeit der Ottonen zurück. Die Harzer Fehden von 1181 hatten zur Folge, daß Bergleute vom Rammelsberg nach Sachsen auswanderten, wo dann Freiberg aufblühte. In Oberschlesien werden Bleierze um 1230 bei Beuthen und Scharley erwähnt. In Niederschlesien war der Bleibergbau bei Altenberg damals so gut, daß diese Stadt 50 Bergknappen in den Kampf gegen die Mongolen schicken konnte. Von hier aus wurde der Bergbau nach Schemnitz und Kremnitz in die Slowakei übertragen.

Seit der Karolingerzeit war das Silber das wichtigste Münzmetall. Zum Vermünzen wurde das Gold erst wieder wichtig, als der Dukat und der Florin aufkamen, trotzdem behauptete es natürlich in der Zwischenzeit seinen Wert als Metall für Schmuckgegenstände. Die alten Fundstätten in Kärnten, die die Römer veranlaßt hatten, dieses Land zu erobern, verfielen im Zusammenhang mit dem Einbruch der Slawen im 5. Jahrhundert. Drei Jahrhunderte später wurde der Bergbau wieder aufgenommen, wobei namentlich in der Gegend von Rauris und Gastein gegraben wurde.

Vom 10. Jahrhundert ab soll Böhmen das goldreichste Land in Europa gewesen sein. Die Betriebe hier gingen zumeist in den Hussitenkriegen ein. Dazu kamen die Vorkommen der mährischen Senke. In Schlesien war Reichenstein ein Zentrum der Goldgräberei, in Franken Goldkronach im Fichtelgebirge. Dazu wurde Gold in zahlreichen Flüssen und Bächen gewaschen, so aus dem Sand des Rheins zwischen Basel und Mainz. Der wichtigste Zinnproduzent war zunächst England, aber bereits im Mittelalter kamen Sachsen und Böhmen dazu. Gegen Ende des 12. Jahrhundert wurde in Graupen im sächsisch-böhmischen Erzgebirge das erste Zinnbergwerk Mitteleuropas eröffnet. Nach Albertus Magnus, der 1280 starb, wurde bereits an verschiedenen Orten Deutschlands Zinn gewonnen. Zinn und Kupfer ergaben die Legierung Bronze, die für den Guß von Glocken, Leuchtern, Kirchenportalen u. a. wichtig war.

Das Zinkerz Galmei war wichtig wegen seiner Legierung mit Kupfer zu Messing. Es wurde zunächst vor allem am Alten Berg westlich von Aachen gewonnen. Die Messingherstellung hatte eine alte Heimstätte im Maastal. Berühmt waren die Erzeugnisse der Stadt Dinant. Im Gebiet von Aachen bildete sich ein richtiges Exportgewerbe erst im Lauf des 15. Jahrhunderts. Ins 12. Jahrhundert geht der Galmeibergbau bei Iserlohn zurück. In Oberdeutschland wurde Nürnberg ein Zentrum des Messinggewerbes.

Die Kohle war für den Schmelzprozeß der verschiedenen Erze wichtig. In den meisten Fällen verwendete man Holzkohle. Die Steinkohle scheint im Laufe des 13. Jahrhunderts stärker in den Wirtschaftsprozeß eingedrungen zu sein, und zwar zunächst Kohle aus dem Lütticher Gebiet, die maasabwärts nach den niederländischen Häfen verschifft wurde und Kohle von Newcastle, die nach den Küstenplätzen der Nord- und Ostsee gelangte. Im 14. und 15. Jahrhundert findet man die Steinkohle in den Zolltarifen des Rheins. Gewerbliche Betriebe verwendeten Kohle aus dem Saar- und Indegebiet. Die ältesten Nachrichten über den Abbau von Steinkohle im Ruhrgebiet stammen aus dem Ende des 13. und dem Beginn des 14. Jahrhunderts. In Dortmund wurde sie „anscheinend selbstverständlich" (Kuske) in größeren Mengen von den Schmieden gebraucht und von jenseits der Emscher, also offenbar aus der Hörder Gegend bezogen.

Das Salz hatte im Mittelalter eine noch viel größere Bedeutung als in unserer Zeit, denn nicht nur als Nahrungsmittel für Mensch und Tier brauchte man es, sondern in vielfältigster Weise als Konservierungsmittel, für Butter, Fleischwaren und Fische. Deshalb war der Bedarf an Salz noch größer als anderswo in den Gegenden mit Viehzucht, Butter- und Fleischproduktion und da, wo Fischfang getrieben wurde, also im ganzen zur Küste gerichteten norddeutschen Gebiet. Salz gab es, wenn man von Westen beginnt, zunächst in Lothringen, dann in Westfalen und Niedersachsen sowie in Süddeutschland, im Schwäbisch-Fränkischen, ferner in den Alpen. Das Salzkammergut, Hallstatt, Bad Hall, Reichenhall, sowie Hall in Tirol, dann Schwäbisch-Hall, waren Zentren, von denen aus Süddeutschland und große Teile der Schweiz versorgt wurden. In Norddeutschland gab es Salzvorkommen längs des Hellwegs, dann am Südrand der nördlichen Bergländer. An Bedeutung überragte aber alles die Stadt Lüneburg mit ihren Salzquellen; die führende Rolle Lübecks im hansischen Raum hing eng damit zusammen, daß es im Handel mit Lüneburger Salz mehr oder weniger ein Monopol hatte. Weiter östlich lag ein Produktionsgebiet im Raum von Halle an der Saale. Stassfurt und Sülzdorf gehörten dazu. Weiter östlich kamen die polnischen Lager von Wielicka.

c) Textilgewerbe

Mit dem Aufstieg des Städtewesens bekam das gewerbliche Leben neue Möglichkeiten, sich zu entfalten. Da war zunächst das Wollgewerbe. Das Tuch gehörte zu den wichtigsten Handelsartikeln. Die großen Zentren des mittelalterlichen Tuchgewerbes lagen in den Niederlanden, in Flandern um Ypern, Gent und Brügge, sowie um Arras, Tournai, St. Omer und Douai. Ebenso gab es Tucherzeugung im Hennegau, im Maasgebiet und in der Gegend des Niederrheins vor allem in Aachen und Köln. Gegen Süden dehnte sich die Produktion bis in den Pariser Raum und die Champagne aus. Hier lagen Dutzende von Städten, die jede ihr eigenes Fabrikat herstellte, mit besonderen Farben und entsprechendem Preis und Namen.

Das deutsche Tuch konnte sich, abgesehen vom Aachener und Kölner, mit dem niederländischen nicht messen. Billiges Tuch wurde in verschiedenen Landschaften Deutschlands gewoben, vom 13. Jahrhundert ab begannen am mittleren Rhein eine ganze Reihe von Städten zu produzieren.

Bald wurden auch im Elsaß und in Lothringen, in Schwaben und Bayern, sowie in Böhmen, Mähren und in Schlesien Tuche hergestellt. Es gab Freiburger, Schaffhausener, Ulmer, Esslinger, Nördlinger Tuch, bayrischen Loden. Straßburg hatte eine bedeutende Tucher- und Weberzunft. Auch in Niederdeutschland findet man allenthalben das Tuchgewerbe verbreitet. Soweit dieses Gewerbe ländlichen Charakter hatte, verlor es seine Bedeutung allerdings mit dem Aufkommen des städtischen Handwerks. Daneben behauptete sich die klösterliche Produktion, namentlich der Zisterzienser. Paderborn und Warburg waren städtische Zentren mit frühem Tuchgewerbe. Von Soest, Höxter, Hameln, Lippstadt, Lemgo, Dortmund reicht ein Gürtel dieses Gewerbes bis in die Altmark nach Stendal und Salzwedel. Das Leinengewerbe hatte zunächst ebenfalls ausgesprochen ländlichen Charakter. Wir finden es namentlich in jenen Landschaften, die hügelig und regenreich und somit zum Anbau von Flachs und Hanf geeignet waren. Westfalen war die wichtigste Leinenlandschaft Norddeutschlands, allerdings erlangte der Export hier erst im Laufe des 15. Jahrhunderts größere Bedeutung. Ein ausgedehntes Produktionsgebiet lag um Herford und Bielefeld und im nördlichen Münsterland. Im 13. Jahrhundert entstand bereits ein städtisches Leinengewerbe, zunächst in Coesfeld, Herford und Lemgo.

Noch größere Bedeutung erlangte die Leinenerzeugung in Oberdeutschland in der Bodenseegegend. Im Laufe des 13. Jahrhunderts wurde die Produktion auch hier städtisch. Von der Schweiz gehörten zu diesem Gebiet der ganze Nordosten mit Rapperswil, Winterthur und Schaffhausen als westlichstem Punkt, vor allem also die Kantone St. Gallen, Appenzell und Thurgau, dann im Schwäbischen das ganze Land von Konstanz und Pfullendorf im Westen bis zum Lech mit Landsberg und Augsburg im Osten, bis Ulm und Nördlingen im Norden. Der Produktionsprozeß gestaltete sich im allgemeinen so, daß der Flachs, der meist einheimisches Erzeugnis war, auf dem Land zu Garn verarbeitet, z. T. auch verwoben wurde, vielfach als Nebenerwerb, neben der landwirtschaftlichen Betätigung. In den zahlreichen Städten wurde das Leinen dann marktfähig gemacht, d. h. man walkte, bleichte und färbte es hier.

Im Laufe des 14. Jahrhunderts gesellte sich der Barchent hinzu, der aus Flachs und Baumwolle als Mischgewebe hergestellt wurde. Da die Einfuhr des Rohstoffes Baumwolle vom Ausland vornehmlich über Venedig besorgt wurde, bekam der Kaufmann eine noch stärkere Handhabe, sich in die Produktion einzuschalten als beim Leinen, wo es vornehmlich um die Organisation des Absatzes ging. Deshalb bekamen den stärksten großgewerblichen Einschlag die Städte im Nordosten des ganzen Gebiets, wo sich die Barchenterzeugung konzentrierte, nämlich in Augsburg und Ulm, Memmingen, Kaufbeuren und Biberach. Umstritten ist, wieweit in Regensburg Seide verarbeitet wurde, das einzige bedeutende Zentrum der Seidenherstellung war im mittelalterlichen Deutschland Köln.

d) Die Zünfte

Das städtische Handwerk erstarkte im Laufe dieser Zeit so sehr, daß es sich nach dem Vorbild der Kaufmannsgilden genossenschaftlich zusammenschloß. Die lateinische Bezeichnung für diese Vereinigungen war „fraternitas", was dem deutschen Wort „Bruderschaft" entsprach. Daneben gebrauchte man auch „consortium", „societas" und „unio". Während in Norddeutschland die Bezeichnung „Gilde" weite Verbreitung fand und man im Südosten „Zeche" gebrauchte, setzte sich im Laufe des 14. Jahrhunderts das aus Süddeutschland stammende Wort „Zunft" weitgehend durch. Das Wort kommt schon im Althochdeutschen vor und bedeutet Vereinbarung und die ihr zugrundeliegende Ordnung, auch Zusammenkunft. Auch die Wörter „Einung" und „Innung" kommen vor, ja sie fanden so weite Verbreitung, daß sie sich nicht mehr dazu eigneten, das den Handwerkszusammenschlüssen Typische zu erfassen. Schließlich gibt es noch die Bezeichnung Handwerk (opus) und Amt bzw. Ambacht (officium).

Die Zünfte sahen ihre Hauptaufgabe darin, den Angehörigen die handwerkliche Betätigung zu sichern und die gemeinsamen Interessen wahrzunehmen. Handwerker desselben Gewerbezweiges, die der Genossenschaft nicht angehörten, sollten sich in der Stadt bzw. innerhalb der städtischen

Bannmeile nicht betätigen dürfen. Es wurde also ein sogenannter Zunftzwang ausgeübt. Die Aufnahme in die Zunft erfolgte gegen Entrichtung einer Gebühr. Die Zunft bestimmte darüber, ob auswärtige handwerkliche Erzeugnisse in der Stadt verkauft werden durften.

Hinzu kam aber auch die Kontrollfunktion hinsichtlich der von den Mitgliedern erzeugten Ware. Es sollte nur gute Ware geliefert werden. Zum Teil nahm sich die Zunft in genossenschaftlicher Weise des Bezugs des Rohstoffes an. Dann sollte jeder Zunftgenosse den selben Spielraum haben, um seine Nahrung zu sichern. Der einzelne Handwerksbetrieb durfte deshalb einen bestimmten Umfang nicht überschreiten.

Des weiteren gab es noch religiöse und gesellige Verpflichtungen. Der verstorbene Zunftgenosse sollte ein anständiges Begräbnis haben, seiner Witwe, wie auch dem verarmten Zunftgenossen wurde geholfen, Kirchen, Kapellen, Altäre wurden geschmückt, gemeinsame Essen und Trinkgelage abgehalten. Jede Zunft richtete sich nach einer bestimmten Ordnung, die in den Zunftprivilegien (Zunftrollen) niedergelegt war. Die ältesten dieser Privilegien stammen aus dem ausgehenden 11. bzw. der 1. Hälfte des 12. Jahrhunderts. Die Zunft der Mainzer Weber geht auf das Jahr 1099 zurück, das Privileg der Wormser Fischhändler stammt von 1106/07, das der Würzburger Schuhmacher von 1128, der Kölner Bettziechenweber von 1149. Mitglieder der Zunft waren zunächst nur die Meister, eine Bezeichnung, die im 14. Jahrhundert aufkommt. Jeder angehende Handwerker mußte eine bestimmte Lehrzeit durchmachen, die verschiedene Jahre dauerte. Um Meister zu werden, mußte man ein Meisterstück vorweisen. Bis dahin war man Geselle. Die Zahl der Zunftmitglieder war für jede Zunft wieder anders. Beschlüsse wurden in der „Morgensprache" gefaßt, wobei nach dem Mehrheitsprinzip entschieden wurde. Die Leitung der Versammlung hatte der Zunft- oder Gildemeister, der gelegentlich auch Altermann genannt wurde. Er wurde gewählt und bekleidete sein Amt ein Jahr lang. In verschiedenen Städten gab es dazu Beisitzer.

In Oberdeutschland kannte man in verschiedenen Städten einen „obersten Zunftmeister", der allen Zünften vorstand und diese auch im Kriegsfalle anführte, 1280 findet er sich schon in Basel, in Straßburg hieß er Ammannmeister, in Colmar Obermeister. Man nimmt an, daß diese Institution auf italienische Anregung zurückgeht.

Die Zünfte hatten wohl weitgehende Rechte der Selbstverwaltung, aber diese hatte auch wieder ihre bestimmten Grenzen. Rechtskraft hatte ihre Einigung nur, wenn die Obrigkeit ihr Bestehen anerkannt hatte. Es hing also vom Stadtherren, vom Bischof, Erzbischof, Herzog, Markgrafen ab, ob sich eine Zunft bilden konnte. Die Tendenz zur Verselbständigung der Städte brachte es mit sich, daß das Genehmigungsrecht an den Rat überging. Seit Mitte des 13. Jahrhundert war dies allgemein der Fall. Aus dem Genehmigungsrecht ergab sich die Möglichkeit, eine Zunft zu verbieten.

Solche Verbote kommen z. B. unter Friedrich II. zu Beginn des 13. Jahrhundert vor. 1219 schritt dieser gegen die Handwerkerzusammenschlüsse in Goslar ein, um sich das Wohlwollen der Kaufleute der Stadt, an dem ihm sehr gelegen war, zu erhalten. Er sicherte damals den Kaufleuten den Gewandschnitt zu, den die Weber für sich beanspruchten. Im Jahre 1231 hatte das kaiserliche Verbot der Handwerkerverbände in den fürstlichen Städten den ganz bestimmten Zweck, die Fürsten für sich zu gewinnen. Wenn zeitweilig die Fleischer- und Bäckerzünfte in Erfurt, Würzburg und Köln aufgelöst wurden, so deshalb, weil die Einwohnerschaft der betreffenden Städte durch die Zünfte bestimmte Nachteile erlitten hatte.

Es ließ sich nicht vermeiden, daß die Zünfte mit wachsender Kraft auch entsprechenden politischen Einfluß erstrebten. Zunächst reagierten die Patrizier in der Weise, daß sie einflußreich und vermögend gewordene Handwerker in den Rat aufnahmen und ihnen, möglichst auf dem Weg über eine Heiratsverbindung, den Zugang zu den Geschlechtern ebneten. Aber schon im Laufe des 13. Jahrhunderts kam es zu bezeichnenden Spannungen zwischen Patriziern und Zunftgenossen. Meist fanden die Patrizier beim Stadtherrn Unterstützung gegen die Zünfte, aber in einigen Städten gelang es diesen, sich Zugang zum Rat zu verschaffen, so in Dortmund schon 1260, wo 6 Räte von der Reinoldsgilde, 12 von den 6 Handwerkergilden gestellt wurden. In Goslar beschickten 1290 neben den Kaufleuten, den Berg- und Waldleuten auch die Handwerkergilden den Rat. In Oberdeutschland sicherten sich die Zünfte von Eßlingen, Ulm und Freiburg im Breisgau den Zugang zum Rat. Zu harten Auseinandersetzungen kam es im Lauf des 14. Jahrhunderts. Damit vollzieht sich in Deutschland ein Vorgang, der in den niederländischen Städten bereits ein Vorbild hatte. Inzwischen waren die Zünfte so erstarkt, daß sie ihre politischen Forderungen mit größerem Nachdruck als zuvor verfolgen konnten. Die ersten Zeichen einer herannahenden wirtschaftlichen Krisenzeit gaben ihnen Auftrieb. Das Patriziat hatte sich zum Teil schon abgeschlossen und trat den Handwerkern mit trotzigem Stolz entgegen. Diese aber waren militärisch organisiert und sahen sich gestützt durch eine Schicht von Erwerbslosen, die namentlich in den großen Gewerbestädten ins Gewicht fiel. In Magdeburg erhoben sich die Zünfte im Jahre 1330 und setzten es durch, daß von den 12 Ratsmännern 10 aus den Zünften und 2 aus der gemeinen Bürgerschaft gewählt wurden. In Stendal mußten die Patrizier 1345 aus dem Rat ausziehen und den Zünften Platz machen. Im allgemeinen konnten sich die Zünfte in den andern Städten eine so weit gehende politische Machtstellung noch nicht sichern. Aber deutlich war allenthalben das Bestreben, wenigstens die Hälfte der Ratsstellen zu besetzen. Vor allem in den schwäbischen Städten ist diese Tendenz festzustellen, wobei Freiburg/Br. den Anfang machte. Hier gab es seit 1248 neben einem patrizischen 24er Gremium ein solches, das von der Gemeinde gewählt wurde und das vor allem das Finanzwesen unter sich hatte. 1293 übernahmen die Zünfte die Wahl dieses Gremiums. In Hagenau wurde die Gleichstellung im Jahre 1331 durchgeführt: neben 24 patrizischen Schöffen wurden 24 von den Zünften gestellt. Gleiche Verteilung der Ratsstellen zwischen Patriziern und Handwerkern haben wir, wenige Jahre später (1334) in Straßburg.

Die Handwerker arbeiteten in der Weise, daß sie ihre eigene Arbeitsstätte, ihr Arbeitsgerät und auch die Rohstoffe, die zu verarbeiten waren, besaßen. Der Umstand, daß es in einem Handwerk zur Spezialisierung in verschiedenen Zweigen kam, begünstigte das Aufkommen des Verlagswesens. Dies war gegen die ursprüngliche Auffassung des zünftigen Handwerks. Der Handwerker sollte im unmittelbaren Kontakt mit dem Kunden bleiben. Gleichzeitig führte diese Aufspaltung auch zu Streitigkeiten zwischen den Zünften, so etwa zwischen den Wollschlägern und Webern in Straßburg. Unter den einzelnen Gewerben fällt vor allem die Gewichtigkeit derjenigen Berufe auf, die mit der Versorgung der Stadt zu tun hatten, die Bäcker und Metzger oder Fleischer. Sie standen unter einer besonders strengen Aufsicht, damit die Bevölkerung einwandfrei versorgt wurde. Um die Versorgung auch im Verteidigungsfall und in sonstigen Notzeiten sicherzustellen, trieb die Stadt eine ausgiebige Vorratspolitik, indem sie Getreide- und Salzspeicher baute und füllte, auch Mühlen und Schlachthäuser anlegte. Gleicherweise wurde der Getreide- und Schlachtviehhandel gefördert und notfalls reglementiert. Wie es auch später noch war, arbeiteten Bäcker und Metzger im Lohn- und Preiswerk, der Müller dagegen im allgemeinen im Lohnwerk. Die Berufsaufspaltung vollzog sich in der Weise, daß man später zwischen Weiß- und Schwarzbäckern, zwischen Süß- und Sauerbäckern unterschied. Bei den Metzgern sonderten sich die Knochenhauer ab, die sich auf den Vieheinkauf und den Verkauf des geschlachteten Viehs spezialisierten. Weitere Spezialisierungen waren die Garköche und die Kaldaunenhändler.

Im Textilgewerbe gab es zunächst diejenigen, die den Rohstoff verarbeiteten: die Spinner, Weber, Färber und Gerber, dann die Fertigungsgewerbe, die Schneider, Schuster, Kürschner. Die Verarbeitung des Flachses zu Leinengarn erfolgte meist als Hausfleiß. Im Lohnwerk wurde daraus das Leinengewebe hergestellt. In dem Maße, wie sich das Leinengewerbe auf feinere Arbeiten spezialisierte, trat eine Arbeitsteilung zwischen ländlichem und städtischem Gewerbe ein, wobei in der Stadt die feineren Sorten hergestellt wurden. Je mehr das Leinengewerbe Exportcharakter annahm, desto stärker geriet es unter den Einfluß des den internationalen Markt kennenden Kaufmanns. Der Kaufmann wurde der Auftraggeber, er ließ sich die fertige Ware zu einem späteren Termin liefern und schoß den Arbeitslohn vor. Noch einen stärkeren Einfluß bekam der kaufmännische Verleger, als im Lauf des 14. Jahrhunderts neben dem einheimischen Flachs die Baumwolle als Rohstoff trat. Über sie verfügte nur der Kaufmann, der sie von jenseits der Alpen bezog. Stark war der allmähliche strukturelle Wandel im Wollgewerbe. Im 13. Jahrhundert gehörten die Weber noch zu den reichen Zünften, im Laufe des 14. Jahrhunderts gerieten sie unter den Einfluß der Wollschläger, die über den Rohstoff verfügten, wie der Tuchhändler, die das fertige Erzeugnis abnahmen. So waren es gerade die Weber, die sich gegen diesen Wandel zur Wehr setzten. Ihre Gegner, die Gewandschneider, auch die Tuchhändler gehörten zum Patriziat; so vermischten sich Berufsgegensätze mit sozialen Spannungen.

Auch im Bekleidungsgewerbe führte der Fertigungsprozeß zu einer weitgehenden Berufsspaltung. Da gab es den Handschuhmacher, den Beutler, davon zweigten sich wieder ab der Taschner, der Nestler, der Gürtelbeschläger. Besonders stark war die Berufsspaltung im Metallgewerbe. Von den Grobschmieden sonderten sich im Lauf des 13. Jahrhunderts die Hammerschmiede ab. In den Städten der Küstenzone gab es bald die Anker- und Kettenschmiede. Von den Hufschmieden sonderten sich die Nagelschmiede. Neben den Grobschmieden gab es die Berufsrichtung der Kleinschmiede, der Klingenschmiede, der Messerer, der Schlosser. Im Waffenhandwerk und der Schlosserei ging die Aufspaltung noch viel weiter. Doch ist dies ein Vorgang, der mehr der 2. Hälfte des 14. und dem 15. Jahrhundert angehört.

8. Verkehrswesen

a) Landverkehr

Mit dem Aufschwung des Städtewesens erfuhren auch die Verkehrswege eine stärkere Beanspruchung. Auf den Fernhandelsrouten traf man so neben dem Pilger und den Kriegern in verstärktem Maße den Kaufmann. Neben Rom wurden Jerusalem und Santiago neue Pilgerziele. Die Zahl der geistlichen Spitäler nahm zu. Das Fuhrwesen erfuhr erste Regelungen. Im Alpenverkehr tritt die Rolle der Säumergesellschaften deutlich hervor. Im Sachsenspiegel von etwa 1220 heißt es, daß leere Wagen vor den vollen ausweichen sollten. Namentlich auf die Königsstraße bezogen sich die Vorschriften. Ihre Breite sollte so sein, daß ein Wagen dem anderen ausweichen konnte. Fortschritte wurden im Brückenbau erzielt. In Regensburg erstand zum Beispiel 1135 bis 1146 eine Steinbrücke von 16 Bogen über die Donau. Doch wurde noch im Jahre 1225 bei Basel eine Holzbrücke über den Rhein gebaut.

In den Städten begann man die Straßen zu pflastern. Auf dem flachen Land nahmen sich vorwiegend die lokalen Gewalten des Straßenbaus an. Es war verständlich, daß besonders die Politik der um ihren Handel bemühten Städte sich über die städtischen Mauern hinaus in ihr Hinterland hinein richtete und zu entsprechenden Vereinbarungen führte. Bezeichnend sind auch die Legate von Kaufleuten für den städtischen Wegebau. Einige Hansestädte machten solche Legate den Testatoren zur Pflicht.

Auch im Verkehrswesen lag das Schwergewicht in der hier behandelten Epoche immer noch im Westen des Reichs. Am Rhein trafen sich die wichtigsten Überlandverbindungen von den Niederlanden, um nach dem Norden, nach Mitteldeutschland und Oberdeutschland weiterzuführen. Nach dem Norden und Osten gab es nun nicht mehr nur den Hellweg über Duisburg, Essen, Dortmund, Soest und Paderborn zum Harz. Wachsendes Gewicht erlangte die Route über Siegburg, Limburg oder Wetzlar und die Wetterau nach Frankfurt. Seit 1330, als neben die Frankfurter Herbstmesse eine Fastenmesse kam, verstärkte sich der Verkehr durch Innerdeutschland, insbesondere über Hildesheim, Göttingen, Braunschweig und Hannover. Ebenso hatten die an der von Holland kommenden Straße gelegenen Städte eine gute Ausgangsstellung nach dem Süden, vor allem Münster und Paderborn. Auch Soest stand in der Reihe der westfälischen Brückenköpfe nach Süden. Mit der Ostkolonisation gewannen die über Braunschweig und Magdeburg nach Osten führenden Routen, wobei besonders diejenigen zu erwähnen sind, die nach Breslau führten. Ebenso konnte Erfurt seine günstige Lage nützen, lag es doch an der Hauptroute vom aufstrebenden Nürnberg über Braunschweig und Lüneburg nach Lübeck. Mit der Verdichtung der rheinisch-westfälischen Verbindungen zur Nord- und Ostseeküste gewannen die dorthin führenden Landrouten. Neben der alten flämischen Straße, die von Antwerpen über Herzogenbusch, Deventer, Lingen und Oldenburg nach Bremen führte, gewannen die Routen, die über Lüneburg an die Elbe und nach Lübeck weiterleiteten.

In Oberdeutschland wirkten sich mit den Kreuzzügen und dem zunehmenden Export die Verbesserungen im Alpenverkehr aus. Susten wurde angelegt, so wird 1311 diejenige von Brig erwähnt, 1326 ist von einer Straße über den Arlberg die Rede, 1343 überließ Markgraf Ludwig dem Kunz Margrat diesen Weg zu den Bedingungen, zu denen er ihn früher schon hatte, d. h. er sollte ihn ausbessern und dafür eine Abgabe einheben. In diese Zeit fällt die Öffnung der Eisackschlucht für den Warenverkehr auf der Route Bozen – Verona, um damit der für Venedig günstigen Route durch die Dolomitentäler gegen Sterzing Konkurrenz zu machen. Ein Tiroler Geschäftsmann Heinrich Kunter, ließ sich vom König die Konzession zum Bau geben und sicherte sich wieder dafür die Zolleinnahmen und das Recht, an der Straße Gasthäuser zu errichten. Der Weg durch die Scharniz, die belebteste Verbindung zwischen Augsburg und Innsbruck, gelangte 1332 in die Gewalt der Stadt Innsbruck, um sie zur Zufriedenheit der Kauf- und Frachtleute auszubauen und dafür Abgaben zu erheben.

b) Binnenwasserstraßen und Seeverkehr

Die Binnenwasserstraßen und insbesondere die großen Flüsse behielten namentlich für schwere Güter ihre vorrangige Bedeutung, auch wenn sie von den aufkommenden Territorialgewalten mehr und mehr mit Zöllen belastet wurden. Auch das Stapelrecht der Handelsstädte begann sich als Störungsfaktor für den durchgehenden Verkehr auszuwirken. Hervorgehoben seien die Anfänge einer Schiffbarmachung der Stecknitz.

Im Seeverkehr war das Aufkommen der Koggen eine folgenschwere Neuerung. Es ist anzunehmen, daß die Ansätze zur Kogge ähnlich wie zum Typ des Holk in den friesischen Gewässern erfolgten; zunächst hatte sie noch keinen Kiel, aber nun, als Anregung vom nordischen Schiffbau, wurde der Kiel übernommen. Die Kogge war nicht so segeltüchtig wie die nordischen Schiffe, aber als Frachtschiff besser geeignet. Dieser Schiffstyp mit seiner Seefestigkeit und Manövrierfähigkeit, die durch die Spantenbauweise des Rumpfs und des Heckruders bewirkt wurde, sicherte den Kaufleuten in der Nord- und Ostsee ihre Überlegenheit über die Schiffahrt der Skandinavier. Sie trug dazu bei, daß sich das bisherige Schwergewicht des Ostseehandels von Gotland nach Lübeck verlagerte und die Achse Lübeck – Hamburg für den hansischen Handelsaustausch zwischen den Niederlanden und dem Ostseeraum beherrschend wurde. Sie erleichterte aber auch das Aufkommen der Ommelandfahrt von den niederländischen Seehäfen durch den Öresund nach der Ostsee, die dann zur großen Konkurrenz der von Lübeck beherrschten Verkehrsgemeinschaft der Hanse werden sollte.

Wie man jetzt begann, den Seeverkehr zu regeln, zeigt das Hamburger Schiffsrecht von etwa 1270. Die Schiffe Hamburger Bürger sollten danach eine rote Fahne führen. Man ging jetzt an den Ausbau der Häfen, in denen Kräne aufgestellt wurden. 1286 sicherte sich Hamburg in einem Vertrag mit dem Erzbischof von Bremen das Recht, auf der Niederelbe Seezeichen zu setzen.

9. Handel

a) Fernhandel

Kolonisationsbewegung in östlicher Richtung und Kreuzzüge waren wichtige Voraussetzungen zur Entfaltung des internationalen Handels im Hochmittelalter. Die Kreuzzüge setzten zu Ende des 11. Jahrhunderts ein und hatten die Integration des mittelmeerischen Handels, die Wiederanknüpfung alter levantinischer Verbindungen zur Folge. Sie zogen sich das ganze 12. und 13. Jahrhundert hindurch bis auf Ludwig den Heiligen von Frankreich als letzter tragender Gestalt dieser Unternehmungen. Noch vor Ausgang des 13. Jahrhunderts fallen wichtige Positionen der Kreuzfahrer wieder den Mohammedanern zu, so zuletzt 1291 Akkon.

Mittels der Kreuzzüge erfuhr nicht nur der Mittelmeerhandel, sondern der ganze europäische Handel Veränderungen. Dies hing auch mit der Struktur des damaligen internationalen Verkehrs zusammen. Die europäische Wirtschaft, namentlich das Leben des gehobenen Standards, brauchte in verstärktem Maße Güter, die aus dem näheren oder ferneren Orient bzw. aus Afrika kamen. Da waren vor allem die Gewürze und Spezereien, die für die Medizin und das weitere Apothekerwesen der Zeit wichtig waren. Dazu kamen Luxusartikel wie Perlen, Edelsteine, Elfenbein, Duftstoffe, Seide und Baumwolle, Färbemittel, wie das Brasilholz, der Indigo, Gummi, Alaun. Letzteren bezog man aus Syrien, Kleinasien und Nubien. Im Austausch dazu hatte Europa zunächst verhältnismäßig wenig zu bieten, u. a. Waffen. Aber eben im Zusammenhang mit den Kreuzzügen erfuhr das europäische Gewerbeleben einen starken Aufschwung. Wollgewebe, Leinenwaren wurden exportiert, und auf diese Weise wurde allmählich ein gewisses Gleichgewicht im mittelmeerisch-orientalisch-afrikanischen Geschäft erreicht. Die großen Gewinner bei diesem Handelsaufschwung waren die italienischen Hafenstädte, voran Venedig, Genua und Pisa, dann auch Plätze im westlichen Mittelmeerraum wie Montpellier, Barcelona und Marseille. Vieles von den Waren, die diese Häfen exportierten, stammte von den weiteren europäischen Produktionsgebieten, von den Niederlanden, den Rheinlanden und von Oberdeutschland.

Deutsche, die über die Alpen zogen, werden in einem Zolltarif von Verona 1173 genannt. 1190 wird in Genua ein deutscher Kaufmann erwähnt, der mit Kupfer handelte und dafür Seide, Gewürze und Südfrüchte einkaufte. Insbesondere das Textilgewerbe, das sich bis um 1200 im Bodenseegebiet entwickelte, versorgte bald die Mittelmeerländer bis weit nach Asien hinein mit Leinwand und konnte dies vielfach durch den eigenen Fernhandel bewältigen. Belegt ist dieser Fernhandel nach dem Südwesten am frühesten durch genuesische Notariatseintragungen seit dem Jahr 1201, und die Genuesen verbreiteten das deutsche Produkt im Laufe des Jahrhunderts in ihrem ganzen Handelsbereich bis nach Nordafrika und dem Schwarzmeerraum. Diese Leinwand kam zum Teil auf direktem Weg nach Genua, z. T. auf Umwegen über Piacenza und Como, oder über die Champagnermessen rhoneabwärts. Dazu kamen Metalle als Exportgüter und Metallwaren. 1205 tauchte ein Kaufmann aus Konstanz in Genua auf, andere aus Lindau, St. Gallen und Ravensburg folgten. Die wachsende Bedeutung des deutschen Handels in der ligurischen Hauptstadt läßt sich aus der Anwesenheit deutscher Makler ersehen. Der Export deutscher Leinwand nach der Lombardei erfolgte teils durch Kaufleute von Piacenza und Como, teils durch Oberdeutsche selbst, unter denen die Schaffhauser deutlich hervortraten. 1241 tauchte deutsche Leinwand unter den Handelsgütern Sienas auf, auch die Florentiner interessierten sich damals oder bald darauf für die deutsche Ware.

Im östlichen Oberitalien war Venedig Hauptumschlagsplatz für den deutschen Handel; sicher bestand dieser dort schon länger, als er zu Beginn des 13. Jahrhunderts einen kräftigen Aufschwung erlebte. Damals wurde als eigenes Absteigequartier der Fondaco dei Tedeschi eingerichtet, der 1228 zum erstenmal erwähnt wird. Zunächst scheinen an Venedig mehr die Südostdeutschen interessiert gewesen zu sein, Kaufleute aus Regensburg, München und Wien. Wie von Genua so fand auch von Venedig aus die Leinwand den Weg über die Meere, namentlich in den östlichen Mittelmeerraum bis nach Persien hinein.

Eine beachtliche Zwischenrolle in diesem Ostitaliengeschäft spielte Bozen, das als Exportgut nach dem Norden den Südtiroler Wein zur Verfügung stellte. Hier traf man dann auch mit italienischen Kaufleuten, so aus Verona, zusammen. Gekoppelt mit den Bozener Märkten waren diejenigen von Meran. Hier verkauften die Oberdeutschen nicht nur Leinwand sondern auch flandrische und nordfranzösische Tuche. Sie belieferten dabei den Hof der Grafen von Tirol und wurden deren Geldgeber. Nach Westdeutschland hatten die Regensburger schon alte Handelsbeziehungen. Ihnen folgten die Augsburger und Konstanzer. Die letzteren werden im 11. Jahrhundert im Koblenzer Zoll erwähnt, die Augsburger 1156 in Köln, dann finden sich die Oberdeutschen zahlreich neben den Rheinländern auf den Messen der Champagne ein; 1289 hatten die Konstanzer in allen vier Messestädten, in Provins, Troyes, Bar-sur-Aube und Lagny, ihre eigenen Absteigequartiere. Diese Messen, 6 im Jahr, die sich tournusmäßig in den 4 Städten ablösten, waren im Lauf des 12. Jahrhunderts rasch erblüht und bildeten das ganze 13. Jahrhundert hindurch den wichtigsten internationalen Markt Europas, namentlich was den Austausch zwischen den nördlichen Landschaften und dem Mittelmeergebiet betrifft. Hier trafen sich Italiener, Niederländer, Franzosen und Deutsche. Die Deutschen brachten Metalle, Pelzwerk, Grautuch und Leinwand und kauften dafür nordwesteuropäische Tuche und Südwaren ein.

Ein Teil der deutschen Waren ging von hier weiter nach dem Mittelmeer. In diesem Zusammenhang gewannen vom 13. Jahrhundert ab auch die beiden Messen von Chalon an der Saone in Burgund Bedeutung. Wir finden oberdeutsche Leinwand in Avignon, das seit Beginn des 15. Jahrhunderts Residenz der Päpste war, wo mehrfach die päpstliche Kammer als Käufer erwähnt wird. Wir finden sie weiter in Aigues-Mortes, Marseille, Arles und Montpellier, von wo aus sie zum Teil zu Schiff übers Meer versandt werden. 1248 taucht die deutsche Leinwand im Zolltarif von Perpignan auf, der Hauptzollstelle an der wichtigsten Straße von Südfrankreich nach Katalonien und Aragon hinein. Von 1331 ab erscheint diese Ware in Aragon schon allgemein verbreitet. Inzwischen haben die Champagnermessen ihre Rolle ausgespielt, man muß deshalb annehmen, daß die Oberdeutschen ihren Handel jetzt bereits nach Spanien ausgeweitet hatten.

b) Die wichtigsten Handelsplätze

Der bedeutendste oberdeutsche Platz war immer noch Regensburg, das an der Donau und einer wichtigen Nordsüdstraße gelegen, Verbindungen nach allen Richtungen hatte, namentlich nach dem Osten, wohin die Regensburger allerlei gewerbliche Erzeugnisse, u. a. niederländische Tuche vermittelten. In der Marktordnung für Enns (1191/92) standen die Regensburger vor den Kaufleuten von Köln, Aachen und Ulm. Noch in der zweiten Hälfte des 13. Jahrhunderts wurden den Regensburgern in Ungarn besondere Rechte verliehen. Wurde der Donauhandel mit dem Aufkommen Wiens erschwert, so gab es zunächst noch Ausweichmöglichkeiten über Böhmen und Mähren.

Schon im 13. Jahrhundert machte sich mit Nürnberg eine Rivalin bemerkbar, die im Laufe des nächsten Jahrhunderts Regensburg überflügeln sollte. „Nürnberg besitzt keine Weinberge und keine schiffbaren Flüsse und ist auf sehr dürrem Boden gelegen", heißt es im berühmten Privileg, das Kaiser Friedrich II. im Jahre 1219 der Stadt verlieh. Mit diesem Privileg gab der Staufer den Nürnbergern rechtliche und wirtschaftliche Vorrechte, die sie entschädigen sollten für den ungünstigen Standort der Stadt. Der Nürnberger Kaufmann konnte auf den Messen zu Nördlingen mit Nürnberger Münzen bezahlen, er erhielt Zollvorrechte auf der Donau von Regensburg bis Passau und am Rhein in Worms und Speyer. Das läßt auf einen recht ausgedehnten Handel der Nürnberger bereits in dieser Zeit schließen. Vor allem zeigt das Privileg, daß das Wohlwollen der Staufer, das die Stadt unter Friedrich I. und Konrad III. genoß und in der Errichtung einer eigenen Münzstätte zum Ausdruck kam, auch weiter den Aufstieg begünstigte. Die Nürnberger lebten wohl in einer kargen Gegend und die Pegnitz bot keine großen Möglichkeiten der Schiffahrt, dafür verfügte Nürnberg über eine ausgezeichnete Straßenlage. Hier trafen sich wichtige West-Ost- und Nord-Süd-Verbindungen, die vom Rhein in die Donaulande und nach Böhmen-Mähren sowie aus Norddeutschland über die Alpen nach dem Mittelmeerraum führten. Systematisch bauten die Nürnberger das Netz ihrer Zollprivilegien aus. Im Privileg, das Kaiser Ludwig der Bayer im Jahre 1332 verlieh, werden 72 Plätze genannt, in denen die Nürnberger von der Entrichtung des Zolls befreit waren. Da waren die führenden Handelsplätze in den Niederlanden ebenso darunter wie Lübeck, Orte in Böhmen, am Rhein und an der Donau, in der Schweiz und in Südfrankreich. Das Selbstbewußtsein der Nürnberger stieg bis zur Mitte des 14. Jahrhunderts so, daß sie im Fondaco dei Tedeschi in Venedig den Regensburgern den ersten Platz streitig machten. Die günstige Lage Nürnbergs bewirkte es, daß die

Kaufleute bald alle Güter des damaligen Welthandels vertrieben. Dazu kamen die Erzeugnisse des einheimischen Gewerbes, das wegen seiner Leistungsfähigkeit Berühmtheit erlangte, wobei namentlich die Metallverarbeitung gepflegt wurde.

Im Westen des Reiches war das Rheintal die große Verkehrsachse für den Nordsüdhandel mit wichtigen Verbindungen nach Osten und Westen. Hier lagen Basel und Straßburg, Mainz, der alte Umschlagsplatz am Zusammenfluß von Main und Rhein, und weiter stromabwärts Köln, die wichtigste und größte aller westdeutschen Handelsstädte. Hier trafen sich am schiffbaren Rhein die Straßenzüge aus allen Himmelsrichtungen. Kölner traf man in England schon seit dem 11. Jahrhundert, ebenso wie im deutschen Osthandel, bald in den baltischen Häfen, jenseits der Alpen und auf der Iberischen Halbinsel. Ein wichtiges Handelsgut der Kölner war der Wein. Unter den Seehäfen hatten für Köln diejenigen den Vorrang, die rheinabwärts zu erreichen waren, d. h. die Ijsselstädte, voran Kampen. In Köln endete die oberländische und begann die niederländische Schiffahrt, eine Tatsache, die sich insbesondere beim Ausbau des Kölner Stapels auswirkte. Während der Rhein in der mittleren Partie seines Laufs reich an Stromschnellen war und ein stärkeres Gefälle aufwies, weitete er sich nun zum breiten und tiefen Niederrhein. Hier wurden die Kähne mit flachem Boden und schmalem Grundriß überflüssig. Von Köln stromabwärts konnte man das breite, tiefgehende Segelschiff verwenden. Während die Kölner Schiffer die Strecke bis Mainz beherrschten, verzichtete Köln seit dem 12./13. Jahrhundert auf einen unmittelbaren Verkehr nach den Seehäfen und überließ diesen den Seestädten. Mochte der Strom durch Zölle und Stapelrechte den durchgehenden Verkehr erschweren, so blieb er doch zunächst die wichtigste Verkehrsstraße des Rheinlandes zum Oberland.

Während Aachen im Grenzbereich nach den Niederlanden hinein gegenüber Köln zurückstehen mußte, erfuhr Mainz dasselbe Schicksal gegenüber Frankfurt. Frankfurt hatte bislang eine Messe, die im Herbst abgehalten wurde. Seit 1330 kam dazu eine zweite, die in der Fastenzeit stattfand. Der Verkehr von den norddeutschen Häfen, namentlich Lübeck her, der schon im 14. Jahrhundert bedeutend war, wuchs mit dem Aufblühen der Frankfurter Messen und mit der Ausweitung der oberdeutschen Wirtschaft. Die mitteldeutschen Verbindungswege über Hildesheim, Göttingen, Braunschweig, Hannover begannen die bisher überragende Vermittlerrolle des Rheinlandes mit Köln als Hauptort zu beeinträchtigen. Im Aufbau der künftigen Machtstellung der Hanse hatten die Westfalen mit den stärksten Anteil. Leinwand, Wolltuche und Metallwaren eigener Produktion waren die Voraussetzungen, die es ihnen ermöglichten, in den Fernhandel einzudringen. Seit dem 12. Jahrhundert sieht man die westfälischen Kaufleute in die Ferne ziehen. Ihre westlichen Handelsverbindungen gingen nach dem Rheinland, nach den Niederlanden, nach England und Frankreich. Ihre

Hauptdomäne aber wurden die Ostseeländer. Die Kaufleute aus dem westlichen Westfalen benutzten die Ijsselverbindungen oder die Ems, die östlichen dagegen den Landweg durch die Porta Westfalica oder die Weser. Allerdings deutete sich im Lauf der 2. Hälfte des 13. Jahrhunderts im Ostseehandel bereits ein Wandel an, die erstarkenden wendischen Städte übernahmen die Führung im Geschäft und verdrängten die Westfalen, die sich nun mehr auf den Zwischenhandel zwischen Ost und West beschränken mußten, sofern sie es nicht vorzogen, sich im Ostseebereich niederzulassen, und das machten viele.

Diese neue Entwicklung fiel in die unruhige Zeit des Niedergangs der staufischen Macht und des Interregnums. Die Bewegung der Städtebünde ging vom mittleren Rhein aus, wo die Übergriffe kleiner Dynasten und Adliger Handel und Verkehr in besonders starkem Maße gefährdeten. Über Köln und Neuß ging der Anstoß zum Zusammenschluß der Städte nach Münster, Soest und Bremen. Hier trafen die Bestrebungen auf ähnliche Absichten der Stadt Lübeck, und bei Lübeck blieb dann auch künftig die Initiative. In Westfalen begann die städtische Bündnisbewegung seit 1246. Kurze Zeit war das westfälische Bündnis dem rheinischen angeschlossen. Als dieses zerfiel, gingen die Bündnisbestrebungen in Westfalen eigene Wege; es gab da verschiedene Gruppierungen bis sich zu Beginn des 14. Jahrhunderts ein System gebildet hatte, dem die Mehrzahl der westfälischen Städte angehörte. Inzwischen wurden die bedeutenderen davon bereits dem Bund zugerechnet, der sich an der Küste gebildet hatte.

Hatten die westfälischen Städte durch den Aufstieg der Seestädte gewisse Möglichkeiten eingebüßt, so fanden sie doch in der Zugehörigkeit zur hansischen Organisation eine neue Stütze für den Auslandshandel. Auffallend war es, wieviele kleine und kleinste Städte neben den großen, Dortmund, Soest, Münster etwa, am Auslandshandel teilnahmen. Ähnlich wie Flandern und Friesland war Westfalen im Verhältnis zu seiner Ackerfläche zu dicht besiedelt und seine Leute mußten, da in der Heimat Kolonisationsmöglichkeiten fehlten, sehen als Kaufleute, Gewerbetreibende oder auch als bäuerliche Siedler in der Ferne ein Auskommen zu finden.

Während es im Rheinland nur einige wenige Hansemitglieder gab, war in Westfalen praktisch jede Stadt angeschlossen. Gewöhnlich war es so, daß die kleineren Städte die größeren mit der Wahrnehmung ihrer Interessen betrauten, und diese ordneten sich wieder einer der führenden Städte Westfalens unter.

Man hat das 14. Jahrhundert als die eigentliche Blütezeit des westfälischen Handels genannt. Der führende Platz war dabei Dortmund, das in Flandern vor allen anderen deutschen Städten den ersten Rang behauptete. Auch in England genossen die Dortmunder großes Ansehen.

An der Wasserkante konzentrierte sich die kaufmännische Tätigkeit auf die Kette der Städte, die von Bremen, Hamburg und Lübeck über die mecklenburgische und pommersche Küste bis nach Preußen und ins Baltikum reichte. Lübeck, das seit seiner Neugründung 1158 seinen großen Aufschwung nahm, fiel schließlich die Führung zu. Zunächst war Mittelpunkt des Ostseehandels Visby auf Gotland, wo die Deutschen in die Spuren der Skandinavier, besonders der Gotländer, traten und kurz nach 1161 eine deutsche Stadtgemeinde und eine Gemeinschaft der deutschen Gotlandfahrer entstand. Diese letztere begründete um 1200 ein eigenes Kontor in Novgorod am Ilmensee, den Petershof, dessen Überschüsse nach Gotland abgeführt wurden. Die Schwergewichtsverlagerung zugunsten Lübecks hing einmal mit der Leistungsfähigkeit des neuen Schiffstypes der Kogge zusammen. Aber hinzu kam noch die große wirtschaftliche und organisatorische Kraft, die in den Städten vom Rheinland und von Westfalen bis zur Wasserkante gespeichert war und der nun eine neue von Italien und den Niederlanden herkommende kaufmännische Technik zu Hilfe kam. Dank der Schriftlichkeit brauchte der hansische Kaufmann nicht mehr so viel auf Reisen zu gehen wie bisher, er konnte seine Geschäfte nun von der „scrivekamere" aus betreiben. Die dazu passende Organisationsform war das Kommissionsgeschäft und die Fernhandelsgesellschaft auf Gegenseitigkeit. Diese neue Situation kam aber ganz besonders Lübeck zugute. Neben Hamburg hatte Lübeck die günstige Lage an der Landbrücke, auf der die Waren von der West- oder Nordsee zur Ostsee umgeschlagen wurden und umgekehrt. Außerdem gelangte hier das wichtige Salz der Lüneburger Saline an die Ostsee. Lübeck wurde „der Drehpunkt der beiden Achsen des hansischen Wirtschaftssystems Nowgorod-Lübeck und Brügge-Lübeck" (Rörig).

Lübeck gehörte zur Gruppe der wendischen oder slawischen Städte, deren Tagungen und Beschlüsse zum erstenmal 1256 in Wismar nachweisbar sind. Neben Wismar, Rostock und Stralsund gehörten der Gruppe noch Hamburg und Lüneburg an. Im Jahre 1293 beschlossen in Rostock versammelte Kaufleute sächsischer und wendischer Orte, daß von Novgorod künftig nur nach Lübeck appelliert werden solle, und 1293 vereinbarten in Lübeck die Ratssendboten mit Vertretern westfälischer Orte, daß fortan auf Gotland kein Siegel des „gemeinen Kaufmanns" mehr gehalten werden solle. Inzwischen bekamen die Lübecker in England die gleichen Rechte zugesichert wie Köln. Wie die Hamburger bildeten sie zunächst ihre eigene Hanse, doch schlossen sich dann alle zu einer Londoner „hansa Alemaniae" zusammen, mit einem Kaufhof, der später den Namen Stalhof bekam. In noch stärkerem Maße wurde der Zusammenschluß zur Hanse in Flandern befördert durch die gemeinsame Privilegierung der „Kaufleute des römischen Reiches" und der Gotlandfahrer seit 1252. In Brügge, dem Hauptausfuhrhafen der begehrten flandrischen Tuche gelang es ihnen, sich bedeutende Vorrechte zu sichern. Von großem Gewicht wurde dabei der Umstand, daß die norddeutschen Kaufleute den Tuchexport nach dem Ostseeraum in ihre Hand bekamen und umgekehrt Brügge zum Hauptstapel für die Waren aus dem Osten machen konnten.

In dieser Zeit unterschied man ein wendisch-sächsisches Drittel mit Lübeck an der Spitze, ein preußisch-westfälisches und ein gotländisch-livländisches. Im Jahre 1347 wurden die Statuten der Genossenschaft aufgezeichnet. Anläßlich eines Streits, der im Jahre 1356 ausbrach, rief das Brügger Kontor, wie man die Niederlassung inzwischen nannte, die Vermittlung der Hansestädte an, die ihre Ratssendboten schickten und das Kontor unter ihre Leitung stellten. Zwei Jahre darauf beschlossen die Städtevertreter auf einer Lübecker Tagung ein Verkehrsverbot gegen Flandern, an das sich alle „Stede van der dudeschen Hanse" halten sollten, bei Strafe des Ausschlusses von den gemeinsamen Privilegien. Dies war der erste Beweis für die Tatsache, daß aus der Kaufmannshanse die deutsche Städtehanse geworden war.

Ähnlich wie in Brügge läßt sich die Entwicklung zu einem allen hansischen Kaufleuten offenen Kontor im norwegischen Bergen beobachten, wo Lebensmittel, vor allem Getreide, ferner Bier und Salz gegen den als Fastenspeise wichtigen Fisch eingehandelt wurden. Im Jahre 1276 erhielten die Lübecker die ersten Privilegien in Norwegen, im nächsten Jahr die Kaufleute aus Bremen. Weitere Bevorrechtungen, die den Deutschen 1294 bewilligt wurden, bildeten die Grundlage für den künftigen Verkehr zwischen Hanse und Norwegen. Um 1340 hatte die Bergener Niederlassung auf der „Deutschen Brügge" unter der Bezeichnung „Kontor" die für die kommende Zeit charakteristische Form gewonnen.

Ein weiterer Treffpunkt der deutschen Kaufleute waren die alljährlich in der Hauptfangzeit des Herings abgehaltenen Messen zu Skanör und Falsterbo. Seit dem 12. Jahrhundert spielte der Heringsfang an der Küste Schonens eine wichtige Rolle und behauptete sich bis ins 16. Jahrhundert hinein. Eine lange Reihe von Privilegien sicherten Besitz und Recht der deutschen Kaufleute, allerdings waren diese nur in besonderen Fällen von verbündeten Städten, sonst zumeist von einzelnen erworben worden.

Inzwischen erwuchs den norddeutschen Städtevereinigungen ein gefährlicher Gegner im dänischen Nachbarn, der den Seeweg zwischen Nord- und Ostsee, die Durchfahrt durch den Öresund, beherrschte und gleichzeitig von Jütland her den für Hamburg und Lübeck so wichtigen Landweg zwischen Elbe und Trave gefährden konnte. König Erich Menved gelang es, sich beim deutschen König Albrecht I. seinen Anspruch auf Holstein zu sichern. Damit konnte er seine Machtstellung bis an die Tore Lübecks vorschieben und 1307 die Stadt zwingen, sich unter seinen Schutz zu stellen. Dies hinderte Lübeck zunächst am weiteren Ausbau seiner Führerstellung innerhalb des Städtebundes. Doch ermöglichten die langen Thronwirren nach Erichs Tod (1319) es den Seestädten, ihren Einfluß geltend zu machen, so daß sich 1340 Waldemar Atterdag durchsetzen konnte, der dann die hansischen Privilegien bestätigte; aber bald entpuppte er sich als ein gefährlicher Gegner, mit dem die Hansen noch viel zu schaffen bekamen.

Neben der Hanse spielte im preußischen Gebiet die Handelstätigkeit des Deutschen Ordens eine große Rolle. Daß der Orden schon in der 2. Hälfte des 13. Jahrhunderts seinen Eigenhandel mit einem besonderen Beamtenpersonal zu entwickeln begann, ist vermutet worden, kann aber im Einzelnen nicht belegt werden, allerdings ist überseeischer Getreidehandel schon in den letzten Jahrzehnten nachgewiesen. Der Charakter der Schäffer als Handelsbeamter wird im Laufe der ersten Hälfte des nächsten Jahrhunderts deutlich, 1360 werden die Großschäffer zu Marienburg und Königsberg und ihre Lieger in Brügge genannt.

Unter den mitteldeutschen Städten ragen Erfurt und Magdeburg hervor; Erfurt lag an einer bedeutenden Nordsüdroute und konnte sich vor allem auf seinen Waidhandel stützen. In Magdeburg kreuzten sich verschiedene Straßen, besonders günstig aber war die Lage an der Elbe. Der bedeutendste Jahrmarkt der Stadt war die Herrenmesse, die am Mauritiustag stattfand. Magdeburgs Handelsbeziehungen reichten schon im 12. Jahrhundert nach Flandern und nach den Ostseehäfen. Die Ausbreitung des Magdeburger Rechts nach dem Osten im 13. Jahrhundert erschloß neue Handelsverbindungen, besonders über Schlesien und dessen aufstrebender Hauptstadt Breslau. Magdeburg handelte vor allem mit Getreide, Salz und Metallen.

c) Hauptträger des Handels

Mit dem Aufblühen des Fernhandels bildete sich in den großen städtischen Zentren ein vielschichtiges kaufmännisches Unternehmertum heraus, das meist nur in den führenden Familien greifbar wird, zu dem aber immer wieder junge aufstrebende Kräfte aus den unteren Schichten hinzustießen. In Süddeutschland verfügen Regensburg und Nürnberg mit über die beste Überlieferung. In Regensburg bestand die Gruppe des führenden Meliorats oder Patriziats aus etwa 10 Geschlechtern, die zu einer Hanse zusammengeschlossen, schon für das 12. Jahrhundert nachzuweisen sind. Über ihre Herkunft weiß man wenig. Einige, so die ultra Danubium, Reich (dives), die Burgtorer (de Purgitor, in Porta, de Porta, ante Portam) waren Ministerialen. Später führende Geschlechter, wie die Kargil und die von Aue oder Auer, die in den 30er Jahren des 14. Jahrhunderts eine führende Rolle spielten, waren offenbar auch ministerialischer Herkunft. Unter den Kaufmannsgeschlechtern ragten schon im 12. Jahrhundert verschiedene hervor, die dann 200, 150 und 100 Jahre blühten. Bezeichnend ist die Namensgebung der älteren Geschlechter. Sie leiteten den Namen vom Wohnort in der Stadt ab (super Danubio, über der Donau) oder nannten sich nach einer hervorragenden Eigenschaft (dives, Reich). Im Laufe des 13. Jahrhunderts wurden Herkunftsnamen üblich, die auf Orte hinweisen, mit denen Regensburg in Geschäftsverbindung stand. Viele der stolzen Bürgerhäuser Regensburgs gehen auf diese Zeit zurück. Es sind jene burgähnlichen Bezirke mit hochaufragenden Wohntürmen, stattlichen Höfen und ausgebauten Kapellen, die heute noch zu den Sehenswürdigkeiten Regensburgs gehören und wie man sie vor allem von Italien kennt.

Nürnberg erlebte seinen Aufstieg später als Regensburg. Der erste bedeutende Vertreter der aus der Dienstmannschaft des Königs und des Burggrafen hervorgehenden Oberschicht war Konrad Groß. Er widmete sich vornehmlich der Verwaltung seiner umfangreichen Landgüter und ließ ihre Erträgnisse auf dem Nürnberger Markt verkaufen, dazu kamen Geldgeschäfte u. a. mit Kaiser Ludwig dem Bayern und dem Bischof von Bamberg. Eine andere Nürnberger Patrizierfamilie, die Holzschuher, verkauften flandrische Tuche und hatten einen reichen Kundenkreis im Raum von Treuchtlingen bis Bamberg. Ein Geschäftsbuch von ihnen aus den Jahren 1305–1307 ist erhalten geblieben.

Bei den großen Kölner Familien gab es zunächst eine ältere Gruppe von Ministerialen oder alteingesessenen Geschlechtern und eine jüngere, deren Herkunft aus der Rheinvorstadt deutlich den Aufstieg durch kaufmännische Tätigkeiten erkennen läßt. Zur älteren Gruppe gehören u. a. die von Zudendorf. Ein Heinrich von Zudendorf führte den Beinamen anglicus, er trieb offensichtlich Englandhandel, wie noch andere Angehörige der Familie. Gegen Ende des 13. Jahrhunderts trat das Geschlecht in den Landadel über. Aus Oberdeutschland kam Reiner von Basel, der Stammvater der Minnevuz und Parfuse. Constantin Parfus starb vor 1275 in Brünn (Mähren), wo sich fünf seiner Söhne verheirateten. Möglicherweise waren sie während einer der Geschlechterfehden vertrieben worden.

Andere Kaufmannsgeschlechter kommen aus der Zoll- und Münzmeistertätigkeit. Der Großvater des Zoll- und Münzmeisters Constantin, der um die Wende zum 13. Jahrhundert starb, war Jude. Vermutlich bewogen ihn die Verfolgungen zur Taufe. Sein Sohn Philipp nahm den Namen Morart an, nach dem neuerworbenen großen Wohnhaus in St. Laurenz. Dessen Sohn Günter wird unter den Zeugen des Handelsvertrags mit Verdun von 1178 genannt, während ein weiterer Sohn Fordolf seine Tochter an den Ahnherrn der Familie von Lyskirchen verheiratete, was alles auf wohlhabende, kaufmännische Verhältnisse hindeutet. Das Geschlecht Jude stammt vermutlich von den Zöllnern Werner und Daniel ab. Zur 5. Generation gehört der 1284 als Bürgermeister verstorbene Daniel Jude. Er erwarb städtische Verkaufsstände und Grundstücke in großem Umfang, verstand es dreimal sich vorteilhaft zu verheiraten, und schließlich erwarb er noch den Ritterschlag. Heinrich Quattermart, der 1304 verstarb, trieb Flandern- und Englandhandel, er hatte mindestens 40 Häuser, 20 Zins-Häuschen, einige Keller und Kammern, 1 $\frac{1}{2}$ Rheinmühlenanteile, und $\frac{2}{3}$ einer Grutmühle. Die Cleingedank müssen gute Italienbeziehungen gehabt haben. Als die Familie 1225/26 aus der Stadt verwiesen wurde, reiste ihr Haupt, Dietrich der Weise, nach Italien, um bei Kaiser und Papst zu klagen und die Wiedereinsetzung seiner Partei in ihre Rechte durchzusetzen. Er zahlte die Kosten der Rechnung mit einem Blankokreditbrief der Stadt Köln.

Zur jüngeren Schicht der Kölner Patrizier, die zuerst in der Rheinvorstadt wohnten und damit erkennen lassen, daß sie durch kaufmännische Betätigung ihren Aufstieg machten, gehören die Gir, die Overstolzen und die Schiderich. Wie Gottschalk Overstolz oder die ersten Stammväter der Lyskirchen wurden die Gir rasch Großgrundbesitzer. Ist bei den Gir Englandhandel festzustellen, so treten die Overstolz als Tuchhändler hervor. U. a. verschwägerten sie sich mit der ursprünglich jüdischen Familie „von St. Laurenz“ und beschleunigten dadurch die Vermögensbildung.

Vermutlich zugewandert und ursprünglich wohl nicht freien Standes war die Familie, die in der 4. Generation auf der Höhe angelangt, sich nach ihrem neuen Wohnsitz von Lyskirchen nannte. Der damalige Vertreter, Constantin von Lyskirchen, wurde um 1270 als Kaufmann und Geldleiher in Brabant gefangen genommen. Er verschwägerte sich zweimal mit Tuch- und Fernhändlersfamilien und leistete sich 1279 den Ankauf der Grafschaft Airsbach als erbliches Lehen der Kölner Burggrafen.

Neben diesen alten Patrizierfamilien tauchen im 14. Jahrhundert neue auf. Zu den „homines novi“ gehören die von Revele, von dem Walde, und vom Plaise. Adolf von Revele stammte aus Attendorn, das damals einen bedeutenden Eisenhandel hatte, und machte 1317 sein Testament als Kölner Bürger. Arnold vom Plaise, der zu seiner Zeit (vor 1363) der reichste Bürger der Stadt war, hatte seine Anfangskapitalien im Handel gesammelt und verlegte sich dann auf Grundstücks- und Bauspekulationen namentlich im Viertel der 1349 vertriebenen Juden.

Für Dortmund ist die Aktivität eines Tidemann von Lemberg bezeichnend. Er war der Sohn eines Kaufmanns, aus dem bei Dortmund gelegenen Lemberg. Als Englandhändler gelang es Tidemann, sich an die Spitze eines westfälischen Gläubigerkonsortiums zu stellen, das um 1343/44 die große englische Krone und andere Kronkleinodien aus der Pfandschaft des Erzbischofs von Trier bzw. Kölner Patrizier löste, und sich für seine Darlehen noch weitere Pfänder geben ließ.

Mehr Glück und Stetigkeit als Tidemann hatten indessen die Sudermann, die seit etwa 1230 ständig im Dortmunder Rat saßen und deren Unternehmungen ihre Spuren im Westen, Norden und Osten des hansischen Raums hinterließen. Ein Sudermann war ähnlich Bankier des Königs wie Tidemann. Auch die Klepping gehörten zu diesem Kreis führender Kaufleute.

Für das Soester Patriziat ist bezeichnend, daß sich einige Familien nach ihren Fernhandelsbeziehungen bezeichneten, so die de Anglia, die Semgaller, die offensichtlich mit dem südlich und westlich von Riga gelegenen Livland Kaufmannschaft trieben; ähnlich müssen beim Geschlecht Gote

Handelsbeziehungen nach Gotland bestanden haben, während der Soester Name Kiwe auf Rußlandbeziehungen über Smolensk nach Kiev hindeuten mag und bei der Familie von Rom Italienhandel vorlagen. Während sich das Dortmunder Patriziat mehr in der Nordwestrichtung betätigte, ging ein Hauptzug des Soester Handels über die Ostsee. Die Aktivität einzelner Familien wird ersichtlich bei den Hattorp. Sie sind um 1300 ratsmäßig in Lübeck, traten im Englandhandel hervor, wie die Hellewagen, von denen ein Angehöriger das Karthäuserkloster in Antwerpen stiftete. Die Hellewagen befinden sich unter den Geldgebern Eduards III. wie die vom Schafmarkt. Norwegenhandel trieben Ludbert von Bremen und Wichmann von Flerke. In Riga findet man die Page und Wigginhausen, in Reval die Hattorp und Epping, in Dorpat die Elfsen. Diese Patrizier trieben Tuch- und Weinhandel, nach England brachten sie Eisen und Stahl aus dem Sauerland, um von dort wieder Wolle auszuführen.

Für Lübeck hat Rörig auf den Gegensatz zwischen den zu Rentnern gewordenen Gründerfamilien und den durch kaufmännische Tätigkeit Aufgestiegenen hingewiesen. Zu den ersteren gehörten die Stalbuk. Den Typus des Emporkömmlings verkörpert Betram Morneweg (Mornewech), der nach der Sage als armer Junge nach Novgorod ging und später einer der wohlhabendsten Männer Lübecks wurde. Nachdem er 1286 gestorben war, konnte die Witwe in ausgiebigem Maße Rentenkäufe tätigen, so daß sie bis 1301 ungefähr 14500 lüb. Mark angelegt hatte. Dabei gehörten alte angesehene Familien wie die Bocholt, Bremen, Friso, Vifhusen und vor allem die Stalbuk zu den größten Schuldnern der Witwe. Am besten läßt sich die Bedeutung des Großhandels für die Stellung der führenden Familien am Beispiel der Warendorp illustrieren. Sie gehörten auch zu den alten Gründungsunternehmern. Vorübergehend verlor die Familie an Bedeutung, aber drei Zweige verstanden es, durch Großhandelsgeschäfte wieder in den Rat zu gelangen.

Kaufmännische Unternehmungen, namentlich aber Grundstücks- und Rentengeschäfte sind die Hauptquelle der Patriziervermögen. Auffallend ist dabei die starke Zersplitterung von Grund und Boden. In der Marktgegend von Köln wurden Wohnhäuser in Bruchteilen bis zu $^{1}/_{70}$, $^{5}/_{160}$, $^{1}/_{672}$ vererbt und verkauft. Dasselbe geschah mit „gaddemen“, Läden, die bis zu $^{1}/_{80}$ aufgespalten wurden, während es bei Verkaufstischen bis zu $^{1}/_{64}$ Anteil gab. Der bevölkerungsmäßige Aufschwung der Städte und der Zwang, innerhalb der Stadtmauern dichter zusammenzuwohnen, förderte die geschäftsmäßige Einstellung zu Grund- und Hausbesitz. Der Bodenwert wurde durch engste Bebauung und durch hohe Haus-, Stockwerk-, Keller- und Ladenmiete ausgenützt.

Verschiedene Ministerialen nützten die Erträge des gesteigerten Bodenwerts allerdings nicht wirtschaftlich aus und wurden deshalb durch aufsteigende bürgerliche Elemente verdrängt. Zu ihnen gehörten in Köln die von

Gürzenich und von Bachem, die Covolzhoven und Volmarstein; die ersteren werden von Cäsarius von Heisterbach als die einflußreichsten Sippenverbände der Stadt Köln bezeichnet. Aber sie überließen und verkauften schon im frühen 13. Jahrhundert ihre Einkünfte und Höfe an Bürgerliche. Der Versuch der Erzbischöfe, die stadtkölnische Ministerialität durch die Aufnahme reicher Bürger zu stärken und die Verbürgerlichung der Stadtverwaltung dadurch aufzuhalten, hatte auf die Dauer keinen Erfolg.

So führte also der Handel in erster Linie die starken bürgerlichen Kräfte empor und verdrängte die grundbesitzenden Patrizier, sofern es ihnen an Geschäftssinn fehlte. Neben den Censuales gab es auch freie Leute, die ihren Landbesitz verkauften, in die Stadt zogen und dort im Handel ihr Glück versuchten. Aber auch Handwerker griffen nach der Chance der Handelsgewinne, um auf diese Weise zu Wohlstand und größerem sozialen Ansehen zu gelangen. Cäsarius von Heisterbach und das Soester Stadtrecht weisen darauf hin, daß der geringer Bemittelte zuerst Kommissionshandel treiben oder durch eine Kommende seine Barmittel erhöhen konnte. Hatte er Glück, dann konnte er am Markt oder in der Nähe des Marktes Grundbesitz erwerben, und dies gab ihm weitere Kreditmöglichkeiten für größere Handelsunternehmungen. Bodenverpfändungen zur Beschaffung von Handelskrediten waren nach Ausweis der Kölner Schreinsbücher häufig. Grundstückskäufe dienten also nicht nur dazu, flüssiges Kapital anzulegen und auf Bodenpreise und Mieten zu spekulieren, sondern als ein Mittel, den Handelskredit zu stärken. Namentlich für die Homines novi gilt dies. Wenn eine Familie im Patriziat Fuß gefaßt hatte, dann ließen die Grundstückskäufe oft nach, nun stärkten die Verwandtschaft und das soziale Ansehen den Kredit. Darüber hinaus war es ein Gebot der Klugheit, daß der Kaufmann nicht sein ganzes Vermögen im Handel ließ, sondern sicher, d. h. in Grund und Boden, anlegte. Bei Verheiratungen überwies man dem jungen Paar häufig eine Barsumme mit der Bedingung, das Geld nach einer bestimmten Zeit in Grundstücken oder Renten anzulegen. Die Verheirateten bekamen die Möglichkeit, ein kaufmännisches Unternehmen anzufangen, doch sollte die ganze Summe nicht der Unsicherheit des Handels ausgeliefert sein, sondern ein Teil nach einer bestimmten Zeit für Frau und Kinder als Rückhalt dienen.

Auch die Thesaurierung von Geschäftsgewinnen kam natürlich vor, sei es daß man Silber-Goldgefäße und Schmuckgegenstände sammelte. Darauf griff man zurück, wenn man schnell Geld brauchte. Nach Gottfried Hagen besaß die Overstolzenpartei in ihren Häusern an der Rheingasse einen Schatz, mit dem man ein Königreich kaufen konnte. Aus anderen Quellen wissen wir, daß die Schatztruhe im Leben des Kaufmanns eine wichtige Rolle spielte.

Hinzu kommt der Besitz von Landgütern. Man sicherte sich im Hinterland der Stadt Höfe und Grundherrschaften und hatte in den Hörigen eine

Klientel, die ebenso der Machtentfaltung diente wie die Muntmannen, die in der Stadt zur Verfügung standen. Das Streben aufs Land muß man gleichzeitig aus der spezifischen Lebensauffassung der Patrizier und der ins Patriziat Aufgestiegenen verstehen. Die Patrizier fühlten sich dem landsässigen Adel gleich oder wollten es ihm wenigstens gleichtun, während man sich andererseits von der Handwerkerschaft und den Krämern absonderte. Wohlhabende Patriziertöchter heirateten landsässige Adlige, und manche Patrizierfamilie ist schließlich im landsässigen Adel aufgegangen. Auf diese Weise flossen immer wieder Handelsgewinne aufs Land ab, kamen nicht dem Ausbau der kaufmännischen Unternehmungen zugut, sondern deckten die finanziellen Bedürfnisse des Adels und einzelner Dynasten, bis sich diesen in den Lombarden Helfer zur Verfügung stellten, bei denen man Rat fand, ohne sich zu einer „Bankiersheirat" hergeben zu müssen.

Die Grenzen zwischen den Schichten waren weitgehend fließend. Doch darf nicht übersehen werden, daß sich der Gegensatz zwischen Großhändler und Kleinhändler, zwischen dem Kaufmann und dem Krämer immer deutlicher ausprägte. Diese Differenzierung zwischen den zwei kaufmännischen Betätigungsbereichen äußerte sich namentlich in den Krämerordnungen, welche den Krämern ein bestimmtes Warenlager zumaßen und vorbehielten. Mit dem Aufkommen eines einheimischen Großhändler- und Krämerstandes mußten sich notwendig Interessengegensätze herausbilden, die auf Kosten der Fremden allgemein gingen. Es entstand das sogenannte Gästerecht, ein Komplex von Vorschriften, nach denen sich die auswärtigen Klein- und Großhändler während des vorübergehenden Aufenthaltes in einer Stadt zu richten hatten. Dabei war der Grundsatz bestimmend, daß der einheimische Händler vor dem Fremden bevorzugt werden sollte. Dem Gast war der Kleinhandel grundsätzlich verboten und nur an bestimmten Markttagen erlaubt. Handel zwischen den Gästen war nicht gestattet und überhaupt wurde ihr Handelsverkehr streng beaufsichtigt. Die frühesten Bestimmungen hinsichtlich des Gästerechts haben wir in den Goslarer Ordnungen von 1290, der Bremer Krämerordnung von 1339 und im Lüneburger Krämergildebuch von etwa 1350.

Mit dem Aufblühen des Handels in Mitteleuropa verloren die fremden Fernhändler mehr und mehr von ihrer früheren Bedeutung. Der Koblenzer Zolltarif von 1209 erwähnt noch die Kaufleute aus Dinant und Huy. Niederländer kamen in der ersten Hälfte des 13. Jahrhunderts nach der unteren Elbe. Kaufleute aus Norwegen und Dänemark besuchten in der Zeit noch Bremen und Köln, aber die Verlagerung im Norden wird doch am deutlichsten ersichtlich am Niedergang Schleswigs und Visbys auf Kosten Lübecks.

Italiener kamen schon im 11. Jahrhundert nach Westdeutschland. Häufiger werden sie jedoch seit dem Niedergang der Champagnermessen, ihrem bisherigen Haupttreffpunkt nördlich der Alpen, erwähnt. Ein bevorzugter

Aufenthaltsort für sie wurde Köln, wo man ihren Namen in den Schreinsbuchungen der Laurentiuspfarre, sowie in den Gilde- und Bürgerlisten seit dem Ausgang des 12. Jahrhunderts begegnet. Auch die Koblenzer Zollrolle des Trierer Simeons-Stifts von 1209 nennt sie. Zahlreicher erscheinen sie dann zu Anfang des 14. Jahrhunderts. Es waren vornehmlich Leute aus Oberitalien, besonders aus Asti. Sie trieben wohl auch Warenhandel, doch bevorzugten sie das Geldgeschäft, und nicht umsonst identifizierte man den Begriff Lombarden mit dem des Geldgeschäfte treibenden Italieners. Unter den anderen Italienern nehmen die Venezianer eine Sonderstellung ein. Ihnen war es seit den letzten Jahrzehnten des 13. Jahrhunderts verboten, in Deutschland Waren einzukaufen, was mit der Institution des Fondaco dei Tedeschi in Venedig zusammenhing. Nur auf der Reise durch Deutschland nach Frankreich, Flandern und Ungarn durften sie die zur Durchführung ihrer Reise nötigen Waffen, Pferde und Lebensmittel erwerben. Trotz dieser Bestimmung verstanden sie es in großen Zentren wie Nürnberg und Köln „Stapel" zu halten und Gewürze sowie andere Luxuswaren abzusetzen.

Während im 10. Jahrhundert die jüdische Niederlassung von Regensburg schon einen wichtigen Platz im Osthandel einnahm, treten im Laufe des 11. und 12. Jahrhunderts verschiedene rheinische Gemeinden hervor, so die von Mainz, Speyer, Worms, Straßburg, Köln und Bonn. Hinzu kommen die Wetterauer Juden (Friedberg und Frankfurt), die Würzburger, Nürnberger und Augsburger. Brachten die Kreuzzüge auch judenfeindliche Ausschreitungen, so genossen die Juden doch bei Saliern und Staufern eine starke Stütze, weil sie diesen wichtigen Finanzdienst leisteten. Ihre Hauptbeschäftigung lag auf dem Gebiet des Finanzgeschäftes, namentlich der Pfandleihe. Dazu wurden sie schon durch die mittelalterlichen Wuchergesetzgebung hingewiesen. Das heißt aber nicht, daß sie ganz vom Warenhandel ausgeschlossen gewesen wären. Allerdings hatte dieser Warenhandel – mit Altwaren, Vieh, Getreide –, mehr lokalen Charakter, vom Fernhandel haben sie sich mehr oder weniger zurückgezogen. Hier haben ihnen die Italiener, die hansischen und die oberdeutschen Kaufleute den Rang abgelaufen. Es ist bezeichnend, daß man gerade im hansischen Raum nur wenige Spuren von Juden findet.

10. Geld- und Kreditwesen

a) Geldwesen

Seit dem Investiturstreit, als die lokalen Mächte sich mehr und mehr durchsetzen konnten, nahm die Zahl der Münzstätten zu. Die Staufer unternahmen zunächst ernsthafte Versuche, das Münzwesen lediglich innerhalb ihres

Hausmachtsgebiets weiter auszubauen, aber dann überließ Friedrich II. 1220 und 1232 den geistlichen und weltlichen Landesherren wichtige Rechte an der Münzprägung, und in der Folgezeit sicherten sich bestimmte lokale Prägungen einen weiten Geltungsbereich. Es kam die Zeit des „regionalen" Pfennigs, der zum Dünnpfennig entartete und als Brakteat nur noch einseitig geprägt werden konnte. Das Interesse der Münzherrn am Schlagschatz sorgte für die laufende Verminderung des Silbergehaltes auf Kosten des Kupferanteils. Eine Folge dieser Entwicklung waren die zahlreichen „Verrufungen", die das Handelsleben vielfach störten. Unter den Münzen, die ihr altes Gewicht behaupteten, war der Kölner Pfennig mit am längsten der bedeutendste; er wurde im Zahlungsverkehr Hollands ebenso üblich wie am mittleren Rhein, in Hessen und am unteren Main und griff auf diese Weise in den Bereich des Utrechter, Trierer, Mainzer, Wetterauer und Marburger Pfennigs ein. Von anderen Münzherren im Westen wie im Osten wurde er nachgeahmt. In Süddeutschland spielte eine ähnliche Rolle der Haller oder Heller, d. h. der Pfennig der Reichsmünzstätte zu Schwäbisch-Hall, der seit Friedrich Barbarossa geprägt wurde, und ab Mitte des 13. Jahrhunderts sich nach den anderen Währungsgebieten ausbreitete. Der Vorzug des Hellers war es, daß er eine sehr kleine Münze war, auf einen Pfennig gingen gewöhnlich 2–4 Heller.

Für den großen Zahlungsverkehr waren Pfennig und Heller unpraktisch. Hier mußte man sich größerer Werte bedienen. Das sicherste war, wenn man vom Kreditbrief absieht, das Barrensilber, aber damit umzugehen war umständlich. Und so machen sich im Lauf des 13. Jahrhunderts Bestrebungen geltend, größere Münzen in den Umlauf zu bringen. Eine solche Neuerung war der Groschen, grossus denarius, der 12 Pfennige galt. Die Anfänge liegen in Italien. Ludwig IX. von Frankreich prägte 1266 zum erstenmal den gros tournois zu 12 deniers tournois. Die wichtigste Prägung in Mitteldeutschland wurde der Prager oder böhmische Groschen, der erstmalig 1300 von König Wenzel II. von Böhmen geprägt wurde und dessen Verbreitung die böhmischen Silbervorkommen zugute kamen. Eine Nachahmung der neuen böhmischen Münze war der Groschen, der um 1340 vom Markgrafen Friedrich II. von Meißen geprägt wurde. Er fand namentlich in Mitteldeutschland Verbreitung. In Norddeutschland wie auch im Fränkischen nannte man diese Münze Schilling. Im Rheinland prägte man den „denarius albus" oder Weißpfennig zu 12 Heller. Er wurde um die Mitte des 14. Jahrhunderts am Niederrhein dann Hauptsilbermünze.

Im Laufe des 14. Jahrhunderts setzte sich in Österreich und Bayern der böhmische Groschen durch, während von Tirol und Südkärnten her die Silbermünze des Kreuzers (Zwainziger) Einfluß gewann. Kreuzer nannte man die Münze, weil sie auf der einen Seite ein Doppel- oder Radkreuz trug, Zwainziger, weil sie 20 Pfg. galt. Die Münze wurde zum erstenmal 1271 vom Grafen Meinhard II. von Tirol in Meran geprägt. Dank der wirtschaftlichen Bedeutung der Märkte Tirols gewann die Münze sowohl nach Italien als auch nach Deutschland hinein Ansehen.

Inzwischen vollzog sich in Italien eine bedeutsame Wandlung mit dem Aufkommen von Goldmünzen. Die Augustalen Friedrich II. (1231) und spanische Goldmünzen kündeten den Wandel an. Im Jahre 1252 prägte Florenz seinen Fiorino von 24 Karat und 3,53 Gramm, der einem Pfund Silbergeld entsprechen sollte, aber bald darauf (1271) 28 Soldi gleichgesetzt wurde. Genua prägte wohl zur selben Zeit wenn nicht schon früher den Genuino, aber wichtiger wurde die Goldmünze Venedigs, der Ducato, den man später Zecchino nannte. Die Goldmünze erlangte in den italienischen Stadtrepubliken nicht die alleinige Herrschaft, vielmehr bestand künftig ein Bimetallismus, der bezüglich der kleinen Münzen ungünstige Folgen hatte. Dieses System übte angesichts der Rolle, die Italien im internationalen Geldverkehr einnahm, begreiflicherweise auch seinen Einfluß auf Deutschland aus. Zum erstenmal kommen floreni aurei im Salzburgischen 1283 vor, von 1325 ab prägte König Johann von Böhmen den Gulden des Florentiner Typs, in der Steiermark wurde die Goldmünze 1340 gemeine Landeswährung. Mit der Verschlechterung des Pfennigs hatte sich eine Rechenmünze herausgebildet, wonach 1 Pfund (£) = 20 solidi oder Schilling (β) und 1 solidus = 12 Pfennig (₰) waren, so daß auf 1 £ = 240 Pfg kamen. Während diese Rechenmünze in West- und Süddeutschland wie auch in Westeuropa bestimmend wurde, setzte sich in Norddeutschland die lübische Mark als Rechenmünze durch.

Die Mark geht zurück auf das kölnische Münzgewicht. Die Feinsilbermark nach der Kölner Norm hatte ein Gewicht von etwa 233–234 Gramm; als Geld entsprachen ihr soviel Pfennige aus reinem Silber, die dieses Gewicht ausmachten. 1225 kamen auf die feine Mark 466 Pfennige. Nun gab es kein reines oder wie man sagt, 16 lotiges Silber, sondern nur 15½ oder 15⅓ lotiges; schon bei diesem Gehalt sprach man von der feinen oder lotigen Mark. Im hansischen Gebiet setzte man den Silbergehalt der Münzen absichtlich herab. 1304 setzten die Hamburger und Lübecker ihn auf 14 Lot fest, später sank er auf 9 Lot. Schließlich bildete sich der Brauch heraus, daß man die Pfennige, die auf eine Mark gingen, nicht zuwog, sondern zuzählte, wobei schwindender Feingehalt und schwindendes Gewicht des Pfennigs sich derart auswirkten, daß man schon zu Ausgang des 13. Jahrhunderts auf die Lübecker Pfennigmark 192 Pfennige zählte und in Anlehnung an die Teilung der Gewichtsmark in 16 Lot die Mark in 16 ß einteilte, wobei jeder Schilling zu 12 Pfennig gerechnet wurde. Dabei kam man dann noch auf die Zwischenmünzen der Witten und Blaffert. 1 Blaffert war 2 Pfennig, entsprach also dem Heller und 1 Witte war 2 Blaffert oder 4 Pfennig.

b) Kreditwesen

Nach Kuske war die mittelalterliche Kreditwirtschaft, namentlich des rheinischen Westdeutschland, bedingt „durch Verbrauchs- und Erwerbsrücksichten zugleich, die nebeneinander in großer Mannigfaltigkeit spielten". Dies galt für die Städte wie für die Verhältnisse auf dem Lande. Das Rentengeschäft, der städtische Abkömmling der ländlichen freien Rente, „entwickelte sich in Anpassung an die neuen materiellen Möglichkeiten der Stadt aus naturalwirtschaftlichen Grundlagen." Der spätere Effektenverkehr hatte eine breite mittelalterliche Basis in den Anteilen des naturalwirtschaftlich-agrarischen Bereichs. Es gab Weide-, Fischerei-, Holz-, Mast-, Wasser-, Mühlen-Anteile und nicht zuletzt diejenigen der Bergwerke. Die Anteile waren teilbar und veräußerlich. Aus dem ländlichen Genossenschaftswesen wirkten sie in die Städte hinein, einmal in der Weise, daß Anteile der auf dem Land tätigen Genossenschaften abflossen. Schließlich wurde das Anteilwesen auch auf städtische Einrichtungen übertragen.

Bei Caesarius von Heisterbach, der das Leben des beginnenden 13. Jahrhunderts geschildert hat, stellen die Wuchergeschichten, in denen alle Bevölkerungsteile in Stadt und Land vorkommen, eine bezeichnende Gruppe dar. Wie die Kölner Testamente zeigen, war die Hinterlassenschaft von Schulden und Forderungen bei den Testatoren und ihre Erledigung durch die Vollstrecker eine Selbstverständlichkeit. In den Handels- und Verkehrsverträgen zwischen Ländern und Städten wird diese Frage seit dem 12. Jahrhundert wichtig. Bisher war es üblich, daß die Landsleute solidarisch für einen der Ihren haften mußten. Die Verträge strebten eine Beseitigung der solidarischen Haft und eine Regelung des Gerichtstandes in Schuldsachen an. Die Wirtschaftsbeziehungen zwischen den einzelnen Handelsplätzen und Ländern beruhten schon weitgehend auf Kredit und wurden empfindlich gestört, wenn die alte Form der Haftpflicht weiter Gültigkeit hatte. Die Kreditwirtschaft spiegelt sich im Bestreben der Städte, den Zweikampf zum Austrag von Schuldsachen zu beseitigen, ferner in der Geleitspraxis, indem man das Geleit an Einreisende etwa erteilte unter Vorbehalt der Ansprüche der Bürger. Einen entsprechenden Raum nimmt das Schuldenwesen in der Gerichtspraxis ein.

Dieses Kreditsystem diente wohl in erster Linie dem *Verbrauch,* daneben in stärkerem Maße als etwa Sombart glaubte auch dem *Erwerb.* Der erstere wurde in einer finanziellen Notlage, aber auch bei starker Entfaltung von Luxus in Anspruch genommen. Der Kreditnehmer ließ sich ein Darlehen geben oder kaufte auf Borg. Solchen Kredit nahmen alle Bevölkerungsschichten in Anspruch, etwa der Bauer auf dem Lande, der durch Mißernte, Seuchen, Brand und Krieg in Schwierigkeiten geraten war, aber ebenso die städtische Bevölkerung und besonders der Adel, der sich von Standes wegen zu einer aufwendigen Lebenshaltung verpflichtet fühlte und oft durch

Mitgiftleistungen gezwungen war, sich Darlehen geben zu lassen. Die Adligen bildeten dabei ganze Schuldnerkonsortien gegenüber ihren Darlehensgebern und halfen sich, indem sie sich gegenseitig Bürgschaft leisteten. Auch Geistliche und Klöster nahmen Kredit in Anspruch, das ging hinauf bis zu den Bischöfen und Domkapiteln, so daß Caesarius von Heisterbach das schlechte Beispiel kirchlicher Kreise für den allgemeinen Wucher und die Übertretung des Zinsverbots verantwortlich machte.

Hinsichtlich des Erwerbskredits war Kuske der Ansicht, das Mittelalter sei relativ viel mehr ein Zeitalter der Kreditwirtschaft als die Neuzeit. Im Handel, im Gewerbe war der Kredit ein wichtiges Mittel zur Kapitalbildung. Es war geradezu ein Grundsatz, „daß der Produzent seinen Rohstoff, der Kaufmann die auf Wiederverkauf gekaufte Ware zunächst bewirtschaftet und daß er daraus erst den Ertrag schafft, bevor er den Einlauf bezahlt". Aber es gab auch Ähnliches in der Landwirtschaft. Gerne bevorschußte der Getreidehändler den Bauern, indem er dessen Getreide auf dem Halm belieh: auf diese Weise sicherte er sich den Vorkauf. In noch stärkerem Maße war Entsprechendes in den Weinbaugegenden der Fall, und bezeichnenderweise war in Trier der Weinhändler auch oft der Bankier der großen Weinbau treibenden Abteien.

Im Bereich der Viehwirtschaft, wo es nicht nur um das Fleisch, sondern auch um die Haut und die Wolle ging, schalteten sich die Zünfte ein. Man kaufte häufig den Rohstoff auf Kredit, wobei es zu bezeichnenden Abhängigkeitsverhältnissen etwa der Schneider von den Gewandschneidern kam. Der Viehborg der Metzger war wahrscheinlich schon vor dem 14. Jahrhundert üblich. Wo der Handwerker weniger an verbrauchende Kunden als an aufkaufende Händler absetzte, wurde es Brauch, daß der Händler das handwerkliche Erzeugnis bevorschußte. Das künftige Verlagssystem beruhte eben darauf, daß der Verleger Kapital oder Ware hergab, um eine künftige Produktionsleistung durch den Beliehenen zu erzielen.

Neben dem Handkauf, d.h. dem Locogeschäft, gab es Lieferungsgeschäfte in verschiedenen Zweigen des Handels, etwa wenn eine Kölner Weingroßfirma mit den Bürgern von Remagen im Frühjahr vereinbarte, sie sollten im Herbst 40 Fuder Wein liefern. Im Begriff „Kaufmannsgut" hatte man dabei eine Norm hinsichtlich der Qualität. Vielfach wurden dabei „buytonge" oder „barteringe", d.h. Barattgeschäfte, vereinbart; das war die gegenseitige Belieferung mit Waren auf Grund eines Vertrags, wobei periodisch abgerechnet wurde. Auf diese Weise wich man den Schwierigkeiten des Kapitalmangels, auch den Währungschwierigkeiten aus. Diese Möglichkeiten ergriff man ganz besonders im internationalen Handel. Der Kreditkauf war etwas übliches auf den Messen, wo es bezeichnenderweise am Ende die Zahltage gab. Häufig wurden auch Abzahlungsgeschäfte vereinbart. Größere Geschäfte wurden gerichtlich oder vor dem Notar eingetragen. Neben dem Schuldschein gab es den Wechsel, der in Deutschland mindestens schon im 12. Jahrhundert gebräuchlich war, und zwar nicht nur zum Zweck des Valutatausches und Werttransportes sondern, im Sinne eines Kreditgeschäfts. Rudolf von Ems rühmt den Kölner „Guten Gerhard" aus dem Anfang des 13. Jahrhunderts, der seinen Kunden auf Wechselkredit verkaufte.

Zwei Arten des Kredits seien hervorgehoben. Die eine war das Darlehen gegen Pfand, dessen sich hauptsächlich die Fürsten bedienten, die andere die Rentenanleihe, die in den Städten blühte. Warum der durch den Fürsten repräsentierte Staat vornehmlich auf das Darlehen gegen Pfand angewiesen war, ergibt sich aus rein psychologischen Erwägungen. Da der Fürst zugleich oberster Gerichtsherr war, waren die Aussichten des Gläubigers auf gerichtlichem Weg zu seiner Forderung zu kommen, gering, zumal wenn er Untertan war. Der Fürst kam also nur zu Geld, wenn er dafür ein Pfand auslieferte. Solche Darlehensgeschäfte sind seit dem 11. Jahrhundert zahlreich überliefert. Die besten Pfänder waren Grundbesitz oder Einkünfte aus den Regalien. Es war das Schicksal der deutschen Krone, daß auf diese Weise das Patrimonium mehr und mehr entschwand, während sich die Landesherren Mittel verschafften, die es ihnen gestatteten, eine eigene territorialstaatliche Finanz- und Anleihepolitik zu betreiben.

Die Fürsten nahmen Geld vom Adel, von der Kirche, von den Städten und von den Kaufleuten und verpfändeten ihnen Grundbesitz, Gerichts- Zoll-, Münz- und Akziseeinnahmen, Mühlen- und andere Banngerechtigkeiten, sowie Ämter verschiedenster Art. Zahlreichen Städten gelang es auf diese Weise, den Landesherren ihre Freiheit abzukaufen, bzw. ihre Unabhängigkeit nach und nach auszubauen. Aber es gab noch andere Pfänder, insbesondere solche aus dem Kronschatz.

Auch die Städte nahmen kurzfristige Darlehen gegen Zinsen oder Pfänder auf und bedienten sich ebenfalls eines weiten Kreises von Kreditgebern sowohl des Inlandes als auch des Auslandes. Aber häufiger nahmen die Städte die Rentenanleihe zu Hilfe. Sie wurde aus den agrarischen Verhältnissen übernommen und in der Form der Leibrente oder Leibzucht oder der Erbrente oder Ewigrente gebraucht. Die Leibrente entsprach der ländlichen precaria oblata oder remuneratoria. So wie auf dem Land ein Besitzer sein Grundstück meist um seines Seelenheils willen der Kirche gab und dies für seine übrige Lebenszeit zur Nutznießung zurückerhielt, so gab ein Bürger in der Stadt der zahlungsfähigen Kämmerei sein Kapital, um bis zu seinem Tod dafür eine Leibrente zu beziehen. Die Erbrente entsprach der ländlichen freien Leihe. Auf dem Lande vergab der Grundherr Grund und Boden gegen einen Leihzins und zwar erblich und ewig, nicht nur dem Beliehenen, sondern auch dessen Nachkommen. Wenn auf dem Land der Beliehene den Leihzins nicht zahlte, mußte er das Grundstück wieder zurückgeben, in der Stadt mußte der Kapitalempfänger zur Sicherung bei Verzug sein Haus verpfänden. Auf diese Weise war die Erbrente mehr als die Leibrente zu Kreditgeschäften zwischen Privaten geeignet. Dieses Geschäft bezeichnete man im Mittelalter als Rentenkauf. Es hatte mit der verbotenen Zinsnahme oder Wucher nichts zu tun, in den zahlreichen Wuchergesetzen wurde auf sie nie Bezug genommen. Dadurch, daß auf diese Weise ein wesentlicher Teil des Darlehensgeschäfts aus naturalwirtschaftlichen Einrichtungen hervorgegangen war, konnte hier eine Kollision mit dem kanonischen Zinsverbot gar nicht eintreten.

Leib- und Ewigrente müssen sich als Instrumente des öffentlichen Kredits der Städte von dem Augenblick ab entwickelt haben, wo es größere Aufgaben zu bewältigen gab: als die Selbstverwaltung einsetzte und der Mauerbau sowie andere militärische Verpflichtungen sich einstellten. In den alten Römerstädten der Rheinlande wie auch in anderen führenden Städten Deutschlands ist der Rentenverkauf der Städte im 13. Jahrhundert durchaus schon entwickelt. Grundbesitz und Akziseeinnahmen bildeten die Mittel, die man vergab. Aber die Städte genossen ein solches Vertrauen, daß man bald auf eine besondere Sicherstellung verzichtete. Bald wurde auch das Kündigungsrecht eingeführt, so daß sich die Stadt durch Rückzahlung des Kapitals von der Rentenverpflichtung wieder freimachen konnte. Der Rentner indessen war an den Kauf gebunden und konnte sein Kapital nicht zurückfordern. Doch blieb ihm die Möglichkeit, die Forderung an einen Dritten abzutreten.

Die Einrichtung der ablösbaren Erbrente verbreitete sich über ganz Europa und wurde von den größeren Städten auch auf internationaler Ebene gebraucht. Rentner deutscher Städte gab es in den Niederlanden und in England wie in den baltischen Städten. Während die Leibrente bei einem Zinsfuß von 10% stehenblieb, war der Satz bei der Erbrente niedriger. Schon im 15. Jahrhundert waren 4 und 3% weit verbreitet. So war es offenbar gerade die Erbrente, die dazu beitrug, daß man allmählich von den hohen mittelalterlichen Zinssätzen herunterkam.

Der Erfolg, den die Städte mit dem Rentenverkauf hatten, verlockte begreiflicherweise auch die Landesherren, es damit zu versuchen, denn auf diese Weise kamen sie billiger zu Geld als wenn sie bei Lombarden, Juden oder sonstigen Kaufleuten Darlehen gegen Pfand aufnahmen. So beginnen landesherrliche Rentenverkäufe in Westdeutschland schon in der 2. Hälfte des 14. Jahrhunderts, und stellen damit die Vorläufer der späteren staatlichen Anleihen dar. In dieser Zeit verkaufte der Graf von Geldern schon Leibrenten in den brabantischen Städten, desgleichen tat der Graf von Jülich in Köln. Allerdings ohne entsprechende Sicherheit ging es nicht. Man belastete Zölle, Akzisen, sowie Einkünfte aus Domänen und Städten.

c) Hauptkreditgeber

Wo es sich um Darlehensgeschäfte gegen Zins und Pfand handelte, kamen als Kreditgeber in erster Linie die Juden und Lombarden in Betracht. Infolge ihrer Verdrängung aus dem Grundbesitz und dem Warenhandel und infolge der Handhabung des kanonischen Zinsverbots wurden die Juden seit der Mitte des 12. Jahrhunderts mehr und mehr auf den Geldhandel hingewiesen. Sie beliehen Geld an Angehörige aller Bevölkerungsschichten gegen Pfänder, später auch gegen Schuldbriefe. Zu den bedeutendsten Geldleuten unter ihnen gehörte zweifellos der Trierer Jude Jacob Daniels, der mit Vivelin dem Roten in Straßburg in Verbindung stand. Wir kennen vom letzteren eine Transaktion im Zusammenhang mit einem Subsidienvertrag, den Erzbischof Balduin mit König Eduard III. von England gegen Frankreich abgeschlossen hatte.

Die Einschaltung der Italiener ins deutsche Geldgeschäft ergab sich aus den deutschen Italienbeziehungen, namentlich den Verpflichtungen der Geistlichkeit gegenüber der Kurie. Wir sehen das zum erstenmal deutlich im Zusammenhang mit den auf den Champagnermessen vor sich gehenden Zahlungen. Seit Beginn des 13. Jahrhunderts ist die Rede von deutschen Prälatenschulden, die von italienischen Kaufleuten eingehoben werden. Die Gläubiger waren vornehmlich Römer und Sienesen. Die Römer zogen offenbar eigens nach den Messen, um solche Schulden einzutreiben. Die Sienesen waren gleichzeitig auch Warenhändler. Von der Mitte des Jahrhunderts ab verschwinden die Römer von den Messen. Inzwischen tauchen im Rheinland die Lombarden auf, vornehmlich Kaufleute aus Asti, aber auch solche aus Mittel- und Süditalien verstand man gelegentlich darunter. Meist vertraten diese Lombarden ein großes Haus in Italien.

Inzwischen wuchs ein einheimisches kapitalkräftiges Bürgertum heran, das ebenfalls am Finanzgeschäft interessiert war. Es gab ganze patrizische Gläubigervereinigungen, die ihre Gelder weniger auf Wucher (ad usuras) sondern gegen Nutzpfänder verliehen. Um Tidemann von Lemberg bestand eine Zeitlang ein solches Konsortium, das um 1343/44 die große englische Krone und andere Kronkleinodien aus der Pfandschaft des Erzbischofs von Trier bzw. Kölner Patrizier löste. Hafen- und Warenzölle, Anteile aus der Wollausfuhr, der Schlagschatz der Zinnbergwerke in Cornwall und das Zinnmonopol von Devonshire gingen damals als englische Pfänder in Tidemanns Hände über. Kurz darauf bildete sich um Arnold vom Plaise in Köln ein Konsortium, an dem sich Eberhard Hardevust und Werner vom Spiegel beteiligten. 1345 besorgte diese Gruppe dem Erzbischof ein Darlehen von rund 45000 Mark. Die Sicherheit bildeten erzbischöfliche Zölle und Einkünfte in Bonn, Brühl und Köln. 1349 lieh die Gesellschaft dem Bischof von Lüttich 7000 Gulden. Damals traten anstelle von Werner vom Spiegel Gerhard von Rotstock und Johann vom Hirsch in das Konsortium ein. Das bekannteste Beispiel eines bürgerlichen Finanziers in Oberdeutschland liefert der Nürnberger Patrizier Konrad Groß, der u. a. Kreditgeber Ludwigs des Bayern war.

11. Öffentliche Finanzen

a) Die Finanzen der Krone

Der Regalbesitz der Krone ging im Zusammenhang mit der Territorialstaatsbildung mehr und mehr verloren. Mit dem Zerfall der Königsmacht kam dem Hausgut immer größere Bedeutung zu, und es war das Bestreben namentlich der Salier und Staufer ihren Hausbesitz nach Kräften zu erweitern. Der Sturz der Staufer hatte nicht nur den Verlust ihres Privatbesitzes in Italien zur Folge, sondern brachte auch für die Krone Einbußen in den zum Reich gehörenden Besitzungen. Umso mehr waren die Träger der Krone von Rudolf von Habsburg ab auf ihr Hausgut angewiesen.

Eine besondere Steuer wurde von den Juden aufgrund ihres Status als „Kammerknechte" eingehoben, das seit den Staufern weiter ausgebaut wurde. Eine Sonderabgabe, die später „güldener Opferpfennig" genannt wurde, wurde 1342 eingeführt. Danach mußten jeder Jude und jede Judenwitwe, sofern sie 12 Jahre alt waren und ein Vermögen im Wert von 20 Gulden besaßen, jährlich einen Gulden als eine Art Kopfsteuer entrichten. Die Judensteuer wurde häufig verpfändet.

Wie hoch die Einnahmen, die dem König von Reichs wegen jährlich zufielen, waren, läßt sich schwer berechnen. Nach einem Bericht vom Jahre 1241 warf die Judensteuer 857 Mark ab, während die Städte dem König 4290 Mark entrichteten. Dazu kamen noch 7127 ½ Mark barer Reichseinnahmen. Das waren zusammen etwas über 12000 Mark. Allerdings ist das Verzeichnis nicht ganz vollständig.

b) Die Finanzen der Landesfürsten

Mit den Rechten, die ursprünglich bei den Grafen und Vögten lagen, übernahmen die künftigen Landesfürsten das Recht, die Bede einzufordern. Von der Bede befreit waren die Ritterbürtigen, die dafür den Reiterdienst ableisten mußten. Bedefrei war ferner der Klerus, was den allgemeinen Anschauungen des christlichen Abendlandes entsprach. Die städtischen Bürger waren an und für sich bedepflichtig, denn die Bede war älter als die ausgebildete städtische Verfassung. Allerdings erreichten die Bürger beim Aufkommen der Stadtverfassung vielfach die Steuerprivilegierung, daß der Betrag fixiert, herabgesetzt oder gänzlich gestrichen wurde, wobei man von der Erwägung ausging, daß Handel und Gewerbe gefördert werden müßten. Der Ausbau der Bede war einer der großen Vorteile, die sich die Landesherren gegenüber der Krone verschaffen konnten. Manche, die sich der landesherrlichen Steuerpflicht entziehen wollten, wurden Pfahlbürger, indem sie das städtische Bürgerrecht erwarben, aber auf dem Lande wohnen blieben. Wenn die Landesherren nicht die gleiche Erfahrung machen wollten wie die Inhaber der Krone, dann mußten sie sich Mittel verschaffen, die es ihnen ermöglichten, neben der Lehensvergabe von Grundbesitz und Rechten, die auch sie, der Zeit entsprechend, übten, ihren Finanzbedarf zu decken und dabei ihren Grundbesitz zu schonen, sowie die territorialstaatlichen Rechte zusammenzuhalten. Aber nicht nur dies: sie mußten bestrebt sein, vergebenen Grundbesitz, vergebene Rechte wieder zurückzuholen, um ihre landesherrliche Position auszubauen.

c) Kreditoperationen von König und Fürsten

Die Staufer konnten noch in starkem Maße auf die Einkünfte in Italien zurückgreifen, und von da her muß man auch ihre aktive Italienpolitik verstehen. Man schätzt, daß Friedrich I. Barbarossa zusätzliche jährliche Einkünfte aus Italien in Höhe von 30000 Pfund bezog. Die Einkünfte aus Deutschland waren, wie wir aus der Steuerliste von 1241 ersehen, wesentlich niedriger. Um seine Soldtruppen bezahlen zu können, mußte der Kaiser gleichwohl immer wieder auf den Kredit der führenden geistlichen Fürsten Deutschlands zurückgreifen.

Der Hohenstaufer Friedrich II. konnte ohne Schwierigkeiten auf seine sizilianischen Einkünfte Gelder aufnehmen. Seine verhältnismäßig bescheidenen deutschen Einkünfte betrugen, wie wir sahen, etwas über 12000 Mark. Die Leute, die diese Gelder verwalteten, verfügten selbst über beträchtliche Vermögen, so daß sie dem Kaiser vorstrecken konnten. Einer dieser Leute war Wolf von Henegau, der dann sein Amt verlor und wegen seiner Verfehlungen ins Gefängnis kam. Von ihm holte der Kaiser 1236 16000 Mark heraus.

In den wenigen Jahren Konrads IV. (1250–54) und während des Interregnums begann die Verschleuderung des Reichsvermögens auf dem Weg der Verpfändung. Konrads Gegenkönig Wilhelm von Holland stützte sich hauptsächlich auf päpstliche Subsidien. Was er an Reichsgut versetzte, konnte zum Teil erst von seinem Nachfolger Richard von Cornwall eingelöst werden, der insofern besser gestellt war, als er sich auf Einkünfte aus England stützen konnte. Der 1273 gewählte Rudolf von Habsburg verstand es, die Reichseinkünfte zu steigern. In seinem Krieg gegen Ottokar II. von Böhmen bediente er sich der Subsidien Papst Gregors X., dem er außerdem noch die Stadt Kaiserwerth verpfändete. Der Sieg über Ottokar brachte den Gewinn Österreichs und damit verdoppelten sich die Einkünfte Rudolfs. Der Herrscher hatte in Konrad von Tulln einen befähigten Finanzberater, der mit österreichischen und bayerischen Kaufleuten zusammenarbeitete. Auf Konrad folgten führende Wiener Häuser. Trotz seiner klugen Politik mußte Rudolf, um kurzfristig Gelder zu bekommen, in einem beträchtlichen Umfang auch königliche Einkünfte verpfänden.

Adolf von Nassau, den die Kurfürsten einem Habsburger als Nachfolger vorzogen, hatte nur wenig Hausvermögen und mußte deshalb in starkem Maße Reichsgut versetzen, namentlich den Kurfürsten, um sich ihre Stimme zu sichern. Von König Eduard I. von England ließ er sich 40000 Pfund und später von König Philipp IV. von Frankreich 20000 Pfund Subsidien zahlen. Sein Nachfolger, der Habsburger Albrecht, wirtschaftete sparsam und konnte in hinreichendem Umfang auf die österreichischen Einkünfte zurückgreifen.

Heinrich VII. von Luxemburg unternahm einen teuren Italienzug. Er mußte sich dabei in starkem Maße auf seine italienischen Verbündeten namentlich Pisa stützen. Anfang 1312 mußte er dabei seine Krone verpfänden. Ludwig der Bayer stak dauernd in finanziellen Schwierigkeiten. Sein Herzogtum Oberbayern, warf wenig ab. So mußte er ständig bei Bürgern von Augsburg, Landshut und Regensburg, bei Augsburger Juden und bayrischen Klöstern Gelder aufnehmen. Um sich die Stimmen der Kurfürsten zu sichern, mußte er in ganz großem Umfang Reichseinkünfte verpfänden. Dem Erzbischof von Trier schuldete er 22000 Mark, der dafür die Städte Boppard und Wesel als Pfänder bekam. Johann von Böhmen hatte 10000 Mark zu fordern und bekam die Stadt Eger und anderes als Pfand. An den Erzbischof von Mainz war die Reichsstadt Oppenheim verpfändet. Bei seinem Italienzug war er ganz auf seine italienischen Freunde angewiesen. Der Luxemburger Karl wiederum konnte sich auf ein ansehnliches Hausgut, namentlich in Böhmen stützen.

Unter den Kreditoperationen der deutschen Fürsten sind diejenigen der rheinischen Erzbischöfe wohl mit am bezeichnendsten. Sie gehörten zu den mächtigsten unter den deutschen Fürsten, brachten sich aber infolge ihrer Verpflichtungen gegenüber der Kurie und wegen ihres politischen Ehrgeizes oft in finanzielle Schwierigkeiten. Erzbischof Engelbert von Köln (1216–25) wurde vom Papst zwei Jahre lang das erzbischöfliche Pallium versagt, weil er die Schulden seiner 3 Vorgänger nicht zahlen konnte. Die starke Verschuldung der Erzbischöfe in der Folgezeit trug nicht unwesentlich dazu bei, daß sie sich bemühten, zum Papst gute Beziehungen zu unterhalten. Konrad von Hochstaden (1238–61), das Haupt der stauferfeindlichen Partei in Deutschland, wurde, als er 1239 seine Italienreise machte, sienesischen Kaufleuten 4740 Mark schuldig. Weil er die Schuld nicht bezahlte, wurde er exkommuniziert, doch absolvierte ihn Innozenz IV. einige Jahre darauf.

In den Schulden der Erzbischöfe liegt einer der Gründe, daß sie sich bei den Königswahlen ihre Stimme so hoch bezahlen ließen. Von Richard von Cornwall erhielt Konrad von Hochstaden im Jahre 1257 8000 Mark; Richard verpfändete ihm dafür einige Reichsstädte, wollte aber eine der Städte nicht herausgeben, worauf es zum Krieg zwischen Erzbischof und König kam. 1346, im Wahljahr Karls IV., ließ sich Erzbischof Walram von Jülich beinahe 100000 Pfund von den Luxemburgern zusagen; damit sollten die Hauptgläubiger des Erzbischofs, der Graf von Jülich (Walrams Bruder) und dessen Berater Reinhard von Schönau, bezahlt werden. In Trier war es zunächst ähnlich wie in Köln. Hochverschuldet war Erzbischof Balduin von Luxemburg; er mußte von seinem Bruder, dem Grafen Heinrich von Luxemburg

80000 Gulden borgen, um aus seinen anfänglichen Schwierigkeiten herauszukommen. Dafür unterstützte er umso nachdrücklicher die Wahl Heinrichs zum deutschen König. Aber Balduin war ein tüchtiger Verwalter und verstand es allmählich seine Schulden loszuwerden, wobei er sich von 1323 an dreier Juden als Finanzagenten bediente. Der erste war Muskin, dann folgte Jacob Daniels und schließlich dessen Schwiegersohn Michels. Balduins Kapitalkraft trug 1346 wesentlich zur Wahl seines Großneffen Karl bei. Er lieh bei dieser Gelegenheit über 36000 Gulden her, um damit die Stimme des Erzbischofs von Köln zu kaufen. Nach den judenfeindlichen Maßnahmen im Zusammenhang mit dem Schwarzen Tod sah er sich gezwungen, sich der Hilfe von Lombarden zu bedienen. Als Balduin 1354 starb, soll er einen Schatz von 300000 Gulden hinterlassen haben.

12. Handels- und Zahlungsbilanz, Löhne und Preise

Erste Ansätze zu einer gesamtwirtschaftlichen Betrachtung ergeben sich einmal aus einem Vergleich der Angaben, die über den späteren Komplex der Handels- und Zahlungsbilanz vorliegen. Die Ausweitung des auswärtigen Handels mit dem Aufstieg des deutschen Exportgewerbes ermöglichte es, das bisherige Übergewicht des Luxusimports abzubauen. Von der Zahlungsbilanz her gesehen ist die Italienpolitik der Herrscher positiv zu bewerten. Die Staufer verbrauchten dafür die 3000 bis 3500 Pfund. Silber, die sie jährlich von den Städten und dem Reichsgut einnahmen, hatten aber aus der Rückgewinnung der Regalien namentlich nach 1158 mehr Einnahmen, die von einem Chronisten der Zeit auf 30000 Pfund Silber geschätzt wurden. Mit dem Interregnum wurde dieser Überschuß abgebaut.

Bevor wir uns weiter um eine Gesamtbilanz des ganzen deutschen Wirtschaftsraumes bemühen, empfiehlt es sich, den Wirtschaftsaustausch von Teilräumen ins Auge zu fassen. Hier bieten sich die Seestädte als Ausgangsbasis an. Die wendischen Hansestädte hatten einmal Hanseverbindungen nach Flandern und Holland, wobei der Brügger Tuchexport bewirkte, daß die Handelsbilanz von Lübeck und Hamburg bis etwa 1340 passiv war. Von Brügge wurden auch Edelmetalle bezogen. Ein Faktor, der diesen Zustand stärker beeinflussen konnte, war der Hamburger Bierexport. Im baltischen Raum gibt der Handel mit Nowgorod einen Anhaltspunkt. Dorthin wurde immer Silber exportiert. Der Handel der wendischen Städte mit Innerdeutschland war meist aktiv, er ist gekennzeichnet durch starken Warenexport von West- und Ostwaren, vor allem von Tuchen, russischen Erzeugnissen und Fischen, wogegen man u. a. das wichtige Silber eintauschte, wozu aber auch Warenimporte, so aus Nürnberg kamen. Hier wüßte man gerne Näheres über den Warenstrom, der aus dem Rheinland und von Westfalen nach der Küste ging. Ergänzt wird das Bild, wenn man die territorialpolitischen und kirchlichen Zahlungsströme mit einbezieht.

Ein weiterer Ansatz ergibt sich aus den Unterlagen über die Preisentwicklung. Die erhaltenen Daten sind allerdings außerordentlich spärlich. Besonders geeignet sind die Getreidepreise, weil die Bevölkerung vorwiegend von Getreide lebte und es wenig Substitutionsmöglichkeiten dafür gab. Angaben über Getreidepreise stammen vornehmlich aus Notzeiten. Dabei ergaben sich Preisschwankungen von 100% und mehr. Das Preisniveau war also vor allem vom Ernteausfall abhängig. Ein funktionsfähiger Getreidehandel, der die lokalen Ausfälle ersetzen konnte, entwickelte sich erst langsam. Der Hauptgrund aller Schwierigkeiten war die niedrige Ertragslage. Deshalb war es auch schwer, langfristig zu magazinieren. Der überregionale Getreidehandel, der sich allmählich herausbildete, hatte außerdem vornehmlich spekulativen Charakter.

Bis 1200 war der Trend der Getreidepreise offenbar sehr unheitlich. Seit dieser Zeit, möglicherweise auch früher, zogen die Preise an, um noch vor der Mitte des 14. Jahrhunderts ihren Gipfel zu erreichen. Im großen Ganzen darf man daraus ein dauerndes Mißverhältnis zwischen dem Angebot an Brotgetreide und der Nachfrage einer sich laufend stark vermehrenden Bevölkerung sehen. Unter den Faktoren, die diesen Mißverhältnissen entgegen zuwirken vermochten, ist vor allem der Landesausbau zu nennen.

Der im ersten Viertel des 14. Jahrhunderts einsetzende Schrumpfungsprozeß der Bevölkerung hatte auch ein Nachlassen der Preise schon vor der Krise des Schwarzen Todes zur Folge. Wahrscheinlich ist analog den besser belegten Verhältnissen in England auch bei uns im zweiten Jahrzehnt schon die Trendumkehr erfolgt. Die Klimaverschlechterung dürfte dabei mitgewirkt haben, in welchem Umfang ist heute allerdings noch nicht geklärt. Es ist festgestellt worden, daß ein Ausbreitungsmaximum der Gletscherbewegung in der ersten Hälfte des 14. Jahrhunderts lag.

Über die Verteilung des Sozialprodukts lassen sich nur andeutungsweise Aussagen machen. Zweifellos kann dem freien und hörigen Bauern mit ihrer Arbeit ein Hauptbestandteil zu, aber es darf daneben nicht der wachsende Beitrag der Handwerker und Kaufleute in den Städten und der Beitrag des sich spezialisierenden ländlichen Gewerbes (Bergbau einbezogen) übersehen werden. Und wie sollen wir der Leistung der Geistlichkeit in den Stiften und Klöstern oder dem Werk von Männern wie Walter von der Vogelweide, wie Gerho von Reichersperg gerecht werden, wenn wir nur die materiellen Maßstäbe berücksichtigen?

VI. Vom Schwarzen Tod bis zur Wende des 15. Jahrhunderts

1. Allgemeiner Rahmen

Die Mitte des 14. Jahrhunderts stellt einen gewissen Einschnitt in der politischen Geschichte des Reiches dar. Der Höhepunkt der kaiserlichen Gewalt war mit Friedrich Barbarossa und Heinrich VI. überschritten. Mit dem Welfen Otto IV. und dem Staufer Friedrich II. begann der „Ausverkauf der Regalien", nach dem Sturz der Staufer folgte die „kaiserlose Zeit", die man wohl übertreibend auch die schreckliche genannt hat, und es kamen dann Herrscher aus verschiedenen Häusern, die mit mehr oder weniger Geschick bemüht waren, das, was der Krone noch an Ansehen und Reichsgut geblieben war, zu sammeln. Nach Ludwig dem Bayern, dessen revolutionäre Kaiserpolitik gescheitert war, bestimmte den Gang der Dinge in der zweiten Jahrhunderthälfte zunächst der Luxemburger Karl IV. (1346–1378), der es verstand, vom silberreichen Böhmen aus eine erfolgreiche Hausmachtpolitik zu betreiben und damit eine breite Basis für sein kaiserliches Amt zu schaffen, für das er mit überlegenen diplomatischen Fähigkeiten begabt war. Der Erbe Wenzel, bei dem die Krone bis 1400 blieb, und der zur Luxemburgischen Hausmacht auch noch das Stammland Luxemburg hinzu bekam, war freilich nicht fähig, das vom Vater Erreichte zu erhalten und mußte schließlich die Krone dem Wittelsbacher Ruprecht von der Pfalz überlassen. Dieser wiederum war trotz redlichen Bemühens zu schwach, um sich volle Anerkennung als König zu verschaffen. Besseren Erfolg hatte Wenzels Bruder Sigismund, der Ruprecht 1410 ablöste; er hatte aber zunächst die schwierige Aufgabe, den Besitzstand Ungarns gegen Türken und Venedig zu verteidigen und mußte dann erleben, daß das reiche Böhmen und damit auch das Königtum durch die Hussitenkriege schwere Schläge erfuhr. Zu kurz lebte sein tatkräftiger Schwiegersohn der Habsburger Albrecht, um etwas Bleibendes ausrichten zu können, und dessen Vetter Friedrich III., der von 1440 bis 1493 die Krone trug, trieb vornehmlich Hausmachtpolitik, allerdings mit solchen Erfolg, daß sein Sohn Maximilian zu den habsburgischen Besitzungen das reiche burgundische Erbe sichern konnte. Maximilian schließlich gelang es, die erfolgreiche dynastische Verbindung zwischen Burgund und der Krone Kastiliens herzustellen. Als Inhaber der Krone des Reiches war Maximilian freilich zu verschwenderisch und zu wenig ausdauernd, um seine Aufgabe erfolgreich zu meistern.

Während eines großen Teils dieser Epoche wurde die europäische Politik durch das Konzil in Konstanz und Basel stark beeinflußt. In diesen Zusammenhang erfolgte die Verbrennung von Johann Hus in Konstanz, die die verheerenden Hussitenkriege zur Folge hatte.

Für die innere Geschichte des Reiches war die wichtigste Tatsache das weitere Emporsteigen einer Vielzahl territorialstaatlicher Gewalten weltlichen und geistlichen Gepräges, die die Gestalt des Reiches bis zu seinem Ende wesentlich mitprägen sollten.

Wenn man die Verhältnisse lediglich vom Staatlichen her sieht, ist das Bild des Reiches freilich zu einseitig, unvollständig. Welches Leben entfaltet sich in eben dieser Zeit in den Städten in dem hier vereinigten Bürgertum! Verglichen mit der Toskana und Oberitalien und Teilen der Niederlande, wo die städtische Wirtschaft ihr Übergewicht über das Land schon in beachtlichem Maß geltend machte, blieb bei uns das feudalstaatliche Gefüge mit der Betonung der bäuerlichen wie der grundherrlichen Komponente allerdings weiterhin ein wesentlich mitbestimmender Faktor.

Auffallend ist in diesem Zusammenhang die starke Verschuldung der Fürsten, des Adels und der Geistlichkeit, die mit ihren betont feudal naturalwirtschaftlichen Einrichtungen dem Wirtschaftsrhythmus, wie er mehr und mehr durch das städtische Bürgertum bestimmt wurde, noch nicht recht nachkamen, zumal sie ganz neue Aufgaben zu erfüllen hatten. Dazu mußten erst die entsprechenden Hilfsmittel geschaffen werden, ein Verwaltungsapparat für den Territorialstaat, und besoldete Truppen. Aber auch die kirchlichen Kreise waren in dieser Zeit stark verschuldet. Ihre Bauvorhaben stießen hier an harte Grenzen. Noch tiefgreifender war der Umschwung, den die Bevölkerungsentwicklung und die dahinter sich verbergende Klimaverschlechterung herbeiführten.

Der wachsende Bevölkerungsdruck hatte zu einer Siedlungstätigkeit geführt, wie sie vorher und nachher nicht wieder erlebt wurde, sowohl im alten Siedlungsraum als auch im Kolonisationsgebiet. Aller Boden, der nur irgendwie kulturfähig war, war erschlossen. Der Anbau lohnte sich bei der damaligen Bewirtschaftungsweise nur noch bei so verhältnismäßig hohen Preisen, wie sie in der ersten Hälfte des 14. Jahrhunderts vorlagen. Auch war der Prozeß der Realteilung im Westen und Südwesten schon so weit vorangeschritten, daß die entstandenen kleinen Bauernanwesen nur bei entsprechender Intensivwirtschaft durch Garten- und Weinbau oder auch durch Hausfleiß, also bei gewerblicher Nebenbeschäftigung, lebensfähig waren. Erste Alarmzeichen waren die verheerenden Auswirkungen, die einige Hungersnöte im zweiten Jahrzehnt brachten. Das noch mangelhaft ausgebaute Verkehrswesen und die einseitig auf Getreidebau ausgerichtete Landwirtschaft konnte ohne den späteren Hackfruchtbau Hungersnöten nur in ungenügender Weise begegnen.

Abgesehen von der Ostbewegung, die im Laufe des 14. Jahrhunderts mehr und mehr versiegte, war nun die Steigerung der gewerblichen Produktion von großer Bedeutung, zunächst in der Stadt, aber auch bereits auf dem Land, wobei aufkommendes Verlagswesen und die Verwendung der Mühlen zu Hammerwerken und Tuchwalken einen, der aufblühende Bergbau einen anderen Faktor darstellten. Allerdings ist mit Recht betont worden, daß die damit eintretende Kapitalinvestierung auf die Dauer nicht in der Lage gewesen wäre mit der gewerblichen Produktion nachzukommen, und es hätte einer ähnlichen Intensivierung und Bereicherung auch der landwirtschaftlichen Produktion bedurft, um der zunehmenden Krisen Herr zu werden.

Die weitere Beschäftigung mit diesen Problemen wurde indessen vertagt durch das Ereignis des Schwarzen Todes, der die mitteleuropäische Bevölkerung schwer dezimierte.

Das Ereignis war so einschneidend, daß wir damit einen neuen Abschnitt einleiten wollen. Allerdings sind Bedeutung und Auswirkungen des Schwarzen Todes unseres Erachtens etwas überschätzt worden. Nicht der ganze mitteleuropäische Raum ist von der Pest gleich schwer betroffen worden, z. T. ist die Ostsiedlung noch weiter gegangen.

Wir lassen den folgenden Abschnitt bis zur Wende zum 16. Jahrhundert gehen. Eine Reihe bemerkenswerter Ereignisse liegen in dieser Zeit. Die Entdeckung Amerikas und der Seeweg nach Ostindien haben die Verlagerung des Schwergewichts nach der atlantischen Seite zur Folge. Sie bedeuten für die mitteleuropäische Wirtschaft Krise und neue Möglichkeiten. Ein kräftiger Aufschwung führt ins 16. Jahrhundert hinein. Gleichzeitig beginnen neue Krisen das geistige und soziale Gefüge zu erschüttern. Sie finden ihren sichtbarsten Ausdruck in der Reformation und im Bauernkrieg.

2. Bevölkerungsverhältnisse

Wieviel Menschen lebten in der Mitte des 14. Jahrhunderts in Mitteleuropa? Darauf wird niemand eine bündige Antwort geben können.

Eine Statistik in unserem modernen Sinn gab es noch nicht. Die Regierungen, die Verwaltungen der Städte gebrauchten Zahlenzusammenstellungen wohl in ihrem Rechnungswesen, für besondere Zwecke beim Zoll, bei der Erhebung von Steuern, bei der Erfassung von Minderheiten, die nicht das Bürgerrecht genossen. So kommt es, daß wir bezüglich der Einwohnerzahlen der Länder wie der großen Städte im allgemeinen auf Schätzungen angewiesen sind.

Insbesondere liefern uns die Feuerstellen einen Anhalt, wobei der Koeffizient je nach der wirtschaftlichen Lage und den besonderen sozialen Verhältnissen einer Stadt zwischen 3,3 und 5,5 schwanken kann. Im allgemeinen kann man sagen, daß eine Feuerstelle alle jene umschloß, die von einem Familienhaupt abhingen, also nicht nur die eigentlichen Familienmitglieder und nächsten Verwandten, sondern auch Dienstboten, Lehrlinge und Gesellen. Dabei konnte sich die Zahl der Familienmitglieder dem Dutzend nähern.

Eine andere Quelle zur Errechnung der Einwohnerzahlen liefern die Steuerlisten, in denen die steuerbaren Familienhäupter genannt werden. Freilich erhebt sich dabei im einzelnen Fall immer wieder die Frage, wieweit diese Listen vollständig sind. Vielfach wurden in ihnen nur diejenigen Bürger erfaßt, die ein bestimmtes Vermögen erreichten. Aus all diesen Quellen, zu denen auch die Listen der wehrbaren Männer gehörten, kann man nur ungefähre Zahlen erschließen.

Noch schwieriger wird es, wenn nur die Zahl der Häuser angegeben ist, denn wie das Beispiel der Ackerbürgerstädte zeigt, gab es Häuser ohne Feuerstellen, die nur als Stall oder Scheune dienten, während doch andere Häuser wieder mehrere Familien beherbergten. Ebenso fragwürdig bleibt die Methode, die Einwohnerzahl aus der Aufnahme von Neubürgern zu berechnen.

Ist es nun möglich, aufgrund solcher mittelalterlichen Quellen, die man noch durch die Preis- und Lohngeschichte ergänzen kann, die Einwohnerzahlen von größeren politischen Gebilden, Territorien und Staaten festzustellen? Bei der starken Zersplitterung bietet das Reich neben Italien begreiflicherweise die größten Schwierigkeiten. Im Gegensatz zu den für verschiedene italienische und westeuropäische Städte zutreffenden Ziffern haben die großen Bevölkerungszentren des Reichs wesentlich niedrigere Einwohnerzahlen. Die größte Stadt dürfte Köln gewesen sein mit 40000. Straßburg hatte etwas über 26000 Einwohner, Lübeck an die 23000, über 20000 lag die Zahl bei Nürnberg, etwas höher muß die Zahl von Augsburg gewesen sein, während Frankfurt erst um 11000 Einwohner hatte.

Die größte Stadt im Osten, Danzig, zählte um 1416 etwa 20000 Einwohner. Die mittleren Städte, wie Breslau, Elbing, Königsberg, Thorn und Kulm, hatten zu Beginn des 15. Jahrhunderts 10–15000 Einwohner.

In Deutschland überwog weiter das ländliche Element, den stärksten Grad der Verstädterung gab es im Südwesten. Bei einer Gesamtbevölkerung von 13–15 Mill. waren 85–90 v. H. ländliche Bewohner, d. h. überwiegend Bauern.

Die schwerste Seuche, die die europäische Bevölkerung des Mittelalters heimsuchte, war der Schwarze Tod, die Pest, die von 1347 bis 1349 wütete. Schwarzer Tod nannte man sie wegen der dunklen Flecken, die sich am Körper der Opfer zeigten. Man nimmt an, daß die Seuche aus dem fernen Osten kam und sich längs der großen Handelsstraßen nach Westen ausbreitete. Hauptträger und Übermittler der Seuche waren die Wanderratten und Flöhe. Die Rolle der Flöhe wird verständlich, wenn man daran denkt, daß die vorherrschende Bauweise der Holzbau war, der der Verbreitung der Flöhe besonders günstig war. Die Seuche breitete sich von der Levante kommend nach Italien und Südfrankreich aus. Über die Alpen hinweg ergriff sie Mitteleuropa. Von Frankreich aus erfaßte die Seuche die Iberische Halbinsel, die Niederlande und England. Von England kam sie nach Norwegen, von hier nach Dänemark, Norddeutschland, Schweden und ins nördliche Osteuropa. Weitere Pestgänge folgten 1357–62, 1370–76, 1380–83. Dabei blieb es aber nicht, die Seuche nahm endemischen Charakter an und suchte immer wieder besonders die Städte heim.

Wie groß die Zahl der Opfer war, ist schwer zu sagen; die Zahlen, die überliefert sind, sind vielfach weit übertrieben. Man nimmt an, daß im alten deutschen Siedlungsland rund ein Drittel der Bevölkerung weggerafft wurde, und daß es die städtische Bevölkerung in stärkerem Maße traf als die ländliche. Nach Abel ging die Bevölkerung in 29 Städten, für die Zahlen vorliegen, vom letzten Viertel des 14. Jahrhunderts bis ins letzte Viertel des 15. Jahrhunderts um 15–20% zurück. Andererseits darf die Bevölkerungszunahme im Osten nicht übersehen werden. Die Dinge müssen von Landschaft zu Landschaft gesondert betrachtet werden.

Vor dem Schwarzen Tod betrug die Gesamtbevölkerung 13–15 Mill. Die verschiedenen Pestzüge bewirkten wahrscheinlich bis Ende des 15. Jahrhunderts, als die Bevölkerung wieder stärker zunahm, einen Rückgang auf 9 Mill.

Hinsichtlich der Zusammensetzung der spätmittelalterlichen Bevölkerung ist ein starker Frauenüberschuß bezeichnend. Schnyder hat das eindeutig für Zürich nachgewiesen. Ähnliche Feststellungen wurden für Freiburg in der Schweiz, für Basel und Nürnberg gemacht.

Über die Zusammensetzung der Alterspyramide können wir uns schwer ein richtiges Bild machen. Soweit Zahlenangaben vorhanden sind, sind die kleinen Kinder am wenigsten vollständig erfaßt. Meist wurden Zählungen zur Verteidigung einer Stadt gemacht, und da überging man die kleinen Kinder, da sie noch keine solchen Portionen verzehrten wie die Erwachsenen. In vielen Fällen lebten die Kinder außerhalb der Familie in der Lehre, im Haushalt anderer. Bezeichnend sind außerordentlich hohe Geburtenziffern; die Beispiele Nürnbergs und Freiburgs zeigen, daß die Kinder, d.h. alles unter 20 Jahren, ein Prozentsatz von 35–43 ausmachten. Das Bild der Pyramide wird dadurch geprägt: Ausdruck eines starken Wachstums. Die außerordentlich hohe Sterblichkeit setzte der Lebenserwartung allerdings auch recht frühe Grenzen: für die Jahre 1426–1450 wurde ein durchschnittliches Lebensalter von etwa 32 Jahren errechnet.

In den Jahrzehnten nach dem Schwarzen Tod und im 15. Jahrhundert, als die städtische Bevölkerung so schwer dezimiert wurde, müssen wir mit einer beträchtlichen Abwanderung vom Land, namentlich in die Städte rechnen, in denen Gewerbe und Handel blühten. Jede Stadt hatte ihr besonderes Zuzugsgebiet. Nürnberg zog Franken, Bayern und Schwaben an, nach Hamburg zogen mehr Niedersachsen und Westfalen als Holsteiner.

Besonders deutlich ist die wachsende Zahl von Neubürgern in den Küstenstädten Hamburg und Bremen. Die Ostbewegung war noch keinesfalls ganz abgeschlossen. Wir sehen es an verschiedenen Städtegründungen im Osten.

Im Wartheland wurden zwischen 1383 und 1400 noch 8 Städte gegründet. In Pomerellen wurde ebenfalls noch ausgebaut, Preußisch-Friedland erstand 1354, Hola erst 1378. Im deutschen Ordensland reicht die Siedlungsbewegung bis 1360, dann wurden noch Randgebiete erschlossen: Neidenburg wurde 1381 Stadt, Bischofsburg 1395, Gerdauen 1398. Zum Teil machte die Zuwanderung die Anlage von Nebenstädten erforderlich. So entstand die sogenannte Jungstadt von Danzig nach 1380.

Eine andere Wanderungsbewegung hängt mit der Entwicklung des Bergbaus zusammen. Sie läßt sich in Mitteldeutschland, Böhmen und in der Oberpfalz einigermaßen verfolgen. Nach einer ersten Blüte des Kupfer- und Silberbergbaus im 13. und beginnenden 14. Jahrhundert folgt eine zweite Phase, die ins 15. Jahrhundert hineinreicht und schließlich eine dritte seit dem letzten Drittel des 15. Jahrhunderts. Im Zusammenhang mit dem erneuten Aufblühen in dieser letzten Phase lassen sich zahlreiche Neusiedlungen feststellen, wobei Oberdeutschland, insbesondere die fränkischen Gebiete den stärksten Zustrom liefern und oberdeutsche Unternehmer eine dirigierende Rolle spielen. Aus Gebieten Obersachsens, deren Bergwerke zeitweilig daniederlagen, wanderten Knappen nach Böhmen aus. Inzwischen zogen auch Tirol und Oberungarn Bergleute an.

Erwähnt sei ferner das Verschwinden der Juden aus den großen Handels- und Gewerbezentren, ihre Abwanderung nach dem Osten, der wirtschaftlich noch nicht so entwickelt war wie der Westen, oder aufs Land. Die große Zeit der jüdischen Kreditgebertätigkeit ging bis in die Mitte des 14. Jahrhunderts. Dem starken Kreditbedarf, der bei allen Bevölkerungsschichten bestand, war das bürgerliche Wirtschaftsleben noch nicht gewachsen, so hatten hier die Juden einen weiten Spielraum bis in die Hochfinanz hinein. Ungünstige Auswirkungen auf die Volksstimmung konnten nicht ausbleiben, sie äußerten sich in den blutigen Ausschreitungen in der Zeit, als der Schwarze Tod bei uns wütete. Man warf den Juden Brunnenvergiftung, Kindsmord, Hostienschändung vor. Viele kamen um, viele flohen. Es dauerte eine, zwei Generationen, bis sie in ihren früheren Sitzen wieder durch Geldgeschäfte auffallen, aber dann vollzog sich im Laufe des 15. Jahrhunderts ein bezeichnender Wandel. Das starke Aufblühen von Handel und Gewerbe namentlich in Oberdeutschland, der Silberbergbau in Sachsen und Böhmen erleichterten die Kapitalbildung, auch christliche Kaufleute beschäftigten sich mehr und mehr mit dem Kreditgeschäft. Eine Entwicklung war damit eingeleitet, die über die Banken von Italienern zu den großen Unternehmen der Fugger und Welser führte. Das Gefühl der zunehmenden Entbehrlichkeit der Juden äußerte sich darin, daß die städtischen und staatlichen Obrigkeiten, die die Juden bislang aus finanz- und steuerpolitischen Gründen gerne gesehen hatten, diese auszuweisen begannen. Strassburg ging 1387 voran. Im Erzbistum Trier begann diese Ausweisung 1418, Mainz folgte 1438, dann kamen Augsburg 1439, Erfurt 1458, Mecklenburg 1492, Magdeburg 1493, Nürnberg 1498, Ulm 1499, Mark Brandenburg 1510, Regensburg 1519. Es sind wohl einzelne immer wieder zurückgekehrt, aber die meisten wanderten nach dem Osten oder gingen auf die Dörfer, namentlich in die ritterschaftlichen Gebiete, um sich dort dem Viehhandel und dem Hausiergeschäft zu widmen.

Abgesehen von dieser Wanderungsbewegung erfolgte also ein beträchtlicher Abzug von Menschen aus den ländlichen Gebieten, wodurch das Vacuum, das schon durch den Schwarzen Tod eingetreten war, wesentlich vergrößert wurde. Die Folge war ein Überangebot von landwirtschaftlichen Erzeugnissen und gleichzeitig ein Mangel an Arbeitskräften. Diese ganzen Vorgänge lösten einen Prozeß der Schrumpfung aus, der nach einer vorübergehenden Phase des Preisanstiegs (bis 1375) zu einer langfristigen Agrarkrise führte, zu einem Verfall der landwirtschaftlichen Preise, während die Preise für die gewerblichen Produkte in den Städten stiegen. Ihre nachhaltigste Auswirkung hat dieser Vorgang im Wüstungsprozeß erfahren, der ganze Ortschaften oder einzelne Fluren erfaßte. Hier interessieren die Ortschaften, die ganz oder zum Teil „wüst" geworden waren, also der bevölkerungsgeschichtliche Aspekt.

Anfänglich meinte man, diese Wüstungen seien lediglich durch kriegerische Verheerungen entstanden, dann kam die Fehlsiedlungstheorie auf, die sich darauf stützte, daß diejenigen Siedlungen verschwunden waren, bei denen der Ertrag der Felder zu wenig abwarf, so daß, als eine Klimaverschlechterung eintrat, sich die Bewirtschaftung nicht mehr lohnte. Schließlich arbeitete man noch mit der Konzentrationstheorie, wonach mehrere kleinere Siedlungen zu einer größeren zusammengelegt und die Fluren von der neuen größeren Siedlung aus bebaut wurden. Alle diese Theorien treffen für einzelne Fälle zu, die Masse der Beispiele geht aber, wie die neuere Forschung gezeigt hat, auf die Bevölkerungsverluste auf dem Land zurück, die der Schwarze Tod und die danach folgende Abwanderung infolge der herrschenden Agrarkrise mit sich brachten, während in den Städten die Preise für gewerbliche Produkte stiegen. Neuerdings ist als weiterer Gesichtspunkt hervorgehoben worden, daß mit der Einführung der Mühlen an Wasserläufen sich die Produktionsstätten in die Flußtäler verlagerten, wodurch alte Produktionsstandorte aufgegeben wurden.

Über den Umfang der Wüstungsbewegung sind wir nur teilweise unterrichtet. In Württemberg gingen schon im 12. und 13. Jahrhundert 20% des Ortsbestandes verloren, im 14. und 15. Jahrhundert kamen 520 Fälle (= 50%) dazu. In Thüringen stieg der Prozentsatz bis zu Beginn des 16. Jahrhunderts auf etwa 66%, bei Hessen rechnet man mit 40–44%, beim

Ostharz und Eichsfeld mit 50%. Auch in Nordbrandenburg, der Altmark, im thüringisch-sächsischen Becken, lag die Zahl der eingegangenen Orte über 40%. Gering, d.h. unter 10% waren die Verluste in Nordwestdeutschland und am Niederrhein. Allerdings gab es an der Küste durch Sturmfluten starke Landverluste, vor allem die „Mandränke" von 1362. Insgesamt gingen von rund 170000 räumlich selbständigen Siedlungen etwa 40000 oder 23% ein (Abel).

3. Politische Institutionen und Wirtschaft

a) Kaiser und Reich

Seit dem Niedergang des Kaisertums und dem Aufstieg des Territorialfürstentums waren die politischen Verhältnisse im Reich nicht nur komplexer geworden, auch die Beeinflussung der wirtschaftlichen Vorgänge durch politische, obrigkeitliche Institutionen war vielgestaltiger geworden. Das Reich als politische Institution und sein Repräsentant, der Kaiser, verloren dabei immer mehr an Bedeutung. Daran konnten die zahlreichen Reformschriften, die seit dem Konstanzer und insbesondere dem Basler Konzil aufkamen, voran die verschiedenen Fassungen der Reformatio Sigismundi mit ihren betont sozialpolitischen Forderungen nichts ändern. In die Richtung einer Reichwirtschaftspolitik zielte wohl der Plan Karls IV., den Handel von Venedig über Prag zur Elbe zu lenken, wie die gegen Venedig gerichtete Politik Sigismunds, der beabsichtigte, die Vorrangstellung Venedigs im Orienthandel zu untergraben, indem er in Zusammenarbeit mit Genua diesen Handel von der Krim zur Weichsel nach Danzig lenken wollte. Ein gewisser Ansatzpunkt zu einer Reform waren die Kurvereine, Tagungen, zu denen die Kurfürsten zusammen kamen. Eine umfassendere Institution waren die Reichstage, deren Hauptbemühungen vorläufig auf die Sicherung des für den Handel wichtigen Landfriedens gerichtet waren. Für Schuldgeschäfte waren teilweise die kaiserlichen Landgerichte zuständig, deren bedeutendstes in Rottweil saß. Weit verbreitet war bis Ende des 15. Jahrhunderts das auf private Initiative zurückgehende Femegericht, das wohl auch Schuldfragen behandelte, gegen dessen schließliche Abschaffung sich aber bezeichnenderweise besonders die Städte wandten.

Zu einem Instrument der Reichsstände gegen die Königsmacht entwikkelten sich die Reichstage. Unter ihnen ragt der von 1495 hervor. Hier ging es einerseits um die Ordnung der Gerichts- und Friedensgewalt, andererseits um eine Reform der Reichsfinanzen, deren Ergebnis, der gemeine Pfennig, sich allerdings nicht durchsetzen ließ.

b) Territoriale Wirtschaftspolitik

Zwei wichtige Ansätze für den Ausbau der territorialen Wirtschaftspolitik waren einerseits die dem Frieden dienenden Landesordnungen und die das innere Regiment, die innere Ordnung sichernden Polizeiordnungen. Hauptziel der Stadtrepubliken wie der Fürstenstaaten war es, für den Flächenstaat einheitliche Anordnungen zu treffen, so die Zunftverhältnisse in den Städten einander anzugleichen. Ebenso war man bestrebt, Münzen, Maße und Gewichte zu vereinheitlichen, das Verkehrswesen zu ordnen, die Versorgung zu sichern, ein einheitliches Steuerwesen durchzusetzen. Die Landstände bildeten hier ein wichtiges Gegengewicht, um dessen Ausschaltung die Landesherren mit zunehmender Beharrlichkeit bestrebt waren. Mit dem Ausbau der Zentralverwaltung mit der Kammer als Behörde für Finanzen und geheime Staatsangelegenheiten als Mittelpunkt und einem bürgerlichen Beamtenapparat schuf sich der fürstliche Staat ein Instrumentarium von wachsender Wirksamkeit.

Geschwächt wurde die Staatsgewalt der fürstlichen Territorien durch die herrschenden Erbgesetze, die vielfach zu Teilungen und Erbstreitigkeiten führten. So erfolgten Teilungen in Pommern und im Haus Wettin. Die Grafschaft Württemberg war eines der ersten Territorien, die (1482) die Unteilbarkeit festlegten. Groß war die Zahl reichsunmittelbarer Bistümer (51) und Klöster, deren Grund der politischen Selbständigkeit allerdings sehr unterschiedlich war. Besonders ausgeprägt in seiner Eigenständigkeit wie auch in seiner wirtschaftspolitischen Aktivität war der Staat des Deutschen Ordens in Preußen, der allerdings in der 2. Hälfte des 15. Jahrhunderts auf Grund ständischer Spannungen und der Feindschaft des polnischen Nachbarstaats in eine schwere Krise geriet. Ein Teil der geistlichen Fürstentümer geriet unter den Einfluß mächtiger Dynastien wie der Wettiner, Hohenzollern oder Wittelsbacher. Häufig war es so, daß die verschiedenen Grafengeschlechter der Region um die Besetzung der Bischofsstühle miteinander rivalisierten.

Ein wichtiges Instrument, um die territoriale Wirtschaftspolitik auszubauen bildeten weiterhin die Regalien. Der wachsende Holzbedarf bei Bergbau und Gewerbe verlieh dem Forstregal erhöhte Bedeutung. Das Eisengewerbe im Siegerland ließ, seit Beginn des 15. Jahrhunderts nachweisbar, die Hauberggenossenschaften entstehen. Zur Sicherung des Holzbedarfs für den Bergbau im Inntal wurde 1492 eine Waldordnung erlassen.

Das Bergregal wurde zugunsten der landesherrlichen Aufsicht in Ordnungen gefaßt und durch eigene Behörden beaufsichtigt. Sachsen und Habsburg gingen dabei führend voran. Im Bereich des Zollregals wurde das Recht des Königs auf Errichtung neuer Zölle eingeschränkt, was aber die Territorien nicht hinderte, eigenmächtig in das Zollwesen einzugreifen. Der Kurfürst von Brandenburg sicherte sich sogar 1456 vom Kaiser das

Recht, Neuerungen im Zollwesen einzuführen. Eine Möglichkeit, das Grenzzollsystem auszubauen stellte der „Aufschlag“ dar, den Friedrich III. seit der Mitte des 15. Jahrhunderts für die Weinausfuhr aus Österreich erhob. Im übrigen war man um eine Verdichtung des Zollnetzes und den Ausbau der Tarife bestrebt.

Im Münzwesen bemühten sich die Münzvereine um die Schaffung von Währungsgebieten, die über die Territorien hinausgriffen. In Norddeutschland entstand so 1379 der Wendische Münzverein, im Rheinland 1386 ein solcher der vier rheinischen Kurfürsten, die erfolgreich ihren Goldgulden gegen die Konkurrenz des Reichsgulden durchsetzten. Eine neue Ära der Münzpolitik eröffnete die gesteigerte Silberproduktion in Tirol; sie führte 1484 zur Prägung eines Goldguldenäquivalentes im Guldengroschen, der dann bald in Sachsen nachgeahmt wurde.

Landwirtschaftspolitik war in erster Linie Versorgungspolitik, wobei die Maßnahmen der Stadtrepubliken als Muster dienten. So wurden seit dem 15. Jahrhundert Ausfuhrverbote für Getreide bei schlechten Ernten üblich.

Anordnungen gegen Erbteilungen, die in Bayern seit dem ausgehenden 15. Jahrhundert festzustellen sind, dienten dem Schutz der Bauern. Andererseits sind im Gebiet der künftigen Gutswirtschaft seit der Mitte des 15. Jahrhunderts Maßnahmen nachzuweisen, die dem Bauernlegen dienen sollten. Auch in der Gewerbepolitik nahmen die Territorialherren die Maßnahmen der Stadtrepubliken zum Vorbild, so bei den Lohn- und Preistaxen, der Bestätigung der Zunftordnungen, der Beschau. Der Landesherr stellte den Städten seit Ausgang des 15. Jahrhunderts die Zunftordnungen aus. Gleichzeitig erfolgten erste Ansätze zur Durchführung von Landeszunftordnungen. Im Bereich der Handelspolitik ist besonders die Aktivität der Städte hervorzuheben. Aus versorgungspolitischen Gründen wurde das Niederlagsrecht weiter ausgebaut. Hamburg erreichte 1482 von seinem Stadtherrn, dem Oldenburger Christian I. von Dänemark, das Stapelrecht für Getreide, Wein und Bier, das dann Kaiser Friedrich III. bestätigte. Buxtehude und Stade an der unteren Elbe sowie Bremen an der unteren Weser machten es ähnlich. Am Rhein bauten Köln und Mainz ihren Stapel weiter aus. In Mitteldeutschland gelang Leipzig 1464 von seinem Kurfürsten die Anerkennung des Niederlagsrechts. Die Institution der Landstände bildete sich weiter aus, wobei es ihnen gegen Steuerbewilligung gelang, einen Teil der Hoheitsrechte namentlich steuerlicher und gerichtlicher Art an sich zu bringen. Noch spielte das Fehderecht eine Rolle, von dem bestimmte Kreise wie fahrende Kaufleute und Juden ausgenommen waren. Besonders ausgeprägt war die Rolle der Ritterschaft in Schleswig-Holstein; 1460, als das oldenburgische Haus, das in Holstein herrschte, die dänische Krone übernahm, setzte sie fest, daß die beiden Herzogtümer „auf ewig ungeteilt“ bleiben sollten. Die Ritterschaft vertrat hier die Interessen der beiden Länder gegenüber der Dynastie.

Ein wichtiges Instrument der Handelspolitik waren die über die territorialen Grenzen hinausgreifenden Städtebünde. Während die oberdeutschen Bestrebungen seit der Schlacht von Döffingen (1388) scheiterten, konnte sich die Verkehrsgemeinschaft der Hanse im Nord- und Ostseebereich behaupten und mit dem Stralsunder Frieden (1370) ihren Höhepunkt erreichen. Auch jetzt war die Organisation des Städtebundes denkbar locker. Bezeichnend dafür ist die Tatsache, daß es unmöglich ist, genau die Städte anzugeben, die jeweils zum hansischen Bund gehörten. Doch weiß man, daß an den Rechten des Kaufmanns im Ausland nicht nur Angehörige von Städten teilhatten, sondern auch Bewohner von offenen Ortschaften und Dörfern. Auch war die Zugehörigkeit nicht streng auf die deutsche Nationalität oder Reichsuntertanenschaft beschränkt. In Visby gehörten gotländische neben deutschen Kaufleuten zur Hanse, in Kalmar und Stockholm wahrscheinlich nicht nur die dortigen Deutschen, sondern auch Schweden. Das polnische Krakau, dessen Ratssprache im 14. und 15. Jahrhundert das Deutsche war, war ebenso Hansestadt, wie das wallonische Dinant hansische Rechte auf dem Kontor in London genoß. Im Mittelpunkt der nach landschaftlichen Gruppen oder Quartieren sich aufgliedernden Städte standen die wendischen von Hamburg und Lüneburg bis Stralsund, denen sich noch einige pommersche Städte anschlossen. Braunschweig und die übrigen welfischen Orte sowie weitere bis Magdeburg, Aschersleben und Halle waren als sächsische Städte zusammengefaßt. Dazu kamen zahlreiche märkische Orte, in Schlesien vereinzelt Breslau. Im eigentlichen Pommern lagen verschiedene Städte, dazu die 6 preußischen Städte mit dem Hauptort Danzig, schließlich als östlichste Gruppe die livländischen Städte im Gebiet des Landmeisters, voran Riga, Reval und Dorpat. Im Westen lag der wichtige Kranz der westfälischen Städte mit Dortmund, Soest und Münster; dazu kamen diejenigen vom Niederrhein und in Friesland bis zur Zuydersee, die Städte Andernach und Köln bis Deventer und Zwolle.

Emden war nie Hansestadt, ebensowenig die Städte von Holland und Seeland, was für die spätere Entwicklung von großer Bedeutung werden sollte. Die Höhe der Beiträge richtete sich nach der Leistungsfähigkeit der einzelnen Orte. Die auf den Hansetagen gefaßten Beschlüsse wurden in den Hanserezessen aufgezeichnet. Die lockere Organisation des Bundes kam auch darin zum Ausdruck, daß sich einzelnen Verteidigungsbündnissen jeweils nur die daran unmittelbar Interessierten anschlossen.

c) Grundherrschaft und Dorfgemeinde

Zur Bildung größerer Territorien kam es am wenigsten im Bereich der ehemaligen Hohenstaufer im Südwesten des Reiches. Hier blieb die Herrschaft kleiner Ritter und Reichsstädte bezeichnend. Ganz allgemein muß noch beachtet werden, daß unterhalb der Territorialherrn obrigkeitliche

Funktionen beim Grundherrn blieben. Die Grundherren konnten Adlige, Geistliche, aber auch Institutionen wie Spitäler sein. Hinsichtlich der Rechte der Grundherren über die ihnen untergebenen Bauern gab es große Unterschiede. Richterliche Funktionen, Abgaben und Freizügigkeit gehörten zu den wichtigsten Rechten des Grundherrn. Steigerung der Abgaben, Ausweitung des Anspruchs auf Leibeigenschaft waren wesentliche Gründe, die im Süden die Bauernunruhen gegen Ende des 15. Jahrhunderts auslösten. Häufig wurde die Stellung der Grundholden durch das Verhältnis der Grundherren zum Territorialherrn mitbestimmt, dessen Streben danach ging, die Gerichtsrechte möglichst in seiner Hand zu vereinen. Am erfolgreichsten waren in dieser Hinsicht die bayerischen Wittelsbacher und Tirol, während in Schlesien und Schleswig-Holstein der Grundherr sogar die hohe Gerichtsbarkeit beanspruchen konnte.

Neben dem Grundherrn behauptete auch die Dorfgemeinde obrigkeitliche Funktionen mit dem Recht der Niedergerichtsbarkeit und verschiedener wirtschaftlicher Selbstverwaltung, wobei die Markgenossenschaft besonders zu betonen ist.

4. Gesellschaftliche Strukturen

a) Der Adel

Für die gesellschaftliche Ordnung im Reich war der Adel das bestimmende Element, wobei zwischen hohem und niederem Adel unterschieden werden muß. In den Händen des hohen Adels, der Fürsten und Grafen, lagen die Territorien des Reichs. Sie erhoben auch Anspruch auf die Besetzung der Bistümer, Domkapitel und größeren Abteien. Insgesamt nahm die Zahl der adligen Familien ab. Der Aufstieg in den Grafen- oder Fürstenstand war im wesentlichen abgeschlossen. Von den vorhandenen adeligen Familien sanken zahlreiche in den Bauernstand ab, andere starben aus. In starkem Maße trug das aus Vermögensgründen gewählte Zölibat, die Unterbringung in geistlichen Pfründen dazu bei. Beim Haus Hohenzollern betrug das Verhältnis von Verheirateten zu Zölibatären bis 1500 27 : 12. Eine Folge dieser Tatsache war es, daß die vornehmen Stifte häufig an Personalmangel litten. Das Frauenstift Essen, das im 13. Jahrhundert durchschnittlich 27 Nonnen besaß, hatte in der Mitte des 15. Jahrhundert noch 7 bis 8.

Die wirtschaftlichen Verhältnisse des niederen Adels verschlechterten sich allgemein mit der landwirtschaftlichen Entwicklung im Spätmittelalter, was sich teilweise in Bestrebungen äußerte, die grundherrlichen Belastungen der Bauern zu erhöhen, bzw. die Landflucht der Bauern in die Städte zu erschweren.

b) Die Stadtbewohner

In den Städten gab es den Unterschied zwischen der patrizischen Oberschicht und den übrigen Bürgern. Während einerseits Landadelige in die Stadt zogen, um etwa sich als Kaufleute zu betätigen, suchten sich die städtischen Patrizier dem Landadel anzugleichen. Nach Nürnberg zogen Mitte des 14. Jahrhunderts die Paumgartner. Durch Lehensbesitz suchten die Patrizier ihre rittermäßige Stellung zu unterbauen, stießen allerdings vielfach hinsichtlich der Gleichstellung auf die Ablehnung des landsässigen Adels. Teilweise taten sich die Patrizier in den Städten zu eigenen Gesellschaften zusammen, so in Lübeck zur Zirkelgesellschaft, in Lindau zu den „Sünfzen". In der Stadt spielte das Vermögen eine entscheidende Rolle für den Aufstieg in die Oberschicht. Städtische Luxusordnungen sorgten dafür, daß der Vermögensunterschied nach außen sichtbar wurde. Aus der Steuerleistung wurde er im allgemeinen nicht erkennbar, da die Steuer aufgrund der Selbsteinschätzung erfolgte. Zur meist kaufmännisch oder als Rentner tätigen Oberschicht mit einer Vermögensgrenze von 600 Mark gehörten in Lübeck 1450 22,3%, in Augsburg, um ein oberdeutsches Beispiel zu nehmen, 1475 bei 400 fl Vermögensgrenze 8,5%.

Wesentlich breiter war die Mittelschicht mit einer Vermögensgrenze von 150 Mk oder 100 fl. Zu ihr zählten im allgemeinen die Handwerker, die Schiffer und die Brauer. Sie betrug in Lübeck in dem betreffenden Jahr 38,3%, in Basel rund 26%. Die Gruppe, für die wir heute das Wort Unterschicht verwenden, machte in Lübeck 39,4%, in Basel 66–68%, in Augsburg soll sie über 86% ausgemacht haben. Knechte und Mägde wohnten im allgemeinen im Haus des Meisters und bildeten deshalb keine eigene Steuerschicht. In Nürnberg machten sie in der Mitte des 15. Jahrhunderts 18,6% der Bevölkerung aus, in Basel am Ende des Jahrhunderts 17%.

Zahlreich sind die bürgerlichen Unruhen in dieser Zeit, wobei es sich vor allem um eine Opposition gegen die herrschenden Verfassungsverhältnisse handelte. Am bemerkenswertesten war die Ablösung des Geschlechterregiments durch die Berufsgruppen der Gaffeln in Köln 1396. An der allgemeinen Tendenz, daß die Vermögenden d. h. die Kaufleute, weiterhin das Stadtregiment in den Händen behielten, konnte das nichts ändern. Dies hing vor allem auch mit der Frage der „Abkömmlichkeit" zusammen. Sich den städtischen Ehrenämtern zu widmen, verlangte ein entsprechendes Vermögen, über das die Handwerker, die sich gegen die Geschlechter wandten, im allgemeinen nicht verfügten. In Nürnberg kam man den Neureichen in der Weise entgegen, daß man für sie als „Ehrbare" neben dem engeren Rat ein weiteres Gremium der „Genannten" schuf. Auch bei den Handwerkern nahm das ständische Denken betontere Formen an, wodurch der Gegensatz zwischen Meister und Gesellen verschärft wurde. Die Zünfte begannen sich abzuschließen, d. h. die Meisterzahl wurde begrenzt, die besten Zulassungchancen hatte, wer die Tochter oder Witwe eines Meisters heiratete oder Meistersohn war. Außerhalb der bürgerlichen Gesellschaft befanden sich verschiedene Gruppen, einmal die Beisassen, die kein volles Bürgerrecht besaßen, keine Vollberechtigung hatten, auch die unehelich Geborenen, denen im allgemeinen der Zugang zu den Zünften verwehrt blieb.

Mit der Erstarkung der wirtschaftlichen Stellung des Bürgertums verstärkte sich der Druck gegen die Juden, die im Lauf des 15. Jahrhunderts aus zahlreichen Städten ausgewiesen wurden. Dabei waren die Handwerker schärfere Gegner der Juden als die Patrizier, weil sie stärker an die Juden verschuldet waren. Gegen Ende des Jahrhunderts war der Aufenthalt der Juden nur noch in wenigen Städten gestattet. In Regensburg machten sie jetzt noch 15% der Bevölkerung aus.

Ein besonderes Problem bildeten in den Städten die Kranken und Gebrechlichen. Kirchliche und private Fürsorge bemühten sich hier Abhilfe zu schaffen. Es gab die Hospitäler, die halbreligiösen, halbzünftlerischen Brüderschaften, die Fürsorgetätigkeit der Zünfte, Anfänge einer öffentlichen Gesundheitspflege mit der Ratsapotheke und dem Stadtarzt und die zahlreichen privaten Stiftungen, so das Heiliggeistspital des Nürnberger Groß und die Zwölf-Brüderstiftung der Mendel für alte Handwerker.

Die städtische Gesellschaft erhielt schließlich durch das geistliche Element noch ihr besonderes Gepräge, wobei, abgesehen von den verfassungsmäßigen Unterschieden zwischen Reichsstädten und den landesfürstlichen Städten und den Städten, die sich von landesfürstlicher Abhängigkeit mehr und mehr unabhängig machen konnten (Hamburg), zwischen den Bischofsstädten und den Städten ohne Bischofssitz zu trennen ist. Außer dem Domkapitel gab es die Geistlichkeit der Stifte, die vornehmlich Adelige aufnahmen, und die übrigen Klosterinsassen, abgesehen von den weltlichen Pfarrgeistlichen. Die Klöster waren hauptsächlich Versorgungsinstitute für die bürgerliche Schicht, wobei der starke Frauenüberschuß ein besonderes Problem darstellte.

Schließlich gab es noch die Pfahl- oder Ausbürger. Hier handelte es sich um Adelige, aber auch um Bauern und Handwerker, die auf dem Lande lebten. Aus Sicherheitsgründen erwarben sie das städtische Bürgerrecht, das sie u. a. verpflichtete, sich eine Zeitlang in der Stadt aufzuhalten und bei der Verteidigung mitzuwirken. Bei den Bauern handelte es sich vielfach um Leute, die sich der Herrschaft ihrer Grundherren entziehen wollten.

c) Die ländliche Bevölkerung

In der ländlichen Gemeinde, zu der Dorf, Weiler und Einzelhof zählten, gab es einerseits die rechtlichen Unterschiede zwischen Freibauern und die verschiedenen Stufungen der abhängigen Bauern, andererseits prägten sich mehr und mehr die Vermögensunterschiede und der dadurch bedingte soziale Status vom Dorfschulzen und Vollbauern bis zum Kötter, Kätner, Gärtner, Häusler oder Seldner aus.

Ähnlich wie Westeuropa erlebte auch Deutschland bäuerliche Unruhen als Ausdruck der gerade in der ländlichen Schicht herrschenden Spannungen. Abgesehen von den Vorgängen in St. Blasien von 1371 fallen sie alle ins 15. Jahrhundert, so am Oberrhein (1431 und 1444), am Main (1476), im Gebiet des Abts von Kempten (1491), in den österreichischen Alpen. Die Aufständischen sahen im Kaiser ihren Helfer und richteten sich vor allem gegen Territorialherren, die bestrebt waren die Bauern stärker von sich abhängig zu machen. Es spielten aber auch religiöse Momente herein, deren Opfer einerseits die immer stark verfolgten Hexen, andererseits Juden waren, bei denen die Bauern Schulden hatten.

5. Land- und Forstwirtschaft

Als Auswirkung der Wüstungen wurden Siedlungen und Felder verlassen und blieben verlassen. Der allgemeine Eindruck ist Rückgang der Getreideproduktion und Ausbreitung des Waldes. Die Entwicklung verlief dabei keinesfalls über die Jahrzehnte hinweg und in den verschiedenen Regionen gleichmäßig. Sie wurde allgemein stark durch den Erntezyklus und die immer wiederkehrenden Teuerungsjahre beeinflußt. Auch müssen die verschiedenartigen Absatzmöglichkeiten beachtet werden. Im Bereich der Küste waren sie besonders günstig. Hier kam zum Binnenmarkt der Bedarf des westeuropäischen Außenmarkts, und die Schiffahrt förderte die Absatzmöglichkeiten. In Oberbayern erfolgte ein Ausgleich durch Zubaubewirtschaftung.

Die Nachfrage nach Agrarprodukten stieg im Lübecker Marktraum, wozu auch Dänemark, Schweden und Finnland gehörten, in der 2. Hälfte des 15. Jahrhunderts stetig an. Die landwirtschaftliche Produktion nahm aber gleichzeitig so zu, daß schärfere Preisauftriebe sich nicht durchsetzen konnten. Schon im 2. Viertel des 15. Jahrhunderts ist ein steigender Wert der Höfe und Dörfer festzustellen. Diese Vorgänge müssen nun allerdings vor dem Hintergrund des sinkenden Silberwerts der lübischen Mark gesehen werden. Diese Entwertung traf alle Grundherren, die Landesherren, kirchlichen Institutionen und vor allem den Adel. Denn ihre wichtigste reguläre Einnahmequelle war die von den Hintersassen zu entrichtende Grundsteuer, die im 13. Jahrhundert fast überall in lübischem Geld festgelegt worden war.

Daß Adlige sich in den Getreidehandel einschalteten, läßt sich zum erstenmal 1480/81 deutlich nachweisen, als in den Niederlanden beträchtlicher Mangel herrschte. Nachdem sie das, was sie ihrer eigenen Wirtschaft entnehmen konnten, teuer verkauft hatten, kauften sie noch Roggen von ihren eigenen und anderen Bauern auf, um ihn mit großem Gewinn weiterzuverkaufen. In dieser Zeit, so heißt es in der Lübecker Chronik, wurden die „hovelude“, d. h. die von Adel, und die gierigen Kaufleute Kornkäufer, sie sandten das Korn nach Flandern und brachten in Lübeck den Scheffel Roggen auf 7 Schillinge und mehr.

Die allgemein niedrigen Getreidepreise begünstigten die verschiedenen Möglichkeiten der Existenzwirtschaft, insbesondere die Weidewirtschaft. Um brach liegendes Land zu nutzen, wurden Schäfereien angelegt, so im Gebiet des Stifts Ellwangen mit Höfen, die 500 und z. T. über 1000 Schafe hielten.

Es fällt auf, daß im Spätmittelalter der Fleischverbrauch sehr hoch war, daß auch die weniger bemittelten Bevölkerungsschichten „riesige Mengen“ verzehrten. Im Jahre 1397 sollen die 8000 Bewohner von Berlin täglich je 3 Pfund Fleisch gegessen haben. Hinweise auf den starken Fleischverbrauch geben insbesondere die Lohn- und Gesindeordnungen der Obrigkeiten. Aus diesen Ordnungen, die für Süd-, West- und Mitteldeutschland vorliegen, ist zu ersehen, daß man dem Gesinde und sonstigen Arbeitskräften, soweit sie Anspruch auf Beköstigung hatten, täglich zweimal, mittags und abends, Fleischgerichte reichte, mit Ausnahme der Fasttage, an denen Fisch aufgetragen wurde. Daneben bestanden die Mahlzeiten aus Gemüse (Kraut, Rüben) und Milch.

Die Folge dieses starken Fleischverbrauchs war ein ausgedehnter Viehhandel, der abgesehen von den großen Bevölkerungszentren hauptsächlich nach dem Westen des Reichs und nach den Niederlanden tendierte, wobei Dänemark, Polen und Ungarn als zusätzliche Lieferanten in Frage kamen. Nürnberg, Augsburg, Köln waren Zentren des deutschen Viehhandels. Die Viehausfuhr Ungarns betrug schon um 1480 55 bis 60% der Gesamtausfuhr nach dem Westen. Namentlich waren es Ochsen, die auf den großen Weidegebieten zwischen Donau und Theiß gemästet wurden.

In Deutschland wurde Schlachtvieh namentlich in den Marschgebieten von Friesland bis Eiderstedt gemästet. Die Spezialisierung auf die Viehzucht war in diesen Küstengegenden in den ausgehenden Jahrzehnten des 15. Jahrhunderts schon so weit gediehen, daß in gewissen Landschaften Viehexport in großem Maßstab betrieben werden konnte. Auch in Dänemark nahm in dieser Zeit der Viehexport zu. Im Jahre 1485 passierten den Gottorfer Zoll 12813 Ochsen, im Jahre 1501 waren es 28418.

Das Bestreben die Eigenerzeugung zu steigern und Ochsen zu mästen, wird am Beispiel des adligen Klosters Preetz ersichtlich. Probst Detlef Sehestedt kaufte 1498 45 Ochsen und gab sie den Bauern in der Probstei in „voderinge“, d. h. zum Füttern. Eben in dieser Zeit ging der Adel dazu über, dänische Ochsen auf eigene Rechnung an die Elbe zu führen, um sie da mit Gewinn zu verkaufen. Dieses Geschäft wurde nun von Jahr zu Jahr gesteigert. Im Herbst 1510 verzollte Heinrich von Ahlefeldt in Gottorf 325

Ochsen, im Herbst darauf sein Knecht 144 und einige Wochen danach der Herr noch einmal 135, und im Frühjahr darauf zahlte er den Zoll für 517 Ochsen.

Für Süddeutschland sind die „Schwaigergemeinden" erwähnenswert, die zu Beginn des 15. Jahrhunderts in der Landshuter Gegend entstanden. Sie spezialisierten sich auf Viehzucht, um die Stadt mit Milch, Butter und Fleisch zu versorgen. Den Dünger verwendeten sie für den Gartenbau, um das gewonnene Gemüse in der Stadt zu verkaufen.

Auch die Teichwirtschaft muß in diesem Zusammenhang erwähnt werden. Im Landgericht Amberg in der Oberpfalz wurden im 15. Jahrhundert zahlreiche Felder, auf denen man bislang Getreide angebaut hatte, in Fischteiche umgewandelt. Vermutlich vom nahen Böhmen, wo die Teichwirtschaft blühte, ließ man sich zur Karpfenzucht anregen.

Möglichkeiten der Intensivwirtschaft bot der Obstbau. An ihm konnte man weit mehr verdienen, als am Getreidebau. Namentlich im Rheinland gedieh der Anbau. Schiffsladungen von Obst gingen aus dem Rheingau nach Frankfurt/Main. Nach dem Zollprivileg Friedrichs III. für Neuenburg im Breisgau wurden gedörrte Birnen fuderweise auf dem Rhein verschifft, ebenso Kastanien in Fässern und Mandeln in Säcken. Nach Johannes Butzbach verdiente gegen Ausgang des 15. Jahrhundert ein Bauer von seinen Kirschen, die er in Mainz verkaufte, in einem Jahr 30 Gulden, was dem Wert von etwa 70 dz Roggen entsprach.

Der Weinbau dürfte in Deutschland um 1500 seine größte Ausdehnung erfahren haben. Damals wurde rheinabwärts bis Xanten, um Münster, Göttingen und Braunschweig, ja, bis Preetz und Itzehoe Wein angebaut, des weiteren an der Oder und in Ostpreußen. Der Hochmeister Winrich von Kniprode (†1382), ließ Winzer aus Süddeutschland und Italien kommen, um in Ostpreußen Weingärten nach südlichem Muster anzulegen. 1379 sollen im Land des Ordens 608 Tonnen Wein erzielt worden sein.

Wachsende Bedeutung erlangten die Industrie- und Handelspflanzen. Entsprechend der Ausbreitung des Leinengewerbes muß der Flachsanbau zugenommen haben, so in Oberdeutschland, in Westfalen und Niedersachsen. Der blaue Farbstoff Waid, Saflor, Anis und Gemüse wurden in Thüringen, namentlich im Raum um Erfurt, angebaut. Auf Krapp, aus dem man die rote Farbe herstellte, richtete man sich in der Gegend von Speyer und in Schlesien ein. Raps und Rübsen wurden in vielen Gegenden angebaut. In weiten Teilen Deutschlands kam die Hopfenzucht in Schwung, in Norddeutschland bis Schleswig-Holstein hinauf, sowie in Mittelfranken.

Auf diese Weise häuften sich in bestimmten Landschaften die Intensivkulturen. Im Raum um die großen Städte blühte der Gartenbau. So entstand nördlich von Nürnberg das Knoblauchsland. In der Weimarer Gegend pflegte man den Zwiebelanbau. In Frankfurt gab es, zum erstenmal 1454 erwähnt, eine Gärtnerzunft. Diese Zunft kaufte Zwiebeln, gelegentlich auch Rübsamen, und verteilte diese an ihre Mitglieder. Zu Ende des Jahrhunderts hatten diese Gärtner ihre Anbautätigkeit soweit ausgedehnt, daß ihnen das eigentliche Gartenland nicht mehr genügte und sie dazu übergingen, Brachland zu bebauen, so daß sie mit den Metzgern in Konflikt gerieten, die das Brachland als Viehweide brauchten.

Die Ausbreitung des Waldes ist in ihrem gesamten Ausmaß noch nicht zu erkennen. Ein Beispiel bietet der Kreis Hofgeismar, wo sich die Waldfläche zwischen 1290 und 1430 verdoppelte. Hinweise auf die Ausbreitung des Waldes in Oberdeutschland bringt die Zimmernsche Chronik. Nach Abels Schätzungen ist rund ein Viertel der heutigen Waldfläche im Spätmittelalter zugewachsen.

Schweineherden aus den Hellwegstädten, der Grafschaft Mark und Hessen weideten in den Wäldern des Hochsauerlandes. Mit der zunehmenden Nutzung für die Kohlen, d. h. für die gewerbliche Produktion, gingen diese Möglichkeiten allerdings zurück.

Die gewerbliche Verwendung der Holzkohle ließ das Köhlergewerbe entstehen. In der Oberpfalz stellten die Hammermeister Köhler an, die für sie in den herrschaftlichen Wäldern Kohle machten. In Hessen, im Siegerland versorgten selbständige Köhler die Hütten. Im Siegerland entwickelte sich der Hüttenbetrieb im 15. Jahrhundert in einer Weise, daß der Holzbedarf über die natürliche Regenerationskraft der Wälder hinausging. Mit der Entwicklung des Haubergsystems versuchte man aus dieser Schwierigkeit herauszugelangen; man richtete sich auf den Niederwald ein, der alle 16–20 Jahre geschlagen und zu Holzkohle verwertet wurde. Um eine Regeneration der Wälder zu sichern, entwickelte sich eine gewisse Versorgungspolitik, die für die Waldnutzung bestimmte Vorschriften erließ. In Nürnberg war man bemüht, holzverbrauchende Anlagen wie Kohlenmeiler, Glasschmelzhütten, Hammerwerke, Färbereien, möglichst aus dem Bereich des Reichswaldes zu verdrängen. Der Handelsherr Peter Stromeier († 1388) ließ Tannen, Föhren und auch Laubholz säen. Auf diese Weise wurden die Nürnberger Reichswälder in der 2. Hälfte des 14. Jahrhunderts weitgehend aufgeforstet. Schon 1398 säte man im Stadtwald Frankfurts. Nicht nur im Reichswald, sondern auch durch die Bauern des Aurach- und Zenngrundes, westlich von Nürnberg, wurde Waldsamen gewonnen, den Interessenten von Nürnberg bezogen, so Kaiser Friedrich für die Aufforstung des öden Steinfeldes im Wiener Becken bei Wiener Neustadt und Markgraf Christoph von Baden.

Abschließend sei noch die Frage der Grundrente erörtert, d. h. des Ertrags aus dem Boden, wenn Arbeits- und Sachkosten abgezogen waren. Wo es sich um Getreideanbau handelte, war sie, wie die Preis- und Lohnentwicklung erkennen läßt, rückläufig. Wie die Beispiele sächsischer Ritter und Vögte aus dem Jahre 1474 zeigen, waren die Ausgaben für Löhne und Kleidung besonders hoch, und die Kleidung dabei bescheidener als etwa die der Bürger in den von Handel und Gewerbe lebenden Städten; zu beachten ist allerdings der Unterschied zwischen der Grundrente und der Feudalrente, die ja aus verschiedenen Renten und Dienstleistungen bestand. Diese Renten wurden gemindert durch den Vorgang der Wüstungen. Die Wiederbesetzung wüster Hufen mußte mit Freijahren, Zinsnachlässen und andern Wiederaufbauhilfen erkauft werden. In Bayern entwickelte sich daraus eine eigene Verleihung zu „Ödrecht", andererseits gerieten die Bauern in solche Schwierigkeiten, daß sie keinen Zins zahlen konnten. Abgesehen von den Zugeständnissen der Herrn wehrten sich diese durch Mittel des Zwangs. Abzugsgebühren, Stellung eines Ersatzmannes, Einschränkung der Freizügigkeit waren andere Mittel. Schließlich gestattete das Fehderecht die Möglichkeit Beutezüge zu machen und dabei insbesondere die reichen Städter zu schröpfen. Nach der Zimmernschen Chronik kaufte Werner von Zimmern 1453 ein Dorf samt Zubehör für 650 Gulden, für einen Kaufmann der Stadt ein verhältnismäßig geringer Betrag. Im Norden läßt das Beispiel des Domkapitels von Schleswig einen Rückgang der Einnahmen zwischen 1352 und 1437 erkennen. Andererseits gibt es Beispiele gerade aus Schleswig-Holstein, die zeigen, daß mit der wiederansteigenden Konjunktur auch die Güterpreise stiegen.

Die Urteile über die Stellung der Bauern sind widersprüchlich. Geiler von Kaisersberg spricht vom bäuerlichen Aufwand, und auf den Reichstagen zu Lindau (1497), Freiburg im Breisgau (1498), und Augsburg (1500) wurde verlangt, daß Bauern und „arbeitende Leute in Stadt und Land sich mit billigem Tuch begnügen und keinerlei Gold, Samt oder Seide tragen sollten". Allerdings gilt es hier die soziale Schichtung unter den Bauern und ihre verschiedenartigen Einkommensverhältnisse zu beachten. Sie waren anders bei den Freibauern und Vollhöfnern als bei den Mittel- und Kleinbauern und bei denjenigen, die neben ihrer bäuerlichen Betätigung noch als Gastwirte, Fuhrleute, Händler verdienten. Ganz allgemein muß aber nocheinmal betont werden, daß die bäuerliche Arbeit aufgrund des gesamten Lohn- und Preistrends geringer entlohnt wurde als die bürgerliche Betätigung im Handwerk und Handel.

6. Bergbau, städtisches Handwerk und Großgewerbe

a) Technische Neuerungen

War das Spätmittelalter auf dem agrarischen Sektor weitgehend eine Zeit der Depression, so traf dies für den gewerblichen Sektor nicht in gleicher Weise zu. Hier traten Faktoren auf, die dem gewerblichen Leben wichtige Impulse verliehen. Dazu gehören verschiedene technische Neuerungen, die dem Bergbau, der Metallverarbeitung, wie dem textilen Bereich und anderen Gebieten zugute kamen. Im Bergbau ist vor allem das Saigerverfahren zu nennen, das es ermöglichte, das im Kupfererz enthaltene Silber mit Hilfe von Blei auszuscheiden. Schon um 1400 war das Verfahren bekannt; bei seiner Entwicklung spielten offenbar Nürnberger Spezialisten eine besondere Rolle. Die Saigerhütten, die im Laufe des 15. Jahrhundert entstanden, waren kostspielige Anlagen. Dazu kamen neue Verfahren im Pumpenbau, die es ab etwa 1470 ermöglichten, mittels Schächten und Stollen im Bergbau größere Tiefen zu erschließen. Auch die Fördereinrichtungen wurden dabei verbessert. Spezialisten traten hervor, die sich auf technische Neuerungen verstanden. So erhielt ein Nürnberger vom Markgrafen von Meißen das Privileg, die durch Wassereinbruch unbrauchbar gewordenen Gruben von Freiberg mit einer Wasserkunst trocken zu legen. 1484 erhielt Blasius Dalmaticus von Ragusa vom Kurfürsten von Sachsen ein Patent für eine Entwässerungsmaschine. Ein anderer Fachmann war Johann Thurzo, mit dem Jakob Fugger sein ungarisches Kupferunternehmen aufbaute.

In der Eisenverarbeitung war der einfache Produktionsprozeß mittels Rennfeuer noch keineswegs überwunden, aber die Neuerung des Hochofens begann sich zu verbreiten. Mit ihm, der höher gemauert war, konnte man mehr Hitze erzielen und damit auch größere Erzmassen auf einmal zum Schmelzen bringen. Die daraus gewonnene, zähe, wachsartige Masse von verschiedenen Zentnern wurde Luppe, Wolf oder Stück genannt, weshalb man den Ofen zunächst Wolfs- oder Stückofen nannte.

Im Siegerland scheint man diese Stücköfen am frühesten verwendet zu haben. An der Sieg wird für das Jahr 1311 eine Mashütte genannt. Man sprach hier künftig von Massenhütten. Das Gebläse wurde zunächst noch mit der Hand oder mit dem Fuß betrieben, aber dann verstand man die Wasserkraft zu nützen. Man gebrauchte die Wasserkraft der Mühlenanlage für zwei Aufgaben: zum Betreiben der Blasebälge im Schmelzwerk und für die Hammerwerke, in denen das Eisen weiterverarbeitet wurde. Im Lothringischen ließ der Graf von Bar schon 1323 bei Moyeuvre eine Eisenschmiede erbauen, die mit Wasserkraft betrieben war. Um diese Zeit findet man die Verwendung der Wasserkraft auch im Nürnberger Raum. In den rheinischen Berglanden scheint man im allgemeinen im Laufe des 15. Jahrhunderts zur Verwendung der Wasserkraft übergegangen zu sein. Im Siegerland ist sie zum ersten Mal für das Jahr 1417 nachgewiesen. Die Konstruktion der Stücköfen brachte es mit sich, daß die Luppe kohlenhaltiger war als beim Rennfeuer, ihre Schmiedbarkeit war also geringer. Das Eisen mußte weiter behandelt, entkohlt oder gefrischt werden. Deshalb nennt man dieses neue Verfahren das indirekte.

Umwälzende Neuerungen in der Kriegstechnik wurden durch die Erfindung des Pulvers eingeleitet. Zur gepanzerten Rüstung, zu Spieß, Bogen und Armbrust traten jetzt Handfeuerwaffen und Geschütze aus Eisen und Bronze, Kugeln aus Blei, Stein und Eisen. Eine andere Neuerung des Metallsektors, die von Nürnberg ausging, war die Mechanisierung des Drahtziehens. Die Instrumentenmacherei, die Herstellung von Uhren mit Schlagwerken kamen hinzu. Im Textilsektor wurde, zum erstenmal im sogenannten „Hausbuch“ erwähnt, das Tretspinnrad verwendet.

Um die Wende vom 14. zum 15. Jahrhundert wurde von Italien her in Nürnberg die Kunst des Papiermachens eingeführt, wobei Ulman Stromer seine Italienverbindungen verwerten konnte. Dazu kam als weitere umwälzende Neuerung die Erfindung des Buchdrucks mit beweglichen Lettern. Johannes Gutenberg und Johannes Fust stehen am Anfang dieser Erfindung, die sich seit der Mitte des 15. Jahrhunderts rasch von Mainz aus ausbreitete. Bisherige technische Fachwerke konnten nur handschriftlich überliefert werden, so Konrad Kyesers Feuerwerksschrift von 1405 und das oberschwäbische „Hausbuch“ von etwa 1470. Bald kam die Zeit, wo man Bergwerksbüchlein und dergl. im Druck verbreitete. Darüber hinaus wurde der Buchdruck ganz allgemein wichtig als Informations- und Bildungsmittel.

b) Bergbau und Weiterverarbeitung

Das späte Mittelalter brachte für den Bergbau in Mitteldeutschland eine neue Blüte. Von Goldfunden ist wohl nicht allzuviel die Rede, aber das Gold war vorhanden und es wurde gewonnen. Außer in den Rheinlandschaften gab es Goldbergwerke in Thüringen, im Fichtelgebirge und in Schlesien, in der Gegend von Liegnitz und in den Sudeten um Reichenstein und Zuckmantel. Der bekannteste Betrieb war zunächst der von Goldberg, wo um 1340 2500 Bergleute beschäftigt gewesen sein sollen. In der Liegnitzer Gegend sollen in der 2. Hälfte des 14. Jahrhunderts jährlich 30 Ztr. gewonnen worden sein, im 15. Jahrhundert ließ die Ausbeute nach, während die Vorkommen im Gebirge ergiebiger blieben.

Die Bedeutung des Goldes als Münzmetall wird ersichtlich aus der Tatsache, daß die Goldmünzen, die man im 13. Jahrhundert in Italien zu prägen begann, im Laufe des 14. Jahrhunderts mehr und mehr in Deutschland nachgeahmt wurden. Verbreitung fand der Floren und dann der rheinische Gulden, der in der zweiten Jahrhunderthälfte geprägt wurde. Der Import von Gold nahm im Laufe des ausgehenden Mittelalters beträchtlich zu, namentlich dank der portugiesischen Afrikaverbindungen. Schließlich kamen seit den Fahrten des Kolumbus noch die Goldfunde aus der Neuen Welt hinzu.

Aber das Gold sollte an Bedeutung als Münzmetall bald wieder vom Silber überflügelt werden. Silberbergwerke gab es zunächst im Harz, um Goslar und im Mansfeldischen. Neben der Stadt Goslar beuteten die Braunschweiger Fürsten und die Mansfelder Grafen die Silbervorkommen aus. Nach einem Wiederaufschwung wurden am Rammelsberg um 1500 jährlich 20 Ztr. gewonnen. Seit der 2. Hälfte des 15. Jahrhunderts blühte der Silberbergbau im Sächsischen, wo er bislang um Freiberg betrieben wurde, wieder auf. 1470 wurde in Schneeberg begonnen, 1476 am Schreckenberg im Erzgebirge. Hier entstand 1496 die Bergstadt Annaberg. Die Gesamtproduktion stieg bis 150 Ztr.

Außer Silber wurde in Sachsen seit dem 14. Jahrhundert auch Zinn gewonnen. Aus Zinn und Kupfer stellte man Bronze her, man verwendete sie im ausgehenden Mittelalter zum Glockenguß und zur Herstellung der neuen Pulvergeschütze, der Kanonen und Mörser. Neben der Bronze gab es als zweite Legierung mit Kupfer das Messing, wozu man das Zinkerz Galmei brauchte. Es wurde in Schlesien und im Harz, vor allem aber im Aachener Raum gefunden. Der bedeutendste Platz des Messinggewerbes hier war zunächst Dinant gewesen, nun, seit der Mitte des 15. Jahrhunderts, blühte die Aachener Produktion auf. Messing wurde verarbeitet zu allerlei Hausgerät, aber auch zu Grabplatten. Daneben gebrauchte man viel Kupfer im Haushalt. Die Aachener Messingproduktion bezog ihr Kupfer vornehmlich vom Harz, aus der Mansfelder Gegend.

Inzwischen begann man Kupfer in Thüringen, in Böhmen, vor allem aber in Tirol und in der Slowakei (Oberungarn) auszubeuten. Am Rammelsberg lag die jährliche Produktion meist unter 1000 Ztr. Im Mansfelder Gebiet, dessen Grafen 1364 von Karl IV. mit dem Kupferwerk belehnt wurden, erreichte die Produktion 1526 einen Gipfel von über 41000 Ztr. Am Falkenstein bei Schwaz stieg die jährliche Kupferproduktion von 7000 auf über 16000 Ztr., die Silberproduktion von 80 auf 300 Ztr. Allenthalben waren hier Augsburger und Nürnberger Gesellschaften bei der Erschließung beteiligt und hatten dabei mancherlei Gelegenheit, die frühkapitalistischen Organisationsformen weiter auszubauen, was meist auf Kosten der genossenschaftlichen Beteiligung der Hauer ging. Nach der ersten Saigerhütte, die 1462 bei Mansfeld entstand, folgten bis 1500 noch weitere, eine wurde (1471) bei Chemnitz errichtet. Ihre Produktion erreichte mehrere Tausend Zentner Kupfer. Hier gab es die frühesten Monopolbestrebungen im deutschen Großgewerbe: 1498 taten sich die in Tirol beteiligten Augsburger zu einem allerdings nur kurze Zeit bestehenden Kartell zusammen, um den Kupferpreis auf dem Markt in Venedig zu beeinflussen. Die an Berggewinn interessierten Fürsten machten dabei mit. 1498 gründete der Herzog von Sachsen eine Gesellschaft, der das Ankaufsmonopol für Altenberger Zinn überlassen wurde. Ähnliche Bestrebungen gab es im Handel mit Quecksilber, das in Deutschland selbst nur in geringer Menge gewonnen wurde, so bei Obermochel und Landsberg in der Pfalz, dann bei Horowitz in Böhmen. Wichtiger wurde jedoch seit Ausgang des 15. Jahrhunderts die Produktion von Idria in Krain.

Blei verwendete man zum Dachdecken, für Wasserröhren und zur Einfassung der Fenster. Seit dem Aufkommen der Buchdruckerkunst brauchte man es zur Herstellung der Drucklettern. Blei gab es im Harz, im Erzgebirge und in Oberschlesien. Am Harz erreichte die Produktion um 1500 jährlich 19000 Ztr. Ebenfalls in der Druckerei verwendete man Wismut, das zu Schneeberg in Sachsen gewonnen und auch ins Ausland exportiert wurde. Häufig wurde mit Wismut zusammen das Kobalt gefunden. Man konnte damit eine blaue Farbe herstellen: Wenn man es mit weißem Sand zusammenschmolz, ergab sich ein blaues Email, das man seit der ersten Hälfte des 16. Jahrhunderts zur Herstellung von blauglasierten Töpfen verwandte.

Die wichtigsten Fundstätten des Eisens lagen in den Gebirgsgegenden Westdeutschlands, in der Eifel, im Sauerland, in der Mark, im Siegerland, in Thüringen und in der Oberpfalz. Neben dem einheimischen Eisen wurde aus Schweden das Osemund bezogen. Hansische Schiffe brachten es nach den deutschen Häfen, etwa Lübeck, und es wurde von hier aus weiter ins Binnenland verhandelt. Man erhielt daraus ein gutes zähes Schmiedeeisen, das in Stabform in den Handel kam. Daraus konnte man dann die Drähte, Klingen, Sensen, Bleche und andere Artikel des Eisengewerbes, sei es in Solingen, Iserlohn, in Köln oder Ratingen herstellen, während man in Nürnberg, Regensburg, Ulm und anderen oberdeutschen Plätzen Eisen der Oberpfalz und der Steiermark verwendete.

Die Hammerwerke zum Frischen des Eisens erfuhren eine weitere Ausgestaltung. Je nachdem, ob man Stäbe oder Stangen, Platten oder Bleche herstellen wollte, sprach man von Stab-, Schwanz-, Reck- und Breithämmern. Im 15. Jahrhundert zählte man in der Oberpfalz nicht ganz 100 Hammerwerke, die etwa 5000 Tonnen Eisen produzierten. Im Siegerland gab es um 1500 etwa 43 Werke mit einer Jahresproduktion von 1000 Tonnen. Neben Schwarzblech wurde Weißblech unter Verwendung von Zinn im Fichtelgebirge und in der Oberpfalz hergestellt. Eine wichtige Voraussetzung für die weitere Entwicklung der Eisenverarbeitung war das Vorhandensein von Brennmaterial. Fast ausschließlicher Brennstoff war die Holzkohle. Das erforderte ein engeres Zusammenwirken mit den Kohlenbrennern. Um die erforderlichen Holzmengen zu erzielen, bildeten sich wie erwähnt im Siegerland und im Sauerland die Hauberggenossenschaften aus.

Solche Veränderungen in der Eisenproduktion erforderten bedeutende unternehmerische und kaufmännische Fähigkeiten. Aus dem Waldschmied, der selbst noch Bergmann oder vielleicht auch Köhler war, wurde der Reidemeister oder der Hammermeister, ein Betriebsinhaber, der wieder seine Arbeiter beschäftigte. Daneben haben wir den Verlag, wie er etwa von Köln aus organisiert wurde. Besondere Formen des Großbetriebes bildeten sich in der Oberpfalz im Raum um Amberg und Sulzbach aus. Neben dem privaten Unternehmertum suchten sowohl das Stadtregiment von Amberg als auch von Sulzbach sich als Unternehmer zu betätigen und größere Gesellschaften zu bilden, ohne aber die erwünschten Erfolge zu erzielen. Die Verwaltungsbürokratie hatte eben gegenüber der Einzelinitiative ihre beträchtlichen Mängel. Wie Köln für das Rheinland so lieferten in Oberdeutschland Regensburg und Nürnberg Unternehmerkräfte für die Oberpfalz, wobei sich manche Versippungen ergaben.

Neben dieser binnendeutschen Eisenproduktion darf nicht übersehen werden, daß sich an der Wasserkante auch Eisenschmieden und Hämmer bildeten, die importiertes Eisen verarbeiteten, so im Lübecker und Danziger Raum – in ähnlicher Weise wurde dort auch importiertes Kupfer verarbeitet.

Eine wichtige Quelle des Reichtums in Mitteleuropa blieb das Salz. Westfalen hatte seine Salzorte am Hellweg. Wichtigster Salzproduzent in Norddeutschland blieb Lüneburg, dessen Produktion 25000 t erreichte. Über Lübeck und Hamburg konnte es einen weiten Markt namentlich in Nordeuropa versorgen. Allerdings machte sich inzwischen, hauptsächlich über die preußischen und baltischen Häfen die Konkurrenz des westeuropäischen Seesalzes verstärkt geltend. In Mitteldeutschland gab es das Salz der Gegend von Halle. Hier wurden um 1500 jährlich 184000 Ztr. Salz produziert. In Oberdeutschland blieben Schwäbisch Hall, Reichenhall und Berchtesgaden die führenden Salzproduzenten. Ihre Konkurrenten lagen im Salzkammergut, in Tirol und in der Steiermark. Die Reichenhaller Salinen, die sich zu Ausgang des 15. Jahrhunderts in Schwierigkeiten befanden, wurden in einen herzoglich bayerischen Regiebetrieb umgewandelt.

c) Städtisches Handwerk

Der Schwarze Tod, der in stärkerem Maße die städtische Bevölkerung als diejenige des flachen Landes traf, holte begreiflicherweise seine Opfer besonders in den breiteren Schichten, eben beim Handwerkertum und den ihm naheliegenden Kreisen. Allerdings waren die Auswirkungen der Pest regional verschieden, und nach einigen Generationen waren die Verluste wieder aufgeholt, zeigten die Städte wieder ihre volle Aktivität, ja, gingen nun ihrer eigentlichen Blütezeit entgegen. Das gilt nicht nur für den großen Kaufmann, den Fernhändler, sondern auch für den Handwerker.

Die zünftlerische Organisation war weiter in der Ausbildung begriffen. Die Zahl der Zünfte nahm auch in den folgenden Jahrhunderten noch zu, was mit der wachsenden Differenzierung zusammenhing. Die Zahlen waren begreiflicherweise für die einzelnen Städte recht verschieden und hingen von deren wirtschaftlicher Bedeutung ab. Eine der gewerbereichsten Städte war Köln, wo es seit dem Verbundsbrief von 1396 42 Zünfte gab. Lübeck kam im nächsten Jahrhundert auf 50 Zünfte, Frankfurt hatte dagegen erst 28. Die Anforderungen, die an das einzelne Zunftmitglied gestellt wurden, wurden mehr und mehr verschärft. Der Beweis des handwerklichen Könnens mußte im Meisterwerk erbracht werden. Außerdem wurde die handwerkliche Produktion laufend kontrolliert durch Einrichtungen, wie sie etwa die Leinwandschau darstellte. Am Mittelrhein und in der Pfalz, aber auch anderswo schlossen sich die Zünfte verschiedener Städte zusammen, um Preis- und Qualitätsabsprachen und das Verhalten gegenüber den Gesellen zu koordinieren. Damals erlangten deutsche Handwerkserzeugnisse Verbreitung in der ganzen Welt und gingen schon unter der Marke der Herkunft aus einer bestimmten Stadt, so die Konstanzer Leinwand, die Nürnberger Kleinwaren, der Ulmer Barchent, die Solinger Messer, das Einbecker Bier. Die Leistungsfähigkeit des Handwerks wird noch deutlicher, wenn man bedenkt, daß auch die Künstler den Handwerkern zugerechnet wurden, die Maler und Bildhauer, die die großen Altarwerke der Zeit mit gemaltem und plastischem Schmuck schufen. Erst mit der aufkommenden Renaissance begannen sich die Künstler von diesen handwerklichen Bindungen zu lösen.

Das Aufblühen der städtischen Wirtschaft und die Verfeinerung des Lebens brachte es mit sich, daß sich die einzelnen Zweige des Handwerks mehr und mehr differenzierten. Im Bereich der Lederverarbeitung gab es nun nicht mehr nur Gerber, Schuster und Sattler, sondern Lohgerber, Weißgerber, Schuhmacher, Sattler, Riemer oder Riemenschneider, Beutler, Nestler, Taschenmacher und den besonders angesehenen Zweig der Kürschner. Im Nürnberger Textilgewerbe waren vertreten der Woller, Haarweber, Filzer, Leinweber oder Leinwater, Ziechner und Loder, dazu, ebenfalls mit dem Hinweis auf die Herstellung des Gewebes der Walker, Tuchscherer, Karter und Wollenslaher, Stricker und Seidensticker. Schließlich nach den verfertigten Waren der „Hantschuher", Gugler, Kotzner, Schalauner, Reiser, Vickelscherer und Huter.

Von Italien wurde die Herstellung feiner Leinen übernommen, die Barchentweberei breitete sich in Oberdeutschland aus. Augsburg und Ulm wurden die führenden Zentren. Im östlichen Mitteldeutschland wurden in verschiedenen Städten Leinenzünfte gebildet, ein Zeichen für das Aufblühen des Leinengewerbes in diesem Gebiet. Im Zusammenhang damit bildeten sich Zentren der Färberei heraus, Nürnberg nahm dabei einen führenden Platz ein. Köln pflegte weiterhin die Seidenverarbeitung, Anregungen in der Tuchweberei bezog man aus den Niederlanden.

Stark ausgeprägt waren die Verzweigungen im Bereich des Schmiedehandwerks. Da gab es jetzt, man denke an Plätze wie Nürnberg, Köln und Lübeck, Grobschmiede, Klein-, Huf-, Messer- und Nagelschmiede, Schwertfeger, Harnischmacher und Haubenschmiede, Spengler, Keßler, Messing- und Kupferschmiede, Nadler, Gürtler, Kannen-, Pfannen-, Silber- und Goldschmiede. In Nürnberg gab es nicht weniger als 21 Zusammensetzungen mit -smit. Wichtige Neuerungen im Metallgewerbe brachten Fortschritte in der Rüstung mit dem Plattenharnisch und das Aufkommen der Feuerwaffen. Auf dem Nahrungssektor fällt die große Zahl der Angehörigen von Einzelgewerben wie die Differenzierung auf. In Basel gab es 1451

109 Fleischer, in Frankfurt waren es 1481 75, an der Küste war das Braugewerbe stark vertreten. In Hamburg gab es 1376 nicht weniger als 457 Brauer.

Zwischen dem Handwerk und der kaufmännischen Beschäftigung gab es keine scharfen Grenzen. Handwerker betätigten sich als Kaufleute und Verleger. Gewisse Handwerker, namentlich die vornehmeren, näherten sich der Kaufmannsschicht stärker an, so die Kürschner und Hutmacher, auch die Schneider, Handschuhmacher und Goldschmiede. In Zwickau beteiligten sich die wohlhabenden Tuchmacher am Annaberger Silberbergbau. Solche über die Zunft hinausgreifende Betätigung führte wohl zu mancherlei Streitigkeiten mit den Krämern und Kaufleuten, und trug dazu bei, die Ungleichheit auch unter den Zünften und innerhalb der Zünfte zu betonen – mochte durch die Zunftbestimmungen der genossenschaftliche Charakter auch noch so sehr bestärkt werden. Es machten sich doch immer wieder Fleiß, Begabung und Glück als Faktoren der Differenzierung geltend. Namentlich wenn Erfindungen gemacht wurden, hoben sich einzelne aus der Masse ab, etwa nachdem der Gebrauch des Pulvers aufkam. Der Gießer, der nun Kanonen und Mörser herstellte, konnte sich nicht zufrieden geben mit den bisherigen Zunftvorschriften über den Rot- und Gelbguß, die lediglich auf die Herstellung von allerlei Gefäßen, Glocken und Messingplatten ausgerichtet waren.

So konnte die Forderung des Zunftgedankens, jedem einzelnen Zunftmitglied seine Nahrung, seinen wirtschaftlichen Spielraum zu sichern, nie voll verwirklicht werden. Es gab wirtschaftlich Starke und wirtschaftlich Schwächere, manchmal war das Verhältnis zwischen Meister und Gesellen kritisch. An und für sich sollte das Gesellentum nur einen Übergangszustand darstellen. Für viele war er aber tatsächlich zu einem Dauerberuf geworden, und so waren diese Gesellen, denen der Meisterstand verschlossen blieb, bestrebt, sich zu eigenen Bruderschaften zusammenzuschließen, um in deren Rahmen ihre religiösen, wirtschaftlichen und sozialen Ziele zu verfolgen – meist nicht ohne Wiederstand der Ratsobrigkeit, die wohl oder übel schließlich die Genehmigung erteilte. Begreiflicherweise suchten die Gesellenvereinigungen die Verfolgung gemeinsamer Interessen durch überörtliche Zusammenschlüsse zu verstärken. Da ging es um die Beseitigung des Stücklohns, um die Gewährung des guten oder blauen Montags. Man bediente sich des Verrufs, des Schmähens oder Scheltens, oder man streikte notfalls. So verließen einmal die Kolmarer Bäckerknechte die Stadt, weil man ihnen bei der Fronleichnamsprozession nicht den Ehrenvortritt einräumen wollte. Sie fanden Unterstützung bei ihren Berufsgenossen am ganzen Oberrhein, und der Streit zwischen ihnen und dem Rat zog sich 10 Jahre hin.

d) Verlag

Aber nicht nur das Gesellentum zeigt die soziale Problematik, in die das Handwerkertum im Laufe des späteren Mittelalters geraten war. Hinzu kommt das durch die Produktionsausweitung bedingte Verlagssystem, bei dem der Kaufmann in Konkurrenz zum Handwerker geriet und ihn sich dienstbar machte. Die Überlegenheit des Kaufmanns gegenüber dem Handwerker war gegeben, wo es um den Export in weite Fernen ging, wo man Rohstoffe verwendete, die eingeführt werden mußten, und wo man zur Fertigung viel Kapital brauchte, sei es für die Warenbeschaffung oder die technische Ausstattung. Hinzu kamen aber noch zwei Faktoren: Die Möglichkeit, dem städtischen Handwerkertum Konkurrenz zu machen durch die Verwendung billiger Arbeitskräfte auf dem Lande und durch die Erschließung von Produktionsmitteln, durch die Errichtung etwa von Mühlen. Hier trat auch der adlige Grundbesitzer, das Kloster, der Fürst in Wettbewerb mit der städtischen Wirtschaft.

Das Verlagswesen finden wir vor allem im Textil- und Metallgewerbe ausgebildet. Im Laufe des späten Mittelalters nahm der deutsche Leinen- und Barchentexport einen beträchtlichen Aufschwung. Die Barchentproduktion konzentrierte sich in Süddeutschland. Von hier gab es die besten Bezugsmöglichkeiten für Baumwolle über Venedig. Die wichtigsten Zentren der Barchentherstellung wurden Augsburg und Ulm. Die Leinenherstellung griff wesentlich weiter. Sie blühte besonders in den typischen Flachslandschaften, d. h. in Mittelgebirgsgegenden mit viel Regen. So haben wir am Ende des Mittelalters in Deutschland drei ausgeprägte Gebiete mit Leinenproduktion: Das Schwäbische, das sich vom Schwarzwald und Bodensee her bis zum Lech und ins Ries erstreckte, mit den wichtigsten städtischen Zentren St. Gallen, Konstanz, Ravensburg, Biberach, Ulm, Kempten, Memmingen, Kaufbeuren und Augsburg. Dazu das westfälisch-niedersächsische Leinengebiet, dessen städtische Zentren Coesfeld, Münster, Bielefeld und Osnabrück waren. Das ostmitteldeutsche Leinengebiet war erst im Aufblühen begriffen. Hier sollte künftig der Zunftkauf eine wichtige Rolle spielen. Häufig erfolgte im Textilsektor eine gewisse Arbeitsteilung zwischen Stadt und Land. Die Arbeitskräfte auf dem Land eigneten sich besonders für die Spinnerei und für die einfachen Leinengewebe. Im östlichen Mitteldeutschland entstanden auf diese Weise ganze Weberdörfer.

Stärker städtischen Charakter hatte das Tuchhandwerk, zu dessen wichtigsten Zentren Plätze wie Aachen, Köln, Straßburg, Eßlingen, Braunschweig, Salzwedel und Görlitz gehörten. Es gab aber auch gewisse Landschaften, in denen die Herstellung der billigeren Grautücher eine flächenhafte Ausdehnung annahm, so vom Mittelrhein nach dem Hessischen hinein, sowie im östlichen Mitteldeutschland von der Lausitz bis nach Schlesien. Auch hier können wir verlegerische Tätigkeit nachweisen, so in Straßburg und in der Oberlausitz.

Weite Verbreitung fand das Verlagswesen in der Metallverarbeitung. Schon bei der Erschließung der Erze im Bergbau und dann bei der Metallgewinnung brauchte man größere technische Einrichtungen, umständlichere technische Verfahren. Das alles bedingte einen größeren Kapitaleinsatz und beförderte notwendig die Ausbildung des Großbetriebs. In Nürnberg bildete sich das Verlagswesen in der Form der Stückwerkerei aus. In Braunschweig bot die Beckenschlägerei Möglichkeiten des Verlags.

Neue Ansätze zur Ausbildung des Verlagswesens ergaben sich aus der Papiermacherei und dem Buchdruck. In der Gleißmühle Ulman Stromers bei Nürnberg verarbeiteten 18 Stämpfer Hadern zu Papier. Mit Hilfe lombardischer Gesellen wurde diese Kunst in Nürnberg eingeführt. Mit feierlichem Eid waren die Gesellen zur Geheimhaltung verpflichtet. Im Lauf des 15. Jahrhunderts breitete sich die Papiermacherei und die neue Kunst der Druckerei mit beweglichen Lettern weiter in Oberdeutschland aus. Ravensburg hatte Papiermühlen, Nürnberg, Basel, Straßburg, aber auch Köln wurden führend im Buchdruck. Eine besondere Form des Großbetriebs bildeten diejenigen der großen Städte, die Steinbrüche, Ziegeleien u. a. hatten.

7. Verkehrs- und Nachrichtenwesen

a) Seeschiffahrt

Die im Spätmittelalter in den europäischen Gewässern verwendeten Seeschiffe waren zwar gegenüber den Fahrzeugen der späteren Jahrhunderte verhältnismäßig klein, aber doch schon geeignet, Massengüter wie Wolle oder Getreide und Metalle zu befördern und dadurch dem Landverkehr beträchtlich überlegen. Zu den wichtigsten Schiffstypen zählten in den atlantischen und nordeuropäischen Gewässern die Kogge und die Hulk (Holk). Die Kogge, ein einmastiger Rahsegler, hatte zwischen 40–100 Last, d. h. wenn man eine Last zu 2–2,26 Tonnen rechnet, zwischen 80 und 250 Tonnen. Die Hulk unterschied sich durch ihr größeres Fassungsvermögen. Schon vor der 2. Hälfte des 14. Jahrhunderts ab war sie wegen dieser Eigenschaft das im Atlantik und im Norden am meisten gebrauchte Frachtschiff. Die Hulk taucht bei uns am frühesten in den preußischen Häfen auf, die eben damals in der Fahrt durch den Öresund nach den Niederlanden, nach Frankreich und der Iberischen Halbinsel sehr aktiv waren.

Im Laufe des 15. Jahrhunderts verbreitete sich die Karavelle. Vom Mittelmeer herkommend, wurde dieser Typ über die Häfen der Atlantikküste nach dem Norden vermittelt. Im zweiten Drittel des 15. Jahrhunderts wird der Bau von Karavellen in den Niederlanden überliefert. In Zirikzee baute die erste Karavelle ein Bretone (1459) und bretonischer Herkunft war der „Peter von Danzig", den man als mächtigstes Kriegsschiff seiner Zeit bezeichnet hat. Dieses Schiff wurde das allgemein in der Ostsee nachgeahmte Baumuster. Bei der „Kraweel"-Bauweise wurden die Planken der Schiffe nicht mehr, wie bisher, wie Dachziegel übereinander, sondern mit der Schmalseite wie Ziegelsteine aneinander gelegt. Dadurch konnten die Schiffe größer als bisher gebaut werden, sie wurden außerdem seetüchtiger und der Schiffsbau rentabler. Die Kogge besaß meist nur einen Pfahlmast mit einem großen viereckigen Segel. Jetzt verwendete man drei Masten, wobei jeder Mast ein Segel trug. Diese Kraweelschiffe segelten nicht nur schneller, sie lagen auch besser am Wind und konnten diesen besser ausnutzen.

Verbesserung des Kartenwesens, die Ausstattung der Küstengebiete mit Bojen und Leuchtfeuern ermöglichte es, sich mehr und mehr von der Küstenfahrt zu befreien. In den nordeuropäischen Gewässern war der stärkste Beweis dafür das Aufblühen der Sundfahrt. Allerdings vermerkte Fra Mauro noch 1458, daß man in der Ostsee weder Karte noch Kompaß, sondern das Lot verwende.

In den Hafenstädten verlangten die großen Schiffe eine Vertiefung der Fahrrinne. In diesem Zusammenhang mußte das Lotsenwesen ausgebaut werden.

Zeitweilig war die Unsicherheit zur See beträchtlich. Hier störte nicht nur die Kriegsführung zwischen den großen Mächten. Vielfach wurden Schiffer zu Piraten, um sich für den Verlust, den sie erlitten hatten, zu entschädigen. Einen berühmten Fall lieferte Bernt von Münster. Er entführte ein in Brügge liegendes reich beladenes Schiff und machte sich dann in die Ostsee davon. Der geschädigte Spanier wurde vom kastilischen König ermächtigt, sich an den Flamen schadlos zu halten; die Hansischen hingegen bemühten sich, über die Leden von Flandern, d. h. die mächtigen Zentren Gent, Brügge und Ypern, von den Spaniern Schadenersatz zu erhalten. Um 1400 machten die Vitalienräuber zunächst die Ostsee und dann die Nordsee unsicher. In den fünfziger und sechziger Jahren des 15. Jahrhunderts waren die Gewässer der Nordsee durch solche Kapereien besonders gefährdet. Im allgemeinen wehrten sich die Schiffer gegen die Unsicherheit, indem sie im Convoy fuhren. Im Geschwader segelten die hansischen Schiffe nach der Baie und ebenso machten es die holländischen Schiffe auf der Fahrt nach Danzig. Gewöhnlich war die Sicherheit im Kreis solcher Geschwader garantiert, und es war ein besonderer Fall, daß der Engländer Warwick die Baienflotte im Jahre 1449 angriff.

b) Fluß- und Kanalschiffahrt

Die Fluß- und Kanalschiffahrt spielte angesichts der schwierigen Straßen und Landverkehrsverhältnisse im Mittelalter eine außerordentlich wichtige Rolle. Solange der Mensch und die ihm zur Verfügung stehenden Reit- und Zugtiere den Landverkehr bewältigen mußten, wurde der Wasserweg für den Transport von Massengütern bevorzugt. Das zeigt das Beispiel des Elsässer Weins, der im 15. Jahrhundert nach Lübeck gelangte. Vom Einkaufsort Rappoltsweiler strebte die Fracht dem nächsten Wasserweg der Ill zu. Dieser wurde von Gemar bis Straßburg benutzt. Von hier ging es auf dem Rhein abwärts bis zur Abzweigung der Ijssel, um nach Kampen zu gelangen, wo die Fracht auf ein Seeschiff verladen wurde. In Hamburg nahm man noch einmal den Umweg über Lauenburg und die Stecknitz, um zu Wasser nach Lübeck zu gelangen. Die Weinfracht ging auf diese Weise nur etwa 6–9 km zu Land, dagegen 1200 km zu Wasser.

Das wichtigste Beispiel Nordeuropas hinsichtlich der Konkurrenz zwischen Land- und Seeverbindungen liefern die Landroute von Lübeck nach Hamburg und die Seeverbindungen des Öresunds, des Großen und Kleinen Belts. Für das Bemühen der Lübecker, etwas gegen die wachsende Konkurrenz der Sundfahrt zu tun, spricht die Erbauung des Stecknitzkanals. Die Schiffbarmachung der Stecknitz erfolgte schon zu Beginn des 14. Jahrhunderts vom Möllner See bis nach Lübeck, wobei das Gelände 40 Fuß fiel. Vier Wehre mußten deshalb angelegt werden. 1391 wurde eine Ausweitung dieses Wasserweges vom Möllner See bis Lauenburg an der Elbe begonnen. Um die Delvenau, einen zur Elbe fließenden Fluß, zu erreichen, mußte man vom Möllner See aus eine Steigung von 16 Fuß überwinden, was man mittels der „Hahnenburger Kistenschleusen“ erreichte. Die große Bedeutung dieses Wasserweges, der 1398 fertig wurde, für die damalige Zeit wird ersichtlich aus der Tatsache, daß er wesentlich half den Transit zwischen Lübeck und Hamburg zu bewältigen.

Die Binnenschiffahrt war zwar durch die vielfältigen Zölle und die Stapelpolitik mancherlei Behinderungen ausgesetzt, und der Stand der Wasserstraßen war mangelhaft, aber trotzdem wurde, wo es möglich war, auf Kosten des Landverkehrs namentlich bei Massengütern der Schiffsverkehr vorgezogen. An den deutschen Strömen und Flüssen gab es seit dem 14. Jahrhundert die Schifferzünfte, die den Verkehr organisierten. Flußaufwärts bediente man sich neben dem Schlepptau auch des Segels.

c) Landverkehrswesen

Im Landverkehrswesen gab es wohl keine wesentlichen Neuerungen, aber doch verschiedene Verbesserungen. Um den Straßenbau bemühten sich vor allem die Handelsstädte. Die Übergänge über die Alpen wurden ausgebaut.

1387 übernahm Jacob von Castelmur gegen die Bewilligung eines Zolles die Verpflichtung einen Weg über den Septimer zu schaffen, der es gestattete, daß ein Wagen mit „36 Rupp" ohne Schwierigkeiten passieren konnte. 1473 wurde die „Via mala" über den Splügen ausgebaut. Neben zweirädrigen Karren und vierrädrigen Wagen für den Gütertransport kamen, hauptsächlich für Frauen, Personenwagen mit eingehängtem Korb auf.

Neben dem Frachtwagen blieb in schwer passierbarem Gelände, namentlich im Hochgebirge, dem Saumtier seine bislang so wichtige Aufgabe weiterhin zugewiesen. In den Alpen wurde in erster Linie das Pferd als Saumtier verwendet. Die Saumlast oder der Saum (Säm) war 3 Zentner. Sie wurde gewöhnlich in zwei Lageln oder Ballen zu je 150 Pfd. links und rechts verteilt. Mit dem sich verdichtenden Gütertransport kam es auch im Transportwesen zu einer gewissen Spezialisierung der an den Fuhren interessierten Bauern. Sie schlossen sich zu Genossenschaften zusammen. Es bildete sich das Rottsystem aus, das darin bestand, daß die Fuhrleute eines Dorfes den Transport auf einer bestimmten Strecke ausführten und dann von einem anderen Dorf abgelöst wurden. Die Fuhrmannsvereinigungen waren häufig in bestimmten Landschaften konzentriert, die man als Brükkenlandschaften bezeichnet hat, oder lagen in der Nähe großer Handelszentren. In der Mitte des 14. Jahrhunderts waren die Fuhrleute, die die Wolle von Flandern nach Basel beförderten, meist Elsässer und Saarländer. Im Spessart und anderswo spezialisierten sich ganze Dörfer auf das Fuhrwesen, Frammerbach war ein solches Dorf. Bekannt waren die Fuhrleute von Schmalkalden, Gräfenthal in Thüringen, Leerte bei Bremen, Neumünster zwischen Hamburg und Kiel. In den Handelsstädten wurde das Verkehrsgewerbe ausgebaut mit Trägern, Waagpersonal und Kränen.

d) Transportkosten und Zölle

Die Transportkosten zeigten eine große Vielfalt, und die Kaufleute richteten sich begreiflicherweise danach, um die Plätze und Passagen mit den höheren Kosten zu umgehen. Über die Höhe der Transportkosten gibt es Beispiele aus der Seeschiffahrt. Das Baiensalz, das nach Danzig kam, kostete in der ersten Hälfte des 15. Jahrhunderts doppelt so viel wie in Bourgneuf, konnte damit aber durchaus mit dem Lüneburger Salz in Wettbewerb treten. Während in normalen Zeiten, so in den zwei ersten Jahrzehnten des 15. Jahrhunderts das baltische Salz in England nur zweimal so teuer war wie in Polen bzw. in den baltischen Verladehäfen, stieg der Preis in den Jahren 1437/38 auf ein mehrfaches, was damit zusammenhing, daß eine Zeit vorausging, in der der Handel zwischen der Ostsee und England erschwert gewesen war.

Das Hundert Wagenschott kostete jetzt in Polen 2 Mark, in Danzig 5 Mark, in Yarmouth aber nicht weniger als 24 Mark; das Hundert Pipenstäbe kostete in Danzig 14, in England aber 51 Mark und ähnlich war es mit dem Klappholz, das die Spanne von 10 Mark in Danzig und 35 Mark in England aufwies.

Aus den wenigen sicheren Daten, die wir haben, kann man den Schluß ziehen, daß im späten Mittelalter das Transportwesen im allgemeinen mehr unter der häufig durch politische Umstände bedingten Unsicherheit litt als unter den hohen Kosten. Abgesehen von den technischen Schwierigkeiten gab es vor allem die Belastung durch Zölle. An der Wende des 13. zum 14. Jahrhundert gab es längs der Weser mehr als 30 Zollstationen und wenigstens 35 längs der Elbe. Die wachsende Zahl der Zollstationen wird am deutlichsten aus den Verhältnissen am Rhein. Am Ende des 12. Jahrhunderts gab es hier etwa 19 Zollstationen, am Ende des nächsten Jahrhunderts waren es etwa 35, am Ende des 14. Jahrhunderts etwa 50 und am Ende des 15. Jahrhunderts mehr als 60. Die meisten davon gehörten den großen geistlichen Fürsten. Es war einer der Vorzüge des hansischen Wirtschaftsraums, daß die großen Westostrouten nicht so sehr von Zöllen belastet waren. Doch darf man sich durch die hohe Zahl der Zölle nicht irreführen lassen, die Zollabgaben waren im allgemeinen niedrig. Viele, namentlich Angehörige der oberen Stände verschafften sich Zollbefreiungen.

Nicht nur Zölle und besondere Straßenrechte wirkten sich aus, ebenso die zahlreichen Fehden, ganz abgesehen von langwierigen Kriegsoperationen und ihren Begleitmaßnahmen im Sinne des Wirtschaftskrieges. So begünstigten die Störungen in Frankreich während des 100-jährigen Krieges den Transit durch Deutschland. Welcher Schaden angerichtet werden konnte, zeigt der Bericht des Götz von Berlichingen über die Fehden, an denen er sich vom ausgehenden 15. Jahrhundert bis zum Bauernkrieg beteiligte, wobei Kaufmannszüge ein begehrtes Ziel waren. Die Gefahren von seiten fehdeführender Ritter waren am stärksten in Süd- und Südwestdeutschland, während es im Bereich der Hansestädte dank der engen Zusammenarbeit zwischen den Städten verhältnismäßig am sichersten war. Versuche gegen das Fehdeunwesen vorzugehen wurden seit dem 13. Jahrhundert in Form der zwischenstädtischen Politik der Landfriedensbünde unternommen. Außerdem diente das von den Territorialherren organisierte Geleitswesen dazu, den Verkehr der Kaufleute zu sichern.

e) Handelsrouten

Die Verschiedenheit der Gebühren und Transportkosten, die auf den einzelnen Routen erhoben wurden, veranlaßten natürlich die Kaufleute die Route zu wählen, die für sie am günstigsten war, aber auch die Frage der Sicherheit gegen Räuber, gegen Kriegsgefahr mußte beachtet werden. Diese Umstände zusammen bedingten es, daß es im späten Mittelalter verhältnismäßig viele Routen gab, die zwischen den Küstenbereichen Nordwesteuropas

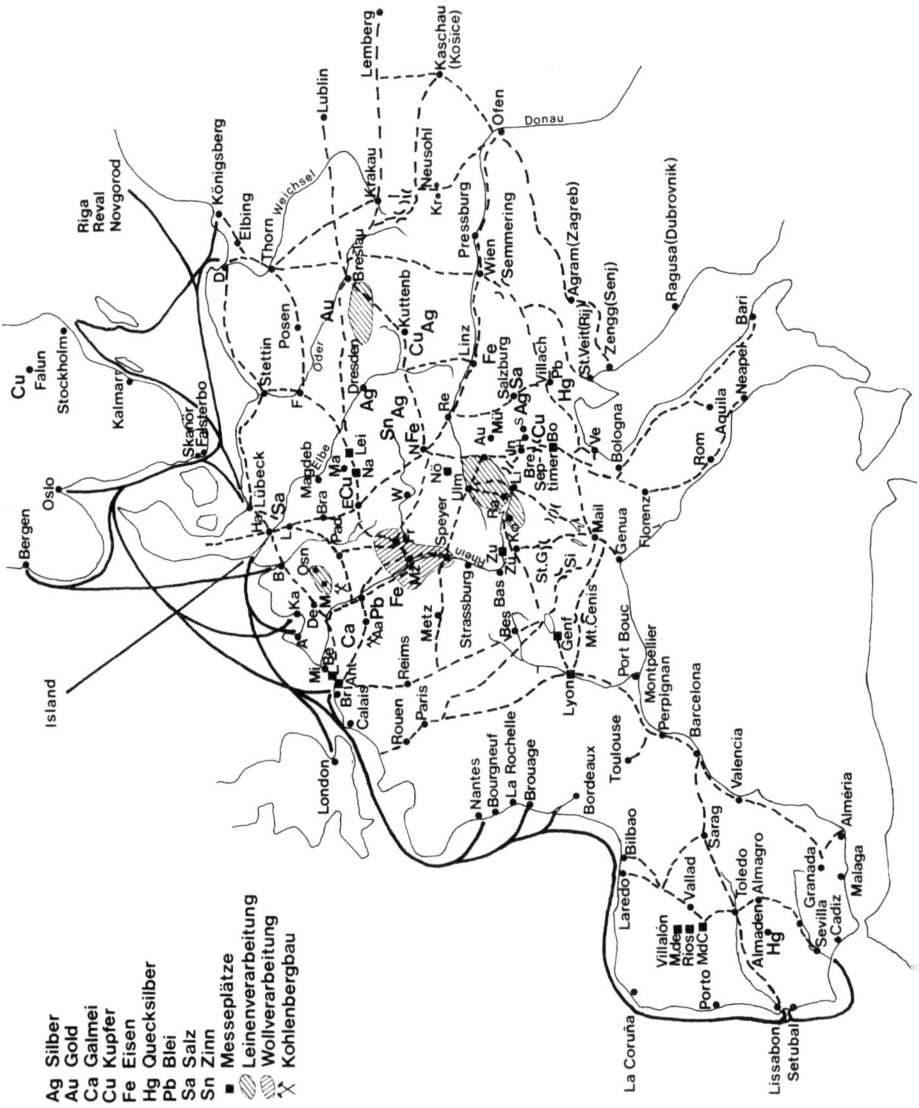

Schwerpunkte und Handelsverbindungen der deutschen Wirtschaft um 1500

Abgekürzte Ortsnamen: A = Amsterdam; Aa = Aachen; Ant = Antwerpen; Au = Augsburg; B = Bremen; Bas = Basel; Be = Bergen op Zoom; Bes = Besançon; Bo = Bozen; Br = Brügge; Bra = Braunschwei; Bre = Brenner; D = Danzig; De = Deventer; E = Erfurt; F = Frankfurt a. d. Oder; Fr = Frankfurt am Main; H = Hall in Tirol; Ha = Hamburg; In = Innsbruck; K = Köln; Ka = Kampen; Ko = Konstanz; Kr = Kremnitz; Kuttenb = Kuttenberg; L = Lüneburg; Lei = Leipzig; Li = Lindau; M = Münster; Ma = Mansfeld; Magdeb = Magdeburg; Mail = Mailand; MdC = Medina del Campo; Mi = Middelburg; Mü = München; Mz = Mainz; N = Nürnberg; Na = Naumburg; Nö = Nördlingen; Osn = Onsabrück; Pad = Paderborn; Ra = Ravensburg; Re = Regensburg; S = Schwaz; Sarag = Saragossa; Si = Simplon; St. G. = St. Gotthard; Vallad = Valladolid; Ve = Venedig; W = Würzburg; Zu = Zurzach; Zü = Zürich.

und den mittelmeerischen Gestaden die Verbindung herstellten. Einmal konnte man zwischen der Land- und Seeroute wählen, eine Möglichkeit, die namentlich von dem Augenblick ab ins Auge gefaßt wurde, wo die verbindenden Champagnermessen zurückgingen und die Galeeren der Italiener nach Nordwesteuropa fuhren. Im ganzen 15. Jahrhundert ging die Masse der englischen Wolle auf dem Seeweg nach Italien, im 14. hatte man noch einen Teil auf dem Landweg über Mailand geleitet. Unter den Landwegen deuteten die großen Ströme, Schelde, Maas und Rhein, die wichtigsten Linien an. Von Flandern und Brabant aus gab es eine Reihe von Straßen, die durch Frankreich führten. Dazu kamen die Verbindungen durch Luxemburg, das Saargebiet und das Elsaß nach Burgund oder der Schweiz und Mailand. Die Straßenzüge durch das Rheinland nach Oberdeutschland fächerten sich auf und benützten verschiedene Möglichkeiten über die Alpen, so den Weg über den Vierwaldstättersee und den St. Gotthard, den Weg durch Graubünden, den Brenner und den Tauernpaß. Seitdem Frankfurt am Main und Nürnberg aufblühten, gab es durch Mitteldeutschland eine Reihe von Straßenzügen, die wachsende Bedeutung erlangten, an denen Handelszentren wie Erfurt, Braunschweig, Magdeburg und Leipzig lagen und die über Lüneburg, Hamburg und Lübeck zur Nord- und Ostsee führten. Unter den Westostrouten seien hervorgehoben der Hellweg, der vom Rhein nach Westfalen-Niedersachsen und zum Harz führte, dann die Route von Magdeburg über Leipzig nach Breslau und von da weiter nach Krakau, sowie die Fortsetzung von Leipzig über Prag. Dazu gab es eine nördliche Landroute von Hamburg und Lübeck nach Stettin, Danzig und Königsberg, sowie die Südostverbindung von Nürnberg über Regensburg und Linz nach Wien. Die wichtigste Südwestroute führte vom Bodenseegebiet über Genf zum Rhonetal. Alle diese Hauptrouten hatten auch ihre Nebenwege, so daß sich immer wieder ein Umweg fand, wenn es auf der einen Straße eine Schwierigkeit gab.

f) Nachrichtenwesen

Für den See- wie für den Landverkehr war das Nachrichtenwesen von Wichtigkeit. Von der Information über Straßenzustände oder über die Hafengebühr und seekriegerische Maßnahmen hing es ab, ob man diese oder jene Straße bevorzugte, ob man zwischen Land- und Seeverkehr wählte.

Seit dem 13. und 14. Jahrhundert wurde vornehmlich aus politischen Gründen der städtische Botendienst ausgebaut. Zu Ende des 15. Jahrhunderts begann dann die Familie Taxis, die aus dem verkehrsmäßig so wichtigen Gebiet von Mailand stammte, einen Postdienst im Reich aufzubauen. Von ganz besonderer Bedeutung war der Nachrichtendienst, den die großen Handelsgesellschaften organisierten. Seit den Champagnermessen begannen damit die Florentiner Gesellschaften, ihnen machten es dann die Oberdeutschen, vor allem die Nürnberger nach.

8. Handel

Eine Darstellung des deutschen Warenhandels im späten Mittelalter muß ausgehen von der Gliederung der Wirtschaft in verschiedene Räume, nämlich in den niederdeutsch-hansischen, einen westdeutsch-rheinischen und den oberdeutschen Raum. Schließlich gewann Mittelostdeutschland mit dem Aufblühen des Bergbaus und der Entfaltung des Leinengewerbes an Gewicht. Innerhalb dieser Räume, die miteinander über die Fernhandelsstraßen in gegenseitigem Austausch standen, kam den großen Handelszentren und Messestädten eine Hauptfunktion als Vermittler zu.

a) Die bedeutendsten Handelszentren

In Norddeutschland nahm Lübeck einen führenden Platz ein. Als stattlichste und mächtigste der Hansestädte war es mit über 25000 Einwohnern nach Köln die zweitgrößte deutsche Stadt. Seine wirtschaftliche und politische Vormachtstellung wurde noch unterstrichen durch die Tatsache, daß das lübische Recht, durch „Willküren" des Rats erweitert, zum Recht von mehr als 100 Städten von der Küste Holsteins bis Narva wurde, und lübische Kunst hatte lange Zeit im hansischen Bereich nicht nur bestes Ansehen, sondern auch entsprechenden Exportwert. Die Grundlage für die Lübecker Wirtschaft bildete von Anfang an der Fernhandel, die Brückenkopflage mit den für den Ostseehandel so wichtigen Verbindungen nach Hamburg.

Rohstoffe aus dem Norden und Osten, wie Pelzwerk, Holz, Wachs, Honig, Teer, Pech, Hanf wurden gegen Tuche, Metallwaren und andere Gewerbeerzeugnisse sowie Krämereien aus dem Westen ausgetauscht. Aus Skandinavien wurden Hering von Schonen, Stockfisch von Bergen, Butter, Eisen und Kupfer eingeführt. Metalle wurden u. a. in Lübeck und der Umgebung der Travestadt verarbeitet. Der Handel verteilte sich auf verschiedene Fahrergesellschaften (Schonenfahrer, Bergenfahrer, Novgorodfahrer). Durch die Kanalisierung der Stecknitz wurde mit der Elbe eine Wasserverbindung hergestellt, die es Lübeck ermöglichte, in der Versorgung des Ostseeraums mit Lüneburger Salz eine Vorrangstellung einzunehmen, wobei allerdings Städte wie Danzig mit französischem und iberischem Salz in Wettbewerb traten. Im Landverkehr bestanden Verbindungen nach den oberdeutschen Handelszentren und von dort aus mit dem Mittelmeergebiet. Umgekehrt schufen sich Oberdeutsche über Niederlassungen in Lübeck Verbindungen nach dem Ostseeraum. Stapelrecht und einschränkende

Zunftbestimmungen deuten wohl auf eine Ermüdung des Unternehmergeistes seit dem 14. Jahrhundert hin. Gegen die im Laufe des 15. Jahrhunderts wachsende Konkurrenz der Holländer und Engländer wie auch gegen die hansefeindlichen Tendenzen der erstarkenden Nationalstaaten konnte Lübeck einstweilen seine Freiheiten noch durch Verhandlungen, im Notfall auch durch Gewaltmittel behaupten.

Hamburgs Bedeutung lag einmal begründet in den Möglichkeiten, die sein Hafen für den von Lübeck beherrschten Westosthandel bot. Der enge Anschluß an Lübeck kam in einer Reihe von Wirtschaftsabkommen und politischen Bündnissen zum Ausdruck. Hamburg hatte 1430 etwa 16000 Einwohner und nahm in der Folgezeit ab. Doch darf man die Eigenständigkeit Hamburgs auch nicht unterschätzen, sie kam u.a. zum Ausdruck im Hamburger Recht, das grundlegend wurde für die holsteinischen Städte, für Riga und andere baltische Orte sowie für Bremen und seinen Rechtskreis, ja seit dem 15. Jahrhundert zunehmend auch für Lübeck Einfluß gewann. Die Rolle Hamburgs als Hafen für den Durchgangshandel nach Lübeck brachte es mit sich, daß in Hamburg Schiffbau und Reederei den Vorrang hatten.

Doch hatte auch Hamburg seine Fahrergesellschaften. Neben dem Westostverkehr gewann der vorwiegend auf der Elbe erfolgende Warenaustausch mit dem Binnenland an Bedeutung, wobei Getreide, Holz, Tuche aus der Mark, der Lausitz, aus Meißen und Anhalt sowie Metalle aus dem Harzgebiet herangeschafft wurden; aus Niedersachsen, Lauenburg und Holstein dagegen kamen Holz, Wolle, Leinwand, Wachs, Getreide und Viehprodukte, aus den niederelbischen Marschen vorwiegend Vieh und Butter. Seit Ende des 14. Jahrhunderts übte Hamburg den Zwangsstapel aus für alles auf der Niederelbe zur Verschiffung kommende Getreide und bekam diesen Stapel 1482 vom Reich anerkannt. An eigenen Gewerbeprodukten exportierte Hamburg vor allem Bier und Holzfässer.

Von den drei großen Seestädten ist Bremen als letzte in den Interessenkreis der Hanse eingetreten. Erst mit dem Vertrag von 1358 wurde diese Stadt in den Bund aufgenommen. Um 1350 hatte Bremen etwa 20000 Einwohner. Aus der Lage Bremens ergaben sich Möglichkeiten des Austausches von Waren, die von der See eingeführt wurden, mit solchen des Binnenlandes, insbesondere des Aller- und Wesergebietes und den friesischen Marschen. Im überseeischen Handel gab es Verbindungen zum Kontor von Bergen, daneben erfuhr seit Ende des Mittelalters die Fahrt nach den Orkneyinseln und Island einen Aufschwung. Früh tauchten Bremer Kaufleute in England und Dänemark auf, ganz abgesehen von den regen Beziehungen zu den Niederlanden. Zwischenhandel mit niederländischem, später auch mit englischem Tuch, daneben Fischimport, zunächst von Bergerfisch, später von Island- und Shetlandfisch, fielen ins Gewicht neben der Vieheinfuhr aus den oldenburgischen und den friesischen Marschen, dementsprechend auch der Umsatz von Häuten und Fellen.

Danzig brachte schon im 13. Jahrhundert Holz und Getreide aus dem Preußenland und aus Polen bis nach Flandern und führte Salz und Tuche aus dem Westen ein, im 14. Jahrhundert kamen das Salz der Biskaya, die Südfrüchte, Weine und Kolonialwaren der Iberischen Halbinsel, die Weine Frankreichs dazu. Heringe aus Schonen, Eisenerze, Pelze, Butter aus Schweden, Finnland und Rußland, Flachs und Hanf aus dem Baltikum, Getreide, Holz und Holzprodukte aus dem preußischen und polnischen Hinterland ergänzten die Warenpalette. Vom 15. Jahrhundert ab war Danzig der wichtigste Austauschplatz zwischen dem Westen und dem baltischen Osteuropa. 1457 wurde die Marienburg von den Polen genommen, der Hochmeister siedelte 1466 nach Königsberg über.

Im östlichen Niedersachsen lag Braunschweig etwas nördlich der wichtigen West-Ostlinie des Hellwegs, doch wurde der west-östliche Handelszug im Laufe des Mittelalters mehr und mehr von den Verbindungen zur See überflügelt, wozu noch die Straßen nach Frankfurt und über Erfurt nach Nürnberg sowie im ausgehenden Mittelalter die Verbindungen nach Leipzig kamen. Die Stadt hatte um 1400 über 17000 Einwohner. Das Tuchgewerbe bildete eine der Hauptgrundlagen für den Fernhandel der Stadt. Magdeburgs große Bedeutung wurde bedingt durch die Lage an der Elbe in einem getreidereichen Umland. Es hatte sein Stapelrecht, das 1497 vom Erzbischof vertraglich anerkannt wurde. Aber schon jetzt wirkten sich das Niederlagsrecht der Hamburger und die Leipziger Messen ungünstig aus.

Erfurt hatte eine günstige Lage an den Handelsstraßen, die von West nach Ost und von Nord nach Süd führten, es war Mittelpunkt eines ausgedehnten Waidhandels, verfügte über Stapelrecht und zwei Messen; ein älteres Meßprivileg wurde 1331 von Kaiser Ludwig bestätigt, ein jüngeres 1473 von Kaiser Friedrich verliehen. Erfurts Stellung wurde dann ebenso entscheidend getroffen wie diejenigen Magdeburgs durch die Meßprivilegien, die sich Leipzig um die Wende zum 16. Jahrhundert geben ließ. Die zwei großen kaiserlichen Privilegien von 1497 und 1507 und eine päpstliche Bestätigung von 1514 sicherten der Stadt an der Pleise das Stapelrecht innerhalb eines 15 Meilenkreises, wobei Erfurt und Magdeburg miteinbezogen waren.

Breslaus wirtschaftliche Bedeutung beruhte auf der Lage an der Oder und dem Schnittpunkt wichtiger Verkehrswege des damaligen Welthandels, die den binnendeutschen Markt mit Krakau, Lemberg, Kiev, den italienischen Siedlungen am Schwarzen Meer, mit Ungarn und Siebenbürgen, mit Litauen und Novgorod sowie über Böhmen mit Venedig verbanden. Auf diese Weise wurde der Breslauer Kaufmann Träger und Vermittler eines Handelsverkehrs von großer Weite. Eine Reihe von Handelsfreiheiten, verliehen von den Piasten und Luxemburgern, begünstigte all dies. Das Stapelrecht, 1274 verliehen, konnte die Stadt bis 1515 behaupten. Die größte Blüte und Ausdehnung erreichte der Breslauer Handel in der zweiten Hälfte des 14. Jahrhunderts, dann kamen die Kämpfe des Deutschen Ordens, die Hussitenkriege, böhmische, ungarische Thronwirren, das Vordringen der Türken auf dem Balkan. Das alles beeinträchtigte den Handel Breslaus mehr und mehr. Auch hier machte sich dann Leipzigs Konkurrenz bemerkbar.

Im westfälischen Raum hatte Dortmund bis Mitte des 14. Jahrhunderts unter den Hansestädten Nordwestdeutschlands eine führende Rolle vor Soest, Münster und Osnabrück gespielt. Auf den Hansetagen in Lübeck ließ sich Westfalen gewöhnlich durch Dortmund vertreten. Von 1383 ab wurde dies anders, jetzt erschienen dort auch Münster und Köln. Der Wandel hing wohl zusammen mit dem stärkeren Interesse Kölns für die Hanse in diesen Jahrzehnten. Bezeichnend war die Tatsache, daß der Krieg gegen Dänemark 1367 auf einem Hansetag in Köln beschlossen wurde, dem Dortmund fern blieb. Dortmund machte gegen Ausgang des Jahrhunderts eine schwere Krise durch, in der es sich zweier mächtiger Territorialherren, des Erzbischofs von Köln und des Grafen von der Mark zu erwehren hatte. Dortmund ging zwar aus der „großen Fehde“ (1388–1390), als Sieger hervor, mußte aber eine schwere Schuldenlast auf sich nehmen, bei deren Tilgung die Stadt nicht klug vorging. Hatte der Handel schon durch die lange Dauer der großen Fehde schwer gelitten, so wurde er nun durch drückende direkte Steuern vollends getroffen. Mit der durch die Gilden erzwungenen Neuordnung von 1403 wurde zwar die Alleinherrschaft der Patrizier gebrochen, aber die finanziellen Schwierigkeiten nicht beseitigt, dem Handel nicht wieder aufgeholfen. Bezeichnend für den Wandel der Dinge ist es, daß sich die Gläubiger Dortmunds unter Führung des Kölner Ratsherrn Gerwin von Breckerfeld zusammenschlossen.

Alle rheinischen Hansestädte wurden von der Quartierstadt Köln weit überragt. Köln war nicht nur die größte und gewerbereichste Stadt des Hansegebietes, sondern mit ihren etwa 40000 Einwohnern die weitaus größte Stadt Deutschlands. Hier kamen die wichtigsten Straßenzüge Westdeutschlands zusammen. Um den regen Warenaustausch mit dem Ostseeraum zu bewerkstelligen, gab es eine Reihe von Möglichkeiten zu Land und zu Wasser.

In der Rheinschiffahrt genoß Köln eine Vorzugsstellung. Hier endete die oberländische und begann die niederländische Schiffahrt, eine Tatsache, die sich die Stadt insbesondere beim Ausbau des Stapelrechts zunutze machte. Während der Rhein in der mittleren Partie seines Laufs reich an Stromschnellen war und ein stärkeres Gefälle aufwies, weitete er sich nun zum breiten, tiefen Niederrhein. Hier wurden die Kähne mit flachem Boden und schmalem Grundriß überflüssig. Von Köln stromabwärts konnte man das breite tiefgehende niederrheinische Segelschiff verwenden. Während die Kölner Schiffer die Strecke bis Mainz beherrschten, verzichtete Köln schon seit dem 12./13. Jahrhundert auf einen unmittelbaren Rheinverkehr, überließ diesen den niederländischen Seestädten, vor allem Dordrecht. Mochte der Rhein mit Zöllen, Stapelrechten und sonstigen durch die deutsche Territorialstaatlichkeit bedingten Hindernissen belastet sein, so blieb er doch die wichtigste Verkehrsstraße des Rheinlandes zum Oberland. Daneben gab es die Überlandstraßen zu den Frankfurter Messen und den aufblühenden oberdeutschen Handelszentren. In dieser Zeit faßten auch Kölner in Italien Fuß. Eines der interessantesten Unternehmen war das der Brüder Hildebrand und Sievert Veckinchusen, die aus Westfalen stammend, in den achtziger Jahren des 14. Jahrhunderts nach Brügge gingen und hier ein Geschäft gründeten, das sie um 1400 nach Lübeck verlegten. Im Zusammenhang mit den politischen Veränderungen, die 1408 in Lübeck eintraten, begab sich Sievert nach Köln, kehrte aber nach der Lübecker Restauration 1420 endgültig dorthin zurück.

Während Hildebrand von seiner niederländischen Basis aus den hansischen Bereich nach Frankreich und England bis Reval und Riga bearbeitete, ist es für die Handelsstellung des spätmittelalterlichen Köln sehr bezeichnend, daß Sievert in Köln sein Augenmerk vor allem auf Oberdeutschland und Italien lenkte. Zur Wahrnehmung des venezianischen Geschäfts gründeten die Brüder um 1409 eine Handelsgesellschaft mit einigen andern Kaufleuten, wobei alles mögliche Exportgut von Venedig nach Brügge verschifft wurde.

Auf dem Weg durch das Rhonetal gelangten rheinische Kaufleute nach Avignon und Marseille und weiter bis nach Barcelona und Saragossa. Diese Kaufleute, deren internationale Beziehungen sich über den ganzen Raum des damaligen Welthandels erstreckten, waren ebenso im Mittelmeergebiet zu Hause, wie sie nach den Häfen der Nordsee und der Ostsee handelten. Die rheinischen Verbindungen waren interessant als *eine* der Möglichkeiten, die ihnen zur Verfügung standen. Der selbe Peter von Stralen, dessen Spuren wir in Venedig ebenso verfolgen können wie in Barcelona, benutzte für seine Nordsüdgeschäfte neben den Alpen und Rhonewegen durchaus auch die Seeverbindungen über Flandern. Von Venedig, von Barcelona aus schickten diese Kaufleute Frachten nach Brügge und London.

Am mittleren Rhein verlor die alte Metropole Mainz mehr und mehr zugunsten von Frankfurt am Main. Mainz konnte sich noch vorwiegend als Speditionsplatz behaupten, Frankfurt hatte den Vorzug seiner Messen. Seit der zweiten Hälfte des 15. Jahrhunderts gehörten diese zu den wichtigsten periodisch wiederkehrenden Märkten Westdeutschlands, wobei es sich besonders auswirkte, daß seit 1330 neben die bisherige Herbstmesse die Fastenmesse trat. Mit dem Aufblühen der Frankfurter Messen und der Ausweitung der oberdeutschen Wirtschaft gewannen die mitteldeutschen Verbindungswege über Hildesheim, Göttingen, Braunschweig, Hannover an Wichtigkeit, was auf Kosten der bisherigen Vermittlerrolle des Rheinlands ging. Auch jene Städte hatten eine gute Ausgangsstellung nach Süden, die am Hessenweg lagen, jener aus Holland kommenden Straße, die über Münster und Paderborn in Richtung Korbach weiter nach Frankfurt führte. Soest stand ebenfalls in der Reihe der westfälischen Brückenköpfe nach Süden und fungierte damit als Konkurrentin der rheinischen Wege. Des weiteren kam die Erfurter Straße in Frage, auch auf ihr bewegten sich Warenzüge, die dem Handel zwischen der Ostsee und Frankfurt bzw. dem übrigen Oberdeutschland dienten.

Die Frankfurter Messen waren nicht die einzigen in der Wetterau. Neben ihnen fanden zwei weitere in Friedberg statt. Die beiden letzteren erfuhren allerdings um 1400 einen raschen Niedergang. Auf den Frankfurter Messen gab es einen engeren Kreis von Besuchern aus dem hessischen Bereich und den entsprechenden linksrheinischen Bezirken. Aus diesem engeren Kreis kamen nicht nur Kaufleute, sondern auch Krämer und Handwerker, ja ganze Zünfte.

Die hessische und mittelrheinische Tuchproduktion stellte dabei einen bemerkenswerten Handelsartikel. Aus den ferneren Landschaften Ober- und Mitteldeutschlands kamen vorwiegend größere Kaufleute. Aber der Wirkungsbereich griff noch weiter. Lübeck lieferte den schonenschen Hering. Mit der Zeit verdichteten sich die Beziehungen zum sächsischen Bergbaugebiet. Krakau und Lemberg entsandten Besucher. Aus diesen Gegenden wurden Pelzwerk herangeschafft. Aus dem Nordosten kamen Kaufleute bis von Danzig. Besonders wichtig war der Besucherstrom aus den Niederlanden; es erschienen da Tuchhändler aus Brabant, dessen Tuchproduktion eben im 14. Jahrhundert ihre Hochblüte erlebt hatte, dann solche aus den Tuchstädten der Maas. Im Südosten reichte der Einfluß der Messen in den Donauraum bis nach Ungarn und Siebenbürgen hinein, von wo Pferde und Schlachtvieh herangeschafft wurden. Niederrheinisches Tuch, oberdeutsche Leinwand und schwäbischer Barchent rangierten unter den gehandelten Waren an vorderer Stelle. Dazu konnte man sich leicht mit Wolle und Farbstoffen versorgen. Auch im Weingeschäft hatte Frankfurt einen bedeutenden Kundenkreis, wobei Elsässer Weine als Spitzenklasse gehandelt wurden. War das Warengeschäft abgeschlossen, dann folgten die Zahltermine zur Erledigung der Geldgeschäfte.

Im Zusammenhang mit dem Aufschwung der Messen bildete sich ein bedeutender Händlerstand in Frankfurt selbst heran. Frankfurter brachten Wein nach Lübeck und holten als Rückfracht den Hering, aus den Niederlanden schafften sie Tuche heran, aus dem Nordosten Pelzwerk und Wachs, von jenseits der Alpen Spezereien und Luxusartikel. Im Laufe des 15. Jahrhunderts bildeten sich verschiedene Handelsgesellschaften heraus, so die Neuhaus- und Stahlburggesellschaft. An der Wende zum 16. Jahrhundert blühten das Unternehmen des Johann von Mehlem und die Blumgesellschaft, später kam die Schaidgesellschaft. Schon im 14. Jahrhundert waren in Frankfurt Vermögen in Höhe von 10000 Pfund und später von der selben Summe Gulden recht häufig. Im Laufe des 15. Jahrhunderts haben wir solche von 30000–45000 fl. Hatte die Stadt auch nur wenig über 10000 Einwohner, so gehörte sie doch ihrer wirtschaftlichen Bedeutung nach jetzt bereits zu den führenden deutschen Zentren.

Neben den Wetteraumessen entstanden, teilweise gleichzeitig, teilweise etwas später noch andere Messen in Süddeutschland, die aber nur mehr oder weniger regionale Bedeutung erlangten, so für den südlichen Teil diejenigen von Zurzach, für das mittlere Gebiet diejenigen von Nördlingen und für den Südosten die Messen von Linz. Hinzu kamen die Messen von Bozen, deren Hauptbedeutung darin bestand, daß sie zwischen Oberdeutschland und Italien vermittelten. Eine ansehnliche Funktion hatte Straßburg am Oberrhein. Die Haupthandelsplätze in Süddeutschland waren jetzt Nürnberg und Augsburg. Regensburgs Glanz war im Schwinden begriffen. Schon um die Mitte des 14. Jahrhunderts war das Selbstbewußtsein der Nürnberger so groß, daß sie im Fondaco dei Tedeschi zu Venedig den ersten Platz vor den Regensburgern forderten. Lebhaft war der Besuch Nürnberger Kaufleute auf den Frankfurter Messen, aber sie hätten diesen doch lieber das Wasser abgegraben, zumal nachdem Kaiser Sigismund im Jahre 1424 den Nürnberger Jahrmarkt, der anläßlich der Heiltumsweisung abgehalten wurde, in den Rang einer Reichsmesse erhoben hatte. Aber der Versuch ist gescheitert, die Heiltumsmesse erlangte nie den Rang und Umfang der Frankfurter Messen.

Die Weite der Nürnberger Unternehmungen um 1400 wird ersichtlich aus den Geschäften Ulman Stromers, dessen Verbindungen bis zum Schwarzen Meer und nach Spanien reichten. Im Norden und Nordosten tauchten um 1400 die Handelshäuser Pirckheimer, Kreß und Paumgartner auf. Um die Mitte des 15. Jahrhunderts beherrschten Michel Heider, Hans von Plaue und Hermann Gronenberg den Nürnberg-Lübeck-Handel monopolartig, sie lieferten vornehmlich Metallwaren, um Bernstein, Pelzwerk und Fische zu beziehen. Um 1500 spielten eine ähnliche Rolle die Munter, Rummel und Mulich. Trotz der Gegenmaßnahmen der Lübecker gelang es den Nürnbergern, sich in der Travestadt festzusetzen und sich in den Zwischenhandel nach Skandinavien und dem baltischen Osten einzuschalten.

Auch zu Breslau waren die Handelsbeziehungen im 15. Jahrhundert so eng, daß verschiedene Nürnberger hierher übersiedelten, so die Heugel, Distler, Pfinzing und Scheurl. Über Breslau hinaus reichten die Verbindungen nach Posen, Krakau und Lemberg. Die Aktivität der Nürnberger Kaufleute und Hausierer im deutschen Ordensland wurde so intensiv, daß sich das heimische Metallgewerbe in Königsberg und Thorn in seiner Existenz bedroht erklärte. Die Nürnberger gehörten zu den frühen Besuchern der Leipziger Messen, als diese im Lauf des 15. Jahrhunderts aufblühten, und man ist der Ansicht, daß namentlich die Nürnberger zur Blüte dieser Messen beitrugen.

Wichtige Positionen sicherten sich die Nürnberger in Böhmen. Hier halfen sie zu Beginn des 15. Jahrhunderts die Bergbaureviere im Norden des Landes zu erschließen. Seitdem spielten sie im böhmischen Metallhandel eine führende Rolle. Nürnberger waren oberste Münzmeister der böhmischen Könige. Über Böhmen hinaus reichten die Verbindungen nach Ungarn. Auf diesem Wege konnte man das streng geübte Wiener Stapelrecht umgehen. Jenseits der Alpen war Venedig der wichtigste Stützpunkt des Nürnberger Handels. Marquard Mendel, der Stifter des Karthäuserklosters, war zunächst einer der führenden Venedighändler. Über das Venediggeschäft wurden die Rummel wohlhabend und damit ratsfähig. Neben Venedig wurde Mailand besucht und Genua, dann Adler oder Aquila, die Hauptstadt der Abruzzen, der Mittelpunkt des italienischen Safranhandels.

In südwestlicher Richtung waren wichtige Stationen der Nürnberger Bern und Genf, dessen Märkte ebenso vom Niedergang der Champagnermessen profitierten wie die Frankfurter. Dann stiegen, nach dem Hundertjährigen Krieg durch die französischen Könige gefördert, die Messen von Lyon empor, und sie lockten nun die Nürnberger in ganz besonderem Maße an. Die bedeutendsten Häuser zu Ausgang des 15. Jahrhunderts waren hier die Tucher und Imhoff.

Mit den Kaufleuten aus den Bodenseestädten und aus Basel treffen wir die Nürnberger auf der Iberischen Halbinsel. Ulman Stromer war wohl unterrichtet über die Usancen des Safranhandels in Barcelona. Im Jahre 1383 ließ der Nürnberger Hermann einen Posten roter Korallen seines Schuldners Jakob von Überlingen in Barcelona öffentlich versteigern. Aus dem Zollregister der katalanischen Hauptstadt ist zu erfahren, daß Franz Ortolf Korallen kaufte, daß Heinrich Haller Eisenwaren und Pinienkerne verzollte. Mit der Entdeckung des Seeweges nach Ostindien durch die Portugiesen im Jahre 1498 verlagerte sich der iberische Handel der Nürnberger nach Lissabon. Die Waren des Orienthandels, über die bislang die Venezianer und Genuesen verfügt hatten, konnte man nun von der Konkurrenz im großen Hafen am Tejo beziehen.

Neben Lissabon wurde Antwerpen ein bedeutender Markt für Gewürze und andere exotische Erzeugnisse. Das starke Interesse der Nürnberger am niederländischen Handel wird ersichtlich aus der Tatsache, daß das Privileg Ludwigs des Bayern von 1331 den Nürnbergern in nicht weniger als 28 südniederländischen Städten Zollfreiheit zusicherte. Nürnberg konnte seine Vorzugsstellung noch weiter ausbauen, so daß es in den südlichen Niederlanden ähnliche Rechte genoß wie die Mitglieder der Hanse, vor allem in Brügge, das zunächst das Zentrum des niederländischen Tuchhandels war, bis es dann von Antwerpen überflügelt wurde.

In Augsburg gründeten in den dreißiger Jahren des 15. Jahrhunderts Hans Meuting und seine Söhne die erste große Handelsgesellschaft. Um 1480 treten die Firmen der Gossenbrot, Ehem, Fugger und Welser stärker in den Vordergrund. Die Zunftverfassung der Lechstadt bot aufstrebenden Kräften bessere Entfaltungsmöglichkeiten als die mehr und mehr sich abschließende patrizische Herrschaftsschicht in Nürnberg. Geschickte Heiratspolitik kam hinzu. Der Großvater Hans Fugger wanderte 1367 von einem schwäbischen Dorf Graben nach Augsburg zu und heiratete in eine Weberfamilie ein. Die Enkel, drei Brüder Georg, Ulrich und Jakob Fugger, arbeiteten zunächst mit einem Nürnberger Kaufmann, Hans Kramer zusammen, drängten diesen aber 1486 aus der Firma heraus. Sie handelten mit Leinen und Barchent und bezogen den Rohstoff Baumwolle aus Venedig. Schon früh nahm die Firma noch andere Waren des deutsch-italienischen Handelsverkehrs hinzu. Verbindungen zu den Habsburgern und zur Kurie machten die Fugger dann zu Bankiers und führten sie in das Montangewerbe hinein. Um 1500 standen die Fugger in der internationalen Finanzwelt bereits an der Spitze. Noch größere Bedeutung als die mit der Kurie getätigten Geldgeschäfte erlangten die Vorschüsse der Firma an die Habsburger. Die Verbindungen zu ihnen begannen damit, daß die Brüder Ende 1485 dem Erzherzog Sigmund ein Darlehen gegen Silbererz gaben, 1488 konnten sie dem schwer verschuldeten Herrn eine Summe von nicht weniger als 150000 Gulden vorschießen. Damit waren sie anstelle der Kufsteiner Baumgartner und vor den eigenen Augsburger Konkurrenten der Gossembrot und Welser zu den führenden Tiroler Hofbankiers geworden, gerade zum rechten Augenblick, denn im Jahre 1490 übernahm Erzherzog Maximilian, der Gatte der Erbin der Niederlande und Erbe Sigismunds, die Regierung in Innsbruck, drei Jahre später wurde er der Erbe seines Vaters Kaiser Friedrich III. Jakob Fugger finanzierte die hochgestellten Lebensbedürfnisse und zum Teil recht kühnen Vorhaben Maximilians wesentlich. Seit 1494 hatte er in Verbindung mit Johann Thurzo die ungarischen Kupferbergwerke in Pacht.

Im selben Jahr 1498, in dem sich die Gesellschafter des Schwazer Silberkaufs zum ersten Kupfersyndikat zusammenschlossen, gründeten der aus einer Patrizierfamilie stammende Anton Welser und der Memminger Conrad Vöhlin ihre Gesellschaft, kein reines Familienunternehmen, wie es das der Fugger war, auch andere Handelshäuser, z. B. die Lauginger waren daran beteiligt. Sie setzten zu Beginn des 16. Jahrhunderts in Lissabon die Privilegierung der Deutschen zum Handel in Indien beim portugiesischen König durch, und bei der Expedition Francisco de Almeidas nach Ostindien im Jahre 1505 waren sie mit ihren 20000 Dukaten führend beteiligt.

Die Herwart waren im Erzgeschäft wie im Juwelen- und Perlenhandel über Lissabon und Antwerpen tätig. Die Rehlinger, die aus dem Landadel stammten, hatten ihre Besitzungen verkauft und sich dem Kaufmannsleben zugewandt. Konrad Rehlinger trat dem Granderschen Handelsverband bei, der seinen Hauptstützpunkt in Venedig hatte. Wie diese Gesellschaft beim Textil-, Gewürz- und Metallhandel blieb, so war es auch bei dem von Wilhelm Rehlinger geführten Unternehmen, von wagnisreichen Geschäften der großen Finanz hielten sie sich fern. Die Höchstetter kamen aus dem Bleichergewerbe und gingen dann über die Gewandschneiderei zum Großhandel über. Sie waren unter den ersten, die in Antwerpen eine feste Niederlassung gründeten.

Ohne daß die Öffentlichkeit davon erfuhr, arbeiteten die Fugger mit Fremdkapital, so mit dem des Fürstbischofs von Brixen, Melchior von Meckau. Indem die Gesellschaft festverzinsliche Einlagen aufnahm, wurde verstreutes Kapital dem Wirtschaftsprozeß zugeführt, geschah etwas Ähnliches wie bei den späteren Aktiengesellschaften. Schon zu Beginn des 16. Jahrhunderts scheinen Einlagen von Verwandten, Freunden und Bediensteten etwas Übliches gewesen zu sein. Am weitesten ging in dieser Hinsicht Ambrosius Höchstetter, indem er Depositen von Angehörigen verschiedener Gesellschaftsschichten auch in kleineren Beträgen entgegennahm.

Auch in den kleineren oberdeutschen Städten gab es kapitalstarke Unternehmen. In Memmingen saßen die Vöhlin, Sättelin, Besserer und Zangmeister, in Biberach die Weißhaupt-Brandenburg, in Kempten die Vogt, in Isny die Buffler, in Ulm die Besserer und Ehinger. Einer etwas früheren Phase gehört die Diesbach-Wattgesellschaft an, deren Schwerpunkte in St. Gallen, Bern und Nürnberg lagen.

Die Magna Societas Alemanorum oder „große Ravensburger Gesellschaft“ entstand im 14. Jahrhundert und wurde von Konstanzer und Ravensburger Kaufmannsfamilien gebildet, die ihren Hauptsitz vor oder um 1380 nach Ravensburg verlegten. Die Möttelin, Humpiß, Muntprat sind die bekanntesten. Das Unternehmen hatte bis etwa 1530 Bestand. Geleitet wurde die Firma von drei „Regierern“, denen ein Neunerausschuß beigeordnet war. Später erweiterte sich das Unternehmen auf 60–70 Gesellen, die als vollberechtigte Gesellschafter einen Anspruch auf die Gewinnquote hatten. Sie wohnten an verschiedenen Orten in Oberdeutschland und im Ausland, z. B. in Spanien und waren zum Teil Leiter der ständigen Niederlassungen, der sog. Gelieger. Das Ravensburger Unternehmen hatte in seiner großen Zeit Niederlassungen in Italien, Frankreich und Spanien bis nach Aquila, Valencia und Saragossa, im Nordwesten hatte es Gelieger in Köln, Antwerpen, Brügge und London, im Nordosten spannten sich die Verbindungen bis Wien, Ofen und Breslau. Die Ravensburger beschränkten sich im wesentlichen auf den Warenhandel; Leinwand und Barchent aus Oberdeutschland, Textilien aus Oberitalien und den Niederlanden und Metallwaren vor allem aus Nürnberg, waren ihre wichtigsten Exportartikel, während auf der Importseite Safran und alle möglichen anderen Produkte der verschiedenen ausländischen Märkte standen.

Kreditgeschäfte betrieb die Ravensburger Gesellschaft nur in begrenztem Umfang. Rücksichten auf das kanonische Zinsverbot hinderten die Regierer diesen Schritt zu tun. Auch interessierten sie sich nicht für das neue

Geschäft mit ostindischen Gewürzen in Lissabon wie es andere oberdeutsche Firmen taten. Und so waren sie, da sie den modernen Methoden nicht zugänglich waren, noch vor der Jahrhundertwende gezwungen, eine Reihe von Geliegern, die sich nicht mehr rentierten, aufzugeben.

b) Der Außenhandel

Mit der Schilderung der Rolle der großen Handelszentren haben wir wesentliche Züge des Handels im spätmittelalterlichen Deutschland erfaßt. Ihre Fernhandelsbeziehungen reichten weit über ihre jeweilige Bannmeile, ihr eigenes namentlich für ihre Versorgung wichtiges Hinterland, hinaus, sie folgten den Strömen und Fernstraßen über die Grenzen der Territorien und des Reiches hinweg. Außenhandel war in jener Zeit im besondern der Fernhandel der einzelnen großen Handelszentren, die dabei bestrebt waren, sich ihre Bezugs- und Absatzmärkte möglichst durch Privilegien zu sichern. Besonders erfolgreich in dieser Hinsicht waren die Nürnberger in Oberdeutschland und die Hansestädte im niederdeutschen Raum. Wichtige Privilegien sicherten sich die Nürnberger in Mailand für den Transit nach Genua. Zu zeitweiligen Schwierigkeiten mit Venedig kam es wegen der Außenpolitik Kaiser Sigismunds.

Während für Oberdeutschland der Individualismus der einzelnen Städte und der großen Unternehmungen bezeichnend war, hielten in Niederdeutschland die führenden Städte in der Hanse zusammen. König Waldemar Atterdag entpuppte sich mit der Zeit als der gefährlichste Gegner der Städte insbesondere als er sich 1360 zum Herrn von Schonen machte und im nächsten Jahr Gotland eroberte. Visby, das er damals zerstörte, hatte zwar seine Blüte längst hinter sich, umso empfindlicher waren die Städte für den Eingriff des Königs in ihre Rechte auf den Schonenmessen. Da Waldemar die hansischen Privilegien nicht anerkennen wollte, suchten ihn Lübeck und die wendischen Städte mit Waffengewalt zu zwingen. Doch wurde ihre Flotte im Sommer 1362 vor Hälsingborg vernichtend geschlagen. Die Städte des Ordenslandes, die für ihre Getreideausfuhr die freie Fahrt durch den Sund brauchten, waren für Fortführung des Kampfes. Lübeck brachte 1367 in Köln eine Konföderation zustande, der nicht nur die Städte vom Niederrhein bis nach Livland, sondern auch Schweden, Holstein und Mecklenburg beitraten. Ihre vereinigte Flotte eroberte im Mai 1368 Kopenhagen und die meisten Sundschlösser. Auch Schonen geriet in den Besitz der Verbündeten, und im Stralsunder Frieden vom 24. Mai 1370 mußte König Waldemar die Vorrechte der Hanse in Schonen und Dänemark garantieren, ferner die Sundschlösser auf 15 Jahre verpfänden, ja sogar den Städten das Zustimmungsrecht bei der dänischen Thronfolge zugestehen. Damit hatten die Städte den Höhepunkt ihrer Machtstellung erlangt.

Nach dem Stralsunder Frieden war die von Lübeck bestimmte Politik in kluger Mäßigung darauf gerichtet, die Erhaltung der Privilegien zu sichern. Lediglich im Kampf von Waldemars Tochter Margarete gegen Albrecht von Mecklenburg griffen sie in Stockholm ein und ließen sich für die Auslieferung der Stadt die Privilegien in den skandinavischen Ländern bestätigen. Als Margarete 1397 durch die Kalmarer Union die nordischen Reiche vereinigte, fanden sich die Städte wohl oder übel damit ab. Neue Schwierigkeiten gab es mit Erich von Pommern, dem Nachfolger der 1412 verstorbenen Margarete. Er schränkte den Handel der Städte in Dänemark ein, erhöhte den Sundzoll und ließ Hanseschiffe festhalten. Ein langjähriger Krieg gegen Erich wurde 1435 durch den Frieden von Vordingborg beendet. Die Hanse konnte sich dabei erneut ihre Vorrechte sichern. Während des Krieges zeigte sich deutlich der künftig so bedeutsame Gegensatz zwischen Lübeck und den Städten des Ordensgebietes, besonders Danzig. Während Lübeck an der Sundsperre interessiert war zugunsten der Landbrücke nach Hamburg sahen sich die preußischen Städte dadurch in ihrem Getreide- und Holzhandel betroffen. Die Spannungen zwischen der Hanse und der dänischen Krone konnten die Holländer ausnützen, um ihre Beziehungen zu den Ostseemärkten auszubauen. Man führte gegen die Holländer einen Kaperkrieg, aber das änderte an der Entwicklung nichts, zumal die Holländer die Stütze des burgundischen Herzogs hatten, dessen Untertanen sie seit 1422 waren. Auch nach dem Frieden von 1441 behaupteten sie ihre direkten Verbindungen zu den Städten in Preußen und Livland. Eine Reihe weiterer Krisenerscheinungen kam inzwischen hinzu. Brügges Hafen begann zu versanden, auch bekam diese Stadt im aufstrebenden Antwerpen einen gefährlichen Rivalen, ohne daß die Hanse die daraus sich ergebenden Möglichkeiten durch rechtzeitige Verlegung des Kontors ausgenützt hätte. Die schonischen Märkte verloren an Bedeutung, weil der Heringsfang sich nach der Nordsee verlagerte. Im atlantischen Bereich störte ein langwieriger Kaperkrieg mit den Spaniern (1418–1443) die hansische Baienfahrt. In England mußte die Bestätigung der Privilegien in langwierigen Handelskriegen erzwungen werden, der englische Tuchhandel verschaffte sich Märkte im Ostseegebiet, 1428 erwarben die Merchant Adventures ein eigenes Haus in Danzig, auch knüpften sie direkte Handelsverbindungen zu den livländischen Städten an, die ähnlich wie Danzig in eigener Interessenpolitik Lübeck vom Düna- und Rußlandhandel ausschalten wollten. Als die Engländer 1468 den Stalhof schlossen, entzog sich nur Köln der über England verhängten Handelssperre und geriet deshalb für einige Jahre in den Zustand der Verhansung. Nach den Thronkämpfen zwischen den Häusern York und Lancaster konnte sich die Hanse im Utrechter Frieden 1474 ihre Privilegien wieder für längere Zeit sichern. Der damals erstrebte Ausschluß der Holländer aus dem Ostseegebiet wurde allerdings nicht erreicht. Diese wurden weiterhin nachdrücklich vom nordischen Unionskönigtum unterstützt, dessen Träger seit 1448 dem Hause Oldenburg angehörten. In den

Holländern sahen sie ein nützliches Gegengewicht gegen die Hanse, während letztere sich dagegen durch das Zusammenspiel mit dem nach Unabhängigkeit strebenden Schweden wehrte. Einen schweren Schlag insbesonders gegen Lübeck führte schließlich der russische Großfürst Iwan III., der, seit 1478 Herr von Novgorod, 1494 das dortige hansische Kontor aufhob.

Aktiven Außenhandel trieb auch der Deutsche Orden. Von seinen Schäffereien in Marienburg und Königsberg aus exportierte er Getreide, Bernstein, Wachse, Pelze und hatte seine „Lieger" in Brügge, Lübeck, Lemberg und Novgorod sitzen. Sein Seehandel, der u. a. dem Import von Tuchen, Salz und Kolonialwaren diente, griff über England und Frankreich hinaus bis nach Portugal. Die beste Zeit dieses Ordenhandels fällt ins ausgehende 14. Jahrhundert. Die Auseinandersetzungen im Inneren und die Kämpfe mit Polen und Litauen seit 1410 führten dann zum wirtschaftlichen Niedergang.

Gewisse Außenhandelsbeziehungen unterhielten auch die aufstrebenden Territorien. Die Herzöge von Bayern hatten als wichtigstes Exportgut das Reichenhaller Salz, das u. a. in die Schweiz exportiert wurde. Von den verschiedenen Territorien in Oberdeutschland gingen Außenhandelsbeziehungen in die Schweiz und nach Italien wie nach Frankreich und auf der Donau nach dem Südosten. In Norddeutschland ist auf den Getreide- und Viehexport des holsteinischen Adels zu verweisen.

Trotz der Krisen, die der Handel im hansischen Bereich erfuhr, kann man namentlich im Lauf des 15. Jahrhunderts von einer Ausweitung der Außenhandelsbeziehungen insbesondere mit Südwest-, Süd- und Osteuropa sprechen. Textilien, Metalle und Metallwaren und andere gewerbliche Erzeugnisse waren die Hauptexportgüter Deutschlands, während man von den Mittelmeerländern deren eigene Produkte insbesondere Safran sowie die Gewürze, Spezereien und andere Drogen der Levante und des Orients bezog. Im osteuropäischen Warenaustausch auf dem Landwege waren neben dem Schlachtvieh die Metalle der böhmisch-mährischen Gebiete und der Karpaten die wichtigsten Artikel. Im Warenaustausch mit den Niederlanden spielte der Rheinwein eine wichtige Rolle, während von dort an Stelle der flandrischen Tuche in verstärktem Maße brabantische und holländische Tuche traten. Auch die Einfuhr englischer Tuche machte sich bemerkbar, während aus Dänemark der Viehimport zunahm. Im Seehandel gewann, nachdem der Deutsche Orden in Bedrängnis geraten war, als Konkurrent das über Danzig exportierte Getreide an Bedeutung. Ein beachtliches Exportgut, namentlich in Hamburg war das Bier. Neben dem Eisen und Kupfer Schwedens blieb der Fisch, der über die Schonenmärkte, Bergen und Holland bezogen wurde, das wichtigste Importgut, aus England kamen dazu Blei und Zinn, und im wachsenden Umfang Tuche, von der französischen und portugiesischen Atlantikküste wurde das Baisalz als Konkurrenz des Lüneburger Salzes bezogen.

Über den Umfang der gehandelten Güter liegen nur wenige Ziffern vor. 1368 erhielt Lübeck etwa 5000 Ztr. Eisen und 1500 Ztr. Kupfer aus Schweden; bis gegen Ende des 15. Jahrhunderts stieg dieser Import auf das Fünffache. Der Export englischen Tuches stieg von 2000 Stück im Jahr 1370 auf 15000 im Jahr 1480, ein Beweis für die wachsende Bedeutung dieser Ware auch für den deutschen Markt. Den Gottorfer Zoll passierten im Jahre 1484 12800 Ochsen, 4400 Pferde, 2400 Schafe und Lämmer. Auch aus den Rheinzöllen ist der starke Anstieg des Warenstroms zu ersehen. Genaue Angaben über den transalpinen Handel fehlen, aber der Aufstieg des oberdeutschen Warenhandels wirkte sich nach Überwindung der Krise zu Beginn des 15. Jahrhunderts am stärksten im Venediggeschäft aus.

c) Handelsbetrieb und Unternehmungsformen

Spätmittelalterlicher Handel war im Rahmen der damals bekannten Welt Welthandel. Diesem Tatbestand entsprach auch die Raumaktivität des deutschen Kaufmanns. Der Aktionsradius des hansischen Kaufmanns reichte ebenso nach Rußland und Skandinavien hinein, wie wir ihn in Westeuropa, in England und an der Atlantikküste finden. Die Kölner Kaufleute griffen nach Spanien und Italien aus, und hier trafen sie mit Oberdeutschen zusammen. Und noch bevor die ersten deutschen Kaufleute nach Ostindien kamen, wurden Erzeugnisse aus Afrika, aus Indien und anderen asiatischen Märkten in den deutschen Städten feilgeboten. Die Weite der Handelswelt erforderte vom Kaufmann einen reichen Schatz an Erfahrung und Kenntnissen. Die erstere erwarb man sich in der Handelslehre, der häufig ein Auslandsaufenthalt folgte. War man wieder daheim in der Schreibstube, dann konnte man die gesammelte Erfahrung am besten verwerten, wenn man entsprechende Aufzeichnungen gemacht hatte. Im Jahr 1488 gab der Nürnberger Christof Scheurl dem jungen Hieronymus Haller ein entsprechendes „Regiment" mit auf die Reise nach Venedig. Darin heißt es, er solle während seines Lehraufenthaltes in der Lagunenstadt den Morgen jeweils beim Rechenmeister verbringen, den Rest des Vormittags und den Nachmittag solle er sich im Fondaco dei Tedeschi bei den anderen Kaufleuten einfinden. „Allerwegen soll er ein Täfelein bei sich haben, sich stets befleißigen, die Läufe oder Veränderungen aller Waren zu erfahren, und dies, desgleichen was er Neues höre, das sich auf Steigen oder Fallen der Preise beziehe, aufzeichnen." Er soll sich nicht über Nacht auf sein Gedächtnis verlassen, sondern „alles was er handle, es sei mit Kaufen oder Verkaufen, mit den Banken, Bezahlungen oder anderem von Stund an in seinem Täfelein aufschreiben, was er nicht Muße finde, in sein Copier- und Schuldbuch zu schreiben, wenigstens in sein Journal eintragen". Der Kaufmann, der viel mit dem Ausland zu tun hatte, mußte auch die fremden Sprachen einigermaßen beherrschen. Um sich die wichtigsten Ausdrücke anzueignen, kam man auf die ersten Sprachführer. Ein solcher wurde z. B. von einem Nürnberger bereits im Jahre 1424 verfaßt. In ihm war das Wissenswerteste in deutscher und italienischer Sprache nach Gruppen geordnet zusammengestellt. Zu den rein sprachlichen Besonderheiten kam die Kenntnis der Handelsgebräuche in fremden Ländern und Städten, deren Münz-, Maß- und Gewichtsverhältnisse. So entstanden schon früh die Tarifbüchlein. Der 1407 verstorbene Ulman Stromer hatte unter seinen Aufzeichnungen ein Kapitel „von Gewicht und Kaufmannschaft", und der Nürnberger Hans Tetzel erwähnt im Jahre 1464 in seinem Inventar ein „Büchlein von allerley Kaufmannschaft hin zu Venedig und anderen lendern".

Neben diesen Aufzeichnungen, die man vertraulich behandelte, entstanden ausgesprochene Lehrbücher, die die Kunst des Rechnens und der Buchführung vermitteln sollten. Bis um die Wende des 16. Jahrhunderts gebrauchte man in Deutschland im allgemeinen noch die römischen Ziffern. Henricus Grammateus gibt in seinem Rechenbuch, das 1518 erschien, eine eingehende Beschreibung der arabischen Ziffern und des Rechnens mit ihnen, daneben erklärt er, mit Rücksicht auf den weniger fortschrittlichen Kaufmann, den Gebrauch des Rechenbretts. Ähnlich machte es der Rechenmeister Adam Riese in seinem Buch, das im gleichen Jahr 1518 erschien.

Inzwischen wurde in Italien die Technik des Buchhaltens weiter ausgebildet. Lange bevor Luca Pacioli seine „Summa di Arithmetica" herausgab, gingen die jungen Oberdeutschen nach Venedig, um dort die italienische, d. h. die doppelte Buchführung zu erlernen. In Deutschland ist das Werk des Grammateus, das wie erwähnt 1518 erschien, das erste, das auf die Buchhaltung einging in einem Kapitel „Buechhalten durch Journal Kaps = Capis (Warenbuch) und Schultbuch auff alle Kauffmanschaft". Eben in dieser Zeit ließ sich dann der bei den Fuggern angestellte Matthäus Schwarz zu seiner Musterbuchhaltung anregen. Aus der Einleitung des Schwarz ist indessen zu ersehen, daß sich nur die fortschrittlichen Kaufleute der neuen Methode bedienten, während viele andere sich mit den bisherigen primitiveren begnügten.

Verhältnismäßig wenig Kaufmannsbücher sind erhalten geblieben. Wir haben in Oberdeutschland das Rechnungsbuch der Regensburger Wilhelm und Mattäus Runtinger (1383–1407), in dem anstelle der bisherigen Absatz- und Paragraphenform die bilaterale klarere Anordnung verwendet wurde. Die Trennung von Debit und Credit auf gegenüberliegenden Seiten zeigt auch das Rechenbuch des Nürnbergers Ulrich Stark (1426–1435), während der Münchner Hans Lerer (1440–1458) im wesentlichen bei der Absatzform blieb. Der Ulmer Ott Ruland, der Süddeutschland von Frankfurt/Main bis Bayern sowie Böhmen und Österreich besuchte, führte, wenn er unterwegs war, ein Buch, in dem er mehr oder weniger in chronologischer Folge Kreditgeschäfte eintrug. Ähnlich machte es Hans Keller, der für seinen Ulmer

Prinzipal Ludwig Rottengatter dreimal nach Italien reiste. Er trennte bei seinen Eintragungen nach Einnahmen, Ausgaben und gekauften Waren.

Von den großen oberdeutschen Gesellschaften ist kein eigentliches Geschäftsbuch erhalten geblieben. Wir sind aber insofern etwas orientiert, als diese Gesellschaften regelmäßig Abschluß- oder Überblicksrechnungen aufstellten. Die Nürnberger Kress machten solche Rechnungen alle zwei bis vier Jahre. Ähnliches geschah bei der Großen Ravensburger Gesellschaft. Wenn diese Rechnungen aufgestellt wurden, kamen die zahlreichen Teilhaber der Gesellschaft eigens nach Ravensburg. Standen die Oberdeutschen in ihrer Technik gegenüber den Italienern hinsichtlich ihrer Fortschrittlichkeit nicht viel zurück, so waren die hansischen Kaufleute konservativer. In den Rechnungen des Johannes Plige von 1391 bis 1399, der Lieger des Deutschen Ordens in Brügge war, sind die einzelnen Posten in klarer Ordnung aufgeführt. Von der Gesellschaft des Hildebrand Veckinchusen, die ihre Transaktionen von den Küsten der Nord- und Ostsee bis nach Venedig ausweitete, sind verschiedene Rechnungsbücher aus der Zeit von 1399 bis 1420 erhalten. Sie hielten sich ganz auf dem hansischen Niveau der Niederschrift zur späteren Rechnungslegung mit einem Partner oder Faktor, genügten aber nicht, wenn sich das Unternehmen zu einer Gesellschaft mit mehreren Partnern und einem Netz von Korrespondenten ausweitete, und es ist möglich, daß die Veckinchusen mit auf Grund der mangelhaften Buchführung scheiterten.

Der Danziger Kommissionskaufmann Johann Pisz (1421–1454) teilte klar nach Verkäufen auf Kredit, Einkäufen und Waren, die er anderen zusandte oder von anderen in Kommission erhielt. Auf der linken Seite wurde das Geschäft im einzelnen geschildert, auf der rechten erfolgte der Eintrag der gemachten Zahlungen. Daß mehrere Bücher schon benutzt wurden, verrät der Lübecker Heinrich Dunkelgud in seinem Rechnungsbuch von 1479, das er während einer Reise nach Santiago de Compostela führte.

Die Gestaltung des Handels hing vielfach von der Größe des Betriebes und seiner Lage im Binnenland oder an der See ab. Hinsichtlich der Größenordnung gab es verschiedene Möglichkeiten zwischen der Handelsgesellschaft und dem einzelnen selbständigen Kaufmann. Dazu kommen die Unterschiede zwischen dem Groß- und dem Detail- oder Einzelhandel.

Der Großhändler konnte an den verschiedenen Handelsplätzen einen Korrespondenten betreuen, der gleichzeitig als Kommissionär diente. Dieses Kommissions- oder Sendevegeschäft war im hansischen Bereich allgemein üblich. Es gab dabei reine Einkaufs- oder reine Verkaufskommissionen. Wenn die Beziehungen länger dauerten, konnte sich ein gegenseitiges Kommissionsverhältnis daraus entwickeln. Abgerechnet wurde auf den Messen oder bei gelegentlichen Besuchen. Des weiteren konnte man einen Handlungsdiener verwenden, der gegen festen Lohn arbeitete oder am Gewinn beteiligt war. Häufig ließ er sich von seinem Prinzipal ein Darlehen geben, über das er später abrechnete. Diese Form nannte man Wederleggin-ge. Man konnte im Bereich des Seeverkehrs auch einfach den Schiffer beauftragen, die Waren abzusetzen. Wo es regelmäßig um größere Umsätze ging, konnte man ein Warenlager unterhalten und einen Lieger oder Faktor damit beauftragen. Diese Institution haben wir bei den Schäffereien des Deutschen Ordens in ihren Handelsbeziehungen mit Brügge, dann bei den oberdeutschen Handelsgesellschaften, die ihre Niederlassungen im weiteren Kreis der europäischen Wirtschaft unterhielten.

Im hansischen Bereich war die selschkop mascopei oder kumpanie, die Handelsgesellschaft, meist in der einfachen Form der Gelegenheitsgesellschaft zwischen zwei oder mehr Partnern üblich, d.h. der Zusammenschluß erfolgte nur für ein bestimmtes Geschäft, etwa eine Seefahrt. Weiter griff die vulle mascopei, etwa unter Brüdern. Bei der Kapitalbeschaffung wandte man sich z. T. an recht weite Kreise. Freude an spekulativen Geschäften zeigten Gelehrte und Landjunker, ja auch Angehörige unterer Schichten bis zum Hafenarbeiter. In Danzig beteiligten sich 1438 das Brigittenkloster, die Marienkirche, das Heiliggeisthospital und die Älterleute des Johannisaltars an der Baienfahrt. Die lose, kurzfristige Form des Zusammenschlusses ermöglichte es dem Kaufmann wie den Einlegern bei mehreren solcher Gesellschaften mitzumachen. Eine für die Seestädte typische Form der Gesellschaftsbildung war die Partenreederei. Wegen des Risikos zur See war man lieber Besitzer mehrerer Parten als Eigentümer eines Schiffes, zumal die Seeversicherung in den nordischen Gewässern noch nicht sehr ausgebildet war.

In Oberdeutschland, wo sich die mediterranen Handelsgebräuche geltend machten, erfolgte der Zusammenschluß auf mehrere, gewöhnlich 4–6 Jahre. Es gab Gesellschaften mit betontem Familiencharakter und solche, bei denen der Teilnehmerkreis darüber hinausgriff. Dazu bestand die Möglichkeit der stillen Teilhaberschaft, etwa von Handlungsdienern und des Depositums. Der Fürstbischof von Brixen legte so sein Geld bei den Fuggern an. Eine besondere Form der Beteiligung war die Fürlegung, die eine Gesellschaft einem Handelsdiener vorstreckte. Seit 1464 sicherte ein Privileg in Nürnberg die beschränkte Haftung. Eine weitere Form der Kapitalsicherung war die Stiftung.

Die bekannteste oberdeutsche Handelsgesellschaft war die erwähnte Magna Societas der Ravensburger. An diesem Unternehmen, das von 1380 bis etwa 1530 Bestand hatte, beteiligten sich mit der Zeit nicht weniger als 121 Familien und zwar die meisten aktiv. Im allgemeinen wurden nur Mitglieder aus schwäbischen Reichsstädten aufgenommen. Ein Vertrag der Gesellschaft ist nicht erhalten geblieben.

Eine eindeutige „Firma" (ditta), wie es die Romanen jetzt schon bevorzugten, hat die Gesellschaft noch nicht getragen. Im Ausland sprach man von der Magna Societas Alemanorum (Alamaniae oder Germaniae Superioris), wobei man den Namen des ersten Regierers zuweilen hinzutat. Festere Gestalt hatte das Handelszeichen der Gesellschaft, das vom Zeichen der Humpiß abgeleitet worden war. An der Spitze der Gesellschaft standen die drei Regierer. Neben ihnen gab es ein erweitertes Direktorium von 9 Männern als eine Art Aufsichtsrat. Nach Ablauf einer bestimmten Frist, die sich gewöhnlich auf etwas über drei Jahre erstreckte, kamen sämtliche Gesellschaftsmitglieder zusammen, um nach Abschluß der Bücher die Bilanz zu ziehen und die Dividenden festzusetzen. Im Jahre 1477 dauerte dieses Geschäft 34 Tage. Im Durchschnitt weilten bei dieser Gelegenheit 50–70 Gesellen in Ravensburg.

Nach einer Notiz von 1497 besaß die Ravensburger Gesellschaft an Werten etwas über 165000 fl. 1514 wurde beschlossen, das Hauptgut auf etwa 130000 fl. zu halten, damals war die Gesellschaft von den Fuggern bereits weit überflügelt, deren Hauptgut belief sich 1511 auf über 245000 fl., wobei liegende Güter, Häuser, Hausrat und Silbergeschirr in Höhe von 32000 fl. einbezogen waren. Für das 15. Jahrhundert stand die Ravensburger Gesellschaft hinsichtlich ihres Hauptguts weit über wahrscheinlich den meisten oberdeutschen Gesellschaften, auch wenn man die Baseler Gesellschaft der Halbisen-Kilchen auf 40000–50000 fl. und die Frankfurter Gesellschaft der Johan von Mehlem und Genossen auf 60000–70000 veranschlagt, was zu hoch sein dürfte, zumal die andern Frankfurter Gesellschaften um 1500 nicht viel über 10000 fl. hinauskamen. Der Jahresgewinn der Ravensburger Gesellschaft betrug um die Wende zum 16. Jahrhundert zwischen 6,8 und 7,5%, scheint aber früher höher gewesen zu sein. Doch entsprach dieser Gewinn im allgemeinen dem der Gesellschaften mit betontem Warenhandel. Bei der Gesellschaft des Klaus Scheid in Frankfurt lag er in der Zeit von 1490 bis 1501 bei durchschnittlich 6,37%. Die Welser erzielten in den Jahren 1502–1517 im Durchschnitt 8,875%. Doch war Lucas Rem, der damals im Dienst der Welser stand, der Ansicht, die Herren hätten den Gewinn böswillig herabgesetzt. Er gründete dann mit seinem Bruder Endres eine Gesellschaft, die in den Jahren 1518 bis 1540 auf durchschnittlich 7,5% kam. Bei den Fuggern, die damals schon stark mit spekulativen Finanz- und Montangeschäften tätig waren, ergab sich ein Jahresgewinn bis über 15%.

In den verschiedenen großen oberdeutschen Städten gab es eine Reihe solcher Handelsgesellschaften, meist waren es Familiengesellschaften. Besonders betont war der Familiencharakter bei den Fuggern. Er kam weniger stark zum Ausdruck beim Zusammenschluß der Welser und Vöhlin mit den Lauginger in Augsburg. Ähnlich war es bei der Gesellschaft, die die Nürnberger Jörg Koler und Jörg Kress mit dem Mailänder Ambrosius de Saronno im Jahre 1506 abgeschlossen. In Frankfurt gab es die Vereinigung von Claus und Craft Stalburg mit Johan Bromm von 1457, die Gesellschaft des Klaus von Rückingen mit Jakob Heller und H. H. von Oppenheim von

1487, dann das Unternehmen des Hans Bromm d. A. und d. J. mit Friedrich Heydte von 1502. In Köln hatten um 1470 die Eheleute von Emmerichshaen mit Arnt von Westerburg eine Gesellschaft.

9. Geld- und Kreditwesen

a) Münzwesen

Der politische Zustand des Reiches, die Schwäche der Krone gegenüber den aufkommenden Territorialmächten spiegelte sich deutlich im Münzwesen, ganz besonders im Mißbrauch der Münzhoheit und den Abwehrmaßnahmen der Münzverrufungen. Die Städte, so im hansischen Bereich, wehrten sich gegen den dadurch entstehenden Wirrwarr, indem sie sich zum Wendischen Münzverein zusammenschlossen und ihren Münzen als gemeinsames Kennzeichen einen Stern zusätzlich aufprägten. In Niedersachsen war die Unordnung im Geldverkehr in der zweiten Hälfte des 14. Jahrhunderts so groß, daß die Städte 1382 zum Barrenverkehr zurückkehrten. Fürsten und Städte versuchten im Rahmen der Landfriedensbünde das Münzwesen zu beeinflussen. So entstand 1385/86 der Rheinische Münzverein der vier rheinischen Kurfürsten, zur selben Zeit etwa ein Münzverein unter den oberfränkischen Fürsten, 1403 bildeten verschiedene Städte und Territorien am oberen Rhein den Rappenmünzbund, 1423 folgten der Graf von Württemberg und verschiedene schwäbische Reichsstädte. Am Anfang des nächsten Jahrhunderts hörten die Münzvereinigungen allmählich auf, aber die Einrichtung der Territorialmünzen blieb bestehen, und so sah sich der Kaufmann gezwungen, im Unterschied zur Landesmünze mit einer Rechen- oder Handelsmünze zu arbeiten. Diese Rechenmünze war im Bereich der Hansestädte an der See die lübische Mark, im Rheinland und Süddeutschland die Kölner Mark oder das Pfund Pfennige.

Die kleinsten Münzen waren der Pfennig und der Heller, der halb soviel wert war wie der Pfennig. Das Verbreitungsgebiet des Hellers war besonders Schwaben, Franken und Bayern, das des Pfennigs griff weiter, nach Hessen und in den luxemburgisch-böhmischen Machtbereich hinein. Die zunehmende Entwertung von Pfennig und Heller begünstigte die Tendenz zu größeren Münzen, die, wie erwähnt, sich schon im 13. Jahrhundert feststellen lassen.

Von England her machte sich wohl infolge der dynastischen Beziehungen der Welfen, der Einfluß des englischen Pfennigs (Sterling) geltend, den man am Rhein und in Westfalen vorfand, während sich im hansischen Bereich der Weißpfennig oder Witte ausbreitete. Er war etwas größer, ein Viertel davon war ein Pfennig. Das 12-Pfennigstück (Schilling) war ebenfalls in Norddeutschland verbreitet, östlich daran schloß sich der Einflußbereich des meißnischen und des böhmischen Groschens an. In Westdeutschland entsprach ihm der Turnose, der aber im Laufe des 15. Jahrhunderts verschwand, während der Groschen in verschiedenen Formen allmählich mit Ausnahme von Pommern und Österreich den ganzen deutschen Münzraum eroberte. Hinter dem Namen verbargen sich schließlich Stücke des verschiedensten Wertes, denen man dem Prägebild entsprechend Bezeichnungen gab: Marien-, Kreuz-, Löwengroschen usw. Wollte man in der Wertangabe genauer sein, dann fügte man den Herrscher- oder Stadtnamen hinzu.

Unter den verschiedenen Münzvereinigungen war der ursprünglich über 70 Teilnehmer zählende Rappenbund mit am erfolgreichsten. Die von ihm empfohlenen Pfennige sollten so beschaffen sein, daß 1 Pfund = 240 Pfennige einen guten Goldgulden und eine Mark Silber 6 Pfund Pfennige ausmachten. Der Name Rappenbund kam von der in diesem Zusammenhang geprägten Zweipfennigmünze, dem Rappen. Einer später geprägten Rappenmünze gab man den Namen Blaphart, vom französischen blaffard (bleich). Im Schwäbisch-Fränkischen tendierten die Bestrebungen auf ein entsprechend stabileres Verhältnis zwischen dem Heller und dem Groschen oder Schilling hin.

In Österreich und Bayern kam inzwischen der Kreuzer oder Zwanziger in Umlauf, der seinen Namen nach den zwei übereinandergelegten Kreuzen erhielt. Die von Italien angeregte Goldmünze des Floren verbreitete sich in Westdeutschland von 1330 ab. Das ursprüngliche Gepräge ersetzte man seit Ausgang des Jahrhunderts durch die Gestalt oder das Wappen des Münzherren. Unter dem Einfluß des in Finanzfragen erfahrenen Erzbischofs Balduin von Trier vereinbarten die Stifte Trier und Mainz im Jahre 1354 ein entsprechend gutes Silberstück dazu zu prägen, das Weißgroschen oder nach dem Mainzer Rad Raderalbus genannt wurde und 12 Hellern entsprach. Diese Vereinbarung wurde 1386 von den zwei anderen rheinischen Kurfürsten übernommen, wobei Gold- und Silbergehalt heruntergesetzt wurde. Damit entstand der rheinische Gulden, der in der Folgezeit weiteste Verbreitung finden sollte. Meist trug er den Reichsapfel. Seit etwa 1420 entsprach dieser rheinische Gulden $^{3}/_{4}$ des Floren, dem man nun den von Venedig entlehnten Namen Dukat gab.

Mit steigender Silberausbeute zu Ausgang des 15. Jahrhunderts begann die Zeit der großen Silbermünze. Erzherzog Sigmund von Tirol ließ 1484 zum erstenmal Silberstücke prägen, die den Wert eines rheinischen Gulden in Silber darstellten und Guldengroschen oder nach ihrem Gewicht Unzialen genannt wurden. Einen neuen Namen – Taler –, der die anderen verdrängte, bekam diese Münze nach der Prägung der böhmischen Grafen Schlick aus der Förderung ihrer Joachimstaler Silbergruben.

Mit dieser Entwicklung blieb die Frage einer einheitlichen Reichsmünzordnung vorerst noch ungelöst. Wie schon Kaiser Ludwig, so versuchten

Ruprecht und dann Sigismund eine einheitliche Reichsgoldmünze zu schaffen, doch scheiterte der Versuch. Eine neue Initiative ging 1426 vom Erzkämmerer des Reichs, Konrad von Weinsberg, aus. Die nun geprägte Goldmünze – nach dem Reichsapfel Apfelgulden genannt – wurde auf den Reichstagen von Eger und Nürnberg (1437 und 1438) ausdrücklich zur Reichsmünze erklärt. Aber die Hansen lehnten sie wenige Jahre darauf ab (1441), und dasselbe tat der fränkische Münzverein. Friedrich III., der inzwischen als König und Kaiser nachgefolgt war, bemühte sich in dieser Frage nicht weiter. Erst der Reichstag von 1500 erörterte wieder die Frage einer Reichsmünzordnung. Die Regelung sollte dann im 16. Jahrhundert auf der Basis des neuen Silbertalers gefunden werden.

b) Bargeldloser Verkehr

Angesichts der Münzschwierigkeiten, die sich namentlich im Fernhandel äußerten, ist es zu verstehen, wenn sich die Kaufleute so gut es ging des bargeldlosen Geschäfts bedienten. Wenn zwei Kaufleute längere Zeit miteinander in Geschäftsverbindung standen, so führte jeder sein Konto, und von Zeit zu Zeit, wenn man sich traf, wurden die Spitzen beglichen. Zu solchen Treffpunkten eigneten sich ganz besonders die Märkte und Messen, die, nachdem die Champagnermessen mit ihrem Turnus ihre Bedeutung verloren hatten, sich zu einem reicheren System ausgeweitet hatten. Dieses System reichte von den flandrischen und Brabanter Messen, von Deventer, dem Kieler Umschlag und den Schonenmärkten über die Wetterauer Messen, die Naumburger und bald auch die Leipziger Märkte zu den oberdeutschen Messen von Straßburg, Zurzach, Nördlingen, Nürnberg, Linz und Bozen, wozu noch diejenigen von Genf und Lyon kamen. Die Frankfurter Messen, die im deutschen Raum zunächst am wichtigsten waren, lassen erkennen, daß es sich bei den Zahlterminen vor allem um die Begleichung von Rückständen aus dem Warengeschäft handelte, das große Geldgeschäft fehlte vorerst noch.

Als Instrument des bargeldlosen Verkehrs zwischen den verschiedenen Handelsplätzen verbreitete sich in Deutschland der Wechselbrief nur langsam. Vornehmlich wurde dieses Instrument, etwa in Frankfurt oder in Lübeck, in der Form eines Zahlungsversprechens gebraucht. Wesentlich reger wurde damit im Kreis um Deutschland vor allem von den Italienern gearbeitet, das lassen die Handbücher und erhaltenen Geschäftsbücher und -briefe der Zeit deutlich erkennen: Am Ende unseres Zeitraums war es jedoch schon selbstverständlich, daß ein oberdeutscher Kaufmann in Lissabon, wenn er Geld brauchte, sich dieses auf dem Wechselweg in Augsburg oder Nürnberg beschaffte. Die Aufzeichnungen der „Paumgartner" und die Musterbuchhaltung des Mattäus Schwarz zeigen, daß gerade für den oberdeutschen Kaufmann das Wechselgeschäft mit den wichtigen Handelsplätzen des Abendlandes, in Italien, Frankreich und den Niederlanden etwas Gewohntes war.

c) Hauptkreditgeber

Im internationalen Wechselverkehr, soweit er sich in Deutschland abspielte, wie auch im Bankgeschäft, führten die Italiener immer noch. Nicht nur Lombarden, sondern auch Angehörige anderer Landschaften waren vertreten. In Köln stand Simon Sassolini, der 1408–1432 in der Stadt ein Haus besaß, mit den Medici in Geschäftsverbindung. Im Jahre 1415 lieh er der Stadt 30000 Gulden. Daneben nennen die Quellen Bartholomaeus Dominici, einen Florentiner, der ebenfalls der Stadt Geld lieh und das Bankhaus der Alberti vertrat. In Lübeck hatten die Baglioni aus Perugia und die Boerii aus Florenz eine Niederlassung. Vereinzelte Italiener saßen ferner in Frankfurt und in Nürnberg, wo sie Verbindungen pflegten, die für die Geldüberweisungen der Kirche erforderlich waren.

Die Juden verloren im Bank- und Kreditgeschäft mehr und mehr an Bedeutung. Die Verfolgungen vom Jahre 1349 hatten für sie schwere Verluste an Menschenleben und Vermögen gebracht. Schuldenerlaß, Teilung der Beute, ja möglichst auch die Verbannung der Juden aus der Stadt, das waren die Ziele der breiten Schichten, und die Obrigkeit gab meist nach, um ihre eigene Position nicht zu gefährden.

Nach den Verfolgungen von 1349 knüpften die Juden verhältnismäßig rasch neue Bande, und schon wenige Jahrzehnte später hatten sie wieder ihre Kundschaft unter allen Ständen, wobei geistliche und weltliche Herren vorangingen. Am Niederrhein war einer der bedeutendsten Bankiers der Jude Simon von Siegburg. Um 1375 hatte er beim hohen Adel und bei Angehörigen der Ritterschaft etwa 27000 Mark ausstehen. Beachtliche Bankgeschäfte trieb auch die reiche Zorlyne, Witwe des Fifelin von Dieburg in Frankfurt. Die Stadt Köln und die Stadt Dortmund liehen in dieser Zeit noch Geld von den Juden; das gleiche taten kirchliche und weltliche Herren, während König Wenzel durch Judenschuldentilgung und Ruprecht und Sigismund durch höhere Judensteuern zu Geld kommen wollten.

Schon vor der Wende zum 15. Jahrhundert setzte für die Juden eine neue Krise ein, die bis ins 16. Jahrhundert hinein schwelte, um mit den Unruhen der Reformationszeit noch einmal eine Steigerung zu erfahren. Die letzten Gründe für diese Entwicklung hingen mit dem Aufstieg der städtischen Wirtschaft zusammen. Die Blüte von Handel und Gewerbe in allen Teilen des Reichs, namentlich aber in Oberdeutschland und die weitere Ausbildung von Kapitalnutzung und Kreditwesen schränkten die Möglichkeiten großer Finanzoperationen für die Juden immer mehr ein, und ihre zunehmende Entbehrlichkeit äußerte sich in den Ausweisungen durch die Obrigkeit.

Die Kreditfähigkeit des deutschen Kaufmanns machte sich namentlich in Oberdeutschland bemerkbar. Hier schuf der Handel Kapitalien, die der Kreditwirtschaft zugeführt wurden. Zu Ausgang des 14. und zu Beginn des 15. Jahrhunderts war Nürnberg das bedeutendste Finanzzentrum in Oberdeutschland. Nach den Juden, die 1385 und 1390 vertrieben wurden, traten einzelne Kaufleute als Geldgeber der Könige Ruprecht und Sigismund auf, so Ulman Stromer. Damals kamen die Reichskleinodien als Pfandstücke nach Nürnberg. Aus Augsburg zogen die Juden im Jahre 1439 aus. Die Meuting liehen als erste dem verschwenderischen Habsburger Sigmund von Tirol Geld, und zwar im Jahre 1456 35000 Gulden, wofür er ihnen bis zur Tilgung von Darlehen und Zinsen die Silberausbeute seiner Kupferbergwerke zu Schwaz überließ. Sie verlegten sich dann auf Wechselgeschäfte und gehörten zu den ersten Augsburgern, die in Antwerpen eine Niederlassung gründeten. Den Meuting machten dann rasch die Ehem und Welser den Rang streitig. Dann kamen die Gossembrot und Fugger. Im Jahre 1483 ließ sich Georg Gossembrot als Abschlagszahlung für ein Darlehen von Erzherzog Sigmund 1000 Zentner Kupfer geben. Zwei Jahre später waren die Brüder Fugger an der Reihe. Silber war diesmal die Gegengabe des verschuldeten Habsburgers. 1488 waren die Fugger bereits in der Lage, 150000 Gulden vorzuschießen. In den nächsten Jahren bauten sie ihren Einsatz im Metallgeschäft weiter aus. Sie stiegen in die oberungarische Kupferausbeute ein und verbanden sich dabei mit dem Krakauer Bergwerksspezialisten Johann Thurzo. Die Ausweitung der Faktoreien und Schmelzbetriebe ins Salzburgische, nach Kärnten, nach Breslau, Leipzig und Thüringen, Ofen und Preßburg machte die Fugger rasch zu einer internationalen Finanzmacht, wobei es ihnen gelang, erhebliche Geldmittel durch Depositen zu erschließen, so diejenigen des Fürstbischofs von Brixen, Melchior von Meckau. Im Jahre 1495 eröffneten die Fugger eine Filiale in Rom und beteiligten sich künftig am Finanzgeschäft mit der Kurie.

Inzwischen hatten die Fugger Verbindungen zum Nachfolger Sigismunds, Erzherzog Maximilian, angebahnt. Das erste größere Finanzgeschäft mit Maximilian erfolgte 1491. Es bestand in einem Vorschuß von 120000 Gulden. Weitere Geschäfte folgten in der Form von Tiroler Edelmetallkäufen. So erwarben die Fugger 1492 für nahezu eine halbe Million Gulden Tiroler Silber, das zum guten Teil wieder ins Ausland ging. Jakob Fugger finanzierte die Fahrten, die die Diplomaten Maximilians machten. Die Gesellschaft überwies die Mailänder Mitgift der Bianca Maria Sforza. Inzwischen starb der Vater und Kaiser, Friedrich III. Habsburgische Hausmacht und Augsburger Hochfinanz wurden jetzt in noch engere Kontakte gebracht.

In den Jahren 1495 und 1496 waren die Fugger nicht allein die Bankiers Maximilians, sondern arbeiteten mit der Augsburger Konkurrenz zusammen, zunächst mit den Gossembrot und Herwart, dann kamen auch die

Paumgartner dazu. Immer waren die Geldvorschüsse verknüpft mit einem entsprechenden Silber- oder Kupferkauf. Jakob Fugger, der inzwischen das slowakische Kupfer übernommen hatte, war bestrebt, durch Zusammenarbeit mit der Augsburger Konkurrenz Einfluß auf den Tiroler Kupfermarkt zu bekommen. Im Jahr 1498 schlossen die am Tiroler Kupferkauf beteiligten Augsburger ein Syndikat, das aber nur von kurzer Dauer war und Jakob Fugger Gelegenheit gab, sich zum Herrn der ganzen Tiroler Kupferausbeute zu machen. Die Darlehen, die Jakob Fugger in der Folgezeit allein dem König leistete, waren aber gar nicht so übermäßig hoch, im Jahre 1506 wurde die höchste Summe, 70000 fl., vorgeschossen.

Nach den Steuerbüchern von 1494 besaßen die drei Brüder Ulrich, Georg und Jakob Fugger zusammen etwas über 54000 fl. Zum Eigenkapital kamen Depositen, namentlich des Melchior von Meckau. Nur mit seiner Hilfe konnte Fugger das gewagte Spiel der Jahre 1496–99, die Auseinandersetzung mit den Augsburger Konkurrenten, führen. Neben Meckau vertrauten auch andere Eminenzen „Bestandteile ihres inoffiziellen Vermögens" Fugger an, dessen Bank in diesen Jahren des Jahrhundertbeginns zu einem Weltunternehmen emporstieg und mit der Kurie ebenso Geschäfte machte wie mit dem englischen Hof. Der Tod des Kardinals Meckau im Jahre 1509 brachte die Fuggersche Firma allerdings in die größten Schwierigkeiten. Denn der Papst, Julius II., beanspruchte kraft kanonischen Rechts das ganze Meckausche Erbe. Es hieß, Meckau habe bei den Fuggern 300000 fl. stehen. Die Gefahr eines Konkurses der Fugger stand vor der Tür. Der Konkurs blieb aus, mit einer Verständigung war den interessierten Parteien mehr gedient.

Arbeiteten die Augsburger viel mit fremdem Geld, so reichten die großen Nürnberger Vermögen bis an die 100000 Guldengrenze heran. In Frankfurt überstiegen sie die 45000 Gulden nicht, in den Hansestädten wurden Vermögen von 30000 Gulden erreicht.

In Norddeutschland gab es außerdem die Finanzkraft des Adels namentlich in Holstein, die bewirkte, daß der Kieler Umschlag sich neben Lübeck als Geldmarkt behaupten konnte. Die privilegierte Stellung der holsteinischen Ritterschaft, die z. T. noch von der Kolonialzeit herrührte, Einkünfte aus der Grundrente und kaufmännische Betätigung, zu der die günstige Verkehrslage der Herzogtümer verlockte, und schließlich die eigenartigen politischen Verhältnisse wirkten hier zusammen, um diese vermögende Adelsschicht entstehen zu lassen. In den Geldvorschüssen anläßlich der Wahl König Christians I. von Dänemark zum Herzog von Schleswig und Grafen von Holstein 1460 manifestierte sich dies deutlich. Wenige Jahre später, 1474 zum erstenmal bezeugt, war der Kieler Umschlag die alljährliche wiederkehrende Gelegenheit, wo der holsteinische Adel seine Gelder gegen Zinsen vornehmlich an Fürsten und Adlige auslieh.

10. Öffentliche Finanzen

a) Die Träger der Reichskrone

Das spätmittelalterliche Königtum war gekennzeichnet durch das Ringen verschiedener Dynastien um die Königsmacht. Nach dem Tod Ludwigs von Bayern gelang es dem Luxemburger Karl IV., sich die Krone zu sichern. Die Luxemburger verfügten über eine große Hausmacht, und Karl IV. erwies sich wie Erzbischof Balduin von Trier als ein fähiger Wirtschafter. Er baute seine Hausmacht aus, griff von Böhmen weit nach Osten aus, erwarb die Mark Brandenburg, schloß mit den Habsburgern einen Erbvertrag, der die böhmischen und österreichischen Lande vereinigen sollte falls eines der beiden Häuser ausstarb. Er verlobte seinen jüngeren Sohn Sigismund mit der Erbtochter des Königs von Ungarn, der inzwischen auch König von Polen geworden war. Erben dieser Vereinbarungen wurden aber letzten Endes nicht die Luxemburger, sondern die Habsburger, das stärkste unter den deutschen Fürstenhäusern. Ein Teil dieser Hausmacht war freilich wieder verloren gegangen, als Friedrich III. an die Regierung kam, und Friedrich selbst bei seiner zaudernden Art eigentlich nicht hoffen konnte, wesentliche Gebietserweiterungen zu erleben. Trotzdem kam dann dank der habsburgischen Heirats- und Familienpolitik das mächtige burgundische Erbe hinzu, und damit wurde erst eigentlich der Eckstein für die künftige habsburgische Machtstellung erworben. Maximilian führte diese Politik fort und krönte diese Bestrebungen im Westen mit der spanischen, im Osten mit der ungarischen Hochzeit.

Trotz dieser machtmäßigen Ausweitung und der damit wachsenden finanziellen Mittel fehlte es den Habsburgern wie den andern Herrschern immer wieder an flüssigen Mitteln, um ihren laufenden Aufgaben nachzukommen. Unter Karl V., unter dem das Haus Habsburg seinen machtmäßigen Höhepunkt erlangte, sollte diese Diskrepanz zwischen einer weit gelagerten Machtbasis und rasch greifbaren Geldern für die dringendsten Aufgaben noch krasser werden. Die noch mangelhafte Behördenorganisation erschwerte die Anpassung der Staatswirtschaft an die modernen Techniken der Privatwirtschaft.

Was für den dynastischen Besitz der Träger der Reichskrone, die Hausmacht, gesagt wurde, gilt in noch viel stärkerem Maße für die Reichsmittel, die ja namentlich seit den Staufern den Königen bzw. Kaisern mehr und mehr entglitten waren. Die Einnahmen, über die die Herrscher von Reichs wegen verfügten, werden für das 14. und 15. Jahrhundert höchstens auf einige Zehntausend Gulden geschätzt.

Bemühungen, die finanziellen Mittel auf dem Wege der Besteuerung zu erfassen, lassen sich vor allem hinsichtlich der Judensteuer feststellen: Seit

1342 gab es die Sonderabgabe des „goldenen Opferpfennigs", zu dem jeder Jude, jede Judenwitwe im Alter von über 12 Jahren verpflichtet waren. Während Wenzel seine Zuflucht zu Judenschuldentilgungsmaßnahmen nahm, suchten Ruprecht und Sigismund die Besteuerung der Juden weiter auszubauen, und im Jahre 1418 wurde das Reich, um die Steuer einziehen zu können, in verschiedene Bezirke mit entsprechenden Einnehmern eingeteilt. Doch entsprach der Ertrag nicht den Erwartungen. Neue Möglichkeiten eröffneten sich mit der Einhebung des Gemeinen Pfennigs, von dem zum erstenmal 1422 die Rede war und der in der Folgezeit gelegentlich erhoben wurde. In ein entscheidendes Stadium trat die Diskussion darüber 1495 auf dem Reichstag in Worms. Damals bewilligten die Stände zur Bestreitung der Kosten des Kammergerichts die Einhebung des Gemeinen Pfennigs als einer Reichssteuer zunächst auf 4 Jahre. Im Grunde war es eine Mischung von Vermögens- und Kopfsteuer; Vermögenssteuer, weil von 500 fl. ein halber, von 1000 fl. ein ganzer Gulden bezahlt werden sollte; Kopfsteuer, weil je 24 über 15 Jahre alte Personen einen Gulden entrichten mußten. Der oberste Verwalter dieser Steuer war der Reichsschatzmeister, der von den Ständen gewählt wurde. Die Einhebung des Gemeinen Pfennigs stieß allerdings auf beträchtliche Schwierigkeiten, zumal es keinen wirksamen Beamtenapparat gab, der für ihre Eintreibung sorgen konnte, und so hat man die Steuer dann auch wieder fallen gelassen. Im Jahre 1507 kam man dafür auf die neue Form der Kammerzieler, die nach der Reichsmatrikel umgelegt wurden, d. h. die Verpflichtungen der einzelnen Stände sollten nach ihrer Leistungsfähigkeit bestimmt werden.

Das Matrikelwesen bewährte sich besser als der Gemeine Pfennig, bildete aber einen weiteren Schritt zum bundesmäßigen Aufbau des Reichs. Angesichts dieses bescheidenen Standes der Reichsfinanzen war der Kaiser immer wieder auf die Mittel seiner Hausmacht angewiesen, oder er mußte sich einer entsprechenden Anleihepolitik bedienen. Der Luxemburger Karl IV. war ein geschickter Haushalter. Der Ausbau seiner Hausmacht kostete allerdings Geld. Die Nachfolge in der Mark Brandenburg mit der Kurwürde, die 1373 gesichert war, kostete etwa 500000 fl., aber Karl konnte sich diese Ausgabe leisten, obwohl er das Erbe von seinem Vater ziemlich verschuldet übernommen hatte. Seine zwei Italienzüge verursachten beträchtliche Ausgaben, und beim zweiten Zug mußte er in Perugia seine Krone verpfänden. Doch sein finanzielles Geschick half ihm, so daß er beidemale mit Gewinn zurückkehrte. Die Einnahmen des ersten Zugs (1354/55) werden auf 506000 fl., die des zweiten Zugs auf 307000 fl. geschätzt. An jährlichen Reichseinnahmen dürfte Karl etwa 30000 fl. gehabt haben, das war wenig im Vergleich zu den knapp 70000, die er aus seinen Hausmachtgebieten bezog. Wenn er dringend Geld brauchte, scheute er das Mittel der Verpfändung von Reichsbesitz nicht oder griff zur Möglichkeit außerordentlicher Steuern, so bei der Erwerbung der Mark Brandenburg, bei der die Reichsstädte mit 200000 fl. beispringen mußten, außerdem wurden 4 schwäbische Reichsstädte verpfändet. Das wirkte so alarmierend, daß sich Karl anläßlich der Königswahl Wenzels verpflichten mußte, solche Verpfändungen nicht zu wiederholen. Wenzel konnte von dem, was sein Vater erworben hatte, zehren. Seine Finanzverwaltung war verhältnismäßig gut, allerdings recht skrupellos, was sich bei den Judenschuldentilgungsmaßnahmen äußerte. Er mußte nur gelegentlich zu dem Mittel der Geldaufnahme greifen.

Ruprecht von der Pfalz, dem Repräsentanten der Wittelsbacher, standen die Hausmachtmittel der Luxemburger nicht zur Verfügung. Hier zeigte sich die Unzulänglichkeit der Reichseinnahmen, die in den 10 Jahren seiner Regierung (1400–1410) insgesamt eher unter als über 200000 fl. lagen. Seinen Italienzug mußte er durch Geldaufnahmen u. a. bei Kaufleuten in Amberg sowie bei Florentinern und Venezianern finanzieren, wobei er einmal seine Krone verpfänden mußte, und weil er insgesamt finanziell so schwach gestellt war, konnte er auch nicht erreichen, was er in Italien angestrebt hatte. Nur mit Hilfe von Nürnbergern Kaufleuten und einer indirekten Geldaufnahme in Venedig war es ihm überhaupt möglich, zurückzukehren. Er ist dann auch aus den Schulden nicht mehr herausgekommen und hat durch unpopuläre Maßnahmen die Reichsstädte z. T. recht verärgert. An sein Versprechen, keine Reichsstädte zu verpfänden, hielt er sich nicht. In seinem letzten Willen ordnete er den Verkauf seiner Krone und Juwelen an, um damit die Schar seiner Gläubiger zu befriedigen.

Dem Luxemburger Sigismund standen wieder beträchtliche Mittel zur Verfügung, aber es fehlte ihm die haushälterische Klugheit seines Vaters Karl. Um die Reichseinnahmen zu steigern, ließ er sich Geschenke geben oder erzwang außerordentliche Abgaben von den Reichsstädten und den Juden. Er nahm viel Geld auf, und bei seinen Gläubigern stand er in übelstem Ruf. Immer mußten auch die eigenen Beamten einspringen oder Mittel beschaffen. Man nimmt an, daß der Kämmerer Konrad von Weinsberg Sigismund und dessen Schwiegersohn Albrecht, der ja nur wenige Jahre regierte, insgesamt 40000 fl. lieh, und dem Kanzler Kaspar Schlick war Albrecht am Ende seiner Regierung 20000 fl. schuldig.

Sigismunds Krone war zeitweilig an Nürnberger und Basler Bürger verpfändet. Schwer verschuldet starb Albrecht II. nach den 19 Monaten seiner Regierung. Seine Schulden wurden 1441 mit 300000 fl. angegeben. Mit dieser schweren Last übernahm Friedrich III. die Regierung. Die große Zahl der Gläubiger machte ihm solche Schwierigkeiten, daß sich die Krönung zwei Jahre verzögerte. Seinen Italienzug (1452) betrachtete er als ein Geschäft, bei dem er, wo es ging, Rechtsansprüche und Bewilligungen verkaufte. 1473 war er in Augsburg in einer so mißlichen Lage, daß er die Stadt nicht verlassen konnte, weil er 1730 fl. verschiedenen Kaufleuten und Handwerkern schuldete. Schließlich sprang die Augsburger Stadtverwaltung ein. Trotz dieser Kalamitäten hinterließ Friedrich seinem Sohn Maximilian einen beträchtlichen Schatz.

Mit Maximilian tritt das habsburgische Kreditgebaren in eine neue Entwicklungsphase. Dies hing mit der Tiroler Erbschaft zusammen. Jetzt stand der Krone als Gegenleistung die Tiroler Kupfer- und Silberausbeute zur Verfügung, und so konnte Maximilian weit höhere Darlehen aufnehmen als seine Vorgänger. Im Jahre 1523 gab Erzherzog Ferdinand die Schulden seines Großvaters Maximilian mit 1 Mill. Gulden an.

b) Die Landesherren

Bei den Landesherren war es mit der Verschuldung ähnlich. Ihr Machtanspruch, Luxus- und Repräsentationsbedürfnis überstieg meist weit die Möglichkeiten, die ihnen ihre noch wenig ausgebildete Finanzverwaltung bot. Bemerkenswerte Beispiele liefern da wieder die habsburgischen Lande, namentlich von der Zeit Rudolfs IV. an, der 1365 starb. Seine und seiner Nachfolger Verschuldung trug wesentlich dazu bei, daß die Landstände in Österreich und in Tirol ihre Position so ausbauen konnten. Seine Brüder, denen er bei seinem Tod eine Schuld von 60000 fl. hinterließ, befanden sich wenige Jahre danach in den größten Verlegenheiten. Sie mußten dem bayerischen Herzog seinen Anspruch auf Tirol abkaufen (mit 116000 fl.) und sahen sich daraufhin gezwungen, Einkünfte und Verwaltung einem Konsortium zu überlassen, dem der Hofmeister Hans von Liechtenstein zu Nikolsburg vorstand.

Am schlimmsten wirtschaftete Sigismund, der Letzte der Tiroler Linie († 1490). Seine Regierungszeit gestaltete sich zu einer langen Reihe finanzieller Krisen. Er verpfändete die habsburgischen Besitzungen im Elsaß an Karl d. Kühnen von Burgund und beschwor damit den Burgunderkrieg herauf. 1487 war er bereit, die ganze Finanzverwaltung Tirols einem Gremium der Stände zu überlassen. Dank der Kupfer- und Silberausbeute von Schwaz war es ihm immer wieder möglich, von den Augsburger Finanzleuten Geld zu bekommen. Im März 1490 verkaufte Sigismund sein Land dann regelrecht an Maximilian.

In Brandenburg brachte das Aussterben der Askanier einen raschen Verfall der Finanzen mit sich, zumal die Wittelsbacher, die das Land übernahmen, finanziell besonders schwach gestellt waren. Sie sahen sich gezwungen, Mark und Kurfürstentum 1373 an Karl IV. zu verkaufen. Mittlerweile waren viele kurfürstliche Rechte auf dem Weg der Verpfändung an einheimische Adlige verloren gegangen; ihre Machtstellung war entsprechend gestiegen. Die Verpfändungen gingen auch unter den Luxemburgern weiter. 1402 verpfändete Sigismund die Neumark an den Deutschen Orden. Erst 1455 wurde dieses Gebiet wieder zurückgegeben.

Als der Hohenzoller Friedrich I. im Jahre 1415 das Regiment in der Mark übernahm, waren 9/10 der Einkünfte verpfändet oder veräußert. Als er 1440 starb, hinterließ er die gewaltige Schuld von 1 Million fl. Wirksame Reformen erfolgten erst unter Albrecht Achilles, der ein sparsames Regiment führte und es verstand, die jährlichen Einkünfte in der Mark auf 50000, in seinen süddeutschen Besitzungen auf 90000 Gulden zu steigern. Ihm gelang es auch, die Schulden zu tilgen, ja, er hinterließ einen Schatz von etwa 400000 fl. Dabei gab es harte Auseinandersetzungen mit der Opposition der Stände und Städte.

In den Landen der Wettiner überließ Herzog Albrecht III. (1485–1500) die Eintreibung der Einkünfte Steuerpächtern, von denen der wichtigste der Leipziger Kaufmann Jakob Blasbalg war. Nach seinem Tod übernahm das Geschäft dann der zweite Mann der Witwe, Georg von Wiedebach. Albrecht hatte beträchtliche Ausgaben durch seine Kriegsdienste für die Habsburger in Ungarn und den Niederlanden. Ende 1496 schuldeten ihm Maximilian und dessen Sohn Philipp über 375000 fl., wofür sie ihm dann Friesland überließen. Die größeren Geldaufnahmen wurden vor allem über den Magistrat der Stadt Leipzig getätigt, der die Gelder in der Weise beschaffte, daß er entsprechende jährliche Einkünfte veräußerte. Auch andere sächsische Städte wurden in dieser Weise herangezogen.

Die finanziellen Verhältnisse der geistlichen Fürsten waren z. T. noch schwieriger wegen der hohen Abgaben, die sie zu Beginn ihres Amts nach Rom entrichten mußten. Unter den Hauptgläubigern des Kölner Erzbischofs Walram von Jülich, der 1346 starb, befand sich dessen Bruder, der Jülicher Graf, und der einflußreiche rheinische Ritter Reinhart von Schönau. Als beachtliche Finanzquelle erwies sich immer wieder die Kurstimme. Anläßlich der Wahl des Luxemburgers Karl trug sie dem Erzbischof eine Zusage von nahezu 100000 Pfund Pfennige ein. Außerdem mußten die Luxemburger noch 100000 Pfund für Verluste versprechen, die die Erzbischöfe früher erlitten hatten. Als Friedrich von Saarwerden die Kölner Kurwürde übernahm (1370), hatte er bei der päpstlichen Kammer eine Schuld von 120000 fl. Weil er diese Schuld nicht abtrug, wurde er 6 Jahre nach seinem Amtsantritt suspendiert und exkommuniziert. Karl IV. gewann ihn durch ein entsprechendes Subsidium für die Wahl seines Sohnes Wenzel zum Nachfolger.

Der kriegerische Erzbischof Dietrich von Mörs (1414–63), verstand sich ausnahmsweise gut mit der Stadt Köln und borgte mehrfach bei ihr. Auch das Domkapitel mußte ihm helfen. Infolge der verschiedenen Kriege, die er mit seinen Nachbarn führte, hinterließ er das Erzbistum überhäuft mit Schulden. Seinem Nachfolger Ruprecht von der Pfalz verhalf ein Darlehen der Stadt Köln zum Pallium, aber die Reise an den kaiserlichen Hof zur Investitur mit den Regalien mußte er bis 1471 verschieben. Schuldenüberladen und gewalttätig geriet er in einen Konflikt mit dem Domkapitel, das 1473 einen Administrator einsetzte. Ruprecht rief Herzog Karl von Burgund zu Hilfe, und es kam in diesem Zusammenhang zur langen Belagerung von Neuß, die der Stadt Köln schweren Schaden zufügte.

Der Widerstand gegen die hohen päpstlichen Abgaben führte 1461 in Mainz zur Absetzung des Erzbischofs Dieter von Isenburg und zu einem Krieg, der die Stadt Mainz um ihre Autonomie brachte. Der Tod von drei Erzbischöfen innerhalb der kurzen Zeit von 10 Jahren beschwor zu Beginn des 16. Jahrhunderts eine akute finanzielle Krisis herauf.

c) Die Städte

Im Rahmen ihrer Kreditpolitik suchten die Fürsten, sich möglichst der Finanzkraft ihrer Städte zu bedienen, wobei es diesen, z. T. in Verbindung mit dem Adel, gelang, ihre landständische Sonderstellung auszubauen. Zu unterscheiden von diesen Landesstädten waren die Reichsstädte, die nur dem Kaiser zu Abgaben verpflichtet waren, während die Freien Städte wiederum ihre Freiheit von einem nicht kaiserlichen Stadtherrn betonten.

In ihrer ersten Blüte im 13. Jahrhundert und zu Beginn des 14. Jahrhunderts erlebten die deutschen Städte die Entfaltung einer mannigfach ausgestalteten Kreditwirtschaft, die z. T. für die weitere Entwicklung bahnbrechend wurde.

Bis zu den Veränderungen, die in zahlreichen Städten die Einführung des Zunftregiments mit sich brachte, lag das Stadtregiment in den Händen einer Oberschicht, die Steuerzahler und Kreditgeber der Stadt zugleich war. Hier – aber auch da, wo das Regiment auf breiterer Basis ruhte – war es üblich, daß man besondere finanzielle Ausgaben bestritt, indem man Geld aufnahm. Auf diese Weise vermied man drückende Sondersteuern. Die regulären Einkünfte erbrachten indirekte Abgaben. Die Schulden aber deckte man, indem man Renten verkaufte. In Köln gab es so bis zur Veränderung von 1396 fast keine direkten Steuern. Große Beträge an Renten wurden an eine verhältnismäßig kleine Zahl wohlhabender Geldgeber verkauft. Nach der Umwälzung verteilte sich die Investition auf eine größere Zahl kleinerer Besitzer. Nur in besonders dringenden Fällen nahmen die Städte Geld gegen Wucher, d. h. gegen Zinsen, auf. In diesem Fall stammte das Darlehen von berufsmäßigen Geldgebern, etwa Juden.

Es gab zwei Formen des Rentenkaufs. Man kaufte auf Lebenszeit oder Ewigrenten. Allerdings gingen die Städte mehr und mehr dazu über, die Renten nach einer bestimmten Zeit zurückzukaufen, um nicht zu sehr mit Rentenzahlungen überlastet zu sein. In Köln, das wohl am ausgiebigsten von der Möglichkeit des Rentenverkaufs Gebrauch machte, war der Rückkauf schon um 1300 üblich. Von hier aus scheint er sich auf die anderen Städte verbreitet zu haben, im 15. Jahrhundert war er allgemein üblich. Daß der Rentenkauf sich ausgebildet habe, um die kanonischen Wuchergesetze zu umgehen, davon kann keine Rede sein. Ja, im Rahmen der kirchlichen Verwaltung hat er immer einen bemerkenswerten Platz gehabt, und die Kirche hat viel dazu beigetragen, die Institution zu verbreiten. Im Jahre 1425 erklärte Papst Martin V. den Rentenkauf ausdrücklich als statthaft, nur sollte er gewissen Beschränkungen unterliegen, damit kein Mißbrauch getrieben wurde.

Im allgemeinen ist vom 14. zum 15. Jahrhundert ein Rückgang des im Vergleich zu den Wucherzinsen nicht hohen Zinsfußes festzustellen. In den deutschen Städten lag er für die Leibrenten schließlich um 10%, bei den Ewigrenten war er geringer, wobei bezeichnenderweise die Städte mit größerem Geldumlauf einen niedrigeren Zinsfuß hatten als die Plätze in rückständigeren Gebieten. Köln und Lüneburg konnten sich zu Zeiten $8^1/_3\%$ gestatten, während im östlichen Deutschland zwischen 12 und $13^1/_3\%$ gezahlt wurden. Wenn sich die finanzielle Situation einer Stadt verschlechterte, dann stieg der zu zahlende Zinsfuß dementsprechend. Das war bei Dortmund in seiner schlimmen Zeit zu Ausgang des 14. Jahrhunderts der Fall. Dort stieg der Zinsfuß auf $11–12^1/_3\%$.

Die städtischen Renten waren ein gern benutztes Mittel, um Geld anzulegen, denn sie waren ziemlich sicher, besonders die Leibrenten, die ausliefen, wenn der betreffende Rentenzahler gestorben war. Um das trotzdem bestehende Risiko zu vermindern, machten es die Geldbesitzer so, daß sie Renten verschiedener Städte kauften. So erhielt der reiche Rothenburger Bürgermeister Topler im Jahre 1408 Zinsen von etwa 120 Plätzen. Abgesehen von gewissen Einschränkungen in den Städten mit betont oligarchischem Regiment war der Rentenkauf allen Bevölkerungskreisen zugänglich. Begreiflicherweise bewirkte schon die Höhe der zu kaufenden Summe eine Einschränkung. Umso bezeichnender war es, daß das populäre Kölner Stadtregiment von 1396 sehr kleine Renten im Betrag von 1 bis 5 Gulden verkaufte, so daß sich auch verhältnismäßig einfache Kreise den Rentenkauf gestatten konnten.

Die weite Verbreitung des Rentenkaufs in den deutschen Städten wurde begünstigt durch die Tatsache, daß sich die meisten großen Städte im Lauf der 2. Hälfte des 13. Jahrhunderts von mächtigen Territorialherren mehr oder weniger unabhängig machen konnten und daher im allgemeinen von drückender Steuerlast von seiten des Reichs oder eines Fürsten befreit waren. Allerdings mußten die Städte immer auf der Hut sein, um sich gegen Gefährdungen von seiten fürstlicher oder adliger Nachbarn zu wehren, und für eine entsprechende Rüstung sorgen. Dortmund gelang es, seine Krise zu überwinden, ohne seine Unabhängigkeit einzubüßen. Mainz war in der Mitte des 15. Jahrhunderts finanziell so geschwächt, daß es 1462 seine Freiheit an den Erzbischof verlor.

Man hat sich gefragt, warum die Städte so gerne zum Mittel der Geldaufnahme griffen, anstatt zu besteuern, und warum man kein Budget aufstellte. Man begründete diesen Tatbestand mit der Unsicherheit der politischen und militärischen Lage, die ein Planen auf Grund der einander gegenübergestellten Einnahmen und Ausgaben unmöglich machte. Nur unter besonderen Umständen machte man einen Überschlag, so in der Stadt Köln im kritischen Jahr 1395. Das Mittel der direkten Besteuerung wurde nicht gern benutzt, denn es konnte zu Unruhen führen, namentlich wenn scharfe Gegensätze zwischen Patriziern und Zünften bestanden. Die Auseinandersetzungen zwischen den beiden Parteien wurden härter in der 2. Hälfte des 14. Jahrhunderts und führten verschiedentlich zu einem Regimewechsel. So gab es mehrfach Revolten der Zünfte in Köln und Frankfurt und an anderen Plätzen, wobei die Forderung nach einer gerechteren Verteilung der Steuern eine wichtige Rolle spielte.

Anläßlich der Ausschreitungen von 1348 und durch die Judenschuldentilgungen von 1385 unter König Wenzel konnten zahlreiche schwäbische Städte sowie Nürnberg von ihren jüdischen Schulden frei werden, indem sie einen gewissen Betrag an Wenzel abführten. Dieses Verfahren wurde 1390 wiederholt.

Abgesehen von diesen Tilgungsmaßnahmen war das Geld, das man bei den Städten anlegte, ziemlich sicher, und seitdem die Zünfte sich ganz oder teilweise das Stadtregiment gesichert hatten, ist eine beachtliche Beteiligung kleinerer Leute an der Investition bei den Städten festzustellen. Überhaupt deutet der weite Kundenkreis der städtischen Renten auf ihre Beliebtheit hin. Bürgerliche, Adel und Geistlichkeit bedienten sich ihrer, namentlich der Leibrenten, die eine geeignete Altersversorgung darstellten.

Die besten Beispiele dafür, wie die deutschen Städte das Kreditproblem handhabten, liefern Köln, Nürnberg, Basel und Hamburg. Köln verkaufte in der Zeit von 1351 bis 1370 vornehmlich Leibrenten, wobei sich die Schuld mehr als verdreifachte. In der Zeit von 1370 bis 1392 nahm die Stadt über 768000 Mark auf, von denen 76% in Köln selbst beschafft wurden. Langfristige Darlehen holte man meist auswärts in der Form von kündbaren Ewigrenten, deren Zinsen niedriger waren (5–5½%). Viele davon wurden in Lübeck, Mainz und Augsburg verkauft. Der Regimewechsel 1396 hatte eine bemerkenswerte Änderung in der Kreditpolitik zur Folge. Die aufgenommenen Geldbeträge wurden kleiner, der Kreis der Geldgeber weitete sich aus. Es gab jetzt Renten in Höhe von 1 bis 5 Gulden. Auf diese Weise wurde die Kölner Stadtkämmerei tatsächlich zu einer Art Sparkasse für breitere Schichten. Im Jahre 1416 wurden zum erstenmal kündbare Leibrenten ausgegeben. Der Zinsfuß für Ewigrenten ging zurück von 5 auf 4 und von 4 auf 3%. Die Entwertung der Silbermünze trug das ihre dazu bei, daß Kölns Finanzlage im allgemeinen gut war. Im Jahre 1462 betrug die zu bezahlende Schuldsumme lediglich 23846 Mark. Dann kam das Unglück der Neußer Belagerung durch den Burgunder Herzog 1474/75. Innerhalb von 2 Jahren mußte die Stadt mehr Geld aufnehmen als in den letzten 50 Jahren (1301000 Mark). Im Jahre 1474 stieg die auf Renten basierende Schuld auf 1754000 Mark, die zu entrichtende Rentenlast war auf 121000 Mark gestiegen.

Aber das Schlimmere sollte noch kommen. Die wortführenden reichen Kaufleute suchten den Schwierigkeiten durch eine Erhöhung der indirekten Abgaben zu begegnen. Das brachte die Opposition der Handwerker auf die Beine, die eine Suspension der zu zahlenden Renten forderten. Aber dagegen waren wieder andere einfache Leute, die ihr Vermögen eben in Renten angelegt hatten. Sie gingen mit den Reichen zusammen, und Anfang 1482 brach die Revolte zusammen. In der Folgezeit wurde weiter Geld aufgenommen, und im Jahr 1512 hatte die Schuld der Stadt die für die damalige Zeit phantastische Zahl von 3243000 Mark erreicht. Das führte zum Sturz des Regimes, verschiedene Leute wurden hingerichtet und tiefgreifende Reformen unternommen. Künftig sollte nur noch mit Zustimmung der ganzen Stadtgemeinde Geld aufgenommen werden dürfen. Das große Stadtsiegel, mit denen alle Obligationen besiegelt werden mußten, wurde der Kontrolle der 22 Gaffeln unterstellt.

So zeigt das Kölner Beispiel, wie wichtig und heikel das Problem der Stadtschuld war. Die Nürnberger verstanden es 1385, ihre 7000 fl. Schulden bei den Juden loszuwerden und noch dazu 80000 fl. zu gewinnen. Große Ausgaben entstanden der Stadt im 2. Viertel des 15. Jahrhunderts, als sie vom Burggrafen Friedrich von Hohenzollern die Burg mit den dazugehörigen Einkünften kaufte. Kostspielig war dann der Krieg, den die Stadt in der Mitte des Jahrhunderts gegen die Hohenzollern führte. Die jährliche Einnahme betrug zwar 1469 130000 Pfund, trotzdem mußte man laufend aufnehmen. Im Jahre 1458 stand die Schuld auf über 733000 Pfund. Im Laufe der 1. Hälfte des 16. Jahrhunderts konnte die Stadt dann eine Reserve ansammeln, die es ihr gestattete, in den gewöhnlichen Jahren auf eine Geldaufnahme zu verzichten.

Eine vorsichtige Steuerpolitik betrieb Basel. Die Stadt hatte verschiedentlich Kriegsausgaben, die sie durch Geldaufnahmen bestritt, ohne daß der Haushalt aus dem Gleichgewicht kam. Das Hauptkreditmittel war auch hier der Rentenkauf.

Besonders schwierig waren die Finanzverhältnisse der Stadt Mainz. Hier stiegen die jährlichen Rentenzahlungen so an, daß sie 1411 48% der gesamten Ausgaben ausmachten. Das führte zu einem Volksaufstand: Das neueingesetzte Stadtregiment durfte künftig Renten nur mit Zustimmung der Zünfte verkaufen. Trotzdem verschlechterte sich die Lage der Stadt immer mehr, und 1436/37 gingen 75% der Ausgaben an Gläubiger, so daß es immer schwieriger wurde, Geldgeber zu finden. Im Jahre 1444 standen die Schulden auf über 373000 fl., wovon der größte Teil Ewigrenten waren. Wieder erzwang ein Volksaufstand die Einsetzung einer neuen Regierung, in der nun ausschließlich die Zünfte vertreten waren. Aber das neue Regiment war ebenso hilflos, wie das vorhergehende, worauf die Stadt ihren

Bankrott erklären mußte. Die Gläubiger, von denen die Mehrzahl außerhalb der Stadt saß, mobilisierten den Bann des Kaisers, die Exkommunikation des Papstes und das Interdikt des Erzbischofs. Die wohlhabenden Bürger verließen die Stadt, die schließlich 1462 von Adolf von Nassau, einem der rivalisierenden Erzbischöfe, eingenommen und teilweise verbrannt wurde. Mehrere hundert Bürger wurden verbannt, die Stadt verlor ihre Unabhängigkeit und war künftig ein Teil des Erzbistums.

In Hamburg war der Rentenkauf schon ähnlich früh üblich wie in Köln. In der Mitte des 15. Jahrhunderts machten die Rentengeschäfte Privater etwa 60000 Mark lübisch. Verschiedene der Renten liefen generationenlang. Ähnlich war es auch in Bremen. Die Schuld Hamburgs verdreifachte sich zwar zwischen 1350 und 1500, trotzdem machte sie zuletzt nur 16% der Einnahmen aus. Hamburgs Gläubiger saßen zunächst ausschließlich in der Stadt. Es waren dies die wohlhabenden Bürger aus dem Ratskreise, dann Waisen und Witwen sowie Hospitäler. Nach einem kostspieligen Krieg mit Dänemark machte sich im 2. Viertel des 15. Jahrhunderts der Einfluß Lübecker Kapitals geltend. Schon zuvor hatten sich die Lübecker stark an der Finanzierung des Lüneburger Bedarfs beteiligt. Zeitweilig kontrollierten die Lübecker mehr als die Hälfte der Hamburger Schuld. Lübekker, Lüneburger, Wismarer und Stader Geldgeber findet man auch in Bremen.

11. Gesamtwirtschaftlicher Zusammenhang und langfristiger Trend

Eine Würdigung der Entwicklung der verschiedenen Sektoren der Wirtschaft im Spätmittelalter gibt ein uneinheitliches Gesamtbild. Die Katastrophe des Schwarzen Todes und die folgenden endemischen Pestzüge bedingten einen Bruch in der Bevölkerungsentwicklung und einen darauf folgenden Rückgang, der erst ab der 2. Hälfte des 15. Jahrhunderts allmählich von einem Aufwärtstrend abgelöst wurde. Die damit zusammenhängende Depression wirkte sich ganz besonders im agrarischen Sektor aus. Dies äußerte sich im Rückgang der Preise für agrarische Produkte, besonders Getreide, überhaupt in einem Rückgang der Grundrente. Doch setzte diese Bewegung nicht gleich mit dem Schwarzen Tod ein. Bis etwa 1375 stiegen die Getreidepreise noch an, erst von da ab setzte ein Preisverfall ein, der bis zum Ende des 15. Jahrhunderts anhielt. Er traf am stärksten die Getreidepreise und begünstigte, mit der Umstellung auf Extensivwirtschaft, die Spezialisierung auf Viehzucht, Milchwirtschaft, Gartenbau und Industriepflanzen. Die Preise für gewerbliche Erzeugnisse, Metalle, Textilien, Baumaterialien folgten dem allgemeinen Trend, lagen aber zum Teil beträchtlich über den Agrarpreisen, insbesondere galt dies auch für die Löhne, so daß man von einer Preis- und Einkommensschere gesprochen hat. Die

Städte ganz allgemein profitierten von dieser Entwicklung. Die Abwanderung vom Lande in die Städte begünstigte dies. Aus einer Reihe von Erscheinungen, den technischen Verbesserungen, dem Wiederaufschwung des Bergbaus, der Verdichtung des Verkehrswesens und der Ausweitung des Geldumlaufs namentlich zu Ausgang des 15. Jahrhunderts erkennt man den im gewerblichen Sektor früher einsetzenden Aufwärtstrend.

VII. Vom Beginn des 16. Jahrhunderts bis zum Dreißigjährigen Krieg

1. Allgemeine Situation

Eine Reihe von Vorgängen verkehrstechnischer, politischer und geistig-religiöser Art bedingte es, daß Deutschland um die Wende zum 16. Jahrhundert sich neuen wirtschaftlichen Perspektiven gegenübergestellt sah. Bisherige Möglichkeiten wurden erschwert oder versperrt, dafür eröffneten sich neue Wege. Das wichtigste Ereignis verkehrstechnischer Art war die Erschließung des Seeweges nach Ostindien durch die Portugiesen. Dadurch wurde die alte mediterrane Vermittlerstellung im Orienthandel beeinträchtigt, zumal noch das Vordringen der osmanischen Macht als Sonderelement dazukam. Davon wurden auch die deutschen Transitwege betroffen. Als weiteres Moment muß die Verlagerung des wirtschaftlichen Schwergewichts nach Westeuropa betont werden. Die Auswirkungen der Entdekkung Amerikas, der Intensivierung des Seehandels nach Afrika und Ostasien kamen zunächst der atlantischen Seite, Portugal und Spanien, im weiteren Verlauf aber auch Frankreich, England und den Niederlanden zugute. Der Umstand, daß die Niederlande aus der Situation zunächst den Hauptvorteil ziehen konnten, wurde noch begünstigt durch den Aufbau des Habsburgerreiches Maximilians und Karls V., in dem schließlich das Reich, die Niederlande, Spanien und ein großer Teil der überseeischen Eroberungen zusammengeschlossen waren. In diesem habsburgischen Wirtschaftsraum konnten sich die oberdeutschen Unternehmerkreise besser entfalten, während die Hansen nicht nur durch das Zusammenspiel zwischen Oberdeutschland und den Niederlanden beeinträchtigt wurden, sondern auch unter einer gewissen Interessengemeinschaft zwischen den aufstrebenden nordischen Nationalstaaten und deren westeuropäischen Freunden zu leiden hatten. Im Hinblick auf Osteuropa versperrte die osmanische Macht zwar manche alten Handelswege, andererseits wirkte es sich günstig aus, daß die osteuropäischen Gebiete mehr und mehr ein wirtschaftliches Eigengewicht gewannen und damit als Abnehmer wie als Lieferant für das benachbarte deutsche Wirtschaftsgebiet gesteigerte Bedeutung erlangten. Hier zeigte sich der Vorzug der zentralen Lage Deutschlands in Europa.

Hinter dieser Veränderung des Kartenbilds der damaligen Welt müssen wir an den großen geistigen Hintergrund denken, der für Deutschland in ganz besonderer Weise schicksalhaft werden sollte. Die Renaissance als große geistige Bewegung fand ihren besonderen Ausdruck in der Bildungswelt des Humanismus. Er erweckte die kritischen Geister, die die revolutionäre Bewegung der Reformation heraufführen sollten. Sie stürzte Deutschland in tiefe Unruhen, aus denen das Reich innerlich gespalten hervorging, aufgesplittert in Territorien lutherischer, reformierter, später kalvinistischer und altkatholischer Prägung. Religiöse Unruhe und soziale Gegensätze führten zum Bauernkrieg, der tief in die Gesellschaftsstruktur des deutschen Volkes eingreifen sollte. Religiöse Gegensätze standen hinter dem Schmalkaldischen Krieg der vierziger Jahre und den sich anschließenden Kämpfen der Fürstenopposition gegen Karl V. zu Beginn der fünfziger Jahre. Der Augsburger Reichstag von 1555 brachte eine vorläufige Bereinigung der Verhältnisse auf der Basis des Status quo. Eine neue Dynamik setzte mit der durch das Tridentinum angeregten katholischen Restaurationsbewegung ein, sie führte zum Kölner Krieg und hatte die Parteienbildung der protestantischen Union und der katholischen Liga zur Folge, die mit dem großen europäischen Gegensatz der beiden konfessionellen Gruppierungen sich verwickelnd eine Kette von kriegerischen Auseinandersetzungen auslöste. 1618 mit dem Prager Fenstersturz beginnend endeten sie wieder in den vierziger Jahren in Böhmen und fanden schließlich ihren Abschluß in den Friedensschlüssen von Münster und Osnabrück. So tief griffen diese Ereignisse in alle Sparten des Reiches ein, daß man damit auch für die Wirtschaftsgeschichte eine Epochengrenze setzen kann.

2. Die neue Wirtschaftsgesinnung

Der Frühkapitalismus, der in Italien schon im 14. Jahrhundert zu großen Gesellschaftsbildungen geführt hatte, erfuhr im Laufe des 15. Jahrhunderts in Mitteleuropa wesentliche neue Impulse. Das durch technische Neuerungen begünstigte Wiederaufblühen des Bergbaus, besonders das für die Silbergewinnung aus Kupfer wichtige Saigerverfahren, die Auswirkungen der Entdeckungen und der überseeischen Expansion sowie die Tatsache, daß das Haus Habsburg sowohl über wichtige Erzvorkommen in Mitteleuropa verfügte, als auch Herr in den verkehrswichtigen Niederlanden und in Spanien mit seinen neuen überseeischen Besitzungen war, kam besonders den oberdeutschen Kaufleuten zugute. Angeregt von der in Italien ausgebildeten modernen kaufmännischen Technik taten sie sich zu großen Handelsgesellschaften zusammen, die den Warenhandel mit dem Bergbau und der Banktätigkeit kombinierten. Sie nahmen gegen Zinsen Depositen entgegen, liehen Gelder gegen Zinsen aus und suchten ihre Gewinnmöglichkeiten durch Kartelle und Monopole zu steigern. Entgegen der mittelalterlichen Kirchenlehre bemühten sich die Kaufleute, voran Jakob Fugger, die Rechtmäßigkeit des Zinsnehmens durchzusetzen. In seinem Auftrag vertrat der Ingolstädter Theologe Johannes Eck bei Disputationen in Augsburg und

Bologna 1514/15 das Recht, Einlagen mit 5% zu verzinsen. Daß Fugger durch den Leipziger Dominikanermönch Tetzel für die Kurie Ablaßgelder einheben ließ, hatte dann allerdings den Thesenanschlag Luthers zur Folge.

Luther selbst vertrat eine kleinbürgerliche, mittelalterliche Auffassung des Wirtschaftens, die sich gegen den „Wucher" wie gegen die sonstigen Methoden der großen Kaufleute richtete. Etwas gemäßigter war Melanchton, dessen Berufsauffassung der Tätigkeit der Wirtschaft freieren Spielraum ließ. Zwingli und Calvin hielten einen Produktivkredit von 5% für berechtigt. Die aus der calvinischen „Berufsauffassung" kommenden Impulse für das moderne Wirtschaften kamen allerdings erst in Verbindung mit dem englischen Sektentum und der Aufklärung vom 17. Jahrhundert ab zur vollen Auswirkung. Auf katholischer Seite blieb man im wesentlichen bei der scholastischen Auffassung.

Die neue Wirtschaftsweise wurde, angeregt durch die reformatorischen Bestrebungen und die Preissteigerungen, zu einer Angelegenheit von breitem öffentlichem Interesse, wobei besonders der Adel, dessen Einkommen an Geldrenten sich minderte, sowie die zünftlerisch eingestellten Handwerker und kleineren Kaufleute sich gegen die großen Kaufleute wandten. Namentlich in Franken aber auch im Hanseraum, voran in Lübeck, saßen die Gegner der großen Handelsgesellschaften, die im Augsburger Stadtsyndikus Konrad Peutinger, einem Kaufmannssohn und in Italien ausgebildeten Juristen, einen einfallsreichen Verteidiger fanden. Nach einem erfolglosen Angriff, der 1510 auf dem Kölner Reichstag erfolgte, erhob der Reichsfiskal 1523 Klage gegen 6 große Augsburger Handelsgesellschaften. Doch gelang es den Augsburgern, die Klage beim Kaiser abzuwehren. Eine zweite Monopolklage erfolgte 1530 anläßlich des Augsburger Reichstags. Der Gewürz- und Metallhandel der großen Gesellschaften, Vorkauf und Lieferantenkredit standen im Mittelpunkt der Angriffe. Die Gesellschaften sollten höchstens über 50000 Gulden Hauptgut verfügen und nicht mehr als 3 Faktoren außerhalb des Hauptsitzes haben. Peutinger bereitete es keine Schwierigkeit, die Engstirnigkeit der Anklageschrift darzulegen. Er betonte, daß die Beteiligung der oberdeutschen Handelshäuser am internationalen Handel als Reichtum von möglichst vielen dem ganzen Volk zugute komme, daß die Organisation in großen Betrieben die Güter verbillige, beanspruchte allerdings für den Unternehmer, der das Risiko auf sich nehme, eine über den „gerechten Preis" hinausgehende Gewinnchance. Das nach Höchstgewinn zielende Streben des Wirtschaftenden war für den am römischen Recht und seiner geldwirtschaftlichen Tradition Geschulten durchaus gestattet. Peutinger vertrat damit ein über die mittelalterliche Haltung weit hinausreichendes gesamtwirtschaftliches Denken, das auf die künftige Nationalökonomie hinwies. Beim Kaiser hatte der Standpunkt Peutingers begreiflicherweise größeres Gewicht als der des Reichsfiskals und die Monopolklage verschwand in den Akten.

3. Bevölkerung

Schon in der 2. Hälfte des 15. Jahrhunderts nahm die Bevölkerung wieder zu, und dieser Prozeß ging im 16. Jahrhundert weiter, mochte der Bauernkrieg auch beträchtliche Verluste, namentlich auf dem Lande, zur Folge haben. Es gibt zahlreiche zeitgenössische Berichte, die auf diese Bevölkerungszunahme hinweisen. So betont die Zimmernsche Chronik (1550), daß sich das Volk „in Schwaben als auch gar nach in allen Landen heftig gemehrt und zugenommen" habe, und Sebastian Franck schrieb im Vorwort zu seiner Deutschen Chronik (1558), es seien zwar im Bauernkrieg wohl hunderttausend Menschen umgekommen, doch stecke schon alles wieder „so voller Leute, daß niemand bei ihnen einkommen könne".

Einzeluntersuchungen haben ergeben, daß sowohl die Dörfer größer wurden als auch die meisten Städte wuchsen. Im Gebiet von Thüringen nahm die Bevölkerung zwischen 1520 bis 1600 im Durchschnitt um 0,55% jährlich zu. Es fehlte nicht an Seuchen, namentlich die Pest kehrte immer wieder ein und bewirkte entsprechende Einschnitte in der Kurve. Besonders das Beispiel der Stadt Uelzen hat dies gezeigt. Insgesamt wird angenommen, daß der Bevölkerungsstand, den Deutschland vor dem Schwarzen Tod um 1340 hatte, um 1560 wieder erreicht war, d. h. jetzt stand die Bevölkerung wieder bei 13–15 Millionen, bis zum Ausbruch des 30-jährigen Krieges dürften noch 3 Millionen oder mehr hinzugekommen sein.

Zu Beginn des 16. Jahrhunderts hatte Deutschland etwa 3000 Städte mit insgesamt 1,25–1,75 Millionen Einwohnern, was einem Prozentsatz von etwa 10–15 entspricht. Der überragende Teil der Bevölkerung lebte also auf dem Lande. Das Bevölkerungswachstum machte sich ebenso auf dem Lande wie in den Städten geltend. Auf dem Land gab der Aufschwung der ländlichen Gewerbe, des Bergbaus eine verbreiterte Existenzbasis.

Von den Städten hatten wohl die meisten unter 1000 Einwohner, und richtige Großstädte mit 10000 und mehr Einwohnern gab es nur ein starkes Dutzend. Köln erhielt aus dem Westen Zuzug, aber stärker stiegen die anderen Städte an. Hamburg, das zu Beginn des 16. Jahrhunderts etwas über 16000 Menschen beherbergt haben dürfte, zählte hundert Jahre später über 22000. Es erfuhr dann in der folgenden Zeit einen so starken Zuzug, der während der Kriegsjahre anhielt, daß die Stadt 1643 etwa 56000 Menschen beherbergte. Die Bevölkerung Frankfurts stieg von etwa 10000 auf über 20000 vor Beginn des Krieges, um dann wieder etwas nachzulassen. Auch Danzig und Nürnberg nahmen stark zu. Die Bevölkerung Nürnbergs erreichte 40000. Bezeichnend sind aber die Verluste Augsburgs, das bei Kriegsbeginn auf 48000 angewachsen und am Ende (1650) auf 17000 wieder zurückgefallen war. Auffallend ist das Wachstum von Emden, das zu einer Großstadt von 14000 Menschen anstieg.

Stadterhebungen gab es nur wenige. Die bemerkenswertesten Neugründungen im 17. Jahrhundert stellen Freudenstadt (1601), Glückstadt (1616) und Friedrichstadt (1621) dar. In Gegenden aufblühenden Bergbaus und der Metallverarbeitung wurden ebenfalls Städte gegründet. Das Dorf Suhl wurde Stadt, im Harz erhielt Grund 1535 die Stadtrechte; als typische Bergstädte entstanden hier Wildemann, Zellerfeld und Lautenthal.

Die Bevölkerungsentwicklung in diesen 5 Vierteljahrhunderten verlief keinesfalls stetig. Das verschiedenartige Tempo des wirtschaftlichen Prozesses in den einzelnen Landschaften führte zu einer entsprechenden Binnenwanderung. Der Aufschwung des Bergbaus im Thüringisch-Sächsischen hatte eine starke Abwanderung aus Oberdeutschland zur Folge. Zum erstenmal können wir eine stärkere Abwanderung deutscher Fachkräfte ins Ausland feststellen. Deutsche Bergleute wurden in Schweden, England, Spanien (Almadén) und in Mittel- und Südamerika gebraucht.

Die neuentdeckten Gebiete lockten auch andere Berufe an, Kaufleute ließen sich in verstärktem Maße in den iberischen Häfen, in Lissabon, Sevilla, nieder. Vereinzelte begaben sich nach Übersee. Nach Indien ging der Nürnberger Jörg Pock, der Ulmer Federmann gehörte zu den Entdeckern des Hochplateaus von Bogotá, ein Nürnberger, Blümel, der seinen Namen in Flores umwandelte, befand sich unter der Schar Valdivias, die die chilenische Hauptstadt Santiago an den Ufern des Mapocho gründeten. Ein Sohn des Eobanus Hessus befand sich unter den Gründern von Rio de Janeiro, die Lins aus Ulm entsandten einen Zweig nach dem nordöstlichen Brasilien, wo sie bald zur Aristokratie der Plantagenbesitzer gehören sollten, die Hulscher aus Hamburg verzweigten sich über Antwerpen und Lissabon nach Bahia, Ferdinand Cron aus Augsburg wurde einer der führenden Kaufleute in Goa.

Nur in wenigen Fällen bildete und behauptete sich draußen eine ausgesprochen deutsche Niederlassung wie etwa in Stockholm, die nach der Reformation namentlich von der Ostseeküste her Zuzug bekam. In den Kaufmannskolonien lebten meist junge Leute, die nach einer bestimmten Zeit wieder zurückkehrten, oder es galt für sie die Bestimmung, Junggeselle zu bleiben, so in den hansischen Kontoren in Bergen, London und Brügge. Dazu kamen die Kaufleute des Fondaco dei Tedeschi oder der Bartholomäusbruderschaft in Lissabon. Die meisten, die draußen blieben, heirateten einheimische Frauen, namentlich in den romanischen Ländern. Verschiedene der Fuggerschen Faktoren haben dies getan, und ihre Nachkommen finden wir unter den spanischen Adligen und Ordensrittern wie die Xuren de Calatayud oder die Balter Zapata. Cron heiratete in Goa eine Portugiesin, Blümel-Flores aber nahm eine chilenische Kazikentochter zur Frau.

Hinausgezogen sind auch viele Söldnerführer mit ihren Truppen, um nie wiederzukehren. Deutsche dienten den skandinavischen Herrschern, den Franzosen, den Habsburgern, kämpften in Frankreich, in Italien, in Nordafrika, auf den Azoren und fanden dort ihr Grab.

Hinzu kam die Bewegung, die die religiösen Umwälzungen mit sich brachten. Im Zusammenhang damit kam es zu schweren Spannungen und Unruhen in den Gemeinden, Territorien und Ländern. Das ganze abendländische Volk wurde aufgewühlt, Unzählige mußten ihre Heimat verlassen, vertrieben von der unduldsam gewordenen, andersgläubigen Obrigkeit. Diejenigen, welche die Flüchtlinge aufnahmen, hatten ihre gastfreundliche Haltung später meist nicht zu beklagen, denn es waren vielfach tüchtige Kräfte, die wegzogen. Handwerker, Kaufleute, Männer, die studiert hatten. Die Niederlande, England, die skandinavischen Länder, das Reich mit der Schweiz haben von dieser Wanderung am meisten profitiert.

Maßnahmen, die seit Ausgang der 20er Jahre gegen die Taufgesinnten oder Mennoniten ergriffen wurden, bewirkten eine Abwanderung aus der Schweiz, dem Elsaß, der Pfalz nach dem Osten, zuerst nach Mähren, von da nach der Slowakei, nach Podolien. In Mähren bereitete der Böhmische Aufstand dem Täufertum im wesentlichen ein Ende. Etwa 22000 zogen jetzt als Emigranten nach Ungarn, Siebenbürgen und Polen fort. Eine zweite Wanderungsbewegung nahm ihren Ausgang in den Niederlanden, namentlich in Holland, Seeland und Friesland, wo Menno Simons die Taufgesinnten (Sakramentisten) um sich sammelte. Seit 1544 nannten sich diese Taufgesinnten nach ihrem Führer Mennoniten. Die Gegenmaßnahmen Karls V. bzw. der Statthalterin Maria und Philipps von Spanien sorgten für eine ständige Abwanderung in die Küstengebiete Norddeutschlands, nach den Rheinlanden (Jülich – Kleve) und nach Preußen. Eine der wichtigsten Niederlassungen wurde diejenige in Krefeld, die 1609 entstand. Menno starb 1561 zu Wüstenfeld im Holsteinischen. Dort hatte Bartholomäus von Ahlefeldt den Flüchtlingen eine Freistatt in seinen bei Oldesloe gelegenen Besitzungen gewährt. In der Nähe Hamburgs bewilligte Graf Ernst von Holstein-Schauenburg den Mennoniten in Altona das Aufenthaltsrecht.

Stark war der Zuzug in das Territorium Herzog Friedrichs III. von Holstein-Gottorf. 1621 gründete dieser nach dem Vorbild Glücksstadts eine neue Stadt an der Westküste, Friedrichsstadt. Hier und im benachbarten Lande Eiderstedt ließen sich die Mennoniten als Handwerker und Kaufleute, als Bauern und Müller nieder. Im königlich dänischen Gebiet konnten sie sich in der Kremper und Wilster Marsch, namentlich in Glückstadt ansiedeln.

Infolge der engen wirtschaftlichen Beziehungen zwischen den Niederlanden und den preußischen Städten wandten sich zahlreiche Täufer nach Danzig und Elbing und nach dem 1525 neugebildeten Herzogtum Preußen. Im Stadtgebiet von Danzig durften sich die Täufer offiziell nicht aufhalten. Dafür gewährte ihnen der Bischof von Leslau in den Vororten Neuschottland und Hoppenbruch, die zu seiner Diözese gehörten, Aufnahme.

Inzwischen führte die Ausbreitung des Kalvinismus zu einer Verschärfung der religiösen Gegensätze in den Niederlanden. Damit setzte eine erneute und noch stärkere Auswanderung ein, die mit dem Ausbruch des niederländischen Aufstandes 1567 ihren ersten Höhepunkt erreichte. Gingen die Flüchtlinge zunächst nach Friesland und in den rheinischen Grenzbereich, also nach Plätzen wie Emden, Aachen, Wesel und Köln, so machten sich die Zuwanderungen bald auch in Bremen und Hamburg bemerkbar. Während der Unabhängigkeitskampf der „Rebellen" gegen die Spanier das niederländische Wirtschaftsleben zu lähmen begann, boten sich in Hamburg besonders günstige Möglichkeiten, die alten Geschäftsverbindungen weiterzupflegen. Ein Hauptschub von Flüchtlingen kam indessen erst nach der Eroberung Antwerpens durch Alexander Farnese (1585). Da die Lutheraner Hamburgs den Reformierten unter den Niederländern die freie Religionsausübung untersagten, bildete sich eine eigene reformierte Gemeinde in Stade. Seit 1602 durften sie ihren Gottesdienst auch in der reformierten Gemeinde Altonas vor den Toren Hamburgs ausüben. 1605 schlossen die Niederländer, Wallonen und Flamen mit dem Hamburger Rat einen Kontrakt, der ihre Verpflichtungen und Freiheiten festlegte. Es handelte sich um 130 Familien, die dank ihrer weitreichenden Beziehungen ebenso wie die Portugiesen und Engländer beträchtlich zur Modernisierung des Hamburger Handelsbetriebs beitrugen.

Von ähnlicher Bedeutung wurde die Zuwanderung von Niederländern, Flamen und Wallonen sowie Nordfranzosen für Plätze wie Frankfurt, Hanau und Frankenthal, während sie Köln wegen seiner betont katholischen Haltung nur vorübergehend zugute kam.

Vornehmlich wirtschaftlichen Charakter hatte die Zuwanderung der Merchant Adventurers. Anläßlich des niederländischen Aufstandes (1567) nahm diese englische Kaufmannsgruppe Hamburgs Angebot an, ihren Stapel innerhalb der Mauern der Elbestadt aufzuschlagen. Die Verlagerung der Verkehrswege nach Mitteleuropa und Italien machte für ihren Tuchhandel Hamburg besonders geeignet. Der Kontrakt, den die Engländer mit Hamburg schlossen, lief indessen 1577 ab und wurde infolge des heftigen Einspruchs der Hansestädte nicht wieder erneuert. Darauf gingen die Engländer zunächst nach Emden und nach Elbing, später (1587) nach Stade. Erst im Jahre 1611 kamen sie wieder nach Hamburg zurück, um nun hier endgültig zu bleiben. Ähnlich wie hier gründeten die Kaufleute der Eastland Company eine Niederlassung in Elbing. Schließlich sei noch auf die schottischen Hausierer verwiesen, die sich in großer Zahl in Preußen niederließen und von Plätzen wie Neuschottland vor den Toren Danzigs aus ihren weitreichenden Handelsgeschäften nachgingen.

Teilweise konfessionellen Charakter hatte die Zuwanderung von Italienern, namentlich in West- und Süddeutschland. Es handelte sich sowohl um Kaufleute als um Kunsthandwerker und Künstler aus dem Mailändischen, das unter spanischer Herrschaft stand. Stärkere Italienerkolonien gab es in Basel und Mainz, vorübergehend in Köln, dann in Frankfurt und

Augsburg. In Nürnberg war ihre Gruppe immer klein, aber wegen der verkehrsgünstigen Lage der Stadt spielten sie namentlich im Geldgeschäft eine Rolle.

Während des Dreißigjährigen Krieges ließen sich zahlreiche schwedische Soldaten in Norddeutschland nieder. Beträchtlich war die schwedische Zuwanderung nach Vorpommern und Rügen. In manchen Orten machten die Schweden hier in der Folgezeit ein Drittel der Bevölkerung aus. Aus Polen und dem preußischen Weichselland wanderten seit dem Ende des 16. Jahrhunderts Sozinianer bzw. Unitarier in den deutschen Volksraum ein. Sie gehörten zu einer Sekte, die auf die Lehre der zwei Italiener Laelius und Faustus Sozinus zurückging. Im Zug der katholischen Restauration in Polen suchten diese in den 80er Jahren des 16. Jahrhunderts um Aufnahme im Herzogtum Preußen sowie in den schlesischen Fürstentümern Ratibor und Oppeln.

Aus Glaubensgründen mußten auch die Juden wandern, wobei allerdings in starkem Maße wirtschaftliche Erwägungen hinzukamen. Die Krise, die für die Juden bereits vor der Wende zum 15. Jahrhundert einsetzte, behauptet sich bis ins 16. Jahrhundert in Permanenz, im Zusammenhang mit den sozialen Unruhen der Reformationszeit erfuhr sie noch einmal eine Steigerung. 1519 wurden die Juden aus Regensburg vertrieben. Allerdings erteilte die Reichspolizeiordnung von 1548 allen Ständen das Recht, Juden ihren Schutz zu erteilen. Nur in Frankfurt konnte sich eine größere Niederlassung behaupten. Gegen Ende des 16. Jahrhunderts ließen sich Neuchristen von der Iberischen Halbinsel in Hamburg nieder, die dann eine sephardische Gemeinde bildeten.

Es handelte sich um einen kleinen Kreis von wenigen Familien, der aber dank seiner weitreichenden Beziehungen nach Westeuropa und nach den überseeischen Gebieten gerade in diesen Jahren des hamburgischen Aufschwungs eine beträchtliche Rolle zu spielen vermochte, insbesondere im Portugal- und Brasiliengeschäft, dann in der Seeversicherung und im Wechselgeschäft. Des weiteren gehörten sie zu den Gruppen, die an der Gründung der Hamburger Bank interessiert waren.

Einen schweren Einschnitt in die deutsche Bevölkerungsbewegung brachte die Zeit des 30-jährigen Krieges. Und zwar waren es weniger die Verluste, die durch die Kriegshandlungen selbst bedingt wurden, mochten vereinzelt auch noch so grauenhafte Mordtaten verübt worden sein. Am schlimmsten wirkte sich das Elend aus, das die Verheerungen und Zerstörungen mit sich brachten; Hungersnöte und Seuchen waren die Folge.

Schon zuvor hatte es immer wieder Pestzüge gegeben, die vereinzelte Plätze katastrophal trafen. Durch die Zuzüge und Heiraten wurden die Verluste verhältnismäßig bald wieder ausgeglichen. Während der langen Kriegszeit aber war der Volkskörper so geschwächt, daß die Lücken nur langsam wieder aufgefüllt werden konnten. Freilich ist zu beachten, daß die verschiedenen Gebiete keinesfalls gleichmäßig vom Krieg und seinen Folgen heimgesucht wurden. Nach englischen Berichten wiesen Ost- und Westpreußen einen blühenden Zustand auf. Das Getreidegeschäft in Thorn, Danzig und Königsberg erlebte, als der schwedisch-polnische Krieg 1626–30 beendet war, seine günstigsten Jahre.

Nordwestdeutschland machte zwar den Niedersächsisch-dänischen Krieg mit, und Schleswig-Holstein mußte den Einmarsch der Torstenssonschen Truppen 1643–45 über sich ergehen lassen, aber den großen Städten konnte der Krieg nichts anhaben. Lübeck, Hamburg, Bremen, Emden erfuhren in diesen Jahren eine starke Vermehrung ihrer Einwohnerzahlen. Besonders gut erging es der Grafschaft Oldenburg, deren Landesherr, der Graf Anton Günther, es verstand, sein Gebiet während des Krieges neutral zu halten und durch seine berühmte Pferdezucht beträchtliche Einnahmen zu erzielen.

Wie in Schleswig-Holstein und Niedersachsen so verursachte der Krieg auch in großen Teilen Westfalens und des Rheinlandes keinen entscheidenden Einschnitt in die Bevölkerungsentwicklung. Kaum oder nur wenig vom Krieg berührt wurden auch die Alpenländer von der Schweiz und Vorarlberg bis nach Kärnten und der Steiermark.

Die Kernlande von Kursachsen vermochte der Kurfürst zwar dank einer vorsichtigen Neutralitätspolitik weitgehend aus den Kriegsereignissen herauszuhalten, aber die Randgebiete wurden zum Teil hart getroffen, Chemnitz und Leipzig litten stark.

Weniger klug und erfolgreich war die Neutralitätspolitik des Kurfürsten von Brandenburg, und so war die Mark ab 1626 15 Jahre lang Kriegsschauplatz, Durchzugsgebiet oder Winterquartier für kaiserliche oder schwedische Truppen. Erst nach dem Regierungsantritt des Großen Kurfürsten wurde es im Lande allmählich besser. Für die ganze Mark darf man mit einem Verlust von etwa 50% der Bevölkerung rechnen.

Auch Pommern, das teilweise die Ausgangsbasis für die Unternehmungen der Schweden bildete, litt stark, sowie Mecklenburg, das sich Wallenstein als Herzogstum gesichert hatte und das nach dessen Tod jahrelang ein Kampfziel von Banér und Gallas darstellte. Langjähriger Kriegsschauplatz war Schlesien, das habsburgisch war, aber von kaiserlicher Seite, weil es zu weit ab lag, als Nebenland behandelt wurde.

Mit am härtesten getroffen wurde das Magdeburger Gebiet, durch das zudem die großen Durchgangsstraßen gingen. In einzelnen Dörfern, die in der Nähe dieser Straßen lagen, stiegen die Verluste auf 70% und mehr.

In Thüringen dürften die Verluste 50% betragen haben. Noch stärker litten einzelne Gebiete wie die Grafschaft Henneberg und das Herzogtum Coburg, wo die Verluste auf 60%–70% stiegen. Das selbe gilt für Hessen, die Pfalz und Württemberg, die zu den Hauptzerstörungsgebieten gehörten. Für das Elsaß, Franken und Bayern dürften 50% anzusetzen sein. Mit am härtesten wurde Augsburg getroffen, dessen Bevölkerung von 48000 bis zum Jahre 1650 auf 17000 zurückging.

Im allgemeinen wurde die Landbevölkerung stärker heimgesucht als die städtische Bevölkerung. Franz nimmt an, daß die ländliche Bevölkerung eine Einbuße von 40% erfuhr, während die Verluste in den Städten um 33% lagen. Jedenfalls waren die Einbußen so, daß der starke Bevölkerungsgewinn, der im Laufe des 16. Jahrhunderts erfolgt war, wieder ausgelöscht wurde. Genaue Zahlen für den gesamten Bevölkerungsstand anzugeben ist allerdings ein gewagtes Unternehmen.

Zum Teil setzte noch während der Kriegsjahre eine Wanderungsbewegung in die vom Krieg betroffenen Gebiete ein, die aber noch lange in die Nachkriegsperiode hineinragt und im folgenden Bevölkerungsabschnitt näher betrachtet werden wird.

4. Die politischen Kräfte und die Wirtschaft

a) Kaiser und Reich

Entsprechend dem Dualismus zwischen dem Kaiser und dem in Territorialstaaten sich auflösenden Reich wird man bei der Frage nach den wirtschaftspolitischen Tendenzen von diesem Dualismus ausgehen und dann die territorialstaatlichen Bestrebungen betrachten müssen.

Die Wormser Ansätze zu einer Reichsreform von 1495 hatten den Nachteil, daß ihnen die Exekutivgewalt fehlte. Die von den Reichstagen beschlossenen Ordnungen konnten nur den Rahmen für entsprechende Maßnahmen der Reichsstände bilden. Bestehen blieb das Reichskammergericht als oberste Gerichtsinstanz mit Sitz in Frankfurt, ab 1507 in Speyer. Mit ihm rivalisierte seit 1559 der kaiserliche Reichshofrat. Regionale Aufgaben im Zusammenhang mit der Reichsverwaltung übernahmen die Reichskreise, deren Zahl seit 1512 10 betrug. Einen Ansatz zu einer besonderen Exekutive stellte das Reichsregiment dar, das 1500 seinen Sitz in Nürnberg nahm, aber wegen Streitigkeiten mit dem Kaiser seine Tätigkeit bald wieder einstellte. Erst während der Abwesenheit Karls V. übte es von 1521 bis 1530 seine Tätigkeit aus. Danach verschwand es. Ebensowenig gelang es Karl V. 1521 bzw. 1523 einen Reichszoll durchzusetzen. Erfolgreicher war man im Bemühen um eine einheitliche Reichssteuer. Anstelle des gemeinen Pfennigs trat der Römermonat ab 1521, der die Reichsverteidigung auf eine feste finanzielle Basis stellen sollte. Zur Regelung des Münzwesens wurden besondere Tagungen in Eßlingen (1524) und in Augsburg (1551, 1559 und 1566) abgehalten. Ihr Hauptziel war es im Taler als großer Silbermünze ein wertmäßiges Äquivalent zum Goldgulden zu schaffen. Das gelang endlich 1566 mit dem Reichstaler, der sich in Mittel- und Norddeutschland verbreitete, während Süddeutschland beim Gulden blieb, 1559 wurde mit dem Guldentaler eine Reichsgoldmünze geschaffen, die ungefähr dem rheinischen Gulden entsprach. In der Wahlkapitulation Maximilians II. konnten sich die Kurfürsten, ähnlich wie es beim Zollregal war, das Recht der Mitsprache bei der Verleihung neuer Münzprivilegien sichern. Die Aufsicht über das Münzwesen wurde 1574 den Kreisen übertragen, die zu diesem Zweck jährlich zwei Probationstage abhalten mußten. Der wachsende Bedarf an Scheidemünzen und die Knappheit des Silbers brachten es mit sich, daß die Münzstände, die keine eigenen Bergwerke besaßen, die guten Münzen einschmolzen und minderwertige Münzen prägten. Das führte im Lauf des 2. Jahrzehnts des 17. Jahrhunderts zur Krise der Kipperperiode, die erst ab 1623 durch Abwertungsmaßnahmen beendet wurde.

Die Reichspolizeiordnungen von 1530, 1548 und 1577 bekannten sich offiziell zum Rentenkauf. Dem Aufschwung und den Auswüchsen der frühkapitalistischen Wirtschaft suchten die Reichstage durch Kartellgesetze, Monopolverbote und Qualitätsvorschriften Schranken zu setzen, wobei aber nur zu oft Interessentenmeinungen zur Geltung kamen, wie es in der Auseinandersetzung um die Monopolisten der Fall war. Als 1523 ein Gesetz gegen die Monopolisten zustande kam, strengte der Reichsfiskal den erwähnten Prozeß gegen alle Augsburger und Nürnberger Kaufleute an, die mit einem Kapital von über 50000 fl. arbeiteten. Aber Karl V., der vom Kredit dieser Gesellschaften abhängig war, schlug den Prozeß nieder und erklärte die Erzmonopole für gemeinnützig. In diesen Rahmen gehören Maßnahmen der Gewerbeaufsicht, 1548 statuierte der Reichstag Normen des Feingehalts der Gold- und Silberarbeiten. Scharfe Anordnungen ergingen gegen den Mißbrauch der Kartellbestrebungen der Zünfte und Gesellen in der Polizeiordnung von 1530 und wieder 1594. Im Jahre 1548 gab es Bestimmungen bezüglich der bürgerlichen Ehrbarkeit und der sogenannten unehrlichen Berufe (Weber, Barbiere, Schäfer, Müller, Pfeifer, Kessler, Trommler, Bader und Zöllner). Diese Reichspolizeiordnungen waren ein erstes Corpus von Bestimmungen, die den wirtschaftlichen Bedürfnissen der Gewerbe gerecht werden sollten. Sie regten die Landesordnungen, die nun in den einzelnen Territorien erschienen, in mannigfacher Weise an. Mit Fragen der Handelspolitik befaßte sich der Reichstag mehrfach. 1548 wurde ein Verbot der Wollausfuhr, 1577 ein solches der Lederausfuhr erlassen. Doch sollten diese Fragen (seit 1566) möglichst die Reichskreise selbst regeln. In der Außenpolitik zeigte es sich, wie schwierig es war, die wirtschaftlichen Interessen der Küstenstädte und diejenigen Oberdeutschlands unter einen Hut zu bringen. Die Begünstigung der Fugger durch Karl V. hinsichtlich der Kupfertransporte führte zu Gegenmaßnahmen von Seiten der führenden Ostseestadt Lübeck. Seine gegen Frankreich gerichtete Kriegspolitik suchte Karl V. durch Handelsverbote zu unterstützen. Als die Hansestädte, die 1579 in England auf den Status des Fremdenrechts gesetzt worden waren, darauf drängten, daß die Engländer unter Berufung auf die Reichspolizeiordnung als Monopolisten aus dem Reich gewiesen würden, da stimmte der Reichstag zu, der Kaiser aber verweigerte dem Mandat seine Zustimmung. Und als 1587 die Hansischen gegen die neue Niederlassung der Engländer in Stade protestierten, da verhinderten die Kurfürsten scharfe Maßnahmen gegen die Engländer. Tatsächlich vertraten die Hansestädte „ein sehr partielles und für das ganze Reich recht unerhebliches Händlerinteresse". Wenn der Kaiser 1597 trotzdem ein Mandat gegen die Merchant Adventurers erließ und diese ihren Court zu Stade 1598 auflösen mußten, so spielten hier die großen machtpolitischen Zusammenhänge herein, vor allem das Zusammenspiel von Kaiser und Spanien gegen England in den letzten Monaten Philipps II. Ein neues kaiserliches Edikt gegen die Engländer erfolgte 1610, als Jakob I. sich im Jülisch-Cleveschen Erbfolgestreit an der Seite Frankreichs und der Generalstaaten gegen den Kaiser stellte. Schließlich könnte man noch auf das Zusammenwirken zwischen Kaiser und Spanien nach 1621 hinweisen, wobei die Hansestädte weitgehend ihre Neutralität zu wahren suchten.

Die Möglichkeiten für neue Regalien waren begrenzt. Eine Ausnahme bildete die Post, die Kaiser Maximilian nach französischem Beispiel einrichtete und der bergamaskischen Familie Taxis übertrug. 1597 erklärte der Kaiser die Post zum Regal, 1615 wurde sie dem Generalpostmeister Lamoral von Taxis als erbliches Lehen übertragen.

b) Die Territorialstaaten

Der Ausbau der wirtschaftspolitischen Maßnahmen der Territorialstaaten erfolgte zunächt im Rahmen der sogenannten „Polizeiordnungen", bei denen es in einem umfassenden Sinn um die innere Ordnung im Lande ging, wozu Bestimmungen gegen den Luxus, Maßnahmen zur Förderung von Bergbau, Gewerbe und Handel gehörten.

Landgraf Wilhelm V. von Hessen-Kassel (1567–1592) ragt mit seinen Maßnahmen einer Verwaltungsstatistik hervor. Dies weist auf den kommenden, alle wirtschaftlichen Aspekte berücksichtigenden Merkantilismus ebenso hin wie die Bemühungen Herzog Friedrichs von Württemberg (1593–1608) und des jungen Maximilian von Bayern (ab 1598). Erfuhr die zentrale Behördenorganisation mit der Kammer als Instanz für die Verwaltung der Domänen, Regalien und sonstigen „geheimen" Staatssachen einen weiteren Ausbau, so ging das Streben ferner dahin, die Untertanengleichheit im Rahmen des Flächenstaates auszubauen. Das richtete sich insbesondere gegen die Städte, deren Selbstverwaltung eingeschränkt wurde.

Von den Stadtrepubliken konnten diejenigen ihre Eigenständigkeit und damit auch ihre eigene Wirtschaftspolitik am besten behaupten, die ein entsprechend großes Territorium besaßen. Nürnberg stand dabei an der Spitze und gab, in vieler Hinsicht die Stadtrepublik Venedig nachahmend, hinsichtlich seiner wirtschaftspolitischen Maßnahmen, so in der Vorratshaltung mit Getreide und Salzspeichern, ein Vorbild.

Preis- und Lohntaxen, Probeschlachten, Probebacken gehörten nicht nur bei Nürnberg, sondern auch bei den anderen Reichsstädten zum Katalog wirtschaftspolitischer Maßnahmen. Reichsstädte, die über kein größeres Territorium verfügten, hatten es mit der Zeit allerdings immer schwerer, sich gegen die „neue" Wirtschaftspolitik der benachbarten Territorien zu behaupten. Ein bezeichnendes Beispiel dafür liefert die Situation Kölns gegenüber dem wirtschaftlich aufstrebenden Herzogtum Jülich-Berg.

In den einzelnen Sektoren ging es um den weiteren Ausbau der Regalien. In den Territorien mit Salz und anderen Bodenschätzen, deren Ausbeutung große Mengen an Holz erforderten, wurde das Forstregal durch entsprechende Waldordnungen genützt. Der Erzbischof von Salzburg erließ so 1524 eine Waldordnung. Württemberg erhielt 1514 und in der habsburgischen Zeit Waldordnungen. Die Berggesetzgebung fand um 1600 im wesentlichen ihren Abschluß. In den Bergordnungen, bei denen die Wettiner vorangingen, wurden nicht nur wie bisher (etwa in der Freiberger Ordnung von 1307) die Arbeits-und Lohnverhältnisse geregelt, sondern auch bezüglich der Bergbauberechtigung, der Bergbehörden und der Berggerichtsbarkeit das Nötige gesagt. An der Sicherung des Zollregals waren vornehmlich die Kurfürsten interessiert. Ihnen gelang es in der Wahlkapitulation für Karl V. das Mitbestimmungsrecht bei der Verleihung und Erhöhung von Zöllen im Reich zu sichern. Eigenmächtige Zollerhöhungen erfolgten insbesondere während des 30jährigen Kriegs, als z. B. Christian IV. an der unteren Elbe einen Zoll einführte, der Hamburgs Schiffahrt stark belästigte. Das habsburgische Grenzzollsystem des „Aufschlags" für die Ausfuhr wurde 1557 auch in Schlesien eingeführt und für die Durchfuhr erweitert. Im allgemeinen setzte in der 2. Hälfte des 16. Jahrhunderts als Folge des Preisanstiegs eine Tendenz zur Zollerhöhung ein.

Möglichkeiten, die Einkünfte zu erhöhen, boten sich über den Monopolbegriff, der im 16. Jahrhundert stark umstritten, namentlich von den Fürsten übernommen wurde, die über das kostbare Salz verfügten. Bayern beutete das Reichenhaller Salz seit 1509 im Eigenbetrieb aus und entwickelte daraus ein Salzmonopol, das sich sowohl gegen Salzburg und Berchtesgaden wie auch den österreichischen Salzvertrieb richtete.

Bevölkerungspolitische Maßnahmen erfolgten einerseits im Zusammenhang mit dem Aufschwung des Bergbaus, der zu verschiedenen Neugründungen im Erzgebirge und im Harz führte. Zum anderen brachten Reformation und Gegenreformation zahlreiche Exulanten der verschiedenen Richtungen, die eine Zufluchtstätte in Territorien fanden, in denen das betreffende Glaubensbekenntnis geduldet war. Einige Neugründungen wurden typische Freistätten für Andersgläubige, so Glückstadt und Friedrichstadt. Bezeichnende Elemente der Agrarpolitik sind Ausfuhrverbote für Getreide wie sie Landgraf Philipp von Hessen erließ, oder die Vorratshaltung durch Magazine, wie sie in Kursachsen unter August I. erfolgte. Im Forstbereich sind ein bezeichnender Zug Maßnahmen, die der Wiederaufforstung dienten, so im Siegerland und in Braunschweig-Lüneburg. Starkes Interesse an der Verbesserung der Landwirtschaft zeigten August von Sachsen und seine Gattin. Herzog Friedrich von Württemberg begünstigte die Seidenzucht, bei den Grafen von Oldenburg spielte die Pferdezucht eine Rolle, während Fürsten an der Küste, etwa Herzog Albrecht von Mecklenburg, die Exportchancen, die sich aus dem Getreidebau ergaben, wahrnahmen. Aus steuerpolitischen Gründen wurde der Bauernschutz z. T. verstärkt betrieben, so in Hessen, in Braunschweig-Wolfenbüttel. Im Bereich der Gutswirtschaft verstärkte sich dagegen eine Tendenz zum Bauernlegen, wogegen Kursachsen seit 1561 durch eine Reihe von Maßnahmen vorging.

In der Gewerbepolitik ging das Streben der Territorialstaaten, die Maßnahmen der Stadtrepubliken auf den Flächenstaat anzuwenden, weiter. In Baden, Württemberg und Hessen wurden Landeszunftordnungen erlassen, in Brandenburg mußten die von den Zünften erlassenen Ordnungen von der Landesherrschaft bestätigt werden. Nicht zünftige Gewerbe, die vielfach durch Refugianten eingeführt wurden, wurden seit der 2. Hälfte des 16. Jahrhunderts durch besondere Privilegien (Hofhandwerker, Hofbefreite) gefördert.

Im Bereich der Handelspolitik wurde das Niederlagsrecht ein Instrument der Territorialstaaten. Im Osten rivalisierten Breslau und Frankfurt/O. sowie Stettin miteinander. Kaiser Maximilian bestätigte 1510 die Niederlagen von Frankfurt und Breslau. Maximilian verlieh 1507 Leipzig ein Meßprivileg, das das Stapelrecht der Stadt auf einen Umkreis von 15 Meilen festlegte, was sich ebenso gegen Erfurt wie gegen Magdeburg und andere Nachbarstädte richtete. Mit dem Aufstieg der Nationalstaaten, die ihre eigene Wirtschaftspolitik betrieben, verlor die Hanse immer mehr ihre bisherige privilegierte Stellung. Das begann mit der Schließung des Kontors in Novgorod durch den russischen Zaren 1494. Das 1523 unabhängig gewordene Schweden baute die Privilegien Lübecks ab. In Dänemark und Norwegen ging die Entwicklung so, daß Christian IV., ein entschiedener Gegner der Städte, deren Privilegien überhaupt nicht mehr erneuerte. Die langwierigen Auseinandersetzungen der Hansestädte mit den Merchant Adventurers führte dazu, daß Königin Elisabeth den Stalhof in London vorübergehend schloß. Eine hansische Gesandtschaft erreichte 1607 von König Philipp III. eine Bestätigung ihrer Privilegien in Portugal und zusätzliche Privilegien in Spanien, doch wurde dieser Vertrag nicht ratifiziert.

Im Straßenbau griffen die Landesregierungen im verstärktem Maße seit der 2. Hälfte des 16. Jahrhunderts ein. Ebenso sind Bemühungen um die Schiffbarmachung von Flüssen festzustellen, so der Oker in Braunschweig-

Wolfenbüttel nach 1570. Dazu gehören auch die Arbeiten an einer Kanalverbindung zwischen Elbe und Oder über die Havel und Spree, deren Verwirklichung aber erst in der 2. Hälfte des 17. Jahrhunderts erreicht wurde.

5. Gesellschaftliche Strukturen

a) Adel

Für den Adel war bezeichnend der Gegensatz zwischen denjenigen, die als obere Schicht von Fürsten und Grafen die Reichsstandschaft besaßen, und denjenigen, die dieses Privileg nicht genossen. Die letzteren waren in Schwaben, Franken und am Rhein in Ritterbünde zusammengeschlossen. Viele Ritter gerieten infolge der wirtschaftlichen Verhältnisse in Schwierigkeiten und suchten sich durch sozialrevolutionäre Bestrebungen zu wehren. Ihr Anführer war Franz von Sickingen, der aber 1523 dem Angriff der mittelrheinischen Fürsten unterlag.

Die Ritter, die Reichslehen besaßen, bildeten eine Zwischengruppe zwischen den Reichsständen und den Landständen. Auch von den Landtagen sonderten sie sich ab, zunächst 1577 die rheinischen. Von jetzt ab bildeten sie einen Gesamtbund der Reichsritterschaft, die regional in Kantone eingeteilt war. In ihren Kreisen behauptete sich vorläufig noch das Fehdewesen weiter, ja es wurde in der Carolina von 1532 nocheinmal bestätigt und erlebte einen letzten Auswuchs in den „Händeln" des fränkischen Ritters Grumbach. Möglichkeiten der Existenzsicherung über die Grundherrschaft hinaus boten sich dem Adel im Raubrittertum (Götz von Berlichingen) oder als Söldnerführer. Georg von Frundsberg, Lazarus von Schwendi, ein unehelicher Adelssproß, der Graf von Schwarzburg, die Rantzau (in dänischen Diensten) gehörten zu den bekanntesten Repräsentanten. Andere suchten Verwaltungsaufgaben im Rahmen des fürstlichen Territorialstaats, als Landräte und Amtleute, Burggrafen und Pfleger oder im Hofdienst bzw. in der Hofverwaltung. In der letzteren bevorzugten die Fürsten mehr und mehr Bürgerliche, die als Juristen ausgebildet waren.

Möglichkeiten der kaufmännischen Betätigung boten sich namentlich im Bereich der Gutswirtschaft jenseits der Elbe und in der Küstennähe, wo Fischerei und Reederei hinzukamen, wo es Wasserläufe und Mühlen gab. So hatte der Adel in Stormarn gewerbliche Betriebe, die z. T. an Hamburger oder Lübecker Unternehmer verpachtet wurden. Mit dem Aufkommen eines neuen Adelsideals wandten sich die Landesfürsten gegen diese Tätigkeit, so in der Mark Brandenburg Kurfürst Joachim II. 1536, in Schleswig-Holstein Herzog Johann Adolf 1615.

Während einerseits viele Adelsfamilien ausstarben, kamen Neugeadelte hinzu. Reich gewordene Kaufleute (Fugger), Juristen erhielten vom Kaiser den Adelstitel, außereheliche Nachkommen von Fürsten und Grafen wurden legitimiert und mit einem Adelstitel versehen. Zahlreiche böhmische Adelige wanderten zu Beginn des Dreißigjährigen Krieges nach Kursachsen aus. Die Gewinner waren kaisertreue katholische Adelsfamilien, voran Albrecht von Waldstein (Wallenstein) und der Grazer Kaufmannssohn Eggenberg, der es zum Reichsfürsten und Herzog von Krumau brachte. Auch aus den Alpenländern wanderten zahlreiche Adelige aus. Andererseits gelang es dem evangelisch gebliebenen Henckel von Donnersmarck sich 1629 die Herrschaften Beuthen-Oderberg zu sichern, und der jüdische Hofbankier Bassevi erhielt 1622 als „von Treuenburg" einen Adelsbrief. Auch der Kriegsdienst brachte während des Dreißigjährigen Krieges den Aufstieg in den Adelsstand. Der Luxemburger Bürgerssohn Aldringen wurde 1632 zum Grafen erhoben, zehn Jahre später der hessische Bauernsohn Holzappel (Melander). Durch die Schaffung von Adelsmatrikeln suchte sich der einheimische landsässige Adel von Fremden abzuschließen. Vor allem war der Adel bestrebt, sich in den Domkapiteln Versorgungsstellen zu sichern, wobei es zu Rivalitäten zwischen hohem und niederem Adel kam.

b) Städtische Bevölkerung

Die Reichspolizeiordnung von 1530 unterschied zwischen Ratsgeschlechtern, Zins- und Rentenbeziehern, Kauf- und Gewerbeleuten sowie „gemeinen Bürgern und Handwerkern". In den Städten strebte die bisher führende Schicht der Patrizier nach Abschließung, zur Bildung von Patriziergesellschaften und Anpassung an die Gewohnheiten des Landadels. Besonders ausgeprägt war dieses Streben in Nürnberg und einigen anderen oberdeutschen Städten sowie in Soest und Lüneburg.

Entsprechend den Tendenzen des landsässigen Adels begann auch das städtische Patriziat sich von der Kaufmannschaft zurückzuziehen. In Nürnberg, wo 1561 noch ritterliche Stadtturniere veranstaltet wurden, gab das Patriziat zunächst mit Ausnahme der Imhoff und Tucher den Handel auf, seit 1646 blieb es dann vollständig dem Handel fern. Ähnlich ging die Entwicklung in Frankfurt.

In anderen Städten blieb die Oberschicht offener, so in Augsburg, Köln und in Hamburg, das Adeligen den Wohnsitz in der Stadt verbot. Auch wo die Oberschicht offen war, wie in Köln, waren die Familien, die die Ratsposten stellten, bestrebt, sich abzuschließen. Wachsendes Gewicht erlangten die gelehrten Juristen als Kenner des Römischen Rechts, sei es als Ratsmitglieder oder als Syndici. Wo die Handwerkerschaft in Opposition zur herrschenden Schicht stand, konnte es unter dem Einfluß der Reformation zu Konflikten kommen, so in Lübeck, wo es dem Bürgermeister und Kaufmann Jürgen Wullenwever vorübergehend gelang, sich an die Spitze der Bewegung zu stellen (1529–36). In Hannover brachen die Handwerkszünfte

1533/34 die Ratsherrschaft der Kaufleute. In Oberdeutschland benutzte Karl V. den Ausgang des Schmalkaldischen Krieges um das Zunftregiment durch eine Wiederherstellung des Patrizierregiments abzulösen. In Hamburg sicherte sich die Bürgerschaft seit 1529 die Mitwirkung durch besondere Kollegien.

Das Zunftwesen behauptete sich in seiner bisherigen Form. Technischer Fortschritt, Zuzug von Refugianten ließen neue Handwerke aufblühen, die sich um die Organisation in einer Zunft bemühten. Im allgemeinen blieben die Zünfte aus Gründen der „Nahrungssicherung" den technischen Neuerungen gegenüber feindlich eingestellt. Andererseits bewirkte die verstärkte Tendenz zur Abschließung eine Opposition in der Gesellenbewegung. In den kleineren Städten blieb das Handwerk häufig mit landwirtschaftlicher Betätigung verbunden. Es gab aber auch in größeren Städten, so in Köln, Bürger, die ausschließlich von der Landwirtschaft lebten.

Wichtige Impulse erhielt das städtische Bürgertum durch die geistige Bewegung der Renaissance und des Humanismus. Das Gymnasial- und Lateinschulwesen wurde gepflegt, Schreib- und Rechenmeister unterrichteten diejenigen, welche einen kaufmännischen Beruf ausüben wollten. Der Buchdruck ermöglichte die Verbreitung von naturwissenschaftlichen und technischen Fachbüchern, gestattete es aber auch den Bildkünstlern, mit Hilfe der Druckgraphik ihre Existenzbasis zu erweitern. Albrecht Dürer, die Holbein und Hans Burgkmair nutzten diese neuen Möglichkeiten wie der Arzt und Bergbauspezialist Georg Agricola mit seinem Werk „De re metallica" (1556).

Neben den Gesellen, die wie die Lehrlinge im Haushalt des Meisters lebten, gab es solche, die verheiratet waren und einen eigenen Hausstand bildeten. Zu ihnen gehörten die Stückwerker, die z. B. in Nürnberg für den Verlag tätig waren, aber ebenso Maurer und Zimmerleute, die für den Meister auf dem Bauplatz arbeiteten, bzw. die zahlreichen Angehörigen des Transportwesens und andere Hilfsgewerbe in den Zentren des Land- und Flußverkehrs sowie in den Häfen. In diese Schicht gehörten auch die Dienstmädchen, die es in jedem wohlhabenden Haushalt gab. Alte und Kranke kamen in Spitälern unter. Die bedeutendste Neugründung war das Julius-Spital in Würzburg (1576). Trotz der lutherischen Kastenordnung, den Spitaleinrichtungen und der kirchlichen Caritas auf katholischer Seite blieb das Armenwesen ungelöst.

Die Besteuerungsweise ermöglicht Einblick in die Vermögensverhältnisse. In Augsburg stieg die Zahl der Steuerzahler zwischen 1509 und 1618 von 4990 auf 9532. Die starke Zahl der „Habnitse" ging dabei von 4868 auf 4083 zurück. Ebenso verschwanden mit der Finanzkrise der fünfziger Jahre die großen Spitzenvermögen mit einer Million Gulden und darüber, doch gab es jetzt 432 Steuerzahler mit einem Mittelvermögen von 20000 – 40000 fl., 83 mit einem Vermögen bis 80000, 51 mit einem Vermögen bis zu

180000 und 8 mit einem Vermögen, das darüber lag. 1612 waren 3024 Bürger Webermeister, 2199 selbständige Handwerker und etwa 3500 Gesellen. Keine deutsche Stadt hatte damals eine so hohe Vermögenspyramide. In Frankfurt gab es 1607 bei 2052 christlichen Steuerzahlern 142 mit einem Vermögen über 15000 Gulden. Vergleichbare Daten aus den großen Seestädten Hamburg und Lübeck fehlen leider. Stralsund hatte 1534 37 Steuervermögen über 5000 Mark, 237 hatten 1000 bis 5000, 907 75–100 Mark, die Zahl der unter 75 Mark oder nichts Besitzenden betrug 996. Es ist angenommen worden, daß die Sozialstruktur in den Seestädten ausgeglichener war als in den Städten mit einem starken Exportgewerbe, etwa Augsburg oder Nürnberg.

c) Konfessionalisierung der Gesellschaft

Brachten Entdeckungen und die darauffolgende überseeische Expansion tiefgreifende Wirkungen für den allgemeinen Gang der Wirtschaft, so gingen andere Wirkungen von den geistigreligiösen Bewegungen der Zeit aus, von dem neuen der Welt zugewandten Lebensgefühl der Renaissance, von den Bildungsbestrebungen, die dem Humanismus zugrunde lagen und von den religiösen Reformbemühungen der Reformatoren. Der Thesenanschlag Luthers von 1517 brachte nicht nur die Trennung der Anhänger Luthers von der Papstkirche in Rom, es folgten andere Reformatoren, voran Zwingli und Calvin, die ebenfalls ihr eigenes kirchliches System schufen. Es bildeten sich Territorien lutherischen, zwinglianischen und calvinischen Glaubens, während andere beim alten katholischen Glauben blieben bzw. im Zusammenhang mit der dem Trienter Konzil folgenden katholischen Restauration zum katholischen Glauben zurückkehrten.

Eine Folge der Reformation war eine tiefgreifende Veränderung in der bisherigen Struktur der kirchlichen Organisation. Die Reformation führte in den protestantisch gewordenen Territorien zur Säkularisation. Bistümer, Stifte, Klöster wurden aufgehoben, ihr Vermögen diente zur Ausstattung von Schulen und Universitäten, auch mit den betreffenden Fürstenhäusern verbundene Adelsfamilien profitierten davon. Zum Teil wurden Domkapitel, vor allem Frauenklöster, als Versorgungsanstalten für die adeligen Familien weiter beibehalten.

In den katholisch gebliebenen Territorien blieb die bisherige Struktur der geistlichen Gesellschaft vom Erzbischof und Bischof bis zum einfachen Klosterbruder bestehen, wobei wie bisher die Fürsten und der Adel sich die Bischofsfolge und die Stellen in den Domkapiteln und Stiften vorbehielten.

In manchen Stadtrepubliken kam es zu einem bezeichnenden Nebeneinander zwischen dieser geistlichen Stadt und der bürgerlichen Gesellschaft, die teilweise protestantisch geworden war, so in Worms und Speyer. Ein neues Element der protestantischen Gesellschaft war der Pfarrer, der jetzt verheiratet, künftig eine wichtige gesellschaftliche Rolle spielte und für die soziale Mobilität ein hervorragendes Element darstellte. Die meisten protestantischen Pfarrer entstammten, ähnlich der katholischen Pfarrgeistlichkeit, dem Mittel- und Kleinbürgertum. Ein hierarchisches Element in der protestantischen Kirche bildeten u. a. die Superindendenten. Sozialrevolutionären Charakter hatten verschiedene Richtungen von Schwärmertum, so die Anhänger des Wittenberger Stiftspredigers Karlstadt, die Zwickauer Propheten, die Leute, die sich um Thomas Müntzer in Mühlhausen scharten und dann am Bauernkrieg teilnahmen sowie die Wiedertäufer, deren extremstes Modell, das „Reich Gottes", in Münster verwirklicht werden sollte (1534), aber ein blutiges Ende fand.

Wichtige Impulse durch die religiöse Bewegung erhielt das Bildungswesen. Neben Wittenberg als zunächst führender protestantischer Universität, entstanden neue Universitäten mit Marburg, Jena und Königsberg. Auf katholischer Seite übernahm der Jesuitenorden die Führung, der hinter der Universitätsgründung von Dillingen stand und in Ingolstadt wie in Köln das Universitätsleben aktivierte. Eine katholische Neugründung war auch Würzburg (1582). An die Stelle von Klöstern traten Fürstenschulen (Pforta, Meißen, Grimma) oder Neugründungen (Nürnberg), ihnen entsprachen auf katholischer Seite Gründungen von Jesuiten. Auch das Volksschulwesen erhielt namentlich von Seiten Luthers starke Impulse. Ausschließlich der Ausbildung Adliger dienten die Ritterakademien, als früheste das Collegium Illustre in Tübingen.

d) Ländliche Bevölkerung

Der Ausbau des Territorialstaats ging in verschiedener Hinsicht auf Kosten der bäuerlichen Bevölkerung, der das bisherige „alte Recht" beschnitten wurde. Die Unruhe äußerte sich in der Bewegung des „armen Konrad" in Württemberg 1514, dann unter dem Einfluß der religiösen Bewegung, die der Thesenanschlag Luthers auslöste. Obwohl Luther kein Sozialrevolutionär war und zwischen der bestehenden Sozialstruktur und der geistlichen „Freiheit eines Christenmenschen" unterschieden wissen wollte, nahmen die revolutionär eingestellten Bauern und mit ihnen sympathisierende Sozialgruppen reformatorisches Gedankengut in ihr Programm auf, als es 1524/25 zum großen Aufstand der Bauern kam. Vom südlichen Schwarzwald griff die Bewegung nach Oberschwaben über. In den „Zwölf Artikeln", die der Memminger Kürschnergeselle Sebastian Lotzer ausarbeitete, erhielt die Bewegung ein zugkräftiges Programm, das durch den Druck über ganz Deutschland hin verbreitet wurde.

Die Forderungen der Bauern stützten sich vornehmlich auf die Bibel und hielten sich im Wesentlichen an die bestehende Sozialordnung. Sie wandten sich vor allem gegen die übermäßige Belastung durch die Grundherren und verlangten die Wiederherstellung alter Rechte, die sich auf Jagd, Fischerei und Holzschlag bezogen. Im fränkischen Taubergebiet stellte sich der Ritter Florian Geyer an die Spitze der Bewegung, im Odenwald der Ritter Götz von Berlichingen und der ehemalige gräfliche Sekretär Wendel Hipler, in Thüringen der Mühlhäuser Thomas Müntzer. In Schneeberg-Geyer sowie Joachimsthal schlossen sich die Bergknappen der Bewegung an, ebenso in den Alpen, wo der Anführer Michael Gaismair ein wesentlich radikaleres Programm als die Zwölf Artikel aufstellte. Die Ausschreitungen der Bauern erschreckten Luther so, daß er im Mai 1525 eine Schrift „Wider die räuberischen und mörderischen Rotten der Bauern" erließ, wodurch sich die Gegner der Bauern bestärkt fühlten. Fürstenheere zerschlugen die Aufstandsbewegung. Man schätzt, daß bei den blutigen Vorgängen etwa 100000 Menschen umgekommen sind. War damit die große bäuerliche Aufstandsbewegung gescheitert, so gab es in der Folgezeit namentlich in den Alpengegenden immer wieder bäuerliche Unruhen. Auch der Untergang der Dithmarschen Bauernrepublik 1559 gehört in diesen Rahmen.

Den Bauernkrieg als frühbürgerliche Revolution zu bezeichnen trifft den Kern der Sache nicht. Wenn sich Bergknappen, Ritter, bürgerliche Unterschichten und Vollbürger der Bewegung anschlossen, so kann dies nicht darüber hinwegtäuschen, daß die Bewegung vornehmlich konservativagrarischen Charakter hatte, sich gegen die modernen Tendenzen der städtischen Wirtschaft mit ihren Zünften und Handelsgesellschaften und gegen den modernen Fürstenstaat richtete.

Das weitere Schicksal der Bauern war ihr Absinken in den nivellierenden Stand des dienstleistenden, steuerzahlenden Untertanen, wobei die Bedingungen im Bereich der sich ausbildenden Gutswirtschaft besonders ungünstig wurden, also jenseits der Elbe. Gesindezwangsdienst, Einholung der Heiratserlaubnis, Schollengebundenheit waren Merkmale der Verschlechterung. Es gab künftig nur noch wenige Territorien, wo die Bauern auf den ständischen Landtagen vertreten waren, so in Tirol, Vorarlberg, Vorderösterreich, Stift Kempten, Baden, Salzburg (bis 1560) und Ostfriesland.

Andererseits ging der Prozeß der gesellschaftlichen Differenzierung unabhängig von den rechtlichen Verhältnissen auf der Basis des Vermögensstandes weiter. Umfang des bäuerlichen Erbes und Nebenverdienstmöglichkeiten waren hier die Voraussetzungen für eine sich weitende Skala zwischen armen und wohlhabenden, ja reichen Bauern.

6. Land- und Forstwirtschaft

Zwei Faktoren wurden für die landwirtschaftliche Entwicklung im 16. und in der 1. Hälfte des 17. Jahrhunderts bestimmend: der Bevölkerungsanstieg in Deutschland selbst und die Gestaltung der internationalen Marktlage. Sie bewirkten, daß vielfach verlassenes Ackerland wieder unter den Pflug genommen und außerdem Neuland gewonnen wurde. Von Rekultivierungen in der Meßkircher Gegend berichtet so die Zimmernsche Chronik; daß „raue und felsichte" Äcker genutzt wurden, erzählt der Schreiber der Stadt Balingen auf der Alb. Man begann also Land zu bebauen, dessen Erträge verhältnismäßig gering waren.

Die Kultivierung von Sumpfland war wohl seltener, wird aber vom Schaumburg-Lipperland für das ausgehende 16. und beginnende 17. Jahrhundert berichtet. Im Nordosten Ostpreußens wurde die „Wildnis" von deutschen und litauischen Bauern besiedelt. Dazu kommt die Gewinnung von Neuland aus dem Meer, wobei man das Beispiel der Niederlande nachahmte. So erfolgten Maßnahmen der Eindeichung und Trockenlegung in Ostfriesland, im Jeverland, wo insgesamt etwa 40000 ha gewonnen wurden. In Schleswig-Holstein betrug das in dieser Zeit eingedeichte Land etwa 8000 ha. Diese Eindeichungsarbeiten waren ziemlich kostspielig, denn sie wurden vielfach mit freien Arbeitskräften durchgeführt, gelegentlich, so im Oldenburger Land, nahm man auch verpflichtete Bauern dazu. Der Gewinn war allerdings auch beträchtlich, denn der eingedeichte Boden war sehr fruchtbar.

Abgesehen von der Rückgewinnung wüst gewordener Ackerflur und der Rodung von Neuland machte sich die Bevölkerungszunahme im Wachstum der ländlichen Siedlungen bemerkbar. Auf dem Wege der Erbteilung wurden die Stellen kleiner, die Schicht der Seldner, Häusler oder Kötter, also Kleinbauern, wurde größer. Früher wüst gewordene Orte wurden zum Teil wieder aufgebaut, so in der Rhön und auf der Hohenloher Ebene.

Man darf mit Abel drei Gründe sehen, warum die Menschen so sehr an den geschlossenen Dörfern hingen und nicht Höfe und Weiler in die Gemarkungen verlegten. Einmal das Recht des Heimfalls wüst gewordener Fluren, das die bäuerlichen Genossenschaften noch mehr aber die Grundherren beanspruchen konnten. Dann die stärkere Betonung des Getreides auf Kosten der Viehhaltung. Getreidebau verlangte einen größeren Arbeitsaufwand als Viehhaltung, und das machte die Dorfnähe erwünscht. Auch erfolgte ja der Landesausbau im allgemeinen allmählich, nicht schlagartig. Außerdem lag es da, wo die Gutswirtschaft aufkam, im Interesse des Gutsherrn, seine Leute im Gutsdorf beisammen zu haben, hier waren die für den Gutsbetrieb auszuführenden Arbeiten besser zu organisieren. In anderen Gebieten wie etwa in Franken kamen wohl auch die Sicherheitserwägungen hinzu: Gegen Raubritter und Wegelagerer fühlte man sich im geschlossenen, z. T. ummauerten Dorf sicherer als auf dem Einzelhof. Andererseits haben wir Anfänge der Vereinödung in Schleswig-Holstein und im Allgäu: als Auswirkung einer Tendenz zur Rationalisierung.

Hinsichtlich der rechtlichen Verhältnisse, unter denen die Bauern lebten, sind drei Hauptgruppen zu unterscheiden. Es gab immer noch freie Bauern, vornehmlich in den Gebirgsgegenden der Alpen und des Schwarzwalds, dann an der Nordseeküste, besonders in Dithmarschen, aber auch auf Fehmarn und in Ostpreußen. Dazu kamen in Altdeutschland die vielfach variierenden grundherrlichen Verhältnisse. Im Westen und Südwesten war der grundherrliche Besitz vielfach weit verstreut, auf verschiedene Dörfer verteilt. Der Grundherr ließ sich seine Rente in Geld oder Sachwerten liefern. Weil der geschlossene Grundbesitz fehlte, konnte er auch kein besonderes Interesse am Frondienst haben. Wo es das Erbrecht der Realteilung gab, kam es weitgehend zur Zersplitterung der Hofstelle. Von der Landwirtschaft konnte der Bauer allein nicht leben, er mußte sehen, daß er daneben ein Handwerk betrieb. Das durch das Verlagssystem finanzierte Nebengewerbe der Textil- und Metallverarbeitung lieferte hier zusätzliche Verdienstmöglichkeiten. Die dritte Gruppe stellten die abhängigen Bauern im Bereich der Gutswirtschaft nördlich und östlich der Elbe dar. In einer Epoche, in der das Verkehrswesen noch verhältnismäßig schwach entwickelt war, erfreuten sich diese Landschaften einer hafenreichen Küste, außerdem boten zahlreiche Wasserläufe, Flüsse, Ströme und Kanäle die Möglichkeit, ein weites Hinterland durch die Schiffahrt zu erschließen.

Hinzu kamen verschiedene begünstigende wirtschaftliche und politische Faktoren. Einmal die Verlagerung des Schwergewichts nach dem Westen des Kontinents und bedeutende Fortschritte auf dem Gebiet der Seeschiffahrt, die sich jetzt mehr und mehr dem Massengüterverkehr zuwenden konnte. Die durch Bevölkerungszunahme und z. T. auch durch die Edelmetallimporte aus Amerika bedingte Preissteigerung kam insbesondere der Erzeugung von Getreide, Fettwaren und Milchprodukten zugute, während andere Waren, etwa Fisch, weniger stark betroffen wurden. Die günstige Marktlage bezog sich auf den ganzen atlantischen Bereich, von der norwegischen Küste bis zu den mittelmeerischen Häfen. Norwegens Fischer brauchten die Zufuhren von Getreide ebenso wie die zahlreichen mit einem reichen Gewerbeleben ausgestatteten niederländischen Städte. Sobald die Ernte nicht gut ausfiel, gehörte auch England zu den zu Versorgenden, und in der 2. Hälfte des 16. Jahrhunderts waren die iberischen und sonstigen mittelmeerischen Häfen infolge verschiedener Dürreperioden mehr oder weniger regelmäßige Abnehmer nordischer Getreidefrachten.

Auch jenseits der Elbe verteilte sich der Großgrundbesitz auf die verschiedensten ständischen Gruppen, wie sie sich im Lauf des Mittelalters herausgebildet hatten. Nachkommen ehemaliger Lokatoren und Ritter hatten an den Ländereien ebenso Anteil wie der ehemals eingesessene Adel und die Fürsten, wie Bischöfe und Klöster sowie Bürger in den Städten und ihre Stiftungen, voran die Hospitäler. Am intensivsten haben jedoch Adel und Fürstentum die Möglichkeit wahrgenommen, zumal ja die katholische Kirche mit ihrer Hierarchie infolge der Reformation weitgehend ausgeschaltet wurde. Daß der Adel von Holstein bis nach Schlesien hinein die Gutswirtschaft so sehr ausbauen konnte, hängt einmal zusammen mit den veränderten Verhältnissen in der Wehrverfassung. Das Aufkommen der Söldnerheere gab den Rittern die Möglichkeit sich stärker der Landwirtschaft zu widmen. Außerdem konnte der Adel seine politische Position gegenüber den Fürsten verstärken. Die Privilegien, die er sich im Lauf des Mittelalters zu sichern verstand, vermehrte er noch im 16. Jahrhundert. Die Landesherrschaft schwächte ihre eigene Machtstellung vielfach durch Kriege, Familienstreitigkeiten, Erbteilungen, übersteigerten Aufwand, Ausgaben für das Verteidigungswesen und noch wenig rationelles Rechnungswesen. Die holsteinische Ritterschaft verstand es, ihre Privilegien nicht nur bei der Übernahme der Herzogtümer durch die Oldenburger 1460 zu befestigen, sondern auch beim Thronantritt Friedrichs I. und Christian III. zu erweitern. Die Säkularisierung im Verlauf der Reformation erbrachte dem Adel, soweit er treu an der Seite des Landesherren stand, großen Gewinn. Des weiteren war das Steuerbewilligungsrecht eine Waffe, mit der der Adel es verstand, sich von der Landesherrschaft neue Rechte über die Bauern zu sichern: So in Mecklenburg, in Pommern, in Brandenburg. Außerdem konnte das Städtewesen trotz der vorübergehenden Machtstellung des Hansischen Bundes im gesamten Küstenbereich nie eine so ins wirtschaftliche Leben eingreifende Stellung einnehmen, wie dies in den Kerngebieten des Reichs vom Rhein bis nach Oberdeutschland der Fall war. Stapel- und Weichbildrecht und all das andere, was die Stadt sonst in ihren Monopolanspruch aufnahm, konnte sich in den an Häfen so reichen Nord- und Ostseelandschaften nicht in gleichem Maße Geltung verschaffen. Die zahlreichen Häfen und Schiffahrtsgelegenheiten boten dem bäuerlichen wie besonders dem adligen Teil der Bevölkerung mannigfachere Möglichkeiten als anderswo, den Grundsatz der Gewerbefreiheit für sich in Anspruch zu nehmen.

Ursprünglich war im Kolonialland die grundherrliche Gewalt des Adeligen – oder in der Sprache des späten Mittelalters: des Ritters – dem Bauern gegenüber stärker begrenzt. Meist hatte der Bauer sein Land gegen einen Erbzins, der früh in eine Geldrente umgewandelt wurde und als solche im Lauf der Zeit keine wesentliche Veränderung erfuhr. Für die weitere Entwicklung wurde wichtig, daß der Grundherr auch die Gerichtsbarkeit und die Polizeigewalt besaß oder sich diese vom Landesherrn übertragen ließ.

Schon von Anfang an spielte die Eigenwirtschaft des Grundherrn im Kolonialland eine größere Rolle als im alten Siedlungsgebiet. Die technischen Fortschritte und die Veränderungen der Marktlage veranlaßten den Grundherrn, mit allen Mitteln seinen Grundbesitz auszubauen: durch Erschließung von Ödland, durch Kauf, durch Tausch, durch Aneignung der Allmende.

Insbesondere ging es ihm darum, den Bauern, der in einem Dienstverhältnis zu ihm stand, in größere Abhängigkeit zu bringen, ihn womöglich erbuntertänig zu machen. Die Bauernkinder mußten aufgrund des Gesindezwangs auf dem Herrenhof aufwarten, und die ganze Familie war an die Scholle gebunden.

Dies ist ein Prozeß, der sich auf Generationen erstreckt. Es setzt wohl schon im 15. Jahrhundert ein, zeichnet sich aber erst seit der Mitte des 16. Jahrhunderts deutlicher ab. Und dieser Prozeß geht bis ins 18. Jahrhundert weiter. Dabei ist die Gutsherrschaft entstanden, mit deren Hilfe der Grundherr seine Gutswirtschaft nun denkbar einträglich ausbauen konnte. Zu den Kerngebieten der gutswirtschaftlichen Landschaft gehörten Teile des östlichen Schleswigs und Holsteins, Mecklenburg, Brandenburg, Pommern und Preußen. Neben deutschen Bauern wurden auch eingedeutschte Slawen und Preußen untertan gemacht. In Sachsen entstanden im 16. Jahrhundert 40 Rittergüter, während gleichzeitig 500 Bauernstellen verschwanden.

Großräumiger waren die Verhältnisse in Schlesien wie auch in den andern Ländern der Krone Böhmens. Die Grundherren waren hier so groß, daß sie gewöhnlich nicht auf ihren Gütern zu leben brauchten und diese durch Gutsverwalter bewirtschaften ließen. Die Frage des Gutsverwalters war aber auch gleichzeitig eine Frage der Rationalisierung des Betriebs, und so kennt man die Einrichtung des Gutsverwalters auch von den holsteinischen Gütern.

Die Dienstleistungen der Bauern konnte der Grundherr in erster Linie dank seiner Eigenschaft als Gerichtsherr bzw. durch Privilegierung ausbauen. Im Lauf des 16. und 17. Jahrhunderts sind diese Dienste immer mehr angewachsen. In Mecklenburg betrugen sie um 1500 nur wenige Tage im Jahr, 1550 verlangte man von jeder Woche einen Tag, 1600 von jeder Woche 3 Tage. Den kleineren Bauern trafen diese Bestimmungen insofern härter, als die Dienste nicht an die Person gebunden waren. Die größeren Bauern konnten, sofern sie den Dienst nicht selbst verrichteten, Knechte und Mägde dafür abstellen oder an den betreffenden Tagen von diesem Personal ihre eigene Wirtschaft führen lassen.

Um sich die Arbeitskraft des Bauern für immer zu sichern, wurde dieser an die Scholle gebunden. Das freie Abzugsrecht, das der Bauer bislang hatte, wurde ihm genommen, indem man ihn nur dann ziehen ließ, wenn er alle seine Verpflichtungen eingelöst hatte. Das wurde aber immer seltener möglich. Bereits seit Ende des 15. Jahrhunderts wurde es üblich, daß die Landesordnungen den freien Abzug von der ausdrücklichen Bewilligung des Gutsherrn abhängig machten. Natürlich war der Gutsherr auch bestrebt, das Recht der Bauern auf ihren Landbesitz einzuschränken; wo es ging, wurde das Erbzinsverhältnis das ja nicht schriftlich fixiert war, durch eine Überlassung auf Zeit gegen entsprechende Leistungen ersetzt. Auf diese Weise wurden die meisten ursprünglich auf freier Erbzinsleihe sitzenden Bauern zu Lassiten herabgedrückt. Ihren Besitz konnte man aufkaufen und damit das Gutsland abrunden. Das Mittel des Bauernlegens war damit geschaffen.

Mit all den Vorrechten, die sich der adlige Gutsherr auf diese Weise im Laufe der Zeit gesichert hat, ist er zu einem Landesherren im kleinen geworden. Seine Bauern waren seine Untertanen, über die er als Gerichts- und Polizeiherr die Obrigkeit verkörperte. Der Zustand der Erbuntertänigkeit war an und für sich nicht identisch mit dem Stand der Leibeigenschaft, konnte sich ihm aber im Einzelfalle nähern. Im allgemeinen ist für das Verhältnis Gutsherr-Bauer ein Patriarchalismus bezeichnend, der neben den Lasten für den Bauern doch auch manches Gute hatte.

Aus der Schicht selbstwirtschaftender Gutsbesitzer ragt am markantesten der holsteinische Adel, die „Ritterschaft" der Herzogtümer hervor. Die günstige Lage in der Nähe der Nord- und Ostsee und im Bereich der Wirtschaftszentren Hamburg und Lübeck wirkte hier besonders stimulierend. Verschiedene Angehörige dieses Kreises waren nicht nur Gutswirte, die Getreide anbauen ließen, Ochsen und Schweine mästeten, darüber hinaus waren sie kaufmännische und gewerbliche Unternehmer sowie Finanziers. Sie schickten ihre Leute auf den Heringsfang, ließen eigene Schiffe zwischen der Ostsee und den westeuropäischen Häfen verkehren. In der verkehrsmäßig so günstigen Landschaft Stormarn zwischen Hamburg und Lübeck, wo es Wasserkräfte und Holz sowie verhältnismäßig leicht heranzuschaffende Metalle gab, betrieben sie Mühlen, mit denen sie Kupfer, Messing und Eisen verarbeiten und Papier herstellen ließen. Ihr Geld legten sie auf dem Kieler Umschlag, in Hamburg oder gar in Antwerpen an. Der König von Dänemark und der holstein-gottorfische Herzog deckten regelmäßig ihren Finanzbedarf bei ihnen. In der zweiten Hälfte des 16. Jahrhunderts war der Umschlag, die alljährlich in Kiel stattfindende Messe, der wichtigste Geldmarkt Norddeutschlands. Die bedeutendste Gestalt unter diesen adligen Unternehmern war Heinrich Rantzau, der Statthalter des dänischen Königs in den Herzogtümern, mit dem der Humanismus und die nordische Renaissance ihren Höhepunkt erlebten.

In Mecklenburg, Pommern, Brandenburg und Preußen waren die Verhältnisse im allgemeinen etwas bescheidener. Abgesehen von der Familie von der Schulenburg konnte es im Reichtum keine mit den Holsteinern aufnehmen. Östlich der Elbe führte die Entwicklung auf eine geschlossene Schicht hin, die man später als Junker bezeichnete. Ihre wirtschaftliche Lage war meist so, daß Mitglieder der Familie gezwungen waren, dem Hof als Beamter oder Offizier zu dienen. Zwar hatten, so in Mecklenburg, die Güter meist eine Ackerfläche von 100 bis 150 ha, es gab aber auch solche, die unter 25 ha lagen.

Die unternehmerische Betätigung auf der Basis der Gutswirtschaft beschränkte sich indessen nicht auf die Schicht des landsässigen Adels. Auch Angehörige der Fürstenhäuser betrieben die Gutswirtschaft mit Erfolg, sowohl regierende als auch apanagierte Herren. Sie waren alle Protestanten, und man hat gesagt, daß die protestantische Auffassung des Berufs in dieser Übergangszeit eine so positive Einstellung zur bürgerlichen Tätigkeit des Kaufmanns und Unternehmers gefördert hat – im Gegensatz zum katholischen Fürstentum, das viel mehr auf ein standesgemäßes Verhalten bedacht war.

Beispiele für eine so energische Anteilnahme am Wirtschaftsleben sind Herzog Adolf von Schleswig-Holstein-Gottorf, Herzog Hans der Jüngere von Schleswig-Holstein-Sonderburg, der als „abgeteilter Herr" von der Landesregierung ausgeschlossen, sich ganz auf die Gutswirtschaft und damit verbundenen kaufmännisch-unternehmerische Betätigung konzentrieren konnte. Ein ähnliches Beispiel liefert Markgraf Hans von Küstrin, auch Kurfürst August von Sachsen und seine Gemahlin Anna waren sehr aktiv.

Gewisse Anregungen für die Bodennutzung kamen von den humanistisch orientierten Autoren der Zeit. Antike Landbauschriftsteller wurden neu ediert, italienische und französische Verfasser übersetzt. Seit der 2. Hälfte des 16. Jahrhunderts kamen deutsche Autoren dazu, so der Rheinländer Conrad Heresbach (1570), der schlesische Pfarrer Martin Grosser (1590) und der ebenfalls aus Schlesien stammende Johann Coler (1591/1593). Mit ihnen beginnt bei uns die sogenannte Hausväterliteratur. Eine andere Literaturgattung, die besonders aus Kursachsen bekannt ist, bezog sich auf die Beschreibung und Verwaltung von Gütern. Ihr bekanntester Vertreter ist Abraham von Thumbshirn († 1593), dessen Oeconomia 1617 gedruckt wurde.

In den Gegenden mit intensiver Landwirtschaft wie im Rheinland gab es vier oder fünf Schläge mit entsprechender Abfolge von Winterraps oder Hülsenfrüchten, Weizen, Roggen, Sommergerste und Hirse sowie Rüben. Die Brache wurde vielfach aufgegeben, man hatte als Dünger Stallmist, Kompost, Mergel, Kalk und Asche und bebaute das Feld mit den als Dünger- und Futterpflanzen bewährten Hülsenfrüchten. Heresbach rühmte dabei die Luzerne. Dazu kamen die weiteren Hackfrüchte wie Bohnen, Erbsen, Möhren, Kohl, Rettiche, Radieschen, zur Gewinnung von Öl Raps, Rüben und Mohn sowie die Körner der als Handelspflanzen wichtigen Lein und Hanf und die Farbpflanzen Waid, Krapp, Saflor und Safran.

Die Dreifelderwirtschaft mit der Brache in jedem dritten Jahr behauptete sich besonders in den Getreidelandschaften des Ostens in der Nähe der Küste und der großen Ströme. Gegen Ende des 16. Jahrhunderts wurden über Danzig, dem wichtigsten Getreidehafen über 100000 t jährlich verschifft. Hier handelte es sich um polnisches Getreide.

In der Viehwirtschaft kamen wichtige Anregungen von den Niederlanden, wo sich die kapitalistische Betriebsweise auf der Basis des Pachtbetriebs am weitesten verbreiten konnte.

Die im Zusammenhang mit den niederländischen Unruhen erfolgende

Emigration wie auch der wachsende Bedarf an landwirtschaftlichen und viehwirtschaftlichen Produkten für den niederländischen Markt bewirkten eine Expansion der hochstehenden niederländischen Betriebsweise nach der benachbarten deutschen Nordseeküste mit ihrem fruchtbaren Marschland, das durch Eindeichungen weiter ausgebaut wurde. So bot das Land Eiderstedt Flüchtlingen eine neue Heimat. Später siedelte sich eine katholische Niederländergruppe auf Nordstrand an. Neben dem Deichbau beschäftigten sich diese Niederländer hauptsächlich in der Milchwirtschaft, mit der Erzeugung von Butter und Käse.

Die Fortschrittlichkeit und Ergiebigkeit ihrer Wirtschaftsweise übte auf die schleswig-holsteinische Landwirtschaft einen großen Einfluß aus. Jetzt kam der Meiereibetrieb auf, den die adligen Grundbesitzer an fachkundige Holländer verpachteten. Diese vorwiegend auf die Erzeugung von Butter und Käse eingestellten Pachtbetriebe nannte man künftig bezeichnenderweise Holländereien.

Behauptete sich die Weidewirtschaft mit Vieh- und Pferdezeucht hauptsächlich in den Marschgebieten, so kamen für die Versorgung Deutschlands wie der Niederlande noch der dänische wie der osteuropäische Rinderexport hinzu, der über verschiedene ostdeutsche Viehhandelszentren wie Breslau, Brieg oder Frankfurt/Oder ging. In Süddeutschland waren Nürnberg und Frankfurt/Main wichtige Verteilerzentren. In Mitteldeutschland wurden in dem Städtchen Buttstädt nördlich von Weimar an einem Markttag oft 16000 bis 20000 Rinder aufgetrieben.

Auch der Forstwirtschaft widmete man höhere Aufmerksamkeit. Wo sich Bergbau und Exportgewerbe ausbreiteten, brauchte man in verstärktem Maße Holz als Brennmaterial. Um den Holzeinschlag zu begrenzen, wurden Forst- und Waldordnungen erlassen. Kleinere Territorien wie Württemberg (1514), Ansbach (1531), Hessen (1532) begannen damit. Im Siegerland wurde die Haubergwirtschaft weiter ausgebaut. In verstärktem Maße verwendete man, um Holz zu sparen, im Rheinland und in Westfalen Steinkohle als Brennmaterial.

Die Preissteigerung des 16. und beginnenden 17. Jahrhunderts kam nicht allen agrarischen Erzeugnissen in gleicher Weise zugute. Stärker als die tierischen Erzeugnisse zogen die Getreidepreise an. Insgesamt stiegen die Preise für agrarische Erzeugnisse stärker an als die gewerblicher Produkte. Wenn die Preise landwirtschaftlicher Erzeugnisse „im Mittel einiger Länder und Landschaften“ (Abel) auf 322 v. H. stiegen, so erreichten die Preise von Metallwaren 150 v. H. und die Preise von Textilien 122 v. H. Außerdem hinkten die Löhne der Preisentwicklung nach. Während in Hamburg der Roggenpreis auf 376 v. H. stieg, erreichten die Löhne der Maurer 265 v. H., die der Weber 255 v. H., die der Zimmerer 209 v. H. und die der Frauen 138 v. H. Im großen Ganzen hatten Preis- und Lohnbewegung in Nord- und Süddeutschland die selbe Tendenz.

Da die Löhne hinter der Preisentwicklung zurückblieben, erstanden dem landwirtschaftlichen Betrieb geringere Kosten. Dementsprechend stiegen die Grundrenten und Pachtzinsen, die das Dreifache und darüber erreichten. Kam dies zunächst dem Gutsbesitzer zugute, so profitierte davon auch die bäuerliche Wirtschaft, besonders die Großbauern in Fehmarn und den Marschgebieten, aber auch in andern Gegenden Deutschlands. Der Chronist Thomas Kantzow verweist auf reiche Bauern Pommerns, die „englisch und ander gut gewand" trugen, „so schön als ehemals der Adel oder Bürger getan hatten". In Kornwestheim hinterließ 1599 ein Bauer ein Vermögen von 70000 Gulden.

Diese Entwicklung kam allerdings den Bauern, deren Besitzrecht sich verschlechterte am wenigsten zugute, und das war wie oben angedeutet, im Osten Deutschlands die Masse der Bauern, aber auch für den Westen gilt dies vielfach, freilich mit starken regionalen und besonders territorialen Unterschieden.

Im Rahmen des allgmeinen Aufwärtstrends dürfen die von Zeit zu Zeit erfolgenden krisenhaften Störungen und entsprechende Preisschwankungen nicht übersehen werden. Sie standen unter dem Einfluß des Erntezyklus und der damit zusammenhängenden Versorgungskrisen, wobei es infolge der Verkehrsschwierigkeiten mannigfache regionale Unterschiede gab. Bei der Preissteigerung um 1570 wurde das Binnenland bezeichnenderweise stärker betroffen als die Küstengebiete. In dieser Zeit der Versorgungskrisen prägte sich die Preisschere besonders deutlich aus, da gleichzeitig der Absatz gewerblicher Erzeugnisse stockte und deshalb Arbeitslosigkeit drohte, so daß auch von da her die Löhne gedrückt wurden. Daß auch die Pachtrenten innerhalb des Aufwärtstrends Schwankungen erfuhren, wissen wir aus belgischen Forschungen. Schließlich weiß man am Beispiel Ostpreußens, daß man, wenn Spitzenpreise erzielt wurden, die Getreidefläche ausweitete, wenn Preisrückgang einsetzte, sie wieder einschränkte.

Neue Schwierigkeiten hinsichtlich der Versorgung setzten mit den Ereignissen des Dreißigjährigen Kriegs ein. Ensprechend der Verlagerung des Kriegsgeschehens hatte er schwere regionale Versorgungskrisen, ja Hungersnöte zur Folge. Mit zur schlimmsten Zeit gehört die zweite Hälfte der dreißiger Jahre. Hunger verband sich mit Seuchen, der Pest bzw. dem Hungertyphus, die schwere Menschenopfer forderten. Die andere Seite der durch den Krieg bedingten Schwierigkeiten, die Verwüstungen in den Städten, waren aber auch mehr oder weniger regional bedingte Absatzkrisen.

7. Gewerbliche Produktion

a) Organisationsformen

Wie im Mittelalter blieb das Handwerk weiterhin zünftlerisch organisiert, wobei es aber für die künftige Entwicklung bezeichnend war, daß die landesherrliche Obrigkeit sich des Zunftwesens bediente, um das Handwerk im Sinne einer staatlichen Wirtschaftspolitik zu organisieren und zu lenken.

Die großen Veränderungen, die von der überseeischen Expansion, der Reformation und der neuen Geistigkeit der Renaissance ausgingen, hatten auch für das Handwerk folgenschwere Auswirkungen. Sie äußerten sich in drei Richtungen: das eine war die fortschreitende Spaltung zwischen leitender und ausführender Arbeit, im Zusammenhang damit breitete sich der kapitalistische Betrieb mit dem Unternehmer und Lohnarbeiter aus, das dritte war die deutliche Scheidung der Künstlerpersönlichkeit von der anonymen Masse der Handwerkerschaft.

Die Tendenz zur Trennung leitender und ausführender Arbeit wurde begünstigt durch verschiedene Faktoren, einmal durch den Architekten und Ingenieur, der vielfach Ausländer – Italiener oder Niederländer – war, und sich von der zünftlerischen Gebundenheit gelöst hatte. Auch die technische Entwicklung und deren Nutzung durch das kaufmännische Unternehmertum auf Kosten des Handwerks spielt dabei herein. Technische Fortschritte brachten das Handwerk vielfach in eine Abwehrstellung, die das kaufmännisch orientierte Unternehmertum durch seine größere Beweglichkeit und seine Beziehungen zu umgehen verstand. Hier boten sich neue Möglichkeiten des Handwerks, sich durch weitere Spezialisierung in den gesamten Produktionsprozeß einzufügen, ein Vorgang, der im Rahmen des Verlagswesens bisher schon festzustellen war.

Die kapitalistische Betriebsweise breitete sich insbesonders da aus, wo große technische Apparaturen erforderlich waren, so im Silber- und Kupfer-, Quecksilber- und Zinnbergbau, wo die Gewerken sich mit den großen Handelsgesellschaften besonders von Augsburg und Nürnberg zusammentaten. Die Beteiligung erfolgte in Form von Kuxen. Einen besonderen Typ, der auf die spätere Aktiengesellschaft hinweist, stellen die Saigergesellschaften dar, die zur Verhüttung der Kupfererze gebildet wurden. Die Herstellung von Eisenhalbzeug lag in den Händen von Hammer- und Reidemeistern, die dann einzelne Meister belieferten. Verlagsbeziehungen im Metallgewerbe gab es in Nürnberg und in den Handelszentren des Rheinlands und Westfalens, etwa in Köln. Neue Möglichkeiten der Kapitalinvestition boten sich dem kaufmännischen Unternehmertum im Papiermacher- und Druckereigewerbe. Die Papiermühle und die Druckwerkstätte setzten einen Kapitalbesitz voraus, über den der Papiermacher und der Drucker gewöhnlich nicht verfügten.

Im Textilgewerbe verbreitete sich das Verlagswesen zunächst in der Barchentherstellung, wo der Kaufmann die Baumwollbeschaffung in der Hand hatte. Im östlichen Mitteldeutschland entstand durch das Zusammenwirken der Verleger und Tausender von Leinenwebern eine wirksame Organisation des Absatzes im Zunftkauf, wobei die alte handwerkliche Betriebsform unverändert blieb. Die von der Zunft geschlossenen Verträge waren nicht ohne weiteres für alle Zunftgenossen verbindlich. Namentlich wohlhabende Meister versuchten immer wieder, sich gegenüber den Zunftkäufen selbständig zu halten. Auch die Zunft selbst war nicht an einen bestimmten Verleger gebunden. Die größeren Zechen hatten selten nur einen einzigen Verleger. Unterschiede im Kräfteverhältnis zwischen Zunft und Verleger wurden schließlich noch bedingt durch die dritte, am Vertragsabschluß beteiligte Partei, nämlich den Rat einer Stadt oder die Erbherrschaft. Eine starke Stadt konnte ihre Zunft besser gegen Ausnutzung schützen als eine geldbedürftige Erbherrschaft.

Neue gewerbliche Betriebsformen ergaben sich da, wo technische Neuerungen eingeführt wurden und im Zusammenhang damit eine Arbeitsteilung erfolgte, im Bergbau und in der Weiterverarbeitung von Bergbauprodukten, also in den Hütten und Hämmern. Auch die Papiermühlen, Münzwerkstätten und Druckereien gehören hierher. Wo die technische Apparatur zurücktrat, die arbeitsteilige Handarbeit aber vorherrschte, sprach man von Manufaktur, wobei zentralisierte von den dezentralisierten Betrieben zu unterscheiden sind, sofern ein Teil außerhalb des zentralen Betriebes und einige Phasen des Fertigungsprozesses im zentralen Betrieb ausgeführt wurden.

Wie beim Verlag kam auch bei diesen Betrieben der Kapitalausstattung große Bedeutung zu.

b) Technischer Fortschritt

Deutschland war im 16. Jahrhundert in der Bergbautechnik das führende Land; Deutsche gingen als Spezialisten ins Ausland, nach Schweden, England, Spanien und Amerika. Die deutsche Fachliteratur, die jetzt durch den Buchdruck verbreitet wurde, war maßgebend. Das Buch „De re metallica", das der in Joachimsthal und Chemnitz lebende Arzt Georg Agricola aufgrund einer reichen Erfahrung schrieb und das nach seinem Tod (1556) veröffentlicht wurde, überstrahlte rasch das italienische Hauptwerk, die „Pirotechnia" des Vannoccio Biringuccio, und ging weit über die bisherigen Bergwerkbüchlein und Probierbüchlein hinaus.

Die wichtigsten technischen Fortschritte bei der Erzgewinnung und Verarbeitung wurden in der Verbesserung der mechanischen Hilfsmittel erzielt. Aus der zeitgenössischen Literatur ist zu ersehen, wie man die Stollen und Schächte, die man seit dem ausgehenden 15. Jahrhundert kannte, verbesserte, wie man Winden und Aufzüge gebrauchte, um das Erz und das Wasser herauszuschaffen, wie man Wasserkräfte verwendete, um Pumpen zu bewegen. Um 1550 gebrauchte man im Joachimsthaler Revier und in Tirol die ersten mit Wasserkraft betriebenen Pumpen. Diese gestatteten es, die Schächte bis in eine Tiefe von 400 Metern zu treiben. Hinzu kamen verbesserte Verhüttungsverfahren. Um aus dem Kupfererz das Silber zu gewinnen, wurde das Saigerverfahren, das Zusammenschmelzen mit Blei, weiterentwickelt. Die Saigerhütten entstanden oft weit entfernt von den Kupferlagern, so für das Mansfelder Kupfer in Thüringen und für das Tiroler der Fugger in Kärnten. Holzvorräte und andere Standortfaktoren bedingten dies: für Thüringen vermutlich das Blei des Harzes. Bei der Kupfer- und Eisengewinnung ging man im Laufe des 16. Jahrhunderts mehr und mehr zum Hochofenbetrieb über. Um Blech herzustellen, kannte man schon im 14. Jahrhundert in Nürnberg Walzen; ein Nürnberger, Hans Lobsinger, verbesserte die Technik der Walzen im 16. Jahrhundert.

Wo die Wasserkraft fehlte, mußte man sich der Windmühle bedienen. Die erste vom Wind getriebene Sägemühle wurde 1592 in Holland gebaut. Leider wissen wir nicht, in welchem Umfang solche Windmühlen im niederdeutschen Flachland, etwa in der Umgebung von Bremen und Hamburg, in der Holz- und Metallverarbeitung Verwendung fanden.

Technischer Fortschritt ist auf verschiedenen andern Gebieten festzustellen. Die Ersetzung des Rennfeuers durch den Stückofen und dann durch den Hochofen vollzog sich vom 14. bis ins 17. Jahrhundert. Blasebälge, um die Glut des Feuers zu verstärken, waren offenbar eine italienische Erfindung. Das Probieren, d. h. das Herausfinden von Legierungen, erreichte einen gewissen Höhepunkt im Laufe des 16. Jahrhunderts, wobei gerade das Interesse deutscher Verfasser bemerkenswert ist. 1524 wurde in Magdeburg ein Probierbüchlein veröffentlicht, später schrieben Agricola und Erkker darüber.

In der Glasmacherei blieben wohl die Italiener führend, aber auffallend ist wiederum, daß italienische Techniken sich im Laufe des 16. Jahrhunderts auch nördlich der Alpen ausbreiteten; führend auf dem Gebiet der Instrumentenmacherei waren Nürnberg und Augsburg. Der Nürnberger Peter Henlein machte die Erfindung der Taschenuhr.

In der Textilverarbeitung stellt das Spinnrad, das um 1480 erfunden wurde, einen bemerkenswerten Fortschritt dar. Der Fußantrieb kam zu Beginn des 16. Jahrhunderts dazu. Die Glockendon-Bibel von 1524 zeigt den Mechanismus, und 1527 verbot die Elberfelder Garnnahrung die Verwendung dieser Erfindung. Ein Braunschweiger Maurer, Jürgen, scheint 1530 auf eine verbesserte Konstruktion gekommen zu sein. Versuche, die auf den mechanischen Webstuhl hinzielten, hatten allerdings nur bescheidene Erfolge. Anton Möller in Danzig soll um 1586 eine entsprechende Erfindung gemacht haben, aber die Stadt verbot ihre Verwendung. Doch verbreiteten sich die Bandstühle trotz mancherlei Verbote im Laufe des 17. Jahrhunderts.

c) Die unternehmerischen Kräfte

Die führende Gestalt im gewerblichen Prozeß war der Unternehmer. Er war in verschiedenen Typen durch die gesellschaftliche Pyramide hindurch vertreten. Oft läßt sich schwer die Grenze zwischen öffentlich-staatlicher Wirtschaftspolitik und privaten unternehmerischen Interessen der Fürsten feststellen. Namentlich in den protestantisch gewordenen Territorien tritt dieses unternehmerische Interesse auffallend hervor. Der Aufstieg des Bergbaus in Sachsen ist nicht zu verstehen ohne die starke Beteiligung des Herzogs Georg, die Blüte im Harz nicht ohne die Initiative etwa von Herzog Julius von Braunschweig-Wolfenbüttel oder die Grafen Stolberg. In Süddeutschland liefert Herzog Friedrich von Württemberg ein Beispiel: er förderte die Uracher Leinenweberei und die Calwer Zeugmacherei. Wasserkraft und Holzvorräte sowie günstige Versorgung mit Rohstoffen, etwa Kupfer und Eisen, ließen in der Umgebung von Hamburg und Lübeck gegen Ausgang des 16. Jahrhunderts einen adligen Industriebezirk entstehen, wobei die Rantzau führten. Insgesamt 39 Mühlenanlagen lassen sich bei Heinrich Rantzau nachweisen zur Erzeugung von Mehl und Öl, zum Sägen von Holz, zur Verarbeitung von Kupfer, Messing und Eisen, zur Herstellung von Papier und Pulver. Eine Verwandte, Frau Barbara Rantzau, betätigte sich in ähnlicher Weise. Josias Qualen hatte Mühlenbetriebe in der Gegend von Krempe und Wilster sowie in Süderdithmarschen. Auch die Heesten benützten ihre Güter zu unternehmerischen Zwecken. Reichsstädte wie Frankfurt und Hamburg verdankten neue Industriezweige Emigranten aus den Niederlanden. Bei Neugründungen wie Glückstadt und Friedrichstadt oder Freudenstadt wurde von vornherein mit der unternehmerischen Initiative von Immigraten und ihren technischen Fähigkeiten gerechnet.

Der bedeutendste Typ war der Großkaufmann, der mit seinen Fernhandelsbeziehungen, der Kenntnis der Absatzmöglichkeiten und weiter entfernter Rohstoffgebiete die Handwerker mit Rohstoffen zu versehen und für ihre Erzeugnisse die besten Märkte wußte. Die Oberdeutschen hatten dabei die Führung, voran die Kaufleute in Nürnberg und Augsburg, ohne daß wir dabei die anderen oberdeutschen Wirtschaftszentren, wie Ulm, Memmingen oder Biberach übersehen wollen.

Vor dem Warenhandel gewann im Lauf des 16. Jahrhunderts das große Finanzgeschäft in Verbindung mit dem Bergbau und der Hüttenindustrie an Bedeutung. Die großen Finanztransaktionen der Fugger mit Kaiser Maximilian und seinem Nachfolger Karl V., die Finanzgeschäfte der Welser und anderer oberdeutscher Kaufleute erleichterten ihren Zugang zur Montanindustrie, zum Abbau vornehmlich edler und halbedler Metalle, von Silber, Kupfer, Zinn, Blei und Quecksilber. Abbau und Weiterverarbeitung der bunten Metalle nahmen bis in die Mitte des 16. Jahrhunderts eine führende Stellung in der Montanindustrie der Welt ein. Der Einfluß der Fugger und Welser erstreckte sich zeitweilig auf das Quecksilber von Almadén, der der Höchstetter und Paumgartner auf das Quecksilber von Idria. Die Fugger hatten die Kupfer- und Silberausbeute von Tirol und der Slowakei in den Händen, außerdem verarbeiteten sie solches von Kärnten und wohl auch von Mitteldeutschland; der Abbau von Thüringen (Mansfelder Bereich) über Sachsen und Böhmen nach Schlesien hinein, lag gutenteils in den Händen Oberdeutscher, besonders Nürnberger Unternehmer, wie der Fürer, Welser, Pfinzing. Nürnberger Patrizier hatten zahlreiche Hammerwerke im Nürnberger Raum und in der Oberpfalz. Daneben gab es die Hammer- und Reidemeister in den Eisenlandschaften links und rechts des Rheins. Wie nach Spanien, so griffen die oberdeutschen Metallinteressen nach dem Blei der Eifel, nach den Metallen Englands und Polens, wo sie allerdings Italiener als Konkurrenten hatten. Im Karpathengebiet begegnen wir nach dem Rückzug Anton Fuggers anderen Oberdeutschen, so dem reichen Matthias Manlich, den Haug, Linck und Langnauer, später Wolfgang Paler, David Weiß & Co. und daneben, zu Beginn des 17. Jahrhunderts, den Rehlinger, Castell und dem Wiener Lazarus Henckel von Donnersmarck. Auch in den österreichischen Alpenländern waren in der 2. Hälfte des 16. Jahrhunderts noch oberdeutsche Kaufleute als Unternehmer tätig. Die Fugger behielten die Tiroler Ausbeute. Im Galmeibergbau des Alten Bergs und der darauf sich aufbauenden Kupfer- und Messingindustrie waren die Familien Wolff und van Richterghen führend. Mit den letzteren verschwägerten sich die aus Limburg stammenden Schetz, die dann die führende Unternehmergruppe in den Niederlanden repräsentierten. Aachener und Kölner Kaufleute waren auch am mitteldeutschen Bergbau beteiligt. In Mitteldeutschland erwuchsen im Lauf der 2. Hälfte des 16. Jahrhunderts den Oberdeutschen Konkurrenten in den Leipziger Kaufleuten, und zu Beginn des 17. Jahrhunderts haben wir hier dann ganz neue Unternehmergruppen, bei denen sich das Kapital der niederländischen Zuwanderer geltend machte. Eine der bedeutendsten war die Ilmenauische Saiger- und Messinghandlung, an der außer dem Leipziger Lebzelter der in Frankfurt wohnende Niederländer Johann Mahieu und das Nürnberg-Leipziger Haus der Schwendendörfer beteiligt waren. Auch der Frankfurter Bodeck und die mit ihm mehrfach verschwägerten van Uffeln in Hamburg stellten dabei ihren Kredit zur Verfügung. 1619 machte Lebzelter allerdings bankrott.

Das Schönberg'sche Kupferwerk zu Graslich (Graslice) in Böhmen wurde von einer Gruppe betrieben, an der Gaspar van Uffeln in Frankfurt, Michael Heldevier in Köln bzw. Frankfurt, der Hamburger Peter Luls und der Leipziger Ratsherr Peter Eulenaeus beteiligt waren. Erst der Dreißigjährige Krieg hat dann die Produktionsmöglichkeiten im mitteldeutschen wie im slowakischen Kupfergebiet entscheidend beeinträchtigt und dabei wichtige neue Verlagerungen herbeigeführt. In der ersten Hälfte des 17. Jahrhunderts griffen u. a. Kaufleute aus Lüttich und Luxemburg in die Eisengewinnung und Eisenverarbeitung des Hunsrück und Siegerlandes ein, die Mariot waren dabei die bekannteste Familie. Emigrierte Aachener Kupfermeister lieferten Anregungen für die Metallverarbeitung im Hamburg-Lübecker Raum.

Auch im Textilgewerbe hatten die oberdeutschen Kaufleute eine führende Rolle. Die Fugger organisierten als Konkurrenz der Ulmer die Barchentweberei im Weißenhorner Raum. Der Biberacher Barchent wurde für die Verlegerfirmen Haug & Co. in Augsburg sowie Zangmeister in Memmingen wichtig. Calwer Färber und Tuchmacher fanden in der Zeughandlungskompagnie neue Wege des Kapitalzusammenschlusses. Insbesondere verstanden es oberdeutsche Firmen über den Zunftkauf die Produktion des ostmitteldeutschen Leinengebietes zu erschließen, wobei sie aber bald mitteldeutsche, norddeutsche und ausländische Konkurrenten bekamen. Seit Ende des 16. Jahrhunderts treten dabei verschiedene Großunternehmen hervor, so die Österreicher in Augsburg, die Lebzelter, Schwendendörfer, Pfinzing, Viatis und Peller in Nürnberg, die Koch in Memmingen.

d) Die Arbeitskräfte

Der Arbeitsmarkt für die gewerbliche Produktion wurde in den Städten weitgehend bestimmt durch die Zunftverfassung. Sie setzte die Zahl der Meister fest, sie bestimmte auch, wieviel Lehrlinge und Gesellen ein Meister haben durfte. Doch gehörten viele Gewerbetreibende den Zünften überhaupt nicht an, in Frankfurt war dies die Hälfte der Gewerbebevölkerung. Eine besondere Gruppe bildeten die Arbeitskräfte des Transportgewerbes und Marktbetriebs in den Handelsstädten. In Nürnberg gab es gar keine Zunftverfassung im üblichen Sinne. Manche Handwerker lebten außerhalb der Stadtmauern in den Vorstädten und verdienten sich ihren Unterhalt als Bönhasen oder Pfuscher. Inzwischen bildete sich im Bergbau und Hüttenbetrieb eine Schicht der von ihrem Wochenlohn lebenden Arbeiter.

Mit dem Aufschwung des Bergbaus seit Ausgang des 15. Jahrhunderts kam es zu bedeutenden Arbeitermassierungen in den Bergwerksbezirken, so in den sächsischen, böhmischen, ungarischen und namentlich in den Tiroler Gebieten. Am Falkenstein bei Schwaz waren Mitte des 16. Jahrhunderts weit über 7000 Knappen beschäftigt. Um diese Zeit betrug der Knappenstand aller Schwazer Baue etwa 12000 Mann. Zu diesen „gelernten“ Arbeitern kamen noch die ungelernten. 1532 waren beim Falkensteiner Tiefbau täglich 500–600 Arbeiter damit beschäftigt, das Wasser aus dem

Bergwerk zu heben. Große Bergwerke gab es auch in der Oberpfalz. Die „Gemain-Gesellschaft des Bergbaus“ in Amberg beschäftigte 1595/96 1025 Mann, davon waren über 61% Bergleute. Diese Arbeitermassen bildeten schon früh wichtige Eigenarten des modernen Lohnarbeitertums aus. Dazu gehörten die Unsicherheit der Arbeit und Existenz wegen nicht selten auftretender Konjunkturschwankungen oder widriger Naturereignisse. Bezeichnend ist die Nomadenhaftigkeit. War eine Grube erschöpft, dann mußten die Knappen anderswo eine Beschäftigung suchen.

1528, kurz vor seinem Bankrott, erbot sich Joachim Höchstetter dem König von England gegenüber, die englischen und irischen Bergwerke mit 6 anderen deutschen Unternehmern und 1000 Arbeitern auszubeuten. Wohnungsnot, Kinderarbeit, Frauenarbeit ergänzen das Bild. Dazu kam das Trucksystem, das zunächst als Wohltat für die Arbeiter entstand, da es für diese oft schwer war, in der Nähe der Arbeitsstätte die nötige Nahrung und Kleidung zu bekommen. Die Unternehmer beschafften ihnen Getreide, Mehl, Schmalz, Tuch und anderen „Pfennwert“, um daraus dann ein Geschäft zu machen, das ihnen zur Bereicherung diente. Dagegen wehrten sich die Bergarbeiter, und es kam zu Gewalttaten, wobei sie die Regierungen und die den Bergwerken benachbarten Städte teilweise unterstützten. Dazu gesellten sich Klagen über zu lange Arbeitszeit, über ungenügenden Lohn, und es kam mehrfach zu Streiks, besonders in Böhmen, Tirol und Ungarn. In Tirol und der Steiermark verbanden sich im 16. Jahrhundert die Bergarbeiter mit den Bauern, wogegen sich die Unternehmer teilweise zu Gegenvereinigungen zusammenschlossen.

In der Textilindustrie spielten neben den zünftigen Stadtwebern die unzünftigen Gäuweber eine Rolle. Sie wirkten durch ihr Vorhandensein lohnregulierend und waren durch ihre Unzünftigkeit um so mehr auf das Verlagssystem angewiesen. Gäuweber gab es namentlich in Oberdeutschland, während für Ostmitteldeutschland der Zunftkauf die spezifische Organisationsform geworden ist.

e) Bergbau, Hüttenwesen und Weiterverarbeitung

Erhöhter Bedarf und technische Fortschritte gaben dem deutschen Bergbau um die Wende zum 16. Jahrhundert einen starken Aufschwung. Am sichtbarsten kam der deutsche Bergsegen im Silberbergbau zum Ausdruck. Vielfach eng verbunden mit ihm ging der Kupferbergbau; zumal mittels des Saigerverfahrens wurde es möglich, aus den Kupfererzen das Silber auszuscheiden. Nicht so auffällig, aber trotzdem von hoher volkswirtschaftlicher Bedeutung war der Abbau von Eisenerzen. Die neuen Hochöfen ermöglichten es, wesentlich größere Mengen von Roheisen zu gewinnen als bisher. Dieses wurde z. T. gleich zum Guß von Tiegeln, Kesseln, Ofenplatten verwendet, dazu stellte man die für die Rüstung immer wichtiger werdenden Kanonenkugeln her. Das Schmiedeeisen wurde in den Hammerwerken bearbeitet. Die gewonnenen Stäbe und Drähte gingen dann an das reich gegliederte Handwerk der Nagel-, Huf- und Waffenschmiede zur weiteren Verarbeitung.

Eisen wurde wie bisher schon in verschiedenen Landschaften gewonnen. Im Saargebiet baute man das Erz noch bis ins 18. Jahrhundert hinein im Tagbau ab. Im Hunsrück wird die Rheinböllerhütte zu Ausgang des 16. Jahrhunderts erwähnt. Während des Dreißigjährigen Krieges sehen wir sie in enger organisatorischer Verbindung mit dem Stromberger Werk im Nassauischen in der Hand des Lütticher Unternehmers Jean Mariot. Auf der linken Rheinseite kommt noch die Dürener Eifelrandzone hinzu.

Auf der rechten Rheinseite bildeten die Grafschaften Siegen, Dillenburg und Sayn das wichtigste Eisenland. 1563, auf dem Höhepunkt, waren im Siegenschen 32 Hütten in Betrieb. Im Dillenburgischen, wo es im 15. Jahrhundert schon einige Hüttenwerke gab, zählte man um die Mitte des 16. Jahrhunderts 7 Hüttenwerke; eigentliche Hochofenhütten wurden aber erst zu Ausgang des 16. Jahrhunderts errichtet.

Auch in Nassau-Weilburg, im Wittgensteinischen, im Solmsschen wurde Eisen gewonnen bzw. verarbeitet. In Hessen grub man ebenfalls nach Eisen, und in der Mitte des 16. Jahrhunderts gab es im nördlichen Teil des Landes mehrere Hochofenhütten mit Gießereien im Bereich des ehemaligen Klosters Haina. Von hier griff die Eisenverarbeitung ins Waldeckische und ins Kölner Sauerland hinein. Die Teilung Hessens nach dem Tod des Landgrafen Philipp gab denn den Anlaß zur Errichtung anderer Eisenwerke.

Der Erzreichtum des Sauerlandes stand zwar hinter dem des Siegerlandes weit zurück, dennoch gab es im Raum von Brilon bis Iserlohn zahlreiche Eisenlager. Neben den bisherigen Frischwerken errichtete man auch hier Hochöfen und stellte Gußwaren her.

In der Grafschaft Mark, in Altena, Lüdenscheid und Iserlohn war das Drahtgewerbe beheimatet. Seitdem Schweden die Ausfuhr des Osemund drosselte, bezog man Eisen vom Süden. Die erste Hochofenhütte erstand Mitte des Jahrhunderts bei Sundwig. Schon früh trat im märkischen Eisenrevier eine Teilung ein: Lüdenscheid, in dessen Raum die meisten Osemundhämmer lagen, stellte die groben Sorten her, die mittlere Ware wurde in Altena gemacht, während man sich in Iserlohn auf die feinen Drähte spezialisierte. Mit der Modernisierung der Kriegstechnik ging man von den Drahtpanzern zur Herstellung von Haken und Ösen, Spangen, Nadeln und schließlich von Kratzendraht über.

Im westlichen Teil der Mark, in der Grafschaft Dortmund und im Stift Essen, Gebieten, die selbst nur eine schwache Eisengewinnung hatten, entstanden zu Ausgang des 16. Jahrhunderts einige Reckhämmer an der Enneperstraße. Bedeutend war die Solinger Schwert- und Degenfabrikation im Herzogtum Berg. Hier bezog man das Rohmaterial aus dem Siegerland.

In Thüringen konzentrierte sich das Eisengewerbe in der Henneberger Grafschaft Schmalkalden. Schmalkaldener Stahl war seit langem berühmt. Er wurde zu Messern und Scheren verschmiedet. Zur gleichen Zeit blühte das Eisengewerbe in Suhl auf, einem Dorf im südlichen Thüringen, das 1527 zur Stadt erhoben wurde. Das Handwerk spezialisierte sich auf die damals modernen Musketen, die schon um 1530 fabrikmäßig, d. h. im arbeitsteiligen Produktionsprozeß hergestellt und exportiert wurden. Auch nach dem benachbarten Wasungen dehnte sich das Gewerbe aus.

Im Harz haben wir Eisengewerbe in der Grafschaft Stolberg und in der Herrschaft Blankenburg-Elbingerode. Um die Mitte des 16. Jahrhunderts kamen verschiedene neue Hochofenhütten hinzu. Leidenschaftliche Förderer des Berg- und Hüttenwesens waren die Stolberger Grafen. Wie in Ilsenburg die Eisenproduktion in enger Verbindung mit dem Metallgewerbe stand, so war es auch im Oberharz. Zu Ausgang des 15. Jahrhunderts wurde die Herzogin Elisabeth, eine geborene Stolberger Gräfin, die Begründerin des Jahrhunderte hindurch blühenden Eisenhüttenwesens von Gittelde und Grund in der Nähe des eisenreichen Ibergs.

Seit 1521 betrieben Joachimsthaler in Andreasberg den Erzbergbau. Hier entstanden die Bergstädte Wildemann (1529) sowie Zellerfeld und Lauenthal (1532). Wegen seiner Bemühungen im Bergbau- und Hüttenwesen ist Herzog Julius, der von 1568 ab die Regierung führte, hervorzuheben. Organisatorisch und kaufmännisch begabt widmete er sich der Förderung und Modernisierung des Bergbaus im Oberharz. Mit Hilfe von Hochöfen wurde Roheisen für Gußwaren gewonnen. Neben Kugeln, gegossenen Stücken und Mörsern wurden auch Handbüchsen und schweres, grobes Geschütz mit langen Rohren geschmiedet.

Wie im Harz, so regte auch im Kurfürstentum Sachsen die Blüte des Silberbergbaus die Eisengewinnung an. Ähnlich wie der Wolfenbütteler Herzog Julius war Kurfürst August in seiner langen, vom Frieden gesegneten Regierungszeit an der Pflege des Berg- und Hüttenwesens interessiert. Das Eisen wurde in den Ämtern Pirna und Königstein, Schwarzenberg und Krottendorf gewonnen. In den beiden letzteren gab es in der 2. Hälfte des 16. Jahrhunderts 26 Eisenhämmer, die ihr Material u. a. nach Annaberg, Zwickau und Schneeberg zur Verarbeitung lieferten. In Gießhübel wurden Eisenöfen gegossen. Weiter östlich wurde im Fürstentum Sagan Eisenbergbau betrieben, in Priebus lebten Sensen-, Sichel- und Messerschmiede.

In Süddeutschland betrieb man Eisenwerke am Kocher und im Schwarzwald. Das wichtigste Produktionsgebiet lag aber in der Oberpfalz im Raum um Amberg und Sulzbach. Von den 30000 Tonnen Eisen, die damals jährlich in Deutschland erzeugt wurden, kamen 10000 aus der Oberpfalz. Hier war die industrielle Entwicklung am weitesten gediehen, man erreichte im Bergbau schon Tiefen von 100–200 Meter. Gegen Ende des 16. Jahrhunderts zählte man 180 Eisenhämmer. Neben Schien- und Stabeisen wurden

Schwarzbleche hergestellt. Der Betrieb lag in den Händen von Patrizier- und Kaufmannsfamilien in Amberg und Sulzbach, Nürnberg und Regensburg. Den Bergbau in städtischer Regie zu betreiben, hatte keinen Erfolg. Das eisenverarbeitende Gewerbe saß in Nürnberg, Regensburg und Ulm. Zum Teil wurde hier auch der vorzügliche steirische Stahl verwertet. Eisenverarbeitung mit Exportcharakter gab es auch in Schwäbisch Gmünd und Rottweil sowie in Wangen im Allgäu. Hier müssen auch die oberdeutschen Beziehungen zum alpenländischen Eisen erwähnt werden. Innerberger Eisen gelangte vornehmlich über Steyr nach Regensburg und Nürnberg zur Weiterverarbeitung während das Vordernberger Eisen über Leoben, Salzburg, München und Augsburg weiter auf den Markt kam.

Dank der weiten Verbreitung von Eisengewinnung und Verarbeitung stellte dieses Gewerbe eine der Grundlagen der blühenden deutschen Wirtschaft dar. Deutschland war wichtigster Eisenproduzent, vor Schweden, England und Spanien. Man schätzte die gesamte europäische Jahresproduktion auf 60000 bis 100000 Tonnen, davon entfiel auf Deutschland die Hälfte.

Der zweite Pfeiler des deutschen Metallgewerbes war der Kupfer- und Silberbergbau. Die Bemühungen um die Goldgewinnung erlahmten, seitdem das amerikanische Gold zu uns kam. Wo es bisher gewonnen wurde, wie am Reichenstein oder im Harz, trat es zurück vor der Verhüttung von Kupfer-, Blei- und Zinkerz oder von Arsenikkies. Kupfer und Silber wurde im Harz, um Goslar und in der Grafschaft Mansfeld, dann in Sachsen, Böhmen, Tirol, im Salzburgischen und in Oberungarn gewonnen. Im Oberharz wurden neben den alten Gruben von Goslar und Clausthal kurz nach 1500 neue in St. Andreasberg eröffnet. Mit am berühmtesten war der Mansfelder Kupferbergbau, der, wie erwähnt, 1526 mit über 41000 Ztr. seinen Höhepunkt erlangte. Bei Sangerhausen blieb die Ausbeute unter 1600 Ztr., bei Goslar unter 1000 Ztr.

Verarbeitet wurde das Kupfer auf den Saigerhütten, die an verschiedenen Plätzen in Thüringen (Leuthenberg, Gräfenthal, Arnstadt, Luderstadt und Steinbach), aber auch in der Nähe Nürnbergs (Enzendorf) entstanden. Die Fugger verarbeiteten Kupfer in Hohenkirchen. Bedeutsam wurde die Beteiligung oberdeutschen Kapitals in verschiedenen Gesellschaften. Die größte, die von Nürnbergern finanzierte Saigerhandelsgesellschaft der Hütte Arnstadt, hatte ein Gesellschaftskapital von 100000 fl.

Vorwiegend in den Händen der Oberdeutschen lag der Kupferbergbau in Kuttenberg (Kutna Hora) in Böhmen, Tirol (Schwaz), im Salzburgischen und in Oberungarn (Neusohl, heute Banska Bystrica, u. a.). Welchen Umfang die Kupferproduktion im 16. Jahrhundert hatte, darüber fehlen uns vorläufig noch die genaueren Angaben. Kupfer wurde zu Platten, Draht, Pfannen und anderen Gefäßen verarbeitet. Mit Zinn legiert gewann man Bronze, aus der man vor allem Glocken und Geschütze herstellte. Im Geschützguß war Oberdeutschland führend. Die fähigsten Geschützgießer waren in Innsbruck, Augsburg und

Nürnberg tätig. Wachsende Bedeutung gewann das Messing, die Legierung aus Kupfer und Galmei. Letzteres wurde im Gebiet von Aachen, Limburg, Stolberg gewonnen. Messing wurde in Nürnberg, im Harz und in Braunschweig, vor allem im Aachener Raum verarbeitet.

Die große Zeit des Aachener Kupfergewerbes reichte bis zum Ende des 16. Jahrhunderts. Das Kesslerhandwerk hinderte die Kupfermeister am fabrikmäßigen Ausbau ihrer Betriebe mittels der Tiefhämmer, die es schon seit Anfang des Jahrhunderts gab. Nicht nur diese Schwierigkeit, sondern auch Standortfragen (Wasserkraft, Brennstoff) und nicht zuletzt Glaubensgründe veranlaßten verschiedene Unternehmer nach dem benachbarten Stolberg abzuwandern, das zum Herzogtum Jülich gehörte und keine Zunftbeschränkung kannte. Der Dreißigjährige Krieg brachte der Stolberger Produktion einen großen Aufschwung. 1648 gab es hier 65 Öfen.

Im Silberbergbau des Erzgebirges setzte die dritte Entwicklungsphase seit 1470 ein; in der Folgezeit kam es zu 15 Städtegründungen, z. T. in nächster Nachbarschaft aus territorialherrlicher kurfürstlich- und herzoglich-sächsischer Rivalität. Viel oberdeutsches Kapital kam hier zum Einsatz, vor allem Nürnberger, allerdings nicht in dem ausschließlichen Maße, wie dies in Tirol, Böhmen und Oberungarn der Fall war. In Sachsen kamen auch stärker einheimische Unternehmer von Freiberg, Leipzig, Magdeburg, Erfurt, sogar solche von der Wasserkante zum Zug. Die bedeutendsten Plätze waren Schneeberg, ferner St. Annaberg, Buchholz und Marienberg. Die sächsische Produktion ließ Ende der zwanziger Jahre vorübergehend nach, worauf viele nach den böhmischen Städten, vor allem Joachimsthal auswanderten, wo die Produktion 1533 den Gipfel erreichte. Die Blütezeit des Bergbaus von Marienberg lag um 1539 bis 1541 und wieder um 1556; von 1577 ab ging die Förderung beträchtlich zurück.

Wenn um 1540 der Höhepunkt der europäischen Silberproduktion erreicht wurde mit etwa 65000 kg jährlich, so ist der deutsche Produktionsanteil (Harz, Mansfeld, Erzgebirge und andere Gebiete, etwa Elsaß) mit rund 16000 wohl nicht so groß, wie man vermuten möchte, aber dazu kam ja die Silberausbeute in Tirol, Böhmen und Ungarn vorwiegend dem Reich und den oberdeutschen Handelsgesellschaften zugute. Nun machte sich aber die große Konkurrenz des Silberimports aus Amerika geltend, und darunter litt natürlich die Produktion in Europa.

Im Erzgebirge wurden Bleisilbergruben erschlossen. Bleibergbau wurde weiterhin in Goslar und in der Pfalz betrieben. 1526 wurde der Bleibergbau bei Tarnowitz in Oberschlesien eröffnet; in der nördlichen Eifelrandzone kam er dagegen zum Erliegen, so daß sich die Unternehmer vielfach auf Eisenerzbergbau umstellten. Die Produktion in Deutschland war so begrenzt, daß auch Kärntner, englisches und polnisches Blei importiert wurde. Ein wichtiger Handelsplatz für Blei war Köln.

Bedeutend war ferner die sächsische Zinnproduktion. Im Gegensatz zum

Silber und Kupfer forderte der Zinnbergbau nicht so viel Betriebskapital, da das Zinn zum großen Teil im Tagebau in sogenannten Seifen gewonnen wurde. Zentrum des sächsischen Zinnbaus war Altenberg, wo die Ausbeute kurz vor der Mitte des 15. Jahrhunderts begonnen hatte. Die Finanzierung erfolgte durch Verlagsverträge der Gewerken mit den Großhändlern, die in Leipzig, aber auch in Oberdeutschland saßen. Ein wichtiger Konkurrent des sächsischen Zinns wurde das böhmische von Schlaggenwald. Zinn wurde auch im Fichtelgebirge gewonnen. Es war wichtig für die Herstellung von Hausgerät und für die Weißblechfabrikation, die bisher monopolistisch in Amberg und Sulzbach betrieben worden waren.

Die Rohbleche gingen vielfach nach Nürnberg und wurden dort verarbeitet. Nürnberger und Oberpfälzer nahmen nun mit kurfürstlicher Unterstützung die Weißblechfabrikation im Erzgebirge auf. Im Gegensatz zur Amberger Gesellschaft bildete sich eine neue Gesellschaft mit Sitz in Beierfeld. Meister und Gesellen des Fachs wurden in der Oberpfalz angeworben und in Sachsen angesiedelt.

In der ersten Hälfte des 16. Jahrhunderts begann man mit der Verwertung von Kobalt zur Herstellung einer blauen Farbe und des Blauschmelzes. In Schneeberg, Oberschlema und Pfannenstiel entstanden Blaufarbenwerke. Der Export ging nach Nürnberg, Hamburg und Holland und beeinflußte u. a. die Entwicklung der blauen Delfter Kacheln.

Die Verbindung Nürnberg-Sachsen wurde wiederum fruchtbar bei der Verwertung des Arsens, das man zunächst bei der Zusammensetzung des Spiegelbelages brauchte. Der Nürnberger Hieronymus Zürich entwickelte ein Verfahren, nach dem das Arsenikwerk bei Ehrenfriedersdorf in der Gegend von Geyer arbeitete.

Die Glasfabrikation war dank der reichlichen Holzvorräte und Quarzvorkommen weit verbreitet, wechselte aber oft den Standort. Glasbläsereien gab es vom Schwarzwald bis hinauf zur Osteeküste und bis zum Erzgebirge, wo die berühmte böhmische Glasbläserei anregend wirkte. Dank der venezianischen Beziehungen kam mit am frühesten in Nürnberg die Spiegelglasherstellung auf. Weit verbreitet, vielfach mit betont lokalem Charakter, war das Töpfergewerbe. Doch fertigte man namentlich im Raum von Köln und Siegburg im Rheinland auch Exportgut an. Dasselbe galt für die reichen Steinvorkommen des Rheinlandes und des Weserberglandes. Bedeutend war das Kalkgewerbe in Segeberg in Holstein.

Bei all diesen Gewerbezweigen spielte die Standortfrage eine wichtige Rolle. Die Gewerbe blühten meist in der Gegend auf, wo die Grundstoffe gewonnen wurden, wo Wasserkräfte und Brennmaterial zur Verfügung standen, um den Veredlungs- und Verarbeitungsprozeß zum mindesten in der ersten Phase durchzuführen. War das Halbzeug, die Halbfertigware, hergestellt, dann konnte man größere Transportkosten in Kauf nehmen, um die Zentren feinerer Handwerkszweige damit zu versorgen, z. B. Nürnberg mit Oberpfälzer, steirischem Eisen, böhmischem, Thüringer Kupfer, Oberpfälzer Weißblech, sächsischem Zinn. Zum Teil lagen die Hütten- und Hämmerwerke in der Nähe der Gewerbezentren.

Die Gunst des Standorts spielte herein, wenn selbst Stormarn, im Raum zwischen Lübeck und Hamburg, ein Zentrum des Exportgewerbes im Metallsektor wurde; über Lübeck konnte man die Rohstoffe Kupfer und Eisen günstig über See importieren. Holz und Wasser gab es in der Stormarner Landschaft.

f) Textilgewerbe

Der zweite große deutsche Produktionssektor war das Textilgewerbe. Alte Sitze der Wolltucherei waren Aachen am Niederrhein, in der Altmark Stendal und Salzwedel, dazu Görlitz in Schlesien. Ein weiteres Tuchgebiet erstreckte sich vom mittleren Rhein bis nach Hessen hin. Im Innerschwäbischen gab es Tuchmacherei in verschiedenen Reichsstädten, in Bayern besonders in München. Mit Ulm und Nördlingen beginnend, schloß sich eine Zone der Lodenherstellung an, die sich bis nach Niederbayern mit Straubing erstreckte. 1620 hatte München 120 Loderer, die (1608) an die 3000 Menschen in Stadt und Land mit dem Spinnen beschäftigten. Gegenüber den schweren Wolltuchen wurden inzwischen leichtere, billigere Stoffe Mode, die man im Deutschen „Zeuge" nannte. Das Fremdwort dafür war „Sayen". Andere Erzeugnisse nannten sich „Bursat", „Tripp", „Grosgrain" oder „Grobgron", „Bombasin". Zum Teil waren es Halbzeuge aus Wolle und Seide oder Leinen bzw. Baumwolle. Diese Produktionszweige hatten sich in England und in den Niederlanden z. T. in Konkurrenz zur städtischen Tuchweberei als ländliches Gewerbe entwickelt. Emigranten brachten Fachkenntnisse auf dem Gebiet dieser „neuen" Textilien nach Deutschland, ebenso die Bortenwirkerei oder Posamenterie, die Spitzenklöppelei und Stickerei, das Teppichwirken, Seideweben, Strumpfwirken. Und so finden wir diese neueren Gewerbe in Wesel, Hamburg, Frankfurt und Frankenthal, Gera und Meuselwitz. In Süddeutschland war das bedeutendste Unternehmen auf diesem Sektor die Calwer Zeughandlungskompagnie. Hier in einem Gebiet mit kargem Boden, aber alter Schafzucht, führten weitblickende Unternehmer aus Färberkreisen zu Ende des 16. Jahrhunderts die Zeugherstellung ein und betrieben sie in der Form des Verlags. Zu Beginn des 17. Jahrhunderts arbeiteten im Calwer Bezirk 500–600 Zeugmacher. 1622 schlossen sich 15 Unternehmer zu einer Kompagnie zusammen. Allerdings machte ihr der Krieg ein Ende. 1650 ist sie dann in neuer Gestalt wieder erstanden.

Die Flachsverarbeitung blühte in Westfalen und Niedersachsen, im Schwäbischen und im östlichen Mitteldeutschland. Die wichtigsten Plätze für den Vertrieb in Westfalen waren Coesfeld, Münster und Bielefeld. Hier konzentrierten sich auch die für die Kontrolle wichtigen Leggen. Ergänzt wurde dieses Flachsverarbeitungsgebiet durch Hanfanbau und -verarbeitung in einer Zone, die mehr im Küstenbereich lag.

Das schwäbische Leinengebiet erstreckte sich vom Bodensee und der Schwäbischen Alb bis zum Lech und zur Donau. Konstanz hatte seine führende Rolle an St. Gallen verloren, auch das Ravensburger Unternehmen sollte nur noch kurze Zeit bestehen. Die Allgäustädte behaupteten sich, ferner die nördlichen Zentren, in denen das Barchentgewerbe sich konzentrierte, so in Ulm und Biberach, Augsburg, Memmingen und Kaufbeuren.

Ulm hatte einen besonderen Vorteil in seinem weiten Territorium. Für die ganze Produktion in diesem Territorium war es Vorschrift, daß man die Ware auf die Ulmer Schau brachte. Die Land- oder Gäuweber wurden meist im Verlag beschäftigt. Mit der Verlegung des Baumwollhandels von Venedig nach Marseille, Antwerpen und Amsterdam verlor die Barchentweberei an Bedeutung, dafür blühte erneut die Leinenweberei auf, die im Mittelmeerraum und in Übersee neue Märkte gewann. Im 16. Jahrhundert lieferten etwa 450 Leineweber aus Stadt und Land an die Ulmer Schau. Bedeutend war das Ulmer Bleichergewerbe; außer Ulmer und Württemberger Leinwand wurde auch bayrische und schlesische Leinwand hier gebleicht.

Auch im Allgäu war die Leinenproduktion bedeutend. 1610 gingen von Leutkirch 5000 Stück gebleichte Leinwand auf den Markt. Bezeichnend ist das Entstehen neuer Produktionszentren in Konkurrenz zu den bisher führenden Plätzen. Fast vor den Toren Ulms brachten die Fugger auf ihrer Herrschaft Weissenhorn vorübergehend das Barchentgewerbe zur Entfaltung. Auch im Württembergischen bildete sich eine Konkurrenz. Herzog Friedrich I. errichtete zu Ende des 16. Jahrhunderts in Urach eine eigene Weberzunft und ließ eine besondere Webervorstadt bauen. Der Uracher Bleiche gab er ein Monopol für ganz Württemberg. Im Jahre 1600 wurde eine Leinenhandelskompagnie gegründet, die im Dreißigjährigen Krieg allerdings schwere Verluste erlitt.

Einen kontinuierlichen Aufschwung erlebte in dieser Zeit die Leinenproduktion im östlichen Mitteldeutschland. Sächsische und schlesische Städte entwickelten im Laufe des späten Mittelalters eine Tuchmacherei, deren Erzeugnisse dem allgemeinen Kulturgefälle entsprechend im eigenen Land und weiter im Osten Absatz fanden. Von der Mitte des 15. Jahrhunderts ab interessierten sich die oberdeutschen Fernhändler in wachsendem Maße für die verlagsmäßige Erschließung der ostmitteldeutschen Bodenschätze und Produktionskräfte. Neben den Erzen gewann dabei namentlich die Flachsverarbeitung das Interesse der Oberdeutschen. Lebensverhältnisse und Löhne gestatteten es, die Ware zu einem Preis zu liefern, der auch den weiten Transport nach Süddeutschland rentabel machte, denn dort wurde die Ware vielfach erst veredelt, gebleicht und gefärbt. In diesem Rahmen erlangte seit etwa 1500 die oberdeutsche Kolonie der Stadt Leipzig das meiste

Gewicht. Die oberdeutschen Händler wurden aus bloßen Verkäufern ihrer heimischen Produkte bald auch zu Einkäufern ostdeutscher Leinwand, wobei ihnen Westsachsen zunächst näher lag und das Interesse dann weiter nach Osten sich verbreitete. In diesem Zusammenhang wurde unter dem Einfluß zugewanderter schwäbischer Weber die Produktion der schwäbischen angepaßt, auf Kosten der Bleichleinwand die Farbleinwand betont, Schwarzfärbereien wurden angelegt. Doch ging der größte Teil der hergestellten Waren nach Oberdeutschland, um namentlich in Nürnberg gefärbt zu werden.

Die Produktion wurde auf der Basis des Verlages organisiert, wobei der kollektive Lieferungsvertrag, der Zunftkauf, die beherrschende Organisationsform wurde. Von der Höhe der Produktion bekommt man eine gewisse Vorstellung, wenn man bedenkt, daß die großen oberdeutschen Häuser mit Kapitalien in Höhe von 600000 bis 826000 fl. arbeiteten; die Viatis und Peller in Nürnberg ihre Geschäftskapitalien bis 1624 auf rund 1 Million fl. brachten. Man nimmt an, daß in Westsachsen, Ostsachsen, der Ober- und Niederlausitz und einem Teil Schlesiens 3755 Meister arbeiteten, einige mit einem Stuhl, andere mit mehreren, so daß die Zahl der Stühle die der Meister wesentlich übertraf. Eine Zunft mit 35 Meistern dürfte jährlich Kaufmannsware in Höhe von 5000–6000 Talern angefertigt haben; die 630 städtischen Weber auf der böhmischen Seite, einbezogen, ergab das eine Jahresproduktion von 630000–750000 Talern, dabei waren die Dorfleinwanden und die gröberen Sorten noch nicht einbezogen, ebensowenig Baumwollwaren und Tuche, die die Oberdeutschen ebenfalls anfertigen ließen. Man weiß, daß die Nürnberger in Thüringen, in der Grafschaft Henneberg und im Meininger Oberland sowie im Vogtland die Baumwollweberei in ähnlicher Weise verlegten wie die Leinenweberei, und außerdem haben die großen Häuser, die Gewandschneider, Viatis und Peller, die „Kochischen", Schwendendörfer und Albrecht Heugel gelegentlich auch die Tuchmacherei in ihre Verlagsgeschäfte einbezogen.

Es fehlte im übrigen nicht an der Konkurrenz. Engländer und Niederländer tauchen zu Ausgang des 16. Jahrhunderts auf. Die Niederländer waren wohl mehr an den Garnen als an der Leinwand beteiligt; die Engländer interessierten sich für die Leinwand als Retourware für ihre Tuche. Hinzu kamen die Hamburger. Der Dreißigjährige Krieg hat die Verhältnisse dann grundlegend zugunsten dieser Konkurrenz verändert.

g) Weitere Gewerbezweige

Gegenüber der Grut und dem Wein verbreitete sich das besser haltbare auf dem Gersten- und Hopfenanbau beruhende Bier im Lauf des 16. Jahrhunderts immer mehr. Die bisherigen Schwerpunkte der Bierbrauerei lagen in Niederdeutschland mit Hamburg, Bremen, Braunschweig, Einbeck, Rostock und Zerbst als bedeutendsten Brauerstädten, die in starkem Maße für den Handel nach dem Binnenhandel wie nach Übersee arbeiteten. Die Bedeutung Einbecks als Brauerstadt ging im Lauf des 16. Jahrhunderts zurück, wobei die von Kord Broyhan in Hannover nach Hamburger Vorbild eingeführte Biersorte als Konkurrenz hereinspielte. Die bedeutendste Brauerstadt Westfalens war Minden. Daneben behaupteten sich Paderborn und Hellwegstädte. In Oberdeutschland verbreitete sich in dieser Zeit die Weißbierbrauerei von Franken nach Bayern.

Ein aufsteigender Gewerbezweig war die Papiererzeugung. Um 1500 zählte man in Deutschland etwa 50 Papiermühlen. In dieser Zeit war Ravensburg der wichtigste Platz für die deutsche Papiererzeugung. Später erstanden weitere Papiermühlen im Schwäbischen, vor allem in Reutlingen und Kempten, dann in Bayern, aber auch in West-, Mittel- und Norddeutschland, überall da, wo es Wasserkraft, den Rohstoff Lumpen und das Kapital der Verleger gab. In Holstein betrieb Heinrich Rantzau eine Papiermühle. Häufig wurde damit die Kartenmacherei verbunden. Dazu kamen die Druckereibetriebe. Der 1513 verstorbene Anton Koberger beschäftigte zeitweilig an 25 Pressen 100 Gesellen. Nürnberg blieb auch weiterhin ein Zentrum des Buchdruckes. Inzwischen rührten sich auch andere Plätze, wie Köln und Frankfurt, aber nirgends gab es einen Großbetrieb wie den der Plantin in Antwerpen.

Einen besonderen Aufschwung erlebte das Geräte- und Ausstattungsgewerbe; Gold- und Silberschmiede gab es insbesondere in Nürnberg. Augsburger Meister spezialisierten sich auf Prunkharnische, verzierte Waffen und Helme. Kunsttischler belieferten Patrizierhäuser und Adelssitze. Sie arbeiteten ebenso für den Export wie die Bildschnitzer und Maler, die in Lübeck und in den oberdeutschen Zentren Nürnberg und Augsburg zu finden waren. Einen bedeutsamen Einschnitt bewirkte hier wohl die Reformation, da nun viele kirchliche Aufträge wegfielen. Bedeutende Anregungen vermittelten andererseits die überseeischen Verbindungen.

Mit dem Aufkommen der Druckerpresse gab es neue Möglichkeiten für den Holzschneider und den Kupferstecher, Einzelblätter oder Illustrationen für Druckwerke herzustellen, sowie für den Visierer, der für den Handwerker die Zeichnungen machte.

Große Möglichkeiten in der Verwertung technischer und künstlerischer Fähigkeiten hatte das Baugewerbe. Der Übergang von der Holz- zur Steinbauweise machte weitere Fortschritte. Für das Bürgerhaus kam die Zeit, das Fachwerkhaus mit Schmuckformen des Renaissance- und Barockstils zu verzieren. Die Ratshäuser wurden erneuert, erweitert, der Kirchenbau erfuhr mit der Reformation ebenfalls einen Einschnitt und erlebte den Stilwandel von der Gotik zur Renaissance. An die Stelle der Burgen traten die Befestigungen, die den neuen Feuerwaffen Widerstand leisten mußten, und es kam der Schloßbau auf. Auch die Stadtbefestigungen mußten erneuert werden; zu den großartigsten Leistungen gehörten die Mauer Nürnbergs und die nach holländischem Vorbild durchgeführte Befestigung Hamburgs, die zu Beginn des Dreißigjährigen Krieges fertig wurde. Bei diesen Großbauten kam es sehr auf die Einordnung des einzelnen Handwerks an, und gerade aus diesem Zusammenwirken sind bedeutende Gesamtleistungen hervorgegangen. Zwar ging der mittelalterliche Bauhüttengedanke verloren, dafür kam der Beruf des Architekten und Festungsingenieurs auf, der vielfach in Italien geschult oder ein Italiener war.

Für die Küstenstädte war das Schiffbaugewerbe wichtig, es arbeitete noch ganz ohne wissenschaftliche Grundlage, allein aus der Erfahrung nach Modellen. In den Hansestädten ging dieses Handwerk am frühesten von der zünftlerischen zu einer kapitalistischen Produktionsweise über. Der Schiffsbau war des weiteren im gesamten Wirtschaftsprozeß der Seestädte ein so wichtiger und komplexer Zweig, daß hier nicht nur Reeder und Schiffbauer, sondern auch verschiedene andere Handwerker, insbesondere die Böttcher und Seiler, mitwirken konnten.

h) Salzgewinnung

Geschenk des Meeres und zugleich Bergbauerzeugnis war das Salz. Auf den nordfriesischen Inseln und an der Westküste wurde Seesalz gesotten. Mit Seesalz, das an den Küsten Südfrankreichs, Spaniens und Portugals gewonnen wurde, versorgte sich der Norden im Laufe des 16. Jahrhunderts in zunehmendem Maße, weil es billiger als das Lüneburger und anderes Sohlesalz war. Es wurde in den Seestädten, aber auch von verschiedenen Landesherren im Binnenland gesotten, so von den Kurfürsten von Sachsen und Brandenburg, den Habsburgern in Schlesien und den Schauenburgern an der Weser. Neben dem Seesalz behauptete sich das Lüneburger Salz weiterhin auf dem Markt, auch Westfalen, Hessen hatten ihre eigenen Salinen. In Mitteldeutschland waren die wichtigsten Salzvorkommen in Halle; Oberdeutschland hatte das Salz von Schwäbisch Hall, von Berchtesgaden und Reichenhall. Die Reichenhaller Saline produzierte zu Beginn des 16. Jahrhunderts etwa 9000 t, ab 1619 kam die Produktion von Traunstein dazu, die etwa ein Viertel der Reichenhaller Erzeugung ausmachte. Die Saline Schellenberg im Stift Berchtesgaden war bis 1556 an den Erzbischof von Salzburg verpfändet, dessen Salzpfannen in Hallein in ihrer besten Zeit fast 20000 t erzeugten. Aber für Salzburg war wegen der monopolistischen Politik der Habsburger der österreichische Markt verschlossen, und im Westen mußte es mit der bayerischen Konkurrenz rechnen; durch Verträge von 1594 und 1611 mußte der Erzbischof schließlich den Handel mit Salz zu Wasser Bayern überlassen.

i) Fischerei

In der Seefischerei spielten die Deutschen nie eine solche Rolle wie etwa die Holländer oder Norweger. Immerhin erlangten die Hansestädte einen beträchtlichen Einfluß auf die großen Heringsmärkte in Schonen, die allerdings mehr und mehr an Bedeutung verloren. Doch betrieb man im 16. Jahrhundert von der schleswigholsteinischen Ostküste aus in gewissem Umfang auch die Heringfischerei. An der Westküste kannte man Robbenschlag und Austernfischerei, sowie den Rochen- und Schollenfang. Von Emden, Bremen und Hamburg aus wurde Heringsfang an den schottischen Küsten betrieben. Die Fanggebiete reichten bis Island, wo die Hamburger im 16. Jahrhundert eine eigene Kirche hatten. Im Laufe des 17. Jahrhunderts blühte in den nördlichen Gewässern der Walfang auf, die sogenannte Grönlandfahrt. Holländer, Engländer, Franzosen und Dänen machten sich dabei die Fangplätze streitig. Auch deutsche Walfänger waren bemüht, sich ihren Anteil zu sichern. Das Problem bestand zunächst darin, die nötigen Piloten zu haben, die sich in den nördlichen Gewässern auskannten, dazu die erfahrenen Harpuniere und andere Fachkräfte für den Fang und die Verarbeitung des Wals. Schwierigkeiten bereitete der Monopolanspruch der Hauptkonkurrenten. Soweit sich die deutsche seefahrende Bevölkerung nicht des dänischen Schutzes erfreuen konnte, war sie nicht imstande, die gleichen Machtmittel einzusetzen wie die Engländer und Holländer. Diese Schwierigkeiten bedingten es, daß die Walfahrt von der deutschen Nordseeküste aus erst verhältnismäßig spät einsetzte. Eine gewisse Rolle beim Übergang der Nordfriesen zur Walfahrt spielte die Sturmflut des Jahres 1634, die viele Inselbewohner zwang, sich eine neue Existenz zu suchen.

In den Werken über die Land- und Hauswirtschaft findet man mancherlei Hinweise auf die Teichfischerei. Seit der Einführung der Reformation verlor der Fisch als Fastenspeise wohl seine frühere Bedeutung, aber das galt nur für die protestantisch gewordenen Gebiete. Wo es Teiche gab, wurden diese vornehmlich zur Karpfenzucht verwendet.

8. Verkehrs- und Nachrichtenwesen

a) Landverkehr

Im Landverkehr gab es wenige Fortschritte, die sich mit denen des Seeverkehrs vergleichen ließen. Weder in der Art der Fahrzeuge, noch in der Bespannung gab es wesentliche Neuerungen. Dagegen wurde die Organisation des Transportwesens weiter ausgebaut. Nachdem sich das Rodfuhrunternehmen zuvor schon im Alpenraum ausgebildet hatte, wurde jetzt das Fuhr- und Frachtwesen durch Ordnungen näher geregelt. Neben den Fuhrleuten (z. B. von Frammersbach, Schmalkalden, Wermelskirchen) traten jetzt große Speditionsfirmen in Erscheinung, wie die Kleinhans, Enzensperger, Lederer und andere, deren Ursprung bezeichnenderweise im Alpenraum liegt. Diesen Firmen und Transportorganisationen war es möglich, die Waren rascher über Land zu befördern; auch konnten sie größere Transporte durchführen. Aus den Boten zu Fuß, die zwischen den Handelsplätzen unterwegs waren, entwickelte sich die Institution der Ordinariboten, die mit Saumpferden oder Wagen regelmäßige Liniendienste unterhielten.

Die Kartographie für die Landrouten machte Fortschritte. Man gebrauchte gedruckte Itinerare, Wegweiser oder Reisebüchlein. Im allgemeinen beschränkten sie sich darauf, ein Verzeichnis der Stationen zwischen zwei Hauptorten zu liefern. Berühmt ist Erhard Etzlaubs Kompaßkarte für Mitteleuropa (1501). Auf diese Itinerare stütze man sich im wesentlichen auch bei der Kartenherstellung. Verwiesen sei auf das 1579/80 erschienene Itinerarium Orbis Christiani, einen Reiseatlas aus 83 Blättern, der den ersten europäischen Straßenatlas darstellte. Die Karten konnten jetzt vor allem durch den Druck vervielfältigt werden. Mercator veröffentlichte 1554 eine Karte von Europa. Im Jahre 1568 erschien Philipp Apians Karte von Bayern, die wegen ihrer geographischen Genauigkeit und ihrer Darstellungsart bahnbrechend wurde. Im 17. Jahrhundert blieben dann die Holländer führend in der Kartographie. Jodocus Hondius gab 1606 die 2. Auflage (1. Aufl. 1595) des Mercatorschen Atlas heraus. In der deutschen Topographie waren Matthäus Merian und Martin Zeiller die führenden Namen.

b) Fluß- und Kanalschiffahrt

Soweit im Überlandverkehr Flüsse und Kanäle benutzt werden konnten, kam anstelle des bisherigen unregelmäßigen Floß- und Bootsverkehrs die regelmäßige Reihe- oder Beurtfahrt auf, so auf der Donau mit den Ulmer Schachteln und den Wiener Zillen, dann auf dem Rhein.

Die wachsende Bedeutung der Kanal- und Flußschiffahrt im Laufe des 16. Jahrhunderts wird ersichtlich an den Fortschritten, die das Schleusenwesen machte. Die Verbesserungen wurden u. a. verwertet in Brandenburg, wo es darum ging, Elbe, Havel, Spree und Oder zu einem Kanalsystem auszubauen. Doch kam diese für die Schiffahrt von der Elbe nach Schlesien hinein wichtige Wasserstraße erst unter dem Kurfürsten Friedrich Wilhelm zum Abschluß (1669). Früher fertig wurde der Finowkanal (1620), doch verfiel er während des Dreißigjährigen Krieges.

c) Seeschiffahrt

Im Laufe des 16. Jahrhunderts erfuhr der Schiffbau verschiedene Verbesserungen. Fortschritte im Bau großer Lastschiffe erleichterten es, den Verkehr zwischen Ostsee, Atlantik und Mittelmeer zu bewältigen. Ihre Bezeichnung war nicht einheitlich: Im Ostseegebiet nannte man sie allgemein „Schiff"; in Lübeck blieb man lange bei „Kravel"; im Nordseegebiet brauchte man die Bezeichnung „Rahsegel", sonst sprach man von „Hulk". Zu Beginn des 16. Jahrhunderts lag die Führung im Bau großer Kravelschiffe noch nicht bei den Niederländern, sondern bei den Städten im Ostseegebiet, voran bei Danzig und Lübeck. Heinrich VIII. vermehrte seine Flotte vornehmlich durch Ankäufe in diesen Städten. Im Kriegsschiffbau schritt England dann selbständig zum Dreidecker weiter und überflügelte zur Zeit Elisabeths I. alle anderen Nationen. Fortschritte wurden in der Teilung der Segelfläche gemacht. Mehrere kleine Segel erleichterten die Bedienung, man kam mit kleineren Besatzungen aus und konnte besser bei etwas seitlichem als bei rückwärtigem Wind segeln. Dadurch wurde der Wind auch besser ausgenutzt.

Die Fahrwasserschwierigkeiten in den deutschen Gewässern zwangen allerdings dazu, eine gewisse Schiffsgröße nicht zu überschreiten. Nach Bremen konnten Schiffe von 100 Lasten nicht hinaufsegeln; auf der Elbe vermochten sie über den gefürchteten Stader Sand nur bei Hochflut hinwegzukommen.

Aufgrund dieser Schwierigkeiten sah man sich in den deutsch-niederländischen Gewässern im 16. Jahrhundert veranlaßt, einen neuen, praktischeren weil kleineren Schiffstyp zu entwickeln. Es war dies der „Bojer". Die Neuerung kam von den Überwattfahrern. In den zwanziger Jahren des 16. Jahrhunderts weitete sich die Hamburger Fahrt mit solchen Schiffen zum erstenmal nach Seeland, England, Schottland und Norwegen und in die Ostsee aus.

Gegen Ausgang des 16. Jahrhunderts bewältigten die Bojer einen guten Teil der iberischen Fahrt. Diese Schiffe baute man später auch mit zwei Masten. Der Vorzug lag in der größeren Wirtschaftlichkeit. Während ein Dreimaster mit 100 Lasten eine Besatzung von wenigstens 14 Mann brauchte, kam man mit einem Bojer von 50 Last mit 5 oder 6 Mann aus. Ein niederländisches Rahsegel machte im Jahr nur eine Reise in die Ostsee und kombinierte damit eine Brouagefahrt, oder es machte zwei Fahrten in die Ostsee. Ein Bojer aber konnte drei Ostseereisen unternehmen. Er war wohl nicht so seetüchtig wie das Rahsegel, aber er konnte rascher löschen und laden, weil er direkt an die Kaimauer heranfahren konnte.

Der Bojertyp blieb auf die deutsch-niederländische Nordseeküste beschränkt und trug zur Überlegenheit dieser Region in der Seefahrt bei. In Lübeck und anderen Ostseehäfen fehlt der Bojer im allgemeinen; hier kamen nach den Schonern gleich die Dreimaster.

In den siebziger Jahren des 16. Jahrhunderts kam der Typ des Bootes auf, der wiederum die Herrschaft der Rahsegel einschränkte und auch der Ausbreitung der Bojer Grenzen setzte. Das Boot wurde aus den Fahrzeugen entwickelt, die auf der Doggerbank Kabeljau fingen. In der Ostseefahrt wurden Emder Boote mit einer Ladefähigkeit von 50–80 Last eingesetzt. Die Boote besaßen im großen und ganzen die selben Vorzüge, wie sie auch die Bojer hatten. Ihr Tiefgang war wesentlich geringer als der der Rahsegel, aber ihre Besegelung war besser als die der Rahsegel und der Bojer, so daß sie schneller fuhren.

Die Steigerung des Sundverkehrs ist aufs engste mit diesen Fortschritten verknüpft, d. h. mit der Verkleinerung der Fahrzeuge und der dadurch ermöglichten größeren Schnelligkeit.

In der Portugal-, Spanien- und Mittelmeerfahrt, zu der man wegen der Barbareskengefahr gut ausgerüstete Schiffe brauchte, hatten die Rahsegel weiterhin ihren Platz. Vor der Jahrhundertwende kam noch ein neuer Typ auf, der gerade auch für diese Westfahrten wichtig wurde, nämlich die „Fleute". Bis dieser erstmals 1595 gebaute Typ seine gängige Form hatte, vergingen etwa 20 Jahre, aber dann behauptete er sich fast ein Jahrhundert lang. Neben den Veränderungen in den Proportionen des Rumpfes lag in der verbesserten Takelage ein wesentlicher Fortschritt. Die Fleute, die auch mit einer kleineren Besatzung segelte, weil sie schmaler gebaut war, war viel schneller. Mit diesen Schiffen konnten die Holländer nach dem Waffenstillstand von 1609 ihren Siegeszug in der Frachtfahrt durchführen.

Bezeichnend waren die Veränderungen in der Sundfahrt, die auf diesen neuen Typ zurückzuführen sind. Von 1600 an war der Anteil der Schiffe von über 100 Lasten an der Durchfahrt wieder im Steigen begriffen. Von 1635 an wurden die kleineren Fahrzeuge fast vollständig verdrängt. Auf diese Weise erfuhr der Frachtverkehr für die damaligen Verhältnisse eine ungeheure Ausweitung. Die Fleute ist vor allem von den Hansen und den Skandinaviern übernommen worden. Um 1618 begann man in Lübeck Fleuten zu bauen. Vorherrschend wurde für diese Schiffe die Bezeichnung „Pinasschiff".

Bewirkten die Fortschritte im Schiffbau in diesem Zeitraum eine gewaltige Steigerung des Seeverkehrs auf Kosten des Landtransports, so brachten die Fortschritte in der Seekriegsführung auch wieder beträchtliche Hindernisse. Einen wichtigen Einschnitt bedeutet der Durchbruch der Taktik der Breitseiten der Engländer gegen die bisher von den Spaniern bevorzugte Entertaktik. Mit dem Eindringen dieser Taktik in den Mittelmeerraum wurde auch die Barbareskengefahr, die seit Lepanto nachgelassen hatte, wieder größer. Gegen die im Mittelmeer hausenden Korsaren wurde bewaffnetes Geleit organisiert. In gleicher Weise schützte man sich gegen die Dünkirchener Freibeuter, als der spanisch-niederländische Krieg wieder begann. Im Rahmen dieses Konvoiwesens gewannen die großen, gut ausgerüsteten Schiffe wieder Auftrieb, denn jetzt kam es mehr auf die Sicherheit als auf die Schnelligkeit an. Niederländer und Engländer, die im allgemeinen größere bewaffnete Flotten einsetzen konnten, waren hier den deutschen

Seestädten überlegen. Hamburg schuf in den zwanziger Jahren des 17. Jahrhunderts eine eigene Admiralität und führte dann auch die Konvoischiffahrt ein.

d) Post- und Nachrichtenwesen

Das Postwesen machte namentlich im Reich der Habsburger Fortschritte. Im Jahre 1505 schloß Franz von Taxis einen Vertrag mit Philipp dem Schönen von Spanien zum Betrieb der internationalen Postverbindungen zwischen Spanien, Frankreich, den Niederlanden und Deutschland. Die Kriege Karls V. mit Frankreich, wie auch die Unruhen in Deutschland und den Niederlanden beeinträchtigten diesen Postdienst allerdings in der Folgezeit. Um so wichtiger wurde der Nachrichtendienst der Kaufleute. Berühmt sind die Zeitungen, mit denen die Fugger Fürsten belieferten. Bekannt ist auch der Nachrichtendienst Heinrich Rantzaus, der seine „Relationen" den dänischen Königen schickte. Nachdem Philipp II. vorangegangen war, wurde im Laufe des 17. Jahrhunderts das Postwesen allenthalben auf nationaler Basis weiter organisiert.

1595 wurde Leonhard I. von Taxis zum kaiserlichen Generalpostmeister bestellt und zwei Jahre später das Postwesen zum kaiserlichen Regal gemacht. Die entscheidende Reorganisation gelang aber erst Leonhard II. v. Taxis, dem 1615 das Generalpostmeisteramt über die Posten im Reich übertragen wurde. Doch konnten sich die Taxis mit ihrem Monopolanspruch nicht durchsetzen. Reichsstädte und deutsche Fürsten bauten ihre Posten aus, und ebenso machten es die anderen Staaten. Schweden und Dänemark dehnten ihre Postverbindungen bis Hamburg aus.

Zu den handgeschriebenen Zeitungen, Avisen und Relationen kamen noch vor Ausbruch des Dreißigjährigen Krieges die gedruckten Zeitungen, deren Inhalt, ob politischer oder sonstiger Natur, für den Kaufmann, Spediteur und Schiffer begreiflicherweise von beträchtlichem Interesse war. Zunächst erschienen diese Zeitungen mehrmals wöchentlich an bestimmten Wochentagen.

9. Handel

a) Binnenhandel

Wenn man eine Vorstellung vom Umfang des Binnenhandels im 16. und in der ersten Hälfte des 17. Jahrhunderts bekommen will, muß man die Aufgliederung der deutschen Wirtschaft in Wirtschaftsräume beachten. Man kann den niederdeutschen Küstenraum abheben, der weitgehend identisch war mit dem hansischen Bereich, dann im Westen das niederrheinisch-westfälische Gebiet, das vielfältig mit den Niederlanden und dem Hansebiet verflochten war, schließlich Oberdeutschland, d. h. Süddeutschland südlich des Maines, und das östliche Mitteldeutschland.

Zwischen diesen Räumen vollzog sich ein reger Warenaustausch. Es herrschte, wie Friedrich Lütge betont hat, eine so weitgehende marktwirtschaftliche Orientierung, daß es durchaus angebracht sei, „volkswirtschaftliche Denkkategorien" – mit der erforderlichen Vorsicht – anzuwenden. Gewiß, die große Zahl der im Reich zusammengeschlossenen Territorien und ihr wirtschaftlicher Egoismus, verschiedene Maße, Gewichte und Münzen und die Wasser- und Straßenzölle erschwerten den großräumigen Warenaustausch in beträchtlichem Maße. Andererseits vermittelten Wasser- und Landstraßen über trennende Territorialgrenzen hinweg. Allerdings mußte ein umständliches Geleitwesen dafür sorgen, daß die Straßen gegen räuberische Überfälle gesichert wurden. Die Binnenmarktverflechtungen erkennen wir aus der Rolle, die die großen Ströme, wie auch die großen Überlandstraßen bei der Versorgung der großen Wirtschaftszentren mit Lebensmitteln und Rohstoffen, Halb- und Fertigfabrikaten spielten. Über Oder, Elbe und Weser hatten die Seestädte die Möglichkeit, ein tiefes Hinterland zu versorgen und sich dort Exportgüter zu beschaffen. Hamburgisches Boysalz ging auf diese Weise in der 2. Hälfte des 16. Jahrhunderts nach Brandenburg und Sachsen, ja über Havel und Spree bis nach Schlesien. Auf der Elbe gelangten Holz und Getreide nach Hamburg. Über die Weser stand Bremen mit Hessen in Verbindung, Landstraßen öffneten ihm den Zugang zu Westfalen. Der Rhein und ein Netz von Straßen erschlossen für Köln den weiten westdeutschen Wirtschaftsraum bis ins sogenannte „Oberland", von wo es Wein, Holz und Getreide bezog, während es dorthin Fisch, Textilien und andere Güter sandte. In Oberdeutschland gab es die alten Mittelpunkte des Leinen- und Barchenthandels vom Bodensee bis zur Donau und zum Lech, von denen Ulm durch seinen Eisen- und Weinhandel mit dem Neckartal und der Oberpfalz verbunden war, während Ravensburg auch Papierhandel betrieb. Überragt wurden sie von Augsburg, der bedeutendsten Handelsmetropole südlich der Donau, während im Fränkischen Nürnberg an erster Stelle stand. Ostmitteldeutsche Leinwand wurde in Nürnberg gefärbt, Nürnberger verarbeiteten Zinn aus Sachsen, Kupfer aus dem Harz und holten Galmei für die Messingherstellung aus dem Aachener Raum.

Eine bedeutende Rolle im Rahmen der deutschen Binnenhandelsverflechtungen spielten die Messestädte. Von den Wetterauer Messen behaupteten sich nur die zwei Messen Frankfurts. Süddeutschland hatte im 16. Jahrhundert eine ganze Reihe solcher Messen, im Westen die Straßburger und Wormser, am oberen Rhein die Zurzacher, im Grenzgebiet von Schwaben und Franken die Nördlinger Pfingstmesse. Daneben konnte sich die Nürnberger Heiltumsmesse nicht behaupten. Auch die Würzburger Allerheiligenmesse behielt mehr fränkisch lokale Bedeutung. Im östlichen Mitteldeutschland sicherten sich die drei Leipziger Messen, um Neujahr, Ostern und Michaelis, eine Bedeutung, die weit über den sächsischen Raum nach Nord-, West- und Süddeutschland hinausreichte.

Mit seinem von Kaiser Maximilian erweiterten Meßprivileg konnte Leipzig den Handel von Erfurt, Magdeburg und Halle überflügeln, ja auch mit Braunschweig kam es zu harten Auseinandersetzungen. Größere Bedeutung behielten neben diesen Leipziger Messen nur die Peter- und Paulsmesse in Naumburg, die Messen in Frankfurt/Oder, Breslau und Danzig.

Bis zum Dreißigjährigen Krieg blieb das Stapel- und Niederlagsrecht ein namentlich auch den Binnenhandel beeinflussender Faktor. Kam dieses Stapelrecht bislang vorwiegend einzelnen Städten zugute, so wurde es jetzt mehr im Interesse der landesherrlichen Territorialpolitik gehandhabt, und dabei verschärften sich die Stapelkämpfe zwischen Städten verschiedener Territorialherren. Ein neues, auch den Binnenhandel mitgestaltendes Element wurden dabei die von den Landesherren besonders begünstigten Residenzstädte.

b) Außenhandel

Dem deutschen Außenhandel standen die Häfen der Nord- und Ostsee ebenso zur Verfügung wie diejenigen der Adria und des Ligurischen Meeres. An der Nordseeküste waren die wichtigsten Häfen Emden, Bremen und Hamburg, an der Ostseeküste reichte die Reihe größerer Häfen von Flensburg, das dem Herzogtum Schleswig angehörte und damit unter dänischer Oberhoheit stand, und Lübeck bis Königsberg und Memel in Ostpreußen. An der Adria gab es Exportmöglichkeiten über Venedig und Triest, an der ligurischen Küste vor allem über Genua. Dazu kamen noch der Rhein als Wasserweg nach den Niederlanden, die Donau als Handelsstraße nach Südosteuropa, mochten ihre Möglichkeiten durch den politischen Gegensatz zwischen dem habsburgischen Herrschaftsbereich und dem Osmanischen Reich stark begrenzt sein. Weiter gab es die zahlreichen Landverbindungen nach dem Westen, nach Süden und Osten. Verglichen mit den westeuropäischen Nationen zeigte die Lage Deutschlands auch manche Mängel, besonders die fortschreitende Abspaltung der Niederlande wirkte sich ungünstig aus.

Vom Kaiser nicht hinreichend unterstützt, ja, zeitweilig gehemmt, sahen sich die Hansestädte gegenüber den erstarkenden Nationalstaaten mit ihrer ausgeprägten protektionistischen Wirtschaftspolitik in eine immer schwächer werdende Position gedrängt. Auch waren seit der Reformation die Hansestädte, die meist protestantisch geworden waren, dem Kaisertum entfremdet. Auf die Dauer mußte so die Hanse als Städteorganisation den kürzeren ziehen, zumal auch im Inneren Risse deutlich wurden. Die mecklenburgischen Städte Wismar und Rostock gerieten stärker unter die Aufsicht des Herzogs, sie waren ja keine Reichsstädte. Danzig mußte sich schon 1466 Polen anschließen, ohne freilich seine Zugehörigkeit zur Hanse aufzugeben. Dazu kam die Rivalität zwischen Lübeck und den livländischen Städten im Rußlandhandel. Seitdem Iwan III. im Jahre 1494 das Novgoroder Kontor geschlossen hatte, war eine Hauptstütze des baltisch-russischen Handels der Lübecker verloren.

Eine besondere Hilfe fanden die Holländer bei König Christian II. von Dänemark. Nach seiner Vertreibung konnten die Lübecker die Dänen wohl 1523 zu der Zusage veranlassen, den Holländern den Transport von Stapelwaren durch den Sund für 10 Jahre zu verbieten. Auf die Dauer mußte die Abwehrpolitik Lübecks und der Hanse überhaupt gegen die Expansion der Holländer im Ostseeraum scheitern. Der Sieg der Holländer wurde endgültig bestätigt im Frieden von Speyer (1544), er sicherte ihnen den freien Zugang in die Ostsee, wenn auch gegen Entrichtung des Sundzolles.

Beunruhigend war auch das Vordringen der Engländer in die Ostsee, die schon seit dem 15. Jahrhundert namentlich mit Danzig Verbindungen angeknüpft hatten. Bei dem Versuch, die nordöstliche Durchfahrt nach „Katai" zu finden, gelangten sie 1553 ins Weiße Meer und an die Mündung der Dwina und nahmen von hier aus feste Handelsbeziehungen zum russischen Markt auf.

Dies ging natürlich auf Kosten des hansischen Rußlandhandels über die Ostseehäfen. Mit der Einnahme Narvas durch die Schweden verlor Rußland allerdings die unmittelbare Verbindung mit der Ostsee, die Hanse, voran Lübeck, aber einen außerordentlich wichtigen Markt. Der russische Handel zog sich nach Pskov und Novgorod zurück und hing weitgehend von der Gunst der Schweden ab, die mehr und mehr zu den Herren der Ostsee wurden. Inzwischen boten sich neue Möglichkeiten eines direkten Handels mit Rußland auf dem Wege über Archangelsk, und einzelne deutsche Seestädte, z. B. Hamburg und Flensburg, schlugen diesen Weg, der namentlich von Engländern und Holländern befahren wurde, zu ihrem Vorteil ein.

Polens Export mit den Massengütern Getreide, Holz, Pech, Teer, Pottasche ging über Danzig und Elbing vorwiegend nach Westeuropa, doch hatten auch Lübecker und Hamburger Kaufleute Verbindungen hierher. Für hochwertige Güter bestand immer noch ein bedeutender Landverkehr über Posen und Krakau nach Ostdeutschland. Je mehr der polnische Handel in der Ostsee durch die Expansion der Schweden bedroht wurde, desto mehr orientierte er sich nach Leipzig.

Das Verhältnis der Hansestädte zu Schweden und Finnland wurde stark bestimmt durch die nationale Wirtschaftspolitik Gustav Wasas. Die Zugeständnisse, die er den Lübeckern machen mußte, suchte er sobald wie möglich abzuschütteln und dafür die Handelsverbindungen zu Westeuropa auszubauen. Vergeblich bemühte sich Lübeck im nordischen Siebenjährigen

Krieg, seine alte Position in Schweden zurückzugewinnen. Erst Gustav Adolf stellte wieder freundschaftliche Beziehungen zur Travestadt her, die jetzt ein wichtiger Umschlagplatz für schwedisches Holz, Kupfer und Eisen wurde.

Wie im schwedischen, so sicherten sich die Holländer während des 16. Jahrhunderts immer stärkere Positionen im dänischen Handel. Der Hanse wurden ihre Rechte immer mehr geschmälert. Die deutschen Kaufleute waren vornehmlich am Hering Schonens und des Limfjords und am dänischen Getreide interessiert. Freilich verlor der schonische Hering seit Mitte des 16. Jahrhunderts immer mehr an Bedeutung, da die Heringsschwärme neue Plätze in der Nordsee aufsuchten. Im Sundzoll waren die Deutschen nicht mehr bevorrechtigt: sie wurden den anderen Nationen gleichgestellt. Die Monopolstellung der hansischen Kaufleute hatte sich am stärksten in Norwegen ausgebildet. Auch hier wurden ihre Rechte seit Friedrich II. beträchtlich geschmälert. Doch konnten sie ihre Überlegenheit am wichtigsten norwegischen Handelsplatz Bergen bis in den Dreißigjährigen Krieg hinein behaupten. Von Bergen aus, aber auch auf direktem Wege, kamen die Hansen nach Island, um Fische bzw. Schwefel zu holen. Über den Glückstädter Stapel für isländische Waren gelang es dann den finanziell überlegenen Hamburgern, mittelbar den größten Teil des deutsch-isländischen Handels an sich zu reißen.

Aus dem Englandhandel und ihrer Hauptposition, dem Stalhof zu London, wurden die Hansen in der 2. Hälfte des 16. Jahrhunderts mehr und mehr verdrängt. Jetzt war es soweit, daß die „Merchant Adventurers" sich an der Peripherie des Reiches festsetzten. Die Hansestädte bearbeiteten den Kaiser, daß er 1597 die englischen Kaufleute aus den deutschen Städten ausweisen ließ, ein Schritt, der keineswegs Erfolg hatte und nur zu neuen englischen Gegenmaßnahmen führte. Zudem gab es Kreise, denen die Niederlassungen der englischen Tuchhändler in einzelnen deutschen Häfen durchaus recht waren, nämlich den oberdeutschen und ostmitteldeutschen Kaufleuten, denen als Tuchabnehmern der Export deutscher Gewerbeerzeugnisse nach England offenblieb. Doch nun wurde der Stalhof geschlossen, und die letzten Privilegien des hansischen Handels in England gingen 1650 verloren.

Trotz der Rivalität zwischen Hanse und Holländern war der Handelsaustausch zwischen den niederländischen und deutschen Häfen immer beträchtlich. Zahlreich kamen die holländischen Schiffe nach Hamburg, hier sorgte die starke Niederländerniederlassung für einen regen Handelsverkehr. Ebenso wichtig waren aber die Landverbindungen nach Friesland, Westfalen und dem Rheinland, wo außerdem die günstige Wasserstraße des Rheins zur Verfügung stand. In der Zeit der niederländischen Unruhen belebte sich der Handel auf diesem Wege ganz besonders. Die Blüte Emdens hing aufs engste mit dieser Verlagerung zusammen.

Der Warenaustausch zwischen den führenden deutschen Handelsplätzen und dem großen Scheldehafen Antwerpen war bis zur Krise Antwerpens außerordentlich rege, wie die deutsche Kaufmannsniederlassung bezeugt. Während der Krise Antwerpens begaben sich viele Niederländer, Portugiesen und Italiener vor allem nach dem günstig am Rhein gelegenen Köln, um Waren, mit denen sie bislang über die Schelde gehandelt hatten, nun über Venedig zu beziehen.

Die Seehandelsbeziehungen zu Frankreich wurden erst im Laufe des 17. Jahrhunderts bedeutender. Im spanisch-portugiesischen Handel erlebten die Seestädte eine große Zeit während der kriegerischen Auseinandersetzungen der niederländischen Rebellen bzw. Engländer mit der spanischen Krone. Erst seit dem Waffenstillstand von 1609 konnte sich die Rivalität der Holländer voll auswirken. Allerdings kam der Wiederausbruch des Krieges zwischen den Generalstaaten und Spanien 1621 wiederum den deutschen Seestädten zugute.

Der Mittelmeerhandel war ständig bedroht durch die Piratenschiffe der Barbaresken. Doch fand man sich mit dieser Gefahr ab und lief italienische, französische, nicht dagegen afrikanische, vereinzelt wohl auch türkische Häfen an. Eine starke Konjunktur erlebte der Getreideexport nach Italien zu Ausgang des 16. Jahrhunderts. Der Fahrt nach Afrika, Amerika und Asien wiesen zunächst die monopolistischen Tendenzen der Spanier und Portugiesen, schließlich auch der Holländer feste Schranken. Halb legitim, halb heimlich entwickelte sich zu Ende des 16. Jahrhunderts die Fahrt nach Brasilien über Lissabon, doch hörte dies zu Beginn des neuen Jahrhunderts wieder auf; die portugiesischen Häfen blieben die Vermittler.

Zu den Außenhandelsbeziehungen über die Seestädte an der Nord- und Ostseeküste kamen solche auf dem Rhein nach den Niederlanden, auf der Donau nach Österreich und Ungarn sowie die Landbeziehungen über den Rhein nach Frankreich, die Beziehungen nach der Schweiz und über die Alpen nach Italien. Lyon, das wegen seiner Messen ein wichtiges Verteilerzentrum war, gewährte den Oberdeutschen besondere Privilegien. Von hier aus wurden Leinwand, Barchent, Metallwaren, Wachs verhandelt und im Albigeois und Toulouser Raum Safran und Pastel eingekauft. Marseille diente als Stützpunkt für den Levantehandel.

In Spanien ergaben sich über den Safranbezug mannigfache Verbindungen zu Katalonien und Aragon; aus dem Königreich Valencia holte man zu Beginn des 16. Jh. noch Zucker, aus dem Königreich Granada Seide, dann verlagerte sich das Geschäft mehr nach Kastilien und Andalusien, über Valladolid und die kastilischen Messeplätze wurden die Verbindungen zum spanischen Hof gepflegt, über Sevilla der Amerikahandel aufgenommen.

Dienten die Straßburger Messen dem Umschlag nach dem Westen und Südwesten, so vermittelten die Zurzacher nach der Schweiz, die Bozener Messen nach Italien, die Linzer Messen nach Österreich und Böhmen.

In Italien waren Venedig, Mailand und Genua die Hauptansatzpunkte für die Oberdeutschen. Man bezog hier im Austausch gegen den deutschen Warenkatalog an Metall- und Textilwaren Seide und feine Tuche, allerlei Luxusartikel, in Aquila und Apulien holte man Safran, Kümmel und Gallus, in Kalabrien und Messina wurde Seide eingekauft. Über Genua gab es Handelsverbindungen nach der Iberischen Halbinsel, über Venedig und Ragusa solche nach Konstantinopel und anderen Plätzen der Levante. Später kam Livorno als Vermittler mit Afrikaverbindungen hinzu. Die Südostbeziehungen reichten über Wien, Linz und Prag hinaus nach Ungarn und Siebenbürgen. Ein besonders auch für den Handelsaustausch wichtiger Schwerpunkt waren die oberungarischen Kupferbergwerke, über die die Fugger in den Siebenbürgner Salzhandel hineinkamen.

c) Die wichtigsten Handelsplätze

Im Mittelalter stand Hamburg der Bedeutung nach weit hinter den Ostseehäfen Lübeck, Rostock und Danzig zurück. Die große Zeit Hamburgs begann in dem Augenblick, als sich der Welthandel nach dem Westen Europas verlagerte, als die Portugal- und Spanienfahrt aufkam. Jetzt zeigte sich der große Vorzug der Lage am Unterlauf der Elbe im Gegensatz zur Lage Lübecks an der Ostsee. Hamburg hatte den freien Zugang zum offenen Meer und mit der Elbe bzw. der Kanalverbindung zur Oder wichtige Wasserwege ins Innere des Reiches. Bereits Ende des 16. Jahrhunderts nannte Rantzau die Stadt „florentissimum emporium totius Germaniae". Hamburg verstand es, die unternehmenden Kräfte der Refugianten aus dem Westen aufzunehmen, zuerst die Engländer, die wohl vorübergehend wieder wegziehen mußten, dann die Niederländer, danach wieder die Engländer (1611), schließlich spanische und portugiesische Juden, die 1612 einen ähnlichen Kontrakt schließen konnten wie Niederländer und Engländer. Der Aufschwung Hamburgs vollzog sich zuerst auf dem Gebiet des Warenhandels. 1558, fünf Jahre nach Köln, erhielt Hamburg seine Börse. Hamburgs Bedeutung als Geldmarkt wurde ersichtlich, als 1603 ein eigenes Wechselrecht abgefaßt und 1619 unter der Mitwirkung der zugewanderten Kaufleute die erste Girobank im Reich gegründet wurde. Hatte Hamburg auch Schwierigkeiten mit Glückstadt, der Konkurrenzgründung Christians von Dänemark, und dem Elbzoll, der dort erhoben wurde, so führte die Konjunktur während des Dreißigjährigen Krieges zu einem weiteren wirtschaftlichen Aufschwung. Hamburg wurde der große Geldumschlagplatz und der Diplomatentreffpunkt des Nordwestens.

Lübeck erlitt infolge der Verlagerung des wirtschaftlichen Schwergewichts nach dem Westen Einbußen, doch vermochte sich die Travestadt in die aufblühende Westfahrt einzuschalten, und im Ostseehandel spielte sie weiterhin trotz der Störungen eine führende Rolle. Die personelle Zusammensetzung der Lübecker Handelskreise blieb stark traditionsgebunden, doch gab es auch hier den raschen Aufstieg junger Kräfte. Insbesondere war die Stadt bemüht, ihrer Bürgerschaft den immer noch bedeutenden Transithandel („Durchfuhr") zu erhalten, womit sich das Schwergewicht auf den Kommissions- und Speditionshandel verlegte. Aber Lübeck verstand es nicht, wie Hamburg, durch die Aufnahme von Fremden den städtischen Gewerbefleiß in neue Bahnen zu lenken und damit auch den Eigenhandel entscheidend zu fördern.

Von den übrigen Ostseehäfen beteiligten sich neben Danzig in gewissem Umfang noch das mecklenburgische Wismar, das pommersche Stettin und das ostpreußische Königsberg an der Westfahrt. Doch lag ihre Bedeutung mehr im Rahmen des Ostseehandels, dies gilt auch für Rostock, während Flensburg die Zugehörigkeit zum königlich dänischen Herzogtum Schleswig zugute kam.

An der Nordseeküste nahm Bremen nach Hamburg den zweiten Platz ein, das in der Bergenfahrt eine Zeitlang unter den Deutschen die führende Rolle spielte. In der Zeit, in der es kriegerische Verwicklungen zur See gab, konnten sich die Häfen der kleineren, neutralen Territorien einschalten, das galt insbesondere für Emden während des niederländischen Unabhängigkeitskampfes.

Köln hatte rege binnendeutsche, Ostsee- und Englandbeziehungen und einen bedeutenden niederländischen und italienischen Handel. Es erhielt 1553 seine Börse, vermutlich auf Veranlassung dieser Fremden. Namentlich im Handel und im Seidengewerbe machte sich der Zustrom bemerkbar. Der Rat nötigte allerdings wenige Jahre nach ihrer Ankunft diejenigen, die Protestanten waren, die Stadt wieder zu verlassen. In den 70er und 80er Jahren wanderten noch viele Italiener und Portugiesen ein, die bisher in Antwerpen saßen und jetzt von Köln aus den nordwestdeutschen bzw. westeuropäischen Markt mit italienischen und überseeischen Erzeugnissen versorgen wollten. Auch sie konnten sich nicht lange halten bzw. wurden dann von den besseren Möglichkeiten des großzügigeren Frankfurt angezogen. Eine der Folgen dieser fremdenfeindlichen Politik war es, daß Köln seine Stellung als Handels- und Industrieplatz zum Teil wieder verlor.

Aachen, das eine angesehene Messing- und Kupferwarenindustrie hatte, litt unter den konfessionellen Gegensätzen und dem Druck der spanisch-niederländischen Nachbarschaft, außerdem hemmte die Zunftverfassung die Weiterentwicklung, so daß die Stadt einen Teil ihres Gewerbes an die Nachbarschaft, besonders Stolberg, abgeben mußte. Doch blieb Aachen auch weiterhin ein Zentrum der Vermittlung zwischen dem belgisch-niederländischen Raum und dem Rheinland.

Im Rhein-Main-Gebiet konnte sich Mainz gegenüber Frankfurt als Umschlagplatz und Zentrum des Transportwesens behaupten, Speyer profitierte von seiner Begünstigung durch Karl V. Eine Zeitlang gingen manche

Geldtransaktionen über diese Stadt. Straßburg war Messezentrum und Haupttor für den Frankreichhandel (mit großen Häusern). Basel, das noch bis 1648 zum Reich gehörte, lag am Treffpunkt verschiedener Routen nach Süden, hatte die günstige Rheinlage und eine beachtliche Niederlassung von italienischen und niederländischen Emigranten, so daß es dem Handel nicht nur mit Kommissionen und Speditionen, sondern auch mit eigener Produktion von Textilien dienen konnte.

Die Entwicklung in den großen Handelszentren in Oberdeutschland wurde wesentlich durch die Verlagerung der internationalen Handelsstraßen, die Auswirkungen der konfessionellen Politik in Westeuropa und die wiederholten Bankrotterklärungen verschiedener Herrscher mitbestimmt.

Die große Epoche Augsburgs fiel in die erste Hälfte des 16. Jahrhunderts, in die Regierungszeit Kaiser Maximilians, Kaiser Karls und König Ferdinands. Die Verlagerung des Marktes für ostasiatische Spezereien von Venedig nach Lissabon und Antwerpen zwang die Augsburger und Nürnberger Kaufherren, sich den veränderten Verhältnissen anzupassen. Bis zu den niederländischen Wirren spielten sie eine wichtige Rolle auf dem Antwerpener Spezereimarkt. Es gelang ihnen auch, von hier aus in den Amerika-, Afrika- und Asienhandel vorzudringen. Die Welser bauten von Santo Domingo aus ihr Venezuelaunternehmen auf, das allerdings mit einem Mißerfolg endete. Zugleich hatten die Augsburger und Nürnberger, voran die Fugger, einen wichtigen Anteil am Silber- und Kupferhandel. Zum Teil gelang es den Oberdeutschen, sich neue Märkte zu erschließen, so in England. Auch das Italiengeschäft war weiterhin von Bedeutung. Zum Teil verlagerten die großen Augsburger Häuser das Schwergewicht ihrer Tätigkeit auf Kreditgeschäfte, und in den Finanzkrisen, die nach der Jahrhundertmitte einsetzten, erlitten sie schwere Verluste. Verschiedene Häuser machten Bankrott, zuletzt (1614) die Welser. Doch kann dies nicht darüber hinwegtäuschen, daß sich Augsburgs Aktivität als Handelsmetropole bis in den Dreißigjährigen Krieg hinein behauptete.

Auch die anderen schwäbischen Reichsstädte konnten ihre bisherige Handelsstellung halten, während Regensburg trotz seiner günstigen Lage an der Donau und an einer wichtigen Nordsüdverbindung seine frühere Rolle längst eingebüßt hatte. Dafür stieg die bayrische Residenzstadt München zum zweiten Platz nach Augsburg im Raum südlich der Donau empor.

Nürnberg verstand es wohl nicht in dem Maße wie Frankfurt, die aus den Nachbarländern herbeiströmenden Kräfte auszunutzen. Italienern und Niederländern wurden hier ähnliche Schwierigkeiten bereitet wie in Köln. Doch übten die Nürnberger bis zum Dreißigjährigen Krieg hin noch eine bedeutende verlegerische Tätigkeit im Textil- und Metallgewerbe aus. Mehr und mehr traten anstelle des Eigenhandels Kommissions- und Speditionshandel und der Meßbesuch zu Leipzig, Naumburg und Frankfurt.

Auch die Bedeutung der übrigen oberdeutschen Städte ging zurück. Am besten behauptete sich Ulm. Es verlor wohl einen Teil seines früheren Barchenthandels und Metallgeschäfts, konnte aber den Leinenhandel ausbauen. Eine der wichtigsten Bastionen des Fernhandels der Ulmer waren die Lyoner Messen, auf denen sie Privilegien genossen, um deren Erhaltung und Wiederbestätigung nach einem Thronwechsel sie mit den Nürnbergern, Augsburgern und Straßburgern zusammen bestrebt waren.

In dieser Zeit erlebte Frankfurt (Main) eine große Blüte, einmal dank seiner außerordentlich günstigen Lage am Kreuzungspunkt einer Reihe wichtiger Handelsstraßen, dann dank der Unternehmungslust der aus dem Westen und aus Italien Zugewanderten. Soweit Antwerpens Warenhandel nach dem Reich nicht übernommen wurde von Middelburg, Amsterdam, Emden, Stade und Hamburg, zog ihn Frankfurt an sich. Frankfurt wurde im Binnenland zum Hauptsitz aller welschen Protestanten und ihres Handels. Außerdem war Frankfurt Hauptsammelplatz der deutschen Juden, die seit Mitte des 15. Jahrhunderts ihre früheren Wohnsitze in Süd- und Westdeutschland hatten verlassen müssen.

Bis in den Dreißigjährigen Krieg hinein verzeichnete Frankfurt eine steile Kurve des Aufstiegs. Etwa 70% der welschen Kaufleute waren Tuch- und Seidenhändler. Dazu kam das Geschäft mit Diamanten und anderen Schmuckgegenständen, sowie mit Büchern. Frankfurt war neben Leipzig der wichtigste Messeplatz des Reiches. Zwei Messen wurden abgehalten: die Herbst- und Fastenmesse. Auf den Frankfurter Messen trafen sich Kaufleute aus ganz Europa. Allmählich übernahm allerdings Leipzig einen Teil des Frankfurter Umsatzes.

Leipzig war die zweite deutsche Messestadt, die im 16. und 17. Jahrhundert bis zum Dreißigjährigen Krieg hin eine große Zeit erlebte. Auch Leipzig erfreute sich einer besonders günstigen Verkehrslage. Eine der wichtigsten Straßen von Oberdeutschland, Augsburg und Nürnberg nach Hamburg führte über Leipzig. Die Straßenzüge, die von Ungarn heraus über Regensburg und vom Niederrhein her nach Mitteldeutschland und Schlesien führten, trafen und schnitten sich in Leipzig. Auch wichtige Handelszüge von Polen und Rußland endeten hier. Mit Erfurt, Magdeburg und Halle, sowie mit Naumburg und Braunschweig mußte Leipzig harte Kämpfe ausfechten, bis sein Stapelrecht und seine Messen sich durchgesetzt hatten. Auch diese Stadt verdankte den niederländischen Refugianten Fortschritte in ihrer Textilindustrie. Wichtig war ferner, daß Leipzig über das mächtig aufstrebende Hamburg direkte Verbindungen mit den westeuropäischen Produktionsgebieten anknüpfen konnte.

Neben Leipzig konnte Naumburg seine Peter- und Paulsmesse halten. Der einst so bedeutende Waidhandelsplatz Erfurt verlor an Bedeutung. Braunschweig, dessen Fernhandelsrolle sich auf das Tuch, das Metall des Harzes und auf das Bier stützte, hatte zu Beginn des 17. Jahrhunderts schon einen schweren Stand gegenüber den Welfen. Frankfurt an der Oder behielt seinen Platz als Brückenkopf mit eigenen Messen. Im Schlesischen konnte sich Breslau dank seiner günstigen Lage an der Oder und an wichtigen, nach Osten und Südosten führenden Straßen als Haupthandelsplatz behaupten. Auch in diesem Raum machte sich die Verlagerung im Aufsteigen der Residenzen als Handelszentren bemerkbar; am sichtbarsten wurde dies bei Dresden und Berlin-Cölln.

10. Geldwesen, Börsen, Banken und Versicherungswesen

Die Bemühungen des Reiches, eine einheitliche Münze zu schaffen, führten zu den Reichsmünzordnungen von 1524, 1551 und 1557, auf denen der Gold- und Silbergulden (Taler) als allgemeine Recheneinheit proklamiert wurden. Neben dem Zahlgulden zu 60 Kreuzer wurde 1559 mit dem Guldentaler, ebenfalls zu 60 Kreuzer, eine wirkliche Münze geschaffen, die namentlich in Süddeutschland geprägt wurde. Mit dem Reichsspeziestaler von 1566 zu 68 Kreuzer kam eine schwere Münze dazu, die bis zur Mitte des 18. Jahrhunderts ihre Geltung hatte. Aber trotzdem bediente man sich an der Küste der lübischen Mark und des flämischen Pfundes als Recheneinheit. Auf diese Recheneinheiten wurde der jeweilige Wert der vielen kursierenden Münzen bezogen. Es war die Aufgabe der Münzwardeine und der Probationstage in den einzelnen Reichskreisen, der stetigen Tendenz zur Prägung minderwertiger Münzen entgegenzuwirken. Sie konnten das Unwesen der Kipper- und Wipperzeit im zweiten und dritten Jahrzehnt des 17. Jahrhunderts allerdings nicht verhindern.

In der Zeit der Fugger ist häufig von Geldtransporten die Rede. Angesichts der unsicheren Münzverhältnisse suchte aber der Kaufmann in der Folgezeit möglichst nur mit der Rechenmünze auszukommen, den Bargeldverkehr zu vermeiden und auf der Basis der Gegenseitigkeit zu arbeiten, wie es das Kommissionsgeschäft ermöglichte, wobei von Zeit zu Zeit abgerechnet wurde.

Das Geldgeschäft erfuhr durch die Zunahme der großen Anleihen der Fürsten eine beträchtliche Erweiterung. Das Bankgeschäft und der Geldwechsel befanden sich in den Händen großer Kaufleute, die über ein weitreichendes Netz an „Dienern“, Faktoren, und sonstigen Korrespondenten verfügten. Der wichtigste Geldmarkt in Deutschland war Augsburg, wo die großen Kaufleute, voran Fugger und Welser, gleichzeitig sich mit Vorliebe auf das große Geldgeschäft mit den Fürstenhäusern einließen. Hinzu kamen die Messen, die deutschen und die ausländischen; in Deutschland voran die Frankfurter, im Osten Leipzig, in Norddeutschland der Kieler Umschlag, auf dem der reiche holsteinische Adel umfangreiche Geschäfte tätigte, im Süden die Nördlinger, die Linzer, die Zurzacher, die Bozener Messen. Auf den Messen hatten die Kaufleute die beste Gelegenheit, ihre

Konten auszugleichen. Von einer auf die andere Messe konnte man auf Wechsel Geld aufnehmen, d.h. es gab den Meßwechsel, der im 16. Jahrhundert in der Form des Ricorsawechsels zu sehr spekulativen Geschäften führte.

Im Wechselgeschäft wurde man mit dem Indossament vertraut. Den indossierten Wechsel gab es in Spanien wie in Italien und hier wurde er den Faktoren der deutschen Kaufleute bekannt. Auf diese Weise wurde der Wechselbrief also zu einer „negotiablen Effekte". De Roover war der Ansicht, daß besonders die englischen und hansischen Kaufleute, die viel reisten und nicht über das ausgedehnte Faktorennetz verfügten wie die Italiener und Oberdeutschen, das Indossament bevorzugten. Antwerpen, ihr wichtigster Treffpunkt im Westen, war aber gegen den neuen Brauch, und so konnte sich dieser hier erst gegen 1610 bis 1640 ausbreiten.

Beträchtliche Bedeutung bekam im Laufe des 16. Jahrhunderts die Einrichtung der Börse als „Markt der vertretbaren Tauschgüter". Nach dem Vorbild der Zusammenkünfte von Kaufleuten in der 1531 in Antwerpen errichteten Börse, begannen kurz nach der Mitte des 16. Jahrhunderts auch die deutschen Kaufleute sich an einem bestimmten Platz zu versammeln, so in Köln ab 1553; Hamburg erhielt seine Börse 1558, Frankfurt 1585. Aber an keinem dieser Plätze florierte das Börsengeschäft so wie in Amsterdam im Laufe des 17. Jahrhunderts, als das Termingeschäft und die Spekulation in Aktien der holländischen Ostindienkompagnie in Schwung kamen.

Eine Neuerung des 17. Jahrhunderts sind die Banken mit öffentlichem Charakter. Venedig ging dabei mit seiner Staatsgirobank von 1587, dem Banco di Rialto, voran. Eine ähnliche Bank errichtete Amsterdam 1609. Sie sollte vor allem den Mißständen im Münzwesen abhelfen, die darin bestanden, daß man alte, schwere Münzen einschmolz und daraus leichtere prägte. Nach dem Amsterdamer Vorbild entstand 10 Jahre später die Hamburger Bank. Die Anregungen kamen anfänglich von seiten der Fremden und der Kaufleute, die mit ihnen zusammenarbeiteten, d.h. insbesondere der Portugal- und Spanienhändler.

Wie die anderen Girobanken, betrachtete es die Hamburger Bank als eine ihrer Hauptaufgaben, die Münzverschlechterung und das Unwesen der Kipper und Wipper einzuschränken. Ein Guthaben durfte nur dem gewährt werden, der vollgewichtige Taler, Speziestaler, einzahlte. Die Kaufleute konnten ihre Verrechnungen von einem Konto auf das andere umschreiben, die Rechenmünze war die Mark Banco. Ein Teil der Gelder, über die die Bank verfügte, wurde später gegen Hinterlegung von Pfändern ausgeliehen. 1621 bekam auch die Stadt Nürnberg einen „banco publico", ebenfalls als Giro- und Depositenanstalt. Doch hat diese Nürnberger Bank die Bedeutung der Hamburger oder der Amsterdamer nie erreicht.

Das Versicherungswesen befand sich erst in den Anfängen. Dem Bedürfnis, sich bei Verlust oder Beschädigung von Schiffen oder Frachten eine

Vergütung zu verschaffen, kam die Einrichtung der Seeversicherung entgegen, unter der man die vertragsmäßige Deckung des Risikos der Seefahrt durch fremdes Kapital verstand. Die Anfänge der Seeversicherung liegen offenbar in Italien. Die hansischen Kaufleute wurden mit ihr vor allem in Antwerpen vertraut, wo dieses Geschäft außerordentlich beliebt gewesen zu sein scheint. Es ist anzunehmen, daß gerade diejenigen Kaufleute, die aus Antwerpen kamen, den Gedanken der Versicherung verbreiteten. Die erste Nachricht von einer in Hamburg geschlossenen Versicherung stammt aus dem Jahre 1588. Dieses Geschäft und die nächsten bekannten Fälle betrafen Getreidefrachten nach Italien. Als Versicherer betätigten sich Fremde, die wohl meist aus Antwerpen zugewandert waren. Besonders solche Schiffe versicherte man, die sich auf die gefährliche Westfahrt begaben.

Um Streitigkeiten zu schlichten, die sich häufig ergaben, waren entsprechend ausgebildete Juristen, vor allem Notare, erforderlich, die gleichzeitig das Niederländische und eine oder mehrere romanische Sprachen verstanden. Dabei hatten zugewanderte Niederländer den Vorrang.

In anderen Bereichen befand sich das Versicherungswesen erst in den Anfängen. Ländliche Brandgilden gab es in Schleswig-Holstein schon im 15. Jahrhundert. Sie erfuhren namentlich mit der guten Konjunktur der Landwirtschaft in der zweiten Hälfte des 16. Jahrhunderts weitere Verbreitung. Die Versorgung von Alten, Witwen und Waisen war weiterhin eng mit dem Zunft- und Stiftungswesen verknüpft. Das berühmteste Beispiel war die Stiftung Jakob Fuggers in Augsburg, die Fuggerei.

11. Öffentliche Finanzen

Bei den öffentlichen Finanzen empfiehlt es sich, den Bedarf des Kaisers und des Reichs, der Fürsten in den Territorialstaaten und der Stadtrepubliken gesondert zu betrachten. Eine Übersicht über die Finanzen des Kaisers wird dadurch erschwert, daß der Habsburger Maximilian ja nicht nur Herrscher im Reich war, sondern auch in den Burgundischen Landen und daß Karl V. noch die spanische Krone erbte und damit auch Herrscher in den spanischen Besitzungen Italiens und in den neuentdeckten Gebieten Amerikas war, während Karls Bruder Ferdinand Römischer König und König der nicht von den Türken abhängigen Teile Ungarns war. Daraus ergaben sich vielfältige finanzielle Verflechtungen, die hier nur angedeutet werden können. Nachdem Maximilian die Tiroler Erbschaft gemacht hatte, konnte er mit der Tiroler Kupfer- und Silberausbeute weit höhere Darlehen aufnehmen als seine Vorgänger. Hauptdarlehensgeber waren die großen Augsburger Kaufleute mit Jakob Fugger an der Spitze. Im Jahre 1523 gab Erzherzog Ferdinand die Schulden seines Großvaters mit 1 Mill. Gulden an.

Ferdinands Bruder Karl konnte die kostspielige Wahlmanipulation von

1519 vornehmlich mit Hilfe seiner spanischen Einkünfte wagen. Für die nächsten Jahrzehnte muß das Finanzgebahren Karls im Rahmen der Aufgaben und Möglichkeiten seines großen spanischen Reichs und der dazu erworbenen überseeischen Besitzungen wie auch des von dort kommenden Edelmetallstroms gesehen werden. Obwohl dadurch die Einnahmen des Kaisers stiegen, weiteten sich die Aufgaben und ehrgeizigen außenpolitischen Pläne in einer Weise, daß seine Verschuldung immer größer wurde. Der Finanzapparat, der dem Kaiser zur Verfügung stand, war diesen Aufgaben noch nicht angepaßt. Zu Beginn seiner spanischen Regierung hatte Karl eine jährliche Einnahme von 1 Mill. Dukaten. Bis in die vierziger Jahre konnte er diese auf 1,5 Mill. steigern. In den letzten Jahren überstiegen die jährlichen Anleihen 2 Mill. Dukaten. Ohne den Kredit der oberdeutschen und genuesischen Kaufleute, namentlich von Jakob und seinem Neffen Anton Fugger, die ihre Rückzahlung meist aus den spanischen und napolitanischen Einkünften bekamen, wäre es Karl nicht möglich gewesen, seine Finanzlast immer wieder vor sich herzuschieben.

Mit der Teilung des habsburgischen Erbes zwischen Karls Bruder Ferdinand, der das Reich und die österreichischen Besitzungen bekam, und Karls Sohn Philipp II., dem das burgundische Erbe und die Besitzungen der spanischen Krone überlassen wurden, hatte der Kaiser als außenpolitische Hauptlast die Türkenabwehr zu organisieren, die gegen Ausgang des Jahrhunderts mit dem „fünfzehnjährigen Krieg" besonders akut wurde.

Die Bemühungen um die Erschließung neuer Einnahmen für die Zwecke des Reichs gewannen mit dem „gemeinen Pfennig" des Wormser Reichstags von 1495 eine erste festere Gestalt. Diese Steuer sollte hauptsächlich zur Deckung der Kosten dienen, die bei der Einrichtung des Reichskammergerichts entstanden. Doch ging die Steuer nur unzulänglich ein, weshalb sie 1507 durch die „Kammerzieler" ersetzt wurde. Sie sollten entsprechend der Reichsmatrikel von den Reichsständen in zwei Jahreszielen entrichtet werden.

Die Reichsmatrikel wurde 1521 weiter ausgebaut. Die wichtigsten Matrikularbeiträge wurden die „Römermonate", mit ihnen sollte das Reichsheer finanziert werden. Begründet wurde diese Abgabe mit der Verpflichtung der Reichsstände zur Teilnahme an der Romfahrt des Kaisers anläßlich der Kaiserkrönung. Die Grundlage bildeten 20000 Fußsoldaten, wobei ein Reiter 12 Gulden, ein Fußsoldat 4 Gulden kosten sollte. Damit ergaben sich für einen Römermonat 12800 Gulden. Die Beteiligung der reichsständischen Gruppen war ungleich. Zum Reichskammergericht wurden die Reichsstädte am stärksten herangezogen, zu den Römermonaten die Fürsten. Auf dem Reichstag von 1543 wurde auch die Steuerpflicht der Landstände für die Reichshilfen herangezogen. Die außerhalb der Kreisverfassung stehende Reichsritterschaft sollte im Kriegsfall außerordentliche „subsidia caritativa" entrichten.

Da die Romfahrt des Kaisers seit der Krönung Karls V. in Bologna nicht mehr ausgeführt wurde, kamen die Römermonate künftig in erster Linie zur Finanzierung der Reichskriege in Frage. In besonders dringenden Fällen wurden mehrere Römermonate auf einmal bewilligt und eingefordert. Man sprach dann vom Duplum, Triplum, Quadruplum usw.

Zu einer zentralen Reichsfinanzverwaltung ist es nur in bedingtem Maße gekommen. An ihrer Spitze stand ein Reichspfennigmeister; wobei der Kaiser Männer heranzog, von denen er hoffte, daß sie durch ihre persönlichen Beziehungen zur Erschließung von Finanzquellen beitragen konnten. Die bekanntesten Reichspfennigmeister waren Matthäus Welser und Zacharias Geizkofler.

Auch bei den Territorialherren herrschte meist eine starke Diskrepanz zwischen den Mitteln, die ihnen zur Verfügung standen und den Ausgaben, die ihnen durch den neuen Lebensstil der Renaissance wie auch mit dem Ausbau ihrer Verwaltung erwuchsen. Eine einheitliche Finanzverwaltung fehlte weitgehend. Die Einkünfte bestanden aus dem Grundbesitz des Hauses, den Domänen, aus Zöllen u. a. Regalien. Sie wurden von der landesherrlichen Kammer als Zentralbehörde verwaltet. Daneben gab es eine eigene Kasse der Landstände, den Landkasten, der für Verteidigungsausgaben und wohl auch für besondere Ausgaben des Fürstenhauses diente.

Auffallend ist das ständige Anwachsen des finanziellen Bedarfs der Hofhaltung, die anfänglich etwa 90% der Einnahmen verschlang. Die Fürsten kamen aber weniger in so große Schwierigkeiten wie der König, da es ihnen leichter möglich war, zu den Einkünften aus dem Domanium und den Regalien die Steuern der Landstände heranzuziehen. Andererseits war der Fürst im Lauf des aufsteigenden Absolutismus daran interessiert, Untertanen und Stände zu einer höheren Steuerleistung zu veranlassen.

Zwischen den einzelnen Territorien bestanden beträchtliche Unterschiede. Kurköln und Kurpfalz bezogen etwa 60% der Nettoeinnahmen aus den Regalien, besonders den Rheinzöllen, an die 20% aus den Steuern, während die Domänen einen geringen Ertrag abwarfen. In Jülich waren die Steuern zur Hälfte an den Nettoeinnahmen beteiligt, hier kamen die Einkünfte aus den Domänen vor den Regalien. Dazu gab es noch die landständischen Steuern. Große Schwierigkeiten hatte der Hohenzoller Albrecht von Mainz. Der Tod von drei Erzbischöfen innerhalb von 10 Jahren beschwor im Mainzer Erzbistum eine akute finanzielle Krise herauf. Als Albrecht 1514 gewählt wurde, hatte er, die Verpflichtungen seiner Vorgänger eingerechnet, eine Schuld von 1200000 Gulden. Das Kapitel hatte ihn deshalb gewählt, weil es glaubte, er könne das Pallium bezahlen, ohne den Klerus des Landes mit neuen Abgaben zu belasten. Er nahm dann bei den Fuggern Geld auf und beschaffte sich eine Erlaubnis für den Ablaßhandel in den Erzdiözesen Mainz und Magdeburg. Dieses Ablaßgeschäft rief dann den berühmten Protest Luthers in Wittenberg hervor. Für Albrecht brachte das

Unternehmen einen finanziellen Erfolg. Mit den Ablaßeinnahmen konnte er seine Schulden bei den Fuggern fast ganz abtragen und dann kamen 1519 die Gelder für seine Stimme zur Wahl Karls V., die 103000 Gulden betrugen.

Östlich der Elbe spielten die Domänen eine größere Rolle. Doch waren in Kurbrandenburg die zentralen Einnahmen im Vergleich zu den rheinischen Territorien wesentlich geringer. In der ersten Hälfte des 16. Jahrhunderts stiegen sie auf 80000 Gulden. Doch zwang die hohe Verschuldung den Kurfürsten 1549 die gesamte Steuerverwaltung den Ständen zu überlassen. Beim Tod des Kurfürsten Joachim II. (1571) betrugen die Schulden fast 3,7 Mill. Taler. Günstiger wurde es, als die Hohenzollern die Erbschaft von Cleve und Mark übernahmen. Beim Regierungsantritt von Friedrich Wilhelm (1640) betrugen die Nettoeinnahmen der Kammer 440000 Taler. Günstig wirkten sich dann die Gebietserwerbungen (Ravensberg, Minden, Hinterpommern, Halberstadt und Magdeburg aus), wodurch sich die Nettoeinnahmen um ein Drittel erhöhten.

Mit dem Aufschwung des Bergbaus in Mitteldeutschland gab es beachtliche zusätzliche Einkünfte. Dies gilt besonders für die Wettiner und Welfen. Herzog Georg verstand es, so gut zu wirtschaften, daß man ihn den Reichen nannte. Reichtümer heimsten auch die Mansfelder Grafen aus dem Kupferbergbau ein, aber sie verschwendeten noch mehr, und so geriet der Kupferbergbau in der 2. Hälfte des 16. Jahrhunderts ganz in die Hände von Verlegern. Dank der Bergbaueinkünfte stand das albertinische Sachsen mit Gesamteinnahmen von etwa 500000 Gulden an der Spitze der deutschen Territorien. Der Rückgang des Bergbaus stellte dann die Domänen mit Einnahmen bis zu 50% an die erste Stelle, dann kamen die Steuern (vor allem die indirekten) vor den Regalien.

Es kam sogar zur Bildung eines Staatsschatzes. Das selbe war in Braunschweig-Wolfenbüttel der Fall, wo gleichfalls der Bergbau und die Metallverarbeitung zu den Einkünften beitrugen. In Bayern gelang es dem jungen Herzog Maximilian, die Einnahmen namentlich aus dem Salzwesen zu steigern und einen Staatsschatz zu bilden, der zu Beginn des Dreißigjährigen Krieges etwa 4 Mill. Gulden betrug, aber infolge des Krieges dann wieder dahinschwand.

Wie der Kaiser, so waren auch die Fürsten für die laufenden Zahlungsverpflichtungen immer wieder auf den Kredit der großen Kaufleute angewiesen. Die Geschäfte der Loitz mit Kurbrandenburg führten zu deren Bankrott. Die Wettiner bedienten sich der Kaufleute in Leipzig oder Nürnberg. Bei Bartolome Viatis hatten zu Beginn des Dreißigjährigen Krieges der Kurfürst von Sachsen wie der Bischof von Bamberg Schulden.

Das städtische Finanzwesen hielt sich in den Bahnen, die sich im Lauf des Spätmittelalters ausgebildet hatten. Die wichtigsten Einnahmequellen waren die Ungelder, d.h. indirekte Abgaben auf den Verbrauch von Wein,

Bier, Mehl, Salz und sonstige Genußmittel. Ihr Anteil betrug in Basel über 50%, in Hamburg stieg er von der Mitte des 16. bis zur Mitte des 17. Jahrhunderts von einem Drittel der Gesamteinnahmen auf zwei Drittel. Hier machten die Zölle einen wichtigen Part aus. In Köln hatte die Einnahme aus der Bierakzise den Hauptanteil. In direkter Weise wurde vor allem das Vermögen besteuert. Eine bekannte Form war der 100. Pfennig. Das Kreditwesen war zunächst noch gekennzeichnet durch den hohen Anteil an Ewig- und Leibrenten. Zum Ausweg des 100. Pfennig griff man nur in besonders dringenden Fällen. Nürnberg hatte um die Mitte des 16. Jahrhunderts Einnahmen in Höhe von fast 150000 Gulden, allerdings geriet es dann durch die Auseinandersetzungen mit Markgraf Albrecht Alcibiades in große Schwierigkeiten.

12. Organisation und Träger von Warenhandel und Geldgeschäft

a) Organisation

Die charakteristische Form des großen Unternehmens war im 16. Jahrhundert die Familiengesellschaft, die sich im Laufe des späten Mittelalters in der Form der offenen Handelsgesellschaft nach dem Vorbild der italienischen Kompagnien herausgebildet hatte. Es war dabei Grundsatz, daß derjenige, der sich im Kapital beteiligte, auch am Geschäft mitwirkte und mit seinem Anteil haftete. Daneben war es jedoch möglich, den Kapitalbestand durch Kommanditen und Depositen zu erweitern. Handelte es sich bei den ersteren um eine stille Beteiligung an Gewinn und Verlust, so erhielten die Einleger von Depositen nur Zinsen. Wollten die Geschäfte bei der zunehmenden Ausdehnung der Unternehmung noch übersehen werden, dann mußte man sich der in Italien entwickelten doppelten Buchhaltung bedienen, und in diesem Zusammenhang gewann auch die Inventur erhöhte Bedeutung. Wenn die Inventur gemacht und die Bilanz aufgestellt wurde, konnte man abschätzen, ob der Gesellschaftsvertrag in der gleichen Form weiterbestehen oder abgeändert werden mußte, ob die Teilnehmerzahl vergrößert oder verringert und im Zusammenhang damit eine neue Firmenbezeichnung gewählt werden sollte.

Nachdem die starke Beteiligung von Depositengeldern mit zum Konkurs der Höchstetter beigetragen hatte, war man im allgemeinen mit der Hinzuziehung von Kommandit- und Depositengeldern vorsichtiger. Über den Kreis der Gesellschaft hinaus wurden größere Zusammenschlüsse herbeigeführt, wenn es darum ging, umfangreichere Darlehen an Fürsten zu beschaffen. Doch waren das immer nur gelegentliche Konsortien, die keine festere Form annahmen. Im Bergbau bildeten die Saigerhandelsgesellschaften gewisse Ansatzpunkte für die weitere Ausbildung der Aktiengesellschaft, in denen sich für bestimmte Beteiligungsformen die Haftbeschränkungen durchsetzten und gegen Ende des 16. Jahrhunderts für die Gesellschaften die tatsächliche Zuerkennung der juristischen Persönlichkeit erreicht wurde. Weitere Möglichkeiten zeitweiliger Vereinbarungen zur Preisbeeinflussung boten sich mit den Kartellen, wie sie namentlich im Metallsektor anzutreffen waren. Monopolbestrebungen, wie sie die Metall- und Gewürzhändler im Auge hatten, wurden in den 20er Jahren vom Reichsregiment scharf bekämpft. Die Höchstetter mußten ihre Bemühungen, ein Quecksilbermonopol zu errichten, mit dem Konkurs bezahlen.

Im Bereich der Seestädte blieb das Einzelunternehmen bestimmend, allenfalls schloß man sich zu Gelegenheitsgesellschaften zusammen, die für ein bestimmtes Geschäft galten und sich dann wieder auflösten. Die „Fernhandelsgesellschaft auf Gegenseitigkeit" ist eine bezeichnende Form, außerdem arbeitete man gern mit Faktoren oder Kommissionären. Mit dem Zuzug der Fremden verstärkte sich die Tendenz zur Gesellschafterfirma.

Im allgemeinen gingen in den großen Handelszentren Eigen-, Faktor- bzw. Kommissions- und Speditionsgeschäft nebeneinander her. Ebenso waren die großen oberdeutschen Firmen vielfach Warenhändler und Bankiers in einem. In der Reederei gab es wohl Einzelschiffbesitz, aber die Partenreederei herrschte vor. Sie gab größere Sicherheit. In den Jahren, in denen der Kaperkrieg drohte, mußte man besonders daran denken und ebenso bei Fahrten nach ferner liegenden Ländern, namentlich bei der sogenannten Westfahrt, deren Ziel die französischen und noch südlicher gelegenen Häfen waren. Für die Lübecker Reederei ist festgestellt worden, daß man sich am liebsten mit $^1/_8$ Part beteiligte, dann folgten Anteile von $^1/_4$, bei den großen Schiffen hatte man gern auch $^1/_{16}$ und $^1/_{32}$ Part. Wie schon früher dienten Schiffsparten Außenstehenden zur Kapitalanlage. Neben der Kaufmannsreederei, bei der der Reeder seinen Schiffsanteil zugleich für seine Kaufmannschaft nutzte, gab es eine weitere Gruppe von Kaufleuten, die nicht gleichzeitig die Reederei betrieben und daher immer wieder für einen bestimmten Fall Frachtraum chartern oder einen Schiffspart kaufen mußten.

In den deutschen Seestädten konnten zwar keine privilegierten Handelsgesellschaften auf Aktienbasis gegründet werden, wie sie im Laufe des 17. Jahrhunderts in Holland, England, Dänemark und Schweden entstanden, trotzdem arbeitete das Kapital der Seestädte, namentlich Hamburgs, in solchen Unternehmungen. Hamburger Portugiesen waren stille Teilhaber der holländischen Ostindienkompagnie, andere Hamburger beteiligten sich an den dänischen Kompagniegründungen. Auch in der holländischen Westindienkompagnie wurde deutsches Kapital investiert, und nicht nur solches der Seestädte sondern auch des Binnenlands.

Wo zahlreiche Ausländer verkehrten, breitete sich das Maklerwesen aus. Um 1600 überwog in Hamburg unter den Maklern das niederländische Element. Später kamen auch Portugiesen hinzu. In Hamburg gab es 1605 31 geschworene Makler, in Amsterdam aber 1612 nicht weniger als 300. In Ostdeutschland, namentlich auf den Messen, auf denen zahlreiche ost- und südosteuropäische Händler verkehrten, spielte der Tausch- oder Baratthandel nach wie vor eine wichtige Rolle wegen der geringeren Kapitalkraft dieser östlichen Händler.

Neben dem Großhandel darf die volkswirtschaftliche Bedeutung des Einzelhändlers in den zahlreichen deutschen Städten und Märkten nicht übersehen werden, zumal die Grenzen zwischen den beiden Betätigungen obrigkeitlich wohl gezogen, aber nicht streng eingehalten wurden. Auf der Basis des in drei große Gruppen – Spezereien mit Drogen, Textilwaren und Kurzwaren – gegliederten Warenlagers ließen sich Unternehmungen aufbauen, die sich in ihrem Umfang von manchem Großhandel nicht unterschieden. Daneben hatte der Hausierhandel Bedeutung, Nürnberger Hausierer besuchten sogar Ostpreußen und hatten dort die schottischen Hausierer zu Konkurrenten.

Wichtig war die Ausbildung des Kaufmanns. In der Regel machte der angehende Kaufmann eine Lehrzeit durch, die meistens 5 oder 6 Jahre betrug, anschließend mußte er seinem Herrn zwei Jahre lang an auswärtigen Plätzen dienen. Zusätzliche Möglichkeiten der Ausbildung boten die Lehrbücher. Die Literatur der Rechenmeister, die im 15. Jahrhundert einsetzte, konnte sich im 16. Jahrhundert mit Hilfe des Buchdrucks stärker verbreiten. Einer der bekanntesten Verfasser war Henricus Grammateus (Schreiber) mit seinem Rechenbüchlein von 1518. Daneben behauptete sich der Brauch des Rechenpfennigs weiter. Jede Handelsstadt hatte ihre Rechenmeister, die sich an verschiedenen Plätzen in Zünfte zusammenschlossen.

Die Technik der doppelten Buchführung war noch wenig verbreitet. Die Wirkung Paciolis mit seinem Tractatus von 1494 und der Einfluß des Quaderno Doppis von Domenico Manzoni (1534) blieben außerhalb Italiens gering. Wichtiger war, daß der kaufmännische Nachwuchs selbst nach Italien ging und das Buchhalten an Ort und Stelle kennenlernte, wie der Augsburger Matthäus Schwarz, der 17jährig nach Venedig ging und vier Jahre später (1518) seine Erfahrungen in seiner Abhandlung „dreyerley Buchhalten" verwertete. Sie wurde aus Gründen der Geheimhaltung nicht gedruckt. In der Folgezeit erschienen aber eine Reihe deutscher Abhandlungen über das Buchhalten.

Etwas ganz Neues war es, als der Nürnberger Bürger Lorenz Meder 1558 sein „Handelsbuch" veröffentlichte; zum erstenmal brachte es Angaben über die Handelsbräuche, die damals in der vom Nürnberger Kaufmann besuchten Welt üblich waren, aber die bisher geheim gehalten wurden.

Entsprechend den Zünften hatten die Kaufleute ihre Interessenvertretungen gegenüber den Stadtverwaltungen, die zum Teil auf mittelalterliche Traditionen zurückgingen, zum Teil unter dem Einfluß von Anregungen, die aus dem Westen kamen, neu geschaffen wurden. In Hamburg taten sich 1517 die vornehmlich über See handelnden Kaufleute zum „Gemeinen Kopmann" zusammen. Sechs „Kopmannsolderlüde" an der Spitze dieses Gremiums nahmen die Interessen der Kaufleute in der Stadt und im Ausland wahr, schlichteten Streitigkeiten und übten eine bestimmte Aufsicht über Kaufleute und Schiffer aus. Ähnliche Gremien des Kaufmanns gab es in den anderen Seestädten Bremen, Danzig, Elbing und im norddeutschen Binnenland (Magdeburg, Berlin). Nach Gründung der Börse erlangten in Hamburg die Börsenalten Bedeutung, die u. a. das Botenwesen organisierten. Im Jahre 1623 wurde die Admiralschaft oder Admiralität geschaffen, die die Konvoi-Fahrten organisierte und den Hafen betreute. In ihr überwog der Einfluß des Rats. In Frankfurt gab es wohl eine zunftmäßige Kaufleute- und Krämergesellschaft, die aber anläßlich der Auseinandersetzungen zwischen Rat und Zünften 1616 mit den übrigen Zünften durch ein kaiserliches Dekret aufgehoben wurde. Inzwischen begann sich wie in anderen Städten, in denen es Börsenveranstaltungen gab, eine Börsengemeinschaft der Kaufleute herauszubilden. In Süddeutschland ist neben dem Regensburger Hansgericht der Nürnberger Handelsvorstand die bemerkenswerteste Interessenvertretung der Kaufleute, dessen Tradition sich auch im Zusammenhang mit der Börse bildete und zunächst in der Funktion der Marktherrn zum Ausdruck kam. Sie sorgten nicht nur für die Ordnung des Marktes, sondern regelten auch das Boten- und Geleitswesen. Weitere Aufgaben kamen mit der Errichtung des Banco Publico hinzu.

Die Rechtstraditionen, die sich im Bereich des deutschen Handels herausgebildet hatten, erfuhren verschiedene Anregungen von West- und Südeuropa. In Hamburg wurde 1603 nach niederländischem Vorbild zum erstenmal ein Wechselrecht niedergeschrieben, und der einer Aachener Familie entstammende Rütger Ruland in Hamburg war der erste in Assekuranzfragen versierte deutsche Jurist. Soweit die Reichsstädte auch an der Weiterbildung des privaten Handelsrechts mitwirkten, geschah das namentlich in den Stadtrechtsreformationen mit Bestimmungen über die „Handelsfrau", die Handelsbücher und die Gesellschaftsbildung. Im Lübecker Stadtrecht von 1586 hat so das hansische Seerecht seinen Platz, die Hamburger Statuten von 1603 erwähnen das Bankrott-, Wechsel- und Seerecht. Im Lauf des 17. Jahrhunderts folgten eine Reihe von Sondergesetzen in der Form der Kaufmanns- oder Merkantilordnungen, die sich auf öffentlich-rechtliche wie privatrechtliche Gegenstände bezogen, so die Hamburger Maklerordnung (1642) und Fallitenordnung (1642), ferner die Nürnberger Bancoordnung (1647). Es ist auch bezeichnend, daß die handelsrechtliche Literatur hauptsächlich von Männern gepflegt wurde, die in den Handels- und Seestädten zuhause waren.

b) Hauptträger von Warenhandel und Geldgeschäft

Im 16. Jahrhundert lag das Schwergewicht der deutschen Wirtschaft so sehr in Oberdeutschland, daß wir die größten Unternehmungen in den dortigen Zentren, voran in Augsburg und Nürnberg, suchen müssen. Die führende Stellung behauptete zunächst Jakob Fugger, der von 1510 bis 1525 monarchisch regierender Repräsentant des Hauses war und dem dann bis zu seinem Tod 1560 der Neffe Anton folgte. Unter ihm erreichte das fuggersche Vermögen 1546 mit 5 Mill. fl. den Höhepunkt. Bezeichnend ist für Anton wie auch für seinen Oheim schon die Kombination des Handels mit Luxuswaren und Metallen mit dem großen Bankgeschäft. Anton gab 1546 den ungarischen Kupferhandel auf, um sich künftig noch mehr den Verbindungen nach Spanien, den Niederlanden und Unteritalien zu widmen. Nach dem Tod Antons wurde der „gemeine Handel" von Markus Fugger fortgeführt, dann zog sich die Familie mehr und mehr auf ihre Landsitze zurück, konnte aber ihre spanischen Beziehungen erst 1645 auflösen, wobei Forderungen von 4 bis 5 Mill. fl. ungedeckt blieben.

Das zweite große Augsburger Unternehmen waren die Welser, deren Familiengesellschaft durch die Gründung Antons des Älteren und seiner Brüder Lukas und Jakob von 1498 in ein entscheidendes Entwicklungsstadium trat. Durch eine geschickte Familienpolitik gelang es den Welsern, in ihrem Unternehmen Augsburger, Memminger, Nürnberger und Ulmer Kapitalien zusammenzufassen. An der berühmten Ostindienfahrt von 1505/06 beteiligten sie sich von allen oberdeutschen Firmen am stärksten. Unter Bartholomäus Welser, dem Repräsentanten der nächsten Generation, verlagerte sich das Interesse des Hauses mehr und mehr nach dem Westen Europas. Über Sevilla gründeten sie auf der „Isla Española" eine Faktorei, sie brachten deutsche Bergleute nach Amerika, ihr Kolonisationsvorhaben in Venezuela scheiterte allerdings. Wie die Fugger überstanden die Welser die Finanzkrisen der Jahrhundertmitte, sie griffen noch einmal stark in den Gewürzhandel ein, Matthäus Welser wurde unter Rudolf II. Reichspfennigmeister, machte aber 1614 Konkurs.

Die Höchstetter kamen von der Bleicherei und dem Gewandschnitt in den Großhandel mit Textilien, Metallen und Gewürzen. Ambrosius Höchstetter suchte schließlich auf dem Quecksilbermarkt eine Monopolstellung zu erlangen, indem er die Bergwerke in Idria pachtete und die Produktion von Almadén zu erlangen suchte, erlag aber der Konkurrenz der Fugger und machte 1529 Konkurs. Einem der Söhne, Joachim, gelang es in England einen neuen Zweig zu gründen, dessen Angehörige sich im Bergbau betätigten und später auch unter den Merchant Adventurers erschienen.

Die Paumgartner machten ihren Aufstieg über den Tiroler Kupferbergbau. Hans Paumgartner heiratete eine Fuggerin, gehörte zu den Geldgebern Maximilians, Karls V. und Ferdinands und war einer der wenigen, die in

Augsburg die reiche Steuer zahlten. Seit 1539 hatte er die Quecksilberminen von Idria in Pacht. Er wurde kaiserlicher Rat, geadelt und erwarb die Herrschaft Hohenschwangau. Unter seinen Söhnen ging das Gewonnene wieder verloren. Der eine starb als Parteigänger des Ritters Wilhelm von Grumbach auf dem Schafott, der andere, Johann-Georg, geriet 1565 in Zahlungsschwierigkeiten.

Auch die Herwart gehören zu den großen Metallhändlern Augsburgs. Sie taten sich ferner im Juwelenhandel hervor, liehen dem niederländischen Hof wie auch König Ferdinand Geld. In der Zeit, als Georg Herwart Bürgermeister von Augsburg war, beteiligten sich dessen Söhne an Anleihen des französischen Hofs. Der Schwiegersohn Christoph Herwarts, Sebastian Neidhart, zahlte seit 1548 die reiche Steuer. Neidhart arbeitete zunächst auf der Iberischen Halbinsel mit Hieronymus Seiler, dem Schwiegersohn des Bartholomäus Welser. Zusammen mit dem früheren Welserfaktor Alexius Grimel und dem Pistojesen Caspar Ducci lieh er von 1536 ab von Antwerpen aus bald dem niederländischen Hof, bald dem französischen König Gelder. Während des Schmalkaldischen Krieges bauten sie in Lyon ein ähnliches Unternehmen auf, das unter der Leitung des Florentiners Simon Pecori stand. Auch die Söhne Neidharts betrieben das Geldgeschäft. Vom Gesamtvermögen der Neidhartschen Erben, das sich 1570 auf fast 500000 fl. bezifferte, bestand das meiste aus uneinbringlichen Forderungen.

Die Neidhart waren mit den Manlich verschwägert. Diese betrieben Warenhandel in Antwerpen und Lyon und verlegten sich von Marseille aus auf den Seehandel nach der Levante mit eigenen Schiffen. Matthias Manlich lieh der niederländischen Regierung und König Ferdinand Geld, 1554 pachtete er die Kupferausbeute von Neusohl. Französische Geldgeschäfte vor allem brachten das Haus 1574 zum Sturz. Seit 1531 waren Anton Haug d. Ä., Hans Langnauer, Ulrich Link und einige andere in einer Gesellschaft vereinigt. 1549 hatte das damals aus 22 Teilhabern bestehende Unternehmen einen Kapitalbestand von 529149 fl. In der Folgezeit zogen sich die vorsichtigen Teilhaber zurück. Die vier Gesellschafter, die 1560 noch übrig blieben, ließen sich in immer gewagtere Geschäfte ein, wozu sie durch das hohe Depositenkapital verleitet wurden. Der Warenhandel wurde immer nebensächlicher, das Hauptgeschäft bestand im Vertrieb Schwazer Kupfers und in Darlehen an Fürsten und Städte. Nach dem Ausscheiden von Melchior Manlich 1562 bestand die Gesellschaft noch aus David Haug, Hans Langnauer und Melchior Link. Unter Beteiligung hoher englischer Staatsmänner und Beamter gründeten sie 1564 eine Gesellschaft, um die Kupferbergwerke zu Keswik und die Bleibergwerke zu Kolbuk auszubeuten. Hier übernahmen sie sich, 10 Jahre später mußten sie ihre Zahlungen einstellen.

Früh verschwanden die Adler, die 1507 zu den sieben großen Augsburger Handelsgesellschaften zählten, welche sich an einem Darlehen für Kaiser Maximilian in Höhe von 150000 fl. beteiligen konnten. Die Rem sind bekannt geworden durch das Tagebuch von Lukas, der eine Zeitlang die Welser in Lissabon vertrat. Jakob Herbrot, Anführer der evangelischen Partei und Bürgermeister, zog sich durch sein entschiedenes Einsetzen für die Protestanten im Schmalkaldischen Krieg den Haß der katholischen Patrizier zu. Zu seinen Schuldnern gehörten u. a. Kaiser Ferdinand und der König von Polen. Als er 1562 in Zahlungsschwierigkeiten geriet, überstiegen seine Passiva eine halbe Million fl. Die Pimel betrieben Geldgeschäfte zusammen mit den Herwart und den Fuggern, die Rehlinger liehen dem französischen König und der englischen Krone, trieben aber weiterhin zugleich Warenhandel. Zur protestantischen Partei gehörten auch die Österreicher. Der Begründer der Firma, Hans Österreicher, erreichte 1575 mit 600 fl. die höchste Steuerklasse. Als er 1590 starb, hinterließ er ein Unternehmen, in dem über 600000 fl. arbeiteten. Das Geschäft führten dann die Söhne und der Schwiegersohn Hans Steininger fort. Die Firma betrieb hauptsächlich Textilgroßhandel und pflegte dementsprechend die Verbindungen ins Schwäbische, nach Ostmitteldeutschland und nach Italien.

Die bekanntesten Nürnberger Großhandelshäuser der ersten Hälfte des 16. Jahrhunderts waren die Imhoff und Tucher sowie die Firma des Hans Welser. Anton Tucher, seit 1505 „vorderster Losunger" (erster Bürgermeister), betrieb mit seinen Vettern Hans und Martin Warenhandel, vor allem nach Lyon. Der Sohn Lienhard führte das Geschäft mit seinem Vetter Lorenz fort und baute es, namentlich in Antwerpen, aus. Die Tucher ließen sich trotz Klebergers Bemühungen nicht in französische Geldgeschäfte ein.

Die Imhoff betrieben Handel mit Italien, Frankreich, den Niederlanden und Portugal. Der Höhepunkt wurde erreicht mit der Firma des Endres Imhoff und seiner Brüder. Endres Imhoff wurde 1565 Nachfolger Lienhart Tuchers als erster Losunger. Verhältnismäßig spät ließ er sich in Finanzgeschäfte in Lyon und Antwerpen ein, und schließlich wurden die Imhoff geradezu die Bankiers des Nürnberger Rates. Daneben gingen die teilweise recht spekulativen Geschäfte in Pfeffer, Safran, Alaun und anderen Waren. Während der Krisenzeit nach der Jahrhundertmitte erlitten die Imhoff schwere Verluste.

Eine führende Stellung unter den ostmitteldeutschen Leinwandhändlern erlangten die Gewandschneider, die 1599 beim Tod des letzten Vertreters der älteren Generation ein Gesellschaftskapital von 297375 fl. hatten. Ende 1608 mußte die Firma die Zahlungen einstellen. Die Aktiva lagen knapp unter den Passiva von 105000 fl. Die Schwendendörfer verlegten das Schwergewicht ihres Unternehmens zu Beginn des 17. Jahrhunderts nach Leipzig, wo Hans Schwendendörfer das Geschäft führte, während Leonhard in Nürnberg blieb. Durch Verschwägerung mit den Lebzelter beteiligte sich die Firma auch am Metallhandel. Nach dem Tod des Hans (1619) und des Nürnberger Leonhard wurde Christoph das Haupt der Firma, während sein Bruder Leonhard Leipziger Bürgermeister wurde. Eine auf den

8. 1. 1624 zurückdatierte und vermutlich frisierte Bilanz ergibt eine Summe von 606632 fl.

Das größte Nürnberger Unternehmen baute der aus dem Venezianischen stammende Bartolomeo Viatis auf, der in seiner Jugend nach Nürnberg kam und 1591 mit seinem Schwiegersohn Martin Peller aus Radolfzell eine Gesellschaft bildete, die bis zu seinem Tod 1624 bestand. Eine Zeitlang war sie wohl das größte kaufmännische Unternehmen in Deutschland. Beim Tod von Viatis arbeitete die Firma mit einem Handelskapital von etwa 1 Million fl. Sie wurde dann von der nächsten Generation der Viatis und Peller fortgeführt.

Die Zangmeister von Augsburg und Memmingen erlagen dem Geldgeschäft mit der französischen Krone; auch die Ligsalz und Fleckhamer aus München, deren Hauptkontore sich in Augsburg und Antwerpen befanden, fallierten in den 60er Jahren des 16. Jahrhunderts. Die Straßburger Handelsgesellschaften der Prechter und Ingold gingen infolge ihrer Lyoner Geldgeschäfte ebenfalls zugrunde.

Der Memminger Hans Koch d. Ä. baute den Barchent-, Leinen- und Kolonialwarenhandel mit Nürnberg als zweitem Hauptsitz auf. Bei seinem Tode 1606 hatte er einen Geschäftsanteil von 326000 fl., während der Anteil seines Gesellschafters, des Nürnbergers Melchior Büttel, unter 100000 fl. lag. Die vier Söhne Kochs, die das Geschäft mit übernahmen, verteilten sich auf Nürnberg, Memmingen und Augsburg. Nach dem Tod Büttels (1614) erneuerten sie 1618 allein den Vertrag. Ihre Gesellschaft muß damals mit mindestens 500000 fl. gearbeitet haben. Die Söhne des Augsburgers Matthias Koch wurden als Koch von Gailenbach geadelt und stiegen ins Patriziat auf. Die Söhne des Memminger Kaspar Koch wurden als Koch von Wespach geadelt.

Michael Bufler von Isny wurde Bürger in Leipzig (1504). Zusammen mit Hieronymus Walter und seinem Schwiegersohn Ulrich Mordeisen gründete er 1520 eine Gesellschaft, die verschiedene Jahre das Monopol für den Einkauf des sächsischen Zinns hatte. In den 40er Jahren war er wohl der wichtigste Zinnhändler Sachsens. Nach seinem Tod 1546 übernahmen die Söhne Christoph und Wolf gemeinsam das Geschäft, trennten sich jedoch später und starben 1557 bzw. 1558 verschuldet.

Der Ulmer Thomas Lebzelter wanderte ebenfalls nach Leipzig aus und trieb schließlich einen weitreichenden Handel mit Spezereien und Materialwaren, Rauchwaren, Leder und Textilien. Schließlich verband er den Bergwerksverlag mit dem Salzhandel. Seine Investitionen im Mansfelder Kupferbergbau führten 1617 zu seinem Konkurs.

Ein bedeutendes Unternehmen mit zeitweiligem Schwerpunkt in Nürnberg bauten die Vertema (Wertemann) aus Plurs (Piuro) im Bergell auf. Eine protestantische Linie dieser Familie übernahm in Basel die Pellizarische Seidenfärberei. In Nürnberg gab es in der zweiten Hälfte des 16. Jahrhunderts zwei Firmen, Wilhelm Werdemann und Gebrüder, sowie Carlo Werdemann, die mit Seidenwaren und italienischen Spezereien handelten. Mehr und mehr verlagerten sie ihre Interessen nach den habsburgischen Erblanden, wo die Firma Carlo Werdemann und Mitverwandte anläßlich des Türkenkrieges dem Kaiser Geld lieh, Kriegsmaterial und Prägesilber lieferte.

Unter den während der Antwerpener Krise von der Scheldestadt nach Köln übersiedelnden Fremden befanden sich verschiedene bedeutende Firmen, voran die Portugiesen Ferdinand Ximenes und sein Bruder Rui Nunes (gest. 1581). Sie, die Rodrigues d'Evora und die Alvares Caldeira, die sich Ende der 70er Jahre und in den 80er Jahren in Köln aufhielten, gehörten zu den führenden Gewürz-, Zucker-, Juwelenhändlern und Bankiers ihrer Zeit mit weitreichenden Verbindungen bis Ostindien und Brasilien. Von den Italienern sind die Navaroli, Gavi und Neri zu nennen, die ihre Verbindungen über ganz Europa hin hatten, unter den Niederländern die van den Heuvel und die de Grote, die insbesondere auf der Linie Niederlande-Italien tätig waren.

In Frankfurt ragte um die Wende zum 16. Jahrhundert die Blum-Gesellschaft hervor und dann etwas später die Scheidgesellschaft. Das patrizische Kaufmannstum begann aber dann zu ermüden. Mit den Glaubensflüchtlingen kamen neue Unternehmerkräfte, deren Tätigkeit sich an der Wende zum 17. Jahrhundert auffallend auswirken sollte. Das bedeutendste Unternehmen hatten die Bodeck, die von Thorn stammend nach Antwerpen verzogen und nach der Krise der Stadt ihre Geschäfte nach Lübeck und Hamburg bzw. Frankfurt verlegten. Bonaventura Bodecks Sohn Johann lebte seit 1585 in Frankfurt, er war verheiratet mit einer Tochter des Antwerpener Kaufmanns Arnold Bormann und betrieb seine Geschäfte mit seinem Schwager Hans Scholier zusammen. Er tätigte große internationale Waren- und Wechseltransaktionen. Später schlossen sich diesem Unternehmen auch die Rehlinger von Augsburg an. Die Bodeck gehörten damals zu den großen Kupferhändlern, sie waren vor allem am Mansfelder und am Schönburgischen Kupferbergbau in Graslitz im böhmischen Erzgebirge beteiligt.

Enge Familienbande bestanden zwischen den Bodeck und den van Uffeln, die zu Beginn des 17. Jahrhunderts in Hamburg das bedeutendste Unternehmen hatten. Auch sie kamen aus Antwerpen. Dominicus van Uffeln, Hauptrepräsentant der Familie, trieb Überseehandel, wobei das Kupfer ebenfalls einen wichtigen Platz einnahm. Die van Uffeln hatten Verwandte in den Niederlanden (Amsterdam) ebenso wie in Italien (Venedig, Messina) und waren mit den Bodeck doppelt verschwägert. In der letzten Zeit vor seinem Tod (1623) hatte Dominicus van Uffeln die größten Umsätze an der Hamburger Bank. Das Erbe übernahm der älteste Sohn Dominicus unter der Firma „Dominicus van Uffeln seel. Erben".

Die Zahl der großen Firmen war um diese Zeit in Hamburg beträchtlich. Im ersten Jahr der Hamburger Bank, 1619, hatten 42 Firmen Umsätze von über 100000 Mark. Davon waren 32 Niederländer oder Zuzügler aus dem Aachener Bereich. Die größten Geschäfte machten die Brüder Amsinck, Carel Groenendal & Peter Verpoorten, beides Niederländerfirmen, und die Oberdeutschen Zimpert & Emanuel Jenisch.

Lübeck konnte in dieser ganzen Zeit keinen Kaufmann vom Format dieser Hamburger aufweisen, weder Hermann Iserhel, der Gustav Wasa auf den schwedischen Thron verhalf, noch die Brockes um 1600 reichten an sie heran, etwas später baute Thomas Fredenhagen ein großes Reedereiunternehmen auf. Kurz war die Blüte der Loitz in Stettin, die Boisalzhandel trieben und zusammen mit Andreas Bundholz dem Kurfürsten von Brandenburg Geld liehen. 1564 betrug die Schuld des Kurfürsten bei ihnen 1,8 Mill. Gulden, 1572 machte das Haus Loitz Bankrott.

Man würde dem Wirtschaftsleben in den deutschen Seestädten nicht gerecht werden, wenn man nur nach großen Firmen suchen würde. Die Konsortialbildung, der Zusammenschluß in große Unternehmen, widersprach im allgemeinen niederdeutschem Kaufmannsgeist, da wollte jeder am liebsten auf sich selbst gestellt sein. Viele dieser Kaufleute stiegen aus dem Schifferstand auf. Bernhard Hagedorn hat gezeigt, welche Rolle der Schifferkaufmann in Emdens großer Zeit spielte.

Der Katalog der deutschen Kaufmannsunternehmer wäre nicht vollständig ohne Berücksichtigung jener, die ihre Tätigkeit ins Ausland verlegten. Weitgehend handelte es sich dabei um Söhne, Neffen oder Handelsdiener, die für das Unternehmen in der Heimat arbeiteten, sei es im Fondaco dei Tedeschi in Venedig, im Kontor zu Bergen oder im Stalhof zu London oder in einer anderen Handelsniederlassung des Ost- oder Nordseeraums, der atlantischen und Mittelmeerküste. Verschiedene bauten aber selbständige Unternehmen auf, so Lazarus Tucher in Antwerpen und Hans Kleberger in Lyon. Tucher, der einer Seitenlinie der Nürnberger Patrizierfamilie entstammte, trieb in Antwerpen spekulative Maklergeschäfte und begab sich in den zwanziger Jahren des 16. Jahrhunderts in die Finanz. Verheiratet mit der Tochter des Tournayer Kaufmanns Nicolas Cocquiel, war er eine Zeitlang Finanzagent der niederländischen Regierung, mußte diese Stellung aber in den vierziger Jahren an Gaspar Ducci abtreten. Auch mit der Stadt Antwerpen, den Königen von Portugal und England machte er Geldgeschäfte. Tucher trug zwar den Titel eines Kaiserlichen Rats, blieb aber bis zu seinem Tod 1563 Kaufmann.

Kleberg(er) entstammte einer nichtpatrizischen Nürnberger Familie namens Scheuhenpflug, die einen schimpflichen Bankrott machte und deshalb den Namen wechselte. Kurz vor 1525 konnte er in Lyon eine eigene Handlung begründen. Hier erwarb Kleberg durch seine Wohltätigkeit den Beinamen „le bon allemand“. Namentlich am französischen Hof war er angesehen. 1536 gab ihm der König das Indigenat, und 1543 wurde er zum „valet de chambre ordinaire du roi“ ernannt. Vermutlich von der Zeit ab vermittelte er wie Tucher in Antwerpen dem französischen König oberdeutsche Kapitalien. Nach Kleberg, der Ende der vierziger Jahre starb, gelang es den Straßburgern Georg Obrecht und Israel Minckel eine Zeitlang über Lyon bedeutende Finanztransaktionen für den französischen König durchzuführen. Die gewaltigen Summen, die zumeist durch ihre Vermittlung in den kritischen Jahren 1556–1564 nach Frankreich flossen, wurden größtenteils nicht zurückgezahlt.

Zwei Urenkel des Augsburger Bürgermeisters Georg Herwart, Bartholomäus und Georg, wurden zu Beginn des 17. Jahrhunderts in Lyon geboren. Nach dem Tode Gustav Adolfs stellten sie, entschiedene Protestanten, ihre Gelder Herzog Bernhard von Weimar zur Verfügung und ermöglichten es ihm, 1638 das Elsaß zu besetzen. Nach seinem Tod im nächsten Jahr beschafften sie das Geld, um die Armee des Herzogs zum Eintritt in den französischen Dienst zu veranlassen. In der Folgezeit verlegten sie das Schwergewicht ihrer Geschäfte nach Paris und betätigten sich so aktiv bei der Finanzierung der französischen Kriegsführung, daß Bartholomäus (Barthelomé) Hervart, zum Finanzintendanten ernannt wurde.

In Italien waren in der zweiten Hälfte des 16. Jahrhunderts die „Otti" Agenten oberdeutscher Häuser, Angehörige der Eberz aus Isny lebten in Florenz, solche der Furtenbach aus Feldkirch in Genua. Albert Cuon aus Geislingen baute, nachdem er Faktor oberdeutscher Häuser gewesen, zur Zeit Karls V. ein eigenes Geschäft in Valladolid auf, Philipp Krel hatte später ein Bankgeschäft in Madrid; die frühen Amerikageschäfte von Sevilla aus sind ohne die Cromberger und Nürnberger, ohne Seiler, Ehinger und Dalfinger, ihre eigenen Geschäfte und ihre Faktoreidienste für die Welser nicht denkbar. Christoph Raiser war ebenso Sevillaner Faktor der Fugger, Hans von Schüren und Hans Schedler dienten jahrelang den Fuggern von ihrem Stützpunkt Almagro aus und waren große Herren, und noch mehr waren dies die Faktoren des großen Bankhauses, die dem Hof folgten, von Toledo nach Valladolid, von Madrid nach Granada oder Aranda de Duero unterwegs waren, Christoph Mülich, Veit Hörl, Caspar Weiler und Jobst Walther. Christoph Hörmann und Thomas Miller hatten es dann leichter, als Philipp II. sich den Escorial baute und Madrid feste Hauptstadt wurde.

Beträchtlich war die Zahl deutscher Kaufleute in Lissabon. Wie nach Venedig, Lyon oder Antwerpen wurden die Leute in jungen Jahren als Diener, Faktoren einer oberdeutschen, später auch Hamburger oder Lübecker Firma hinausgeschickt. Mancher starb früh, einige verkamen, die meisten kehrten nach wenigen Jahren wieder zurück. Lukas Rem, Zeitgenosse Martin Behaims, hat seine Lissaboner Zeit durch sein Tagebuch verewigt. Jorge Hervart war um 1530 ein bedeutender Juwelenhändler, Konrad Roth verbrachte hier, nachdem er seinem Augsburger Bankrott entkommen war, seine alten Tage. Der Oberdeutsche Jacob „Fixer" war einer der „contratadores de Africa", der Augsburger Ferdinand Cron lebte als angesehener Kaufmann in Goa, bis ihn portugiesische Intrigen zu Fall brachten. Die Hulscher gehören zu den deutschen Kaufleuten, die mit am frühesten von Lissabon aus eine Niederlassung in Brasilien gründeten.

Viele dieser unternehmenden Kaufleute heirateten draußen Töchter des Landes und ließen sich naturalisieren. Das war auch in Nordeuropa der Fall, wo namentlich der Dreißigjährige Krieg Schleswig-Holsteiner nach Norwegen führte. Die Tønder, Angel, Hornemann wurden bedeutende norwegische Kaufmannsgeschlechter, der Flensburger Hans Nansen wurde angesehener Bürgermeister in Kopenhagen.

Neben den Kaufleuten und Schiffern darf man den fürstlichen und adligen Unternehmer nicht übersehen. Wenn unter den nichtbürgerlichen Kaufleuten und Industrieunternehmern des 16. und 17. Jahrhunderts Fürsten einen hervorragenden Platz einnehmen, so hing dies einmal mit ihren Machtmitteln und Möglichkeiten als Land- und Regalbesitzer zusammen, zum anderen mit den Schwierigkeiten, die der noch nicht abgeschlossene Übergang von der Natural- zur Geldwirtschaft bzw. die Verquickung beider mit sich brachten. Dies stachelte einerseits den ökonomischen, haushälterischen Sinn der Fürsten an, während andererseits das Repräsentations- und Luxusbedürfnis sowie der Militär- und Beamtenapparat gewaltige Summen verschlangen. So wie der Fürst zum größten Verbraucher im Lande wurde, wurde er zum größten Produzenten und Exporteur. Besonders häufig war dies in den protestantisch gewordenen Territorien der Fall, wo die neue Berufsauffassung den auf das Haushälterische gerichteten Sinn anregte, während in den katholisch gebliebenen Fürstentümern die mittelalterlich-ständische Auffassung sich stark behauptete und durch Schriftsteller des 16. und 17. Jahrhunderts neue Anregungen erfuhr, die dann im Laufe des 17. Jahrhunderts auch auf die protestantischen Fürsten und Adelskreise hinüberwirkten. Anregungen zur kaufmännischen Betätigung boten sich im 16. Jahrhundert den neutralen Fürsten in der Belieferung Westeuropas mit Getreide und Schiffbaumaterialien. So trieben die ostfriesischen Grafen Seehandel, die Mecklenburger Herzöge schickten ihr eigenes Korn ins Ausland und bemühten sich, verschiedene Klipphäfen für ihren Seehandel auszubauen. Herzog Albrecht schickte eigene Schiffe nach Portugal. Auch Bogislaw X. und Barnim X. von Pommern sowie Herzog Albrecht von Preußen betrieben Seehandel. Ähnlichen Eigenhandel finden wir bei Herzog Johann dem Jüngeren von Schleswig-Holstein-Sonderburg, bei verschiedenen Erzbischöfen von Bremen und Grafen von Oldenburg. Wie Graf Edzard von Ostfriesland betrieb auch ein Graf von Schauenburg Salzraffinerie, Kurfürst August von Sachsen wollte mit dem Augsburger Konrad Roth den portugiesischen Pfefferhandel nach Leipzig ziehen. Herzog Julius von Braunschweig trieb Bergbau und widmete sich dem Waffengeschäft. Auch fürstliche Damen hatten Ökonomien und trieben in Verbindung damit Handelsgeschäfte. Am bekanntesten wurde die Kurfürstin Anna von Sachsen.

Natürlich ist es nicht immer möglich, genau festzustellen, wo der private Bereich der fürstlichen Eigenwirtschaft aufhörte und das merkantilistische Denken und Bemühen im Interesse des Staates begann, wo wir es mit der unternehmerischen Persönlichkeit des Fürsten allein zu tun haben und wo Leute des Hof- und Regierungsapparates mitwirkten.

Nirgends in Deutschland hat der Adel eine solche wirtschaftliche Tätigkeit entfaltet wie gerade in den Elbherzogtümern. Günstige Seelage und besondere privilegierte Stellung begünstigten hier den Ausbau der Gutswirtschaft zum Zweck des Getreideexports. Frachtfahrt, Heringsfischerei, Handel mit den Bauern wurde damit verbunden. Außerdem setzte man die gewerbliche Produktion eigener Mühlen und Hämmer ab.

Eine natürliche Folge der Ansammlung großer Kapitalien war die bedeutende Rolle, die der holsteinische Adel auf dem nordwestdeutschen Kapitalmarkt, insbesondere auf dem Kieler Umschlag spielte. Das ganze oldenburgische Fürstenhaus mit seinen Zweigen in Kopenhagen und Gottorf besonders nahm auf dem Umschlag ständig adlige Darlehen auf. Noch 1645 konnte Christian Rantzau dem dänischen König Tranekaer für 62000 Rt. abnehmen. Ein so profiliertes Unternehmertum wie gerade in den Herzogtümern wird man unter dem Adel Mecklenburgs, Brandenburgs, Pommerns und Preußens schwerlich finden, wiewohl auch hier der Großgrundbesitz nicht versäumt hat, Gutswirtschaft und Leibeigenschaft zum Getreideexport zu nutzen. Im Bereich westlich der Elbe und in Süddeutschland konnte auf Grund anderer grundherrschaftlicher Traditionen der Ausbau von Gutswirtschaften nicht in diesem Umfang wie östlich der Elbe erfolgen. Immerhin haben wir im 16. Jahrhundert recht kapitalkräftige Repräsentanten des niedersächsischen Adels, von dem der Kreis um Franz von Halle wohl am bemerkenswertesten ist, schon deswegen, weil diese Leute mit der Geldleihe das Condottieregeschäft verbanden. Weitere Beispiele solch adligen Condottieretums waren Günther von Schwarzburg, die Mansfeld, Lazarus von Schwendi.

Im niederrheinisch-friesischen Raum ist die Kompagnie von Nordsalzburg ein interessantes Beispiel adligen Unternehmertums. Sie geht zurück auf einen Vertrag von 1571, den der „groningerländische" Adlige Wigbold von Bohum, Herr von Nienoort, mit verschiedenen niederrheinischen Herren abschloß, um aus den Moorgebieten des ersteren Torf zu gewinnen, der zum Betrieb von Salzsiedereien verwendet wurde.

Auch in bäuerlichen Kreisen gab es Möglichkeiten, über den dem Bauern zugewiesenen landwirtschaftlichen Bereich hinaus kaufmännisch tätig zu sein. Dies gilt namentlich für die Küstengebiete, wo sich alte Traditionen der Bauernschiffahrt behaupten konnten. Wir finden sie an der Ostküste der Herzogtümer in Arnis und Kappeln an der Schlei, auf der Insel Fehmarn, besonders an der Westküste in Eiderstedt, Stapelholm und in Dithmarschen. Dithmarsische Bauern trieben Frachtschiffahrt und Kaufmannschaft bis nach der Iberischen Halbinsel. Auch am Ochsenhandel beteiligten sie sich, wobei das Marschland die Möglichkeit bot, das aus Dänemark kommende Vieh sich fett grasen zu lassen und dann über die Häfen oder über die Elbe weiter zu verhandeln.

In den Leinenproduktionsgebieten gab es die Möglichkeit, Garn- und Leinenhandel zu treiben. Namentlich die Kleineren, die Kötter, Heuerlinge, Häusler, bemühten sich um solche Nebenbeschäftigungen. Auch das Fuhrunternehmertum, etwa in Frammersbach im Spessart, in Wermelskirchen bei Köln, in Neumünster bei Hamburg gab die Möglichkeit, kaufmännische Geschäfte daraus zu entwickeln, genauso wie dies bei vielen Gastwirten der Fall war.

Auch in kirchlichen Kreisen gab es reichlich Möglichkeiten über den Absatz der eigenen Produktion, den eigenen Bedarf hinaus Handel zu treiben. Klöster spielten als Großlieferanten für Getreide, Flachs, Wolle eine beachtliche Rolle. Einzelne Prälaten deponierten ihr Geld bei Großkaufleuten wie Kardinal Melchior von Meckau, Bischof von Brixen, bei den Fuggern. Damit befinden wir uns im weiten Feld der Verweltlichung der Kirche am Vorabend der Reformation, die zu den Angriffen eines Eberlein von Günzburg und anderer führte. Die meisten dieser kaufmännisch-unternehmerischen Möglichkeiten schwanden in der Reformation dahin, da das kirchliche Gut ja weitgehend säkularisiert wurde. Insofern aber die Geistlichkeit nach der Reformation noch über Grundbesitz und Vermögen verfügte, bestand auch die Möglichkeit und Notwendigkeit, damit zu wirtschaften. Dies gilt für die katholische wie für die protestantische Seite, für die Klöster etwa der einen, für die adligen Frauenstifte und Pastoren der anderen.

13. Gesamtwirtschaftlicher Verlauf

Unsere Forschung ist heute noch nicht so weit gediehen, daß sie uns eine klare Vorstellung vom konjunkturellen Ablauf in der hier behandelten Zeit von 1500 bis 1648 ermöglicht. Doch dürften gewisse Grundzüge festliegen. Zu beachten ist, daß in der Gesamtentwicklung der landwirtschaftliche Sektor nach wie vor das Übergewicht behauptet, während daneben die gewerbliche Produktion und die anderen wirtschaftlichen Sektoren, vor allem der Handel, gewisse differenzierende Züge aufweisen.

Wir haben für die Landwirtschaft eine lange Bewegung der Preissteigerung, die noch im 15. Jahrhundert teilweise zu Beginn des 16. Jahrhunderts einsetzt und zu Beginn des 17. Jahrhunderts von einer langen Horizontalen der Stagnation abgelöst wird. Die Phase der Preissteigerung war vermutlich von einem relativen Sinken des Sozialproduktes begleitet. Für den Sektor der gewerblichen Produktion und des Handels haben wir in der ersten Hälfte des 16. Jahrhunderts eine ausgesprochene Expansion. Kupfer- und

Silberproduktion erfahren eine Steigerung, neue Produktionsgebiete werden teilweise erschlossen, die großen oberdeutschen Häuser erleben ihre goldene Zeit. Die Verlagerung der Handelswege und besondere politische Konstellationen fordern sie zu einer Steigerung ihres unternehmerischen Einsatzes heraus. Um die Jahrhundertmitte können wir deutlich einen Einschnitt feststellen. Schmalkaldischer Krieg und Fürstenaufstand lähmen die oberdeutsche Aktivität, aber auch in der Kupfer- und Silberproduktion tritt eine Ermüdung ein. Anton Fugger gibt den slowakischen Kupferbergbau auf, aus Amerika kommen von der Jahrhundertmitte ab steigende Edelmetallimporte. Verschiedene Staatsbankrotte zu Ende der fünfziger Jahre haben die Zusammenbrüche einer großen Zahl von Handelshäusern zur Folge.

Trotzdem kann nicht von einem künftigen allgemeinen Niedergang gesprochen werden. Die Dinge liegen komplizierter. Angesichts der Abwärtsentwicklung verschiedener Städte (Lübeck, Straßburg, Regensburg, Konstanz, Ravensburg) hat man den Aufstieg anderer Städte (Hamburg, Frankfurt, Leipzig, Danzig, Breslau, Königsberg) nicht richtig eingeschätzt. Insbesondere hat man übersehen, „daß in dieser Zeit eine Fülle von kleinen Städten und Städtchen durch Verlagerung von Gewerbezweigen oder auch von Verlagsorganisationen eine hohe Bedeutung erringen, und daß außerdem das Gewerbe in einem großen Ausmaße sich auf dem Lande ansiedelte oder, wo es schon auf dem Lande ansässig war, sich ausweitete (F. Lütge)."

Ferner hat man als Folge der Entdeckungen die Verlagerung des Welthandels an die Westküsten Europas überbetont. Deutschland sank als Zentralland ab, gewann aber auch andererseits wieder. Die nach Spanien gelangenden Edelmetalle strömten im wesentlichen von dort wieder ab, und zwar als Gegenleistung für die Bezahlung von Importen aus den Exportländern, deren Produktionsvolumen sich steigerte. Zu diesen Exportländern gehörte auch Deutschland. Außerdem ist zu wenig beachtet worden, daß die im Transatlantik-, Afrika- und Ostindienhandel eingesetzten Schiffe noch weit hinter der Zahl der Schiffe zurückstanden, die die nordeuropäischen Meere befuhren und den Sund passierten. Auch brachen ja die alten Handelsverbindungen nach Südosten nicht ganz ab, sondern belebten sich ab 1540 wieder, außerdem erfuhr der Handelsaustausch zwischen Mittel- und Osteuropa eine Intensivierung.

Überschätzt wurden auch die Verluste der großen oberdeutschen Handelshäuser in Verbindung mit den spanischen, französischen und sonstigen „Staatsbankrotten". Wären die Handelsgewinne, die auf diese Weise verloren gingen, in Deutschland verblieben, wären sie kaum in Produktionsanlagen investiert worden, sondern zum Ankauf von Luxus- und Konsumgütern und zum Erwerb von Grundherrschaften verwendet worden, zumal diese Großunternehmer schon in der dritten und vierten Generation die

Tendenz zeigten, die kaufmännische Tätigkeit aufzugeben und sich zu Grundherren umzuwandeln. Man dürfte nach Lütge die Verluste dieser wenigen Geldgeber um so weniger als Wirtschaftskrise bezeichnen, als der Kapitalmarkt doch erst in den Anfängen stak und nur ganz geringe Sektoren der deutschen Wirtschaft überhaupt mit diesem Kapitalmarkt in Berührung kamen. Anstelle der wenigen großen Vermögen trat in Augsburg eine breitere Gruppierung.

Die wichtigsten Steuerzahler (mit einer Steuerschuld von über 500 fl.) entrichteten 1558 nur 5715 fl., im Jahre 1604 aber, als ein Höchststand erreicht wurde 12815 fl. und 1618 11633 fl. Daneben nahmen die kleinen und mittleren Vermögen ebenfalls zu. Zwischen 1605 und 1618 erfolgte eine Steigerung der Augsburger Vermögenseinnahme von 65227 Münzgulden auf 71346 Münzgulden, wobei allerdings noch die Inflation im Auge behalten werden muß.

Einen weiteren Beweis für eine Zunahme des Wohlstands und eine Vermögensbildung auf breiter Basis muß man in der Verschuldung der landesherrlichen, städtischen, ständischen und privaten Darlehensnehmer sehen. Um 1620 bestand so eine Kreditverflechtung, die ohne eine ständig zunehmende Vermögensbildung zahlreicher „anonymer" Einzelpersonen nicht möglich gewesen wäre. Ferner hat man den Niedergang der politischen Machtstellung der Hanse mit einem wirtschaftlichen Verfall gleichgesetzt. Man beachte aber das Ansteigen der Zahl der deutschen Schiffe, die den Sund passierten. 1497 betrug ihr Anteil an den gesamten Passagen 20%, 1597 23,5%, wobei noch zu bedenken ist, daß ja auch die Größe der Schiffe zugenommen hat. Gerade Hamburg hat in dieser Zeit einen steilen Aufstieg genommen. Ebenso blühten Städte wie Bremen, Emden und Danzig auf. Im Binnenland wären vor allem Köln, Frankfurt und Leipzig zu nennen. Die Zuwanderung von Refugianten und die Verlagerung von Handelsrouten ins deutsche Hinterland während der Unruhen in den Niederlanden und in Frankreich wirkten sich begünstigend aus. Von Köln sagte Ludwig Beutin, daß es zwischen 1500 und 1590 sein wirtschaftlich glänzendstes Jahrhundert gehabt habe. In Frankfurt verdreifachte sich im Zeitraum 1515 bis 1610 das Aufkommen an Zoll- und Waaggeld, das Krangeld wurde mehr als verdoppelt. Die größte Blüte Frankfurts lag in den Jahrzehnten von 1530 bis 1560. Der Aufstieg Leipzigs erfolgte dank der kommerziellen Verbindungen mit dem weiteren Osten, abgesehen von der Bedeutung als Zentrale für das thüringisch – sächsisch – böhmisch – schlesische Metall- und Textilgebiet. An dieser kommerziellen Erschließung des Ostens nahm auch tatkräftig Nürnberg teil. Die hier aufgezeigten Verlagerungen, die unter stadtgeschichtlichem Aspekt vielfach als Niedergangserscheinungen gewertet werden, lassen sich erst bei umfassender volkswirtschaftlicher Betrachtung richtig deuten.

Für Nordwestdeutschland sei auf die Verlagerungen auf dem gewerblichen Sektor hingewiesen. Auf Kosten der Hellwegstädte traten die früher nur wenig mitspielenden Städte im nördlichen und südlichen Bergland seit dem 16. Jahrhundert immer deutlicher hervor, da sie die kommerziellen Exponenten eines ländlichen Gewerbes, der Metall-, Textil- und Holzbranche, der Steine und Erden, wurden: Bielefeld und Herford, Iserlohn, Altena, Lüdenscheid, Siegen, auf der rheinischen Seite Elberfeld, Solingen, Remscheid, Krefeld. Dazu kommen die Verlagerungen im Aachener Tuch- und Metallgewerbe. Die oberdeutschen Kaufleute, voran die Nürnberger, bauten auf dem Verlagswege, insbesondere des Zunftkaufs, die Leinen-, teilweise auch die Tuchherstellung Sachsens, der Lausitz und Schlesiens auf und erschlossen ihr den Weltmarkt. Arno Kunze hat die Jahrzehnte von 1550 bis 1620 für die Wirtschaft der „Sechsstädte" in der Oberlausitz die wohl glücklichsten ihrer ganzen Geschichte genannt.

Als weiteres Beispiel wäre noch die oberpfälzische Eisenindustrie zu nennen. Die Zahl der Schmiedehämmer ging zwar von 1545 bis 1609 von 117 auf 103 zurück, im Zuge der Rationalisierung stieg aber die Produktion von 142750 auf 146000 Zentner an. Man denke ferner an die Zinnblechproduktion in der Oberpfalz, besonders in Wunsiedel und Amberg, aber auch in Nürnberg, den Aufbau der Leinenindustrie in Württemberg-Urach, die Zeugwarenherstellung in Calw, und überhaupt an die große Differenzierung dessen, was Deutschland vor dem Dreißigjährigen Krieg an Exportgütern zu bieten hatte.

Ungeklärt bleibt die Frage, ob Deutschland im 16. Jahrhundert in eine Phase der passiven Handelsbilanz hineingeraten ist, deren Defizite durch den Export von Edelmetallen abgedeckt werden mußte. Roscher und Richard Ehrenberg waren dieser Ansicht.

Hier angekommen, muß die Betrachtung notwendig den agrarischen Sektor mit einbeziehen, um zu einem Gesamtbild zu kommen. Wir hörten vom Anstieg der Preise für agrarische Erzeugnisse, besonders für Getreide. Die Löhne stiegen ebenfalls, wenn auch nicht im selben Ausmaß. Zu Beginn des 17. Jahrhunderts setzt eine vorübergehende Abschwächung der Preise ein, aber erst in den vierziger Jahren kommt es zu einem krisenhaften Preisverfall. Die Löhne gingen dabei weniger zurück. Aber wir wollen ja konjunkturelle Bewegungen nicht lediglich von Preisdaten ablesen. Außer den Preisscheren muß man, wie auch Lütge betont hat, daran denken, „daß Preisrückgänge auch auf sinkende Gestehungskosten und größere Produktmengen zurückgehen können, und daß ja letztlich nicht der Preis, auch nicht der auf einen Silberwert bezogenen Preis ausschlaggebend für die Gesamtbeurteilung ist, sondern (wie stets) das Realeinkommen, und daß überdies die Einkommen der damaligen Zeit noch weitgehend Naturaleinkommen sind."

Besonders wichtig ist eine systematische Erforschung der Lebenshaltung der breiten Volksschichten, der Bauern, Bürger und Lohnarbeiter. Die steigenden Grundrenten kamen auch den Bauern zugute und äußerten sich in stattlichen Hofbauten, so vor allem in Dithmarschen und Eiderstedt. Man muß an die Berichte über die üppige Lebensweise des Gesindes und an die Reichsgesetzgebung denken, die von 1530 ab auf den luxuriösen Aufwand an Kleidung und Schmuck bei den unteren Schichten hinweist. Doch darf nicht übersehen werden, daß von dieser Entwicklung diejenigen Bauern am wenigsten profitierten, deren Besitzrechte eingeschränkt wurden, was stärker im Osten als westlich der Elbe der Fall war. Hinsichtlich des Vermögensstandes des Adels und des Bürgertums sei auf die umfangreiche Bautätigkeit in der 2. Hälfte des 16. und den ersten Jahrzehnten des 17. Jahrhunderts verwiesen, so etwa im Bereich der „Weser-Renaissance". Dahinter stehen Grundrenteneinkommen und Unternehmergewinne. Auch in den Städten wurden beachtliche Repräsentativbauten in diesen Jahrzehnten errichtet: in Hameln, Erfurt, Bremen, Halle/S., Greiffenberg/Schlesien, Augsburg und Nürnberg.

In dieser Entwicklung brachte dann der Dreißigjährige Krieg einen tiefen Einschnitt. Gewiß, der Krieg setzte nicht überall gleichmäßig ein und nicht alle Landschaften wurden heimgesucht, und außerdem nicht alle heimgesuchten gleichmäßig schwer getroffen. Wurden durch den Krieg 30–50% der Menschen dahingerafft und eine Fülle von Gütern zerstört, so war noch folgenschwerer die Tatsache, daß wichtige Umschichtungs- und Entwicklungstendenzen, die vor dem Krieg im Gange waren, nicht mehr zum Ausreifen kamen, daß durch den Krieg eine Fülle volkswirtschaftlicher und weltwirtschaftlicher Verflechtungen vernichtet wurden und daß künftig die merkantilistisch-kameralistische Aufsplitterung der großen Wirtschaftsräume als weiterer hemmender Faktor hinzukam.

VIII. Vom Westfälischen Frieden zur Französischen Revolution

1. Politischer Rahmen

In der deutschen Geschichte bedeutet der Dreißigjährige Krieg einen tiefen Einschnitt, der die weitere wirtschaftliche Entwicklung ganz wesentlich beeinflußt hat. Der Friede, der in den westfälischen Städten Münster und Osnabrück abgeschlossen wurde, setzte die Souveränität der einzelnen Territorien fest. Der Dualismus zwischen dem Kaiser und dem in zahlreiche Einzelstaaten zerfallenen Reich, der sich im Laufe von Generationen herausgebildet hatte, wurde dadurch noch unterstrichen. Die binnenwirtschaftlichen Verflechtungen, die vor dem Kriege bestanden hatten, wurden teilweise im Sinne des territorial-staatlichen Partikularismus wieder eingeschränkt oder abgebaut, wobei merkantilistisches Gedankengut das theoretische Rüstzeug lieferte.

Schon in den letzten Kriegsjahren hatte sich der Wiederaufschwung in weiten Teilen des Reiches bemerkbar gemacht und nun setzte eine Nachkriegskonjunktur ein, die bis in die sechziger Jahre hinein dauerte. Vorübergehend gab es wohl Störungen durch kriegerische Ereignisse, so zu Ende der fünfziger Jahre mit den beiden Kriegen zwischen Schweden und Dänemark, die auch die Herzogtümer Schleswig und Holstein berührten. In den sechziger Jahren flackerte im Südosten für kurze Zeit der Türkenkrieg wieder auf. In den siebziger Jahren setzte eine neue Phase der Kriege ein mit den Eroberungsbestrebungen Ludwigs XIV. von Frankreich, die 1674 zum Reichskrieg und zu wichtigen wirtschaftspolitischen Maßnahmen gegen Frankreich und seine Verbündeten führten. Der Pfälzer Krieg suchte den Südwesten des Reiches heim, und im Spanischen Erbfolgekrieg wurde Bayern Kriegsschauplatz, während gleichzeitig der Nordische Krieg Schleswig-Holstein, Mecklenburg und Sachsen zum Schauplatz machte und im Südosten die Habsburgische Macht die Türken abwehrte und zurückdrängte. Der Utrechter Friede und die Nordischen Friedensschlüsse leiteten eine neue Friedensphase ein, von den vierziger Jahren ab geriet das Reich wieder in eine Periode kriegerischer Auseinandersetzungen, zunächst mit dem Schlesischen und dann mit dem Siebenjährigen Krieg. Von 1763 ab herrschte dann wieder Ruhe; eine kurze Störung brachte der Bayerische Erbfolgekrieg, bis die Heere der Französischen Revolution zum Rhein vordrangen.

Inzwischen vollzog sich, in England beginnend, der Prozeß der industriellen Umwälzung, der auch auf dem Festland und so in Deutschland seine Auswirkungen zur Geltung brachte, aber dann durch die napoleonischen Kriege und die Kontinentalsperre teilweise gedrosselt wurde, andererseits durch die Zwangslage des Krieges neue Impulse erhielt.

In der ganzen Zeit erfuhr der politische Rahmen keine wesentliche Änderung, der Dualismus zwischen Reich und Ländern blieb weiterhin bestehen, wobei vor allem Bayern und dann Preußen als Gegner der habsburgischen Kaisermacht hervortraten.

2. Der geistige Hintergrund

Die zweite Hälfte des 17. und das 18. Jahrhundert sind gekennzeichnet durch die ausladenden Manifestationen barocker Lebensfülle, hinter der sich ein tiefer geistiger Wandel anbahnte. Der Prozeß der Säkularisation und Rationalisierung der Menschen ging verstärkt weiter. Davon wurde auch das Wirtschaftsleben beeinflußt. Bestrebungen, die mit der Renaissance, dem Humanismus und der Reformation in Erscheinung getreten waren, erhielten nun im erwachenden Rationalismus verstärkten Auftrieb. Sie fanden ihren bezeichnenden Ausdruck im Gedankengut der Merkantilisten und Physiokraten.

Daß sie aber zur Geltung kommen konnten, verdankten sie dem Entgegenkommen der Fürsten, deren glanzvolle Höfe anstelle der bisherigen reichsstädtischen Zentren zahlreiche miteinander rivalisierende Mittelpunkte der neuen wirtschaftspolitischen Bestrebungen waren. Stärker als je erkannte man hier, daß eine bewußte Wirtschaftspolitik in der Lage war, die Macht des Staates zu steigern. Mit Hilfe römisch geschulter Juristen bauten die Fürsten den Obrigkeits- und Untertanenstaat aus. Zum Berufsbeamtentum gesellte sich im Lauf des 18. Jahrhunderts das stehende Heer, in dem, so besonders in Preußen, der Adel neue Funktionen der Führung übernahm. Um die Beamten, das Heer und die mit dem aufwendigen Leben am Hof zusammenhängenden Ausgaben zu bestreiten, bedurfte es einer entsprechend organisierten Finanzwirtschaft, wobei es darum ging, einmal Einkünfte aus den Bergwerken, Zöllen, Forsten und Manufakturen zu erzielen und zum anderen die Steuern zu erhöhen.

Diejenigen aber, die dem Fürsten helfen konnten, seine Einkünfte zu erhöhen und damit seine Macht zu steigern, das waren die Merkantilisten, oder wie man sie in Deutschland nannte, die Kameralisten.

Ähnlich wie bei der Diskussion über die Begriffe „Renaissance" und „Barock" oder „Kapitalismus" wird sich eine volle Übereinstimmung über die Abgrenzung des Begriffs „Merkantilismus" wohl nie erzielen lassen. Scharf ist die Epoche, in der sich das wirtschaftspolitische Verhalten, das man mit merkantilistisch kennzeichnet, entfaltet hat, nicht abzugrenzen, vielmehr sind die lokalen und zeitlichen Differenzierungen zu beachten. Ein für den Merkantilismus typisches Verhalten ist in West- und Südeuropa früher festzustellen, als in Mittel- Nord- und Osteuropa. In Mitteleuropa läßt man den Merkantilismus im Allgemeinen erst nach dem Dreißigjährigen Krieg mit Verfassern wie Seckendorf und Becher einsetzen. Veit Ludwig von Seckendorf verwies in seinem „Teutschen Fürstenstaat" (1656) auf die Wichtigkeit der Kammer im Rahmen der fürstlichen Behördenorganisation, und betonte in den „Additiones" von 1665, „daß an der Menge der Unterthanen das Glück des Regenten gelegen". Desweiteren befürwortete er die Privilegierung neuer Gewerbe. Der unruhige Pfälzer Johann Joachim Becher, dem der Hof von Ferdinand Maria von Bayern und von Kaiser Leopold Gelegenheit gaben, einen Teil seiner Projekte zu verwirklichen, legte seine wichtigsten Gedanken in seinem „Politischen Discours" von 1668 dar, der von den Niederlanden angeregt, zahlreiche Ansätze zu einer künftigen volkswirtschaftlichen Theorie enthält; namentlich in seiner Lehre vom Gleichgewicht auf dem Markt wird dies deutlich. Bechers Schwager Philipp Wilhelm von Hörnigk veröffentlichte im Jahr nach der Schlacht am Kahlenberg bei Wien gegen die Türken (1684) einen Traktat „Österreich über alles, wann es nur will", der im Laufe eines Jahrhunderts 16 Auflagen erlebte. Von Becher wurde auch Wilhelm von Schröder beeinflußt, der mit seiner „Fürstlichen Schatz- und Rentkammer" (1686) das dritte Hauptwerk des älteren deutschen Merkantilismus schuf.

Schrieb Seckendorf für einen thüringischen Kleinfürsten, so wandten sich Becher, Hörnigk und Schröder an Österreich, das sich gegen Franzosen und Türken zu wehren hatte, um nach dem Beispiel der westeuropäischen Staaten den Handel zu erweitern, Manufakturen einzurichten und den Bergbau zu fördern. Das waren die besten Mittel, um die Staatskasse zu füllen und die Ausgaben für ein starkes Heer zu bestreiten. Schröder wies auf die Nachteile eines bloßen Fiskalismus hin, Gewerbe und Handel sollten den Wohlstand der Untertanen bewirken, denn dieser Wohlstand kam letzten Endes dann wieder dem Fürsten zugute. Dieser Gesichtspunkt wurde im 18. Jahrhundert unter dem Einfluß aufklärerischer Gedanken noch stärker betont, und vornehmlich von Johann Heinrich Gottlob von Justi hervorgehoben, der in seinem Hauptwerk von 1775 um eine systematische Zusammenfassung des merkantilistisch-kameralistischen Gedankenguts bemüht war und die Fürsten darauf hinwies, daß sie ihre eigene Glückseligkeit nur auf diejenige ihrer Untertanen begründen sollten. Die gesamten Bemühungen sollten im Rahmen der „Staatswirtschaft" zusammengefaßt, von der Verwaltung des absoluten Monarchen gelenkt und die Finanzpolitik in der Weise gehandhabt werden, daß die Steuerkraft der Untertanen sorgsam behütet wurde.

Was hier zu einer Wissenschaft „Kameralismus" entwickelt wurde, wurde inzwischen auch an den Universitäten gelehrt. 1727 errichtete König

Friedrich Wilhelm I. von Preußen zur Heranbildung von Verwaltungsbeamten je einen Lehrstuhl an den Universitäten Halle und Frankfurt/O.

Joseph von Sonnenfels schließlich trug Gedanken vor, die bereits eine neue Phase wirtschaftstheoretischen und wirtschaftspolitischen Denkens ankündigen. Als seine „Grundsätze der Polizey, Handlung und Finanzwissenschaft" in Wien erschienen (1763–67), begann sich im Westen bereits eine neue Richtung Geltung zu verschaffen, die von der aufklärerischen Naturrechtsauffassung ausgehend sich auf den Kreislaufgedanken und die schöpferische Bedeutung der Natur konzentrierte und das Problem der Steuerpolitik, dem sich schon Männer wie Vauban und Boisguillebert gewidmet hatten, neu analysierte. Hier bildete sich von Quesnay inspiriert, die Lehre des Physiokratismus aus, wobei man gut tut, neben dem Arzt Ludwigs XV. und der Pompadour auch Männer wie den Marquis de Mirabeau und Du Pont de Nemours zu beachten. Von ihrer Steuerlehre gingen wichtige Anregungen auf die künftige Steuerpolitik aus. Nach Quesnay war die Erde die einzige Quelle des Reichtums und der Ackerbau das Mittel, den Reichtum zu vermehren. Nur aus der Landwirtschaft gab es einen Überschuß und demgemäß einen Reinertrag. Steuern konnten nur aus ihm gezahlt werden, jede Steuer mußte durch Überwälzung von der Landwirtschaft getragen werden. Deshalb war es das beste, die Vielzahl der Steuern abzuschaffen und sie durch eine einzige zu ersetzen, die der Grundbesitzer entrichten mußte. Daß sich dies nicht ohne Beeinträchtigung der Gesamtinteressen des Gemeinwesens verwirklichen ließ, zeigte die Französische Revolution, aber der Gedanke der Scheidung zwischen direkten und indirekten Steuern nach dem Gesichtspunkt der Überwälzbarkeit blieb weiterhin fruchtbar.

Der Physiokratismus hat in Deutschland keine breite Anhängerschaft gewonnen, ist aber doch an den Höfen verschiedentlich mit Interesse aufgenommen worden. So korrespondierte Markgraf Karl Friedrich von Baden mit Mirabeau und Du Pont de Nemours und bemühte sich mit Hilfe von Schlettwein Reformen im Sinne der neuen Steuerlehre durchzuführen.

Noch ein anderer Gesichtspunkt der Physiokraten ist fruchtbar geworden: entsprechend der Naturrechtslehre sollte der Natur ihr freier Lauf gelassen werden. D'Argenson verfocht diesen Gedanken um die Gewerbefreiheit zu begründen. Mirabeau propagierte den Satz „Laissez faire et laissez passer – le monde va de lui-même", und Turgot machte ihn zur Richtschnur seiner physiokratischen Politik. Hier kündigte sich im französischen Bereich der wirtschaftliche Liberalismus an, dessen Hauptverfechter dann die Engländer unter der Anführung des Schotten Adam Smith werden sollten. Im Jahre 1776 erschien Smiths Hauptwerk „Inquiry into the Nature and Causes of the Wealth of Nations", in dem neben den Faktoren Boden und Kapital die Arbeit als Quelle des Reichtums einer Nation hervorgehoben und in der Arbeitsteilung eine entscheidende Kraft des wirtschaftlichen

Fortschritts herausgestellt wurde. Smiths Werk ist in mehreren Übersetzungen nach Deutschland gelangt, sein Gedankengut wurde besonders von den Universitäten Göttingen und Königsberg aus verbreitet und trug bei Männern wie vom Stein zur Vorbereitung der Reformzeit bei.

3. Technischer Fortschritt und Bildungswesen

Bei der großen Umwälzung, die sich in England im Lauf der zweiten Hälfte des 18. Jahrhunderts im Bergbau und in der Textilindustrie vollzog, wirkten eine Reihe von technischen Neuerungen entscheidend mit, so das Koksfeuer zur Herstellung von Gußeisen und später von schmiedebarem Eisen durch die Darby ab 1709, die Herstellung von Gußstahl mit Koks von Huntsman in Sheffield (nach 1740), schließlich das Walzverfahren von Purnell (1766) und das Cortsche Puddelverfahren, das 1783/84 patentiert wurde. Die Dampfmaschine von James Watt ersetzte die Newcomensche „fire engine" und war ab 1775 verkaufsreif. Im Textilbereich erschienen John Kay's „fliegendes Weberschiff" (1733), Hargreaves' Spinning-Jenny, die von Hand betrieben bis 1784 auf 80 Spindeln ausgebaut wurde, Arkwrights „Waterframe", Cromptons „Mule", die 1779 betriebsfertig, einen feinen gleichmäßigen Baumwollfaden herzustellen vermochte, und zuletzt Cartwrights mechanischer Webstuhl, der, in den 90er Jahren entwickelt, seit 1804 erfolgreich mit der Handweberei konkurrieren konnte.

Die Bewohner des Kontinents suchten mit allen Mitteln, die Errungenschaften der Engländer in ihrer Heimat zur Anwendung zu bringen. Vereinzelt wurden Maschinen des Newcomentyps eingesetzt. Zahlreiche Deutsche reisten nach England, um die Erfindungen kennenzulernen. Im Jahre 1784 unternahm so der Freiherr vom Stein eine Studienreise und lernte dabei Soho kennen, wo Watt in Zusammenarbeit mit Boulton seine erste Dampfmaschine baute. Sofort setzte er sich dafür ein, diese Maschine im märkischen Bergbau zu verwenden. Es brauchte allerdings bis 1798, als man die erste in England gebaute Dampfmaschine in der Saline Königsborn bei Unna in Betrieb nahm; im nächsten Jahr folgte eine zweite auf der Zeche Vollmond bei Langendreer, weitere wurden im Oberharz und in Oberschlesien eingesetzt. In der Textilindustrie begann man seit den achtziger Jahren, sich die Neuerungen der Engländer anzueignen. J. G. Brügelmann gründete 1783 in Ratingen die älteste mechanische Baumwollspinnerei, die die Produktion mit 1600 Spindeln bei 670–800 Arbeitern aufnahm. Bezeichnend war ihr englischer Name Cromford. 1785 arbeiteten 3 Jennys in Langensalza. Bis 1800 wurden in Sachsen über 2000 Jennys in Betrieb genommen.

In den neunziger Jahren gelang es dem Chemnitzer Wöhler Zeichnungen und Modelle von englischen Watermaschinen zu erhalten, und den Mechaniker Whitefield aus Halifax nach Chemnitz zu holen. 1798 erhielt der an einer Maschinenspinnerei in Manchester beteiligte Kaufmann Bernhard das Privileg zur Errichtung einer Mulespinnerei in Chemnitz, englische Fachkräfte halfen ihm dabei, im nächsten Jahr erhielt Wöhler ein entsprechendes Privileg für Großhartau, ein dritter Betrieb folgte 1802 in Langensalza.

Auch in anderen Bereichen war Sachsen in der Übernahme bzw. der Erfindung neuer Verfahren führend. Der Apotheker Johann Friedrich Böttger ahmte mit dem „holländischen Gut" die Delfter Fayence nach und erfand 1709 das chinesische Porzellan, worauf dann die Meißener Manufaktur aufbaute.

In Sachsen wurden das Berliner Blau, das Großhainer Grün und das Schönblau entwickelt. 1755 erfand der Leipziger Breitkopf bewegliche Typen für den Landkarten- und Notendruck. Daraus entwickelte sich ein Großbetrieb, der um 1800 bis zu 150 Personen beschäftigte. Viele der neuen Verfahren konnten sich freilich nicht voll auswirken, weil ihnen die Nahrungsangst der Zünfte oder obrigkeitliche Hemmnisse im Wege standen. So wurde auch das „Arcanum" der Meißner Prozellanmanufaktur bis 1814 gewahrt. Seit dem 16. Jahrhundert kannte man im Harz Karren auf Rädern, die auf zwei in geringem Abstand nebeneinander befindlichen Bohlen liefen und das Erz vom Ort zur Förderanlage brachten. Im 17. Jahrhundert verlegten Bergleute aus dem Harz ähnliche Holzbahnen im englischen Grubenbereich. Bald ersetzte man hier das knappe Holz durch Eisenschienen. Die engen dynastischen Beziehungen zwischen England und Hannover bewirkten es, daß eiserne Schienenwege, auf Holzschwellen vernietet, im Oberharzer Bergrevier Anwendung fanden. Damit war bereits eine Voraussetzung für den künftigen Eisenbahnverkehr vorhanden.

Im Textilbereich ging es um die Verbesserung und Abkürzung des Bleichverfahrens, wobei die Holländer führend waren, sie verwandten dabei russische Waidasche und saure Milch. Die Neuerung scheint zunächst in Warendorf und Elberfeld übernommen worden zu sein. Die preußische Regierung gab Bleichern Stipendien, um in Holland und Irland das neue Verfahren zu lernen.

Neben den Erfindungen Einzelner und ihrer Verwertung durch Kaufleute und sonstige Unternehmer wirkten Gelehrte und bemühten sich um die Verbreitung technischer Kenntnisse durch den Druck.

An der Schwelle der neuen technischen Zeit stehen Männer wie der Magdeburger Otto von Gericke, der mit seinen Halbkugeln einen luftleeren Raum schuf, dabei die Luftpumpe entwickelte und den Nachweis erbrachte, daß der Luftdruck zum Heben einer Last verwendet werden konnte. In einer Zeit, in der es von Projektemachern wimmelte, forderte Leibnitz in seiner „Dissertatio de arte combinatoria" von 1666 eine „ars inveniendi et iudicandi". Publikationen, die Beschreibungen und Abbildungen von Erfindungen brachten, fanden guten Absatz. 1661 veröffentlichte Böckler in

Nürnberg ein „Theatrum machinarum novum oder Schauplatz der mechanischen Künste von Mühl- und Wasserwerken". In Leipzig sammelte Jacob Leipold eine Liste von Hebezeugen und Wasserkünsten zu einem „Theatrum machinarum generale", das 1724 veröffentlicht wurde.

Aus der Alchemie begann sich die Chemie zu entwickeln. Der Mediziner Stahl in Halle trug in seiner Zymotechnia fundamentalis (1697) das Gärungsverfahren vor. Sein Schüler Marggraf untersuchte später an der Berliner Akademie der Wissenschaften Phosphorverbindungen und entdeckte dabei 1747 den Zuckergehalt der Runkelrübe, ohne aber die Entdeckung praktisch zu verwerten.

Johann Friedrich Gmelin von der Universität Göttingen definierte 1786 „technische Chemie" als jenen Teil der „angewandten Chemie", welcher die „chemischen Grundsätze der Fabriken, Manufakturen, Künste und Handwerke und ihre vortheilhafte Anwendung auf diese lehrt".

Auf diese Weise war die Naturwissenschaft auf dem besten Weg sich zu verselbständigen. Kameralistik und Ökonomie lieferten dabei Anregungen. Beschreibende Bestandsaufnahmen und Lexika leisteten ihre Dienste. Den Werken von Marperger, Hübner, Halle folgten das „Technologische Wörterbuch" von J. K. G. Jacobsen (ab 1781) und die „Ökonomische Enzyklopädie" von J. G. Krünitz, die seit 1773 in Berlin erschien und 1784 in „Ökonomisch-technologische Enzyklopädie" umbenannt wurde. Die „Ökonomia", die Kunde vom Haushalt vor allem des Gutsherrn, wurde jetzt in eine solche des Staates erweitert, wobei künftig von der „Staats-Ökonomie" die „Privat-Ökonomie" getrennt wurde, so von Zedler 1740 in seinem Universallexikon. Comenius, Becher, Seckendorff, Leibnitz betonten die Vermittlung technischer Kenntnisse durch die Erziehung. Am nachhaltigsten wirkten die Pietisten August Hermann Francke und Philipp Jakob Spener. Die lutherische Orthodoxie vertrieb sie aus Sachsen, Spener fand ein neues Wirkungsfeld in Berlin, Francke in Glaucha und an der benachbarten Universität in Halle. Den Schulgedanken verwirklichte Francke in verschiedenen Anstalten, zu denen auch eine Realschule gehörte. Die Franckeschen Stiftungen wurden vom Landesherrn Friedrich Wilhelm I. nachdrücklich gefördert und wirkten weit über Preußen hinaus. In Halle machte Christof Semler 1705 „Nützliche Vorschläge für eine technisch-mathematische Handwerksschule", wobei er den Begriff Realschule prägte und eine entsprechende Anstalt gründete, die sich aber neben der Franckeschen Einrichtungen nicht behaupten konnte. Erst nach seinem Tod trugen diese Gedanken namentlich dank der werbenden Kraft der Franckeschen Ideen an anderen Orten Frucht.

1745 wurde in Braunschweig ein Collegium Carolinum errichtet, das der praktischen Ausbildung künftiger Staatsbeamter dienen sollte. 1754 erhielt das Waisenhaus in Braunschweig eine Realschule. Die allgemeine „Braunschweigische Schulordnung" vom selben Jahr forderte, um den Unterricht möglichst nützlich zu gestalten, daß es an den nötigen „Instrumenten, Maschinen, Modellen etc. nicht fehle".

Ein weiterer Platz, wo solche Bemühungen Frucht trugen, war das Pädagogium Kloster Berge vor den Toren von Magdeburg. In die selbe Richtung zielten die Bemühungen der „Gesellschaften zur Förderung der Künste und Gewerbe" bzw. die „Patriotischen Gesellschaften". Die „Akademie gemeinnütziger Wissenschaften zu Erfurt" eröffnete 1757 die Reihe ihrer Verhandlungen u. a. mit einem Beitrag über „Die Mechanik als Bildnerin der Sitten". Darin heißt es, „es diene zum sittlichen Heil der Menschheit, wenn nun Wind- und Wassermaschinen das erreichen würden, was früher Knechte hätten leisten müssen". 1765 wurde in Hamburg eine „Gesellschaft zur Beförderung der Manufakturen, Künste und nützlichen Gewerbe" gegründet. Unter Pflege der Künste wurde dabei die Technik gemeint.

Zum Universitätsfach wurde die Technologie durch die Vermittlung der Ökonomie und der Kameralistik. Friedrich Wilhelm I. errichtete 1727 in Halle einen ersten Lehrstuhl für „Cameralia und Oeconomia", dessen Inhaber der Pommer Simon Peter Gasser wurde. Im gleichen Jahr übernahm J. Ch. Ditmer einen ähnlichen Lehrstuhl in Frankfurt/Oder. Seine „Einleitung in die Ökonomischen, Polizei- und Kameralwissenschaften" von 1731 bestimmte das künftige Einteilungsschema. Auch in Helmstedt wurde ein Lehrstuhl für Kameralistik eingerichtet. Um die Jahrhundertmitte verlagerte sich der Schwerpunkt nach Göttingen.

Um die Statistik bemühte sich M. Schmeizel in Jena, später in Halle, wo Gottfried Achenwall bei ihm hörte. Achenwall lehrte dann in Göttingen Statistik im Sinn einer Staatenkunde. Eine Zeitlang wirkte in Göttingen auch Justi, der seine „Staatswissenschaft oder systematische Abhandlungen aller ökonomischen und Cameralwissenschaften" im gleichen Jahr wie J. E. Darjes seine „Erste Gründe der Kameralwissenschaften" herausbrachte. Justi verglich den Staat mit einer Maschine und den Regenten mit dem Werkmeister. Für die Ausbildung der Technologie als Wissenschaft wurde Johann Beckmann in Göttingen wichtig, der entscheidende Anregungen vom Schweden Daniel Tilas erfuhr. Beckmann prägte den Begriff Technologie zum ersten Mal im neuzeitlichen Sinn und verdrängte damit die bisher übliche Bezeichnung „Kunstgeschichte". Der Begriff Technologie fand rasch Verbreitung. Lehrstühle für Technologie wurden errichtet, so an der „Hohen Kameralschule" in Kaiserslautern und an der Militärakademie in Stuttgart.

Am Ende dieser Entwicklungsphase steht Johann Heinrich Moritz von Poppe, der, Schüler Beckmanns, ein vierbändiges Handbuch der Technologie sowie eine Geschichte der Technologie erarbeitete.

Der wissenschaftlichen Ausbildung im Bergwesen widmeten sich die in diesem Jahrhundert entstehenden Bergakademien in Berlin (1770), in Clausthal (1775) und Freiberg in Sachsen (1776). Anregungen von hier und von der Ecole Polytechnique, die in Paris in der Französischen Revolutionszeit entstand, führen dann auf die Technische Hochschule mit dem Berufsbild des Ingenieurs hin.

Im kaufmännischen Bereich bildete sich als wissenschaftliche Disziplin die Handlungswissenschaft heraus. Den Auftakt gab Savarys Parfait Négociant von 1676, der ein Jahr danach in Deutsch-Französisch erschien, und von seinen Söhnen erweitert bis 1757 11 Auflagen erlebte. In Deutschland brachte zu Beginn des 18. Jahrhunderts Marperger eine große Zahl von Büchern heraus, in denen er Themen handlungswissenschaftlichen Charakters behandelte, so über die Messen, die Märkte, die Plantagenwirtschaft und die Handelsgebräuche einzelner Länder.

Der Leipziger Professor der Vernunftlehre Carl Günther Ludovici lieferte mit seinem „Grundriß eines vollständigen Kaufmanns-Systems" die Grundlage fast aller neueren wissenschaftlichen Handlungssysteme. Doch war Ludovici betonter Gelehrter, der praktische Kontakt mit dem Wirtschaftsleben fehlte ihm.

Überragt wurde er von Johann Georg Büsch, der in Hamburg ab 1772 die vom Kommerzienrat Wurm gegründete Handelsakademie leitete, ein fruchtbarer Verfasser, der aus der Anschauung des Hamburger Handels schöpfen konnte und eine fünfbändige „Theoretisch-praktische Darstellung der Handlung" (1797–1800) veröffentlichte. Einen gewissen Abschluß der Entwicklung bilden die Werke von Johann Michael Leuchs und Gerhard Heinrich Buse. Der Nürnberger Kaufmann, Buchhändler und Verleger Leuchs begann 1791 mit einer „Allgemeinen Darstellung der Handlungswissenschaft" und ließ dieser 1804 ein „System des Handels" folgen, das praktische Ziele verfolgte, aber auch einen bemerkenswerten Grad der theoretischen Durchdringung erreichte. Am weitesten in der Einteilung des Stoffes und der theoretischen Abstraktion kam der Vorsteher der kaufmännischen Erziehungsanstalt in Erfurt, Buse. Bei ihm ist schon der Einfluß der volkswirtschaftlichen Betrachtungsweise von Adam Smith zu spüren. Doch blieb Buses Leistung wegen ihrer „unglücklichen Anordnung" innerhalb seines „kompendienhaften Gesamtwerkes" (Leitherer) ohne große Beachtung.

Um die Landbaukunde als eigene Wissenschaft bemühte sich der in Celle tätige Arzt Albrecht Thaer. Seit 1764 gab es in Celle eine „Königlich Großbritannisch und Churfürstlich Braunschweig-Lüneburgische Landwirtschaftsgesellschaft", deren Mitglied Thaer wurde. In der Folgezeit widmete er sich hauptsächlich seinen Mustergütern und errichtete dann auf dem Rittergut Möglin ein landwirtschaftliches Lehrinstitut (1806). Ein Schüler Thaers gründete 1803 in Weihenstephan die erste landwirtschaftliche Akademie.

So hatte die Aufklärung eine breite Bewegung mit naturwissenschaftlich-technischen Bildungsbestrebungen zur Folge, die wichtige Ansätze für bestimmte künftige Fachrichtungen und die praktische Ausbildung dafür lieferten.

4. Bevölkerungsentwicklung und wachsender Bedarf

Wie für die vorausgehende Zeit, ist man auch für die zweite Hälfte des 17. und das 18. Jahrhundert bezüglich der Bevölkerungsbewegung im wesentlichen immer noch auf Schätzungen angewiesen. Zwar liegen die Anfänge der für die Kenntnis der Bevölkerungszahlen wichtigen Statistik schon im 17. Jahrhundert, aber zunächst stand nur das Rohmaterial von Geburten- und Totenlisten zur Verfügung. Als im Lauf des 18. Jahrhunderts die größeren Staaten mit regelmäßigen Volkszählungen begannen, waren deren Ergebnisse immer noch mit großen Mängeln verknüpft, weil man mit den Zählungen bestimmte Nebenzwecke verfolgte; einerseits wollte man das Steueraufkommen oder die Wehrkraft eines Landes erfassen, andererseits verstand es ein Teil der Bevölkerung sich der Erfassung zu entziehen. Verknüpften diese Staaten ihr bevölkerungspolitisches Interesse mit ihren machtpolitischen Absichten, so war es ebenso bezeichnend, daß die großen Reichsstädte sich scheuten, Fremden ihre Bevölkerungsziffern bekannt werden zu lassen, um ihre Schwäche nicht bloßzustellen.

Die Schätzungen auf die man angewiesen ist, stützen sich vor allem auf die von der Kirche geführten Tauf- und Sterberegister, Konfirmationslisten und Visitationsberichte, dann die Herdfeuerlisten und die Aufstellungen zur Erfassung der Wehrfähigen, wobei man für die Familie eine bestimmte Kopfzahl annimmt, oder man arbeitet mit dem sog. Reduktionsfaktor, den man aus einer späteren Zeit berechnet und mit einer entsprechenden Teilmenge eines früheren Zeitpunktes multipliziert.

Um 1600 dürfte Europa etwa 100 Mill. Einwohner gehabt haben; ein Jahrhundert später betrug die Einwohnerzahl des Kontinents 140 Mill. und um 1800 waren es etwa 188 Mill. Doch verlief die Entwicklung in den einzelnen Ländern verschiedenartig. Deutschland, das um 1600 mit 18–20 Mill. Einwohnern mit an der Spitze der europäischen Nationen stand, erlitt durch die verheerenden Folgen des Dreißigjährigen Krieges einen Gesamtverlust von 30 bis 40%. Doch wirkten sich die Heimsuchungen in den einzelnen Gebieten außerordentlich verschieden aus. Jedenfalls brauchte es etwa 3 Generationen, bis Bevölkerungsverluste wieder aufgeholt waren. Erst nach dem Nordischen und dem Spanischen Erbfolgekrieg, der verschiedene Teile Nord- und Süddeutschlands heimsuchte, und den Kriegen zwischen Friedrich dem Großen und seinen Gegnern erlebte Mitteleuropa wieder eine verhältnismäßig günstige Zeit.

Unmittelbar nach dem Dreißigjährigen Krieg waren die Geburtenziffern hoch, sie erreichten 50 pro Tausend und darüber, bald sanken sie aber auf ein Niveau von 35–40 zurück. Die hohen Geburtenzahlen wurden immer wieder durch hohe Sterblichkeit besonders der Kinder reduziert. Eine stärkere Tendenz zur Bevölkerungsvermehrung machte sich erst seit der Mitte des 18. Jahrhunderts geltend. Verschiedene Reformen in der Verwaltung, die große, von Optimismus getragene, geistige Bewegung der Aufklärung, ein beträchtliches wirtschaftliches Wachstum und Verbesserungen in der Hygiene wirkten zusammen. Nach der Pestepidemie von 1682, kam noch ein Pestzug im ersten und zweiten Jahrzehnt des 18. Jahrhunderts, der die Ostseeländer, aber auch Norddeutschland heimsuchte. Beim Aufwärtstrend der Bevölkerungsbewegung ab Mitte des 18. Jahrhunderts sind jedoch regionale Unterschiede zu beachten. Ein klares Gesamtbild hat die Forschung noch nicht erarbeitet. In Württemberg lag die Zahl der Neugeborenen (Getauften) bei 39,6–43,1%, die Sterblichkeit dagegen bei 27,9–36,8%. In Brandenburg-Preußen betrug die Geburtenziffer in der 2. Hälfte des 18. Jahrhunderts 39,7%, die Sterbeziffer 31,2%. Die Geburtenziffern waren in den Städten niedriger als auf dem flachen Land, in den Städten war auch die Sterblichkeit höher. Nach Pfarrer J. P. Süßmilch hatte Berlin um 1750 eine Geburtenziffer von 34,6%, in 20 kleineren Städten und Marktflecken der Kurmark dagegen lag sie bei 40,2%. Unter den Städten Frankens hatte nur Wunsiedel einen Geburtenüberschuß, auch in Hamburg überwogen die Sterbefälle.

Brandenburg-Preußen hatte beim Tod des Großen Kurfürsten (1688) 1,4 Mill. Einwohner. Das von Friedrich Wilhelm I. begonnene Kolonisationswerk wurde durch Friedrich II. fortgeführt, wobei namentlich im Oder-, Netze und Warthebruch, in der Kurmark, sowie in Schlesien Siedler angesetzt wurden. Von 1784 bis 1800 stieg die Volkszahl des preußischen Staates von 3,5 auf 6,2 Mill. Die Bevölkerung Gesamtdeutschlands – ohne die habsburgischen Gebiete – dürfte um 1800 etwa 24 Mill. betragen haben. Auch in den habsburgischen Ländern wurde unter Maria Theresia und Joseph II. stark kolonisiert, insbesondere aus Südwestdeutschland wurden Siedler nach dem Donauraum, Galizien und der Bukowina geholt. Aber nicht nur der Landesausbau lockte die Fremden, auch die einsetzende Industrialisierung zog sie an, so im Brünner Raum. Die starke Ostbewegung aus den südwestdeutschen Gegenden hatte mancherlei Gründe: Kriegsfolge, Seuchen, Glaubenszwang, Hungersnot, vor allem aber doch die durch die Realteilung bedingte ländliche Überbevölkerung. Am stärksten wurde die Pfalz von der Abwanderung betroffen. Württemberger zogen nach Westpreußen. In Nordwestdeutschland, wo es die „Hollandgänger" gab, begann das Ruhrgebiet mit dem Ausbau des Kohlenbergbaus seine Anziehungskraft auszuüben und lockte sächsische wie hessische Bergleute an.

Südwestdeutsche Auswanderer zogen ferner nach dem russischen Schwarzmeergebiet. Das Ziel der überseeischen Auswanderung war vor allem Nordamerika. Ab 1683 suchten Mennoniten das freiheitliche Pennsylvania auf, ließen sich in Philadelphia, Baltimore nieder, kamen aber auch bis nach Charleston. Nach Halifax in Neuschottland, das 1740 als Militärgarnison und Marinebasis gegründet wurde, zogen Protestanten aus der Pfalz und vom Niederrhein, 1753 gründeten deutsche Siedler Lunenburg. Hessen kamen als britische Soldtruppen und Kämpfer für die Unabhängigkeitsbewegung nach Amerika. Nach der Aufhebung des Edikts von Nantes (1685) suchten sich Hugenotten neue Wohnsitze im protestantischen Ausland, so auch in Deutschland. Ein Edikt des Großen Kurfürsten von 1685 gab ihnen die Möglichkeit sich am Niederrhein, in Berlin, Magdeburg, Halle, Stendal, Frankfurt/Oder und Königsberg niederzulassen. Um 1700 war jeder dritte Bewohner Berlins ein Hugenotte. Im Fränkischen legte Markgraf Christian Ernst die Erlanger Neustadt als Hugenottensiedlung an. Etwa 30000 betrug die Zahl der zugewanderten Hugenotten nach Deutschland.

Die Protestanten, die unter Erzbischof Firmian nach 1731 das Erzbistum Salzburg verlassen mußten, bekamen zur Hälfte Gelegenheit, sich in Ostpreußen niederzulassen. Weitere Sammelplätze für religiöse Minderheiten waren die Grafschaften Neuwied am Rhein sowie Sayn-Wittgenstein-Berleburg und Isenburg-Büdingen.

Man nannte die Hugenotten Refugiés. Als die Französische Revolution die französischen Adligen zur Auswanderung zwang, sprach man von Emigrés oder Emigranten. Sie suchten besonders Westdeutschland auf. Ihr Zentrum wurde Koblenz. Ein Teil von ihnen kehrte 1814 nach der Heimat zurück.

Die Nationalitätenfrage spielte nur in östlichen Gebieten des Reichsgebiets eine Rolle. Es gab die Wenden in der zu Sachsen und Preußen gehörenden Lausitz, polnische Minderheiten lebten im preußisch gewordenen Oberschlesien und in der Unterschicht von Breslau, sowie in Ostpreußen, wo auch Litauer saßen. In Westpreußen und Posen hatte der starke polnische Bevölkerungsteil im polnischen Adel und der polnischen katholischen Geistlichkeit eine besondere Stütze.

Die auf dem Land vorherrschende landwirtschaftliche Produktionsweise konnte nur eine bestimmte Zahl von Menschen aufnehmen, während die gewerbetreibenden Städte schon deshalb aufnahmefähiger waren, weil sie auch eine größere Sterblichkeit aufwiesen. In den Territorien mit stärkerem ländlichem Gewerbe konnte auch das platte Land eine größere Menge ernähren, als rein agrarische Gebiete.

Die Städte haben aber nicht nur angezogen, sondern auch abgewiesen. Aus konfessionellen Gründen konnte dies geschehen, aber auch die Zunftbestimmungen förderten manche Verlagerung besonders aus Reichsstädten in Landesstädte, die keine Zunftschranken kannten, oder in ländliche Siedlungen, wo unternehmerische Kräfte territorialherrlichen Schutz genossen. So wanderten von Aachen Kupfermeister und Textilunternehmer nach Stolberg, Burtscheid, Monschau und Düren ab. Altona vor den Toren

Hamburgs wuchs unter dänischem Schutz, Mülheim auf der andern Rheinseite gegenüber Köln erfreute sich der Unterstützung des Herzogs von Berg. Für Nürnberg wuchs in Fürth eine starke Konkurrenz unter dem Schutz des Dompropsts von Bamberg und des Markgrafen von Ansbach heran.

Am schnellsten wuchsen die Haupt- und Residenzstädte. Berlin, um 1688 eine Stadt mit 20000 Einwohnern, zählte Ende des 18. Jhs. 172000. München hatte 1632 16622 Einwohner, 1781 lebten im Münchener Bereich 37840 Personen, in der Stadt selbst, ohne das kasernierte Militär, 32860 Menschen. Ungeachtet der Schwankungen, die gerade auch bei München durch Kriege und Seuchen bedingt wurden, erfolgte also eine stetige Zunahme auf einen Stand, mit dem jede der schwäbischen Reichsstädte mit Ausnahme von Augsburg weit überflügelt wurde.

Die württembergische Residenzstadt Stuttgart zählte 1648 4500 Einwohner, um die Mitte des 18. Jahrhunderts hatte sie rd. 17000 Einwohner. Ludwigsburg, das 1718 Stadtrecht erhielt und neben Stuttgart zur Residenz erhoben wurde, stieg bis 1733 auf über 5000 Einwohner an; nach Wegzug des Hofes sank es wieder zurück auf 2800 (1738).

Die Neugründung Karlsruhe, die nur wenige Kilometer von der alten Residenz Durlach entfernt, 1717 zur Hauptstadt der Markgrafschaft Baden-Durlach erhoben wurde, hatte 1750 2600 Einwohner. Die kurpfälzische Residenz Heidelberg, die im Erbfolgekrieg 1689 und 1693 nahezu völlig zerstört wurde, hatte 1721/22, kurz nach dem Wegzug des Hofes, etwas weniger als 6000 Einwohner, wuchs dann aber bis 1780 auf rd. 10000 Einwohner an. Dank seiner Privilegien war Mannheim schon bis 1688 auf über 11000 Einwohner angestiegen, nach Übersiedlung des Hofes (1721) erreichte es bis 1766 über 24000 Einwohner.

Die Reichsstädte mit ihren meist kleinen Territorien lagen eingeengt im Herrschaftsbereich der Fürsten. Sie stießen allenthalben auf Zollschwierigkeiten und andere Hemmnisse, die früher noch nicht oder nicht in dem Maße bestanden hatten.

Unter den 30 schwäbischen Reichsstädten gab es so kleine Plätze wie Wimpfen im Tal und auf dem Berg, das um 1650 etwa 500 Einwohner hatte und in den nächsten 150 Jahren nicht viel darüber hinaus kam. Buchhorn, das spätere Friedrichshafen, am Bodensee, war noch kleiner. Ulms Einwohnerzahl stand 1650 bei 13500, kam aber im ganzen 18. Jh. über 15000 nicht hinaus. Von den ostschwäbischen Städten war Augsburg die bedeutendste. Vor Beginn des großen Krieges zählte es rd. 48000 Einwohner, erlitt dann schwere Verluste und hatte, die Soldaten ausgeschlossen, 1645 die 20000 Grenze noch nicht erreicht. Als es zu Beginn des 19. Jahrhunderts bayerisch wurde, lag seine Einwohnerzahl noch unter 30000.

Insgesamt hatten die späteren württembergisch-badischen Städte 1650 eine Einwohnerzahl von etwa 57000, 1750 von 67000. Verglichen mit dem bayerischen Territorium, dem mächtigsten in Süddeutschland, das etwa 800000 Menschen hatte, war dies wenig, bedeutete aber doch etwas neben den kleineren Flächenstaaten, dem Herzogtum Württemberg, den badischen Markgrafschaften. Immerhin hatte Ulm selbst ein stattliches Territorium, dessen Menschenpotential sein Teil dazu beitrug, daß die Stadt sich weiterhin gut behaupten konnte.

Unter den fränkischen Reichsstädten bewahrte Nürnberg seine alte Größe von über 40000 Einwohner. Von 25000 (1656) sank Aachen bis 1780 auf etwa 20000, um 1799 wieder 24000 zu erreichen, während Köln unter 40000 stagnierte. An der Wasserkante zählte Lübeck 1650 31000 und sank bis 1807 auf 24631 zurück, Bremen erreichte dagegen 36000. Alle Seestädte überflügelten Hamburg, das 1650 60000 Einwohner zählte und 1800 130000 erreichte. Vor den Toren Hamburgs lag das aufstrebende Altona, das 1664 zur Stadt erhoben, vor dem Brand von 1713 schon 12000 erreichte und nach dem Wiederaufbau weiter aufblühte.

Aus den angeführten Zahlen ergeben sich wichtige Folgerungen für die Beurteilung des wirtschaftlichen Wachstums während dieser Zeit. Die beträchtliche Bevölkerungszunahme gegenüber früher verlangte einen Ausbau, um die überschüssigen Kräfte zu beschäftigen und zu ernähren. Ein Teil fand in der überseeischen Auswanderung Existenzmöglichkeiten und trug durch seine kolonisatorische Tätigkeit dazu bei, daß sich der überseeische Warenumschlag steigerte, wenn sich auch das Gros des europäischen Warenaustausches immer noch auf den alten europäischen Handelswegen vollzog. Hinzu kam als Auswirkung der Wirtschaftspolitik und Macht des absoluten Fürstenstaates, ein steigender Bedarf an Wirtschaftsgütern für den Verteidigungsapparat der Staaten. Noch kannte die zweite Hälfte des 18. Jahrhunderts die Söldnertruppen, aber das Landesaufgebot verschaffte sich mehr und mehr Geltung namentlich seit der Massenaushebung durch die französischen Revolutionäre. Die Zahlen der in den Kriegen eingesetzten Truppen stiegen. Kämpften bei Malplaquet in einem besonderen Fall etwa 200000 Mann, so zählten bei Ausbruch der Französischen Revolution die Heere der großen europäischen Staaten schon in ihrer Friedensstärke über oder nicht viel unter 200000 Mann. Die Uniformierung in der Bekleidung und Bewaffnung regte bei den entsprechenden Gewerben die Massenproduktion an, drängte zu technischen Vereinfachungen und Verbesserungen der Produktionsweise. Am weitesten gelangte man auf dem Gebiet der Uniformkonfektion in Preußen.

5. Staat und Wirtschaft

a) Kaiser und Reich

Die Ausbildung des Dualismus zwischen Kaiser und Reich fand mit dem Westfälischen Frieden einen gewissen Höhepunkt. Bei allen Regierungshandlungen war der Kaiser an die Zustimmung der Reichsstände gebunden. Mit dem „ius territorii et superioritatis" konnten sie, sofern sie sich nicht gegen Kaiser und Reich richtete, auch selbständige Außenpolitik betreiben. Das Zollregal des Kaisers wurde auch nach dem Westfälischen Frieden in den Kapitulationen Leopolds I. und Karls VI. weiter eingeschränkt. Unter dem Vorwand, daß Akzisen nicht vom Reich bewilligt werden müßten, verlegten sich die Territorien um so mehr auf den Ausbau indirekter Abgaben in der Form von Akzisen. Auch im Münzwesen ging die Initiative an die Fürsten über. Ebenso forderten die Reichsstände die volle Gewerbehoheit. Die Reichshandwerksordnung von 1731 schränkte die Zunftautonomie ein und enthielt auch Maßnahmen gegen die Gesellen. Später (1772) wurde die Zahl der Beschränkung von Gesellen und Lehrjungen aufgehoben und auch Frauen zu Handwerken zugelassen.

Einfuhrverbote und Handelssperren führten in den Reichskriegen gegen Frankreich in der 2. Hälfte des 17. Jahrhunderts zu einem „Reichsmerkantilismus", der in den Reichsgesetzen von 1676, 1689 und 1702 gipfelte. Dieser Begriff kann jedoch nur mit Vorbehalt verwendet werden, ein gesamtwirtschaftliches Konzept fehlte, auch wenn die Abwehrmaßnahmen 1705 in die Reichkommerzienordnung aufgenommen wurden. Außerdem entzogen sich verschiedene Reichsstände, vor allem die Reichsstädte, der Anwendung der Gesetze.

b) Die Wirtschaftspolitik der Territorien

Ein Hauptinstrument der Fürsten war mit dem Aufkommen des Merkantilismus die Wirtschaftspolitik, die auf der voluntaristischen Auffassung beruhte, daß alle Kräfte eines Territoriums der Macht des Fürsten zu dienen hatten. Ansätze bei Männern wie Machiavelli und Bodin wurden im Interesse des zentralregierten Flächenstaats weiter ausgebaut. Eine Reihe von Theoretikern propagierten die neuen merkantilistischen oder kameralistischen Gedankengänge (S. 298f.). Die neuen wirtschaftspolitischen Aufgaben erforderten einen Ausbau der Zentral- und Lokalbehörden. Nach Anfängen unter Maximilian I. von Bayern entstand 1666 als erstes in Wien ein eigenes Kommerzkolleg, als beratendes Gremium der Hofkammer. Ähnliche Ansätze sind in Brandenburg-Preußen und Kurpfalz festzustellen. Für die weitere Entwicklung wies Preußen mit seinem Generaldirektorium von 1740 und entsprechenden Provinzialstellen jahrelang (Zentrales Kommerzdirektorium 1746) die Richtung.

Neben der Kammer und den Kommerzbehörden entstanden Sonderverwaltungen für die Forsten und den Bergbau, den Zoll und das Straßenwesen, nach der Jahrhundertmitte unter dem Einfluß der Physiokraten auch für die Landwirtschaft.

Da viele Gegenden durch den Dreißigjährigen Krieg starke Einbußen an Menschen erlitten hatten, nahmen „Peuplierungsmaßnahmen" einen besonders wichtigen Platz ein. Von der Größe der Bevölkerung hing die Produktionskraft des Landes, hing die Steuerleistung wie auch die Wehrkraft ab. So förderte man die Zuwanderung, wobei Volkstum und Sprache keine Rolle spielten, und hinsichtlich der Konfession war man großzügiger als früher. Dies gilt insbesondere für die Länder der Hohenzollern. Französische Hugenotten wurden ebenso zugelassen wie vertriebene Salzburger. So wie man die Zuwanderung begünstigte, wurde die Abwanderung erschwert, ja gelegentlich überhaupt verboten. Ferner wurde die Eheschließung begünstigt, gründete man Findel- und Waisenhäuser, wurden in manchen Territorien Ledigensteuern eingeführt.

Agrarpolitische Maßnahmen galten einmal der Behebung der durch den Krieg entstandenen Schäden. Zum Wiederaufbau der Gebäude wurden Beihilfen gegeben oder Holz zur Verfügung gestellt. Es gab Steuernachlaß für mehrere Jahre, Zug- und Zuchtvieh, Saatgut wurde bereitgestellt. In Ostdeutschland stellte der Gutsherr Land zum Laßrecht zur Verfügung. Bauernstellen, für die kein Erbe mehr vorhanden war, wurden an Interessenten frei oder unter Zubilligung steuerfreier Jahre gegeben. Gärtner, Kossäten konnten so zu Bauern aufsteigen. Adlige Besitzer, in geringem Maße Bauern, erhielten, wenn sie verschuldet waren, Moratorien. Teilweise wurden wüste Höfe zwangsweise besetzt. Vielfach wurden wüste Höfe von Grundherren eingezogen und zum Eigenland geschlagen, so in Südwestdeutschland. Stärker griff im Rheinland, in Nordwestdeutschland, in Kursachsen der Staat ein, um die alten Zustände der besetzten Stellen wiederherzustellen. Im Osten kam es allerdings zu einer beträchtlichen Vergrößerung der Gutsbetriebe. Groß war nach dem Kriege der Arbeitermangel, deshalb begünstigte man den Gesindezwang, was Gutsherren und Bauern zugute kam.

Zur Sicherung der Versorgung und aus merkantilistischen Erwägungen wurde der Handel mit Agrarprodukten genau geregelt. Um die inneren Marktpreise hochzuhalten, wurde die Einfuhr fremden Getreides verboten. Dabei kam es gelegentlich zu Kollisionen mit der Gewerbepolitik, so in Brandenburg-Preußen, wo Friedrich Wilhelm I., daran gelegen war, die Ausfuhr der Wolle zu verhindern, um die einheimische Textilindustrie auf Kosten der sächsischen zu heben. Unter diesem Ausfuhrverbot litten aber die Wollpreise. Gleichzeitig diente die Magazinierung von Getreide der Stabilisierung der Getreidepreise. Bei besonders günstigen Ernten wurde das Getreide aufgekauft und gestapelt, für Notzeiten und für Militär wurde billiges polnisches Getreide angeschafft.

Hinzu kam ein bewußter Schutz der bäuerlichen Bevölkerung, so in Nordwestdeutschland, Thüringen und Kursachsen. Hier machte die landesherrliche Regierung ihren Einfluß auf die privaten Grundherren geltend, um das Anwachsen der bäuerlichen Lasten zu verhindern. Im hohenzollerschen Bereich griff seit Beginn des 18. Jahrhunderts die Landesherrschaft ein, um das Bauernlegen zu verhindern, im Gegensatz zum schwedischen Vorpommern, zu Mecklenburg, wo der ritterschaftliche Einfluß stark war, und zur Lausitz, wo sich Einflüsse aus Böhmen geltend machten.

Auch ins Erbrecht griff die Landesherrschaft ein, ohne allerdings immer gegenüber den bäuerlichen Gewohnheiten sich durchsetzen zu können. So drang die vom Westen kommende Realteilung in Thüringen weiter vor, während in Bayern sich landesherrliche Bemühungen um die Realteilung gegenüber der geschlossenen Vererbung nicht durchsetzen konnten. Die bäuerlichen Besitzrechte wurden dadurch gefestigt, daß die alten Rechte in Landesordnungen oder besonderen Gesetzen kodifiziert wurden. Teilweise wurde die Leibeigenschaft abgeändert oder aufgehoben.

Die Agrarpolitik wurde im merkantilistischen Staat eng mit der Handelspolitik gekoppelt. Ausfuhr- und Einfuhrverbote, staatliche Vorratspolitik wurden weiter ausgebaut, andere Maßnahmen galten der Verbesserung der Weinsorten (Württemberg), der Ausweitung des Obstbaus (Kurbrandenburg), der Verbreitung der Seidenraupenzucht in verschiedenen Territorien (bes. in Brandenburg-Preußen). Mustergüter entstanden. Zum Teil waren Fürsten an der Gründung von Landwirtschaftsgesellschaften beteiligt, so Markgraf Karl Friedrich von Baden. Anbau von Klee, Tabak und Kartoffeln wurden besonders in Preußen begünstigt, Verbesserung der Schafzucht durch Einfuhren von Merinoschafen war ein anderer Programmpunkt.

Im Gewerbesektor strebten die Territorien nach der vollen Hoheit, um die Autonomie der Zünfte zu beschränken und Maßnahmen gegen die Gesellen zu ergreifen. Eine wichtige Handhabe dazu gab ihnen die Reichshandwerksordnung von 1731, vor allem um gleichlautende Bestimmungen in den Territorien zu erzielen. Preußen erließ darauf sog. Generalprivilegien. Neben den Zünften gaben nichtzünftige Berufe durch Freimeister, der Verlag und der privilegierte Großbetrieb in der Form der Manufaktur die Möglichkeit die Produktion zu steigern. Bei den Luxusgewerben ging es insbesondere um den Hofbedarf und die Versorgung des Heers mit Massenartikeln. Privilegien, Monopole und Prämien, auch Kredite waren Mittel um hier unterstützend einzugreifen. Schutzzölle und Akzisen sollten die ausländische Konkurrenz abhalten. Überhaupt diente die Schutzzollpolitik dazu, um die Einfuhren von Rohstoffen zu regulieren, Luxusartikel aber wegen der Handelsbilanz möglichst abzuwehren. Maßnahmen der Beschau, Qualitätsordnungen, Manufakturinspektoren (Preußen) ergänzen den Katalog gewerbepolitischer Maßnahmen.

In enger Verbindung damit stand die Förderung des Bergbaus und Hüttenwesens. Hier hatten die Fürsten allerdings beträchtliche Schwierigkeiten zu überwinden. Die leicht abbaubaren Vorkommen waren erschöpft. Die großen Unternehmer zogen sich schon im 16. Jahrhundert, als die Zubussen immer mehr Mittel verschlangen, vom Bergbau zurück. Jetzt mußte sich der Staat beteiligen oder gar den ganzen Betrieb übernehmen.

Wollte man rentabel wirtschaften, dann mußten technische Verbesserungen eingeführt werden, die erst im Lauf des 18. Jahrhunderts entwickelt wurden. Aus dem Stückofen war jetzt der Hochofen geworden, der soviel Brennmaterial brauchte, daß die Steinkohlenfeuerung immer dringlicher wurde.

Die Initiative zur Organisation einer staatlichen Bergbaupolitik ging namentlich von Preußen aus. Die revidierte Bergordnung für die Mark von 1737 bildete dabei einen ersten Ansatz. Staatliche Aufsicht über die Fördertechnik und Kontrolle der Belehnungen sollten die Fördererergebnisse steigern. Noch wichtiger wurde die revidierte Bergordnung von 1776, die das Direktionsprinzip, eine einheitliche Bergwerksverwaltung, einführte.

Der Mangel an Brennmaterial bereitete, wenn man von der Verwendung der Steinkohle absieht, wachsende Schwierigkeiten. So widmete man der Forstwirtschaft größere Aufmerksamkeit als früher. Nicht nur das Eisengewerbe und die sonstige Metallverarbeitung brauchte viel Holz, dasselbe galt für die Glashütten und Salinen wie auch für den Schiffbau und den Hausbau. So sah man sich vielfach genötigt, Eisen- und Glashütten stillzulegen, um den Wald zu schützen. Um das Forstwesen besser zu organisieren, wurden die entsprechenden Behörden weiter ausgebaut. In starkem Gegensatz zu früher wurde jetzt auch die Jagd vor dem Forstwesen zurückgestellt. Bezeichnenderweise verachtete Friedrich der Große die Jagd als etwas Barbarisches. Von der Landwirtschaft her war man bestrebt, einem zu hohen Wildbestand wegen der Wildschäden Einhalt zu gebieten.

Im Zollwesen behauptete der fiskalische Standpunkt das Übergewicht. Zu einer Vereinheitlichung selbst innerhalb der verschiedenen Teile eines Territoriums kam es allgemein noch nicht. Am weitesten kam man in Österreich, wo die deutschen Erbländer 1775 ein einheitliches System mit Grenzzöllen erhielten, allerdings ohne Tirol und die Vorlande. Kurbayern verringerte in seinem Tarif von 1765 die Zahl der Zollstellen und betonte dabei den Grenzzoll. 1769 wurde ein entsprechender Tarif in der Oberpfalz, 1777 in der Kurpfalz eingeführt.

In der Handelspolitik war der Stapel immer noch ein Mittel, um regulierend einzugreifen. Gegen das schwedische Stettin versah Kurbrandenburg noch 1657 Frankfurt mit dem Patent des Niederlags- und Straßenzwangs. Zur Außenhandelsförderung wurde jetzt das Mittel des Handelsvertrags eingesetzt. Einen der frühesten schloß Brandenburg-Preußen 1655 mit den Generalstaaten. Schutzzollmaßnahmen bis zum Handelskrieg gehörten zu den Waffen, mit denen man sich gegen die Nachbarn durchzusetzen versuchte, so vor allem Preußen gegen Sachsen und Österreich.

Im Rahmen der Außenhandelspolitik fanden kolonialpolitische Bestrebungen ihren Platz. Kurland und Kurbrandenburg bemühten sich um Plantagenbesitz in den Antillen in der 2. Hälfte des 17. Jahrhunderts. Friedrich Wilhelm I. gab diese Politik wieder auf, während Friedrich II. von Preußen, seit 1744 Herr von Ostfriesland, Asienverbindungen anknüpfte.

Im Verkehrswesen schuf der Große Kurfürst durch den Müllrosekanal auf Kosten von Stettin (1662/69) eine direkte Verbindung zwischen Oder und Elbe. Friedrich der Große förderte den Finow- und Brandenburgerkanal, während im Chausseebau Baden mit am frühesten begann. Nachdem der Kaiser lange das Postregal über das Haus Taxis ausgebaut hatte, nahmen in der zweiten Hälfte des 17. Jahrhunderts auch die großen Territorien das Postregal in Anspruch. Kurbrandenburg begann, Sachsen und andere Territorien, auch Reichsstädte folgten.

Im Münzbereich gingen Reformbestrebungen von einzelnen Territorien aus. 1667 vereinbarten Kurbrandenburg und Kursachsen in Zinna einen Münzfuß, der statt 9 Taler aus der feinen Kölner Mark $10\frac{1}{2}$ festsetzte. Dieser Taler wurde künftig Recheneinheit, geprägt wurden nur $\frac{1}{3}$ und $\frac{2}{3}$ Stücke. Wegen der Silberteuerung wurde der Zinnaer Fuß 1690 durch den Leipziger Fuß von 12 Taler ersetzt. 1738 wurde er zum Reichsmünzfuß erhoben. Preußen führte in der Mitte des 18. Jahrhunderts den 14 Talerfuß, Österreich den 10 Talerfuß ein, den Bayern aufgrund einer Konvention von 1753 übernahm.

Mit der Ausbildung des fürstlichen Absolutismus wurde der Einfluß der Landstände mehr und mehr ausgeschaltet. Wo sie sich behaupteten, behielten sie weiterhin das Steuerbewilligungsrecht und betonten gemeinsame Interessen des ganzen Landes.

Gegenüber der merkantilistischen Fortschrittlichkeit der Fürsten verharrten die Stadtrepubliken stärker in ihren Traditionen. Das beste Beispiel dafür liefert Nürnberg. Im Sektor der Versorgung wurde wie bisher Güte und Menge der angebotenen Waren überwacht. Um den billigen und gerechten Preis einzuhalten, wurden weiterhin geheimes Probebacken, Probemahlen, Probeschlachten durchgeführt. Der Preisregulierung dienten Preistaxen. Zahlreiche Maßnahmen sicherten das einheimische Gewerbe gegen auswärtige Konkurrenz. Die Einführung von Großbetrieben, neuartigen Gewerbezweigen, technischen Verbesserungen wurde, weil sie das bisherige Gleichgewicht in den Handwerken störten und die Zünfte dagegen waren, verhindert oder erschwert. Strenges Festhalten am lutherischen Glaubensbekenntnis machte die Ansiedlung von Katholiken und Reformierten unmöglich. Als Gegenbeispiel mag die Stadtrepublik Hamburg mit ihrer großzügigen Fremdenpolitik hervorgehoben werden. Beide hatten ein wohl ausgebautes privates und öffentliches Armenwesen. Auf private Initiative gingen 3 Armenschulen zurück, die im Lauf des 18. Jahrhunderts in Nürnberg gegründet wurden. Straßenbettel wurde 1699 verboten, seit 1769 kamen Straßenbettler ins Arbeitshaus. Im übrigen richtete sich die Armenfürsorge nach dem sozialpolitischen Ideal der Zeit. Die Unterstützung war nie höher als das niedrigste Einkommen. Der Almosenempfänger sollte dadurch ständig zur Arbeit angehalten werden. Für diejenigen, die durch Krankheit oder aus Altersgründen aus dem Arbeitsprozeß ausscheiden mußten und keine hinreichende Existenzbasis hatten, gab es 6 Spitäler und zwei im Mittelalter gestifteten Zwölfbrüderhäuser. Daß auf diesem Gebiet zu wenig geschah, zeigt selbst das Beispiel Hamburgs, das im 18. Jahrhundert die fortschrittlichste Stadt war.

6. Gesellschaftliche Strukturen

a) Fürsten, Adel und Absolutismus

In der ständischen Pyramide behauptete der Adel weiterhin die Spitze, voran die weltlichen und geistlichen Fürsten mit ihrem Hofstaat. Mehr als der Kaiserhof und das bisherige Muster Spaniens, diente jetzt der Versailler Hof Ludwigs XIV. und XV. von Frankreich als Vorbild der höfischen Glanzentfaltung. Die wichtigsten Hofämter bekleideten Adelige vom Obersthofmeister bis herab zum Kammerjunker und Pagen, während in der zentralen Behördenorganisation juristisch gebildete bürgerliche Beamte bevorzugt wurden. Ihre führenden Persönlichkeiten ließen sich jetzt immer häufiger in den Adelsstand erheben. Den fürstlichen Hofstaat bildete ein umfangreicher Apparat mit nichtadeligem Personal, zu dem der Hofbeichtvater bzw. Hofprediger ebenso gehörte, wie der Hofmusiker, Hofarchitekt, Alchimist und jüdische Hoffaktor, wobei bestimmte Rangordnungen dafür sorgten, daß Rivalitäten möglichst ausgeschaltet wurden.

Beim Adel gab es weiterhin verschiedene Stufungen. Er verfügte über Eigen- und Lehensbesitz. Für den letzteren mußte er seinem obersten Herrn Erbhuldigung leisten. Dazu gab es den Unterschied zwischen reichsunmittelbarem und landsässigem Adel. Verschiedene seiner engeren Mitarbeiter erhob der Kaiser in den Reichsfürstenstand, wobei ihm kleine Reichsherrschaften als Grundlage dienten. Zu den Fürstenberg, Schwarzburg, Thurn und Taxis kamen die Auersperg, Schwarzenberg und Liechtenstein. Die Windischgraetz wurden Reichsgrafen ohne reichsunmittelbaren Besitz zu haben. Kurfürsten, Fürsten, Prälaten, Grafen und Reichsritter waren auf dem seit 1654 ständig in Regensburg tagenden Reichstag durch eigene Bänke vertreten. Die Grafen gliederten sich in wetterauische, schwäbische, fränkische und westfälische Grafen. Für die Reichsritter gab es drei Kreise Franken, Schwaben und Rheinstrom, die wiederum in 14 Kantone gegliedert waren. Gehörte man vom Grafenstand an aufwärts zum hohen Adel, so unterschied man andererseits wieder zwischen altem (vor 1400) und jungem Adel. Wie im Habsburgischen bildeten in Ostpreußen Grafen und die übrigen Adeligen, die meist die Landräte stellten, einen besonderen Stand. Im übrigen wurde der niedere Adel durch die Erhebung von Bürgern in den Städten und Offizieren in den sogenannten Briefadel ständig vermehrt. Teilweise war die Verleihung des einfachen Adels und der Wappen an Hofpfalzgrafen delegiert. Neben dem Kaiser durften auch Fürsten als Herren souveräner Staaten den Adelstitel verleihen. Ahlefeldt und Reventlow wurden dänische Lehnsgrafen.

Die Aufnahme Neugeadelter in den landsässigen Adel bereitete mancherlei Schwierigkeiten beim Erwerb von adeligen Gütern und der Aufnahme in die Adelsmatrikel. Der Bildungsstand des Adels wurde bestimmt durch private Hofmeister, die Kavalierstour, die meist nach Frankreich, die Niederlande oder Italien führte, durch den Besuch einer Ritterakademie oder Universität und durch den Hofdienst (als Page, Hof- und Kammerjunker).

Die Aufklärung änderte an den gesellschaftlichen Strukturen nichts wesentliches. An der Spitze blieb der Fürst als Monarch, mochte er sich wie Friedrich II., erster Diener des Staates nennen. Typisch blieben die Kleiderordnungen mit Verboten für die einfacheren Stände; noch 1772 wurden solche in Hessen-Kassel, 1786 in Mecklenburg erlassen. Im Preußen Friedrichs II. wurde der Adel bevorzugt zum Offiziersstand. Friedrich Wilhelm I. gründete 1715 ein Kadettenkorps, für das der Adel seine Söhne zur Verfügung stellen mußte.

Standeserhöhung durch den Kaiser war weiterhin das Streben des Hochadels. Für die Liechtenstein wurde 1719 ein neues Reichsfürstentum geschaffen, eine Linie der Fugger erhielt 1803 den Fürstentitel, die Lobkowitz wurden 1786 Herzöge zu Raudnitz in Schlesien. Wie die Fürsten ihre barocken Residenzen, so baute der Adel seine Schlösser, wobei diejenigen der Schönborn in Franken, oder diejenigen der Dohna und Dönhoff in Ostpreußen hervorzuheben sind. Bürgerliche Staatsdiener im höheren Rang wurden meist geadelt, in besonderen Fällen auch erfolgreiche Kaufleute.

b) Aufgliederung der ständischen Hierarchie – Geistlichkeit und Beamtentum

In den katholischen Territorien blieb die bisherige kirchliche Hierarchie mit Erzbischöfen, Bischöfen bis herunter zu den einfachen Klosterbrüdern bestehen. Die Fürstenhäuser bzw. der führende Adel einer Landschaft beanspruchten die Bischofsstühle, ebenso behaupteten die Domkapitel und Stifte ihren vornehmen Standescharakter.

Am Ende des 18. Jahrhunderts standen dem Adel im Reich und in österreichischen Stiften 1200–1400 Kapitelstellen zur Verfügung. Etwa 740 verteilten sich auf Domkapitel. Der Anteil des Adels, die Verteilung auf hohen und niederen Adel an den geistlichen Pfründen war regional verschieden, stärker betont in Westfalen als etwa in Bayern.

Unter den Geistlichen gab es im übrigen den Unterschied zwischen solchen, die ein volle Pfründe hatten und Hilfsgeistlichen. Die Landpfarrer waren vielfach gleichzeitig als Landwirte tätig und wirkten mit ihren Kenntnissen bahnbrechend für den landwirtschaftlichen Fortschritt.

Im protestantischen Bereich behauptete sich vereinzelt die Bischofswürde (Lübeck, Osnabrück), zum Teil blieben die Domkapitel bestehen (Magdeburg, Halberstadt, Meißen, Hamburg) auch die Würde des Abts (Loccum) oder des Propsts (Preetz) blieb erhalten. Im übrigen standen jetzt an der Spitze der protestantischen Hierarchie die Hofprediger und Superintendenten. Von den Universitätsprofessoren genossen die Juristen das meiste Ansehen. Als Anwälte gelangten sie zu Wohlstand, ein Teil von ihnen machte im Hofdienst Karriere, wo ihnen die Stellung eines Hofkanzlers, Geheim-, Kammer-, Kanzlei- oder Hofrats offen stand. Auch lockten Posten in der Lokalverwaltung.

Die Bildung des stehenden Heers zunächst in Kurbrandenburg und den habsburgischen Landen, dann auch in kleineren Territorien ließ den Stand des Berufsoffiziers entstehen, in dem in Preußen seit Friedrich II. die Adeligen überwogen. Im Universitätswesen brachte die Aufklärung wichtige Veränderungen. Die Auflösung des Jesuitenordens 1773 traf die Jesuitenuniversitäten. Andererseits wurde die 1694 unter pietistischem Einfluß von Brandenburg-Preußen gegründete Universität Halle die führende deutsche Universität. Daneben tat sich die 1737 von Hannover gegründete Universität Göttingen durch die Betonung der Staatswissenschaften hervor. Die Professoren waren meist bürgerlicher Herkunft. Sie kamen vielfach aus Pfarrer- und Beamtenfamilien. Die protestantischen Studenten entstammten ebenfalls vorwiegend aus Pfarrer- und Beamtenfamilien; in Göttingen, das vom Adel bevorzugt wurde, waren gegen Ende des 18. Jahrhunderts 14% der Studenten Adelige. Die meisten studierten Jura.

Neben den Universitäten bestimmten jetzt die Akademien der Wissenschaften das geistige Leben mit, als erste die Berliner, die 1700 von Friedrich III. und Leibniz gegründet wurde.

c) Die Stadtbevölkerung

Die große Zeit der Reichsstädte war vorüber. Der Städtebund der Hanse hielt im Jahre 1665 einen letzten Tag. Künftig hielten nur noch Lübeck, Hamburg und Bremen als Hansestädte zusammen. Bremen verteidigte seine Selbständigkeit gegen Schweden, Braunschweig mußte sich 1671 den Welfen unterwerfen, Magdeburg erfuhr 1680 das gleiche Schicksal durch Brandenburg.

In den Städten behauptete sich neben der Tendenz der Erstarrung das Prinzip der Mobilität meist aufgrund verbesserter Vermögensverhältnisse. Das reichsstädtische Patriziat war bestrebt sich weiter abzuschließen, so in

Frankfurt die Patriziergesellschaft Alten-Limburg, die sich ganz vom Handel zurückgezogen hatte, während die Gesellschaft „Frauenstein" aus Großkaufleuten und Akademikern bestand. Das Nürnberger Patriziat erhielt 1669 den Adel zugesprochen. Auch in landesfürstlichen Städten hielt sich das Patriziat teilweise recht geschlossen, so in den Salinenstädten Lüneburg und Werl, in Münster erreichte es durch Reichskammergerichtsurteil 1685 Adel und Stiftsfähigkeit zugesprochen, in München mußte es das Patriziat ab 1672 zulassen, daß der Kurfürst Bürgern, die ihm wichtig waren, eine Art Briefpatriziat verlieh.

Während sich das Nürnberger Patriziat vom Handel zurückzog, behielten Augsburger Patrizier neben den mit Patriziertöchtern verheirateten „Mehrern der Gesellschaft" und den Kaufleuten „handelsmäßige" Betätigung bei. Köln hatte neben den Kaufleuten eine mehr oder weniger geschlossene Gruppe der Ratsgeschlechter. Offener war die Oberschicht in Hamburg und Bremen. Hamburg behielt das Verbot des Adelsbesitzes in der Stadt offiziell bei, wurde aber trotzdem bevorzugter Aufenthaltsort zahlreicher Adliger. Das Stadtpatriziat bemühte sich weiterhin um Anerkennung seines Adels durch den Kaiser. Die Werler Erbsälzer erreichten dies 1708/10, das Augsburger Patriziat 1737. Zahlreiche Großkaufleute erwarben den Adel. Die Enkel des 1717 geadelten Leipziger Armeelieferanten P. Hohmar stiegen in den Grafenstand auf. In Preußen wurde der Ostindienhändler S. L. Neale 1750 zum Grafen erhoben. Der Demminer Ratsherrnsohn Heinrich Carl Schimmelmann brachte es über seine Hamburger Geschäfte zum dänischen Lehnsgrafen und Schloßherrn von Ahrensburg und Wandsbek.

In den Reichsstädten war es Doktoren und Lizentiaten ebenso möglich sich in die Oberschicht einzugliedern wie in den landesfürstlichen Städten, wo die Oberschicht meist aus einer gemischten Gruppe von Honoratioren gebildet wurde, aus Kaufleuten, Ärzten, Adeligen, Geistlichen, Juristen, wozu später auch Manufakturunternehmer kamen. Handelte es sich um eine fürstliche Residenzstadt, dann wurde die ganze hierarchische Gliederung durch den Vorrang der Hofgesellschaft mitbestimmt.

Soweit die großen Kaufleute nicht in der herrschenden Ratsschicht saßen, hatten sie ihre besondere Vertretung, so das Handelsgremium in Nürnberg, die Kommerzdeputation in Hamburg, die Börsenvorsteher in Frankfurt (seit 1707).

Bedeutende kulturelle Leistungen in Theater, Musik und Architektur brachte das Großbürgertum in den führenden Handelszentren, Hamburg, Leipzig, Frankfurt, Nürnberg und Augsburg hervor. Von den Kaufleuten, die das „große Bürgertum" erwarben, unterschied man die geringeren Kaufleute und Höker. Dazu kamen die Zunftbürger, als Angehörige der „geschworenen Gewerbe", die Brauer und Schiffer.

Angesichts des Monopolstrebens der Meister war das Problem der Gesellen um so dringlicher, als es ihnen vielfach nicht möglich war, einen eigenen Hausstand zu gründen. In Preußen wurde die Beschränkung der Gesellenzahl in den einzelnen Gewerben 1783 aufgehoben. Neben den Gesellen gab es die Schicht der Schiffsleute, Fuhrleute, Träger, Manufakturarbeiter und Dienstboten. Sie waren wie die entsprechende ländliche Unterschicht Träger des „Pauperismus". Sie waren vom großen und kleinen Bürgerrecht ausgeschlossen, gehörten zur wachsenden Zahl der Beisassen. Nahm der Pauperismus seit der 2. Hälfte des 18. Jahrhundert stark zu, so boten Verlag und Manufakturen eine zusätzliche Existenzbasis. 1782 waren bereits 17% der Bevölkerung Berlins Lohnarbeiter. Umfangreich, weil bedingt durch die Ideale der Standesgesellschaft, war die Schicht der Domestiquen oder Dienstboten, bei denen es wiederum eine Stufung gab, je nachdem ob sie in einem vornehmen Adelshaushalt oder bei einem Handwerker eingestellt waren, so daß man sie keinesfalls verallgemeinernd zur Unterschicht rechnen darf. Ein Kammerdiener oder livrierter Lakai schätzte sich selbstverständlich höher ein als ein Jäger, Kutscher oder eine Dienstmagd.

Eine Sonderstellung nahmen die religiösen Gruppen ein. Es gab etwa 240 Hugenottengemeinden, von denen die bedeutendsten Berlin, Magdeburg, Kassel und Erlangen hatten. Aus der Lombardei kamen Italiener, zu deren angesehensten Niederlassungen diejenigen in Frankfurt/M., Mainz und Breslau zählten, böhmische Brüder tschechischer Herkunft lebten in Sachsen und Brandenburg, griechische Kaufleute ließen sich in Leipzig und Chemnitz nieder, Hamburg und Bremen hatten solche aus Frankreich und Hamburg die englische „Court". Mennoniten lebten in Krefeld, im Mündungsgebiet von Weichsel und Memel.

Mit der Ausbreitung des Hoffaktorentums und der Schutzjuden stieg der Wohlstand der jüdischen Niederlassungen, deren bedeutendste sich in Frankfurt/M., Hamburg-Altona und Berlin befanden. In Frankfurt mußten sie noch bis 1728 ein besonderes Kennzeichen tragen. 1780 zählte die Niederlassung 500 Familien. In Berlin wurde die Zahl der Judenhäuser 1750 auf 40 begrenzt. Kleinere jüdische Niederlassungen mit z. T. sehr wohlhabenden Familien gab es vor allem in den Residenzstädten.

d) Ländliche Bevölkerung

In den westdeutschen Gebieten erhielten sich zwar noch gewisse Formen der rechtlichen Unfreiheit, der Leibeigenschaft oder Leibherrschaft und die damit verbundenen Dienste, die teilweise in Geldzahlungen umgewandelt waren. Es gab die Möglichkeit des Freikaufs, der Übersiedlung in ein anderes Territorium, etwa bei Verheiratung. Besonders in den kleinen Territorien des Südwestens hatten die Bauern zum Teil das Recht der Mitvertretung in der „Landschaft". Im Bereich der Gutsherrschaft herrschten Erbuntertänigkeit, Schollenpflicht und Gesindezwang. Es gab nur noch einen kleinen Prozentsatz freier Bauern in den Marschgebieten von Friesland bis

Dithmarschen und Fehmarn, im Magdeburgischen, in Niederschlesien und Ostpreußen. In Ostpreußen besaßen die kulmischen Freien (Kölmer) um 1700 noch 8% der gesamten Hufen. Bei den abhängigen Bauern unterschied man die Spannfähigen und die Handfröner. Neben den rechtlichen Unterschieden beeinflußten immer wieder die Vermögensverhältnisse die soziale Strukturierung. In sie fügte sich die ganze Skala vom Dorfrichter oder Schulzen, vom Vollhöfner über den Halb- und Viertelhöfner bis herunter zur wachsenden Zahl der Seldner, Häusler, Gütler, Kätner, Kötter, Gärtner, Kossäten, Brinksitzer, die eigenes Anwesen und eigene Wohnung hatten und der Haus- und Hauerleute, die nicht einmal eine eigene Wohnung besaßen. Zur ländlichen Gesellschaft gehörte schließlich das bäuerliche Dienstpersonal, wobei man zwischen älteren, mittleren und jungen Knechten und Mägden unterschied.

Auf einer anderen Ebene standen die von Ort zu Ort ziehenden Glaser, die besondere Privilegien genossen, sowie die Bergleute und die in Hammerwerken und sonstigen Betrieben Tätigen. Es gab nur wenige ländliche Arbeitersiedlungen wie diejenigen der Weber in der Lausitz oder der Flößer, Holzhauer und Fuhrleute im nördlichen Schwarzwald.

Die Reichshandwerksordnung von 1731 hob die Unehrlichkeit der Schäfer auf. Trotzdem standen sie am Rande, bzw. außerhalb der ländlichen Gesellschaft, mehr noch war dies mit den Henkern, Abdeckern, Kesselflikkern, Hausierern, Schaustellern und Zigeunern der Fall.

In diese Strukturen griffen dann die von der Aufklärungsbewegung getragenen Bestrebungen ein, die aber nur zu Anfangserfolgen führten. In Preußen gab die Domänengesetzgebung von 1777 den erbuntertänigen Bauern das erbliche Eigentumsrecht. Von 1779 ab konnten in Bayern landesherrliche Urbarbauern ungünstige Besitzrechte in ein Erbzinsrecht umwandeln, in Baden wurde die Leibeigenschaft 1783 ohne Entschädigung aufgehoben. Die entschädigungslose Abschaffung der Feudalrechte führten dann im Linksrheinischen die Franzosen im Jahre 1798, als sie das Gebiet besetzten, durch.

7. Land- und Forstwirtschaft

a) Agrarverfassung

Bei der Bewertung der landwirtschaftlichen Verhältnisse in Mitteleuropa war der Unterschied zwischen Grundherrschaft und Gutsherrschaft weiterhin wichtig. *Grundherrschaft* war diejenige Form der Agrarverfassung, die ausschließlich auf dem Bezug bestimmter Renten, Grundzinsen und Geldabgaben beruhte, während bei der *Gutsherrschaft* Eigenwirtschaft betrieben wurde, neben den Bauernwirtschaften eine Gutswirtschaft vorhanden war.

Bei der *Gutsherrschaft* hatte der Bauer auch Geldabgaben zu zahlen, aber er war nicht so sehr selbstwirtschaftender Landwirt als Dienste leistender Arbeiter im Rahmen der Gutswirtschaft des Grundherrn. Die Grundherrschaft war vor allem im alten Siedlungsgebiet westlich der Elbe verbreitet, die Gutswirtschaft war charakteristisch für die Gebiete östlich und nördlich der Elbe.

Tendenz der grundherrschaftlichen Verfassung war es, das Band zwischen den Bauernstellen und dem Grundherren immer mehr zu lockern, das Abhängigkeitsverhältnis immer mehr in Rentenrechte aufzulösen. Am weitesten gedieh diese Entwicklung im Südwesten in Württemberg und in Baden. Hier war es schließlich so, daß der Landesherr im ganzen Territorium die grundherrlichen Rechte, also das oberste Eigentumsrecht an Grund und Boden, die Gerichtsherrschaft und die Leibherrschaft besaß. Die Bauern besaßen weitgehendes Eigentumsrecht über ihre Stellen; sie konnten diese veräußern, verpfänden, in einem gewissen Maße auch teilen. Es gab genau festgelegte Abgaben in Geld und Naturalien, Gebühren bei Verkauf und Tausch, bei der Verheiratung, beim Tod des Bauern (Besthaupt, Erbfallabgabe), schließlich begrenzte Frondienstleistungen. Ja, in besonderen Fällen konnte gegen eine hohe Summe die Freilassung erwirkt werden.

In den Territorien Nordwestdeutschlands verlief die Entwicklung ähnlich. Das Bauernland war auch hier mehr oder weniger Eigentum, lediglich noch mit Grundzins und Zehnt, selten mit Frondiensten belastet. Bei der Veräußerung des Gutes mußte nur die Genehmigung des Grundherrn eingeholt werden.

Auch in Mitteldeutschland überwog die aus der Pacht auf Lebenszeit hervorgegangene Erbpacht, das weitgehende Verfügungsrecht des Bauern über seine Stelle, die Absetzbarkeit nur in bestimmten schweren Fällen, bei Nichtzahlung des Zinses, bei schlechter Bewirtschaftung oder nach begangenen Verbrechen.

In gewissen Teilen Nordwestdeutschlands machte sich indessen die Tendenz der Errichtung von Gutsherrschaften bemerkbar, namentlich in Niedersachsen und im östlichen Westfalen, hier entstanden in den durch den Dreißigjährigen Krieg verödeten Gebieten große adlige und geistliche Güter, auf denen die Grundherren ansehnliche Eigenwirtschaft betrieben. Hier blieben die Bauern zu größeren Fronleistungen, Spann- und Handdiensten, verpflichtet. Doch blieben diese Ländereien der Gutsherrn mehr oder weniger Streubesitz.

In Bayern waren die meisten Höfe einer Grundherrschaft unterworfen. Am häufigsten waren die Halb- und Viertelhöfe. Es gab erbliche und lebenslängliche bäuerliche Besitzrechte, Erbstifte und Freigedinge, daneben aber auch sog. Freistifte, die der Grundherr jedes Jahr kündigen konnte. Sie machten die Hälfte aller Höfe aus. Die großen Gutswirtschaften waren in Bayern zahlreicher als in den andern Teilen Süd- und Westdeutschlands.

Charakteristisch war der Zwangsgesindedienst der Bauernkinder, Söhne und Töchter, soweit sie nicht im elterlichen Anwesen benötigt wurden. Die Abgaben an den Landesherrn, die direkten Steuern, die jährlich ausgeschrieben wurden, waren im allgemeinen sehr hoch. Die Bauern hatten den Hauptteil dieser Steuern aufzubringen, während die privilegierten Stände, Prälaten und Ritterschaft, wesentlich besser wegkamen. Doch bezeugen andererseits landesherrliche Bestimmungen einen gewissen Wohlstand der bäuerlichen Bevölkerung, insbesondere gilt dies für die freibäuerliche Schicht in den Alpen. Ausgeprägte freibäuerliche Verhältnisse gab es auch an der Nordseeküste, besonders in Dithmarschen, Eiderstedt sowie auf Fehmarn. In den Marschen herrschte eine auf Dienstboten, Taglöhner und betonter Milchwirtschaft beruhende kapitalistische Betriebsweise.

Wesentlich ungünstiger als im Westen lagen ganz allgemein die Verhältnisse im Osten. Auch nach dem 30jährigen Krieg wurde das Gutsland auf Kosten des Bauernlandes erweitert. Der Gutsherr war vielfach selbstwirtschaftender Großunternehmer, verkaufte seine landwirtschaftlichen Produkte selbst und schaltete auf seinem Besitztum als Grund-, Leib- und Gerichtsherr über seinen untertänigen Bauern. Die Leistungen der abhängigen Bauern äußerten sich in Diensten und Abgaben, deren Umfang von der Größe der Gutswirtschaft abhängig war. Auch zwischen Diensten und Abgaben gab es starke Unterschiede. Wer weniger Abgaben leisten konnte wurde umso stärker zu Diensten herangezogen. Man hat geschätzt, daß schon die verschiedenen Abgaben ohne Dienste ein Drittel des gesamten Rohertrages eines Hofes beanspruchten.

In manchen Gegenden steigerte sich die Abhängigkeit der Bauern zu einer neuen („zweiten") Leibeigenschaft. Alles was ein solcher Untertan besaß, und erwarb, konnte sein Herr verpfänden, verkaufen, beim Kartenspiel einsetzen. Doch gab es auch jenseits der Elbe Unterschiede in der Agrarverfassung. Im allgemeinen waren die adeligen Bauern am stärksten belastet. Besser erging es den landesherrlichen Bauern. Unter ihnen waren, wie das Beispiel Ostpreußen zeigt, die Hochzinser besser als die Scharwerker gestellt. Schließlich gab es noch die Schatuller und die freien Kölmer. Die ganze Vielfalt der rechtlichen Unterschiede kommt in der Unterscheidung Justis nach „den Kontrakten" zum Ausdruck. Er unterscheidet zwischen „Laß-, Meier-, Kurmedige-, Hofhörige-, Land-, Siedel-, Erbbestands- und Erbpachtgütern". Dazu kommen noch die Unterschiede hinsichtlich des sozialen Status, der Grad der Hörigkeit und Untertänigkeit neben den freien Bauern.

b) Anfänge der Bauernbefreiung

Unter dem Einfluß der humanitären Bestrebungen der Aufklärung war man verschiedentlich bemüht, die persönliche Abhängigkeit der Bauern zu lockern oder ganz aufzuheben. Auch hier wirkte Preußen als Vorbild. Mit dem Beispiel ging der König auf seinen Domänen voran, sie bildeten das Versuchsfeld für spätere Reformen. Schon von 1718 ab wurde die Leibeigenschaft der Domänenbauern aufgehoben. Was der Vater hier begann, setzte der Sohn, Friedrich II., fort. Er sah seine Aufgabe nicht so sehr in sozialen Reformen mit dem Endziel der Bauernbefreiung, als in der Bewahrung des Bestandes an bäuerlichen Stellen. Das war eine wichtige Erkenntnis, die bei den Reformen zu Beginn des nächsten Jahrhunderts anfänglich zu wenig beachtet wurde. Die Bauern zahlten die Steuern und lieferten die Soldaten. Im Gegensatz zu Schwedisch-Vorpommern und Mecklenburg war man auch in Dänemark und Schleswig-Holstein fortschrittlich gesinnt, wobei von Kopenhagen aus die Bernstorff und Reventlow zusammen mit dem Norweger Colbjörnsen die Initiative ergriffen. In Dänemark wurde von 1788 ab die Schollenpflichtigkeit gänzlich aufgehoben, die Herzogtümer schlossen sich zu Beginn des nächsten Jahrhunderts an. Westlich der Elbe, wo die Verhältnisse im allgemeinen günstiger waren, zeigte die Landesherrschaft in Hannover und in Bayern Reforminteresse, sowie in Baden, wo die Leibeigenschaft als solche 1783 aufgehoben wurde.

c) Bodennutzung

Die vorherrschende Betriebsweise blieb die Dreifelderwirtschaft, bei der die verschiedenen Schläge des Innenfelds der Dorfgemarkung jedes dritte Jahr brach lagen, die weniger ergiebigen Außenfelder dagegen nur in größeren Zeitabständen mit Getreide bestellt wurden. Einen öfteren Wechsel in der Bebauung, der bis zu sieben Folgen verschiedener Anbauarten mit Brache reichen konnte, gab es entlang der Ostseeküste, in gewissem Umfang auch in Sachsen. Während sich in Teilen Nordwestdeutschlands mit Hilfe intensiver Düngung die Einfelderwirtschaft behauptete, gab es in Holstein und Schleswig mit Hilfe der eingehegten Koppeln die intensive Form der Feldgraswirtschaft. Auch am Niederrhein wurde Feldgraswirtschaft betrieben, außerdem in den Mittelgebirgen und der Alpenzone, hier mit stärkerer Betonung der Weide. Wo die Böden sandig waren wie in Mecklenburg und Brandenburg oder wo Sonderkulturen hinzukamen, wie der Weinbau am Mittelrhein und an der Mosel, begnügte man sich mit dem Wechsel von Acker und Brache in der Form einer Zweifelderwirtschaft. Besondere Formen einer intensiven Bewirtschaftung stellten der Gartenbau und der Anbau von Handelspflanzen dar. Der erstere gedieh in Verbindung mit Obstbau begreiflicherweise im Raum der großen Städte. Das Alte Land und die Vierlande und ihre Bedeutung für die Versorgung Hamburgs mögen als Beispiel angeführt werden. Die Tierhaltung wurde in den Zonen vorherrschenden Getreidebaus meist extensiv betrieben, wobei im Winter auch Laub und Stroh als Futter Verwendung fanden, so daß das Vieh sich mehr oder weniger durchhungern mußte. Anders in den Zonen mit ausgesprochener Graswirtschaft, namentlich in den Marschen von Friesland bis Eiderstedt. Hier erreichten die Kühe ein Lebendgewicht von 250 kg, gemästete Ochsen von 375 kg. In der Wesermarsch wurden von einer Kuh im Jahr bis zu 50 kg Butter gewonnen. Hier gab es auch mit die frühesten Ansätze zur Viehzucht. Schwere Verluste erlitten die Viehhalter durch die Seuchen, die während des 18. Jahrhunderts in der Form der „Rinderpest" in fünf Umzügen die Weiden und Ställe heimsuchten.

d) Landesausbau und technische Neuerungen

Der in der zweiten Hälfte des 18. Jahrhunderts einsetzende Bevölkerungsaufschwung und die damit ansteigenden Preise gaben vielfach Anstöße zum Landesausbau und zur Einführung technischer Verbesserungen. Die größten Kultivierungsarbeiten erfolgten unter Friedrich Wilhelm I. und Friedrich II. im havelländischen Luch, wo 1718–24 15000 ha Acker- und Wiesenboden gewonnen wurden, im Oderbruch legte man 1747–1753 etwa 56000 ha trocken, in den Warthebrüchen bis 1786 etwa 30000 ha. In Süddeutschland wäre die Kultivierung des Donaumooses in Bayern zu nennen. Dazu kam die Gewinnung von Neuland durch einzelne Bauern, indem sie Öd-, Wald- und Moorgebiete erschlossen. In diesen Rahmen gehört auch die Fehnkultur der nordwestdeutschen Hochmoore. Das Bestreben von der Allmende, der Parzellierung und Gemengelage und dem damit verbundenen Flurzwang abzukommen, ging zwar auf Kosten der Schwächeren, bahnte aber dem Fortschritt den Weg. In Süddeutschland, in Hannover und in Schleswig-Holstein war man in diesem Sinne tätig, insbesondere aber in Preußen. Der König selbst ging mit seinen Domänen beispielhaft voran. 1770 bildete Friedrich eine Oberkommission für Separationsfragen und im nächsten Jahr erließ er für Schlesien ein Separationsreglement. Was hier an Neuerungen angebahnt wurde stieß zunächst freilich beim Adel wie bei den Bauern auf so starken Widerstand, daß der entscheidende Durchbruch erst während der Stürme der Napoleonischen Epoche erfolgen konnte.

Stießen die Gemeinheitsteilungen im allgemeinen auf die Grenzen des alten bäuerlichen Rechts, besonders des Triftrechts, so stellten wichtige Ausnahmefälle die seit dem 16. Jahrhundert im Allgäu in Gang befindliche „Vereinödung" im Voralpengebiet und der Ausbau der Koppelwirtschaft in Holstein und Schleswig dar. In den anderen Teilen Deutschlands blieben Gemeinheitsteilung und „Separation" von Grundstücken Ausnahmen. Ausnahme blieb auch mit der einsetzenden Bauernbefreiung die Aufteilung und der Verkauf von Gütern des Adels an Bauern, weil dies rentabler war, da die Bauern die Arbeit, zu der sie verpflichtet waren, nicht mehr leisten wollten. Dies geschah, z. B. in der Landschaft Angeln.

Der Landesausbau wurde begleitet von Maßnahmen, die der Intensivierung des landwirtschaftlichen Betriebs dienten. Eine der Möglichkeiten war die verbesserte Dreifelderwirtschaft, indem Teile des Brachfelds „besömmert" wurden. Mittels des Kleeanbaus wurde die Viehhaltung gesteigert, verbesserte Viehhaltung wiederum erhöhte den Anfall von Dünger, der für den Getreidebau verwendet werden konnte. Männer wie der Kupferzeller Pfarrer Mayer oder der zum Edlen von dem Kleefelde geadelte Schubart setzten sich für den Kleebau ein. An der Küste breitete sich die Koppelwirtschaft weiter aus. Den fortschrittlichsten Stand stellte die von England angeregte Wechselwirtschaft dar, bei der man auf die Brache ganz verzichten konnte. Unter den neuen Pflanzen, die nun Mode wurden, standen Tabak und Kartoffeln an der Spitze, während die Farbpflanze Waid immer stärker unter der Konkurrenz des Indigo litt.

Tabak wurde u. a. in der Kurpfalz angebaut. Außerordentlich wichtig für die Ernährung der breiten Schicht wurde der Anbau der Kartoffel, der sich nach der Hungersnot von 1771/72 ausbreitete. Wenn am Ende des 18. Jahrhunderts ein Drittel des deutschen Bodens mit Ackerbau bewirtschaftet wurde, dann entfielen auf Getreide etwa 61%, auf Brachfrüchte 14% und auf die Brache noch 25%. Brachfrüchte waren Hülsenfrüchte, Futterpflanzen und Handelsgewächse. Die Steigerung des Futterertrags durch die neuen Pflanzen, voran Klee und Rüben und die Verbesserung des Wiesenbaus (Siegerland) kam der Viehhaltung zugute. In Brandenburg-Preußen wuchs der Rindviehbestand von 1756 bis zum Jahrhundertende auf das Anderthalbfache. Es wurden Maßnahmen zur Verbesserung der Rindviehzucht ergriffen. Durch Merinos wurde die Schafzucht verbessert. Gleichzeitig verlagerte sich das Schwergewicht der Schafhaltung nach den ostelbischen Gebieten.

Während wesentliche technische Neuerungen noch nicht eingeführt wurden, erlangten die landwirtschaftlichen Nebengewerbe umso größeres Gewicht, vor allem die Brauerei und die durch den Kartoffelanbau begünstigte Brennerei.

Um die Verbreitung fortschrittlicher Betriebsweise machten sich zunächst namentlich die Verfasser der sog. Hausväterliteratur verdient, die den adeligen Haushalt in seinen verschiedenen Aspekten behandelten. Colers „Oeconomia ruralis et domestica" von 1600 erreichte zahlreiche Neuauflagen. Bedeutendster Vertreter der Literaturgattung war der Niederösterreicher Freiherr von Hohberg, der 1682 seine „Georgica Curiosa" veröffentlichte. Hohberg ging es insbesondere darum, Normen zu setzen, wie sich der adelige Grundherr verhalten sollte. Von der Mitte des 18. Jahrhunders ab gewann diese Literatur mehr und mehr wissenschaftlichen Fachcharakter und wurde bereichert mit praktischen Fragen der Betriebsführung. Man suchte allgemeine Grundsätze für den Landwirtschaftsbetrieb und ließ sich von westeuropäischen Vorbildern, vor allem vom Engländer Young, anregen. Bezeichnend für die neue Richtung ist die „Vollständige

Experimentalökonomie" des Johann Gottlieb von Eckhart (1754). Zu den Schriftstellern, die sich mit Landwirtschaftsfragen befaßten, gehörten Johann Beckmann, Männer wie der Osnabrücker Justus Möser, im Hohenlohischen der Pfarrer Johann Friedrich Mayer in Kupferzell, sowie die Kameralisten, besonders Justi. Der Einfluß der Physiokraten Mirabeau und Du Pont de Nemours machte sich ebenfalls geltend und veranlaßte den Markgrafen Karl Friedrich von Baden mit Hilfe Schlettweins zu einem physiokratischen Experiment in seinem eigenen Land. Ein anderes Beispiel lieferte der Markgraf von Ansbach. In Preußen bemühten sich Friedrich Wilhelm I. und Friedrich II. um die Förderung der Landwirtschaft. Doch soll dabei die Leistung der Verwalter und Pächter um die Verbesserung der Landwirtschaft nicht übersehen werden.

e) Von der Stockungsphase zum Preisanstieg

Nach dem Dreißigjährigen Krieg setzte eine Stockungsphase ein, deren Auswirkungen bislang vor allem von Danzig und Holstein mit Schleswig beobachtet wurden. Der Danziger Getreideexport erreichte 1649 einen Höchtstand mit 250000 Tonnen. Während und nach dem schwedisch-polnischen Krieg (1655–1660) ging er laufend mit Schwankungen zurück und erreichte mit etwa 40000 Tonnen um die Mitte des 18. Jahrhunderts einen Tiefstand. Auch der durch die Herzogtümer gehende Handel mit dänischen Ochsen ging zurück, er stieg wohl in den neunziger Jahren noch einmal an, aber dann ging der Abwärtstrend weiter. Kriege besonders der Nordische und die damit zusammenhängenden Handelssperren waren gewiß nicht die einzigen Gründe dieser Entwicklung. Preise für Getreide, gewerbliche Erzeugnisse und Löhne zeigten von 1650 bis in die Mitte der siebziger Jahre eine Aufwärtstendenz, um von da ab mehr oder weniger zu stagnieren. Dementsprechend verhielten sich Grundstückspreise und Pachtzinsen. Viel Land blieb wüst liegen. Bevölkerungsentwicklung in Deutschland selbst und internationale Marktlage wirkten sich aus. Einfuhrsperren und erste Peuplierungsmaßnahmen hatten vornehmlich regionale Wirkung. Erst die verstärkte Bevölkerungszunahme nicht nur in Deutschland, sondern auch in Westeuropa seit etwa 1740, ließ die Preise wieder ansteigen. Gleichzeitig erhöhten sich die Kosten, wobei sich das Gesetz vom abnehmenden Bodenertragszuwachs auswirkte. Als die Preise anzogen, gab es wieder die regionalen Unterschiede. Der Preisauftrieb war am stärksten in Nordwestdeutschland, am geringsten in Süddeutschland. Am stärksten war der Anstieg bei Getreidepreisen, geringer bei tierischen Produkten und gewerblichen Erzeugnissen. Die Löhne hinkten weiter nach. Dabei sind wiederum die durch Teuerungsjahre bedingten Schwankungen zu beachten, besonders die Teuerung von 1771/72.

Mit dem Preisanstieg für landwirtschaftliche Produkte stiegen auch

Pachtzinsen und Güterpreise, d. h. die Grundrente. Die Verteilung des Zuwachses auf Grundherren bzw. Freibauern und Pächter oder abhängige Bauern ist schwer im Einzelnen auszumachen. Und wiederum kam es auf die regionalen Unterschiede an. Zu Beginn des 19. Jahrhunderts waren die „kölmischen" Güter in Ostpreußen bis zu 20000 Taler wert, Höfe der Magdeburger Börde oder Niederschlesiens bis zu 12000. Nach Henning kann man für die Zeit um 1800 drei Hauptgruppen von Höfen unterscheiden, solche unter 1800 kg Roggen jährlich, solche zwischen 1800 und 3500 kg und solche über 3500 kg. Die erste Gruppe war am stärksten im Westen, Süden und Südosten Deutschlands vertreten. Hier waren die Bauern auf Neben- und Zusatzerwerb angewiesen. Die mittlere Gruppe, die sich stärker nach Osten vorschob, hatte allerdings stärkere Belastungen und geringere Möglichkeiten des Zusatzerwerbs. Zur dritten Gruppe gehörten die Freibauern wie man sie vornehmlich in den Marschen fand.

Die Verwendung der Grundrente diente vor allem gesteigertem Verbrauch, ja Luxus. Außerordentlich viel wurde in Gütern spekuliert, so in Schleswig-Holstein, aber auch in anderen Landschaften. Standesverpflichtungen, Erbschaftsverhältnisse trugen neben dem Luxus vielfach zur Verschuldung bei, wobei es dem städtischen Kapital möglich war, in Landbesitz zu investieren.

8. Gewerbliche Produktion

a) Handwerk

Die deutsche Wohnkultur erreichte im Lauf des 18. Jahrhunderts einen Stand, den es zuvor nie gegeben hatte; nicht nur die Einrichtungen der Adels- und Fürstensitze waren mit Prunkstücken handwerklicher Leistung ausgestattet, ähnliches galt auch für die Bürgerwohnungen. Und doch fand sich das Handwerk, verglichen zu früheren Jahrhunderten, in einer Phase des Niedergangs. Das Handwerk war zunächst vornehmlich an die Stadt gebunden. Die städtische Entfaltung während des Mittelalters hatte sich am fruchtbarsten auf alle Gewerbezweige ausgewirkt, die unmittelbar mit dem Verteidigungswesen zusammenhingen. Die neue Heerestechnik mit der Betonung der Artillerie bewirkte eine Konzentration der Verteidigung auf wenige strategisch wichtige Plätze. In den übrigen Städten, die sich eine Umstellung auf das neue Verteidigungswesen nicht leisteten, besaßen die mittelalterlichen Mauern und Torbefestigungen nur noch militärischen Wert zur Fernhaltung kleinerer Streitkräfte. Ihre Hauptaufgabe wurde es jetzt, den Verkehr zu überwachen, den richtigen Eingang der Zölle und sonstiger Abgaben zu unterstützen. Anstelle des wehrhaften Bürgers trat mehr und mehr der Söldner. Er konnte aber die städtische Wirtschaft nicht mehr so prägen wie der wehrhafte Bürger. In privilegierten Zünften organisiert, wehrte sich das Handwerk durch allgemeine Betriebseinengungen und durch Bekämpfung des konkurrierenden Nachwuchses. Die Zünfte setzten eine Höchstzahl von Mitgliedern fest. Ein neuer Meister wurde nur zugelassen, wenn durch Todesfall eine Stelle frei geworden war, und in Frage kamen nur noch Söhne oder Schwiegersöhne von Meistern oder solche, die eine Meisterswitwe heirateten.

Konkurrenz machten den Zünften die Kleinhändler, die immer mehr Waren führten, deren Vertrieb früher Zunftmeistern vorbehalten war; ferner die Pfuscher oder Bönhasen, die ihr Handwerk schwarz ausübten und vielfach in den Vorstädten saßen, zuweilen auch die Hausierer, und schließlich die Handwerker in den Flecken, den kleinen Territorialherrschaften. War die Handwerksdichte in Süd- und Westdeutschland sowie Sachsen am größten, so lebten um 1800 in den östlichen Provinzen ein Drittel der Handwerker auf dem Lande. Die Betonung der städtischen Bannmeile, landesherrliche Maßnahmen, die das Landhandwerk einzuschränken suchten, konnten den Trend der Ausbreitung der Landhandwerker nicht entscheidend hemmen.

Zwischen dem handwerklich tätigen Bauern und dem unternehmenden Kaufmann in der Stadt ergab sich eine natürliche Interessengemeinschaft. Stieß der Unternehmer in der Stadt auf den Widerstand der Zunft, so war der bäuerliche Handwerker froh, wenn er jemanden an der Hand hatte, den er laufend beliefern konnte. Anregungen, Vorschriften von seiten des Abnehmers führten auf dem Land schließlich mehr und mehr zur Differenzierung, zur Verfeinerung der gewerblichen Produktion.

Es fehlte nicht an staatlichen Bestrebungen, die Autonomie der Zünfte zu beschneiden, um damit den Verfallserscheinungen zu begegnen. Ein Reichsgutachten von 1671/72 erklärte sich zugunsten solcher Eingriffe. Zu einem Gesetz konnte man sich aber noch nicht einigen. Zu Beginn des 18. Jahrhunderts kam es dann zu Gesellenaufständen in Wien, in Mainz, Stuttgart und Würzburg, zuletzt in Augsburg, wo die Schuhknechte revoltierten. Dies gab den Anlaß zur Schaffung des Reichszunftgesetzes von 1731, das von Preußen, Braunschweig und Sachsen eingebracht und entscheidend gefördert, die bisherigen Interdikte „gegen die Autonomie der Zünfte, gegen die Kompetenz der Hauptladen, die interterritoriale Korrespondenz der Meisterinnungen wie der Gesellenbruderschaften und deren gewohnheitsrechtliche Strafmittel des Schmähens, Auftreibens und Verrufens“ bestätigte. Grundsätzlich sollte das Handwerk nun jedem offenstehen. Die Zahl der Gesellen durfte von den Meistern nicht mehr beschränkt werden, die Zulassung zum Meisterstück durfte nicht erschwert, die reichsrechtlich verbürgte Freizügigkeit nicht entwertet werden. Guten Arbeitern und Künstlern konnte die Obrigkeit das Meisterrecht auch gegen den Willen der Zunft erteilen.

Das Zunftgesetz hat die handwerkliche Lebensordnung bis ins nächste Jahrhundert mitbestimmt, aber nur da, wo es von den Territorien übernommen in die jeweiligen landesherrlichen Zunftordnungen einging. Das war aber nur bei einer Reihe von Staaten der Fall.

b) Verlag

Allgemeinere Verbreitung fand das Verlagswesen erst im Laufe des 16. und 17. Jahrhunderts, wobei der Einfluß der Staatswirtschaft sich deutlich geltend machte. Die Landesherren, darauf bedacht, daß in ihrem Territorium möglichst viel und möglichst billig produziert, daß möglichst wenig importiert und möglichst viel exportiert werde, erkannten, daß sich mit dem Verlag und der damit verbundenen Hausindustrie die Produktion wesentlich erweitern ließ. Die Hausindustrie fand so namentlich in jenen Gegenden Eingang, die einen geringen landwirtschaftlichen Ertrag abwarfen: im Schwarzwald, in den schwäbischen und fränkischen Juragebieten, in Ober- und Mittelfranken, im Frankenwald, im Thüringer Wald, im Erz- und Riesengebirge, sowie im westfälisch-hessischen Bergland. Am weitesten war das Verlagswesen im Textilgewerbe verbreitet. Westfalen und Ostmitteldeutschland hatten jetzt die Führung vor Süddeutschland. In Ostmitteldeutschland reichte die auf dem Verlag und dem Zunftkauf beruhende Leinenverarbeitung von der Lausitz bis nach Schlesien. Mit Hilfe des Verlagswesens konnte sich die Baumwollverarbeitung im Vogtland einen Schwerpunkt verschaffen. Auch im Tuchgewerbe des Rheinlands und der Lausitz gab es verlegerische Möglichkeiten, desgleichen vom Hauptzentrum der Seidenverarbeitung Krefeld aus. Hausgewerbe und Verlag gab es noch in einer Reihe von Produktionszweigen, so in der Drahtwarenfabrikation der Mark mit den Orten Lüdenscheid, Altena und Iserlohn, in der Kleineisenwarenherstellung des Bergischen Landes mit Solingen und Remscheid, im Waffengeschäft von Suhl und Ruhla, in verschiedenen Gewerben Nürnbergs und Augsburgs. Für Nürnberg war der mehrstufige Verlag mit dem Zwischenmeistersystem bezeichnend. Bei der Spielwarenherstellung griff man bis nach Partenkirchen und Thüringen aus. In Niederschlesien gedieh auf diese Weise die Glaswarenerzeugung.

Die Verdienstmöglichkeiten der Handwerker schwankten von Zweig zu Zweig, aber auch innerhalb eines Handwerks zum andern. Auffallend ist die geringe Gesellenzahl gegen Ende des Jahrhunderts. Mit am besten standen die Meister des Nahrungs-, des Luxus- und des Bauhandwerks. Die großen Prachtbauten an Schlössern, Kirchen und Stadtpalais gaben manchem Maurer- und Zimmermeister die Möglichkeit sein Geschäft mit zahlreichen Gesellen als Großunternehmen zu betreiben. Nach den preußischen Generalzunftprivilegien von 1734 wurden den Maurer- und Zimmermeistern 30–40, ja manchmal bis 50 Gesellen zugestanden. Für das Verlagsgewerbe gibt die Entwicklung der Rohstoffpreise einen gewissen Anhalt. Auffallend stark stiegen die Preise für Leinen in der zweiten Hälfte des 18. Jahrhunderts. Sie lagen schließlich bis um 80% höher, während die Garnpreise einen Anstieg bis 200% erfuhren. Im Allgemeinen waren die Löhne der Landweber niedriger als die der städtischen und die Löhne in Berlin waren höher als in Sachsen oder im Rheinland. In Berlin verdiente um 1780 ein Tuchweber wöchentlich etwa 2 Rtl., ein Seidenweber aber bis zu 7 Rtl. Im Metallgewerbe waren die Löhne der verlegten Handwerker im allgemeinen höher. Bezeichnend für diesen Sektor ist das Kartell des Altenaer Eisendrahtstapels von 1744, das die Mindestpreise und Fertigungsanteile festsetzte. An Streitigkeiten zwischen Verlegern und Handwerkern über Löhne fehlte es nicht. Unruhen gab es in Monschau 1734, in Elberfeld 1783, in Landshut 1793, in Augsburg 1794.

c) Manufaktur

Bezeichnend für das Verlagssystem war es, daß die Stätten der Produktion in der Landschaft weit verstreut liegen konnten. Das war mit Nachteilen verbunden. Die Materialbelieferung der Meister durch die Faktoren der Verleger bot Möglichkeiten des Unterschleifs. Dies und die Aussicht, die Produktion durch Arbeitsteilung zu steigern, bewog die Verleger, Werkstätten für eine größere Anzahl von Arbeitern anzulegen. Der Name „Manufaktur" für diese Einrichtung zeigt, daß die Handarbeit weiterhin vorherrschte. Der Sprachgebrauch machte zwischen der Manufaktur und der Fabrik keinen Unterschied. Erst wir haben uns nachträglich daran gewöhnt, von Fabrik zu sprechen, wo Maschinen verwendet werden, die die handwerkliche Arbeit nicht nur erleichtern, sondern ersetzen. Bereits zu Ende des 16. Jahrhunderts wurde die Produktion mit Apparaten vorgenommen, mit denen man Arbeitshände einsparen konnte. Auf Stühlen, die mit der Hand bewegt wurden, konnten jetzt Bänder, Schnüre und Spitzen hergestellt werden, auf Strumpfwirkstühlen Strümpfe, Hosen und andere Kleidungsstücke. Zünfte und Arbeiter machten gegen diese Neuerungen ihren Widerstand geltend; erst um die Mitte des 17. Jahrhunderts fanden diese größere Verbreitung. Und erst jetzt konnten die Manufakturen dank landesherrlicher Unterstützung aufblühen. Ist die zentralisierte Fertigung durch die in der Werkstatt zusammengefaßten Arbeitskräfte das Kennzeichen der Manufaktur, so gibt es doch eine Reihe von Zwischenformen, wobei nur ein Teil des Fertigungsprozesses zentralisiert war. Einen solchen Betrieb stellt das „Rote Haus" der Scheibler in Monschau dar, nur das Karden und die Fertigung waren hier konzentriert, während man im übrigen mit verlegten Handwerkern in der Landschaft arbeitete. Ähnlich war es bei den Samt- und Seidenwerkstätten der von der Leyen in Krefeld. Joachim Heinrich Campe sah dort einen Saal voller Abhaspelungsmaschinen, die

„von einem einzigen, unter demselben auf einer Scheibe stehenden und unaufhörlich tretenden, aber nie von der Stelle kommenden Pferd in Bewegung gesetzt wurden". Ähnlich waren im Augsburger Kattundruck Schüles um 1770 etwa 350 Leute im Manufakturgebäude tätig, während insgesamt in Verbindung mit dem Verlag etwa 3500 beschäftigt wurden. Die Calwer Zeughandlungskompanie hatte 1787 933 Wollzeugmacher, 3000–4000 Spinnerinnen und Kämmer, aber nur 168 Personen waren im Calwer Betrieb selbst tätig. Im Allgemeinen entstanden Manufakturen vor allem mit Hilfe staatlicher Förderung. 1678 wurde in Berlin eine Wollmanufaktur mit kurfürstlicher Beteiligung gegründet. Ebenfalls in Berlin richtete 1713 der Kriegsrat v. Kraut für die Herstellung von Armeetuch das „Lagerhaus" ein. Wollzeug- und Baumwollzeugmanufakturen und eine solche für Gold- und Silbertextilien kamen hinzu.

Unter der maßgeblichen Initiative des Staates wuchsen in Sachsen seit der Mitte des 17. Jahrhunderts in schnellerer Folge als zuvor Manufakturen heran, wobei als begünstigender Faktor die Vereinigung Sachsens mit Polen seit 1697 zu einem größeren Wirtschaftsraum ins Gewicht fiel. In den Jahren zwischen 1670 und 1740 entstanden so „Woll-, Damast-, Samt-, Wachstuch- und Spiegelmanufakturen, Glashütten, Flanell- und Golgasdruckereien", Gold- und Silberfabriken, manufakturmäßig betriebene Strumpfwirkereien und Werkstätten zur Herstellung von Blechlöffeln, Schriftguß, Gewehren, Leinen- und Baumwollwaren, Porzellan und Fayence.

Die Jahre zwischen 1763 und der Wende zum 19. Jahrhundert wurden zur Blütezeit der sächsischen Manufaktur. In einem zuvor nicht gekannten Maße wurden Betriebe gegründet, deren besonderes Merkmal die Produktion von Massenbedarfsgütern, namentlich von Baumwollwaren, gedruckten Kattunen, war. Forberger führt von 1763 bis 1800 nicht weniger als rd. 150 Neugründungen der verschiedenen Industriezweige auf. Bayern erlebte während des 18. Jahrhunderts eine Reihe von Fayence-, Porzellan-, Glas-, Woll- und Baumwollmanufakturen. Trotz staatlicher Förderung konnten diese Betriebe aber keine eigentliche Blüte erreichen, dafür war die Struktur des nur knapp eine Million zählenden Staates zu betont auf die Landwirtschaft zugeschnitten. Die Einwanderung fehlte. Umfaßten die Manufakturen das ganze Spektrum gewerblicher Produktion, so gab es doch gewisse bevorzugte Zweige: den Luxusbedarf des Hofs und die Heeresversorgung. Zu den ersteren gehörten die Seidenmanufakturen, als früheste die Münchener von 1678, die Porzellanmanufakturen, als erste diejenige von Meißen (1710), sie blieb die berühmteste. Um die Mitte des 18. Jahrhunderts arbeitete sie mit 378 Leuten. Andere bedeutende Betriebe waren die von Nymphenburg (1747), Fürstenberg an der Weser (1747), Frankenthal (1754) und Berlin (1760). Berlin hatte 1782 um 500 Arbeiter.

Viele Manufakturen waren kurzlebig oder erwiesen sich überhaupt als Fehlgründungen. Ein typisches Beispiel ist die Ludwigsburger Porzellanmanufaktur. Staatliche Prämien, Steuerbefreiungen und Fürstenspleen, dazu die Korruption der beteiligten Beamten beeinträchtigten die Leistungskraft.

Seit den achtziger Jahren drang in den Manufakturbereich die Verwendung der in England erfundenen Textilmaschinen ein. 1784 legte der Elberfelder Brügelmann in Ratingen bei Düsseldorf eine mit einer Watermaschine arbeitende Baumwollspinnerei an. Rascher verbreiteten sich die mit der Hand betriebenen Jennies, anfänglich in den Werkstätten der für Verleger tätigen Hausindustrie, 1798 zum ersten Male in einer sächsischen Manufaktur. In den Jahren 1804 bis 1810, als das Manufakturwesen dank der Kontinentalsperre nochmal eine glänzende Zeit erlebte, liefen in Chemnitz und Umgebung in einem Gebiet von drei Meilen bis 9000 derartige Spinnmaschinen mit etwa 200000 Spindeln. Auf diese ersten Maschinenspinnereien, die in Chemnitz und Großhartau eingerichtet wurden, folgte 1802 eine solche in Langensalza und 1807 eine in Lengenfeld. 1812 bestanden in Sachsen 108 Maschinenspinnereien, die zusammen 255904 Spindeln hatten.

Auch in anderen Gegenden wurden Maschinen verwendet. 1792 hatte die Kattunmanufaktur Stirner in Schwabach 30 Spinnmaschinen. Im selben Jahr begann in Crailsheim Schierlein die Produktion von Baumwollgarn mit 3 von Pferden gezogenen Kardätschmaschinen und neun Jenny-Spinnmaschinen zu 50–60 Spindeln. In Berlin wurde 1795 die erste Baumwollspinnerei mit Dampfmaschine eingerichtet.

d) Bergbau und Weiterverarbeitung des Metallsektors

Der Bergbau erfolgte noch vielfach auf der Basis der Gewerkschaft mit Anteilen, Kuxen, die über die Anzahl 128 oft weit hinaus in die Hunderte gehen konnten. Die stärkste Initiative entfaltete die preußische Regierung. Die Brennstoffversorgung für die Saline Königsborn gab den Anlaß zur märkischen Bergordnung von 1737, die die Steinkohlenförderung einbezog. Das märkische Bergamt begann ab 1738 eine bürokratisch-fiskalische Bergwerksverwaltung aufzubauen. Nach den Kriegen Friedrichs des Großen erfolgte ein neuer Ansatz mit der revidierten Bergordnung für Cleve, Mörs und Mark von 1766, die das Bergwesen Bergämtern mit Bergmeistern und Geschworenen, Obersteigern und Oberschichtmeistern unterstellte, wobei die freie Unternehmertätigkeit ausgeschaltet wurde. Die letzten Maßnahmen in diesem System führte der Freiherr vom Stein durch, der 1782 zum Oberbergrat bestellt, zwei Jahre später die Leitung der westfälischen Bergämter übernahm. 1792 wurde auf Anraten Steins in Wetter ein Oberbergamt gegründet. Im selben Jahr wurde die märkische Bergverwaltung aus dem Ressort der Klevischen Kriegs- und Domänenkammer und damit aus der allgemeinen Landesverwaltung herausgenommen und als Bergwerks- und Hüttendepartement dem General-, Oberfinanz-, Kriegs- und Domänendirektorium unterstellt.

In den nassauischen Staatswerken an der Saar wurde seit den 60er Jahren mit den ersten Walzwerken gearbeitet. Das private Unternehmertum erlebte hier unter landesherrlicher Förderung eine erste Gründerzeit. In diesem Zusammenhang nahm der Brennstoffbedarf so stark zu, daß auch der Kohlenbergbau intensiviert wurde. 1767 wurde hier der erste Kokshochofen des Festlandes angeblasen. Noch vor Ende des Jahrhunderts wurde mit den ersten Dampfmaschinen gearbeitet. Der Kohlenbergbau nahm auch im Aachener Revier und in Oberschlesien einen Aufschwung. Um Köln und Bonn wurde Braunkohle abgebaut, zunächst nur für Dünge- und Färbezwecke.

Auf der linken Rheinseite war das Eisengewerbe in allen Eifelterritorien, sowie im Hunsrück und im Saarland beheimatet. Vielfach waren hier Bauern nebengewerblich in der Eisenwirtschaft tätig. Daneben bildeten sich aus der Reidemeistertradition Unternehmerfamilien wie die Hoesch und Poensgen heraus. Mit dem Eisengewerbe des Hunsrück waren die Lütticher Mariotte (später Mariot) und die Puricelli verbunden, im Saarland waren ähnlich die Stumm und Wendel aktiv. Auf der rechtsrheinischen Schiefergebirgsseite errichteten die Mariot im Raum von Montabaur und an der unteren Lahn in der zweiten Hälfte des 17. Jahrhunderts bedeutende Werke zum Kanonen- und Kugelguß. Im 18. Jahrhundert bahnte sich im Nassauischen und Solmsschen die Familie Buderus ihren Weg.

Für die Gewinnung manganhaltigen Eisens war besonders wichtig das Siegerland mit seiner bäuerlich-genossenschaftlichen Organisation der Holzkohlenproduktion. Das Siegerland sowie das Lahn-Dillgebiet lieferten seit dem Ende des Mittelalters an hervorragender Stelle dem rheinisch-westfälischen Eisengewerbe die Rohstoffe, teilweise das Halbzeug.

Im allgemeinen war es so, daß das Siegerland, die nassauischen und saynischen Bezirke Roheisen gewannen und es in Rohstahl und rohes Schmiedeeisen umwandelten. Das Herzogtum Berg und die Mark d. h. das Iserlohner Gebiet und die Enneper Straße, parallel zu ihnen der Remscheider und Solinger Bezirk, sowie der Strich von Velbert nach Essen, waren ausgeprägte Sitze der Fertigungsindustrie, wobei der Mangel an Erz die Entwicklung wesentlich beförderte. Besonders stark war der Aufschwung im 18. Jahrhundert, wobei die steigenden Holzkohlenpreise zur Qualitätssteigerung beitrugen, allerdings kamen schon seit dem 16. Jahrhundert die Mark, Essen und Werden als Steinkohlenlieferanten hinzu. Manche bergischen Schmiedezweige wurden dabei nach der Mark verlegt.

Die Verarbeitung zu Spezialsorten in Stahl geschah in den Osemundhämmern, deren es in den 60er Jahren des 17. Jahrhunderts in der Mark rd. 90 gab, davon 37 im Kirchspiel Lüdenscheid, 6 im Kirchspiel Iserlohn. Schon seit 1662 bestand in der Mark eine Vereinigung für den Absatz von Osemund, die 1682 erneuert wurde.

Das Drahtgewerbe wurde mittels des Wasserrades in den Tälern der Lenne, Rahmede und Nette betrieben. Nach Menden breitete sich Ende des

17. Jahrhunderts die Nadelindustrie unter Kölner Einfluß aus. Wie in Iserlohn kam Anfang des 18. Jahrhunderts im Gericht Hemer unter Anregung z. T. von Utrecht, die Fingerhutindustrie auf. Dieses ganze System wurde durch behördliche Eingriffe gefestigt. Die Stahlschmiede des Siegerlandes, die Klingenschmiede des Solinger Bezirks und die Drahtzieher der Mark waren eidlich verpflichtet, ihren Wohnsitz beizubehalten. Der Große Kurfürst legte eine bestimmte Arbeitsteilung bezüglich der Drahtstärken zwischen Lüdenscheid, Altena und Iserlohn fest.

Für den Absatz bildeten sich kartellähnliche „Stapelgesellschaften". Immer versuchten die hervorragenden Metallhandelsplätze die Produktion in den Berglanden zu organisieren, voran die Metallhändler von Köln und Frankfurt (ähnlich die von Nürnberg und Augsburg im süd- und mitteldeutschen Raum), die Holländer in der Mark und in Essen.

Neben den rheinischen Berglanden hatten Hessen und Thüringen sowie die Oberpfalz und Württemberg Eisenproduktion. Die bedeutendsten Gewerbe, die darauf aufbauten, waren die Stahlherstellung und Verarbeitung in Schmalkalden sowie die Waffenherstellung in Suhl und Ruhla. Das Fichtelgebirge, der Bayerische Wald und die Oberpfalz, die allerdings ihre frühere Bedeutung verloren hatten, versorgten zusammen mit der Steiermark Nürnberg und andere oberdeutsche Produktionsstätten; in Württemberg waren Aalen und Wasseralfingen Mittelpunkte des Eisengewerbes.

In Oberschlesien setzte eine gewisse industrielle Erschließung schon in der österreichischen Zeit ein; um 1703 wurde dort der erste Hochofen in Betrieb gesetzt, und die Anlage der ersten Kohlengrube fällt ebenfalls in die erste Hälfte des Jahrhunderts. In den 50er Jahren wurden in Malapane und Kreuzburg Eisenhütten errichtet, die zunächst vornehmlich Exportgußwaren produzierten. Der eigentliche Aufschwung begann erst zu Ende der 70er Jahre, als Heinitz und Redern im Staatsauftrag das moderne oberschlesische „Montanrevier" mit Königshütte als Schwerpunkt so aufbauten, daß es hinter den fortgeschrittenen englischen und schottischen Werken nicht zurückstand. 1789 gewann man in Malapane das erste Roheisen mit Koks. Bei Tarnowitz wurde seit 1784 wieder Blei gefördert. Der Adel tat es dem Staat nach und errichtete eine Reihe von Hütten.

Um 1800 führte Schlesien mit 15000 Tonnen in der Roheisengewinnung, das übrige Preußen wurde ebenso hoch eingeschätzt. Dazu kamen noch Schmalkalden und Suhl mit 6750. Ober- und Unterharz mit 5500, Nassau-Siegen mit 4100 und die Oberpfalz mit 1000 Tonnen. Das damals von den Franzosen besetzte Gebiet war dabei allerdings nicht einbezogen.

Einen wesentlich geringeren Umfang hatte der Abbau von Edel- und Buntmetall. In Sachsen wurde Zinn und Silber gewonnen. Im Harz und im Mansfelder Revier wurde weiterhin Kupfer abgebaut. Bei Hettstedt wurde 1783 eine Wattsche Dampfmaschine eingesetzt. Mit dem Dampfmaschinenbau für den Markt begann 1794 F. W. Holtzhausen in Gleiwitz.

Wichtig für das Messinggewerbe waren die Galmeivorkommen in der Umgebung von Stolberg. Im Jahre 1736 wurde bei Iserlohn eine Gewerkschaft für Galmei und Messing gegründet; von Iserlohn aus betrieb man bei Hemer Messinghämmer.

Die Salzproduktion verteilte sich in Norddeutschland wie bisher auf Lüneburg und Halle, seit 1705 kam Schönebeck an der Elbe dazu. In Süddeutschland behaupteten sich Schwäbisch Hall und Reichenhall gegenüber der salzburgischen und österreichischen Konkurrenz.

e) Textilien

Neben dem Metallsektor blieb die Textilherstellung der wichtigste Gewerbezweig. In Westfalen gab es sowohl eine ländliche Wollweberei, als auch die Leinenherstellung und die Mischung von Leinen- und Wollgarn, dann die Strickerei und Wirkerei, die Wirkerei namentlich da, wo die Herstellung der Leinwand zurücktrat. Allgemein grenzte sich diese Betätigung etwas ab von den Landschaften, in denen sich das Metallgewerbe entwickelte. Westfalen lieferte Qualitäten, die, der Beschaffenheit der Flachssorten entsprechend, den westeuropäischen wohl etwas nachstanden. Die Leinenherstellung konzentrierte sich auf das nördliche Bergland und seine Ränder, also Ravensberg, Minden, Lippe, das Osnabrücker Land, Diepholz und Hoya, das Münsterland und die Gegend des Hellweg noch einbezogen, sowie Ostfriesland. Das gröbere Osnabrücker Leinen, das man gut auf den Plantagen brauchen konnte, war einer der bedeutendsten Exportartikel. Auch am Niederrhein wurde Leinen hergestellt. Der Bedarf an widerstandsfähigen Geweben für die Seeschiffahrt begünstigte in den nördlichen Bergländern die Hanfverarbeitung, wobei die Schwerpunkte im Tecklenburgischen lagen.

In den Gebieten zwischen Weser und Elbe, zwischen Harz und Thüringer Wald und Lüneburger Heide war die Garnausfuhr ins Rheinland und nach Westeuropa wichtiger als die Leinenausfuhr. Neben der Garnausfuhr wurde in verschiedenen Städten, aber auch auf dem Lande die Bleicherei für den Markt betrieben. Wichtigster Bleicherort war Warendorf.

Das ostmitteldeutsche Leinengewerbe hatte seine Schwerpunkte in der Lausitz und in Schlesien. Bautzen und Zittau, Hirschberg, Schmiedeberg, Greiffenberg und Waldenburg waren dabei die führenden Orte. Garn und Leinen wurden sogar aus Böhmen und Mähren bezogen. Die schwäbische Leinenproduktion namentlich der Alb kam jetzt an dritter Stelle.

In der Baumwollverarbeitung lag die Führung bei Sachsen. Der wichtigste Ort Chemnitz hatte 1780 540 Meister. Verarbeitet wurde vornehmlich südosteuropäische Baumwolle. Im Vogtland waren Plauen und Hof die Hauptzentren, in Thüringen Gera und Apolda. In Süddeutschland führte Augsburg mit 500 Meistern 1784. Schon seit 1689 wurde hier der Kattundruck gepflegt. Neben Göppingen und Heidenheim behauptete sich die Calwer Zeughandlungskompagnie.

Die wichtigsten Tuchgebiete waren das Rheinland mit Aachen, Düren, Monschau und Lennep, das Vogtland und die sächsische Oberlausitz, die Niederlausitz sowie Brandenburg mit Berlin. Die Strumpfwirkerei hatte ein Zentrum in Apolda, die Seidenverarbeitung war auf Krefeld, Köln und Berlin konzentriert. Mülheims Seidengewerbe verdankte seinen Aufstieg Protestanten, die aus Köln über den Rhein ins Bergische übersiedelt waren.

Ein vielseitiges Textilgewerbe entfaltete sich in Wuppertal mit den Mittelpunkten Elberfeld und Barmen. Berühmt war die Bleicherei, daran schloß sich die Herstellung von Artikeln aus Baumwolle, Seide, Leinen und Wolle an. Die mannigfachen Textilkenntnisse der Hugenotten kamen ebenso Berlin und Magdeburg zugute wie in Süddeutschland Erlangen.

In den südlichen Schwarzwaldgegenden kam mit der Baumwollverarbeitung namentlich Schweizer Kapital zum Zuge und im Vorderösterreichischen solches von Piemontesen. Seit der Mitte des 18. Jahrhunderts war hier die Stickerei neben der Spinnerei stark im Vorrücken.

f) Weitere Gewerbezweige

Für die großen Bauvorhaben der Barockzeit, die Festungen, Schlösser, Paläste und sonstige Privatgebäude hatte die Gewinnung von Steinen beträchtliche Bedeutung. Wo die Wasserverhältnisse günstig waren, wie in der Nähe des Rheins und im Weserbergland konnte sich ein Exportgewerbe daraus entwickeln. Ländliches Steinmetzgewerbe gab es in den Baumbergen und im Lande Bentheim sowie im Kirchspiel Wetter in der Mark. Weitverbreitet war das Dachschiefer-, Kalk- und Tongewerbe. Mayen war ein linksrheinisches Zentrum der Töpferei, im Westerwald gab es die Kannebäckerei.

Der Wald, namentlich der Bergländer, gab Gelegenheit, haupt- und nebengewerblich Holzwaren anzufertigen, die von den Herstellern wegen der Verkehrs- und Absatzschwierigkeiten selbst vertrieben wurden, so daß sich in Orten wie Medebach und Winterberg schon früh ein richtiger Fernhandel entwickelte. Es ging um den Vertrieb von hölzernen Bütten, Löffeln, Schaufeln, Schüsseln, Näpfen, Faßkranen aus Wittgenstein und verschiedenen Dörfern des Sieger- und Sauerlandes. In der Gegend der unteren Lippe, im Münsterland, im Nordland und in der Bentheimer Gegend blühte die für die Moorgegenden wichtige Holzschuhmacherei, deren Erzeugnisse u. a. nach Holland gingen.

Wichtig waren die bewaldeten Bergländer durch die Belieferung mit Holzkohlen, so in den Ländern Nassau, Sayn, Berg, Siegen, Mark und dem westlichen Herzogtum Westfalen. Zur Versorgung der Siegerländer Hütten, deren Bedarf durch die Hauberggenossenschaften nicht voll gedeckt werden konnte, kamen in der Mark und in Wittgenstein spezialisierte Köhlereidörfer auf. In den östlichen Waldgebieten zu den Weserländern hin wurde der Holzüberschuß für das Glasgewerbe verwendet, wobei der Kaufunger Wald zwischen Werra und Fulda die Hauptrolle spielte. Hier gab es auch die Asche als Grundstoff für die wichtige Pottasche. Von da an entstanden Glashütten längs der Weser bis in die Gegend von Paderborn und Lippe. Östlich daran bildete sich eine weitere Linie im Leinegebiet. Die Wasserläufe boten hier allenthalben günstige Transportmöglichkeiten. Glashütten haben wir auch in den süddeutschen Waldlandschaften, im Spessart, im Schwarzwald. Vielfach waren sie wegen des starken Holzverbrauchs recht kurzlebig.

Zentren der Papiermacherei entstanden im Kölner Raum mit Bergisch-Gladbach und Düren. An der Küste arbeiteten Schiffswerften in Verbindung mit Sägewerken. Die Tabakverarbeitung breitete sich im Raum von Hamburg, Lübeck und Bremen aus bis ins westfälische Leinengebiet und in der Umgebung von Frankfurt. Zahlreiche Betriebe der Zuckersiederei gab es in Hamburg, daneben in Berlin. Unter den Brauereien hatte die Fürstenbergsche in Donaueschingen eine große Zukunft.

Zu bemerkenswerten Leistungen der bäuerlichen Bevölkerung des Schwarzwaldes gehörten Strohflechterei und Uhrmacherei. Die erstere kam zu Beginn des 18. Jahrhunderts auf und breitete sich als Konkurrenz zum italienischen Gewerbe von der Mitte des Jahrhunderts ab weiter aus. Die Uhrmacherei kam um 1720 zur Blüte. Als Gewerbe für den Verkauf wurde sie von Häuslern ausgebaut. 1796 zählte man im Raume Furtwangen und Neustadt 500 selbständige Meister mit einer jährlichen Produktion von 75000 Uhren, 1815 stieg die Produktion auf über 187000 Stück. Dazu kam im Lauf des 18. Jahrhunderts eine aus der Freude am Experimentieren kommende bunte Produktion von automatischen Werken, Spieluhren und dergleichen. Im Gegensatz zum Schweizer Jura, wo man sich mit entsprechender Arbeitsteilung auf die massenhafte Herstellung feiner Uhrwerke konzentrierte, ergab sich aus den persönlichen und sozialen Verhältnissen der Schwarzwaldbauern mit ihrem Individualismus, mit ihrer Freude am Künstlerischen neben der billigen Holzuhrenmacherei für das Bürger- und Bauernhaus eine bedeutende Produktion von Automaten für die Prunksäle und Raritätenkabinette. Auch in Württemberg konnte sich die Uhrmacherei entfalten, so in Schramberg und im Raum von Trossingen, wo der Pfarrer Hahn sich als Erfinder hervortat.

g) Unternehmer und Arbeiter

Die merkantilistische Wirtschaftspolitik brachte es mit sich, daß sich der Staat in verschiedenen Bereichen der gewerblichen Produktion unternehmerisch betätigte. Aus den schon erwähnten Gründen war dies einmal im

Bergbau der Fall. Ein anderes Feld waren die Manufakturen, die zur Erzeugung von Luxusartikeln wie Porzellan oder zur Herstellung von Waffen dienten. Auch der Adel, der auf seinen Besitzungen über die nötigen Rohstoffe und Arbeitskräfte verfügte, betätigte sich unternehmerisch. Im übrigen ging die unternehmerische Initiative vor allem von Kaufleuten aus, die über das nötige flüssige Kapital verfügten und vornehmlich im Rahmen des Verlagssystems die Produktion mit dem Absatz kombinierten. Das Einzel- oder Familienunternehmen herrschte vor, doch gab es auch Aktiengesellschaften, so die Höchster Porzellanmanufaktur (1765), die Zuckerraffinerie Breslau (1770).

Bedeutende Unternehmerfamilien des Rheinlands waren die Scheibler und Schoeller im Textilsektor von Monschau und Düren, die von der Leyen in Krefeld, die Andreä in Mülheim, die Hasenclever in Remscheid, die Hoesch und Poensgen in der Nordeifel, die Mariot im Mittelrheingebiet, die Stumm im Saargebiet. Protestantische Familienzusammenhänge bestimmten das rheinische Unternehmertum links und rechts des Stroms. Für Brandenburg-Preußen wie für Hessen-Kassel und Ansbach-Bayreuth gaben die Hugenotten wichtige unternehmerische Impulse.

Mittelpunkt der industriellen Tendenzen Brandenburg-Preußens wurde Berlin, das als Haupt- und Residenzstadt den Großmachtzielen der preußischen Regierung entsprechend gefördert wurde. Im Bund mit dem fürstlichen Absolutismus sammelte sich hier ein unternehmendes Bürgertum, das manches neue Gebiet der industriellen Betätigung erschloß. Ging auch das eine oder andere Unternehmen wieder ein, so blieben doch die technischen Erfahrungen und Fertigkeiten der Unternehmer und ihrer Arbeitskräfte. Die bekannteste Firma war die von Splitgerber und Daum, die mit der Spandauer Gewehrfabrik von 1722 die Führung der preußischen Waffen- und Metallindustrie übernahm, später (1749) auch Zuckersiedereien betrieb und außerdem in die Rolle einer Großbank Friedrich des Großen hineinwuchs. Die Schweizer Wegely errichteten 1750/51 die erste preußische Porzellanfabrik. In Augsburg ragt der aus Künzelsau stammende Johann Heinrich Schüle durch seine Bemühungen um die Kattundruckerei hervor, die er dann nach dem bayerischen Hochzoll verlegen mußte. Für den Frankfurter Raum können die Tabakfabrikanten Bolongaro genannt werden, die 1779 ein Vermögen von etwa 2 Mill. Gulden hatten.

Die Investitionen entsprachen der Größe der Betriebe. In Kurbayern brauchte man als Mindestkapital für eine Manufaktur 8000 Gulden. Im allgemeinen waren die Gewinnspannen im Verlag höher als in der Manufaktur. Der Kattunfabrikant Schüle verdiente 1769–1781 mit einem Einlagekapital von 480000 Gulden immerhin fast 889000 Gulden, also durchschnittlich 15,4%. Die von der Leyen, die 1793/94 ein Eigenkapital von rund 1.280000 Talern hatten, erzielten bis 1797 Gewinne zwischen $2\frac{1}{2}$ und $17\frac{1}{4}$%. Die Lüneburger Saline, die um 1800 einen Kapitalwert von etwa

800000 Rtl darstellte, arbeitete mit einer Rendite von 3½–4%. Mit dem Ausbau der Manufakturen und technischen Betriebe wurde die Arbeitsteilung weiter entwickelt. Die Porzellanmanufaktur in Bruckberg hatte u. a. 14 Buntmaler, 5 Blaumaler, 4 Dreher und 1 Former. Dementsprechend wurden auch die Gruppen der leitenden Angestellten differenzierter. Werksleiter wurden besonders da gebraucht, wo technische Kenntnisse erforderlich waren. Zu den gelernten Arbeitern zählten Weber, Kattundrukker, Tuchscherer, Walker, Färber, Drahtzieher, Porzellanmaler, Dreher. Dabei wurde wie beim zünftischen Handwerk zwischen Meistern, Gesellen und Lehrlingen unterschieden.

Ungelernte oder angelernte Arbeiter waren Wollreiniger, Kardätscher, Spinner, Haspler, Spuler und Kattunmaler. Sie rekrutierten sich aus dem Bereich der Taglöhner, verarmten Bürgerlichen, Frauen und Kindern. Eine der Hauptaufgaben war das Anlernen im eigenen Betrieb. Wenige Arbeiter kamen aus dem unteren Mittelstand, die meisten entstammten der städtischen und ländlichen Unterschicht. Dazu kamen Soldaten, Invalide, Häftlinge, Waisen. Die Arbeitszeit betrug 13–14 Stunden, doch gab es zahlreiche Feiertage. Der Ort der Arbeit waren vielfach enge, dunkle und ungesunde Räume. Oft lagen die Betriebe auch einsam. Hang zum Alkohol, Schulden und Streitigkeiten waren bezeichnende Begleiterscheinungen. Die Struktur des Arbeitsmarktes war gekennzeichnet durch einen Mangel an gelernten und ein Überangebot an ungelernten Arbeitskräften.

Die Löhne schwankten begreiflicherweise nach Stellung und Ausbildung. Spezialarbeiter wie Musterzeichner der Kattundruckereien oder die „Arkanisten" der Porzellanmanufakturen verdienten besonders gut. Die übrigen Manufakturarbeiter verdienten weniger als Handwerker. Nach der Erhebung des Hamburger Armenamts verdienten Zimmergesellen im Jahr mit 305 Arbeitstagen 469 Hamburger Mark, Tischlergesellen 448 Mark, Maurergesellen 430 Mark, Kattundrucker dagegen nur 420 Mark, Kattunklopfer 210 Mark. Frauen und Kinder wurden noch schlechter entlohnt. Im Bergbau wurden die Löhne durch die Zubuße gedrückt. In Mitteldeutschland hatte ein Obersteiger einen wöchentlichen Grundlohn von 1⅓ Rt., ein Hauer von 1–1¼ Rt. Durch die Arbeit im Geding kam allerdings ein Zuschlag hinzu. Die Hüttenarbeiter arbeiteten im Akkord, allerdings waren sie nur während der „Hüttenreise" voll tätig. Für Feierzeiten erhielten sie ein gewisses Wartegeld.

h) Gewerbliche Produktion und Gesamtwirtschaft

Wenn Mulhall 1895 die „industrielle" Produktion Deutschlands um 1800 auf 65 Mill. £ (30 Mill. Taler) schätzte gegenüber derjenigen Großbritanniens mit 230 Mill. £ und derjenigen Frankreichs mit 190 Mill., so sind solche Zahlen nur als Ausgangspunkt für künftige Berechnungen von Interesse. Allein Preußens gewerbliche Produktion wurde 1793 auf 37,1 Mill. Taler angegeben. Die Wollwaren hatten daran einen Anteil von fast 10 Mill. Taler, dazu kamen folgende Gruppen:

Leinenwaren	9,5 Mill. Taler
Seidenwaren	3,4 Mill. Taler
Lederwaren	3,0 Mill. Taler
Baumwollwaren	1,9 Mill. Taler
Siedezucker	1,8 Mill. Taler
Tabak	1,7 Mill. Taler
Eisen und Stahl	1,1 Mill. Taler

Um 1785 erstellte allein Berlin 1/3 der gesamten Warenerzeugung Preußens. Das Schwergewicht lag weiterhin bei der Tuch- und Leinenfabrikation, deren Export wesentlich dazu beitrug, daß die Gesamthandelsbilanz Preußens so günstig war. Die Seiden- und Sammetindustrie nahm einen solchen Aufschwung, daß ihr Export in den Wirren der Französischen Revolution, als Lyon ausfiel, den Weltmarkt beherrschte. Hinsichtlich der industriellen Produktion stand Preußen jetzt hinter England, Frankreich und Holland an 4. Stelle. Bezüglich der gesamten Produktion des ganzen deutschen Gebietes, müßte vor allem noch die Leistung des nichtpreußischen Westsektors, des Rheinlands, Sachsens, Frankens und anderer gewerblich aktiver Gebiete Süddeutschlands berücksichtigt werden.

9. Verkehrs- und Nachrichtenwesen

a) Seeverkehr

In der Seeschiffahrt blieb der Typ des Dreimastschiffes vorherrschend; der übliche Name Pinasschiff wurde zu Beginn des 18. Jahrhunderts durch die Bezeichnung Fregattschiff abgelöst. Bis 1770 gab es keine wesentliche Größensteigerung. Die Handelsschiffe blieben im großen Ganzen kleiner als die Kriegsschiffe, meist hielten sie im 18. Jahrhundert zwischen 200 und 500 Tonnen. Der Ausbau der Seekriegsführung und die Verschärfung der Kontrabandbestimmungen hatten in Kriegszeiten starke Verlagerungen zugunsten der Neutralen zur Folge, verlangten aber von diesen zugleich verschärfte Sicherungsmaßnahmen, wie sie in den nordischen Neutralitätsbündnissen des ausgehenden 17. Jahrhunderts und in der bewaffneten Neutralität von 1780 noch schärfer zum Ausdruck kamen. Diese neutrale Fahrt ist für die Schleswig-Holsteiner als dänische und die Stader als schwedische Untertanen ebenso wichtig geworden wie für die Oldenburger und Papenburger.

b) Reederei

Nach einer Zusammenstellung, die von der französischen Regierung um 1785 gemacht wurde, hatten die europäischen Staaten eine Kauffahrteiflotte von zusammen 3342029 Tonnen (1 Tonne = 1,44 m^3). Den größten Anteil daran hatten die Engländer mit 881863 Tonnen. Danach kamen Frankreich mit 729340, Holland mit 397709 und Dänemark-Norwegen einschließlich Schleswig-Holsteins mit 386020 Tonnen. Für die übrige deutsche Seeküste ergeben sich folgende Zahlen:

	Tonnen	Schiffe
Hansestädte	101347	467
Preußen	21497	99
Danzig	28857	77
Rostock	3648	65

Dazu kamen noch die Fahrzeuge des schwedischen Wismar und der Häfen Schwedisch-Pommerns. Wieweit diese Zahlen der Wirklichkeit entsprechen, bedürfte eingehender Untersuchungen. Der Schiffsbestand der Hansestädte, auch die Durchschnittsgröße, 217 Tonnen, war für die damaligen Verhältnisse beachtlich; allerdings entsprach namentlich in Hamburg der eigene Schiffbau lange nicht der Größe der Hamburger Schiffahrt. In Bremen war der Schiffbau wohl etwas stärker entwickelt. In Lübeck wurde in starkem Maße auch für Auswärtige gebaut. Es darf überhaupt vom Schiffbau nicht ohne weiteres auf die Reederei eines Hafens geschlossen werden. Schiffe konnte man ja auch auswärts kaufen. Aber auch die Reederei kam in den Hansestädten dem Bedarf nicht nach, namentlich in den Jahren der Hochkonjunktur, und man mußte sich immer wieder der fremden Frachtfahrt bedienen. Hamburg, die wichtigste der Seestädte, hatte 1765 85 Handelsschiffe mit über 17300 Tonnen und 49 Walfänger mit 10000 Tonnen. Nach einem steilen Aufstieg zählte man 1800 278 Handelsschiffe mit 58200 Tonnen und 15 Walfänger. Allerdings führten viele dieser Schiffe nur vorübergehend die Hamburger Flagge. Führend in der Eigenreederei war die Mennonitenfamilie Roosen. Die Firma Berend Roosen sel. Erben hatte 1798 25 Schiffe mit rund 7000 Tonnen. In den kleinen Häfen waren viele Frachtschiffahrer beheimatet, namentlich in der Umgebung der großen Handelsplätze. Die Schiffer der pommersch-mecklenburgischen Küste fuhren für Stettin, Rostock, Lübeck und Stralsund, die von der dänischen Regierung geförderte schleswig-holsteinische Schiffahrt in Flensburg, Apenrade, Kiel, Altona, Tönning und auf den Inseln Nordfrieslands arbeitete für Kopenhagen, Lübeck, Hamburg und Bremen. Für Bremen fuhren viele ostfriesische Schiffe, wie auch Oldenburger. Emden, die ostfriesischen Inseln und Papenburg waren die Hauptstützpunkte dieser friesischen Frachtfahrer.

c) Binnenschiffahrt

Der Flußverkehr wurde im Laufe des 18. Jahrhunderts weiter ausgebaut. Allerdings standen ihm beträchtliche Hindernisse in den zahlreichen Zollstationen im Wege. Die regelmäßige sogenannte Reihen- oder Linienschiffahrt wurde verbessert. Auf dem Rhein waren Mainz und Köln die Hauptstützpunkte für die Schiffahrt, daneben machten sich die Residenzstädte Bonn und Düsseldorf geltend. Einen gewissen Einfluß auf die Belebung der Schiffahrt auf Rhein, Mosel und Main übten die Frankfurter Messen aus. Auf der Donau wurde die regelmäßige Schiffahrt durch Ulmer Schachteln und Wiener Zillen bewerkstelligt.

Die für das Holzgeschäft und das allgemeine Transportwesen wichtige Flößerei erreichte ihren Gipfel im 18. und in der ersten Hälfte des 19. Jahrhunderts besonders auf den Schwarzwaldflüssen, die Flöße zum Rhein beförderten und auf den Alpenflüssen, die zur Donau führten.

Im Kanalbau wurden beträchtliche Fortschritte gemacht, die allerdings nur zum Teil dem internationalen Überlandverkehr galten. Die bedeutendsten Kanalbauten für den großen Durchgangsverkehr waren der Müllroser und der Schleswig-Holsteinische Kanal. Der erstere, der 1662–69 gebaut wurde, verband Havel und Spree mit der Oder, der letztere stellte mit Hilfe der Eider eine Wasserverbindung zwischen Ost- und Nordsee her. Im Jahre 1777 begonnen, wurde er 1784 fertig. Seine Bedeutung lag darin, daß er trotz der 6 Schleusen, die erforderlich waren, um die Höhenunterschiede zu überwinden, auch für Seeschiffe befahrbar war und damit eine Konkurrenz für Öresund und Belt darstellte. 1789 durchfuhren diesen Kanal 1072 Schiffe.

d) Landverkehr

Für den Frachtwagen wurde es wichtig, daß um 1700 die eiserne Hemmkette, der Radschuh und schließlich die Schraubenbremse in Brauch kamen. Die Straßen befanden sich immer noch meist in schlechtem Zustand. Doch begann man bereits im 18. Jahrhundert auch bei uns Chausseen anzulegen, so in Hessen 1720, in Baden 1733, im Schwäbischen Kreis 1737. Eine der bedeutendsten Chausseen führte am Ende des Jahrhunderts vom Sauerland durchs Siegerland in Richtung Frankfurt.

Bezeichnenderweise dachte das absolute Fürstentum in erster Linie an die Verteidigungsaufgaben der Straßen, und so ließ Friedrich der Große in den Grenzbereichen seines Königreiches die Straßen verfallen, damit sie etwaigen Feinden den Einmarsch nicht erleichterten. Am Durchgangsverkehr war ihm nicht besonders gelegen, da er den Transport von Waren, die den im Lande zur Verfügung stehenden Erzeugnissen Konkurrenz machten, nicht fördern wollte. Das Speditionswesen erfuhr eine weitere Durchbildung. Das vielfach auf bestimmte Dörfer konzentrierte Frachtfuhrwesen wurde ergänzt durch die städtischen Spediteure, die für die verschiedenen Fernverbindungen sorgten. Die Kombination zwischen Wasser- und Landweg war dabei nach wie vor wichtig. 1765 schätzte man in Kurbayern die Kosten von Land- und Wasserfrachten bei der Fahrt stromaufwärts auf 6 : 1, stromabwärts auf 10–12 : 1.

e) Nachrichtenwesen und Post

Nachrichtenwesen und Post wurden weiter ausgebaut. Die Zeitungen erschienen zunächst noch wöchentlich, im Lauf des 18. Jahrhunderts kamen nach englischem Vorbild die Intelligenzblätter heraus. Die Post wurde auf territorialer Basis weiter organisiert, wobei die Einrichtungen der einzelnen Staaten oft miteinander rivalisierten. In Hamburg gab es 1695 Postämter von 10 verschiedenen Landes- und Stadtpostverwaltungen. Bei dem fortschreitenden Verfall der Reichsgewalt beschränkte sich die Taxis'sche Post im wesentlichen auf die kleineren und mitteldeutschen Territorien, behauptete sich aber in dieser Ausdehnung bis zur Auflösung des Reichs.

Besonders erfolgreich im Ausbau waren die großen Territorialmächte Brandenburg-Preußen und Hannover. Auch Kursachsen, Württemberg und andere Reichsstände schufen ihre eigenen Landesposten. Der Postbetrieb, der zum Teil verpachtet war, warf beträchtliche Einkünfte ab. Der preußische Staat bezog 1712 137000 Taler aus der Post. Zu Ende des 17. Jahrhunderts begann man anstelle der Postreiter fahrende Posten einzurichten, die gleichzeitig der Personenbeförderung dienten. Während des 18. Jahrhunderts wurde die Fahrpost in allen Ländern zu einer bedeutenden Verkehrseinrichtung. Die Postwagen konnten oft bis zu 8 Personen befördern. Der Name des leichteren viersitzigen Landauers knüpft sich an die Fahrt Kaiser Josefs I. von Wien nach Landau im Jahre 1704. Noch leichter war die „Berline", mit der der Brandenburgische Generalquartiermeister Philippe von Chieze 1662 in Paris einfuhr. Stadtkutschen zum Vermieten, sogenannte Fiacres, tauchten um 1670 in Wien auf. Von Frankfurt/M. bis Hamburg brauchte man im Postwagen 5½ Tage. Für die Postmeile, 7 km, rechnete man durchschnittlich eine Stunde. Zur Zeit von Kurfürst Max Emanuel brauchte die „Ordinari Landkutsche" von München über Köln nach Brüssel 16 Tage. Die Taxe war auf 17 Taler 6 Groschen festgesetzt. Briefporto wurde von den Taxis schon seit Ende des 16. Jahrhunderts verlangt. Für eine Unze Briefgewicht wurden 10 Kr. berechnet. Zu den Reiseausrüstungen gehörten Landkarten mit Postlinien, Tabellen mit der Angabe der Entfernungen und Abfahrtzeiten sowie Reisebeschreibungen. Eine der bekanntesten veröffentlichte Friedrich Nicolai aus Berlin, der 1781 eine Reise quer durch Deutschland und die Schweiz machte. Das Werk umfaßte zwölf Bände.

10. Handel

a) Binnenmarkt

Der Binnenmarkt ergab sich aus dem Bedarf der in den deutschen Territorien lebenden Bevölkerung von etwa 20–24 Mill. Einwohnern. Die starke politische Zersplitterung erschwerte seine Versorgung in mannigfacher Hinsicht. Jedes Territorium trieb innerhalb seiner Grenzen seine eigene Wirtschaftspolitik, unterhielt seinen eigenen Binnen- und Außenhandel. Wenn man bedenkt, daß es seit dem Westfälischen Frieden 314 reichsständische souveräne Territorien und 1475 Reichsritterschaften gab, kann man sich eine Vorstellung von den Schwierigkeiten machen. Die Zölle wurden im Landesinnern, an Brücken, Flußläufen, Straßen und Stadttoren erhoben, die großen Territorien hatten im Innern wieder ganz verschiedenartige Zolltarife, wie sie sich historisch ergeben hatten bzw. wie sie dem Entwicklungsstand der betreffenden Landesteile entsprachen. Das kam besonders deutlich bei Preußen zum Ausdruck, das in seinen westlichen, am Rhein gelegenen Gebieten die Einfuhr freier gestaltete als im Osten und das beim Transport von einer Provinz in die andere Übergangszölle verlangte. Solange die merkantilistische Wirtschaftspolitik vorherrschte, und das war bei den meisten Staaten noch der Fall, wirtschaftete jedes Territorium so, daß es seine einheimische Produktion gegen die Konkurrenz des Nachbarn und des sonstigen Auslandes zu schützen bemüht war. Ein-, Aus- und Durchfuhrzölle dienten diesem Zweck.

Die Verteilung von ländlicher und städtischer Bevölkerung hatte in diesem Rahmen ihre Bedeutung. Die deutschen Gebiete waren noch überwiegend agrarisch betont und die ländliche Bevölkerung weitgehend in der Lage, sich selbst zu versorgen, wobei das von West nach Ost bestehende Kultur- und Wirtschaftsgefälle zu beachten ist. Auch die kleinen Städte hatten großenteils agrarischen Charakter. Die Zahl der großen Städte war noch gering, aber jedes der Territorien hatte eine Residenz- und Landeshauptstadt, in der sich Großhändler niederließen.

Der Versorgung im lokalen und regionalen Bereich dienten Wochen- und Jahrmärkte. Darüber hinaus gab es Spezialmärkte, in Trier einen Lohrindenmarkt, in Breslau einen Wollmarkt, ferner die Hauptplätze des Landwarenhandels. Wichtige Getreidemärkte waren z. B. Nordhausen in Thüringen und Herdecke in Westfalen. Andere Orte wie Buttstädt waren wichtig als Viehmärkte. Der bayerische Salzhandel diente auch der Versorgung weiterer süddeutscher Gebiete. Weiter griff der Einzugsbereich der Messeorte, voran der von Frankfurt am Main und Leipzig. Mehr regionalen Charakter hatten Braunschweig, Naumburg, Frankfurt/Oder oder Nördlingen.

Neue Messen wurden geschaffen, allerdings meist mit begrenztem Erfolg, so in Mainz (1748), Breslau (1742 bis 1750). Der Kommissionshandel sammelte sich abgesehen von den großen Häfen in den Stapel- und Umschlagsplätzen wie Köln und Mainz. Nicht nur Kaufleute besuchten die Jahrmärkte und Messen, sondern auch Handwerker mit ihren eigenen Erzeugnissen. Weit verbreitet war der Hausierhandel, wobei sich ganze Orte spezialisierten, so Eningen bei Reutlingen und Winterberg im Sauerland, die Schwarzwälder Uhrenhändler, Piemontesen und Italiener als Südfrüchtehändler.

Flüsse, Kanäle und Straßen dienten den binnenwirtschaftlichen Verflechtungen, die am dichtesten zwischen dem Rheinland und Westfalen, zwischen Süddeutschland und dem Mittelrhein waren. Der Rhein-Mainweg mit Straßenanschlüssen nach Süddeutschland, Weser, Elbe, sowie die Wasserstraße von der Elbe zur Oder verbanden ferner über die Territorialgrenzen hinweg.

b) Außenhandel

a) Handelsplätze im Binnenland. Der Außenhandel wurde vornehmlich getragen von den verschiedenen Handelszentren Deutschlands (Seehäfen wie Binnenhandelsplätzen). Die Münsteraner Seidenhändler Zurmühlen zogen alljährlich nicht nur auf die Frankfurter Messen, sondern reisten auch nach Holland zum Einkauf. Die Iserlohner Eisenwarenhändler kauften in Leipzig Textilien, die sie nach Holland brachten. Bei Köln und Mainz etwa muß der Kommissionshandel mit Amsterdam und das Speditionsgeschäft auf der Route Niederlande – Oberdeutschland – Schweiz – Italien beachtet werden. In Süddeutschland gab es neben den alten Metropolen Nürnberg und Augsburg die Kaufleute in den Residenzen und Landeshauptstädten München, Stuttgart, Würzburg, Ansbach, Bamberg, Erlangen mit ihren Fremdenkolonien, die die Höfe mit Luxusartikeln und Kunstgegenständen aus dem Ausland versahen, dann den Umschlagplatz an der Donau Regensburg, die Zentren der Textilproduktion, etwa Memmingen oder Kaufbeuren, deren Vertreter wir nicht nur auf den Bozener Messen finden, sondern auch im Fondaco dei Tedeschi in Venedig. Ähnliche Außenhandelsverbindungen hatten die Residenz- und Hauptstädte in Nord-, Mittel- und Westdeutschland, besonders aber die Messeplätze. Frankfurts Außenhandelsbeziehungen richteten sich hauptsächlich nach dem Westen, Südwesten und Süden, wobei sich eine gewisse Arbeitsteilung mit anderen Messeorten vor allem Leipzig, herausgebildet hatte.

Die Verkehrslage im Herzen Mitteldeutschlands gab den Leipziger Messen im 18. Jahrhundert eine noch wichtigere Stellung für den Außenhandel als Frankfurt sie besaß. Leipzig handelte mit den nördlichen und südlichen Niederlanden ebenso wie mit Frankreich, der Schweiz und Italien, aber seine wichtigsten Verbindungen gingen nach dem Osten und Südosten. Infolge der Schwierigkeiten, die die Barbaresken dem Mittelmeerhandel bereiteten, war Leipzig auf dem Kontinent der wichtigste Vermittler nach Südosteuropa, wobei sich der Messehandel für den östlichen Güteraustausch als die geeignetste Handelsform erwies. Der Zivilisationszustand des europäischen Ostens bedingte es, daß sich hier noch keine feste Schicht von Großhändlern herausgebildet hatte, auch der Außenhandel lag weitgehend in den Händen von Kleinhändlern, vielfach jüdischer Herkunft, die die Reisen oft in Karawanen machten. Neben ihnen traf man in Leipzig ebenso Armenier, Griechen und Wallachen wie Raitzen und Kurländer. Im Osthandel hatte das Rauchwarengeschäft den Vorrang.

Das Gewicht der während einer Messe zum Ausgang verwogenen Waren schwankte zwischen 36000 und 52000 Zentnern, während sich der Jahresumsatz zwischen 5 und 8 Mill. Talern bewegte. Vor dem Siebenjährigen Krieg erreichte die Zahl der Messebesucher selten 3000, bis Ende des Jahrhunderts stieg sie an: 1799 waren es 9220, davon 26% jüdische Kaufleute.

Von den übrigen norddeutschen Messen erlangte keine die Bedeutung von Leipzig. Breslau und Frankfurt/O. hatten wohl auch günstige Verkehrsverbindungen nach dem Osten, litten aber unter der preußischen Reglementierung.

Die beiden Messen in Braunschweig wurden für die Verbindungen nach England wichtig, aber auch Verkäufer aus den Niederlanden und aus Frankreich kamen, während sich die Käufer mehr auf den niederdeutschen Raum beschränkten. Der Gesamtumsatz einer Sommermesse betrug am Ende des 18. Jahrhunderts 2 Mill. Taler.

β) Häfen. Deutschland verfügte über eine ganze Kette von Häfen an der Nord- und Ostsee, von denen jeder ein Tor für den Außenhandel darstellte. Natürlich gab es da beträchtliche Unterschiede. Von den ostfriesischen Häfen war Emden der bedeutendste. Beim Aussterben der Cirksena 1744 war es ein Hafenplatz „2. oder gar 3. Ranges". Unter preußischer Herrschaft setzte ein Aufschwung ein, dem namentlich die politischen Verhältnisse zugute kamen. Das Portofrankorecht, die Förderung des Heringsfanges, der amerikanische Unabhängigkeitskrieg, die Lähmung des holländischen Handels durch die Engländer und die bewaffnete Seeneutralität seit 1780, an der ja Preußen beteiligt war, das alles wirkte sich günstig aus. Die Holländer suchten in Scharen den Schutz der neutralen preußischen Flagge. Erst als Emden, gezwungen durch die englischen Gegenmaßnahmen, von den Holländern das dauernde Bürgerrecht verlangte, ließ die Zuwanderung nach.

Nach dem Versailler Frieden von 1783 hörte wohl die Blütezeit auf, doch brachte der Baseler Friede zwischen Frankreich und Preußen von 1795 einen neuen Aufschwung. Seit dem Einfall der Franzosen in Holland betrachteten die Engländer die Holländer als Feinde und blockierten deren Häfen. Emden fiel wieder in die neutrale Zone. Wieder ließen Holländer ihre Schiffe in Emden neutralisieren und fuhren unter preußischer Flagge. Neben dem Kommissions- und Speditionsgeschäft blühte der Eigenhandel, der sich vornehmlich auf Getreide konzentrierte.

Eine gewisse Konkurrenz fand Emden in Leer, das allerdings gegen das Emdener Stapelrecht zu kämpfen hatte, und Norden, vor allem aber in dem emsaufwärts gelegenen Papenburg. Dieser als münsterische Fehnkolonie entstandene Ort erlebte eine große Blütezeit ebenfalls seit 1795. Auch hierher flüchteten sich nach dem Zusammenbruch der holländischen Schiffahrt die Schiffer, ja zum Teil war ihnen dieser Zufluchtsort noch lieber. Und so finden wir Schiffe aus Papenburg in diesen Jahren auf großer Fahrt. Im Jahre 1796 passierten nicht weniger als 232 Papenburger Schiffe den Öresund.

Im Raum der unteren Weser fiel wohl einiges für die ostfriesischen Inseln, die Herrschaft Kniphausen bzw. Varel am Jadebusen und für Oldenburg ab. Oldenburg verlor zwar seine Verbindungen zur See infolge der wachsenden Schiffsgröße und der Versandung der Hunte fast ganz, dafür boten Elsfleth und Brake als Weserhäfen günstigere Möglichkeiten und wurden von den stadtoldenburgischen Reedern bevorzugt.

Die Hauptaufgabe in diesem Raum fiel Bremen zu, dessen Schiffahrt allerdings dem Oldenburger Weserzoll bei Elsfleth unterlag. Ein Zeichen des Aufschwungs war die Gründung einer Seeassekuranzgesellschaft 1769. Bremens Seeschiffahrt bewegte sich im wesentlichen zwischen der Nord-, Ostsee und den atlantischen Häfen Frankreichs. Einen wichtigen Platz im Bremer Hafenverkehr nahm der Austausch zwischen den viehwirtschaftlich orientierten Küstengebieten und einem Hinterland ein, das über Niedersachsen und Westfalen hinaus bis nach Hessen hineingriff. Agrarische Erzeugnisse nahmen einen wichtigen Platz ein, dazu kam die Ausfuhr von westfälischer und niedersächsischer Leinwand, die Einfuhr von holländischem und englischem Fisch, von französischen Weinen und Kolonialgütern. Der Krieg zwischen England und Frankreich, in den dann auch Holland und Spanien hineingezogen wurden, begünstigte die Amerikafahrt. 43 Schiffe kamen 1796 aus Amerika, 2 darunter von St. Thomas, 1799 liefen 72 ein, 36 allein aus Baltimore.

Hamburgs Hinterland erfaßte über die Elbe und verschiedene wichtige Fernhandelsstraßen einen guten Teil Mitteleuropas, vor allem das ostdeutsche Leinengebiet, aber auch das Glas exportierende Böhmen. Die Ausfuhr deutscher Waren, namentlich schlesischen Leinens, stieg seit dem Siebenjährigen Krieg. Auch der Getreideexport belebte sich, als England in den sechziger Jahren zu einem Getreideimportland wurde. Hamburgische Kaufleute vermittelten Getreide von Archangelsk nach England oder schafften es von Mecklenburg und der Mark heran. Stark belebte sich der Kolonialimport aus Frankreich. Dagegen litt der Handel mit Spanien und dem Mittelmeergebiet unter den Barbaresken. Auch in Skandinavien hielt sich das Geschäft auf gleicher Höhe. Der Rußlandhandel nahm seit den siebziger Jahren zu, starken Absatz fanden die hamburgischen Zuckersiedereien. Nach der Besetzung durch die französischen Revolutionäre und der dann folgenden Sperrung des Rheinverkehrs verlagerte sich das holländische Geschäft nach der deutschen Nordseeküste, wobei Hamburg das Zentrum bildete. Hier sammelten sich die geflüchteten holländischen und französischen Kapitalien. Der Handel mit Kolonialprodukten stieg, Holland, Frankreich und die Schweiz wurden nun von Hamburg aus mit westindischen Erzeugnissen versorgt.

Inzwischen entfaltete sich auch der Verkehr mit den unabhängig gewordenen Vereinigten Staaten. Von dort kamen 1799 192 Schiffe an. Seit 1797 gestattete England den direkten Verkehr nach Ostindien.

Am Elbehandel hatten auch die Nachbarn Harburg und Altona ihren Anteil. Harburg profitierte aus der Personalunion zwischen Hannover und England. Holländische und englische Schiffe liefen Harburg an, die zum Teil aus Amerika kamen. Wachs und andere Artikel wurden nach den Mittelmeerländern und nach Schweden exportiert, Zucker und Tabak wurden verarbeitet und ins Binnenland verhandelt. Seit 1786 gab es hier ein Kommerzkollegium. Gewisse Vorteile aus der welfischen Personalunion hatte auch Stade, vermutlich wurden hier nicht nur Truppen nach Ostindien verladen.

Altona profitierte aus seiner Zugehörigkeit zur dänischen Krone. Nach dem Wiederaufbau der durch Stenbock zerstörten Stadt erlebte Altona sein „goldenes Zeitalter". Seit 1738 hatte Altona ein Kommerzkollegium, Walfisch- und Robbenfang wurden betrieben, der Schiffbau gedieh. Das aus einer 1767 gegründeten privaten Heringskompagnie hervorgegangene Kgl. Fischerei- und Handelsinstitut sandte seine Schiffe hauptsächlich nach den Shetlandinseln. 1777 wurden eine Börse und eine Spezies-, Giro- und Leihbank eröffnet. Wie im englisch-französischen Seekrieg (1773–1780) so war auch im nordamerikanischen Unabhängigkeitskrieg (1776–1780) das Geschäft des neutralen Altona glänzend. Die Loslösung der nordamerikanischen Kolonien von England und die Freigabe der westindischen Kolonien Dänemarks 1779 eröffneten den Altonaer Kaufleuten neue Absatzgebiete, die bisher ausschließlich den Mutterländern vorbehalten gewesen waren. Schlesische und westfälische Leinwand sowie ein Teil des sächsischen Manufakturexports gingen über Altona. 1779 hatte die Stadt 82 Schiffe, 1800 nicht weniger als 259. Auch hier ist namentlich seit 1795 der Zuwachs durch holländische Schiffe zu berücksichtigen. Altona besaß damals mehr eigene Schiffe als Hamburg.

Von den übrigen schleswig-holsteinischen Häfen der Nordseeseite verdienen Glückstadt, die friesischen Inseln und Tönning gewisses Interesse. Glückstadt hatte wohl nur einen bescheidenen Anteil an den großen Möglichkeiten, die die Elbe bot. Immerhin nahm es die Vorteile wahr, die die dänische Vereinbarung mit den Barbaresken der dänischen Flagge im Mittelmeer boten. Von 1780 bis 1785 segelten regelmäßig einige Glückstädter durch die Straße von Gibraltar. Danach wandten sie sich wieder der Grönlandfahrt zu, bis mit den Revolutionskriegen eine neue Belebung der Reederei und der Mittelmeerfahrt einsetzte. Auch vom Lister Gebiet und den friesischen Inseln Sylt, Föhr, Amrum und Röm kamen in dieser Zeit Schiffe nach dem Mittelmeer. Offenbar nur noch unbedeutend war die Grönlandfahrt der Nordfriesen.

Seit 1787 durften alle Städte der Herzogtümer mit Zuckersiedereien den Rohrzucker unmittelbar von der karibischen Insel St. Croix einführen. An der Westküste Schleswig-Holsteins hatten Friedrichstadt und Husum Zuckersiedereien. Wevelsfleth importierte Tabak. An der Ostseeküste wurde in Schleswig eine Zuckerraffinerie eingerichtet. Nach Kopenhagen hatte Flensburg im ausgehenden 18. Jahrhundert innerhalb des dänischen Königreichs die größte Handelsflotte. Der Siebenjährige und der nordamerikanische Unabhängigkeitskrieg belebten die Geschäfte der Kaufleute, die Reeder und Zuckerfabrikanten zugleich waren. Außer Westindien wurde auch Surinam angelaufen. Die Frachtfahrt erstreckte sich von den Ostseehäfen bis in den Mittelmeerraum. Eine dritte, nur durch geringe Unterbrechungen gestörte glänzende Phase setzte unter dem Einfluß der Revolutionskriege zu Beginn der neunziger Jahre ein, wobei die Frachtfahrt zunehmendes Gewicht erlangte und schließlich außer Nord- und Mittel- auch Südamerika einbezogen wurde.

Der Austauschvertrag von 1773, mit dem die gottorfischen Gebiete an Dänemark fielen, verschaffte jetzt Kiel, Eckernförde, Neustadt, Heiligenhafen und den Schleihäfen etwas von den Vorteilen, die bisher die königlichen Häfen gehabt hatten. 1780 erhielt ein Kopenhagener die Konzession für die Paketbootfahrt zwischen Kiel und der dänischen Hauptstadt, ab 1783 lebte die Paketbootfahrt von Kiel nach Petersburg auf. Da von dänischer Seite Lübeck umgangen werden sollte, wurde Kiel Umschlagsplatz im Durchgangsverkehr zwischen der Elbe und der dänischen Hauptstadt, wobei von Hamburg und Altona Tuche, Leinen und andere gewerbliche Erzeugnisse und von Kopenhagen Produkte der dänischen Kolonien kamen. Der Eiderkanal, der 1784 fertig wurde, ging zwar an Kiel vorbei, kam aber doch mittelbar auch diesem Hafen zugute. Für seine Zeit eine bedeutende technische Leistung, erleichterte er den Transit zwischen den beiden Küsten Schleswig-Holsteins und führte in Kürze zu Verbindungen bis Amsterdam und Petersburg. 1789 durchfuhren den Kanal, wie schon erwähnt, 1072 Schiffe.

Kiels Verbindungen gingen in dieser Zeit nach der Insel Aerö, nach den Häfen Fünens, Langelands und Laalands. Aus Schweden und Gotland liefen Schiffe ein, vereinzelt auch von England. 1804 kamen sogar einige mit Wein beladene Schiffe vom Mittelmeer an.

An der südlichen Ostseeküste lag die stattliche Reihe von Häfen zwischen

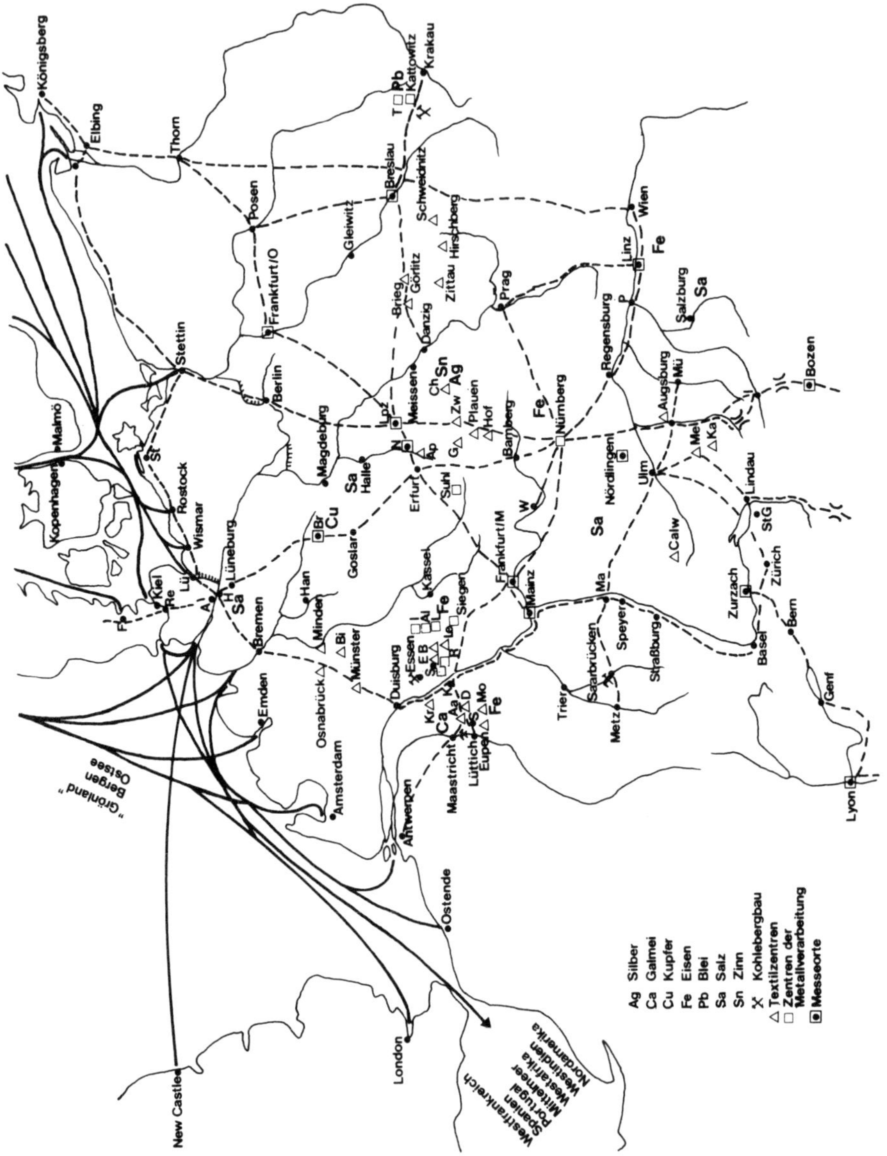

Handelsverbindungen und Schwerpunkte der deutschen Wirtschaft im ausgehenden 18. Jahrhundert

Abgekürzte Ortsnamen: A = Altona; Aa = Aachen; Al = Altena; Ap = Apolda; B = Barmen; Br = Braunschweig; Ch = Chemnitz; D = Düren; E = Elberfeld; F = Flensburg; G = Gera; H = Hamburg; Han = Hannover; I = Iserlohn; K = Köln; Ka = Kaufbeuren; Kr = Krefeld; L = Lüdenscheid; Le = Lennep; Lpz = Leipzig; Lü = Lübeck; Ma = Mannheim; Me = Memmingen; Mo = Monschau; Mü = München; N = Naumburg; P = Passau; R = Remscheid; Re = Rendsburg; S = Stolberg; So = Solingen; St = Stralsund; StG = St. Gallen; T = Tarnowitz; W = Würzburg; Zw = Zwickau;

Lübeck und Memel. Lübeck konnte wohl nicht Schritt halten mit Hamburg und Bremen, aber es nahm im Rahmen des Ostseehandels weiterhin eine beachtliche Position ein. Seit etwa 1730 verzichtete es auf das bis dahin zäh verteidigte Stapelrecht, womit sich neue Möglichkeiten des Speditions- und Kommissionshandels erschlossen. Viele Hamburger Güter gingen, um den Seeweg und den Sundzoll zu vermeiden, über Lübeck. Der Lübecker Eigenhandel konzentrierte sich auf die Ostseegebiete, aber auch Westeuropa, namentlich Frankreich, die Iberischen Häfen und das Mittelmeer wurden aufgesucht. Regelmäßig wurde der französische Hafen Cette (Sète) von mehreren Schiffen angelaufen. Lübeck hatte vor allem Mecklenburg als Hinterland, diente aber auch für den Leipziger Meßhandel als Umschlagplatz.

Für Wismar erwies sich die schwedische Herrschaft und die Absperrung der Stadt von ihrem mecklenburgischen Hinterland bei gleichzeitiger schwerer Zollbelastung als Unsegen. Nur in der Vermittlung schwedischen Eisens an die mecklenburgischen Schmieden hatte der wismarische Handel gewisse Vorteile.

Der Umsatz Rostocks war größer. Der Stadt stand das mecklenburgische Hinterland offen. Im Export machte sich der wachsende Getreideanbau geltend. Die eigene Schiffahrt beschränkte sich im wesentlichen auf die Ostsee; nach Frankreich, England und den iberischen Häfen fuhren nur wenige Schiffe. Damgarten, Ribnitz und Darss schalteten sich u. a. in den Kopenhagenhandel ein.

Auch die Häfen des pommerschen Schweden hatten von der energischen schwedischen Handelspolitik des 18. Jahrhunderts wenig Vorteil, abgesehen davon daß sie einen Anteil des schwedischen Eisenexports übernehmen konnten. Stralsunds Hauptausfuhr Malz ging zu 65% nach Schweden. Außer Eisen sollten die pommerschen Häfen möglichst alle Handelsgüter über Schweden beziehen. Erst als Schweden 1766 seinen Handel zu liberalisieren begann, stieg der Stralsunder Warenumschlag. Getreide ging nach England und Holland. Auch nach dem Mittelmeer gelangten Frachten.

Auch die anderen Häfen Schwedisch-Pommerns, Barth, Saßnitz, Hiddensee, Greifswald und Wolgast konnten erst in der liberalen Phase der schwedischen Wirtschaftspolitik den Getreideexport ausweiten. Wolgast führte mehr Getreide nach dem Mittelmeer aus als Stralsund, während es bezeichnenderweise für die Rückfrachten an Absatzmöglichkeiten fehlte. Barth, Saßnitz und Hiddensee hatten Kopenhagenverbindungen.

Dem Stettiner Hafen bemühte sich zwar die preußische Regierung nach Beendigung der schwedischen Herrschaft emporzuhelfen, aber der schlechte Zustand der Oderschiffahrt und Zölle erschwerten die Verbindungen zu dem gewerbetreibenden Schlesien und anderen Gebieten. So nahm Stettin im ganzen 18. Jahrhundert keinen bedeutenden Platz ein. Neben Getreide war das wichtigste Exportgut Holz. Nachdem die Niederlagsgerechtigkeit Stettins aufgehoben war, wurde es in erster Linie Speditionsplatz. Zur Heranbildung eines eigenen Großhändlerstandes fehlte es an Kapital und an Tradition. Das Geschäft, auch die Reederei, die 1784 über 147 Schiffe mit 17919 Lasten verfügte, lag vornehmlich in Berliner Händen.

Die Umbauten im Vorhafen Swinemünde, die unter Friedrich II. vorgenommen wurden, kamen namentlich dem Holzexport zugute. Von den andern pommerschen Häfen unterhielten die im Raum der Odermündung gelegenen Altwarp, Neuwarp, Stepenitz, Jasenitz und Ziegenort, dann Leba, Stolp, Anklam, Ückermünde, Rügenwalde, Kammin, Kolberg und Treptow (Rega) vornehmlich Beziehungen zu Kopenhagen.

Die ostpreußischen Häfen exportierten Landesprodukte (Getreide und Leinsaat) und nahmen teil an der Vermittlung des polnischen Überseehandels, hatten allerdings Danzig als überlegenen Konkurrenten. Königsberg konnte seine frühere Bedeutung nicht wiedererlangen. Das Geschäft machten Fremde. Königsberg hatte ein kleineres Hinterland als Danzig. Doch gab es Verbindungen nach Polen, Litauen und Rußland hinein. Da Rußland in seiner Zollpolitik seit 1783 Lockerungen einführte, erreichte Königsberg in diesem und im folgenden Jahr die größten Ausfuhrziffern. Gewöhnlich verkehrten in Pillau, dem Vorhafen Königsbergs 800–900 Schiffe, 1783 wares es gar 1989. Die Abnehmer lagen in Westeuropa, aber auch im Mittelmeergebiet. Beträchtliche Einbußen erlitt Königsberg durch die polnischen Teilungen, da dadurch sein Hinterland weiter beschnitten wurde.

Memel am Kurischen Haff übernahm das auf dem Niemen versandte Holz, das von der russischen Zollpolitik nicht nach Riga umgeleitet werden konnte. Weitere Exportgüter waren Flachs, Hanf, Getreide und Leinsaat. Hauptabnehmer waren die Engländer, aber auch nach den iberischen Häfen und nach dem übrigen Mittelmeer gingen Schiffe. Gering war die Einfuhr, es fehlte dafür an einem aufnahmefähigen Hinterland, vor allem wirkte die russische Grenzschließung hemmend.

Elbing, das durch die Teilung von 1772 an Preußen kam, exportierte in beträchtlichem Umfang Getreide, das bis nach den Mittelmeerhäfen ging. Aber für die Einfuhr bestanden wenig Möglichkeiten.

Danzig, das schon immer als Getreideverschiffungshafen wichtig gewesen war, exportierte außerdem Holz. Die erste Teilung Polens (1772) schadete dem Danziger Handel, denn sie nahm der Stadt ihr Hinterland. Preußen tat alles, um durch Zölle, Kanalbauten (Bromberger Kanal 1773–74) und andere Erleichterungen den Handel in den neuerworbenen Gebieten nach den preußischen Häfen zu lenken. Die zweite Teilung (1793) machte auch Danzig preußisch; dieser Umschwung kam nun dem Danziger Warenhandel ebenso wie der Reederei zugute. Der Hauptkunde Danzigs war England; aber auch nach dem Mittelmeergebiet gingen Schiffe. Für die Einfuhr hatte Danzig eine verhältnismäßig geringe Aufnahmefähigkeit.

γ) Haupthandelspartner. Die Lage der deutschen Territorien im Herzen Europas mit Landverbindungen nach West, Süd und Ost und Häfen an Nord- und Ostsee, seine Aufnahmefähigkeit als Markt für Importe und seine eigenen Exportgüter waren die Voraussetzungen für Verbindungen mit zahlreichen Handelspartnern. Im Westen war die Niederländische Republik der wichtigste Nachbar. Was von deutscher Seite dorthin verkauft wurde, sei es an Rohstoffen wie Getreide, Holz und Steinen oder Fertigwaren, vor allem Metallwaren, Leinwand und Garnen, wog das Übergewicht der Einfuhr nicht auf. Die Ausfuhr der Republik vor allem an Kolonialwaren nach Deutschland dürfte die Einfuhr aus dem Reich um das Dreifache übertroffen haben. Besonders günstig gestaltete sich für Holland der Handel nach dem Rheinland und nach Westfalen. Hier äußerte sich die Vorzugsstellung der an Häfen reichen, durch zahlreiche Verkehrswege mit einem tiefen Hinterland verbundenen Republik. Im Zeitraum 1735–1790 verdoppelte sich der Handel Amsterdams mit dem deutschen Hinterland. Der über den Bereich der Maas gehende Handel nach Deutschland hinein stieg von 29,1 auf 37,5%. Von der ganzen holländischen Ausfuhr kolonialer Produkte entfielen auf Hamburg, Bremen und das kontinentale Hinterland 1753 61%, 1790 67%.

Auf dem norddeutschen Markt hatten die Holländer harte Konkurrenten in Bremen, Emden und Hamburg. Noch immer war für sie allerdings das Ostseegeschäft wichtiger.

Die politischen Unruhen nach der Französischen Revolution versetzten dem Außenhandel der Republik schwere Schläge. Sie verlor die Verbindungen zum Weltmarkt. Nun mußten die Neutralen den Amsterdamer Markt mit Gütern versehen. Aus Hamburg, Bremen, Ostfriesland und Schleswig-Holstein kamen die Zufuhren. Die Güter gingen zum Teil über Land. Die holländischen Schiffe suchten in Scharen Zuflucht unter der neutralen Flagge der Nordseehäfen.

In den südlichen Niederlanden nahm das habsburgische, vor allem aber das Lütticher Gebiet im Lauf des 18. Jahrhunderts einen starken wirtschaftlichen Aufschwung, und die Lütticher Tuchproduktion gehörte zum stärksten Exportfaktor. Hinzu kamen belgische Metallwaren. Wie bei der Republik muß auch bei den südlichen Niederlanden zwischen den Land- und Seeverbindungen nach Deutschland unterschieden werden. Allerdings fielen die Seeverbindungen nur nach der Ostsee stärker ins Gewicht, erst um die Jahrhundertwende gab es einen intensiveren Verkehr zwischen Hamburg und Antwerpen. Infolge der überhöhten Rheinzölle suchte der Handel nach Deutschland hinein, soweit es sich um leichter zu befördernde Güter handelte, weniger belastete Landwege auf. Im Rahmen dieses Warenverkehrs war Frankfurt dank seiner Messen, der wichtigste Umschlagplatz. Hier wurden Lütticher Tuche gegen deutsche und italienische Waren ausgetauscht. Auch auf den Leipziger Messen hatte der belgische Textilexport seinen Platz, hier bildeten ferner die Lütticher Gewehrhändler eine eigene Gruppe.

Die französische Besetzung Belgiens wirkte sich insofern günstig aus, als die Eifelterritorien und die Rheinlande links des Stroms ebenfalls französisch wurden und die Zollgrenzen fielen. Litten die Tuchfabrikanten, so fand dagegen ein großer Teil des in der Eifel gewonnenen Eisens Absatz in den Lütticher Gewehrfabriken; dazu kam der Export an Stabeisen und verarbeitetem Eisen wie Öfen, Schaufeln, Sensen, Pflugscharen. Für den Rücktransport konnte man von Antwerpen Rohhäute und von Malmedy Rohleder einführen.

Die wichtigsten Exportgüter Frankreichs waren Kolonialwaren, besonders Kaffee und Zucker, dann Luxusartikel, Wein, Branntwein und andere landwirtschaftliche Erzeugnisse, namentlich der südwestlichen Atlantikseite und der mediterranen Häfen. Dafür bezog Frankreich von Hamburg und besonders von der Ostseeküste Getreide, Holz und andere Rohstoffe. Die Hansestädte waren die stärksten Abnehmer der französischen Exportartikel. Deutschland stand in der Einfuhr Frankreichs an 6. Stelle, in der Ausfuhr an 1. und nahm im Gesamthandel nach den Antillen und Italien den 3. Platz ein. Der Warenaustausch zu Land vollzog sich über Lothringen und das Elsaß bzw. als Transit durch Luxemburg und die Schweiz. Die französische Einfuhr auf dem Landwege machte sich in Hamburg ebenso bemerkbar wie namentlich in Frankfurt/Main und Leipzig. Straßburg war das Zentrum des westöstlichen Warenumschlags, und als das linksrheinische Gebiet französisch wurde, brachte der Zollanschluß an Frankreich auch von dieser Seite neue Möglichkeiten. Das Eifeler Tuchgewerbe stieß allerdings zunächst auf die erbitterte Konkurrenz des in Sedan, Elbeuf und Louvriers ansässigen Tuchgewerbes. Auch der Eifeler Eisenproduktion stand der Weg für den Export nach Frankreich offen. Auf eine alte Tradition konnten die Landverbindungen Oberdeutschlands nach Marseille zurückblicken. Dieser südfranzösische Hafen hatte vortreffliche Beziehungen zur Levante.

Die Schweiz war wichtig als Partner und als Transitland nach Frankreich und Italien. Die Schweizer bauten im Lauf des 17. u. 18. Jahrhunderts ihr Baumwoll-, Leinen- und Seidengroßgewerbe in einer Weise aus, daß die Gebiete um Zürich, Genf und Basel mit zu den am stärksten industrialisierten Landschaften des Kontinents gehörten. Neben den Textilien waren die Uhren der Südwestschweiz das wichtigste Exportgut; die Abnehmer saßen in Frankfurt, Leipzig und anderen deutschen Handelszentren. Für den deutschen Export, namentlich den süddeutschen Textilwarenexport waren die Zurzacher Messen immer noch von Bedeutung. Dazu diente die Schweiz als Vermittler, wenn die direkten Verbindungen zwischen Deutschland und Frankreich versperrt waren, und für den Weitertransport nach Italien. Der Transithandel mit Schwabenleinwand über das Veredlungszentrum St. Gallen war bis in die 1770er Jahre stark, dann aber einem raschen Verfall preisgegeben. Daneben profitierte Arbon, wobei neben schwäbischer auch schlesische Leinwand gehandelt wurde. Leinengarn für die nordost-schweizerische Produktion wurde vielfach aus dem Allgäu und Schwaben bezogen. Transithandelsplätze waren Rorschach, Ausserrhoden, Speicher und Wald mit Verbindungen nach Genua und von da weiter nach Málaga, Cádiz und Südamerika bzw. über die Bozener Messen in die Romagna und das Napolitanische. Mit dem Ausbruch der Französischen Revolution machte sich in der Schweiz hinsichtlich der Rohstoffe eine Versorgungslücke bemerkbar, die z. T. durch Importe aus den vorderösterreichischen Gebieten und aus Schwaben gefüllt wurde. Das innerschweizerische Schappegewerbe versorgte das deutsche Seidengewerbe über Frankfurt, Krefeld, Elberfeld, Nürnberg und Magdeburg. Auch die Wirkerei und Stikkerei setzte ihre Erzeugnisse in Deutschland ab.

Italiens Warenaustausch mit Deutschland vollzog sich wiederum auf dem See- und Landweg. Der Handel auf dem Landwege benutzte, sofern er nach Mailand und Genua gerichtet war, die Schweizer Pässe; die adriatische Seite wurde über Tirol, das Salzburgische und die Steiermark erreicht. Venedig litt wohl unter der Konkurrenz von Triest; aber es hatte doch dank seiner Tradition und seiner günstigen Lage auch weiterhin für deutsche Kaufleute eine solche Anziehungskraft, daß sich die deutsche Nation, hauptsächlich aus Süd- und Ostmitteldeutschen bestehend, bis zur Französischen Revolution hielt. Immer noch gehörten Leinwand- und Baumwollwaren aus Süddeutschland, Sachsen und Schlesien, sowie Nürnberger Waren zu den begehrtesten Artikeln. Der von den Süddeutschen beherrschte Italienhandel erfaßte ebenso die Lombardei wie weiter landeinwärts die Messen von Senigallia und benutzte außerdem Genua als Umschlagplatz für den iberisch-südamerikanischen Markt. Begünstigt durch den Handelsvertrag Venedigs mit Kursachsen, der 1769 erneuert wurde, gingen sächsische Leinwand und Zeuge sowie andere Textilien über Hamburg nach Venedig. 1786 lief der Vertrag ab und wurde nicht wieder erneuert. Vereinzelte venezianische Schiffe kamen nach Hamburg und in die Ostsee. Die übrigen Adriahäfen übten wenig Anziehungskraft aus. In Ancona liefen Schiffe mit schwedischer und dänischer Flagge ein. Die süditalienischen Häfen standen namentlich mit Hamburg in regerem Austausch. Das begehrteste Gut war das Öl, das in Gallipoli verladen wurde. Genua hatte stärkeren Seeverkehr mit Hamburg. Der wichtigste Anlegeplatz an der Westküste aber war der Freihafen Livorno, in deren deutscher Kaufmannsniederlassung bezeichnenderweise die Hamburger überwogen. Livorno war ferner Stützpunkt für die Levantefahrt, in geringerem Maße galt dies für Messina.

Einen als Ganzes schwer zu erfassenden Komplex stellt der Warenaustausch mit den habsburgischen Ländern dar. Die gewerblich wichtigsten Länder waren Böhmen und Mähren. Böhmen produzierte Leinwand und Glaswaren, aber auch Eisen, Leder, Papier, Wollgewebe, Strümpfe und andere Modewaren sowie Bier und exportierte vor allem nach Sachsen. Soweit die Einfuhr an Salz, Wein, Kolonialwaren, Galanteriewaren, Seide, Baumwolle und Wolle von deutscher Seite kam, erfolgte sie vornehmlich auf der Linie Hamburg-Leipzig. Mähren exportierte Leinwand, Tuch und Leder, Ober- und Niederösterreich hatten eine Wollmanufaktur in Linz und Manufakturen verschiedener Art in Wien. Die Linzer Märkte hatten ihre frühere Bedeutung eingebüßt, dafür gewann Wien als Handelsmetropole auch für den weiteren Südosten immer größere Bedeutung. Die Beziehungen Österreichs zu den Nachbarn im Fürstentum Passau und im Kurfürstentum Bayern waren belastet durch die politischen Spannungen zwischen Habsburg und Wittelsbach. Ein Handelsvertrag zwischen den beiden Regierungen von 1777 wurde 2 Jahre später nicht wieder erneuert. Doch ist der Donauhandel, namentlich des Speditionsplatzes Regensburg, nicht zu unterschätzen.

Innerösterreich mit seinen Eisenwaren war auch am Ende des 18. Jahrhunderts ein Konkurrent des deutschen Exportgewerbes. Tirols Hauptbedeutung lag wohl in seiner Eigenschaft als Transitland; es lieferte Rohseide aus Trient und Rovereto; dazu kamen seine Märkte in Hall und Bozen, von denen namentlich diejenigen von Bozen wichtig für den deutschen Textilexport nach Italien waren. Die Produktion der ungarischen Hälfte mit Galizien, Kroatien, Slavonien und Siebenbürgen war vornehmlich agrarisch. Von Ungarn bezog Deutschland Wein und Vieh.

Der Hafen Triest erlangte im Zusammenhang mit den Reformen Maria Theresias die Vorherrschaft in der Adria. Triest war als Ersatzhafen für die Einfuhrstraße von Hamburg über Böhmen gedacht, die durch Preußen leicht zu sperren war, und als Ausfuhrhafen für Manufakturwaren der Monarchie, die auf dem Elbeweg über Hamburg gingen. Freilich saßen die Hamburger vorläufig noch am längeren Hebel. Von Triest nahmen landwirtschaftliche Erzeugnisse und ungarische Pottasche den Weg nach Hamburg. Beträchtliche Bedeutung als Tor zur Adria und zur Levante erlangte Triest für den ganzen nach dem Südosten orientierten Export Süddeutschlands.

Nach dem unter osmanischer Herrschaft stehenden Balkan sowie dem übrigen Osmanischen Reich gab es drei Verbindungen: die Leipziger Messen, die Donau und das Mittelmeer. Schlechte Verkehrsverhältnisse, rückständige Entwicklung des türkischen Reichs und die schwache Kaufkraft seiner Einwohner hemmten freilich die Entfaltung des Warenverkehrs. Doch lebte hier ein aktiver Handelsstand von Griechen, Wallachen, Juden und Armeniern, die es vorzogen, zum Warenaustausch bis zu den Leipziger Messen zu kommen, wo sie mazedonische Baumwolle absetzten und Fertigerzeugnisse des reichen Leipziger Meßkatalogs mitnahmen. Gewisse türkische Handelsverbindungen bestanden auch nach Berlin. In den achtziger und neunziger Jahren vertrieben verschiedene Regensburger Firmen Wallendorfer Porzellan sowie Veilsdorfer Erzeugnisse aus dem Hildburghausischen, die sogenannten Türkenköppchen, nach Wien und in die Türkei.

Direkter Levantehandel wurde nur wenig betrieben. Es saßen wohl einige deutsche Firmen in Smyrna und Konstantinopel. Die türkische Münze in Konstantinopel erwies sich gelegentlich als Abnehmer österreichischen Silbergeldes, das in Günzburg geprägt und von Augsburger Firmen verhandelt wurde. Zu Smyrna hatten Danziger Häuser, aber auch solche aus Nürnberg und Augsburg Verbindungen. Vielfach wurden die Waren in Marseille bzw. Livorno umgeschlagen. Außerdem schaltete sich Triest immer mehr in den Levantehandel ein.

Der Warenaustausch mit Polen wurde durch die drei Teilungen belastet. Der wichtigste Ausfuhrhafen Polens war Danzig. Vornehmlich über die Weichsel gelangten Massengüter, die sich für den Landtransport nicht eigneten, Getreide und Erzeugnisse der Waldwirtschaft, nach Danzig. Mit der ersten polnischen Teilung von 1772 verlor Danzig sein Hinterland. Erst nach der zweiten Teilung 1793, als Danzig preußisch wurde, konnte dieser Verlust wieder ausgeglichen werden. Inzwischen schlug die galizische Getreideproduktion den Weg nach Süden ein.

Für hochwertige Güter gab es den Landverkehr von Polen nach Schlesien hinein, wobei vor Breslau und Frankfurt/O. die Leipziger Messen den Hauptanteil hatten. Die ernsthaften Bemühungen Preußens, Leipzig das Wasser abzugraben, nutzten nichts. Der preußische Handelsvertrag von 1775 sollte den Messeverkehr von Leipzig nach Frankfurt, den Schiffsverkehr von Danzig nach den preußischen Häfen, besonders Elbing, ablenken sowie den Schmuggel eindämmen und den preußischen Handelsverkehr durch Polen mit Rußland beleben.

Im russischen Außenhandel des 18. Jahrhunderts machte vor Riga, Reval und Dorpat, das neugegründete Sankt Petersburg das Hauptgeschäft. Neben den Engländern gehörten Kaufleute in Lübeck, aber auch Hamburg und Bremen zu den Abnehmern russischer Produkte und Lieferanten von Kolonialwaren und gewerblichen Erzeugnissen. Daneben ging die Getreidefahrt über Archangelsk weiter. Jüdische, moskowitische und kurländische Kaufleute vermittelten Messegüter aus Leipzig nach dem Osten.

Schweden und Finnland hatten rege Beziehungen zu den Ostseehäfen, nicht nur zu Wismar und Schwedisch-Pommern, sondern immer noch stark zu Lübeck. Eisen, Holz und Holzprodukte wie Teer und Pech sowie Fische waren die Hauptartikel des Exports. In der Eisenausfuhr sank der Anteil Englands bis zur Jahrhundertwende von 40–45% auf 25% zugunsten Deutschlands. Dem Import waren merkantilistische Schranken gesetzt, die eigene Schiffahrt sollte möglichst gefördert werden. Eine eigene ostindische Kompagnie war bestrebt von Göteborg aus ihre chinesischen und indischen Erzeugnisse auch außerhalb Schwedens abzusetzen. Der mit der Bevölkerungszunahme steigende Einfuhrbedarf wurde über die Ostseehäfen gelenkt. Deutschland war einschließlich Danzigs und des polnischen Preußens der wichtigste Getreidelieferant für das ganze schwedische Reich. Auch die Nordsee hatte feste schwedische Verbindungen, neben Amsterdam und London war Hamburg einer der auswärtigen Stützpunkte für die großen schwedischen Firmen.

In Finnland wurde im Laufe des 18. Jahrhunderts der Teer ein Hauptexportgut, allerdings ging er meist nach England, die deutschen Häfen bekamen nur einen begrenzten Anteil. Von den finnischen Brettern wurden 1800 etwa 50% nach Schleswig-Holstein exportiert. Weitere Lieferungen erhielten die übrigen deutschen Häfen. Der wichtigste Einfuhrartikel, Getreide, vornehmlich Roggen, kam überwiegend vom Baltikum (95%), zu einem kleineren Teil aus Danzig, Pommern und den Herzogtümern. Malz wurde hauptsächlich von Stralsund bezogen, das auch Schweden damit belieferte.

Dänemark und Norwegen, die politisch zusammengehörten, hatten einen recht verschieden gearteten Handelsaustausch mit Deutschland. Dänemark brauchte Holz und trotz seiner merkantilistischen Manufakturpolitik auch gewisse gewerbliche Erzeugnisse. Es belieferte dafür außer mit Vieh und Getreide die Ostseehäfen, aber auch Altona, mit kolonialen Produkten aus West- und Ostindien. Auch westeuropäische Waren und Mittelmeerprodukte wurden vom Verteilerzentrum Kopenhagen nach Norddeutschland weitergeleitet, namentlich in Kriegszeiten, als der neutrale dänische Handel blühte; dasselbe war bezüglich der Erzeugnisse der im Monopolhandel bewirtschafteten Zinsländer Färöer, Island und Grönland der Fall. Das liberale dänische Zollgesetz von 1797 erleichterte den dänischen Außenhandel in hohem Maße.

Norwegens Ausfuhr an Teer, Kupfer, Eisen und getrocknetem Fisch richtete sich stark nach den Herzogtümern, während diese neben Dänemark aufgrund des dänischen Monopols die norwegischen Häfen mit Getreide versorgten. In diesen Handel wurden besonders die Flensburger eingeschaltet. Erst 1788 wurde das Monopol abgeschafft. Bergens Hauptausfuhrprodukte, Fisch und Fischerzeugnisse, gingen in erster Linie nach Holland, daneben aber auch nach den Ostseehäfen. Namentlich in Danzig tauschten die Norweger Fisch gegen Roggen, Hanf und Flachs.

Englands Interesse am Warenaustausch mit den deutschen Häfen bestand einmal in der Versorgung mit Getreide, in die sich die Nordseehäfen ebenso einschalteten wie diejenigen der Ostsee. Doch waren die direkten Einfuhren aus Deutschland nach England bis zu den letzten fünf Jahren des Jahrhunderts verhältnismäßig gering. Erst als Hamburg die Rolle Amsterdams übernahm, wurde dies anders. Bei Danzig war England zunächst vornehmlich am Holzexport interessiert. Seit Ende des amerikanischen Krieges nahm der Verkehr mit England auf Kosten Hollands zu, besonders der Getreidebezug wuchs ständig an. Auch an der Nordseeküste erfuhr der Verkehr mit England in dieser Zeit eine Steigerung; die Engländer waren dabei bestrebt, den Absatz ihrer Manufakturwaren über Hamburg nach Mitteleuropa hinein zu erhöhen, was sich auf den Leipziger Messen bemerkbar machte. Hinzu kam die Ausfuhr von Kolonialerzeugnissen, die allerdings während der kriegerischen Verwicklungen litt. Auch englische Kohle ging nach verschiedenen deutschen Häfen. Dazu kam der Import englischen Salzes via Liverpool auf Schiffen aus Flensburg und anderen Häfen der Schleswiger Ostküste.

An der Einfuhr Portugals war nach den Ziffern von 1796 nach England und Rußland, Hamburg mit 12,92% beteiligt, Preußen dagegen nur mit 1,59%. Hamburg versorgte Portugal mit gewerblichen Erzeugnissen, Textilien, Schiffsbaumaterial, Kupfer und Getreide. Weitaus der wichtigste portugiesische Hafen für die Ein- und Ausfuhr war Lissabon. Er bewältigte fast ¾ des gesamten Warenaustauschs des Landes. Danach kam Porto mit rund einem Viertel. Zu den wichtigsten Exportartikeln zählten Öl, Früchte, Salz, Wein und Wolle sowie brasilianische und in geringem Umfang asiatische Erzeugnisse. Wie das Beispiel Hamburg zeigt, lag der portugiesische Export wesentlich über dem Import.

Spanien exportierte gegen Ende des 18. Jahrhunderts wesentlich weniger, als es importierte. Unter den deutschen Häfen hatte Hamburg den Hauptanteil. Cádiz, bislang der wichtigste Hafen für Hamburgs Import, wurde inzwischen von Málaga überflügelt, da Hamburg seine Kolonialwaren jetzt vornehmlich aus Frankreich, daneben aus England und Amsterdam bezog, allerdings stieg in den neunziger Jahren der Kolonialimport erneut an. Nach den spanischen Mittelmeerhäfen gingen Holz, Schiffbaumaterial, Leinwand und Glaserzeugnisse; bezogen wurden Wein, Früchte des Landes und Kolonialwaren.

Die nordafrikanischen Küstengegenden waren wegen der Feindseligkeiten der Barbareskenstaaten verschlossen. Lediglich nach der Westküste kamen vereinzelte Deutsche als Frachtfahrer unter holländischer Flagge. Joachim Nettelbeck gelangte auf diese Weise 1772 nach dem holländischen Fort Ayim, das einst in brandenburgisch-preußischem Besitz war. Die afrikanischen Besitzungen, die der Große Kurfürst mit Hilfe von Benjamin Raule erworben hatte, wurden von Friedrich Wilhelm I. verkauft. Friedrich der Große griff den Gedanken der überseeischen Schiffahrt wieder auf. Eine Asiatische Kompanie betrieb ab 1752 von Emden aus die Fahrt nach China unter der Initiative eines Schotten. Der Ausbruch des Siebenjährigen Krieges verhinderte weitere Fahrten. Eine 1753 gegründete Bengalische Gesellschaft ging 1762 ein. Ebensowenig hatte eine Levantische Gesellschaft, die 1765 zustande kam, längeren Bestand. Die Fahrt nach Ostasien wurde von Emden aus in den letzten Jahren Friedrichs wiederaufgenommen.

1792 lief das erste Schiff aus Indien in den Hamburger Hafen ein, allerdings noch nicht unter hamburgischer Flagge, 1797 gestatteten die Engländer derartige Unternehmungen, und nun folgte Hamburg auch Bremen in der Aufnahme der direkten Fahrt. Die englisch-hannoversche Personalunion bewirkte es, daß im Lauf des 18. Jahrhunderts mit den englischen auch aus Nordamerika kommende Schiffe im Hafen von Hamburg einliefen. Aber erst nach der Unabhängigkeitserklärung nahm der deutsche Schiffsverkehr mit den nordamerikanischen Häfen seinen eigentlichen Aufschwung, und 1799 kamen nicht weniger als 192 Schiffe aus Amerika auf der Elbe an. In Bremen waren es 72. Baltimore und Charleston waren die wichtigsten Häfen, der eine für den Warenumschlag mit dem Norden, der andere für den mit dem Süden. Gewerbliche Erzeugnisse namentlich Textilien aus Sachsen und Schlesien fanden drüben guten Absatz. Von dort kamen land- und waldwirtschaftliche Erzeugnisse, besonders Tabak, aber auch schon Baumwolle.

Nach dem Westfälischen Frieden unternahmen die Schweden von Stade, die Dänen von Glückstadt aus Fahrten nach Westafrika und kombinierten damit Unternehmungen nach den Karibischen Inseln. Zu Ausgang des 17. Jahrhunderts hatten die Brandenburger auf der Insel St. Thomas, die die Dänen besetzt hatten, einen Stützpunkt für ihren Sklavenexport von der Guineaküste nach Westindien. Der Zuckerexport, der seit 1733 auf der von den Dänen erworbenen Insel St. Croix aufblühte, wurde auch für die Häfen Schleswig-Holsteins, besonders für Flensburg, wichtig. Bis zum Krieg zwischen England und Holland (1780–1784) war St. Eustatius im Karibischen Raum die Hauptniederlage aller europäischen Waren und amerikanischen Produkte. Dann fiel die Insel den Engländern in die Hände, weshalb sich der Handel nach den dänischen Inseln St. Croix und St. Thomas verlagerte. Zucker, Baumwolle, Kaffee und Kakao gehörten zu den Hauptprodukten der Karibischen Inseln. Die spanische Compañia Guipuzcoana erleichterte den Zugang zum Venezuelahandel, der wegen des Tabaks und Kakaos lockte. Schon 1780 kamen Schiffe dänischer Flagge nach La Guaira. 1782 erlaubte der spanische König der Gesellschaft ein Schiff von Altona abzufertigen. Unter dänischer Flagge fahrende Schiffe liefen in diesen Jahren auch das holländische Surinam an. Hierher müssen die Hamburger rege Beziehungen gehabt haben.

Die strengen Bestimmungen für den Schiffsverkehr zwischen der spanischen Metropole und Amerika erfuhren seit 1765 laufend Lockerungen. 1789 gestattete Karl IV. Spaniern und Ausländern den Negerimport nach verschiedenen westindischen Inseln und den Provinzen von Caracas. Diese Erlaubnis wurde in den folgenden Jahren auf andere Gebiete Hispanoamerikas ausgedehnt, denn die Spanier allein waren nicht mehr in der Lage, die fehlenden Arbeitskräfte herbeizuschaffen. Der Krieg Spaniens mit England bewirkte das Dekret vom 18. November 1798, das neutralen Schiffen gestattete, unverbotene Waren nach den amerikanischen Besitzungen zu bringen. Dort durften sie Landesprodukte nach einem spanischen Hafen laden. Auf Einspruch spanischer Kaufleute wurde diese Erlaubnis im Frühjahr 1799 widerrufen, jedoch hielten sich nicht alle Kolonialbehörden daran.

Seit 1781 liefen fast jährlich Schiffe aus Kuba im Hamburger Hafen ein. Seit den 90er Jahren lassen sich Fahrzeuge hamburgischer und dänischer Flagge im Gebiet des La Plata feststellen. Auf der Hinfahrt nahmen sie Textilien, Eisenwaren, Papier und andere Industrieerzeugnisse des Nordens mit, „frutos del pais", insbesondere Häute brachten sie zurück. Seit Ausgang der neunziger Jahre liefen Schiffe aus Buenos Aires und Montevideo im Hamburger Hafen ein. Seit 1801 entwickelte sich auch ein Schiffsverkehr zwischen Hamburg und den Häfen an der südamerikanischen Nord- und Westküste. Brasilien blieb für die direkte Fahrt vorläufig noch ausgeschlossen.

11. Geld- und Kreditwesen

a) Metall- und Papiergeld

Als Folge der brasilianischen Goldausbeute nahm die Ausprägung von Goldmünzen im 18. Jahrhundert einen größeren Umfang an. Neben den bislang üblichen Dukaten, Eskudos und Florinen oder Goldgulden, kam im 17. Jahrhundert in Spanien die Pistole oder Duplone (= doble escudo) auf. In Frankreich entsprach dieser Münze der von Ludwig XIV. geprägte Louisdor, der im Lauf des 18. Jahrhunderts von vielen deutschen Territorialherren nachgeahmt wurde. Von 1715 ab ließ so Kurfürst Max Emanuel von Bayern den Maxdor prägen, in Hessen schlug man den Ernstdor im Wert von 5 und 10 Goldgulden, in Preußen den Wilhelmsdor und den Friedrichsdor. Kurfürst Karl Albert von Bayern und Karl Philipp von der Kurpfalz ließen Karolinen im Wert von 3 Goldgulden schlagen. Weitere Territorialfürsten folgten.

Die Hauptmünzen waren aber aus Silber. Die große Silbermünze, der Speziestaler, behauptete ihren guten Münzfuß. Die Kleinsilbermünze wurde dagegen seit Ausgang des 30jährigen Krieges immer schlechter. Der Luxus an den Höfen, der Bedarf für die zu entlohnenden Truppen, die nicht mehr so ertragreichen Bergwerke, dies alles trug zur Münzverschlechterung bei. Schlechte Silbermünzen wurden in einem Umfang geprägt, daß man die Periode von den sechziger bis in die neunziger Jahre des 17. Jahrhunderts als zweite große Kipperzeit bezeichnet hat.

Kurfürst Johann Georg II. von Sachsen ergriff wohl energische Gegenmaßnahmen, aber allein konnte er sich nicht durchsetzen, weshalb er im August 1667 mit dem Kurfürsten von Brandenburg zu Kloster Zinna einen neuen Münzfuß festsetzen ließ, der den Abweichungen etwas entgegenkam.

Entsprechend der Münzordnung von 1559 sollten aus der feinen kölnischen Mark nun 9 Taler geprägt werden, jetzt wurden für die Kleinmünzen 10½ zugelassen, der Reichstaler sollte beim alten Fuß bleiben, wurde aber durch die Veränderung auf 105 Kreuzer heraufgesetzt. Dem zinnaischen Münzfuß schloß sich auch Braunschweig an, aber leider gelang es nicht, dieser Reformmaßnahme auch in weiteren Territorien Geltung zu verschaffen. Ja es kam so, daß die zinnaischen Zweidrittel- und Eindrittelstücke überall in schlechter Ausführung nachgeprägt wurden. Namentlich Graf Gustav von Sayn-Wittgenstein tat sich dabei hervor, andere Fürsten folgten mit schlechten Münzen, so die von Holstein und Mecklenburg, auch Kurtrier (mit seinen Petermännchen). Die oberdeutschen Kreise wehrten sich dagegen vergeblich. Schließlich führte der kurbrandenburgische Minister Freiherr von Knyphausen 1687 den 12 Talerfuß ein. Zu Leipzig gelang es im Januar 1690 auch Kursachsen und Braunschweig auf diesen Münzfuß zu verpflichten, wobei der alte Reichstaler (Speziestaler) weiterhin bei dem 1559 bzw. 1566 festgesetzten Fuß blieb. Der neue Taler nach dem 12 Talerfuß ist als ganze Münze nie geprägt worden sondern nur in Teilstücken. Das Leipziger Drittelstück wurde so eine der Münzen, die im Reich die weiteste Verbreitung fand. Der nicht geprägte Taler wurde Rechnungsmünze und Kuranttaler genannt. Schweden und die rheinischen Fürsten schlossen sich dem neuen Münzfuß an. Reichsmünzfuß wurde er erst 1738. Um die Mitte des 18. Jahrhunderts war die Entwicklung wieder soweit gediehen, daß kaum noch nach dem 12 Talerfuß geprägt wurde. Maria Theresia setzte 1748 den 20 Guldenfuß fest, der 13½ Kuranttaler nach sächsischer Währung (also zu 90 Kr.) 10 alten Reichstalern gleichsetzte, wobei die letzteren inzwischen zu 120 Kr. gerechnet wurden. Österreich schloß dann 1753 auf dieser Basis mit dem Kurfürsten von Bayern und dem Erzbischof von Salzburg eine Konvention. Leider traten der Schwäbische und Fränkische Kreis nicht bei, so daß sich Bayern veranlaßt sah, den Vertrag zu kündigen und eine eigene Bewertung aufzustellen, wonach der Konventionstaler statt auf 2 Gulden auf 2 Gulden 24 Kr. gesetzt wurde. Das war der 24 Guldenfuß, der also etwas schlechter als der österreichische war. Der 20- und der 24 Guldenfuß setzte sich in den sechziger Jahren im Süden und Westen des Reiches durch. Auch Kursachsen und Braunschweig schlossen sich an. Außerhalb des Bereichs der Konventionsmünze blieben schließlich nur Preußen und die Gegenden mit lübischer und bremischer Währung. Bekannte Konventionsmünzen wurden der Maria Theresientaler und der bayerische Marientaler. Wie Maria Theresia so war Friedrich der Große bestrebt, auf einem etwas leichteren Münzfuß als dem Leipziger eine neue Relation zwischen seinen Gold- und Silbermünzen herzustellen. Sein Generalmünzdirektor Johann Philipp Graumann arbeitete die nach ihm benannte Münzordnung vom Juli 1750 aus; sie setzte fest, daß aus der 21 Karat und 9 Gran feinen Mark 35 Friedrichsdor im Wert von 5 Talern geprägt werden sollten, aus der feinen kölnischen Mark Silber aber 14 Taler, der Taler wurde dabei zu 24 Gutegroschen gerechnet. Verglichen mit dem österreichischen Fuß war dieser preußische etwas leichter. Die 14 Taler sollten 21 Gulden entsprechen. Die österreichische Reaktion folgte auch prompt 1753. Obwohl der preußische Reichstaler 90 Kreuzer gelten sollte, wurde er auf 85 Kr. herabgesetzt, während der österreichische Konventionstaler ja 120 Kreuzer galt.

Der Siebenjährige Krieg brachte den preußischen König in große Finanzschwierigkeiten, er ließ schlechte Drittel- und Sechstelstücke prägen, wobei von 1755 ab die Münzstätten an jüdische Unternehmer verpachtet waren. In Dresden und Leipzig wurde mit sächsisch-polnischen Stempeln geprägt. Auch eine Reihe anderer Münzherrn schlugen damals minderwertiges Geld. Nach dem Frieden sorgte Friedrich allerdings dafür, daß das Graumannsche Münzsystem wieder zur Geltung kam.

In den Seestädten war nach der alten Ordnung ein Reichstaler = 3 Mark lüb., 1 Gulden = 2 Mark lüb. oder ²/₃ Rt. In Hamburg und Lübeck wie auch in Schleswig-Holstein ging man weiterhin seinen eigenen Weg. Hamburg führte 1725 einen Kurantfuß zu 34 Mark ein, was 11¹/₃ Taler entsprach. Lübeck folgte 1728, Mecklenburg 1763. In Bremen hatte man Goldtaler zu 72 Groschen.

Die Verbreitung der Kupfermünze nahm während der Kipperperioden des 17. Jahrhunderts ein extremes Ausmaß an. Auch im 18. Jahrhundert nahmen die Fürsten in ihrer Geldnot zum Kupfergeld Zuflucht, so besonders Friedrich der Große während des Siebenjährigen Krieges.

Eine weitere Möglichkeit der Münzschwierigkeiten Herr zu werden, sah man in der Ausgabe von Papiergeld. Papiergeld fand im Reich in der 2. Hälfte des 18. Jahrhunderts Verbreitung, als man solches in Österreich und Dänemark druckte. Aus der Diskussion, die in diesem Zusammenhang mit Dänemark geführt wurde, bekommt man den Eindruck, daß niemand den Anschein erwecken wollte, ein offener Verfechter des Papiergeldes zu sein; doch betonte man seinen Nutzen. Im allgemeinen herrschte auch eine Übereinstimmung hinsichtlich eines langsamen Preisanstieges, weil er ein günstiges Klima für die wirtschaftliche Tätigkeit darstelle. Der Preisanstieg wurde besonders von den Landbesitzern und den großen Geschäftsleuten befürwortet. Anregungen wurden in starkem Maße aus dem Ausland bezogen. Als Hauptvermittler fungierte der Hamburger Büsch mit seiner 1780 erschienenen „Abhandelung von dem Geldumlauf".

b) Zahlungsverkehr

Die Mängel des Geldwesens veranlaßte die Kaufmannschaft nach wie vor, ihre großen Geldgeschäfte möglichst bargeldlos, mit Hilfe der Skontierung, d. h. der Vergleichung der Konten in den Rechnungsbüchern durchzuführen. Die Saldi wurden dann möglichst durch Ausstellung von Wechselbriefen ausgeglichen. Auch die Giro-Banken in Hamburg und Nürnberg dienten diesem Zweck. Sie hatten dazu ihre Recheneinheit der Mark Banco in Hamburg, des guten Gulden in Nürnberg. Im Lauf des 18. Jahrhunderts entstanden verschiedene weitere öffentliche Giro- und Depositenbanken, so in Leipzig 1698, doch bestand diese Anstalt nur bis 1706. In diesem Jahr wurde ein „Banco di Giro" für das jülich-bergische Territorium in Köln geschaffen. 1704 gründete der Herzog von Württemberg eine Hofbank, die dann in eine Girobank umgewandelt wurde, doch ging sie 1738 wieder ein. Preußen errichtete 1765 eine kgl. Giro- und Lehnbank in Berlin, der die Giro- und Leihbank in Breslau als Zweigstelle angegliedert wurde. 1767 entstand in München der kurbayerische Land-Banco, der sich bis 1779 hauptsächlich mit der Abtragung der Staatsschulden befaßte. 1780 wurde in Ansbach die markgräflich Ansbach-Bayreuthsche Hofbank gegründet, die 1796 als Aktienbank mit kgl. preußischer Hauptaktie nach Fürth verlegt wurde. In Norddeutschland griff das schwedische und das dänische Bankwesen herein. Seit 1736 hatte Dänemark eine Kurantbank, die auch Papiergeld ausgab: Diese Bank wurde 1773 förmlich vom Staat übernommen. Mit der Zeit erfuhr der Papiergeldumlauf eine bedenkliche Steigerung. 1798 waren es nicht weniger als 22 Mill. Reichstaler, wobei das Aufgeld gegenüber dem Wertmaßstab, dem Hamburger Bankogeld, immer mehr stieg. Zunächst entsprachen 122½ dänische Reichstaler 100 Hamburger Speziesreichstaler, 1783 betrug die Rate aber 142. Im Zusammenhang mit den von Schimmelmann eingeleiteten Reformmaßnahmen, die vor allem der Abzahlung der nationalen Schuld und der Reduktion des umlaufenden Papiergeldes dienen sollte, wurde 1788 eine Schleswig-Holsteinische Speziesbank geschaffen, die zum Ergebnis hatte, daß hier auch 1,5 Mill. Kurant eingezogen wurden. Doch wurden sie nicht vernichtet, wie ursprünglich geplant, sondern erneut in Umlauf gesetzt, so daß die Rate der dänischen Kurantmünze auf über 160 stieg.

Neben dem öffentlichen Bankwesen behaupteten sich die Privatbanken weiterhin. Die führenden Bankplätze waren Frankfurt, Hamburg und Augsburg. Im Wertpapiergeschäft stand Frankfurt an der Spitze. Umfangreiche Anleihen an Fürsten und Städte gewährten die Firmen Gebr. Bethmann, de Neufville, B. Mezler sel. Sohn u. Comp., I. L. Willemer. Die Gebrüder Bethmann liehen der kaiserlichen Regierung in der Zeit von 1778–1796 gegen Obligationen die Summe von 32975000 fl. 1794/95 legte Preußen bei Willemer und Metzler eine Anleihe von 14 Mill. fl. auf. Simon Moritz Bethmann hinterließ 1782 ein Vermögen von 1,37 Mill. fl., Johann Philipp Bethmann vererbte 1793 2 Mill. fl.

In Süddeutschland behauptete Augsburg seine führende Stellung. Die Augsburger bedienten vor allem die Höfe von Wien und München. Die Firma Rad u. Höslin lieh der Kaiserlichen Regierung 1735 für den Türkenkrieg 4½ Mill. fl., wurde dann aber infolge Verschleppung der Rückzahlung bankrott.

Das führende Bankhaus Berlins war die Handlung von Splitgerber und Daum, die seit 1712 bestand. Auch hier wurde das Bankgeschäft mit Warenhandel und gewerblichen Unternehmen verbunden. In Hamburg kam zum Warenhandel noch die Reederei. Die sephardischen Juden verloren seit dem Wegzug der Finanzgruppe der Teixeira nach Amsterdam zu Ende des 17. Jahrhunderts an Bedeutung. Neben ihnen wurden einige aschkenasische Juden über den Weg des Juweliers und Hoflieferanten Bankiers, voran die Fürst und Goldschmidt. Gegen Ende des 18. Jahrhunderts rückte die Getreide- und Kolonialwarenhandlung des Schotten John Parish als Bankhaus an die Spitze. Er hatte 1796 ein Vermögen von über 2 Mill. Mk. bco.

Geringere Bedeutung hatten die Bankplätze Köln, Leipzig und Breslau. Hier war auch die Trennung zwischen Bankgeschäft, Warenhandel und Verlag nicht so deutlich ausgeprägt. Zu den wichtigsten Kölner Unternehmen gehörten die Meinertzhagen, Hack, Peltzer und Recklinghausen. In Kassel betätigten sich die Landgrafen Friedrich II. und Wilhelm als Bankiers. Sie liehen verschiedenen Fürsten des Reichs und des Auslandes Gelder.

In Schleswig-Holstein behauptete der Kieler Umschlag seine Rolle als Geldmarkt, namentlich für den holsteinischen und dänischen Adel. In fast sämtlichen Residenzstädten des Reichs gab es seit der 2. Hälfte des 17. Jahrhunderts jüdische Hoffaktoren als Lieferanten und Bankiers der Fürsten. In Württemberg erlangte Süß Oppenheim eine führende Stellung, wurde dann aber in einen Prozeß verwickelt und 1738 hingerichtet. In Berlin betätigten sich nach den Liebmann die Ephraim und Itzig als Münzentrepreneure, in Hannover saßen Leffmann Berens und seine Leute, in Wolfenbüttel die David; den Münchener Hof bedienten die Seligmann, eine Reihe von Hofjuden lebten in Hamburg und Frankfurt. In Hamburg waren die Fürst und die Goldschmidt die bedeutendsten, in Frankfurt die Rothschild, die seit 1795 Hofbankiers von Hessen-Kassel waren. Mayer Amschel Rothschild hatte 1798 ein Geschäftskapital von 1,17 Mill. fl. Der Ausbau des Anleihewesens mit den Staatschuldverschreibungen bewirkte, daß die deutschen Wechselbörsen mehr und mehr Effektenbörsen wurden. Der Aktienhandel war noch eine Ausnahme. An der Spitze der Börsen stand Frankfurt; nach 1790, als Amsterdams Stellung bedroht war und Holland französisch wurde, gewann es auch als Effektenmarkt.

Die Berliner Wechselbörse von 1739 wurde nach der Gründung der Preußischen Seehandlung auch Effektenbörse. Einige der Börsen waren zugleich Produktenbörsen für landwirtschaftliche Erzeugnisse, so diejenige von Köln. Bei der Börse von Hannover von 1787 lag das Schwergewicht von Anfang an bei den Agrarprodukten.

Im Lauf des 18. Jahrhunderts gab es verschiedene Kreditkrisen, eine erste im Zusammenhang mit dem Lawschen Zusammenbruch. Im Verlauf der weiteren Aufstiegswelle trat 1763 „interzyklisch" eine Kreditkrise auf, die durch Zusammenbrüche in Amsterdam und, infolge des umfangreichen Hamburger Besitzes an holländischen Wechseln, auch nach Deutschland, insbesondere Berlin übergriff. Nach der französischen Besetzung Hollands 1794 fiel Hamburg ein Großteil des Amsterdamer Geschäftes zu. Als die Franzosen die Hansestädte besetzten, wurden auch sie von einer Kreditkrise betroffen.

Im Lauf des 18. Jahrhunderts kamen in einer Reihe von Städten Banken auf, deren Aufgabe es war, Kaufleuten gegen Hinterlegung von Waren Kredit zu gewähren.

Zur Frage der Industriefinanzierung sei auf die Zeughandlungskompagnie im württembergischen Calw verwiesen. Sie arbeitete anfänglich weitgehend mit den Depositengeldern nicht nur ihrer Teilhaber sondern auch Außenstehender; Beamte, Stiftungen legten auf diese Weise ihre Gelder an. Doch stieß die Gesellschaft diese Gelder, nachdem sich ihre Stellung gefestigt hatte, wieder ab, sie suchte also nicht, durch solchen Kredit ihre Tätigkeit auszuweiten. Im allgemeinen suchte man in Gewerbe und Handel mit eigenem Kapital auszukommen. Ein besonderer Fall war es, daß das Berliner Unternehmen der Splitgerber und Daum um 1712 bei Kaufleuten der Stadt Gelder aufnahm. Es gibt aber auch Beispiele, wo die Staatskasse einsprang, so in Preußen und Bayern. Der Kaufmann bediente sich durchaus des Kredits, aber er hatte bislang noch andere Möglichkeiten, vor allem den Kredit von einer Messe auf die andere, bzw. ganz allgemein den Kundenkredit. Es war etwas Gewöhnliches, daß der Grossist dem Detaillisten einen solchen Kredit einräumte. Und die Kunden des Kaufmanns wiederum bezogen ihre Waren vielfach auf Borg, namentlich im Bereich des Landhandels war dies üblich. Diesen Leuten gegenüber borgte der Kaufmann im allgemeinen lieber als Edelleuten und Fürsten, weil er gegen sie bessere rechtliche Handhaben hatte, bei den letzteren zog sich die Bezahlung oft Jahre und Jahrzehnte hin. Wichtig für die Organisation des Kredits war der Ausbau der Einrichtung des Wechselbriefs. Das erfolgte schon im Lauf des 16. und 17. Jahrhunderts, indem man die Indossierung hinzunahm, so daß das Recht auf die Zahlung an eine andere Person übertragen werden konnte. Ferner konnte der Wechsel, bevor er eingezogen wurde, girieren, d. h. durch mehrere Hände gehen. Wehrten sich die Bankiers zunächst noch gegen den Wechselumlauf, so setzte er sich doch im 17. Jahrhundert schon weitgehend durch. Ein weiterer Schritt in der Entwicklung war der Wechseldiskont, die Auszahlung der im Wechsel bezeichneten Summe durch den Bankier vor Ende der Laufzeit unter Abzug eines bestimmten Prozentsatzes und Übertragung des Wechsels auf den Namen des Bankiers. In Deutschland wurde der Wechseldiskont in der 2. Hälfte des 18. Jahrhunderts üblich.

Der Entwicklung des Kredits folgte die Gesetzgebung hinsichtlich des

Zinsnehmens nur langsam. Fand man sich zur Beseitigung des Zinsverbots bereit, so wurde doch eine Höchstgrenze des zu erhebenden Zinses festgelegt. Der übliche Zinssatz war im 18. Jahrhundert 5%, der Wechselzins betrug meist 4%. In den Kriegszeiten verdienten Splitgerber und Daum beträchtlich mehr, im ersten Schlesischen Krieg 1740–42 erzielten sie 15%, im Siebenjährigen Krieg (1759–1762) 13%. In stärkerem Umfang als der Kaufmann bediente sich der Grundbesitz des Kredits. Wenn nach dem 30jährigen Krieg der Adel vielfach verschuldet war, so hängt dies in beträchtlichem Maße mit seinem aufwendigen Lebensstil und der Agrarkrise zusammen. In welchem Umfang die Bauernschaft verschuldet war, läßt sich schwer überschauen, Beispiele haben wir für Bayern, wobei als Kreditgeber vielfach Kirchen und Klöster oder die den Bauern beliefernden Kaufleute auftraten. In Preußen gab es seit Ausgang des 17. Jahrhunderts für die Zwecke des adeligen Grundbesitzes eine Bodenkreditanstalt, die „Churmärkische Landschaft", die aber vorerst nicht recht florierte.

Schon vor 1740 gaben die schlesischen Fürstentümer Schweidnitz und Jauer Hypothekenbriefe aus. In Bremen kannte man die Verteilung der Grundstücksbeträge auf veräußerliche Rentenbriefe. 1765 entstand als Bodenkreditinstitut die Braunschweigische Herzogliche Leihhauskasse, die später in die Braunschweigische Staatsbank umgewandelt wurde. In Preußen wurden dann die „Landschaften" geschaffen, wobei der Bremer Kaufmann Bühring Anregungen lieferte. Es handelte sich hier um genossenschaftliche Kreditverbände, zunächst in der Form der Zwangskorporation adeliger Güter ohne Gewinn. Diese Landschaften stellten Pfandbriefe bis zur Höhe der auf dem Gut eingetragenen Hypothek aus und überließen die Briefe unter zusätzlicher Haftung dem Kreditnehmer zur Verwaltung. Die Pfandbriefe wurden durch die Landschaften mit 5%, später etwas niedriger verzinst und auf Verlangen sofort eingelöst. Die älteste Landschaft war diejenige von Schlesien, sie blieb auch die wichtigste und trug wesentlich zum Wiederaufbau der Provinz nach dem 7jährigen Krieg bei. 1777–88 folgten die Landschaften für die Kurmark und die Neumark, für Pommern, Westpreußen und Ostpreußen. 1790 entstand eine ähnliche Anstalt für Lüneburg-Celle. Die preußische Hypothekenordnung von 1783 führte den Hypothekenbrief ein, der auch für den städtischen Grundbesitz verwendbar war.

Im 18. Jahrhundert hatte die Kapitalanlage durchaus noch ihr Schwergewicht im Realkredit. In Preußen betrug die gesamte Kapitalanlage zu Ausgang des Jahrhunderts über 431 Mill. Taler, davon befanden sich 2,3 Mill. Taler bei der kurmärkischen Landschaft, 38 Mill. in Bankobligationen, 22 Mill. in Obligationen der Seehandlung, 54 Mill. in landschaftlichen Pfandbriefen, 5 Mill. in Staatsanleihen, etwa 3 Mill. in Aktien, etwa 307 Mill. in privaten Hypotheken. Über 80% waren so im Realkredit angelegt.

c) Öffentliche Finanzen

α) Staatsschulden und Steuern. Die Vorstellung des Staatskredits war im 18. Jahrhundert noch nicht ausgebildet. Die Schulden der einzelnen Fürsten waren deren Privatschulden. In Bayern wurde noch in den 60er Jahren darüber diskutiert, ob der Landesherr verpflichtet sei, die von seinem Vorgänger gemachten Schulden zu übernehmen. Der Fürst beschaffte sich seine Gelder, soweit die Einkünfte nicht ausreichten, durch kurzfristige Anleihen gegen eine entsprechende Anweisung auf Einkünfte und Steuereingänge. Gerne wurden Domänen, Güter, die sich im Besitz des Fürsten befanden, verpfändet, wobei es dann, wenn es um die Einlösung ging, mancherlei Prozesse gab. Eine andere Möglichkeit, sich Gelder zu beschaffen, waren Zwangsanleihen bei den Vermögendsten des Landes. Ein weiterer Weg war der Staatsbankrott, eine ebenfalls seit dem 16. Jahrhundert bewährte Methode, sich der drückendsten Schuldenlast zu entledigen, indem man den Gläubigern die ihnen angewiesenen Staatseinkünfte wegnahm und ihnen als Entschädigung eine Rente überließ. Auch in den deutschen Territorien, z. B. in Sachsen griff man jetzt nach diesem Ausweg, indem man nicht nur die Tilgung alter Schulden einstellte, sondern auch den Zinsfuß herabsetzte. Nur die Niederlande und England hatten ein einigermaßen geregeltes Schuldenwesen, sie kamen auch seit Beginn des 18. Jahrhunderts gewissenhaft ihren Verpflichtungen nach.

Das Finanz- und Kreditwesen war entsprechend dem Dualismus zwischen Kaiser und Reich denkbar uneinheitlich. Die Reichseinkünfte beruhten nach wie vor auf den unzulänglichen Leistungen wie sie die Basis der Römermonate ermöglichte. Auch das Finanzwesen der meisten Territorien krankte an unrationellen Verwaltungsmethoden. Unter den Ausgaben nahm die Abtragung alter Schulden immer einen wichtigen Platz ein. Und die Ausgaben waren meist höher als die Einnahmen, die man aus landesherrlichen und staatlichen Besitzungen (Domänen, Hofgütern), aus Regalien (Münzwesen, Bergwerken, Salinen, Zöllen) und aus den Steuern zu decken bemüht war. Soweit es sich um Landbesitz handelte, wurde dieser in der Form der Grundsteuer erhoben, daneben gab es manche Sondersteuern, um den Nichtlandbesitzer zu erfassen. Des weiteren nutzte man die Akzise als Verbrauchssteuer und als Ergänzung, bezeichnend für das Zusammenwirken von Wirtschafts- und Finanzpolitik, die staatlichen Monopole. Eine besondere Form der außerordentlichen Steuer war die Kontribution. Wie im 17. Jahrhundert nahmen auch im 18. Jahrhundert die Subsidien daneben ihren Platz ein, der Rest mußte durch laufende Anleihen gedeckt werden. Eine wichtige Rolle als Vermittler des laufenden Kredits spielten dabei die Hoffaktoren, Hofagenten, Hofjuweliere und Hofjuden, die in den Residenzen oder auch in den großen Wirtschaftszentren wie Frankfurt oder Hamburg wohnten. Sie waren gleichzeitig Heereslieferanten und Münzunternehmer. Manchmal endeten solche geschäftlichen Verbindungen mit langwierigen Prozessen. Bekannt ist die Verschuldung des Hessen-Darmstädter Landgrafen an den Frankfurter Bankier Bernus und der daraus folgende Prozeß. Bekannt ist auch das Schicksal des Jud Süß Oppenheimer am Württemberger Hof. Es gab auch christliche Hofbankiers, so im Rheinland die Kölner Meinerzhagen, Hack, Peltzer, Frantz und Recklinghausen, während von Hamburg aus eine Finanzbegabung wie Schimmelmann den Weg zum dänischen Hof fand. In der zweiten Hälfte des 18. Jahrhunderts begann dank der geschickten Manipulationen von Bankiers wie von Bethmann eine neue Phase des Kreditwesens mit dem Aufblühen des Effektenmarktes an der Frankfurter Börse.

β) Reichsfinanzen. Der Dreißigjährige Krieg hat begreiflicherweise die Finanzen der meisten Staaten schwer zerrüttet. 5 Mill. Reichstaler „Friedensgelder" forderten die Schweden, um ihre Truppen verabschieden zu können. Samt Kosten für die Friedensdelegation wurden sie auf die Reichsstände aufgeteilt. Auf Schweinfurt z. B. entfielen dabei 20393 Gulden.

Das Vertragswerk des Westfälischen Friedens bestimmte die Weiterentwicklung sowohl der Reichsfinanzen als auch der Finanzen der einzelnen Territorien entscheidend mit. Die Frage des Reichssteuerwesens wurde bewußt offen gelassen. Diese und andere Fragen wurden dem ersten Reichstag überwiesen, der nach 1648 einberufen wurde. Dieser Reichstag, der in Regensburg verhandelte und mit dem Abschied vom 17. Mai 1654, dem sogenannten „Jüngsten Reichsabschied", zu Ende ging, verpflichtete im Artikel 180 die Untertanen und Landstände der Reichsstände sowohl auf die Kreishilfe, also zur militärischen Organisation des Reichs, als auch auf den Unterhalt der eigenen Garnisonen und Festungen der Reichsstände. Damit wurde „reichsrechtlich die militärische Potenz des Reiches gespalten und die steuerliche Wehrhoheit der Fürsten teils begründet, teils legitimiert". (G. Oestreich) Die Wahlkapitulation von 1658 ging noch weiter. Sie entzog den Landständen jede Verfügung über die Landsteuer sowie das Recht, sich selbst zu versammeln. Auch die „Reservatrechte des Kaisers" wurden nicht näher festgesetzt. Diese ermöglichten danach einen freien Gebrauch der finanziellen Einnahmen.

Als Zwischeninstanz zwischen dem Reich und den Territorien behaupteten sich die Reichskreise, die namentlich im Südwesten innenpolitische Aufgaben übernehmen konnten weil sie klein und zersplittert waren, während im Norden die großen Territorien die Kreise an der Ausübung ihrer Funktionen hinderten. 1681 beschloß der Reichstag eine neue Reichskriegsverfassung, nach der in Friedenszeiten ein Heer von 40000 Mann unterhalten werden sollte. Inzwischen hatten aber die großen Territorien ihre stehenden Heere geschaffen und waren, wenn sie zu mehreren Kreisen gehörten, nicht bereit, die Geschlossenheit ihrer Wehrkraft zu zersplittern. Oft übernahmen diese großen „Armierten" gegen Bezahlung die Truppengestellung für die anderen Kreismitstände.

Für die Reichsfinanzen blieb die Reichsmatrikel auch jetzt die Grundlage für die zu entrichtenden Abgaben. Sie erfuhr einige Abänderungen, entsprechend der veränderten Leistungsfähigkeit der einzelnen Reichsstände. Eine Reihe von Reichsstädten erreichte mit dem Hinweis auf ihre gegenüber den Territorien geschwundene Bedeutung eine Verminderung ihres Reichssteuerbeitrages. Während des polnischen Erbfolgekrieges 1733–1735 erwartete der Kaiser von den Hansestädten und Ritterschaften Beisteuern in Höhe von 400000 Gulden. Wie von den großen Territorien des Reichs bezog der Kaiser auch von den Reichsstädten bis zum Ende des Reichs die Reichssteuern.

Aber weder diese Reichseinkünfte noch die Mittel, die der Kaiser aus seinem Habsburgerstaat bezog, genügten, um die laufenden Ausgaben namentlich während der Kriege zu bestreiten, einmal in den Kämpfen gegen die Türken, dann im Spanischen Erbfolgekrieg, schließlich in den Kriegen gegen Preußen und zuletzt in den Koalitionskriegen gegen Frankreich. Hier mußte der Kaiser in umfangreichem Maße den Kredit der Hoffaktoren und Hofjuden und sonstiger privater Bankiers in Anspruch nehmen. So wurden während der Türkenkriege Samuel Oppenheimer und Samson Wertheimer Hauptkreditvermittler Kaiser Leopolds. Aber auch die Augsburger Bankiers wurden immer wieder zu großen Kreditgeschäften herangezogen. Ihre Erfahrungen und Beziehungen in Wechselgeschäften, teilweise Betätigung als Goldschmiede und Juweliere machten sie zu geeigneten Übermittlern von Zahlungen aufgrund von Subsidienverträgen und Armeelieferungen.

γ) Finanzen der Territorialfürsten. Was hier für den Kaiserhof gesagt wird, gilt auch für die zahlreichen Territorialfürsten des Reichs. Auch sie bedienten sich in ihrer augenblicklichen Kreditnot eines oder mehrerer Hofjuden oder christlichen Bankiers, wobei jeweils die wichtigsten nächsten Finanzzentren zum Zuge kamen, besonders Frankfurt/M., Hamburg, Leipzig, Berlin und Köln. Mit am besten kennen wir die Finanzgeschichte des brandenburgisch-preußischen Staatswesens. Als Kurfürst Friedrich Wilhelm 1640 die Regierung antrat, hatte die Kammer Nettoeinnahmen von 440000 Talern. Beträchtliche Gebietserwerbungen mit Ravensberg, Minden, Hinterpommern, Halberstadt und Magdeburg halfen das Nettoeinkommen um ein Drittel zu erhöhen. Am Ende seiner Regierung hatte der Große Kurfürst aus dem „Camerale" ein Nettoeinkommen von 1,6 Mill. Talern, davon machten die Domäneneinkünfte zwei Drittel aus. Ein wichtiger Einnahmeposten waren die Kontributionen, wie ja überhaupt ein bezeichnender Zug die Steuererhöhung war. Auf der Ausgabenseite stand der Hof mit 40% an erster Stelle, dann kam das Heer mit etwa 30000 Mann. Es konnte aus den Kontributionen allein nicht erhalten werden und brauchte deshalb

Zuschüsse aus dem Camerale. Als beliebtes Pfand zur Geldaufnahme dienten die Domänen. Erst Friedrich Wilhelm I. gelang es, diese Domänenschulden ganz abzutragen. Zu seiner Zeit nahm der Domänenbesitz derart zu, daß er 1740 ein Viertel der Staatsfläche ausmachte. Verbesserungen auf diesen Domänen bewirkten eine beträchtliche Erhöhung der Einkünfte daraus.

Friedrich Wilhelm I. wandelte die Kontributionen in eine indirekte Steuer um. Als Vorbild diente ihm dabei die in den Niederlanden übliche Akzise. Schon 1616 hatte man in Cleve-Mark damit einen Versuch gemacht, der Große Kurfürst führte sie seit den 60er Jahren in den brandenburgischen Städten und dann im weiteren mittleren Staatsgebiet ein. Bis 1720 wurde sie im ganzen preußischen Staat üblich. König Friedrich Wilhelm hinterließ seinem Sohn Friedrich II. nicht nur ein schuldenfreies Erbe, sondern dazu noch einen Staatsschatz von 10 Mill. Talern. Einnahmen der Kammer und Kontributionen lagen etwa in gleicher Höhe. Da der Soldatenkönig die Ausgaben für den Hof und die Zivilverwaltung reduziert hatte, blieben rund 80% der Ausgaben für militärische Zwecke.

Die Kriegspolitik Friedrich II. belastete diese wohlgeordneten Verhältnisse allerdings aufs Äußerste. Am Ende des zweiten Schlesischen Krieges war der Staatsschatz verbraucht. Der Gewinn des gewerbereichen Schlesien trug dazu bei, daß im Lauf der nächsten Friedensjahre der Staatsschatz auf über 13 Mill. Taler anstieg. Dazu kamen Reserven aus anderen Kassen, so daß der König den Krieg mit 20 Millionen beginnen konnte. Aber sie waren schon im zweiten Kriegsjahr ausgegeben. Insgesamt kostete der Siebenjährige Krieg Preußen etwa 140 Millionen Taler. Dabei halfen dem König wohl englische Subsidien, aber mehr noch die systematisch betriebene Münzverschlechterung. Wie schon in den zwei schlesischen Kriegen wurde auch diesmal Schlesien wieder stark in Anspruch genommen, und das besetzte Sachsen, damals eines der gewerbereichsten Länder des Reichs, mußte etwa ein Drittel der gesamten Kriegskosten tragen. Nach Beseitigung der Kriegsschäden konnten sich die Finanzen Preußens wieder entsprechend den Grundsätzen einer vernünftigen Friedenspolitik entwickeln. Allerdings verschlang der Militäretat weiterhin beträchtliche Summen.

Beim Tod Friedrichs betrugen die Bruttoeinnahmen rund 24 Millionen, netto blieben davon etwa 20 Mill. Taler. 30% der Bruttoeinnahmen kamen aus den Domänen. Die Militärausgaben waren zurückgegangen und machten etwa 70% der Nettoeinnahmen aus. Beträchtlich gestiegen waren die Ausgaben für den Hof und die Verwaltung, was aber nicht nur mit einem größeren Aufwand für den Hof zusammenhing, auch für die Landeskultur wurde ausgegeben, so für 1785/86 fast 5 Mill. Taler und für den Zeitraum 1763 bis 1786 etwa 40 Mill. Taler. Der Staatsschatz betrug in den 70er Jahren 20 Millionen, 1786 machten er und sonstige Reserven etwa 51 Mill. Taler aus. Diese günstigen Verhältnisse gingen unter den Nachfolgern Friedrichs allerdings wieder verloren.

In Kurbayern gelang es Maximilian I. namentlich die Einnahmen aus dem Salzwesen zu steigern; er hatte dann bei Beginn des 30jährigen Krieges einen Staatsschatz von 4 Mill. Gulden. Der Krieg und die Politik seiner Nachfolger, namentlich Max Emanuels unruhiges und verschwenderisches Leben, hatten zur Folge, daß sein Sohn Karl Albrecht fast 27 Mill. Schulden übernehmen mußte. Die Schulden stiegen im 18. Jahrhundert weiter, ganz besonders unter dem prunkliebenden Max III. Josef (1745–1777). So war es eine Hauptsorge, daß die Landstände die Schulden übernahmen. Das geschah einmal 1722 mit den Schulden Max Emanuels, die auf 22 Mill. geschätzt wurden. Bis 1749 stiegen die neuen Schulden auf 34 Mill. Gulden an, so daß ein neues Schuldenwerk eingerichtet werden mußte. Um 1760 war die Situation so, daß für die Schulden jährlich 1 Mill. Gulden in Anspruch genommen wurden. Mit besonderen Aufschlägen bestritt man davon nicht ganz ein Drittel, den Rest brachten die Landschaft mit ihren alten indirekten Steuern und der Kurfürst selbst auf. Die Militärausgaben erforderten 1,2 Mill. Gulden. Direkte und indirekte Steuern der Landschaft sowie die Kammergefälle der Oberpfalz wurden dazu herangezogen. Die Hofkammer verbrauchte 1,6 Mill. Gulden. Sie machten den größten Ausgabeposten aus und beanspruchten einen größeren Anteil als in Preußen, während die Militärausgaben einen geringeren Prozentsatz ausmachten. Die Einnahmen wurden zu einem Viertel aus den Überschüssen der Zölle und Akzisen des Außenhandels genommen, fast 20% machte das Braugefälle aus, dazu kamen noch Überschüsse aus dem Salzwesen und den Domänen. Die Landschaft brachte etwa 45% der gesamten Einnahmen auf.

Von den geistlichen Territorien nehmen wir als Beispiel Kurtrier unter dem Wettiner Klemens Wenzeslaus (1768–1803). Hier gab es neben dem Kurfürsten und dem Domkapitel noch die Landstände, während in Köln das Domkapitel zu den Landständen zählte, in Mainz aber die Landstände seit 1525 aufgehoben waren. Dementsprechend gab es eine Kabinettskasse, die Hofkammer und die landschaftlichen Kassen. Trotz allen absolutistischen Bestrebungen gelang es dem Kurfürsten auch hier nicht, ein einheitliches Kassenwesen herzustellen. Bedingt durch die prunkvolle Hofhaltung, namentlich den kostspieligen Residenzbau in Koblenz, erfuhren die Ausgaben eine ständige Erhöhung; dabei trat der Kurfürst persönlich durchaus bescheiden auf, auch bemühte er sich durch die Errichtung von Witwenund Waisenkassen um die staatliche Wohlfahrtspflege und half dem Land in Notzeiten.

Die Zunahme der Regierungstätigkeit verlangte einen Ausbau der Verwaltungsstellen, was sich umso spürbarer machen mußte, als das Erzbistum arm an natürlichen Hilfsquellen war. Auf der Einkommenseite fällt die Vielzahl der Abgaben auf. Merkantilistische Projekte sollten helfen, die Kassen zu füllen, aber sie scheiterten vielfach. Das Toleranzedikt von 1783 und die Verordnung zur Verminderung der Feiertage von 1769 konnten daran nicht mehr viel ändern. Insgesamt beliefen sich die Ausgaben aus der Kabinettskasse jährlich auf weit über 100000 Gulden, und vom Regierungsantritt bis 1796 gab der Kurfürst an die Hofkammerkasse über 300000 Reichstaler aus. Die Ausgaben der Hofkammer stiegen bis 1791 auf über 466891 Reichstaler an. Die Besoldungskosten machten 1794 über 80000 Reichstaler aus. Das Hofamt verschlang 1789 25976.42 Reichstaler und die Hofgärtnerei kostete im selben Jahr 10 988.34.7 $^{9}/_{10}$ Reichstaler, für die Hoftapeziererei und die Hofbeschließerei wurden 1786 rund 5542.35 Reichstaler, für die Hofkapelle und Hofmusiker 1787 15168.7.5$^{1}/_{10}$ Reichstaler ausgegeben, die kurfürstliche Garderobe und Livree kostete 1769 22943.53.6 Reichstaler, der Verbrauch am Hof verlangte bis zu 70486.20 Reichstaler, Marstall und Gestüt bis zu 35890.13.6 Reichstaler. Der Kurfürst war zwar kein Freund der Jagd, trotzdem brauchte die Hofkammer dafür 1794 20730.45.9 Reichstaler. Für Wege-, Straßen- und Brückenbau wurde als größte Summe 1784 3819.13.5 Reichstaler ausgegeben.

Die Einnahmen der Hofkammer erreichten ihren höchsten Stand 1791 mit 452097.48.6$^{9}/_{10}$ Reichstaler. Der Vorgänger des Kurfürsten Johann Philipp von Walderdorff hinterließ mindestens 100000 Gulden Privatschulden. 1796 hieß es, daß der Kurfürst keine Schulden mehr habe. Die Schulden der Hofkammer stiegen allerdings bis 1800 auf 609617.11.4 Reichstaler und auch die landschaftlichen Kassen staken in Schulden.

δ) Städtische Finanzen. Beim städtischen Finanzwesen gab es auch in der 2. Hälfte des 17. und im 18. Jahrhundert vielfach noch keine volle Kasseneinheit. Die alte Ordnung wurde weitgehend beibehalten, andererseits gab es auch bezeichnende Züge der Neuerung. Die Tendenz zur Kontrolle der Haushaltsführung des städtischen Rats durch die Bürgergemeinde trug schon seit dem 16. Jahrhundert dazu bei, daß Maßnahmen ergriffen wurden, um das Rechnungswesen stärker zu rationalisieren.

Auch gab man die bisherige Anleihepolitik mehr und mehr auf, d.h. anstelle der Leib- und Ewigrenten mit ihren „häufig übersetzten Zinsverpflichtungen und meist unrentablen Laufzeiten“ (Mauersberg) bei Banken oder als Bankiers tätigen Kaufleuten nahm man Anleihen zu Bedingungen auf, wie sie im Handel üblich waren.

Zu den Städten, in denen neben der zentralen Stadtkasse noch Sonderverwaltungen bestanden, gehörte Frankfurt. Gesonderte Rechnungen führten das Salzamt, der Stadtwechsel, die Landschaft, das Ladenamt. Allerdings bemühte sich im 18. Jahrhundert die Aufsichtsbehörde des Rechneiamts in verstärktem Maße um eine Zusammenfassung. Frankfurt kam von der hohen Staatsschuld, die sich im Lauf des 16. Jahrhunderts angesammelt hatte, nicht mehr herunter, trotz der immer mehr erhöhten Einkünfte aus Bede und indirekten Steuern. Im Anschluß an den Westfälischen Frieden war die erwähnte hohe Summe zur Ablösung der schwedischen Besatzung zu zahlen. Wegen der Zerstörungen durch den letzten Krieg ist erst ab 1733 wieder ein Gesamtüberblick möglich. Von diesem Jahr stiegen die Einnahmen bis zur Jahrhundertwende von 348940 Gulden auf 852057 Gulden. Den stärksten Einnahmeposten machte zuletzt der Betrag des Schatz- und Inquisitionsamts mit den direkten Steuern, dann kamen die Einnahmen des Rentamtes, die sich aus indirekten Abgaben auf die Einlagerung von Handelsgütern und aus Gebühren für den Kaufhandel zusammensetzten. Auf der Ausgabenseite verlangten der militärische Schutz und die politische Selbstbehauptung nicht ganz ein Drittel der Ausgaben. Der Zinsendienst lag 1733 unter der 10%-Grenze, für die „städtische Exekutive und Ratsbesetzung" brauchte man 25% aller Ausgaben. Neue schwere Belastungen brachten dann am Ende des Jahrhunderts die Kosten für die französische Besatzung.

Die besondere Gunst Hamburgs als Zentrum des Handels und der Schiffahrt ermöglichte es dieser Stadt, das Volumen ihres Haushalts im Laufe des 17. und 18. Jahrhunderts in einer Weise auszuweiten, wie dies bei keiner anderen deutschen Stadt der Fall war. Am Ende des 18. Jahrhunderts lag er um das 25fache höher als in den 60er Jahren des 16. Jahrhunderts. 1716 betrug die Summe aller Einnahmen über 3 Millionen, im Jahre 1800 machte sie 5853511 Mark.

1659 machten die direkten Steuern 27,5%, die indirekten 66,8% aus. Mehr als 92,5% kamen also aus den Steuern ein. 1686 betrug das Steueraufkommen 80%, verteilt auf fast 45% direkte und etwa 35% indirekte Steuern, 1746 war das Verhältnis 41,8 zu 41,7%, 1800 waren die Ziffern 46,2 und 42,5%. Die Haupttendenz war also eine gerechtere Verteilung der Lasten. Weniger Konsumtionssteuern, die den gemeinen Mann stärker trafen, mehr direkte Steuern, zu denen der städtische Grundbesitz, die vermögenden Kaufleute und die gut situierten Handwerker beitragen mußten. Allerdings scheute man davor zurück, den Gedanken der Progression konsequenter durchzuführen. Bürgerliches Vermögen und Einkommen hatten Vorrang und wurden vom Fiskus nur in schonender Weise in Anspruch genommen im Gegensatz zur Entwicklung im 20. Jahrhundert. Doch war es so, daß z. B. 1686 die vermögenden Kirchspiele St. Nikolai und St. Petri fast 59% des Hauerschillings und etwa 52% des Grabengeldes entrichteten, den Rest brachten die wirtschaftlich schwächeren Kirchspiele St. Jakobi, St. Catharinen und St. Michaelis auf. Und den „Quart pro Cent" von 1686 bestritten die ersten zwei Kirchspiele zu mehr als 64%. Auch die vermögenden Fremden wurden stärker besteuert als die einheimische Bürgerschaft. Die Ausgaben stiegen vom ersten Drittel des 17. Jahrhunderts bis 1800 um fast das Zwanzigfache. Am stärksten stiegen die Baukosten, die sozialen Zuwendungen für den Pesthof, das Waisenhaus. Die Besoldungen hielten sich im Rahmen des allgemeinen Anstiegs, der Zinsendienst dagegen stieg um das Achtzehnfache, die Militärausgaben um das Dreißigfache.

Ständig schlossen die Rechnungen mit einem hohen Überschuß ab, so daß man gegen plötzlich auftretende Schwierigkeiten gesichert war.

d) Sparkassen und Versicherungen

Es blieb dem Zeitalter der Aufklärung vorbehalten, die Versorgung der ärmeren Schichten über die bisherigen sozialen Einrichtungen hinaus zu verbessern. Besonders die Patriotischen Gesellschaften bemühten sich in dieser Richtung. So gründete die Hamburger Patriotische Gesellschaft 1778 eine Ersparnis-Casse. Gingen solche Sparkassen zunächst auf private Initiative zurück, so war der nächste Schritt die kommunale Sparkasse. Ihre Zeit begann in der nachnapoleonischen Periode. Im Versicherungswesen gab es alte Traditionen, so in den bergmännischen Knappschaftskassen, den städtischen Witwen- und Sterbekassen oder in den schleswig-holsteinischen Brandgilden. Verschiedene solcher Gilden schlossen sich 1676 zur Hamburger „General-Feuercasse" zusammen. Dem Hamburger Vorbild folgten Magdeburg 1685 und landsherrliche Anstalten, wie die Berliner Societät von 1718. Daneben entstanden Vieh-, Hagel-, Witwen-, Heirats-, Aussteuer-, Sterbekassen.

Für die Seefahrt gab es in Hamburg schon im Lauf des 17. Jahrhunderts ein reges Versicherungsgeschäft, dessen Träger die zugewanderten Niederländer und Portugiesen waren. In Bremen wurde 1768 eine Seeassekuranzgesellschaft gegründet.

12. Fragen der Handels- und Zahlungsbilanz

Der Engländer Mulhall schätzte den gesamten Welthandel 1750 auf 140 und 1780 auf 186 Mill. Pfund. Nach Großbritannien und Frankreich mit 25 bzw. 22 Mill. Pfund ließ er Deutschland mit 20 Mill. folgen, vor Rußland, das er auf 17 Mill. einstufte. Diese Ziffern können heute nur als Ausgangsbasis für eine genauere Berechnung dienen, genauso wie die 300 Mill. - Mark, auf die Werner Sombart bei seinen Schätzungen kam.

Eine genauere Berechnung muß unzählige Schwierigkeiten überwinden. Es gab ja keine geschlossene deutsche Volkswirtschaft, sondern die zahlreichen Territorialwirtschaften, in die das Reich zersplittert war, und Deutschland im Umfang der Weimarer Republik war nur ein Teil des Reichs. Außerdem waren die Statistiken der Zeit unscharf und ungenau. Das alles muß bei den folgenden Erwägungen berücksichtigt werden. Einige Ziffern, die bereits vorliegen, weisen uns den Weg.

Der britische Export nach „Deutschland" stieg zwischen 1788 und 1793 von 1,4 auf 2,4 Mill. Pfund, zwischen 1794 und 1800 von 5,9 auf 12,0 Mill. In Talern erfuhr er eine Steigerung von 8,4 auf 72 Mill. Taler. Von 1793 ab wird Preußen extra gerechnet und 1800 mit 0,8 Mill. Pfund angesetzt, so daß noch 4,8 Mill. Taler hinzukamen. Die Einfuhr aus Deutschland bewegte sich zwischen 717000 Pfund (1791/95) und 2063000 Pfund (1796/1800), sie stieg in Talern also von etwa 4300000 auf 12378000. Gegenüber dem Import aus Großbritannien machte der deutsche Export zuletzt also nur etwa 1/6 aus.

Die französische Einfuhr aus Deutschland erreichte 1780 12754000 Livres oder 3180000 Taler, stieg aber bis zum Ausbruch der Revolution auf 30 Mill. Livres oder 7 1/2 Mill. Taler. Die Ausfuhr Frankreichs nach Deutschland in der besten Zeit vor der Revolution lag wesentlich höher als die Einfuhr. Allein Hamburg empfing 1775 von Frankreich für 30883542 Livres, 1789 für 56 Mill. Livres, die anderen Hansestädte für 10, Preußen für 9 Mill. Livres Waren, also für rund 75 Mill. Livres = rund 19 Mill. Taler. 1790 waren die offiziellen Werte für die Ausfuhr nach den Hansestädten, Preußen und den „deutschen Staaten“ knapp 36,5 Mill. Taler, die Einfuhr von dort 3 Mill.

Die holländische Ein- und Ausfuhr nach dem kontinentalen Hinterland im Bereich der „Admiraltität op de Maaze“, d. h. besonders über Rotterdam, betrug 1790 rund 14 Millionen fl. Der Handel Amsterdams mit dem kontinentalen Hinterland machte 34,3 Millionen aus. Nach Bremen und Hamburg wurden für 5,4 Mill. koloniale Produkte exportiert. Diese 53,7 Mill. fl. oder rund 94 Mill. Taler stellen aber nur einen Teil des gesamten Warenaustausches dar.

Im Jahre 1796 belief sich die Ausfuhr Hamburgs nach Portugal auf 1634468 Milreis, die Einfuhr auf 5474545. Der Talerwert dieser Summen ist etwa 1600000 bzw. 5400000 zusammen etwa 7 Millionen. Spanien führte im Jahre 1797 nach Hamburg als wichtigstem Hafen für 82974135 Reales oder 3700000 Taler Waren aus und bezog von dort für 24233074 Reales oder 1100000 Taler. Aber Hamburgs Anteil war natürlich nicht der ganze Spanienhandel.

Schwedens jährlicher Gesamtexport 1761/1800 betrug 1419000 Reichstaler, der Import 762000 Reichstaler. Am schwedischen Import war Deutschland mit etwa 1/3 beteiligt, also mit etwa 250000 Talern, am Export hatte es einen Anteil von etwa 30%, was etwa 420000 Talern gleichkam. Unberücksichtigt bleibt dabei, daß dem schwedischen Münzfuß seit der Reform Gustavs III. 1776 ein Reichstaler zugrunde lag, der schwächer war als der des Leipziger Fußes.

Wenn wir die obigen Summen zusammenfassen, dann kommen wir auf etwa 223 Mill. Taler oder 669 Mill. Mark lüb. Sie liegen also weit über den 300 Mill. Sombarts, und dabei hat unsere Rechnung ja nur einen Teil des Deutschen Außenhandels erfaßt. Statt 15 Mark nach der Rechnung Sombarts erhalten wir bei einer Gesamtbevölkerung von 24 Mill. Menschen per Kopf 28 Mark. Dieses vorläufige Ergebnis müßte ergänzt werden durch die

Ziffern des deutschen Handels mit der Donaumonarchie, dem Osmanischen Reich, Polen, Rußland, Italien, der Schweiz und Belgien. Außerdem müßte der Außenhandel der deutschen Territorien über See und über Land im Einzelnen erforscht werden, um ein vollständigeres Bild zu bekommen.

In Preußen, wo man 1753 mit der Erstellung von Handelsbilanzen begann, ergab die „Generalbilance" für 1785/86 22,4 Mill. Taler für ausgeführte Fabrikerzeugnisse und Landesprodukte. Nach der Bilanz für 1795/96 betrug die Einfuhr 53,3 Mill. Taler, die Ausfuhr 51,7 Mill. Verhältnismäßig niedrig erscheint dabei der Wert der ausgeführten Leinwand mit 3,8 Mill. - Talern. Das ausgeführte Tuch machte 3,45 Mill. Taler, der Weizen 1,1 Mill. Sachsens Ausfuhr betrug um 1780 etwa 6345000 Taler. Die Bergwerkserzeugnisse machten 1608400 Taler aus mit einem Ausfuhrüberschuß von 748600 Taler. Jülich-Berg hatte 1792 einen Ausfuhrüberschuß von fast 3,29 Mill. Taler, derjenige Kurbayerns wird für 1790 auf 6 Mill. Gulden geschätzt, davon hatte das Getreide einen Anteil von fast einem Viertel, Salz war mit einem knappen Fünftel, Vieh mit einem starken Fünftel beteiligt.

Wir sahen, daß Deutschland in seinem Warenaustausch mit der niederländischen Republik passiv war; dasselbe galt für den Austausch mit Frankreich, England, dem Mittelmeergebiet und teilweise den ostbaltischen Ländern. Ganz allgemein läßt sich sagen, daß man mit gewerblichen Erzeugnissen, mit Luxusartikeln und Kolonialwaren eher aktiven Handel treiben konnte als mit Getreide und anderen landwirtschaftlichen Produkten. Nachteilig war es, daß die deutschen Staaten im Gegensatz zu den westeuropäischen Mächten oder zu Dänemark keine Kolonien besaßen, die einen ständigen Stimulus eines überseeischen Warenaustausches hätten bilden können.

Angesichts der verschiedenen Passivposten in der Außenhandelsbilanz ergibt sich die Frage des Ausgleichs über die Zahlungsbilanz. Hier müssen Subsidienzahlungen, Anleihen im Ausland und die verschiedenen Dienstleistungen, Provisionen für Kommissionsgeschäfte, Einnahmen der Frachtfahrer und Saisonarbeiter, schließlich der Export von Edelmetall und Münzgeld berücksichtigt werden.

Friedrich I. von Preußen bezog 14 Mill. Taler Subsidien, Friedrich II. im Siebenjährigen Krieg 27 Mill. Während des selben Kriegs nahm der Landgraf von Hessen-Kassel etwa 23 Mill. Taler ein, im amerikanischen Unabhängigkeitskrieg hatte er aus einem Vertrag über rund 20 Mill. Taler etwas über 11 Mill. Reingewinn. Dazu kamen Anleihen, vornehmlich bei Großbritannien und der Niederländischen Republik. Beim Frieden von 1742 übernahm Preußen die Bezahlung schlesischer und österreichischer Anleiheschulden bei England, Holland und Belgien. Ab 1749 nahm Sachsen holländische Anleihen auf, 1795 legte Preußen eine Anleihe über 3 Mill. Gulden in Amsterdam auf. Man nimmt an, daß die deutschen Hollandgänger jährlich 100000 Taler zurückbrachten. Der Export von Günzburger Maria

Theresientalern beleuchtet die Situation im Mittelmeerhandel. Wie kompliziert die Dinge waren, zeigt das Beispiel des Lübecker Rußlandhandels. Die ganze Lübecker Einfuhr betrug 1780 4215400 Mk. lüb., während die Ausfuhr bei 2994200 Mk. lag. Der russische Handel war dabei mit 27,4 bzw. 25,1% beteiligt. Diese Zahlungen fügen sich durchaus zur aktiven russischen Außenhandelsbilanz.

Der Aktivsaldo wurde auf Lübecker Seite erreicht mit dem Export von kostbaren Luxusgegenständen, mit denen wohl auch stark geschmuggelt wurde. Bei Einfuhren und Exporten wurde der Zoll meist niedriger veranschlagt, als es der Marktsituation entsprach, auch an den Schleichhandel über Livland und Kurland muß man denken, mit dem stark auf den Leipziger Messen gerechnet wurde. Über Leipzig ging auch ein guter Teil der Wechsel für die Exportüberschüsse im russischen Seehandel.

13. Träger und Organisationen des Warenhandels und Geldgeschäfts

Das Schwergewicht des deutschen Handels lag bei den Seestädten, voran bei den Hansestädten. Sie konnten sich auf eine alte Tradition stützen, hier kannte man den Auslandsmarkt am besten, verfügte über einen Schatz an persönlichen Beziehungen und über gut funktionierende Nachrichtenquellen. Hamburg wurde im Laufe des 18. Jahrhunderts dank der Erleichterungen, die es einführte, der große Transitplatz, das Warenlager für den deutschen Markt und dies im besonderen Maße, seitdem der holländische Handel unter den Schlägen Englands zusammenbrach. Die Vorteile, die der Hamburger, aber auch der Bremer oder der Lübecker Kommissionär boten, waren so groß, daß sich der Kaufmann im Binnenland, der Exporteur in Schlesien oder Sachsen, meist nicht bemühte, direkte Auslandsverbindungen anzuknüpfen. Das war zu riskant, das Geschäft wickelte sich sicherer ab, wenn die Vermittlung über die Seestadt ging. Auf diesem Wege konnte man auch hinsichtlich der Bezahlung beruhigter sein, und das Warenlager in der Seestadt bot auch reiche und rasche Möglichkeiten, den Bedarf zu decken.

War das Binnenland von den direkten Auslandsbeziehungen weitgehend ausgeschaltet, so gab es doch Ausnahmen. Es sei verwiesen auf die Iserlohner, Remscheider und Solinger Kaufleute, die Erzeugnisse des westfälischen und bergischen Exportgewerbes nach Leipzig auf die Messen brachten und die dort gekauften Waren nach Holland verhandelten. Jede der Residenzstädte hatte ihre mit dem Hof arbeitenden Kaufleute mit der einen oder anderen Auslandsverbindung. Einen gewissen Eigenhandel mit Kommissions- und Speditionsleistungen gab es am Rhein auf der Linie Niederlande – Italien.

In Oberdeutschland unterhielten nicht nur Augsburger, Nürnberger oder

Münchner Firmen direkte Auslandsverbindungen, sondern auch andere namentlich in den Zentren des schwäbischen Textilhandels, die ihre Stützpunkte in Venedig, Triest und Genua besaßen. Dazu kamen vor allem noch die Kaufleute in Frankfurt und Leipzig und die besondere Form des Messehandels. Wie in Breslau und Wien, so spielte auch in Leipzig der Tauschhandel eine wichtige Rolle, den besonders die jüdischen Kaufleute betrieben. Da sie die mitgebrachten Waren nicht so schnell an den Mann bringen konnten, bedienten sie sich des Lombardgeschäfts, d. h., sie verpfändeten inzwischen einen Teil ihrer Ware. Schließlich sei noch der Hausierhandel erwähnt. Die Sauerländer Sensenhändler bereisten am Ende des Jahrhunderts weite Teile Europas, desgleichen die Schwarzwälder Uhrenhändler und Glasträger, die nach dem Vorbild der piemontesischen Hausiergesellschaften organisiert waren.

Auch die Rolle der Ausländer im deutschen Handel ist zu beachten. Wir finden sie in den Seestädten und im Binnenland. In Hamburg arbeiteten sich im Lauf der 2. Hälfte des Jahrhunderts die Chapeaurouge, Godeffroy und Parish zu den führenden Unternehmen empor, dazu kam das große spanisch-italienische Unternehmen der Brentano, Bovara und Urbieta. Hamburg war schon immer die fremdenfreundlichste unter den Hansestädten gewesen. In Danzig waren die Holländer, in Königsberg die Engländer zahlreich. Auf den Frankfurter Messen war die Rolle der Ausländer wesentlich begrenzter als in Leipzig; hier erschienen nicht nur Franzosen, Schweizer und Italiener, sondern vornehmlich Griechen, Walachen, Polen und Russen, unter ihnen viele jüdische Kaufleute. Das Geschäft mit mazedonischer Baumwolle führte zur Ansiedlung von Griechen in Chemnitz und Hof. Italienerniederlassungen gab es in den Residenzstädten namentlich des Rheinlandes und Süddeutschlands. Englische Handlungsreisende boten den Kleinhändlern im Binnenland ihre Waren an und kauften gleichzeitig Leinwand auf.

Insgesamt boten so die Träger des Handels ein außerordentlich vielgestaltetes Bild. Es gab keinen einheitlichen Typ des Kaufmanns. Das wird noch deutlicher, wenn man die meist jüdischen Hofproveditеure, Hofjuweliere und Hofbankiers oder gar die Geldgeschäfte treibenden Bauern und Fürsten mit einbezieht.

Greift man den Großhandel treibenden Kaufmann der Seestädte und der großen Handelszentren des Binnenlands heraus, dann setzte sich das Unternehmen aus verschiedenen Komponenten zusammen. Der Eigenhandel war zunächst das Gegebene. Dazu kam in starkem Maße der Kommissionshandel, als dritte Komponente die Spedition und als vierter Zweig das Wechselgeschäft. Mit dem Wechselgeschäft wurde vielfach das Bankgeschäft verbunden.

Die Zeit der großen offenen Handelsgesellschaften war vorüber. Doch gab es bedeutende Partnerschaftsfirmen im Binnenland, so Rad & Höslin in

Augsburg oder Splitgerber und Daum in Berlin. Entsprechend der Vorliebe für die freie Betätigung des Einzelnen war die Einzelfirma oder das Familienunternehmen in den Hansestädten das übliche. Die alten genossenschaftlichen Zusammenschlüsse der Bergen-England-Novgorodfahrer bestanden hier immer noch, hatten aber vorwiegend gesellschaftlichen Charakter. Gegenüber der Einzelreederei überwog die Partenreederei, an der sich auch Nichtkaufleute beteiligen konnten. Die großen, vom Staat unterstützten Monopolgesellschaften, wie wir sie zur Beförderung des Überseehandels in Holland und England, in Dänemark, Schweden, Preußen und Österreich haben, fehlten in den Hansestädten. Verbindung zur gewerblichen Produktion gab es vor allem über den Verlag und die Manufaktur. Aus dem Textil- und Metallsektor gibt es Beispiele, die Flensburger Überseehändler betrieben auch die Zuckersiederei. Das selbe taten die Berliner Splitgerber & Daum, die auch in der Waffenproduktion tätig waren. Die Ausbildungsmöglichkeiten, die der Kaufmann des ausgehenden 17. und des 18. Jahrhunderts besaß, sind in anderem Zusammenhang schon erwähnt worden. Unterrichtsmöglichkeiten bis zur Handelsakademie gab es vor allem in den großen Handelszentren und die Namen Ludovici, Büsch und Leuchs stehen hier stellvertretend für viele andere.

Im Ausland konnten sich der deutsche Handel zum Teil noch auf alte Privilegien stützen, so im Fondaco dei Tedeschi in Venedig sowie in Lissabon. Hier und in einer Reihe anderer ausländischer Häfen, so in Genua, Livorno, Marseille, Smyrna, Cádiz, Málaga und Bordeaux gab es deutsche Kaufmannskolonien. In wichtigen Häfen unterhielten die Hansestädte Konsuln, so in Lissabon, Cádiz und Málaga; zum Teil bediente man sich der dänischen, schwedischen und niederländischen Agenten oder Residenten. Sicherte man im Mittelalter die Stützpunkte im Ausland durch Privilegien, so trat an deren Stelle in neuerer Zeit der Handelsvertrag. Die ersten hansischen Verträge in dieser neuen Form stammen schon aus dem 17. Jahrhundert. Inzwischen schlossen auch deutsche Staaten wie Preußen und Kursachsen solche Verträge. Die unabhängig gewordene nordamerikanische Union suchte sich durch Verträge möglichst rasch internationale Anerkennung zu sichern; Friedrich der Große schloß mit dem neuen Staat sofort einen Vertrag. Dänemark schloß mit den Barbaresken einen Vertrag, der den Schleswig-Holsteinern zugute kam. Die Hansestädte, denen ein ähnlicher Abschluß nicht gelang, suchten sich mit der Convoischiffahrt zu behelfen, oder sie nahmen die Pässe anderer seefahrender Nationen zu Hilfe.

In diesem Zusammenhang kam seerechtlichen Fragen eine wachsende Bedeutung zu. Die „bewaffnete" Neutralität, die die skandinavischen Staaten zum erstenmal im Pfälzer Krieg beanspruchten, wurde im 18. Jahrhundert weiter ausgebaut. Die Kontrabandbestimmungen enthielten einen detaillierten Katalog der erlaubten und der nicht erlaubten Handelsgüter.

Die handelsrechtliche Gesetzgebung blieb weitgehend der Initiative der großen Handelszentren wie Hamburg und Leipzig überlassen. Der erste Territorialstaat, der ein zusammenfassendes auch handelsrechtliche Bestimmungen umfassendes Gesetzbuch zustande brachte, war Preußen mit seinem „Allgemeinen Landrecht“ von 1794.

14. Preise, Löhne und wirtschaftliche Gesamtentwicklung

Wir haben die einzelnen Sektoren der Wirtschaft in besonderem Zusammenhang betrachtet, die Bevölkerungsverhältnisse, Land- und Forstwirtschaft, gewerbliche Produktion, Warenhandel, Geld- und Kreditverhältnisse. Wie fügten sich diese Sektoren im Ablauf der gesamten Wirtschaft zusammen? Dies führt zur Frage der konjunkturellen Entwicklung, der wirtschaftlichen Wechsellagen. Von den erwähnten Sektoren lag bis ins 18. Jahrhundert hinein das Schwergewicht bei der Landwirtschaft, der weitaus größte Teil der Bevölkerung lebte auf dem Land und ernährte sich vorwiegend von landwirtschaftlicher Betätigung. Trotz starker Verbreitung der gewerblichen Betätigung in ländlichen Gegenden gerade im Laufe des 18. Jahrhunderts waren gewerbliche Produktion und noch mehr der Dienstleistungssektor im Bereich der Städte angesiedelt. Nach neueren Schätzungen entfielen um 1800 auf den Sektor Landwirtschaft 62%, auf den Sektor Gewerbe und Bergbahn 21% und auf den Sektor Dienstleistungen 17% aller Beschäftigten (Henning).

Um zu gewissen zusammenfassenden Vorstellungen zu gelangen, ist die bisherige Forschung in besonderem Maße von der Preisgeschichte, andererseits von der Konjunkturgeschichte ausgegangen. Insbesondere die Erforschung der langen Bewegung hat uns da weitergeholfen. Daß der Dreißigjährige Krieg einen tiefen Einschnitt gebracht hat, ist eine Ansicht, an der allgemein festgehalten wird. Das Bild der dem Frieden folgenden Wiederaufbauphase und der Dauer der sogenannten Stockungsphase ist uneinheitlich. Offensichtlich müssen die regionalen Unterschiede beachtet werden, die ja auch während des Krieges eine Rolle spielten. In den Zerstörungszonen war der Nachholbedarf stärker als in den vom Krieg verschonten Gebieten. Nürnberg, Köln, Hamburg und andere Küstenstädte hatten eine günstigere Ausgangssituation als andere Gegenden, etwa Württemberg oder Magdeburg, wo der Wiederaufbau lange brauchte. Es ist in diesem Zusammenhang bemerkenswert, daß man schon 1651 mit dem Bau der Kempter Stiftskirche begann. Störungen, wieder mit regionalen Unterschieden, brachten der schwedisch-polnische, der dänisch-schwedische Krieg, die 1660 ihren Abschluß fanden. Weitere kriegsbedingte Störungen gab es in den siebziger Jahren, mit dem Pfälzer Krieg und mit dem Großen Nordischen und dem Spanischen Erbfolgekrieg. Die Preis- und Lohnentwicklung, die am besten für Schleswig-Holstein erforscht sind, zeigen, daß im Rahmen der durch Stagnation und Kontraktion gekennzeichneten Entwicklung die neunziger Jahre noch am besten waren. Die Bevölkerung nahm ab oder blieb stationär. Vieh und Handelsgewächse erzielten günstigere Preise als Getreide; Ackerland wurde in Wiesenland umgewandelt. Von 1730 oder 1750 bis 1814 oder 1817 folgt wieder eine Phase der Expansion und der wachsenden Bevölkerung sowie des Anstiegs der Getreidepreise zu einer Höhe wie nie zuvor. Die Graslandflächen wurden weiter eingeschränkt.

Aufgabe der weiteren Forschung wird es sein, diese großen Linien der Zyklenforschung zu bestätigen oder zu berichtigen und auch genauer in kurzfristige Bewegungen unterzugliedern. Wilhelm Abel betont, daß die Lohnbewegung (Nominal- und Reallöhne) namentlich infolge des Bevölkerungsdruckes mit der Preisentwicklung nicht Schritt hielt. Abel schätzt, indem er vom Modell Quesnays für Frankreich ausging, die „Sozialquote" der bäuerlichen Wirtschaft („Feudalrente") auf 30% der bäuerlichen Bruttoproduktion. Da sie die größte Gruppe der vorindustriellen Gesellschaft darstellten, trugen sie die größte Last. Diese Feststellungen Abels gelten in erster Linie für den landwirtschaftlichen Sektor. Anders war es in den Sektoren der gewerblichen Tätigkeit, des Handels und des Verkehrswesens, und viele Angehörige des agrarischen Sektors hatten in ihrer Nebenbeschäftigung etwa über das ländliche Gewerbe und Verkehrswesen daran Anteil.

Betont ist der Aufschwung des Außenhandels, namentlich seit 1740, wenn auch verschiedene akute Krisen einen unruhigen Verlauf bedingten. Die Entwicklung um 1800 brachte geradezu eine hektische „erste Gründerperiode". Die in dieser ganzen Zeit erzielten Gewinne ermöglichten es dem Bürgertum, jenes geistige und künstlerische Milieu mitzugestalten, in dem häufig noch die Höfe tonangebend waren. Aus dem Reichtum und dem Luxusbedürfnis der klassischen und frühromantischen Literatur erstanden bedeutende Werke eines spätbarocken und klassizistischen Kunstgefühls.

Am Ende der Gründungstätigkeit John Laws erfolgt 1720 infolge einer Überspekulation die erste Wertpapierkrise. Schumpeter war der Ansicht, daß bei der Krise von 1720 durchaus schon eine zyklische Komponente im Sinne der Konjunkturtheorie vorhanden war, die mit dem Mißerfolg des um Kaufkraftbeschaffung zur Einleitung großer kommerzieller und industrieller Prozesse bemühten Neuerers Law zusammenfiel. Ähnliches müßte für die ebenfalls stark international sich auswirkenden Krisen von 1763 und 1772 zu sagen sein.

Es ist darüber diskutiert worden, wann die Wechsellagen als Erscheinungsform der hochkapitalistischen Marktwirtschaft einsetzen. Man neigt heute dazu, Schumpeter folgend mit 1787 einen ersten Kondratieffzyklus einsetzen zu lassen, der bis in die vierziger Jahre des 19. Jahrhunderts reicht und die Phase der industriellen Revolution in England und ihrer „Absorption" umfaßt. Gleichzeitig glaubte Schumpeter einen ersten Juglarzyklus festzustellen, nicht nur für England, sondern auch für Deutschland und die Vereinigten Staaten in Amerika. Der Verlauf war danach Aufschwung 1787, Krise 1793, Degression und Aufstieg bis 1795. Die Umwälzung in England, namentlich in der Baumwollindustrie, der Kohlenbergbau, die Eisen- und Stahlindustrie werden als treibende Kraft dahinter gesehen.

Angesichts dieser Gesamtentwicklung bleibt dem um eine Zusammenschau bemühten Betrachter freilich nicht verborgen, daß sich namentlich in den ländlichen Bezirken die Spannungen einer „sozialen Frage" ankündigten, um deren Linderung die aufgeklärten Repräsentanten des „Ancien Régime" bereits sich zu bemühen begannen, die aber erst mit der Industrialisirung gelöst werden konnte.

Dies führt zur Frage, ob und was sich über das Sozialprodukt aussagen läßt. Entsprechend der Rechnung Quesnays für Frankreich wurden nach Abel etwa fünf Siebtel von der Landwirtschaft, der Rest von Handel und Gewerbe aufgebracht. Als von Heynitz seine Berechnungen über die Staatswirtschaft Sachsens von 1786 machte, stellte er fest, daß Bauern und Landarbeiter 31,25% ihrer Einkünfte als Abgaben entrichteten, Handwerker und Kapitalisten 18,5%, Rittergutsbesitzer 10,4%, die Bergwerke 27,67%, die Kirche wie die Domänen waren befreit. Wurden auch gewisse Investitionen für den Straßen- und Kanalbau, sowie für Manufakturen und dergleichen gemacht, so verschlangen doch der Luxus der Höfe, der Militäretat und der sonstige Verbrauch den überwiegenden Anteil des Sozialprodukts.

Rückblick

An der Schwelle zum 19. Jahrhundert angekommen, empfiehlt es sich noch einmal zurückzublicken auf die Vorgänge und Zusammenhänge, die wir unter deutscher Wirtschaftsgeschichte verstanden haben. Der Raum in Mitteleuropa, den man später als Deutschland verstand, hat sich zwar erst im Lauf des 10. Jahrhunderts vom fränkischen Gesamtreich abgesondert und damit seinen eigenen historischen Weg zu profilieren begonnen, aber er beruhte ja auf älteren Strukturen. Deshalb hielten wir es für ratsam, den historischen Horizont möglichst weit zurück zu erhellen und so wenigstens einen kurzen Überblick über die Siedlungsverhältnisse von der jüngeren Steinzeit ab zu geben, insbesondere aber die römische Besetzung und die Ergebnisse der großen Wanderungszeit stärker zu betonen. Die Stämme, die später das deutsche Volk bildeten, waren ja keine ursprünglich blutsmäßige Einheit, sondern sind historisch geworden, zusammengewachsen aus vielfältigen Mischungen germanischer Völkerschaften mit den Bevölkerungen, die schon vor den Wanderungen auf mitteleuropäischem Boden siedelten.

Aus germanischen, römischen und christlichen Elementen erwuchs im fränkischen Reich der staatliche und gesellschaftliche Rahmen, der dann auch für das regnum Teutonicorum, das Reich der Deutschen, gelten sollte. Ein Hauptelement war dabei die im Lehensrecht verankerte Herrschaft des Adels, wobei die Lebensgrundlage vorwiegend agrarisch war. Die Grundherrschaft bestimmte dabei das Verhältnis zwischen den Grundherrn und denjenigen, die das von ihnen zur Bewirtschaftung vergebene Land bebauten. Diese, die Hörigen (Grundholden), hatten dafür nach Form und Inhalt vielfach variierende Dienste zu leisten und Abgaben zu entrichten, während der Grundherr meist nur auf einer beschränkten Bodenfläche mit seinen Knechten Eigenwirtschaft trieb. Erst später, seit dem ausgehenden Mittelalter, bildete sich unter dem Einfluß der Bevölkerungsentwicklung und der dadurch beeinflußten Preisgestaltung die besondere Form der Gutswirtschaft heraus. Die Hauswirtschaft im Sinne der griechischen οἰκονομία (Ökonomie), sei es in der Form der adeligen Gutswirtschaft oder der nichtadeligen Bauernwirtschaft, bestimmte die wirtschaftlichen Verhältnisse auf dem Lande bis ans Ende des Alten Reichs und war auch maßgeblich für die Strukturierung der ländlichen Gesellschaft, mochte sich diese mit der Zeit mehr und mehr differenzieren, so daß man einerseits zwischen Hochadel und niederem Adel unterschied, andererseits anstelle der ursprünglich einheitlichen bäuerlichen Schicht eine nach rechtlichen und

Besitzverhältnissen vielfältige Stufung vom Voll- und Freibauern bis hinunter zur unterbäuerlichen Schicht der Taglöhner und Insten traf.

Für die staatliche Entwicklung gab die Verbindung des fränkischen Königtums mit der Papstkirche in Rom einen entscheidenden Impuls. Das Bündnis der Karolinger mit der römischen Kirche, das einerseits die Herrschaft der ersteren bestimmte, andererseits den Papst gegenüber den Langobarden sicherte, erfuhr durch die Kaiserkrönung Karls des Großen in Rom einen Akt von weltgeschichtlicher Bedeutung: Bewußt knüpfte Karl an die römische Kaisertradition an und betrachtete sich als Nachfolger Constantins des Großen, lehnte aber die päpstliche Auffassung der translatio imperii von den Griechen auf die Franken ab und betrachtete sich als Herrn der Kirche. Ostrom, das an einer universalen Konzeption festhielt, betrachtete die Kaiserkrönung in Rom als Usurpation und erkannte das westliche Kaisertum erst an, als dieses in seinem Titel den Bezug auf Rom fallen ließ. An das Karolingische Vorbild knüpfte der Sachse Otto I. an und nannte sich imperator augustus. Erst die politischen Spannungen im Verhältnis zu Byzanz ließen es unter Otto II. zur Verwendung des Titels imperator Romanorum augustus kommen. Im weiteren Verlauf tendierte das deutsche Königtum (regnum) mehr und mehr im Kaisertum (imperium) aufzugehen, wobei die Herrschaft über Italien namentlich unter den Staufern einen wichtigen Einfluß ausübte. Dieser enge Zusammenhang zwischen regnum und imperium führte mit dem Erstarken der kirchlichen Reformpartei unter Papst Gregor VII. zur großen Auseinandersetzung des Investiturstreits, in dem die Papstkirche das Schutz- und Führungsrecht des deutschen König-Kaisers abschüttelte und dafür die Herrschaft der Kirche über den Staat beanspruchte. Trotz dieser Auseinandersetzung behauptete sich in Deutschland die staatsrechtliche Auffassung vom imperium Romanum, wobei in Anlehnung an antikes Vorbild 1254 zum erstenmal vom sacrum imperium Romanum die Rede war, während die deutsche Bezeichnung Römisches Reich Deutscher Nation erst ab 1486 üblich wurde, wobei das „Deutsche Nation" die Einschränkung des Geltungsbereichs andeuten sollte.

Die Auseinandersetzungen mit der Papstkirche und das weitere Engagement in Italien hatten schwerwiegende Folgen für die staatlich-politische Entwicklung in Deutschland. Seit der späteren Salierzeit erfuhr die Königsgewalt schwere Einbußen, die wohl vorübergehend unter Friedrich I. Barbarossa noch einmal ausgemerzt werden konnten, aber auf die Dauer einen verhängisvollen Dualismus zwischen der Krongewalt und den Territorialgewalten schufen. Diese, die domini terrae oder Landesherrn, bauten ihre Machtstellung als Landeshoheit insbesondere mit Hilfe der von Friedrich II. vergebenen Privilegien weiter aus, wobei verschenktes oder usurpiertes Reichsgut und die Königsrechte der Regalien, aber auch die Ostsiedlung wichtige Mittel auf dem weiteren Weg zum künftigen Territorialstaat waren. Der König war nur noch als Besitzer einer größeren Hausmacht regierungsfähig und insbesondere in seinen Beschlüssen von der obersten Gruppe, dem aus weltlichen und geistlichen Fürsten bestehenden Kurfürstenkollegium bzw. von den im Reichstag vertretenen Ständen des Reichs, abhängig. Wirtschaftspolitik war künftig nicht nur das, was der Träger der Krone im Bereich des Wirtschaftlichen anordnete und die Reichstage beschlossen, sondern das, was die Territorialstaaten für ihr eigenes Gebiet beschlossen und durchführten, und dieses war um so folgenreicher, je größer das betreffende Territorium war. Seit dem Niedergang der Stauferzeit nahm die territoriale Zersplitterung ein besonders großes Ausmaß an. Auch später erfolgten noch Zerstückelungen, so daß es am Ende des Reichs 294 Reichsstände mit einer eigenen Wirtschaftspolitik und wirtschaftlichen Organisationen gab, während die territoriale Zersplitterung noch weit darüber hinausgriff. Die Erbteilungen unter den Fürstenhäusern, die seit dem 13. Jahrhundert einsetzten, trugen dazu das Ihre bei. In den Territorien selbst erlebte die landesherrliche Gewalt in den Landständen (meist aus Klerus, Rittern und Städten) ein Gegengewicht, das später im Zusammenhang mit dem Ausbau des fürstlichen Absolutismus teilweise wieder abgeschafft wurde.

Zeigte so der staatlich-politische Bereich eine Dynamik, die die ursprünglichen lehensrechtlichen Verhältnisse in immer neue Formen abwandelte, ohne die lehensrechtliche oder, mit einem heute beliebten Wort, feudale Grundstruktur bis zum Ende des Reichs ernstlich in Frage zu stellen, so ging eine anders geartete Dynamik von den Städten und den dort lebenden und wirkenden Bürgern aus. Neben den alten Städten, die an Rhein und Donau, wenn auch in stark geschrumpftem Umfang aus der spätrömischen Zeit erhalten geblieben waren und weiter ihre Rolle als Zentren von Handel und Gewerbe spielten, entstanden seit dem 10. Jahrhundert aus Kaufmannssiedlungen vor allem bei Burgen oder Klöstern neue Städte, deren Bewohner zunächst vielfach Hörige der Stadtherrn, also des Königs, eines Bischofs, Abts oder sonstigen weltlichen Großen, waren. Auf dem Weg der Privilegierungen entwickelte sich ein Komplex von Rechtssätzen, nach denen sich die Städte unter Anführung zunächst der Kaufleute durch einen selbst gewählten Rat regierten, wobei es vielen nach und nach gelang, Hoheitsrechte des Stadtherrn, wie etwa das Gericht, die Polizei, die Münze, die Besteuerung, an sich zu reißen.

Dieses geschichtlich gewachsene Stadtrecht trennte die Städte nun auch vom flachen Land und konnte vom Landesherrn auf bestehende oder neugegründete Orte übertragen werden. Unter ihnen nahmen wegen ihres besonderen rechtlichen Status die ursprünglich königlichen Städte als Reichsstädte und die Freien oder Freien Reichsstädte, die sich von der Herrschaft eines weltlichen oder geistlichen Stadtherrn unabhängig gemacht hatten, eine Sonderstellung ein. Die Zahl dieser Städte stieg namentlich im Verlauf der Ostsiedlung auf etwa 3000 bis 4000, wozu seit dem 16. Jahrhundert nur noch wenige Neugründungen kamen. Insgesamt machten ihre Bewohner etwa 10–15 Prozent der Gesamtbevölkerung aus. Viele von ihnen sanken wieder auf den Stand von Minder- oder Kümmerstädten herab oder blieben mit ihrer Bevölkerung von einigen Hundert Einwohnern vornehmlich Akkerbürgersiedlungen. Daraus hob sich eine Gruppe von etwa 50 Städten ab, die 2000–10000 Einwohner erlangten, während nur wenige auf über 10000 Einwohner kamen und damit für die damaligen Verhältnisse als eigentliche Großstädte anzusprechen waren. Mit 40000 Einwohnern war Köln während des späten Mittelalters die größte deutsche Stadt. Im Laufe des 16. Jahrhunderts wurde es von Nürnberg und Augsburg, später in noch stärkerem Maß von Hamburg überflügelt. Diese Städte, voran die Reichs- und Freien Reichsstädte, die z. T. wie Nürnberg zu mächtigen Stadtrepubliken mit großen Territorien wurden, waren in der Folgezeit die eigentlichen Zentren der wirtschaftlichen und gesellschaftlichen Dynamik. Mit ihren zwei Hauptgruppen der Kaufleute und der meist in Zünfte zusammengeschlossenen Handwerker schufen sie einen von der auf dem Lehensrecht beruhenden Adelswelt und ihrer vornehmlich naturalwirtschaftlichen Lebensweise gesonderten Bereich, in den sich namentlich seit den Kreuzzügen die auf der Geldwirtschaft beruhende kapitalistische, auf Gewinn ausgerichtete rationale Wirtschaftsweise durchsetzte. Die Buchhaltung, die allmählich unter italienischem Einfluß in der Form der „Doppik" weiterentwikkelt wurde, der schriftliche Eintrag durch den Stadtschreiber oder Notar, der Wechselbrief, der Kommissionär und der Handelsdiener oder Faktor sowie die verschiedenen Formen der Handelgesellschaften und ein sich vervollständigendes Corpus an handels- und seerechtlichen Bestimmungen bildeten dabei ein Instrumentarium, mit dem diese Städte der vorwiegend naturalwirtschaftlich bestimmten Wirtschaftsweise der Landesfürsten hoch überlegen waren.

Ein wichtiges Faktum der städtischen Wirtschaft war trotz gelegentlicher Zunftkämpfe das enge Zusammenwirken zwischen den Angehörigen des Handels und der gewerblichen Produktion. Auf diese Weise wurde für die Rohstoffbeschaffung, für den Absatz auf dem Weg des Stadt-Landaustauschs wie des Fernhandels und für die Sicherung des erforderlichen Kredits gesorgt. Standen die Zünfte wegen des Nahrungsprinzips oft einer Produktionsausweitung, Produktionsbereicherung und Produktivitätssteigerung im Wege, so waren die Kaufleute als unternehmerische Neuerer im Sinne Schumpeters diejenigen, die die Möglichkeiten einer Produktionsausweitung und Produktivitätssteigerung am ehesten wahrnahmen und ausnutzten. Solche Möglichkeiten boten sich auf doppelte Weise. Die eine lag in der Verbesserung der technischen Hilfsmittel, namentlich über die Mühle, die man nicht nur zum Mahlen von Getreide, sondern auch zum Walken von Tuch, zum Sägen von Holz, zur Herstellung von Lohe und Papier, zum Hämmern von Eisen u. a. verwenden konnte. Der Stuckofen gestattete es, die Eisenproduktion zu steigern, das Saigerverfahren, seit dem beginnenden 15. Jahrhundert im Ausbau begriffen, erleichterte es, Silber und Kupfer zu trennen, Entwässerungs- und Fördereinrichtungen ermöglichten seit dem letzten Drittel des 15. Jahrhunderts einen neuen Aufschwung des Bergbaus. Die andere Möglichkeit bot sich über die betriebliche Organisation: über den Verlag von städtischen Handwerkern und nebengewerblich Tätigen auf dem Lande und über die Kombination von kaufmännischem Unternehmen mit gewerblichen Produktionsanlagen.

Seit dem ausgehenden 14. Jahrhundert, verstärkt im 15. und der ersten Hälfte des 16. Jahrhunderts, zunächst besonders von Nürnberg aus, dann unter Führung von Augsburg, erlebte die deutsche Wirtschaft eine Blüte, die dadurch noch begünstigt wurde, daß eine einmalige weltpolitische Konstellation ihr entgegenkam. Der im Ausbau begriffene Fürstenstaat verfügte über das Bergregal, brauchte aber die Unternehmerinitiative und die finanziellen Mittel der großen Kaufleute, um die neuen Möglichkeiten voll ausschöpfen zu können, zumal sein eigener Verwaltungsapparat nicht genügend ausgebildet war, um diese Aufgabe zu bewältigen; aufwendige Hofhaltung und ehrgeizige Politik verlangten einen laufenden Kredit, den wiederum nur die großen Kaufleute leisten konnten. Ähnlich war es bei der Erschließung der überseeischen Gebiete. Hier brauchte man die großen Kaufleute zur Ausrüstung der Schiffe, zur Heranschaffung von Rohstoffen wie zur Sicherung von Märkten für die von Übersee kommenden Güter. Eine ganz besonders günstige Konstellation für die neuen Aufgaben bot sich im mitteleuropäischen Raum zwischen Harz, Karpaten und Alpen. Hier gab es wichtige Kupfer- und Silberlager, die dank neuer Verfahren in verstärktem Maße abgebaut werden konnten. Hier im Schwäbischen und Fränkischen, mit den Schwerpunkten Augsburg und Nürnberg, gab es Kaufleute, die die neuen Möglichkeiten scharf erkannten und in kühnem Wagemut wahrnahmen. Ihnen kam zugute, daß das Haus Habsburg über einen wichtigen Teil der Bergschätze verfügte und, dank seiner klugen Heiratspolitik, über Antwerpen und Sevilla ein weitgehendes Verfügungsrecht auch über die überseeischen Gebiete gewann.

Revolutionäre Bestrebungen, namentlich in Verbindung mit den Zunftkämpfen und zuletzt im Zusammenhang mit dem Bauernkrieg und der durch die reformatorischen Bestrebungen angeheizten religiösen Erregung der Zeit, blieben immer wieder in den Anfängen stecken. Die sogenannte frühbürgerliche Revolution blieb ein Wunschbild nicht nur unzufriedener Zeitgenossen, sondern auch späterer Interpreten. Wo die Zünfte sich durchsetzten, geschah es unter der Anführung von wohlhabenden Kaufleuten, und diese konnten immer wieder die Führung an sich reißen, weil ihre Mittel es ihnen gestatteten und ihr Ehrgeiz sie reizte. Daß es von dieser städtisch-bürgerlichen Welt vielfältige Verbindungen zum feudal-ländlichen Bereich gab, braucht nur angedeutet zu werden; in der Nobilitierung reich gewordener Kaufleute, im Erwerb von Grundherrschaften durch Bürger und städtische Institutionen kam das am deutlichsten zum Ausdruck.

Die erste große Blüte der deutschen Wirtschaft erfolgte im Zeichen einer Stadtwirtschaft mit weltweiten Verbindungen nach Amerika, Afrika und Asien. Sie reichte bis in die ersten Jahre des Dreißigjährigen Kriegs herein. Der lange Krieg, der an die Schwelle zur letzten Phase des in diesem Buch behandelten Zeitabschnitts reicht, bedeutete in mehrfacher Hinsicht einen Umbruch. Nicht nur, daß der lange Aufwärtstrend, der seit dem 15. Jahrhundert verstärkt einsetzte und dessen wichtigstes Kennzeichen die Preissteigerung war, zu Ende ging, gleichzeitig begünstigte das Kriegsgeschehen die folgenreiche Verlagerung des wirtschaftlichen Schwergewichts nach dem Westen Europas, in die der Nordsee und dem Atlantik zugekehrten Bereiche, wo zunächst die Niederländische Republik die Früchte einheimste, um dann England zu weichen, das im Kampf um die atlantischen Positionen die Niederländische Republik sowie Frankreich und die iberischen Mächte zurückdrängte und mit der sogenannten „Industriellen Revolution" der wirtschaftlichen Entwicklung entscheidende neue Impulse verlieh. Noch in einer anderen Hinsicht bedeuteten der Krieg und seine in den Westfälischen Friedensschlüssen niedergelegten Ergebnisse einen Umbruch. Das Gesetz des wirtschaftlichen Handelns ging jetzt von den Stadtrepubliken endgültig an die Flächenstaaten der Landesfürsten über, die ihre Kräfte in den aufblühenden Residenzstädten sammelten. Das wirtschaftspolitische und technische Instrumentarium, das in den alten Städten entwickelt worden war, eigneten sich nun die Landesfürsten an, deren „Libertät", im Westfälischen Frieden sanktioniert, es ihnen gestattete, wie im allgemeinen politischen Bereich so auch auf dem wirtschaftspolitischen Sektor weitgehend frei zu gestalten, ihre Behördenorganisation entsprechend auszubauen und sich von Männern beraten zu lassen, die sich nach den Gesichtspunkten merkantilistischer oder kameralistischer Vorstellungen orientierten. Sie waren einerseits fortschrittlicher als die an ihren Traditonen haftenden, mit Rücksichten auf zünftlerische Errungenschaften und Egoismen gebundenen Stadtrepubliken, sie erschlossen durch eine großzügige Bevölkerungspolitik Neuland und holten ausländische Fachkräfte, vielfach Glaubensflüchtlinge heran, sie förderten besondere neue Produktionszweige durch die Errichtung von Manufakturen und Prämienvergabe, engten aber die wirtschaftliche Bewegungsfreiheit, die die kaufmännisch orientierten Lenker der Stadtwirtschaft durch Privilegienerwerb und Handelsabkommen geschaffen hatten, durch einen territorialstaatlichen Egoismus wieder ein, der besonders kraß in der Zollpolitik zum Ausdruck kam.

Nahm die deutsche Wirtschaft so an dem seit der Mitte des 18. Jahrhunderts wieder verstärkt bemerkbaren Aufwärtstrend teil, so war sie doch mit zu vielen strukturellen Hemmnissen belastet, als daß sie sich entsprechend den Möglichkeiten, die die neuen, in England entwickelten technischen Verfahren boten, voll hätte entfalten können. Dies sollte sich um so ungünstiger in jenem Bereich auswirken, der an dem durch verbesserte Hygiene ermöglichten Bevölkerungsaufschwung besonders stark teilhatte, den ländlichen wie städtischen Unterschichten. Die „Soziale Frage", die sich hier geltend machte, sollte das Hauptproblem darstellen, mit dem die neuen Ordnungsmächte zu tun bekamen, die im 19. Jahrhundert das Erbe des aufgelösten alten Reiches übernahmen.

Bibliographie

Vorbemerkung: Die Literaturangaben beschränken sich im allgemeinen auf die Jahre nach 1945, lediglich bei heute noch gültigen Standardwerken wird in einzelnen Fällen auf die Zeit davor zurückgegriffen. Nur bei ausländischer Literatur wird der Druckort angegeben.

Abkürzungen

Aubin-Zorn	H. Aubin u. W. Zorn (Hg.), Handbuch der deutschen Wirtschafts- und Sozialgeschichte I, 1971
Gebhardt	Gebhardt, Handbuch der deutschen Geschichte, herausgegeben von Herbert Grundmann, ^{9}1970
HdSW	Handwörterbuch der Sozial- und Wirtschaftswissenschaften
Hg.	Herausgeber
VSWG	Vierteljahrschrift f. Sozial- u. Wirtschaftsgeschichte
Vorträge und Forschungen	Herausgegeben vom Institut für geschichtliche Landesforschung des Bodenseegebietes in Konstanz, geleitet von Th. Mayer, 1955 ff.

Allgemeine Literatur

M. Rostovcev, The social and economic history of the Roman Empire, 2 Bde, Oxford 1926, ^{2}1957

W. Sombart, Der moderne Kapitalismus, 3 Bände, 1928 ff.

F. Heichelheim, Wirtschaftsgeschichte des Altertums, 2 Bde, Leiden 1939

A. Müller-Armack, Genealogie der Wirtschaftsstile, die geistesgeschichtlichen Ursprünge der Staats- und Wirtschaftsformen bis zum Ausgang des 18. Jahrhunderts, ^{3}1944

R. H. Tawney, Religion u. Frühkapitalismus, Bern 1946

H. Heaton, Economic History of Europe, 1948

C. Singer, E. J. Holmyard et al. (Hg.), A History of Technology, 5 Bde, Oxford 1954–58

F. Tremel, Der Frühkapitalismus in Innerösterreich, Graz 1954

Ders., Wirtschafts- und Sozialgeschichte Österreichs, Graz 1969

M. M. Postan (Hg.), The Cambridge economic history, Volume 1: The agrarian life of the Middle Ages, Cambridge ^{2}1966

M. M. Postan u. E. E. Rich (Hg.), Volume 2: Trade and industry in the Middle Ages, 1952

M. M. Postan, E. E. Rich u. E. Miller (Hg.), Volume 3: Economic organization and policies in the Middle Ages, 1963

E. E. Rich u. Ch. Wilson (Hg.), Volume 4: The economy of expanding Europe in the 16th and 17th centuries, 1967
A. Weber, Kulturgeschichte und Kultursoziologie, ²1950
J. Kuczynski, Allgemeine Wirtschaftsgeschichte. Von der Urzeit bis zur sozialistischen Gesellschaft, Berlin(Ost) 1951
M. Weber, Wirtschaftsgeschichte, 1958
F. L. Carsten, Princes and parliaments in Germany from the 15th to the 18th century, 1959
A. Hauser, Schweizerische Wirtschafts- und Sozialgeschichte, Zürich-Stuttgart 1961
B. H. Slicher van Bath, De agrarische geschiedenis van West-Europa (500–1850), Utrecht-Antwerpen ²1962 (engl.: The agrarian history of Western Europe, 1962)
Ders., Yield ratios 810–1820, Wageningen 1963
G. Duby, L'économie rurale et la vie des campagnes dans l'occident médiéval, 2 Bände, Paris 1962
L. White jr., Medieval technology and social change, Oxford 1962 (dt. 1968: Die mittelalt. Technik u. d. Wandel d. Gesellschaft)
J.-F. Bergier, Genève et l'économie européenne de la Renaissance, Paris 1963
Ders., Problèmes de l'histoire économique de la Suisse, Bern 1968
K. Bosl, Frühformen der Gesellschaft im mittelalterlichen Europa, 1964
Ders., Die Grundlagen der modernen Gesellschaft im Mittelalter, 1972
Ders., Geschichte des Mittelalters, ⁵1973
H. van der Wee, The Growth of the Antwerp Market and the European Economy (fourteenth to sixteenth centuries), 3 Bände, The Hague 1963
J. Kulischer, Allgemeine Wirtschaftsgeschichte des Mittelalters und der Neuzeit, 2 Bände, ³1965
J. Dhondt, Das frühe Mittelalter (Fischer Weltgeschichte 10), 1964
J. le Goff, La civilisation de l' Occident médiéval, Paris 1964
Ders., Das Hochmittelalter (Fischer-Weltgeschichte 11), 1965
P. Chaunu, La civilisation de l'époque classique, Paris 1966
K. Samuelsson, Religion and Economic Action, Stockholm 1966
G. W. Sante und A. G. Ploetz-Verlag (Hg.), Geschichte der deutschen Länder, Territorien-Ploetz I, 1964
D. Landes, The rise of capitalism, New York 1966
Ders., Der entfesselte Prometheus. Technologischer Wandel und industrielle Entwicklung in Westeuropa von 1750 bis zur Gegenwart, 1973
F. Braudel, La Méditerranée et le monde méditerranéen à l'époque de Philippe II, Paris ²1966
Ders., Civilisation matérielle et capitalisme (XVe–XVIIIe s.), Paris 1967
E. le Roy Ladurie, Histoire du climat depuis l'an mil, Paris 1967
E. Salin, Politische Ökonomie, Geschichte der wirtschaftspolitischen Ideen von Platon bis zur Gegenwart, ⁵1967
R. Romano und A. Tenenti, Die Grundlegung der modernen Welt. Spätmittelalter, Renaissance, Reformation (Fischer Weltgeschichte 12), 1967
O. Brunner, Neue Wege der Verfassungs- und Sozialgeschichte, 1968
M. Reinhard u. A. Armengaud, Histoire générale de la population mondiale, ²1968
W. Endrei, L'évolution des techniques du filage et du tissage du moyen âge à la révolution industrielle, Paris 1968

H. A. Miskimin, The economy of early Renaissance Europe 1300–1460, Englewood Cliffs N. J. 1969

H. Hausherr, Wirtschaftsgeschichte der Neuzeit, ^{4}1970

F. Mauro, Le seizième siècle européen, aspects économiques (Nouvelle Clio 52), Paris 1970

P. Léon, Economies et sociétés préindustrielles, Paris 1970

H. C. Recktenwald, Geschichte der politischen Ökonomie, 1971

H. Kellenbenz, Les industries dans l'Europe moderne (1500–1750), in: L'industrialisation en Europe au XIXe siècle, Cartographie et typologie, Lyon 7–10 octobre 1970, Paris 1972, 75–113

Ders., Merchant's Archives in Europe, in: Fourth International Conference of Economic History, Bloomington 1968, Paris-La Haye 1973, 131–149

Ders., Die Struktur der Unternehmungen, in: Troisième Conférence Internationale d'Histoire Economique, Munich 1965, Paris-La Haye 1974, 9–32

C. M. Cipolla (Hg.), The Fontana Economic History of Europe, I: The Middle Ages; II: The Sixteenth and Seventeenth Centuries; III: The Industrial Revolution, Glasgow 1972–74

H. Pirenne, Sozial- und Wirtschaftsgeschichte Europas im Mittelalter, 1972

H. Kellenbenz u. L. Beutin, Grundlagen des Studiums der Wirtschaftsgeschichte, 1972

W. Treue, Wirtschaftsgeschichte der Neuzeit, Bd. 1: 18. und 19. Jahrhundert, ^{3}1973

W. Zorn, Einführung in die Wirtschafts- und Sozialgeschichte, ^{2}1974

A. Tautscher, Wirtschaftsgeschichte Österreichs auf der Grundlage abendländischer Kulturgeschichte, 1974

H. Kellenbenz, The rise of the European Economy, An economic history of continental Europe, 1500–1750, London 1976

Deutsche Wirtschafts- und Sozialgeschichte

H. Bechtel, Wirtschaftsgeschichte Deutschlands, I–III, ^{2}1961

Ders., Wirtschafts- und Sozialgeschichte Deutschlands, 1967

F. Lütge, Deutsche Sozial- und Wirtschaftsgeschichte, ^{3}1966

K. Bosl, Staat, Gesellschaft und Wirtschaft im deutschen Mittelalter, in: Gebhardt, Handbuch der deutschen Geschichte I, ^{9}1970, 693–835

Ders., Die Gesellschaftsentwicklung in Deutschland 500–1350, in: Aubin-Zorn, Handbuch der deutschen Wirtschafts- und Sozialgeschichte I, 1971, 133–168 und 226–273

R. Engelsing, Kleine Wirtschafts- und Sozialgeschichte Deutschlands, 1968

H. Mottek, Wirtschaftsgeschichte Deutschlands I, ^{5}1968

H. Aubin u. W. Zorn (Hg.), Handbuch der Deutschen Wirtschafts- und Sozialgeschichte I, Stuttgart 1971 (Aubin-Zorn)

W. Treue, Wirtschaft, Gesellschaft und Technik vom 16. bis zum 18. Jahrhundert, in: Gebhardt II, ^{9}1970

F.-W. Henning, Das vorindustrielle Deutschland, ^{2}1976

Deutsche Rechtsgeschichte

W. Ebel, Geschichte der Gesetzgebung in Deutschland, ^{2}1958
H. Conrad, Deutsche Rechtsgeschichte, ^{2}1962
A. Erler u. E. Kaufmann, Handwörterbuch zur deutschen Rechtsgeschichte I, 1971
F. Wieacker, Privatrechtsgeschichte der neueren Zeit unter besonderer Berücksichtigung der deutschen Entwicklung, ^{2}1967
H. Pohlmann, Die Quellen des Handelsrechts, in: H. Coing (Hg.), Handbuch der Quellen und Literatur der neueren europäischen Privatrechtsgeschichte I, 1973, 801 ff.
S. Lammel, Die Gesetzgebung des Handelsrechts, in: H. Coing (Hg.), Handbuch der Quellen und Literatur der neueren europäischen Privatrechtsgeschichte II, 1976, 571–1083
H. Mitteis u. H. Lieberich, Deutsche Rechtsgeschichte, ^{12}1976

Bevölkerungsgeschichte

E. Keyser (Hg.), Das deutsche Städtebuch, 11 Bände, 1939ff.
Ders., Bibliographie zur Städtegeschichte Deutschlands, 1969
Ders., Bevölkerungsgeschichte Deutschlands, ^{4}1959
Ploetz Verlag (Hg.), Bevölkerungsploetz, Raum und Bevölkerung in der Weltgeschichte, bearbeitet von E. Kirsten, E. W. Buchholz, W. Köllmann, 2 Bde, 1956

Hauptzweige der Wirtschaft

Landwirtschaft

A. Hoffmann, Wirtschaftsgeschichte des Landes Oberösterreich I, Salzburg 1952
W. Abel, Agrarkrisen und Agrarkonjunktur. Eine Geschichte der Land- und Ernährungswirtschaft Mitteleuropas seit dem frühen Mittelalter, ^{2}1966
Ders., Geschichte der deutschen Landwirtschaft vom frühen Mittelalter bis zum 19. Jahrhundert, ^{2}1967
Ders., Massenarmut und Hungerkrisen im vorindustriellen Europa, Versuch einer Synopsis, 1974
F. Lütge, Geschichte der deutschen Agrarverfassung vom frühen Mittelalter bis zum 19. Jahrhundert, ^{2}1967
G. Franz, Geschichte des deutschen Bauernstandes vom frühen Mittelalter bis zum 19. Jahrhundert, 1970

Gewerbe (vgl. auch Handel)

F. Furger, Zum Verlagssystem als Organisationsform des Frühkapitalismus im Textilgewerbe, Beih. z. VSWG, 1927
H. Planitz, Die deutsche Stadt im Mittelalter, ^{2}1965
F. Rörig (Hg. Luise Rörig), Die europäische Stadt und die Kultur des Bürgertums im Mittelalter, 1955
Ders., Wirtschaftsgeschichte im Mittelalter, ^{2}1971

F. Lütge (Hg.), Soziale Probleme und gewerbliche Entwicklung im 15. u. 16. und im 19. Jahrhundert, 1968
R. Sprandel, Das Eisengewerbe im Mittelalter, 1968
C. Haase (Hg.), Die Stadt des Mittelalters, 3 Bände, 1969
H. Stoob, Forschungen zum Städtewesen Europas, Band 1, 1970
E. Schremmer, Die Wirtschaft Bayerns vom Hohen Mittelalter bis zum Beginn der Industrialisierung, 1970
E. Ennen, Die europäische Stadt des Mittelalters, 1972
G. Pfeiffer (Hg.), Nürnberg, Geschichte einer europäischen Stadt, 1971
H. Kellenbenz (Hg.), Zwei Jahrtausende Kölner Wirtschaft, 2 Bände, 1975 (unter Mitarbeit von W. Doppelfeld, E. Ennen, K. v. Eyll, S. Gramulla, W. Herrmann, F. Irsigler und H. Pohl)

Handel

H. Simonsfeld, Der Fondaco dei Tedeschi und die deutsch-venezianischen Handelsbeziehungen, 2 Bände, 1887
W. Vogel, Geschichte der deutschen Seeschiffahrt, Band 1, 1915
J. Strieder (Hg. H. Deininger), Das reiche Augsburg, Ausgewählte Aufsätze zur Augsburger und süddeutschen Wirtschaftsgeschichte des 15. und 16. Jahrhunderts, 1938
E. Köhler, Einzelhandel im Mittelalter, 1938
J. Schreiner, Hanseatene og Norge, Oslo 1941
K. Kumlien, Sverige och hanseaterna, Stockholm 1953
A. H. de Oliveira Marques, Hansa e Portugal na Idade Média, Lissabon 1959
H. Mauersberg, Wirtschafts- und Sozialgeschichte zentraleuropäischer Städte in neuerer Zeit, 1960
Ph. Dollinger, Die Hanse, 1966
A. Schulte, Geschichte des mittelalterlichen Handels und Verkehrs zwischen Westdeutschland und Italien mit Ausschluß von Venedig, Neudruck 1966
G. Frh. v. Pölnitz, Die Fugger, ^{3}1970
I. Bog (Hg.), Der Außenhandel in Ostmitteleuropa, 1971
W. Zorn, Augsburg, Geschichte einer deutschen Stadt, ^{2}1973
M. Spallanzano (Hg.), La lana come materia prima, I fenomeni della sua produzione e circolazione nei secoli XIII–XVII, Instituto Internazionale di Storia economica „F. Datini" Prato, Ser. II, Atti delle „Settimane di studio" e altri Convegni 1, Firenze 1974 (mit Beiträgen unter anderem von K. H. Blaschke, H. Kellenbenz, H. C. Peyer, H. Pohl, R. Sprandel, W. v. Stromer, F. Tremel)
Ders. (Hg.), Produzione, commercio, consumo dei panni di lana (nei secoli XII–XVIII), Atti 2, Firenze 1976 (mit Beiträgen unter anderem von O. Dascher, H. Kellenbenz, H. C. Peyer, F. Tremel und W. v. Stromer)

Geld-, Kreditwesen, Öffentliche Finanzen

F. Friedensburg, Münzkunde und Geldgeschichte der Einzelstaaten des Mittelalters und der Neuzeit, 1926
B. Kuske, Die Entstehung der Kreditwirtschaft und des Kapitalverkehrs, 1927

L. Veit, Das liebe Geld, Zwei Jahrtausende Geld- und Münzgeschichte (Bibliothek des Germanischen Nationalmuseums Band 30), 1969

A. Suhle, Deutsche Münz- und Geldgeschichte von den Anfängen bis zum 15. Jahrhundert, ^{3}1970

Preise

I. M. Elsas, Umriß einer Geschichte der Preise und Löhne in Deutschland vom ausgehenden Mittelalter bis zum Beginn des 19. Jahrhunderts, 2 Bände (Band 1, Band 2 A und 2 B) 1936, 1940, 1949

E. Waschinski, Währung, Preisentwicklung und Kaufkraft des Geldes in Schleswig-Holstein von 1226–1864, 2 Bände, 1952 und 1959

Literatur zu den einzelnen Abschnitten

(aus Platzgründen können zu jedem Abschnitt leider nur einige wenige Titel erwähnt werden, die den Leser weiterführen sollen).

I. Die Frühzeit

H. Jankuhn, Deutsche Agrargeschichte 1: Vor- und Frühgeschichte. Vom Neolithikum bis zur Völkerwanderungszeit, 1969

Ders., Wirtschaft- und Sozialgeschichte der Vor- und Frühzeit Mitteleuropas, in: Aubin-Zorn, Handbuch der deutschen Wirtschafts- und Sozialgeschichte I, 1971 ff.

E. Wahle, Ur- und Frühgeschichte im mitteleuropäischen Raum, Gebhardt, Handbuch der deutschen Geschichte I, ^{9}1970, 1 ff.

M. Jahn, Der älteste Bergbau in Europa, 1960

A. Rieth, 5000 Jahre Töpferscheibe, 1960

M. Jahn, Gab es in vorgeschichtlicher Zeit einen Handel?, 1956

Bronzezeit

F. Holste, Die Bronzezeit in Süd- und Westdeutschland, 1953

R. Hachmann, Die frühe Bronzezeit im westlichen Ostseegebiet, 1957

R. Pittioni, Ergebnisse und Probleme des urzeitlichen Metallhandels, 1964

M. Girnbutas, Bronze age cultures in central and eastern Europe, Den Haag 1965

F. Behn, Die Bronzezeit in Nordeuropa, 1971

Vorrömische Eisenzeit

A. Rieth, Die Eisentechnik der Hallstattzeit, 1942

R. Pittioni, Vom Faustkeil zum Eisenschwert, 1964

G. v. Merhart, Hallstatt und Italien, Ges. Aufsätze z. frühen Eisenzeit in Italien und Mitteleuropa, 1969

Krieger und Salzherrn, Hallstatt im Ostalpenraum, Röm.-Germ. Zentralmuseum (Mainz), 1970
J. J. Hatt, Kelten und Galloromanen, 1970

II. Die römische Periode

H. Aubin, Vom Altertum zum Mittelalter, 1949
H. v. Petrikovits, Das römische Rheinland, Archäologische Forschungen seit 1945 (Arbeitsgemeinschaft für Forschung des Landes Nordrhein-Westfalen 86), 1960
O. Doppelfeld, Von den Anfängen bis zur Karolingerzeit, Zwei Jahrtausende Kölner Wirtschaft, I, 1975

III. Germanien in der Zeit der endgültigen Landnahme und Stammesbildung

Allgemeiner Rahmen

R. Latouche, Les origines de l'économie occidentale, Paris 1956
H. Planitz, Die deutsche Stadt im Mittelalter von der Römerzeit bis zu den Zunftkämpfen, ²1965
P. E. Hübinger (Hg.), Kulturbruch oder Kulturkontinuität im Übergang von der Antike zum Mittelalter, 1968
H. Löwe, Deutschland im fränkischen Reich, in: Gebhardt I ⁹1970, 92 ff.

Bevölkerung

J. C. Russell, Late ancient and medieval population, in: Transactions of the Americ. Philos. Society N. S. 48, 3, 1958
H. Jankuhn, Das freie Germanien bis 500, in: Aubin-Zorn I, 1971, 56–79
W. Abel, Landwirtschaft 500–900, in: Aubin-Zorn I, 1971, 82 ff.

Politische und gesellschaftliche Verhältnisse

H. Mitteis, Der Staat des hohen Mittelalters, ⁸1968
F. Lütge, Die Agrarverfassung des frühen Mittelalters im mitteldeutschen Raum, vornehmlich in der Karolingerzeit, 1957
H. Dannenbauer, Grundlagen der mittelalterlichen Welt, 1958
Th. Mayer (Hg.), Studien zu den Anfängen des europäischen Städtewesens, 1958
K. Bosl, Staat, Gesellschaft und Wirtschaft im deutschen Mittelalter, in: Gebhardt I, ⁹1970, 693–835

Landwirtschaft

H. Jankuhn, Das Freie Germanien bis 500, in: Aubin-Zorn I, 1971, 56–79
W. Abel, Geschichte der deutschen Landwirtschaft, ²1967, 60 ff.
Ders., Landwirtschaft 500–900, in: Aubin-Zorn I, 1971, 82 ff.

Gewerbe

H. Preidel, Handel und Handwerk im frühgeschichtlichen Mitteleuropa, 1965
E. Ennen, Kölner Wirtschaft im Früh- und Hochmittelalter, in: H. Kellenbenz (Hg), Zwei Jahrtausende Kölner Wirtschaft I, 1975, 87–215

Handel

D. Jellema, Frisian trade in the dark ages, Speculum 30, 1955, 15–36
A. R. Lewis, The Northern Sea, Shipping and commerce in Northern Europe A. D. 300–1100, 1958
H. Roth, Handel und Gewerbe vom 6.–8. Jh. östlich des Rheins, VSWG 58, 1971
R. Sprandel, Das 9. Jh. im östlichen Karolingerreich, in: Aubin-Zorn I, 1971, 122 ff.

IV. Ausbau im Zeichen des Lehenswesens und der frühen Stadt

Allgemeine politische Verhältnisse

J. Fleckenstein, Das Reich d. Ottonen im 10. Jh., in: Gebhardt I, ^{9}1970, 217 ff.
M.-L. Bulst-Thiele, Das Reich vor d. Investiturstreit. ebenda, 284 ff.
K. Jordan, Investiturstreit u. frühe Stauferzeit, ebenda, 323 ff.

Bevölkerung

W. Abel, Geschichte der deutschen Landwirtschaft, ^{2}1967, 60 ff.
Ders., Landwirtschaft 500–900, in: Aubin-Zorn I, 1971, 82 ff.
W. Hensel, Die Slawen im frühen Mittelalter, 1965

Staatliche Macht und wirtschaftspolitische Ansätze

O. Stolz, Zur Entwicklung d. Zollwesens innerhalb d. alten Deutschen Reiches, 1954, 1–41
M. Mitterauer, Wirtschaft u. Verfassung in d. Zollordnung von Raffelstetten, Mitteilungen d. oberösterr. Landesarchivs 8, 1964, 344–373
H. Hassinger, Die Bedeutung d. Zollregals f. d. Ausbildung d. Landeshoheit im Südosten d. Reiches, in: Festschr. H. Aubin 1965, 151–184
Ders., Politische Kräfte, in: Aubin-Zorn I, 1971, 274–299

Gesellschaftliche Schichtung

K. Bosl, Gesellschaftsentwicklung 300–900, in: Aubin-Zorn I, 1971, 133–168
Ders., Staat, Gesellschaft und Wirtschaft im deutschen Mittelalter, Gebhard I, ^{9}1970
H. K. Schulze, Rodungsfreiheit und Königsfreiheit. Zur Genesis und Kritik neuerer verfassungsgeschichtlicher Theorien, in: Historische Zeitschrift 219, 1974, 529–550

Landwirtschaft

W. Abel, Geschichte der deutschen Landwirtschaft, ²1967, 60 ff.
Ders., Landwirtschaft 500–900, in: Aubin-Zorn I, 1971, 82 ff.
Ders., Landwirtschaft 900–1350, ebenda

Gewerbe

H. Aubin, H. Jankuhn, Gewerbe und Handel 500–900 in: Aubin-Zorn I, 1971, 109–121
R. Sprandel, Gewerbe und Handel 900–1350, ebenda, 202 ff.

Handel

A. R. Lewis, The Northern Seas, Shipping and commerce in Northern Europe A. D. 300–1100, 1958
F. Rörig, Magdeburgs Entstehung und die ältere Handelsgeschichte, in: Wirtschaftskräfte im Mittelalter, 1959, 604–637
B. Blumenkranz, Juifs et Chrétiens dans le monde occidental 430–1096, 1960
Ch. Warnke, Die Anfänge des Fernhandels in Polen, in: Marburger Ostforschung. 22, 1964

Verkehrswesen

W. Stein, Handels- und Verkehrsgesch. der dt. Kaiserzeit, Abhandl. z. Verkehrs- und Seegesch. 10, 1922
G. Schreiber, Mittelalterliche Alpenpässe und ihre Hospitalkultur, in: Fontes Ambrosiani, Ser. 1, 27, 1951, 335–352

Geld- und Kreditwesen

Ph. Grierson, Money and coinage under Charlemagne, in: Karl der Große, Lebenswerk und Nachleben I, 1965, 501–536
G. Hatz, Handel u. Verkehr zwischen d. Dt. Reich u. Schweden in der späten Wikingerzeit. Die dt. Münzen d. 10. u. 11. Jhs. in Schweden, Lund 1974

Öffentl. Finanzen

C. H. Brühl, Fodrum, gistum, servitium regis, Studien zu den wirtschaftl. Grundlagen des Königtums, 2 Bde, 1968
H. Hassinger, Politische Kräfte 500–1350, in: Aubin-Zorn I, 1971, 274–299

V. Vom 12. bis zur Mitte des 14. Jahrhunderts

Der politische Rahmen

K. Jordan, Investiturstreit u. frühe Stauferzeit, in: Gebhardt I, ⁹1970, 323 ff.
H. Grundmann, Wahlkönigtum, Territorialpolitik und Ostbewegung im 13. u. 14. Jh. (1198–1378), ebenda, 427 ff.

Bevölkerung

R. Mols, Introduction à la démographie des villes d'Europe du XIVe au XVIIIe siècle, 3 Bde, 1954–56
W. Kuhn, Die Siedlerzahlen der deutschen Ostsiedlung, in: Studium Sociale, 1964
E. Ennen, Die europäische Stadt im Mittelalter, 1972
W. Schlesinger, Die dt. Ostsiedlung d. Mittelalters als Problem d. europ. Geschichte, Vortr. u. Forsch. 18, 1975

Die politischen Ordnungsmächte und die Wirtschaft

H. Grundmann, Religiöse Bewegungen im Mittelalter, ^{2}1961
J. B. Russell, Dissent and reform in the Middle Ages, 1965
U. Dirlmeier, Mittelalterl. Hoheitsträger im wirtschaftl. Wettbewerb, VSWG Beih. 51, 1966
E. Maschke, Die Wirtschaftspolitik Kaiser Friedrichs II. im Kgr. Sizilien, VSWG 53, 1966, 289–328
K. Bosl, Staat, Gesellschaft, Wirtschaft im dt. Mittelalter, in: Gebhardt 1, ^{9}1970, 771–804
H. Mitteis, Der Staat im hohen Mittelalter, ^{8}1968
W. Schlesinger, Die Entstehung der Landesherrschaft, 1969
O. Brunner, Land und Herrschaft, ^{6}1970

Gesellschaftliche Strukturen:

– Adel

M. Bloch, La société féodale, 2 Bde, Paris 1939/40
L. Génicot, La noblesse de la société médiévale, Le Moyen Age 71, 1965, 339–560
K. Bosl, Die Reichsministerialität der Salier und Staufer, ein Beitrag z. Gesch. d. hochmittelalterl. dt. Volkes, Staates u. Reiches, 2 Bde, ^{2}1968/69
Ders., Staat, Gesellschaft, Wirtschaft im dt. Mittelalter, in: Gebhardt 1, ^{9}1970, 693–870
Ders., Die Gesellschaft in der Geschichte des Mittelalters, ^{2}1970
Ders., Gesellschaftsentwicklung 900–1350, in: Aubin-Zorn I, 1971, 226–273 (mit Lit.)

– Städtische Bevölkerung

F. Rörig, Die europäische Stadt und die Kultur des Bürgertums, 1955
E. Maschke, Verfassung und soz. Kräfte in der Stadt des späteren Mittelalters vornehmlich in Oberdeutschland, in: VSWG 46, 1959
Th. Mayer (Hg.), Untersuchungen zur gesellschaftlichen Struktur der mittelalterlichen Stadt in Europa, in: Vortr. u. Forsch. 11, 1966
E. Maschke u. J. Sydow (Hg.), Gesellschaftliche Unterschichten in den südwestdt. Städten, 1967
A. Haverkamp, Die frühbürgerliche Welt im hohen und späten Mittelalter. Landesgeschichte und Geschichte der Städtischen Gesellschaft, in: Historische Zeitschrift 221, 1975, 571–602

– Ländliche Bevölkerung

I. Bog, Dorfgemeinde, Freiheit u. Unfreiheit in Franken, 1956

F. Lütge, Die mitteldt. Grundherrschaft, ²1957

Ders., Geschichte d. dt. Agrarverfassung, ²1967, 58–105

K. S. Bader, Dorfgenossenschaft u. Dorfgemeinde, 1962

G. Duby, Économie rurale et la vie des campagnes dans l'Occident médiéval, 2 Bde., Paris 1962

Th. Mayer (Hg.), Die Anfänge der Landgemeinde, 2 Bde., Vortr. und Forschg. 7/8, 1964

Ders., Adel und Bauern, ²1967

Landwirtschaft

W. Abel, Landwirtschaft 900–1350, in: Aubin-Zorn I, 1971

Bergbau

M. Unger, Stadtgemeinde und Bergwesen Freibergs im Mittelalter, 1963

E. Kraume und H. Dennert, Tausend Jahre Rammelsberg, 1968

R. Skiba, Tausend Jahre Bergbau am Rammelsberg, 1968

R. Sprandel, Der Beginn des deutschen Silberbergbaus, in: Aubin-Zorn I, 203f.

Ders., Silberproduktion und Geldwesen in Deutschland im 12. und 13. Jh., in: Aubin-Zorn I, 1971, 213–216

Gewerbe

F. Wieland, Das Konstanzer Leinengewerbe, 2 Bde., 1953

R. Sprandel, Organisation und Technik des städtischen Handwerks, in: Aubin-Zorn I, 1971, 216–218

Ders., Das ländliche Handwerk und der Bergbau unter dem Einfluß der Städte, in: Aubin-Zorn I, 1971, 218–221

E. Ennen, Kölner Wirtschaft im Früh- und Hochmittelalter, in: H. Kellenbenz (Hg.) Zwei Jahrtausende Kölner Wirtschaft I, 1975, 87–215

Verkehrswesen

P. Heinsius, Das Schiff der hansischen Frühzeit, Quellen und Darstellungen zur Hansischen Geschichte NF 12, 1956

Th. Mayer (Hg.), Die Alpen in der europäischen Geschichte, Vorträge und Forschungen 10, 1965

R. Sprandel, Der Verkehr im Hochmittelalter, Aubin-Zorn I, 1971, 209–211

Handel

R. de Roover, The development of accounting prior to Luca Pacioli according to the account books of medieval merchants, in: A. C. Littleton u. B. S. Yamey (Hg.), Studies in the history of accounting, London 1956, 114–174

H. Grundmann, Die Deutsche Hanse, in: Gebhard I, [9]1970, 598–606
R. Sprandel, Gewerbe und Handel 900–1350, in: Aubin-Zorn I, 1971, 202–225

Geld- und Kreditwesen

F. Wielandt, Münzen, Gewichte und Maße, in: Aubin-Zorn I, 1971, 658 ff.
R. Sprandel, Das mittelalterliche Zahlungssystem nach hansisch-nordischen Quellen des 13.–15. Jh., 1975

Öffentliche Finanzen

F. Lütge, Finanzgeschichte, in: HdSW 3, 1961, 580–604
E. B. Fryde und H. M. Fryde, The public credit with special reference to Western Europe, in: The Cambridge Economic History of Europe III, Cambridge 1963, 518 ff.
H. Kellenbenz, Die Juden in der Wirtschaftsgeschichte des rheinischen Raumes, in: Monumenta Judaica, Köln 1963
C. Brühl, Die Finanzpolitik Friedrich Barbarossas in Italien, in: Historische Zeitschrift 213, 1971, 13–37

Handels- und Zahlungsbilanz, Preisentwicklung

H.-J. Schmitz, Faktoren der Preisbildung für Getreide und Wein in der Zeit von 800 bis 1350, 1968, bes. 95 ff.

VI. Vom Schwarzen Tod bis zur Wende des 15. Jahrhunderts

Allgemeiner Rahmen

E. Hassinger, Das Werden des neuzeitlichen Europa 1300–1600, [2]1964
F. Baethgen, Schisma- und Konzilszeit. Reichsreform und Habsburgs Aufstieg, in Gebhardt I [9]1970, 608 ff.
E. W. Zeeden, Deutschland von der Mitte des 15. Jhs. bis zum Westfälischen Frieden, in: Th. Schieder, Handbuch der europäischen Geschichte III, 1971, 445–580

Bevölkerung

J. C. Russell, Effects of pestilence and plague 1315–1385, in: Comparative Studies in Society and History 8, 1966, 464–473
K. F. Helleiner, The population of Europe from the Black Death to the eve of the Vital Revolution, in: Cambridge Economic History IV, 1966
W. Abel, Wüstungen in Deutschland, in: Zeitschrift für Agrargeschichte und Agrarsoziologie, 1967, Sonderheft 2
Ph. Ziegler, The Black Death, London 1969
G. Deaux, The Black Death, London 1969

Politische Institutionen und Wirtschaft:

– Kaiser und Reich

L. Graf zu Dohna, Reformatio Sigismundi, 1960
H. Angermaier, Königtum und Landfrieden im deutschen Spätmittelalter, 1966
H. Hassinger, Politische Kräfte und Wirtschaft 1350–1800, in: Aubin-Zorn I, 1971

– Territorien

K. S. Bader, Der deutsche Südwesten u. seine territoriale Entwicklung, 1950
H. Helbig, Der Wettinische Ständestaat, 1955
P. G. Thielen, Die Verwaltung des Ordenstaates Preussen vornehmlich im 15. Jh., 1965

– Grundherren, Landgemeinde

Th. Mayer (Hg.), Die Anfänge der Landgemeinde und ihr Wesen, Vorträge und Forschungen 7/8, 1964
H. Kellenbenz (Hg.), Agrarisches Nebengewerbe und Formen der Reagrarisierung im Spätmittelalter und 19./20. Jh., Bericht über die 5. Arbeitstagung der Gesellschaft für Sozial- und Wirtschaftsgeschichte, 1975

Gesellschaftliche Strukturen:

– Adel

A. Schulte, Der Adel und die deutsche Kirche im Spätmittelalter, ³1958
H. Rössler (Hg.), Deutscher Adel 1430–1555, Schriften zur Problematik der deutschen Führungsschichten in der Neuzeit, 1965

– Städtische Bevölkerung

W. Andreas, Deutschland vor der Reformation, ⁶1959
H. Rössler (Hg.), Deutsches Patriziat, 1965
Th. Mayer (Hg.), Untersuchungen zur gesellschaftlichen Struktur der mittelalterlichen Städte in Europa, Vorträge und Forschungen 11, 1966
E. Masche und J. Sydow (Hg.), Gesellschaftliche Unterschichten in den südwestdeutschen Städten, 1967
K. Fritze, Am Wendepunkt der Hanse, Berlin (Ost) 1967

– Ländliche Verhältnisse

H. Jänichen, Beiträge zur Wirtschaftsgeschichte des schwäbischen Dorfes, 1970
P. Blickle und Mitarbeiter, Die spätmittelalterliche Leibeigenschaft in Oberschwaben, Zeitschr. f. Agrargeschichte und Agrarsoziologie 22, 1974, 9–33

Land- und Forstwirtschaft

W. Abel, Landwirtschaft 1350–1500, in: Aubin-Zorn I, 1971, 300 ff.
H. Ott, Studien zur spätmittelalterlichen Agrarverfassung im Oberrheingebiet, 1970

Technischer Fortschritt

H. Kellenbenz, Technology and Economy in the Age of the Scientific Revolution 1500–1700, in C. M. Cipolla (Hg.), The Fontana Economic History of Europe 2, Glasgow, 1974, 177–272

Bergbau

L. Schick, Un grand homme d'affaires au début du XVIe siècle, Jacob Fugger, Paris 1957
E. Westermann, Das Eislebener Garkupfer und seine Bedeutung für den europäischen Kupfermarkt 1460–1560, 1971
O. Pickl, Die Salzproduktion im Ostalpenraum am Beginn der Neuzeit, in: M. Mitterauer (Hg.), Österreichisches Montanwesen, Wien 1974, 11–28

Gewerbe

G. Heitz, Ländliche Leinenproduktion in Sachsen (1470–1555), 1961
H. Ammann, Nürnbergs wirtschaftliche Stellung im Spätmittelalter, 1970
R. Sprandel, Gewerbe und Handel, in: Aubin-Zorn I, 1971, 334–357
H. Kellenbenz, Rural industries in the West from the end of the Middle Ages to the eighteenth century, in: P. Earle (Hg.), Essays in European Economic History 1500–1800, Oxford 1974, 45–84
F. Irsigler, Kölner Wirtschaft im Spätmittelalter, in: H. Kellenbenz (Hg.), Zwei Jahrtausende Kölner Wirtschaft I, 1975, 217–319
H. Kellenbenz (Hg.), Agrarisches Nebengewerbe und Formen der Reagrarisierung im Spätmittelalter und im 19. Jh., 1975

Verkehrswesen

F. Bruhns und H. Weczerka, Hansische Handelsstraßen 2 Bde., 1962–68
H. Kellenbenz, Landverkehr, Fluß- und Seeschiffahrt im europäischen Handel (Spätmittelalter bis Anfang des 19. Jhs.), in: Les grandes voies maritimes dans le monde XVe–XIXe siècles, Rapports présentés au XIIe Congrès International par la Commission Internat. d'Histoire maritime à l'occasion de son VIIe colloque, Vienne 1965, Paris 1965
H. Freiherr Haller von Hallerstein und E. Eichhorn, Das Pilgrimspital zum Heiligen Kreuz vor Nürnberg, 1969
K. F. Krieger, Ursprung und Wurzel der Rôles d'Oléron, Quellen und Darstellungen zur hansischen Geschichte, NF 15, 1970
R. Sprandel, Verkehrswesen, in: Aubin-Zorn I, 1971, 345 ff.

Handel

H. Ammann, Die wirtschaftliche Stellung Nürnbergs im Spätmittelalter, 1970
R. Sprandel, Gewerbe und Handel, in: Aubin-Zorn I, 1971
M. P. Lesnikov, Die Handelsbücher des hansischen Kaufmannes Veckinchusen, Forsch. zur mittelalterlichen Geschichte 19, Berlin (Ost) 1973
F. Irsigler, Kölner Wirtschaft im Spätmittelalter, in: H. Kellenbenz (Hg.), Zwei Jahrtausende Kölner Wirtschaft I, 1975, 257–319

Geld- und Kreditwesen

W. Jesse, Der wendische Münzverein, ²1967
W. v. Stromer, Oberdeutsche Hochfinanz 1350–1450, VSWG Beiheft 56, 1970
Ders., Die oberdeutschen Geld- und Wechselmärkte. Ihre Entwicklung vom Spätmittelalter bis zum Dreißigjährigen Krieg, Scripta Mercaturae 1/1976, 23–49
F. Wielandt, Münzen, Gewichte und Maße bis 1800, in: Aubin-Zorn I, 1971, 665f.
R. Sprandel, Das mittelalterliche Zahlungssystem nach hansisch-nordischen Quellen des 13.–15. Jhs., 1975

Öffentliche Finanzen

E. B. Fryde und M. M. Fryde, The Public credit with special reference to Western Europe, in: The Cambridge Economic History of Europe III, 1936, 430–553
H. Kellenbenz (Hg.), Öffentliche Finanzen und privates Kapital im späten Mittelalter und in der ersten Hälfte des 19. Jhs., Bericht über die 3. Arbeitstagung der Gesellschaft für Sozial- und Wirtschaftsgeschichte, 1971, 50–86

Gesamtwirtschaftlicher Verlauf

E. Pitz, Die Wirtschaftskrise im Spätmittelalter, VSWG 52, 1965, 316ff.
J. van Klaveren, Die wirtschaftlichen Auswirkungen des Schwarzen Todes, VSWG 54, 1967, 187–202

VII. Vom Beginn des 16. Jahrhunderts bis zum Dreißigjährigen Krieg

Allgemeiner Rahmen

W. P. Fuchs, Das Zeitalter der Reformation, in: Gebhardt II, ⁹1970, 2ff.
E. W. Zeeden, Das Zeitalter der Glaubenskämpfe, ebenda 119ff.
Ders., Deutschland von der Mitte des 15. Jhs. b. z. Westfälischen Frieden (1648), in: Th. Schieder, Handbuch der europäischen Geschichte III, 1971, 445–580
R. Rich und Ch. Wilson (Hg.), The Cambridge Economic History of Europe IV, The economy of expanding Europe in the sixteenth and seventeenth centuries, Cambridge 1967

Die neue Wirtschaftsgesinnung

J. Höffner, Wirtschaftsethik und Monopole im 15. und 16. Jh., 1941
C. Bauer, Conrad Peutinger und der Durchbruch des neuen ökonomischen Denkens in der Wende zur Neuzeit, in: Gesammelte Aufsätze, 1965
W. Zorn, Moralische und soziale Probleme des „Frühkapitalismus", in: Aubin-Zorn I, 1971, 486ff.
H. Kellenbenz, Wirtschaftspolitik in Europa zu Beginn der Neuzeit, Jb. d. Akademie der Wissenschaften Göttingen 1974, 37–59

Bevölkerung

E. Woehlkens, Pest und Ruhr im 16. Jahrhundert, 1954
F. Koerber, Die Bevölkerungszahl und Dichte in Mitteleuropa zu Beginn der Neuzeit, Forschungen und Fortschritte 33, 1959
H. Moller (Hg.), Population movements in modern European society, 1964

Die politischen Kräfte und die Wirtschaft:

– Das Reich

I. Bog, Der Reichsmerkantilismus, 1959
R. Bassenge, Die deutsche Handelspolitik im Spiegel der Reichsgesetzgebung von 1498–1806, 1959
F. Blaich, Die Reichsmonopolgesetzgebung im Zeitalter Karls V., 1967
Ders., Die Wirtschaftspolitik des Reichstages im Heil. Röm. Reich 1970, 194ff.

– Territorien

L. Kaiser, Die oberste Bergverwaltung Kursachsens im 16. Jh., in: Forschungen aus mitteldeutschen Archiven, Festschr. H. Kretzschmar, 1953
R. Kiess, Die Rolle der Forsten im Aufbau des württb. Territoriums bis ins 16. Jh., 1958
E. Henschke, Landesherrschaft und Bergbauwirtschaft, Zur Wirtschafts- und Verwaltungsgeschichte des Oberharzer Bergbaugebiets im 16. und 17. Jh., 1975

Gesellschaftliche Strukturen:

– Adel

D. Gerhard, Amtsträger zwischen Krongewalt und Ständen in: Alteuropa und die moderne Gesellschaft, Festschrift O. Brunner, 1963
H. Rössler (Hg.), Deutscher Adel 1430–1555, 1964
Ders., (Hg.), Deutscher Adel 1555–1740, 1965
H. Thieme, Le rôle des doctores legum dans la société de l'Allemagne du XVIe s., in: Recueils de droit écrit 6, 1967

– Bürgertum

J. Schildhauer, Soziale, politische, und religiöse Auseinandersetzungen in den Hansestädten Stralsund, Rostock und Wismar im 1. Drittel des 16. Jahrhunderts, 1959
H. Rössler (Hg.), Deutsches Patriziat 1430–1740, 1968
H. Kellenbenz, Zur Sozialstruktur der rheinischen Bischofsstädte in der frühen Neuzeit, in: F. Petri (Hg.), Bischofs- und Kathedralstädte des Mittelalters und der frühen Neuzeit, 1976, 118–145

– Ländliche Gesellschaft

H.-U. Wehler (Hg.), Der deutsche Bauernkrieg 1524–1526, 1975
G. Heitz, A. Laube, M. Steinmetz, G. Vogel (Hg.), Der Bauer im Klassenkampf, Berlin (Ost) 1975
R. Wohlfeil (Hg.), Der Bauernkrieg 1524–26, Bauernkrieg und Reformation, 1975
P. Blickle, Der deutsche Bauernkrieg, 1976

– Konfessionalisierung der Gesellschaft

G. Merzbacher, Die Hexenprozesse in Franken, ²1970
W. Zorn, Sozialgeschichte, in: Aubin-Zorn I, 1971, 465 ff.

Landwirtschaft

H. Kellenbenz, Die Betätigung der Großgrundbesitzer im Bereich der deutschen Nord- und Ostseeküste in Handel, Gewerbe und Finanz (16.–18. Jh.), in: Première Conférence Internationale d'Histoire Economique, Contributions-Communications, Stockholm août 1960, Paris-Den Haag 1960
Ders., Bäuerliche Unternehmertätigkeit im Bereich der Nord- und Ostsee vom Hochmittelalter bis zum Ausgang der neueren Zeit, VSWG 49, 1962, 1–40
R. Mandrou, Les Fugger, propriétaires fonciers en Souabe 1560–1618, Paris 1969
W. Abel, Landwirtschaft 1500–1648, in: Aubin-Zorn I, 1971, 386 ff.

Gewerbe

H. Kellenbenz, Gewerbe und Handel 1500–1648, in: Aubin-Zorn I, 1971, 414 ff.
Ders. (Hg.), Schwerpunkte der Eisengewinnung und Eisenverarbeitung in Europa 1500–1650, 1974
Ders. (Hg.), Schwerpunkte der Kupferproduktion und des Kupferhandels in Europa 1500–1650, 1976

Verkehr

K. F. Olechnowitz, Der Schiffbau der hansischen Spätzeit, 1960

Handel

H. Kellenbenz, Gewerbe und Handel, in: Aubin-Zorn I, 1971, 436 ff.

O. Pickl (Hg.), Die wirtschaftlichen Auswirkungen der Türkenkriege, Graz 1971
R. Gascon, Grand commerce et vie urbaine au XVIe siècle, Lyon et ses marchands, 2 Bde, Paris-La Haye 1975
G. S. Gramulla, Handelsbeziehungen Kölner Kaufleute zwischen 1500 und 1650, in: H. Kellenbenz (Hg.), Forschungen zur internationalen Sozial- und Wirtschaftsgeschichte 4, 1972
Dies., Wirtschaftsgeschichte Kölns im 17. Jahrhundert, in: Zwei Jahrtausende Kölner Wirtschaft I, 1975, 429–517

Geld- und Kreditwesen

F. Wielandt, Münzen, Gewichte und Maße bis 1800, in: Aubin-Zorn I, 1971, 666 ff.
H. Eichhorn, Der Strukturwandel im Geldumlauf Frankens zwischen 1437 und 1610, in: VSWG Beiheft 8, 1973
H. Kellenbenz, Gewerbe und Handel, in Aubin-Zorn I, 1971
Ders., Geldtransfer für Graf Oñate, in: Mélanges en l'honneur de Fernand Braudel II, Toulouse 1972
Ders., Köln im internationalen Bankgeschäft um 1600, in: Fatti e idee di storia economica nei secoli XII–XX, Studi dedicati a Franco Borlandi, Bologna 1977, 439–456

Öffentliche Finanzen

H. Hassinger, Finanzwirtschaft, in: Aubin-Zorn I, 1971, 646 ff.
H. Kellenbenz, Die öffentlichen Finanzen im Reich von der Mitte des 17. Jhs. bis ins 19. Jh., in: Finances publiques d'Ancien Régime Colloque International Spa 16.–19. IX. 1971, Actes, Brüssel 1972, 133 ff.

Organisation und Träger von Waren- und Geldhandel

H. Kellenbenz, Handelsgesellschaft, in: Hdw der deutschen Rechtsgeschichte I, 1971, Sp. 1936–1942
Ders., Handelsrecht, ebenda Sp. 1942–1953
Ders., Handelsvertrag, ebenda Sp. 1954–1959
Ders. (Hg.), Handelsbräuche des 16. Jhs., Das Meder'sche Handelsbuch und die Welser'schen Nachträge (Dt. Handelsakten XV), 1974
E. Lutz, Die rechtliche Struktur süddeutscher Handelsgesellschaften in der Zeit der Fugger, 2 Bde, 1976

Gesamtwirtschaftlicher Verlauf

W. Abel, Landwirtschaft, in: Aubin-Zorn I, 1971
Ders., Massenarmut und Hungerkrisen, 1974

VIII. Vom Westfälischen Frieden zur Französischen Revolution

Politischer Rahmen

M. Braubach, Vom Westfälischen Frieden bis zur Französischen Revolution, in: Gebhardt II, 91970, 241 ff.
F. Wagner, Europa im Zeitalter des Absolutismus und der Aufklärung, in: Th. Schieder (Hg.), Hdb. der europäischen Geschichte 3, 1968, 1–163
G. Oestreich, Das Reich – Habsburgische Macht – Brandenburg-Preußen von 1648 bis 1803, ebenda, 379–475
W. Treue, Wirtschaftsgeschichte der Neuzeit. Im Zeitalter der industriellen Revolution, 31973
H. J. Habakkuk und M. M. Postan (Hg.), The Cambridge Economic History of Europe VI, 1 und 2: The Industrial Revolutions and after, Cambridge 1966

Der geistige Hintergrund

H. Hassinger, Politische Kräfte und Wirtschaft 1350–1800, in: Aubin-Zorn I, 1971, 608 ff.
F. Blaich, Die Epoche des Merkantilismus, 1973

Technischer Fortschritt und Bildungswesen

A. Timm, Kleine Geschichte der Technologie, 1964
F. Eulen, Die Technologie als ökonomische und technische Wissenschaft an deutschen Universitäten des 18. Jahrhunderts, Technikgeschichte 36, 1969
H.-J. Braun, Technologische Beziehungen zwischen Deutschland und England von der Mitte des 17. bis zum Ausgang des 18. Jhs., 1974

Bevölkerungsentwicklung

G. Franz, Der 30jährige Krieg und das deutsche Volk, 31961
J. Augel, Italienische Einwanderung und Wirtschaftstätigkeit in rheinischen Städten im 17. und 18. Jh., 1971
S. Jersch-Wenzel, Der Einfluß zugewanderter Minoritäten auf die Berliner Wirtschaft der vor- und frühindustriellen Zeit, in: O. Büsch (Hg.), Untersuchungen zur frühen Industrialisierung, 1971
W. Abel, Landwirtschaft 1648–1800, in: Aubin-Zorn I, 1971
W. Köllmann, Bevölkerung, ebenda II, 1976

Staat und Wirtschaft:

– Reich

F. Blaich, Die Wirtschaftspolitik des Reichstages im Heiligen Römischen Reich, 1970
H. Hassinger, Politische Kräfte und Wirtschaft 1350–1800, in: Aubin-Zorn I, 1971, 608 ff.

– Einzelstaaten

G. Oestreich, Strukturprobleme des europäischen Absolutismus, VSWG 55, 1968, 329–347
D. Gerhard (Hg.), Ständische Vertretungen in Europa im 17. und 18. Jh., 1970
H. Hassinger, Politische Kräfte und Wirtschaft 1350–1800, in: Aubin-Zorn I, 608 ff. und 628 ff.

Gesellschaftliche Strukturen:

– Höfischer Absolutismus und adelige Gesellschaft

H. Rössler (Hg.), Deutscher Adel 1555–1740, 1965
W. Görlitz, Die Junker, [3]1970
B. Wunder, Die Sozialstruktur des Geheimratskollegiums in den protestantischen Fürstentümern 1660–1720, VSWG 58, 1971
W. Zorn, Sozialgeschichte 1648–1800, in: Aubin-Zorn I, 1971, 574 ff.

– Städtische Bevölkerung

O. Hintze, Die Arbeiterfrage zu Beginn des modernen Kapitalismus in Brandenburg-Preußen, [2]1962
H. Rössler (Hg.), Deutsches Patriziat 1430–1740, 1968
H. Rössler und G. Franz (Hg.), Universität und Gelehrtenstand, 1970
H. Möller, Die kleinbürgerliche Familie im 18. Jahrhundert, 1969
W. Zorn, Sozialgeschichte 1648–1800, in: Aubin-Zorn I, 1971, 583 ff.

– Ländliche Bevölkerung

F. W. Henning, Dienste und Abgaben der Bauern im 18. Jahrhundert, 1969
W. Zorn, Sozialgeschichte 1648–1800, in: Aubin Zorn I, 1971, 592 ff.

Landwirtschaft

F. W. Henning, Dienste und Abgaben der Bauern im 18. Jahrhundert, 1969, 61 ff.
W. Abel, Landwirtschaft 1648–1800, in: Aubin-Zorn I, 1971, 496 ff.
G. Oestreich, Agrarreformen und Manufakturwirtschaft nach 1750, in: Schieder, Hdb. der europäischen Geschichte 4, 442–450 (mit Lit.)
Ders., Landwirtschaft und Kameralismus bis zur Mitte des 18. Jahrhunderts, in: Schieder, Handbuch der europäischen Geschichte 4, 406–419 (mit Lit.)

Bergbau und Gewerbe

P. Léon, Economies et sociétés préindustrielles, Paris 1970
J. Kermann, Die Manufaktur in den Rheinlanden 1750 bis 1833, 1971
W. Zorn, Gewerbe und Handel 1648–1800, in: Aubin-Zorn I, 1971, 531 ff.
H. Kellenbenz, Rural industries in the West from the end of the Middle Ages to the eighteenth century, in: P. Earle (Hg.), Essays in European Economic History 1500–1800, Oxford 1974, 45–88

H. Pohl, Wirtschaftsgeschichte Kölns im 18. und beginnenden 19. Jh., in: Zwei Jahrtausende Kölner Wirtschaft II, 1971, 9–162

Verkehrs- und Nachrichtenwesen

H. Weiss, Über die Verlagerung von Transithandelswegen zwischen Süddeutschland und Oberitalien um die Mitte des 18. Jh., in: Wirtschaft, Geschichte und Wirtschaftsgeschichte, Festschrift F. Lütge, 1966

W. König, Im Namen und Geleit Gottes, Fuhrmannsbriefe des 18. und 19. Jahrhunderts, 1967

H. Hassinger, Der Verkehr über Brenner und Reschen, Ende des 13. bis in die 2. Hälfte des 18. Jahrhunderts, in: Neue Beiträge zur geschichtlichen Landeskunde Tirols, Festschrift F. Huter, 1969

E. Schremmer, Beginnender Strukturwandel im Transportgewerbe an der Wende zum 19. Jahrhundert, in: Festschrift M. Spindler, 1969

H. Witthöft, Die Lüneburger Spedition 1750–1800, in: Wissenschaft, Wirtschaft und Technik, Festschrift W. Treue, 1969

Handel

W. Kresse, Materialien zur Entwicklungsgeschichte der Hamburger Handelsflotte 1765–1823, 1966

W. Zorn, Gewerbe und Handel 1648–1800, Aubin-Zorn I, 516 ff.

W. v. d. Driesch, Die ausländischen Kaufleute während des 18. Jhs. in Spanien und ihre Beteiligung am Kolonialhandel, in: H. Kellenbenz (Hg.), Forschungen zur internationalen Sozial- und Wirtschaftsgeschichte 3, 1972

H.-Th. Niephaus, Genuas Seehandel von 1746–1848, in: H. Kellenbenz (Hg.), Forschungen zur internationalen Sozial- und Wirtschaftsgeschichte 8, 1975

J. Brockstedt, Die Schiffahrts- und Handelsbeziehungen Schleswig-Holsteins nach Lateinamerika 1815–1848, in: H. Kellenbenz (Hg.), Forschungen zur internationalen Sozial- und Wirtschaftsgeschichte 10, 1975

Geld- und Kreditwesen

H. Schnee, Die Hoffinanz und der moderne Staat, Geschichte und System der Hoffaktoren, 5 Bde, 1953–1967

A. Trende, Geschichte der deutschen Sparkassen, 1957

J. Sperling, The International Payments Mechanism in the 17th and 18th Centuries, Ec. Hist. Rev. 2., Ser 14, 1961/62

W. Zorn, Gewerbe und Handel 1648–1800, Aubin-Zorn I, 564 ff.

F. Wielandt, Münzen, Maße und Gewichte bis 1800, in: Aubin-Zorn I, 666 ff.

Öffentliche Finanzen

H. Hassinger, Finanzwirtschaft, in: Aubin-Zorn I, 1971, 646 ff.

H. Kellenbenz, Die öffentlichen Finanzen im Reich von der Mitte des 17. Jhs. bis ins 19. Jh., in: Finances publiques d'Ancien Régime, Colloque International Spa 16.–19. IX. 1971, Actes, Brüssel 1972, 133–157

Preise, Löhne und gesamtwirtschaftliche Entwicklung

V. v. Arnim, Krisen und Konjunkturen der Landwirtschaft in Schleswig-Holstein vom 16. bis zum 18. Jahrhundert, 1957

W.. Henderson, The Berlin Commercial Crisis of 1763, in: Economic History Review 2/15, 1962

W. Abel, Landwirtschaft 1648–1800, in: Aubin-Zorn I, 1971, 496ff.

Buchanzeigen